顧頡剛全集

顧頡剛日記

卷　八

中　華　書　局

目　　録

一九五六年 ……………………………………………… 1
　一月 …………………………………………………… 2
　二月 …………………………………………………… 15
　三月 …………………………………………………… 28
　四月 …………………………………………………… 41
　五月 …………………………………………………… 53
　六月 …………………………………………………… 66
　七月 …………………………………………………… 84
　八月 …………………………………………………… 98
　九月 …………………………………………………… 112
　十月 …………………………………………………… 126
　十一月 ………………………………………………… 139
　十二月 ………………………………………………… 153
一九五七年 ……………………………………………… 171
　一月 …………………………………………………… 173
　二月 …………………………………………………… 192
　三月 …………………………………………………… 210

四月 …………………………………………………… 226
五月 …………………………………………………… 238
六月 …………………………………………………… 251
七月 …………………………………………………… 275
八月 …………………………………………………… 289
九月 …………………………………………………… 302
十月 …………………………………………………… 317
十一月 ………………………………………………… 332
十二月 ………………………………………………… 346
一九五八年 …………………………………………… 361
一月 …………………………………………………… 365
二月 …………………………………………………… 377
三月 …………………………………………………… 390
四月 …………………………………………………… 406
五月 …………………………………………………… 423
六月 …………………………………………………… 438
七月 …………………………………………………… 454
八月 …………………………………………………… 469
九月 …………………………………………………… 484
十月 …………………………………………………… 501
十一月 ………………………………………………… 517
十二月 ………………………………………………… 531
一九五九年 …………………………………………… 549
一月 …………………………………………………… 551
二月 …………………………………………………… 568
三月 …………………………………………………… 582
四月 …………………………………………………… 598

五月 ·· 614

六月 ·· 637

七月 ·· 652

八月 ·· 666

九月 ·· 680

十月 ·· 693

十一月 ·· 711

十二月 ·· 728

一九五六年

一九五六年一月起，續整理《史記》。

一月廿五日至二月十五日，參加政協大會。

二月廿一日，參加考古工作。

二月廿七日，參加歷史一、二、三所聯合之學術會議。

五月八日，到所，與尹達、吳宜俊談一生經歷，徐伯昕所囑也。

五月，準備到東北參觀。

一九五六年五月十六夜啓程赴東北，七月一日返京。

七月九日至十一日，到西苑大旅社，參加科學史討論會，同時參加高教部之歷史系教學大綱會議。

七月十五日，出席文史教學大綱總結會議。

七月十六日，參加哲學研究所召集之整理古籍會議。

七月廿五日赴青島，借宿楊向奎家，由童書業家供飯，黃雲眉家供水。整理《史記》、《史林雜識》。九月廿七日返京。

十月十五日起到政協，參加社會主義學院學習，約歷一月，以無暇退出。（先期向尹達請求脫產學習，渠不允。）

十一月廿一日，啓程赴廣西，至翌年一月廿七日歸。

[剪報] 1956 年 11 月 18 日《光明日報·文學遺產》第 131 期
談清代考據學的一些特點　　　王　瑤

（下略）

天熱，怕出汗。天涼，怕氣管炎發作。老來情況，毫無自由，苦矣！

一九五六年一月

一月一號星期日（十一月十九）

到王修處。次君來。寫馮世五信。根據次君稿，寫《史記點校說明》三千字。

王以中夫婦來。張德鈞來。宋挺生來。

羅偉之來，留飯，長談。九時眠。十時半，靜秋等看政協話劇歸，醒，約上午一時又眠，至七時醒。

潮兒從今日起記日記，渠文理頗通順。

一月二號星期一（十一月二十）

翟福亭來辭別。擎宇來。續寫昨文，約三千字。蕭良瓊、易謀遠來。

周耿來。馮世五來。李唐晏來。

世五又來。洗浴。九時眠。十二時以爐熱醒，服藥，一時又眠，六時醒。

堪兒兩日來因打盤尼西林針，熱稍減低，但昨夜又高至百○二度，咽水困難，知扁桃腺仍在腫脹中。今日上午再到東方診所打針。夜間幸熱退。惟遍身作癢，似有斑疹耳。

一月三號星期二（十一月廿一）

到所，與斯年、德鈞、尹達、夏鼐等談。校《五帝本紀》本文訖，注文及校記未訖。

次君來。戴涯來。

到紅星，看《新農村》、《工人運動會》等電影。十時眠，三時半醒。拂曉一朦朧。

一月四號星期三（十一月廿二）

到所，理稿件。與德鈞、斯年、毓銓、苑峰等談。校《五帝本紀》注及校記訖，即寫徐調孚信，送去。

寫禹貢學會房產及傢具什物清册，檢齊契據。調孚來。黎明暉來。看張元濟《校史隨筆》。

寫王立劻信。看褚聯《明齋小識》。十時半，服藥眠，上午五時一刻醒。

賀次君所鈔點《秦本紀》及《禮書》兩篇，竟以置研究所而失去，在取之者不過隨便看看耳，而于我及次君則大不便矣。研究所中，因不能每一研究員分配一間屋子，合室辦公則人多手雜，隨便取攜矣，苦甚！

堪兒今日起床。黎明暉女士，廿餘年前之明星也，電影歌舞，震動一時，今四十八歲矣，爲培新幼兒園醫務員，以堪兒之病來訪問。

一月五號星期四（十一月廿三）

校《周本紀》注，未畢。重校《夏本紀》正文及注訖，即送調孚處。

到春風理髮。

到企虞處長談。續看《明齋小識》。失眠，服藥二次，十二時眠，六時三刻醒。

一月六號星期五（十一月廿四）

校《周本紀》注，略訖。爲研究所答蘇聯人問春秋、戰國名義。寫《歷史研究》編輯室信。

看明人小説《國色天香》。服藥，十時眠，翌晨四時半醒。

今日大冷，零下六度矣。予本畏火，至今日而亦覺火之可親。

有劉際銓者，鈔李長之《司馬遷生年考》投《歷史研究》，由予審查，評得甚好。繼而予在李作《司馬遷之人格與風格》中見其文，今日送《歷史研究》來，校之，固不差一字也，即往檢舉，并道歉。

一月七號星期六（十一月廿五）

寫賀次君信。姚紹華邀至中華書局談《考辨叢刊》二輯事，并取錢。寫延孫、映婁信。

校《吕后》、《孝文》、《孝景》三本紀正文。校《周本紀》注畢。記筆記三則。

看《李蘋香》。木蘭來，留宿。十時半眠，二時醒，服藥。七時醒。

今日更冷，出門如被刀削。静秋重傷風，潮兒肚痛，予亦升肝陽，皆緣外出也。

湲兒畫三輪車于黑板，大有弓軟手柔之樂。潮、洪作畫則筆生硬，皆斧鑿痕矣。

現在出版社付稿費，須待出版後才付清，云如此則字數好算也。

一月八號星期日（十一月廿六）

校《吕后》、《孝文》、《孝景》三本紀之校記。馬曼青來。高大姨來，留飯。

爲鄧秀江烈士寫紀念文。龔雲水來。馮世五來。賀次君來。羅偉之偕鄧西園、趙華璧來。

續看《國色天香》。十一時眠。上午四時醒，仍眠，六時半醒。

趙華璧辦豐盛幼兒園，以鄧西園爲董事長，靜秋爲董事，將來擬請靜秋爲園長，今日先來接洽，偉之所介紹也。靜秋久欲任事，今得此，亦殊可喜！

北京市民政局今日派人到禹貢學會點收一切。

一月九號星期一（十一月廿七）

與靜秋到蘇聯醫院，就陳醫師診。在院看平心《伊尹、遲任、老彭新考》。校《周本紀》本文訖。

到中國書店，付欠賬。到壽彝處，送書。到陶瑞伯處，晤其夫人。到孫耀卿處，付欠賬，車中遇孫助廉。到肖甫處，送書及款。

與靜秋、潮、洪到大華，看《平原游擊隊》電影。十時眠，十一時半醒。服藥後又眠，六時半醒。

今日檢查血壓，上百四十，下九十。

滿街店鋪均懸彩招，曰“慶祝公私合營”者，其已合營者也；曰“迎接公私合營”者，其未合營者也。游行隊擊鼓放爆竹，處處皆是。

一月十號星期二（十一月廿八）

到所，途遇金靜庵。與德鈞談，與毓銓詳談《周官辨非序》。校《高祖本紀》本文訖，注木畢。

理書。看周密《齊東野語》。十時眠，四時醒。又眠，六時半醒。

毓銓謂予，《春秋時代的縣》爲我所作最好的一篇文字，惟無理論，如畫龍之未點睛耳。俟《史記》畢工，必當致力馬列主義，俾能把握理論，使此後寫作不但具血肉，且有靈魂。

一月十一號星期三（十一月廿九）

校《周本紀》校記訖。校《高祖本紀》注訖。記筆記四則。

到巷口修面。答徐調孚信。

爲兒輩講書。静秋爲洗浴。十時半眠，上午三時醒。五時又眠，六時半醒。

全城商店皆公私合營矣，全國想必同然。從此無資本家矣。此與全國農業合作社急劇增加，富農消滅，爲今年兩大喜事！

古籍出版社有一同志（後知是曾次亮），看我《史記》稿後提意見，謂予校勘雖多而不敢放手改字，不合一般人之需要。然予編此書之目的本是供專家用，故以豐富之資料供人之選取，宜也。至于供一般人之用者，將來自當另編《史記簡注》一書，目標固不同也。

一月十二號星期四（十一月三十）

校《吕后》、《孝文》兩本紀注文訖。記筆記四則。

寫鄭西諦、吕誠之信。與静秋到米市大街散步。予獨至美協看西南少數民族圖案畫展覽會。

爲兒輩講故事。九時半眠，上午四時半醒。

洪兒筆力甚硬，今日起令其日臨《玄秘塔》。

堪兒病後少進食，舌苔厚膩，就汪仲鶴醫師診治，舌苔漸化。頸間瘰癧，汪醫謂可塗千捶膏。此兒聰敏、活潑、能幹，洵爲白眉，惜其體之弱也。

一月十三號星期五（十二月初一）

校《孝景紀》注文、《孝武紀》正文訖。記筆記七則。季龍來，長談，留飯。

到伯祥處談。寫映婁信。到古籍門市部閱書。孫耀卿來。

與四兒開會檢討。到紅星，看《冰上運動》及《人的進化》。十時眠，四時醒。

每星期五晚，集吾家四孩開會，檢查自己缺點，并對他人提意見，行之已四五星期矣。湲、堪兩兒敢說話，潮、洪兩兒則否。

得延孫信，知仲川于本月四日復中，八日逝世，臨死雙目復明，向人一一招呼，可傷也。予與仲川交友近五十年，軍閥時代予幾斷炊，賴其資助得以生存，追念良朋，能無慨嘆耶！

民國初年，仲川曾評予曰：“頡剛固然是好人，但是有魄力。”我認爲知我之言。

一月十四號星期六（十二月初二）

校《孝武本紀》注文訖。王姨丈、姨母來，送春捲。

記筆記三則。在附近胡同內散步半小時。

王玉哲自天津來。十時眠，上午三時半醒。

一月十五號星期日（十二月初三）

看《發展哲學和社會科學十二年規劃的主要任務和措施》草稿，即加批。中宣部馬志瑞來。校《孝武紀》校記訖。賀次君來。

寫蕭新祺信。與次君同出。步至天安門，參觀慶祝工商業社會主義改造游行隊伍。與仙槎同出，四時半歸。

看陸游《老學庵筆記》。九時半眠，上午五時半醒。

今日所遇之人：鄭振鐸　譚惕吾　胡愈之　馬松亭　巨贊　翁獨健　何思源　楊鍾健　陳叔通　邵力子　章元善　陶孟和　達浦生　范長江　潘光旦　鄧初民　吳景超　黎錦熙　錢端升　薛愚　馮友蘭　趙紫宸　王瑤　楊衛玉　辛志超

中宣部派人來商談整理古籍事，以現定十二年計劃，在此期内須將重要古籍統行整理也。此真一大事！

一月十六號星期一（十二月初四）

寫辛樹幟、石聲漢信。重校各篇中問題。

到南小街理髮。到古籍出版社，與徐調孚、王乃夫談《史記》工作。歸，尚愛松來。點三家注序例。

翻梁章鉅《浪迹三談》。十時眠，上午三時醒。

昨日一睡八小時者，下午未做功課，且天安門往返皆步行，故入晚而有倦意也。今晚僅睡五小時者，下午及晚間做了功課，且未散步也。以此，知予如能退休，即可無病。

古籍出版社諸同人之意，以予所作校勘工作過于細緻，非一般人所需要，故欲予僅將《史記》及三家注標點，先出一部，而後再詳細校勘，出一標準本。如此亦好。因擬以金陵本標點。將來又出四種：

1. 史記（以金陵本點讀）
2. 史記三家注集校
3. 史記集注
4. 史記今注（自作，應改者統改）

一月十七號星期二（十二月初五）

作政協《請政府從速在北京市設立歷史文獻圖書館，并特定閱覽辦法，以利研究及整理案》約八百字。點金陵本《五帝本紀》，未畢。

記筆記二則。蕭新祺來。馬志瑞來，爲中宣部開整理古籍人名單。

看楊鈞《草堂之靈》。十時眠，上午五時醒。

一月十八號星期三（十二月初六）

點《五帝本紀》，粗畢。記筆記四則。

到東安市場散步，買書物。

陳友業來送薪水。周耿來。十時半眠。四時半醒，又朦朧至六時。

一月十九號星期四（十二月初七）

看齊思和《史記產生的歷史條件和它在世界史學上的地位》。校正《五帝本紀》標點，盡一日。

次君來。戶籍警蔡龔同志來。

張覺非來。續看《草堂之靈》。十時半眠，上午三時半醒，至六時又朦朧。

一月二十號星期五（十二月初八）

題《桐橋倚櫂錄》。到古籍出版社，交《五帝本紀》點稿，與王乃夫談。歸，點《秦本紀》，未畢。

到科學院院長室，開小組會，討論《一九五六年到一九六七年全國農業發展綱要草案》，自二時至六時。乘侯外廬汽車歸。賀次君來。

爲兒輩講故事書。十時半眠，上午四時半醒。

今日同會：陶孟和　侯外廬（主席）　金毓黻　徐炳昶　賀昌群　金岳霖　賀麟　呂叔湘　嚴仲平　余冠英　劉□□　劉桂五　丁聲樹　羅常培　夏鼐

一月廿一號星期六（十二月初九）

上、下午兩次乘侯外廬車，到科學院，續開會，討論《農業發展綱要》，畢。

點《殷本紀》。

出，修面。點《殷本紀》略訖。洗浴。失眠，十二時起服藥，六時醒。

十一日來，雖睡眠時間長短不等，而皆未服藥，確是一可喜事。今日趕點《殷本紀》，自恃將洗浴，不以爲意，而仍不得眠，則行險僥幸之所致也。此後晚上仍得翻閑書矣。

一月廿二號星期日（十二月初十）

陳友業來，留進點。鄧哲熙來。送《純常子枝語》到昌群處。喬立惠來，爲静秋温俄文課。看顧禄《桐橋倚櫂録》，記筆記二則。

到振鐸處送《倚櫂録》，未晤，留條。到民進，開會，討論"黨與知識分子關係的改善"，自二時至五時半。

看金武祥《粟香二筆》。十時眠，上午三時半醒。

今日同會：雷潔瓊（主席）　　林耀華　饒毓蘇　趙承信　王鍾翰　梁□□　劉□□　宋□□　富□□　俞□□

一月廿三號星期一（十二月十一）

到政協俱樂部報到，步歸。校《殷本紀》點句，未畢。

與李儼、尹達、昌群同車到天橋劇院，聽郭沫若、茅以升、薛愚、翦伯贊講科學代表團訪日經過，自二時至六時。與潘梓年、黄仲良、王振鐸、王守真、鄭西諦談。

看《夢溪筆談》。十時許眠，上午四時半醒，至六時後又朦朧。

聽講，知日本自降爲殖民地後，農村破産，工業亦無出路，人民生活困苦，東京畸形繁盛，居民至八百五十萬人，而娼妓極多，罪惡叢生，不啻抗戰前之上海，大學教授薪水，合吾國人民幣只八十元，不能不謀兼差，醫學院教授均挂牌行醫，且只取藥費，不取診金，因此藥房致無生意可作，只賣雪花膏、花露水而已。如此情形，終有火山爆發的一天！

一月廿四號星期二（十二月十二）

校《夏本紀》、《殷本紀》畢。

記筆記六則。木蘭病高燒，同事高君送之來。

到北京飯店訪平心，長談。遇柯靈。步歸。看《夢溪筆談》。十時半眠，五時半醒。

一月廿五號星期三（十二月十三）

寫徐調孚、王乃夫信。整理抽屜。到政協，參加預備會，晤龍雲、王國秀、馮芝生、張乾若、陳序經等。歸，續點三家注序例。

賀次君來。與靜秋、又安同訪鄧西園，未晤。與又安同到羅偉之處視疾，即至結核病防治所接洽治療，到西四北雇汽車，送偉之至所。以其拒絕收受，歸與靜秋商量，與靜秋同到防治所，予獨訪章伯鈞，未晤，留條歸。

汪仲鶴來診木蘭疾。到春風理髮。看《夢溪筆談》。十時半眠，三時醒，五時又眠，七時醒。

羅偉之去年病肋膜炎，養病已久，忽發現又患肺癌，其另一部則為肺病。廿二日大量吐血，昏迷不省人事達十餘小時之久。學校在郊外，家中僅一妻，無有為之聯繫者，以故尚未入醫院。予今日幸有汽車，因與又安為之聯繫結核病防治所及汽車行，得用擔架中送去。然到所之後，醫生謂其肺病不為嚴重（其妻恐其不收，故輕言之），其所以致量乃別種內臟病，逼送歸。因邀靜秋去交涉，予自至章部長處，請其轉告李德全部長，所中暫允收下矣。

一月廿六號星期四（十二月十四）

到周贊衡處，同往政協，聽陳副總理報告"農業發展計畫"。

遇劉叔雅、金子敦、宋雲彬、曾昭燏、蘇步青等。

　　理信札、稿件。孫金鰲來。到統戰部，開茶話會，自二時半至六時。樹幟、宗鶴來。

　　與樹幟同到新僑飯店，與金子敦、金通尹、盧文迪、姚企虞談。失眠，服藥二次。十二時後眠，七時醒。

　　今日同會：茹欲立　張之江　劉定五　劉瑤章　何思源　馮友蘭　章士釗　王復初　王樹常　巨贊　申伯純　何柱國　吳家象　周亞衛　陳瑾昆　秦德君　翁文灝　馬震武　高桂滋　張鈁　傅作義　焦實齋　楚溪春　鄧哲熙　衛立煌　王家楨　薛篤弼　于毅夫（主席）

一月廿七號星期五（十二月十五）

　　到北京飯店，上大汽車，與金國寶談。九時半，到石景山鋼鐵廠，參觀熔鐵、煉焦部門及醫院。十二時半，回北京飯店飯。與袁翰青、梁鐸談。

　　到樹幟處，與劉錫瑛談。到董爽秋、鄧昊民處談。步至新僑飯店，與丁緒賢談。上大汽車，到安定門外和平農業合作社，參觀養豬、新式農具等。六時返家。

　　爲兒輩講書。看李日華《紫桃軒雜綴》。十時眠，上午三時半醒，六時又朦朧。

一月廿八號星期六（十二月十六）

　　到新僑飯店，乘大汽車到永定門外紅星集體農莊，參看温室及農民住室等。十二時半歸。與笪移今、呂斯百、樹幟、俞寰澄、許崇清、盧明道、水楚青、張殊明等談。到北京飯店飯，與樹幟、平心談。

　　與樹幟、黃宸同乘車到榮寶齋，參觀描、刻、印諸工作。到來薰閣閱書。五時許歸。晤康同璧、林煥平、張楚琨。

與金子敦、沈從文、吳鳴崗談。到天橋劇場觀劇，自七時半至十二時。服藥眠，翌晨七時醒。

劇目：

1. 穆柯寨、轅門斬子（李和曾、張春孝、謝銳青）
2. 相聲"改行"（侯寶林、郭啟儒）
3. 三娘教子（張君秋、楊寶森、張學津）
4. 徐策跑城（高百歲、劉全魁、雲艷霞、高維廉、任慶利、張盛樵）

招待者：中共北京市委員會、北京市人民委員會、中國政協北京市委員會

一月廿九號星期日（十二月十七）

八時起。劉世點來。與靜秋同出，到結核病防治所視羅偉之疾。到嚴景耀處，見其母。到馬曼青夫婦處。到瑞蘭處，見其母。到鄧西園處，見其夫婦及其侄華光、劉展泰。蕭新祺來。賀次君來，留飯。

寫徐調孚信。與義安、堪兒送木蘭到朝陽門外高碑店十七中學。黃克平兄妹三人來。與靜秋同到民族學院，到吳文藻處，晤其夫婦與其母、女青。到馮伯平處，晤其夫婦及其子小狗。五時半歸。為羅偉之住院事，寫李德全信。

到巷口修面。為兒輩講書。九時半眠，上午三時醒。五時又眠，七時醒。

一月三十號星期一（十二月十八）

到北京飯店，到陸秀、平心處談。出席第25小組，自九時至十時半，討論發言及分組事。歸，草發言稿。

孫金鰲來。到研究所尋通學齋賬單，與萬斯年談。歸，看周總理《關于知識分子的報告》。到政協，開大會，自四時至六時半。晤陳樂素、朱文叔、劉薰宇、蘇炳文、孫蓀荃、陳銘樞、邵力子等。

洗浴。九時眠，上午二時醒，四時後朦朧，六時半起。

　　靜秋面部發腫，兩手麻木，到汪仲鶴診，謂是氣血兩虧。又到杜經誠處扎針。

一月卅一號星期二（十二月十九）

寫葉子剛夫婦信。到北京飯店，與廖安邦、張鈁、葉恭綽、熊佛西、劉瑤章、何思源等談話。開小組會議，討論昨日周總理政治報告，自九時至十二時。與翁文灝、康同璧同車歸。

看《康誥》譯文。到政協開大會，聽郭沫若、陳叔通、董必武三報告，自三時至六時。與葉渚沛、侯德封、周建人、龍雲、盧于道、章伯鈞、徐森玉、熊佛西等談。

葉子剛夫婦來。失眠，服藥三次，至十二時後眠，上午六時醒。

［徐調孚來信］

頡剛先生：

日前駕臨我社，適值感冒，未能晤談，悵甚。

現我社欲明瞭先生標點《史記》之進程，擬請撥冗將交稿日期見示，以便布置排校工作：

　　（一）二月十五日前交若干卷？（周本紀、秦）*

　　（二）二月底交若干卷？（秦始皇—孝武本紀、表一部分）

　　（三）三月十五日前交若干卷？（表全、書全）

　　（四）三月底交若干卷？（世家全）

---

* 括號中內容係顧頡剛先生後加。下同。

（五）其餘何時交稿？（四月底以前列傳全）

匆上，即致

敬禮

　　　　　　　　　　　徐調孚上。一月廿八日。

一九五六年二月

二月一號星期三（十二月二十）

到北京飯店參加小組會，予發言，論知識分子與幹部的距離。請假歸，草發言稿，得三千字。

到政協禮堂，聽賴若愚等發言。與章伯鈞、馮友蘭、錢偉長、焦實齋等談。四時半休息後，到休息室將上午所寫發言稿鈔清。與葉渚沛等同車歸。

到北京飯店訪樹幟，請其改予發言稿。九時半眠，三時半醒，即起，重鈔發言稿，縮三千字爲二千字。

今日予在小組中忍不住談及幹部之偏差，以丁山、歐陽翥爲例。予作文頗能委宛，而當眾發言，必然緊張至不能自持，此即予不能辦事之一證。

二月二號星期四（十二月廿一）

周贊衡來，同車到北京飯店。訪平心，晤之。到廿五小組，開會，劉仲容主席，自九時至十二時。與張鈁到卅一小組，訪徐森玉。與衛立煌、何思源、劉仲容、劉定五、鄧哲熙等談。

在北京飯店進食。與傅彬然談。晤董渭川。到平心處，請其改予發言稿。與平心同到劉文典處，并晤劉賾、彭俐儂。與樹幟、平心同上大汽車至政協，聽陳伯達"農業報告"及章伯鈞等發言，自三時至七時。與巨贊、鄭振鐸、于滋潭、陳調甫、孫蓀荃等談。

與周贊衡同到閩江春飯。八時半歸，看李夢陽《空同詩鈔》。十時眠，上午四時半醒，即起。

二月三號星期五（十二月廿二）

重鈔改發言稿。到北京飯店，更與何仙槎商之，再改一過，即送去。參加最後一次之小組會。與王家楨、張仲魯、劉文輝等談。

到薛子良處，并晤黎照寰。修面，遇陳鶴琴。遇費孝通、潘光旦。到伯祥處。到政協，聽各人發言，自三時至七時。與張奚若、李蒸、章元善、孫蓀荃、陶孟和、吳研因、焦實齋等談。

翻《秋錦山房集》。十時眠，上午二時醒。又眠，五時醒。

楊衛玉先生，前日尚見而今晨已作古，蓋會前視察已甚興奮，此次赴會又一勞頓，平時血壓高而不注意之所致也。渠年約六十七八，我輩聞之當警惕矣！

發言稿，三日來起了兩個早，謄改四次，商量者四人，而所寫只兩千餘字，可謂字斟句酌矣。

二月四號星期六（十二月廿三）

寫映婁、延孫信。到政協，參加大會，聽胡啓立、許廣平等發言，自九時至十二時半。與傅作義、黎劭西、齊璧亭、沈慧儒、陳調甫、金岳霖等談。

到北京飯店飯。到郵局發信。到樹幟處、平心處。到政協，參加大會，聽梁漱溟、傅抱石等發言。休息時，傅作義召集本組同人談話。

到平心處問疾，并晤其子前偉。歸，看齊白石詩集。十時眠，上午二時醒，五時後又朦朧。

傅宜生先生謂予，我輩年齡只做四小時一天即够，并舉毛主席生活告予，謂每日游泳一小時，事務竭力精簡，蓋必如是始能綜握其綱要也。

二月五號星期日（十二月廿四　立春）

八時起，補記日記。周谷城自上海來，詳談。伯祥來，同到新僑飯店，應宴。

與調甫、伯祥、元善同到東華照相館攝影。歸，周耿來。與靜秋同到北京飯店視平心疾，并晤谷城及武堉幹。寫思泊、祝叔屏信。

到懷仁堂應宴，與鄧季惺、楊玉清、石筱山談。十時歸。失眠，服藥兩次。至十二時半眠，六時半醒。

今午同席：王伯祥　章元善　潘慎明　徐□□（以上客）陳調甫（主）　調甫爲予草橋中學同學，數十年不見，白鬚長垂，如不説明，不認識矣。

今晚同席：政協特邀委員　少數民族委員　新聞出版界委員醫藥衛生界委員(以上客)　毛主席　周總理　董必武　陳毅陳雲　沈鈞儒(以上主)　毛主席、周總理均慰問予去年之病，謂《資治通鑒》不必這樣趕。予答云：“領導上説，已報告毛主席，時間不能改變。”可謂直矣。坐第二席，董必武先生作陪，談甚久。

二月六號星期一（十二月廿五）

與靜秋到蘇聯醫院診。到政協，參加大會，十二時半散。與楊憲益、趙萬里、鄭振鐸、笪移今等談。晤孫雲鑄、皮宗石、潘菽。到北京飯店飯，與胡庶華談。

到樹幟、平心處，晤之。到子敦處，未晤，留條。到笪移今處。到政協出席大會，自三時至五時半。又出席小組會，聽傅作義報告。五時許歸，準備宴客。

宴客，九時散。服藥眠，上午三時醒，四時後又眠，七時許醒。

今晚同席：辛樹幟　于思泊　李平心　胡厚宣　笪移今　陳

夢家　譚季龍（以上客）　　予夫婦（主）

今日就診，知予血壓又高，上字爲百七十，下字爲一百。蓋近來開會過于疲勞所致也。此會畢後，又有民進之會，又有科學院學術會議。醫囑休息，難言矣。

二月七號星期二（十二月廿六）

到民進報到。歸，補記日記。寫章丹楓、徐澄宇信。與靜秋携四兒到新僑飯店訪王國秀及金子敦，俱不遇。即就食堂進西餐。

到政協，出席大會及閉幕會。又出席"亞洲與中國團結委員會成立大會"。七時，到北京飯店飯。

到政協禮堂，看《在餐車裏》等三短劇。與李雲亭、劉清揚談。十二時與王愛雲同車歸。洗浴。服藥眠。

立春以來，氣候轉寒，時飄小雪，今日陰霧重重，遍樹凝冰，蓋自一九二五年後久未見矣。

二月八號星期三（十二月廿七）

到北京飯店，與平心同到新僑飯店，訪金子敦、謝無量，并遇張奚若。訪王國秀、徐森玉，均未遇，留條。訪于思泊，未遇。到唐蘭家，待其歸，同到北京飯店飯。

到樹幟處，并與劉錫瑛談。到平心處談。三時，與周贊衡及平心同乘車到太陽宮體育館看體育表演，并政協同人全體照相。與平心、贊衡同車到北京飯店飯。與熊十力、龍榆生、鄧着先、陶叔南等談。

與石筱三、顏福慶等話別，與周贊衡握別。歸，早眠。

二月九號星期四（十二月廿八）

到北京飯店，與平心同車到政協禮堂，聽陳毅對于知識分子問題的報告，自九時至下午一時半。與酈平樟、俞平伯等談。

與平心同到北京飯店飯。理髮。到政協俱樂部，參加民進常務理事會擴大會議之第二小組，自三時半至六時半。與林漢達等談。

十時眠，上午二時半醒，服藥，又眠。

二月十號星期五（十二月廿九）

于思泊來。到政協俱樂部，續開談話會，討論幹部與知識分子關係的問題。與平心同回家，與靜秋及四兒同到森隆赴宴。

送唐立厂返故宮。到俱樂部，繼續開會，自三時至六時。與許廣平、傅彬然等談。

趙華璧來。到北京飯店樹幟處，并晤武堉幹。步歸。十時眠，四時半醒，又朦朧一小時許。

今午同席：平心　唐立厂　陳夢家　胡厚宣　予夫婦及四兒（以上客）　于思泊（主）

堪兒在森隆忽發燒。

二月十一號星期六（十二月三十）

到政協俱樂部，續開小組會，自九時至十二時，商討本會發展問題。與李燮華、梁純夫、陽太陽談。與平心同到北京飯店飯，與徐伯昕、曹紹濂、吳研因等談。

到平心室，長談。與嚴景耀、車向忱談。到俱樂部，參加大會，聽梁鐸、沈慧儒、趙傳家等報告思想改造之經過，自二時至五時。出，遇張德鈞。

理書。八時半，全家吃年飯。與兒輩同唱歌。洗浴。十二時眠。晨七時醒。

開會十八天矣，人困馬乏，如何如何！

堪兒退燒。

二月十二號星期日（正月初一　春節）

賀次君來。王崇武來。馮世五、張文鑄來。唐守義來。王明來。劉銘恕來。葉子剛來。陳碧笙來。王修來。王澤民夫婦來。德融侄來。陳元弘、雪如侄來，留飯。

金擎宇來。辛樹幟偕其子仲勤來。與樹幟同到竺藕舫處，并晤其夫人陳汲。訪陶孟和，未值。歸，王毓銓、張若達、吳宜俊來。平心來。姚紹華來。到王修處。與平心、靜秋同到于思泊處。與平心同訪陳叔通，未晤。到王紹鏊（却塵）處，并晤其夫人及劉峰、姜厚義。

與平心同到北京飯店飯，遇張紀元等。到平心處談，并晤其子前偉。步歸，謝剛主、周紹良來。失眠，服藥，十二時眠，翌晨七時醒。

二月十三號星期一（正月初二）

陳叔通先生來。黃奮生、王沂暖來。與靜秋携四孩到王姨丈家，并晤大琪、大珍。王以中、謝剛主來。到金擎宇、歐陽纓、鄒新垓處，并晤蕭望樓。歸，鄧西園夫人、羅偉之夫人及其子來。雪如、元弘、德融來，留飯。

與一家人及德融、雪如、元弘同游雍和宮。到北京飯店，參加統戰部酒會，自四時至六時，與侯宗濂、粟顯倬、樹幟、平心、康辛元、連以農、笪移今、胡厚宣等談。

到平心處談至八時歸。高大姨、瑞蘭來，談至十二時。失眠，十二時半服藥眠。上午七時許醒。

今日下午同席：民革全國代表　民盟全國代表　民進常務理事　九三學社全國代表　農工民主黨中央委員　毛主席　劉少奇　周總理　彭真　陳毅等一千餘人（以上客）　統戰部部長李維漢　副部長邢西萍　廖承志　劉格平　平杰三　汪鋒　張執一　于毅夫　許滌新（主）

二月十四號星期二（正月初三）

與静秋到侯芸圻處，晤其夫人。到尚愛松處。到王澤民處。歸，蕙蓂偕其女玲玲來，留飯。到周紹良處。陶才百來。

到姚企虞夫婦處，遇嚴幼芝夫婦。與静秋到昌群處。張宇慈夫人、蔣□生夫人來。與静秋挈四兒到來今雨軒，參加朱士嘉婚禮。會散，與兒輩在園爬山。

高大姨回。九時眠，上午三時半醒。

今日下午同會：金静庵　侯芸圻　酈平樟　王重民　劉修業　周輔成　林耀華　饒毓蘇　傅樂焕　榮孟源　王崇武　譚其驤等約四十人（客）　朱士嘉　程含玉（主）

二月十五號星期三（正月初四）

于思泊來。到政協俱樂部，參加大會，聽周建人、李燮華等報告。自九時至十二時。與柴德賡談。木蘭返校。到吳貽芳處。與趙傳家、段力佩、吳若安談。

到琉璃廠，看廠甸春節。訪奮生、沂暖于永安飯店，未遇，留條。到北京飯店六〇一號，開小組會，自三時至六時。與柴德賡談。

到平心處長談，九時歸。服藥，十一時眠，上午四時半醒。

今日下午同會：朱乃文　徐伯昕　胡明樹（主席）　張景寧　張惠明　鄭顯通　鄭芳龍

二月十六號星期四（正月初五）

寫第二所信。石慰萱來。到巷口修面。看楊非《玄奘》。寫誠安信。與静秋到蘇聯醫院就陳醫師診。一時歸。

到第二所，參加學術委員會，自二時半至六時。與韓鴻庵、尚鉞等談。

宴黃奮生、王沂暖。平心來，長談。十時眠，三時許醒。

今日檢查血壓，上 170，下 110，又高矣。骨肉之身，如何作無盡無休之使用乎！

今明日同會同席：侯外廬　向達　邵循正　翁獨健　陳垣　陳樂素　賀昌群　楊榮國　鄧廣銘　韓儒林　譚其驤　王崇武　白壽彝　李儼　尚鉞　季羨林　馮家昇　傅樂煥　鄧拓　鄭天挺（以上出席）　王修　張德鈞　陰法魯　萬斯年　王毓銓　吳宜俊　張若達　蕭良瓊（以上列席）　　未至者：尹達　呂振羽　唐長孺　翦伯贊　劉大年　范文瀾　吳晗　葉企蓀

二月十七號星期五（正月初六）

到二所，續開二所學術委員會。與楊榮國、季羨林、鄭毅生等談。與翁獨健談。在所飯後，到吳宜俊家、張德鈞家，到韓鴻庵、向覺明處談。

會散後到東來順飯，與外廬談。

擎宇來。寫傅彬然信。楊寬來。趙華璧來。十時眠。二時醒，服藥，四時許又眠，七時醒。

此次討論重要問題，爲 1. 如何編中國通史　2. 如何編斷代史　3. 如何編專史　4. 如何編亞洲史　5. 如何編少數民族史　6. 如何編國際關係史　7. 如何編史學工具書　8. 如何編教科書　9. 如何編自然科學史　10. 如何編歷史文獻　11. 如何編都市史

在黨與政府協助之下，此一大業必可成就，快甚。倘使我年輕些，真該踴躍用命，現在則"一則以喜，一則以懼"了。

第二所原定計畫，鄧拓評爲"小手小腳"，此語正可與尹達評我之"大而無當"對看。

二月十八號星期六（正月初七）

寫徐澄宇信，訖。到平心處話別，長談，自十時至十二時。

與四兒到紅星，看《春節大聯歡》電影。小息。與靜秋到鄧西園處，晤其夫人及劉展泰。祝叔屏來。到章元善處送照片，晤其夫婦及平伯之女俞成。

到站送平心，未找得。歸，看胡道靜《夢溪筆談校證》。十一時服藥眠。翌晨七時醒。

二月十九號星期日（正月初八）

王守真來。寫陳玉書信。與靜秋到葉子剛處，晤其夫人及子九成。到翁獨健夫婦處，談豐盛幼兒園及洪太太存物事。歸，遇謝剛主、周紹良。

胡厚宣來，長談。與厚宣同到姚企虞處，長談。與厚宣、企虞同到中國書店閱書。與厚宣同到王毓銓夫婦處，并晤其子鳳凱。與厚宣到楊寬正處，未晤，遇郭勇，談山西出土甲骨。

到擎宇處飯。八時半歸。十時眠，上午二時半醒，至拂曉又一朦朧。

堪兒又發熱，一冬病五次矣。就汪仲鶴診，謂是腸胃消化不良所致。服藥後晚間退燒。

聞楊遇夫先生于舊曆正月初三日逝世，驚悼無已。去年舊曆元旦余季豫先生没，湘中兩大學者一年都盡，傷哉！

今晚同席：予夫婦及潮、洪、湲三兒　　凌大夏　　金竹林（以上客）　　金擎宇夫婦（主）

二月二十號星期一（正月初九）

寫胡道靜、王玉璋、辛樹幟、劉起釪、葉瑉生、陳懋恒、華忱之、文懷沙信。與靜秋到張苑峰處。

寫章丹楓、德輝、毓蘊、自明、自珍、童丕繩、于鶴年、楊廷福、王威信。趙華璧來。到郵局寄信。到伯祥處。

到青年會修面。歸家，洗浴。九時眠，上午四時醒。五時許又眠，七時醒。

久未寫信，信債山積，今日考古研究所開會因故移後一天，乃得寫十餘通，皆不可不寫者也。

張苑峰家今日遷至予屋西頭三間，渠兼任北大及科學院兩職，每星期仍須到北大住兩三天。

二月廿一號星期二（正月初十）

到北京飯店，參加考古工作會議，聽郭沫若、鄭振鐸報告，自九時至十二時。晤傅維本、馬元材等。與侯芸圻等談。在北京飯店飯。

到馮漢驥、商錫永、王獻唐、胡厚宣、何樂夫、陳直、李嘉瑞處談。訪張聖奘未晤。與辛田、德鈞等談。歸，寫陳調甫、李映婁、趙孟頫、沈爕元、張魯青信。到郵局，寄信及書。

到市場閱書。到萃華樓赴伯祥宴。九時半歸，服藥眠。

今晚同席：宋雲彬　朱文叔　丁曉先　盧茝芬夫婦　章士敘（以上客）　伯祥　王潤華夫婦及其女元官（緒芳）（以上主）

二月廿二號星期三（正月十一）

臥床一日。看《高祖本紀》標點，抉出其誤漏，未畢。

寫季龍信。賀次君來。

夜三時醒，五時許復睡，七時醒。

自上月廿五日起，迄于昨日，政協開會後民進繼之，民進後科學院繼之，予肩、背、腰俱痛絕，今日不復能支，只得臥床休息，并減少飲食。

賀次君助予點《史記》，予累次勸其細心多看數遍，而今日觀其所點《高祖本紀》，每頁必有誤漏。人之才分似有不可强者？

二月廿三號星期四（正月十二）

校改《周本紀》標點，訖。記筆記六則。民族學院送《禹貢半月刊》等一車來。

徐調孚來。

季龍來。厚宣來。與季龍、厚宣到苑峰處。静秋與潮兒到人民劇院觀劇，予在家撫三兒。十二時，静秋歸。予服藥眠，翌晨七時醒。

趙華璧君于豐盛胡同設幼兒園，所請代理園長不稱職，而區教育科聽信園長言，不予撤換，又不批准董事會人選，使該園瀕于崩潰。該園聘静秋爲董事，復擬聘爲園長，一切無從進行。十九日，予與静秋同到市教育局局長翁獨健君處説明原委，乃于昨日批准董事會人選，并批判科員之把持。静秋久欲工作，今得此事，償其素志，惟豐盛胡同距離太遠，每日往返須費兩小時耳。

二月廿四號星期五（正月十三）

校改《秦本紀》標點，訖。記筆記十則。李子魁來。

葉榮娟來。韓鴻庵來。

翻《叢書舉要》。九時眠，翌晨六時半醒。

今日大雪，終日不絕，予又傷風矣。

二月廿五號星期六（正月十四）

到一、二所，參加學術委員會，討論十二年歷史科學之研究、編纂、教學等事項。午、晚均在所飯。

到朝陽門大街理髮。

楊寬來。爲待静秋赴幼兒園開會歸，十二時始眠。失眠，服藥二次，得眠三小時。

二月廿六號星期日（正月十五）

與堪兒到中山公園散步，遇郝文冲。十一時半歸。馮世五來。張璕來。宴客。

寬正談至二時半去。到張若達處，晤其夫婦。到陳碧笙處，未遇。到伯祥處，亦未遇。到歐陽静戈處，爲改其所作《針灸與實驗》一文。趙華璧來。

爲兒輩講西藏故事《青蛙騎士》等。十時眠，翌晨五時醒。

今午同席：韓儒林　譚季龍　楊寬　李炳墋　方可畏（以上客）　予夫婦（主）

昨日失眠，今日精神甚不爽快。

聞柳翼謀先生及胡小石均于本月逝世，不勝傷悼。柳先生病大便不通已久，或是十二指腸癌也。年約七十八，亦可無憾。小石則尚未至七十。

後知小石實未死。

二月廿七號星期一（正月十六）

到三所，參加一、二、三所聯合之學術會議，討論《歷史科學長遠規劃草案》。到蘇聯醫院，就陳醫師診。到萃華樓飯。

與胡繩、楊人楩談。與苑峰同步歸。

到萃華樓赴"考古工作會議"閉幕歡宴。歸，洗浴。十一時眠，上午五時醒。六時又眠，七時醒。

今日同會同席：侯外廬　范文瀾　劉大年　尹達（以上主席）　胡繩　楊人楩　陳翰笙　季羡林　周一良　唐蘭　翁獨健　韓儒林　譚其驤　何幹之　張政烺　馮家昇　傅樂煥　向達　翦伯贊　白壽彝　陰法魯　張若達　金燦然

今晚同席：郭沫若　鄭振鐸（主）　王振鐸　于思泊　商錫永　劉開渠　林惠祥　曾昭燏　張聖奘　賀昌群　翦伯贊

陳夢家　周永貞　唐蘭　趙全嘏　高君箴　馮漢驥　胡厚宣　徐森玉　何樂夫　王獻唐　王冶秋夫婦　陳直　傅維本　馬元材　張政烺　夏鼐　楊寬　郭寶鈞　共十桌約百人。

二月廿八號星期二（正月十七）

徐伯昕來，長談三小時。與静秋談。

校正《秦始皇本紀》十五頁。記筆記六條。史航携《歷代會要》來，翻一過。

容元胎來，看其所譯《呂氏春秋》。

昨到蘇聯醫院檢查，予上字 160，下字 90，較前降得多矣。然以一月餘之開會，疲倦不堪，苦不得休息，如醫囑耳。

二月廿九號星期三（正月十八）

修改《秦始皇本紀》標點訖。記筆記十四則。

爲静秋改所作教養兒童文。

爲兒輩講民間故事。九時半眠，上午五時醒。

[原件]　　　　　　　　顧頡剛委員發言

（下略，見《全集·寶樹園文存》）

此文在報紙上發表後，得到很多人的注意，許多人寫信來，希望這件事的實現。

一九五六年三月

三月一號星期四（正月十九）

思泊來辭行。爲科學院作部分計畫。修改《項羽本紀》標點訖。趙華璧來。

記筆記二則。賀次君來。

爲兒輩講邊疆故事。看蘇東坡詩。十時半眠，上午四時醒。五時半又眠，七時醒。

三月二號星期五（正月二十）

苑峰來。苑峰夫人譚慧中來。校改《高祖本紀》標點，訖。記筆記五則。

爲昨作計畫加二條。

爲兒輩講王維、岑參詩。十時，服藥眠。

三月三號星期六（正月廿一）

校改《吕后》、《孝文》、《孝景》三本紀。記筆記七則。

趙華璧來，留飯。到青年會修面。到伯祥處談。遇王湜華、昌群。

爲兒輩講孟姜女故事。九時眠，上午四時醒。

前數日大雪，今日放晴矣。

三月四號星期日（正月廿二）

校改《孝武本紀》未畢。記筆記一則。看陳奐《師友淵源記》。寫沈静芷信。侯芸圻來。譚季龍來，留飯。

與静秋挈潮、洪、湲三兒到蟾宮看黄梅劇《天仙配》電影。到人民市場買物，吃點。歸，高大姨來，留飯。馮世五來。

爲兒輩講西藏故事等三篇。九時許眠，十一時醒。服藥，四時醒，即起。

芸圻云：湖北人羅喜聞，年近七十，爲北京市文史館員，即住乾麵胡同三十六號，一生專研究沿革地理。有如此人，住得如此近而不知，見聞之不易周遍可知矣。

昨天好了一天，今日又雪。按之節令，已過雨水，且近驚蟄矣。

前所編《歷史地圖》，已印三萬冊而不發行，因其中有原則性之錯誤，且有國際間之顧慮也。上月十七日，予在二所開會，因計畫中有歷史地圖一項，予將此事言之，邵循正、傅樂煥二君均謂有補正辦法，侯外廬謂可將樣本送至二所，大家討論修改。故今日致沈静芷一信，請其送去十冊。

三月五號星期一（正月廿三）

寫黃重憲、李映婁、謝延孫信。寫高教部楊秀峰部長、科學出版社信。與静秋到蘇聯展覽館看河北省農業展覽會。下午一時歸。

重寫科學出版社、高教部信。寫周谷城信。出外散步，到王府井，又到郵局寄信。

爲兒輩講楊貴妃故事。看方濬頤《夢園叢說》。十時眠，上午六時半醒。

科學出版社肯出版《史記三家注集校》，此大佳事，但予今年標點《史記》，著《古書年代考》，明年作《尚書今譯》，必須排至後年，以是不敢與訂約。

二月五日懷仁堂之宴，予與董必武先生接席，因談改編楊守敬地圖事，而惜季龍之將返滬，董老自告奮勇，爲致函高教部楊秀峰部長，部中遂來函責予，并將致予之函鈔送復旦，爲予樹敵。尹達聞之，亦不謂然。因作楊部長函，請其爲我解圍。

三月六號星期二（正月廿四）

校改《孝武本紀》畢。以孫輯《括地志》校本紀三家注中所引《括地志》文訖。寫筆記十一則。

到郵局寄書，到才百處。看岳珂《桯史》。

劉世點來。金擎宇來。爲兒輩講書。洗浴。十一時眠。失眠，服藥，四時半又醒。五時許又眠，七時醒。

今日工作較緊張，夜中又以靜秋出席街道會，至十一時始眠，又失眠矣。此可見（1）予每天下半天須出外散步，（2）睡眠不能在晚十時後。然靜秋社會工作漸忙，予又不能與之別室，奈何！

三月七號星期三（正月廿五）

以經、史各書校本紀三家注所引，未畢。記筆記十二則。李子魁來。

賀次君來。看姚彥渠《春秋會要》。

到古典門市部閱書。出，遇姚企虞。九時眠，失眠，服藥兩次，至十時三刻始成眠。上午六時醒。

洪兒發燒。

企虞謂上海友人來，見予瘦，均爲予健康憂慮。是則予較住滬時真瘦矣。爲了業務忙，開會忙，不得休息，而又心境不好，若之其不瘦也！

今日晚間出門走走，又早睡，然仍失眠者，則以日間工作太緊張也。近日予早晨的大便，晚上的睡，均成問題，苦矣。

三月八號星期四（正月廿六）

將本紀各篇問題查訖，又將分段分節改定。寫徐調孚信送去。

記筆記九條。陳友業自閩歸，來兩次。

與湲兒游北海，翻山洞，觀承露盤，到運動場，又茗于雙虹榭。

張苑峰夫婦來。趙華璧來。九時眠，失眠。十時半服藥，十二時眠，二時醒，又眠。七時醒。

今日將本紀完全交至古籍出版社，如釋重負。然以三日來工作太緊張，雖到公園，仍不能安眠矣。

洪兒就醫，知是急性中耳炎，打盤尼西林針。

閱報，悉楊今甫（振聲）死矣，年六十六。昨晤企虞，知中華書局校對員張潤之患心臟病逝世，年六十。是去年爲我校《古籍考辨叢刊》第一集，予深佩其細心過予者也。聞聖陶夫人病腸癌，醫生開刀而不能割，謂其生命已不到一年。渠與予同年。聞此等消息，使予憮然！

三月九號星期五（正月廿七）

到歷史博物館，注意其漢魏至唐五代部分。十二時半歸。

與湲兒到動物園，車中遇昌群夫人。觀新建之大動物室，白黑熊所居山，象室，到體育場，湲兒乘馬車。五時出，六時歸。

爲兒輩講《通天河》故事。十時，服藥眠，十一時醒。十二時又服藥，二時醒。繼又眠至七時。

今日游散竟日，仍不得安眠，苦矣。

三月十號星期六（正月廿八）

到北池了北口鴻蘇診所，就劉仲仙醫師診，打針三。在診所候診，看周總理對于知識分子之報告，訖。

到巷口理髮。到鮮魚口迎秋，聽相聲及快書，四時半散。到王府井及東單各藥房詢"五味子酊"，均未有。

到歐陽靜戈處扎針。遇蘇光。看《文史哲》。九時眠，翌日上午三時醒，五時許又眠，七時醒。

　　兩日來不得安眠，苦極矣。前祝叔屏爲予介紹鴻蘇診所，今日姑往一試。醫師劉仲仙謂予服安眠藥太多，鎮靜之後，更加興奮，不如反其道而行之，使其更加興奮，掃除餘毒，且平心臟。如其言，今晚果得睡六小時而未服安眠藥，快慰何如！

　　劉醫謂予爲重性神經衰弱，年齡既大，病歷又長，必須陸續治療一個月方可痊愈。果能治愈，一個月不爲久也。

三月十一號星期日（正月廿九）

　　到許廣平處，談卅年前與魯迅先生舊事。到景山公園。到北大舊址，訪人民教育出版社朱文叔、陳樂素，晤之。訪盧芷芬，未晤。到吳恩裕處，未晤，留條。到劉仲仙醫師處打針二。歸飯。

　　到聖陶處談。出，遇尚愛松，同到安定門小市，閱舊書及書畫。又至崇文門看幾家舊書店及文物店。遇常任俠，同到西單飯。

　　與任俠同歸，談。十時許眠，翌晨五時半醒。

　　愛松頗喜跑小市，搜羅文物。年來買文物者太少，購價極廉，一幅章太炎篆書，綾挖嵌者，僅三元。愛松今日買吳湖帆一聯，僅四角耳。西單南首範文齋，爲諸文物店中之最廉者。

三月十二號星期一（二月初一）

　　郝文冲來。潮與堪哄，靜秋遂與予鬧。到鴻蘇診所，由劉醫師打針三。歸，整理《三代世表》，未畢。

　　到蘇聯紅十字醫院復診，由丁銘臣醫師診。到政協，參加《漢語拼音方案》之討論，自三時至六時。到張潤普先生處。

　　爲兒輩講《愛羅先珂童話集》。十時眠，上午二時醒。五時又睡，七時醒。

　　昨夜一氣睡七小時，滿意極矣！劉仲仙真仙乎！惟日來有些頭痛，怕是反應。

下午到蘇聯醫院，上字爲百二十，下字爲八十，此太好矣，得無打針之效果耶？抑該院量器有不準耶？按在鴻蘇醫院量，前日 160/110，昨 155/105，今 150/100。

今日同會：傅作義　李書城　陸志韋（以上召集人）　譚震林　張軫　張鈁　章士釗　焦實齋　黃紹竑　楊公庶　楚溪春　端木杰　鄧哲熙　盧漢　黃育賢　盧明道　衛立煌　倪海曙　吳曉鈴　丁聲樹等

三月十三號星期二（二月初二）

整理《三代世表》畢。記筆記三則。楊殿珣來。鄧西園夫人來。

看陳叔通先生送來之姚茫父鈎填之泰山廿九字卷，鈔出各家題跋之有助于考證者。到中國書店及伯祥處。劉世點來。

遇李紫東夫婦。與靜秋挈四孩到天橋劇場，看兒童劇團演《友情》。自七時至九時半。十一時眠。翌晨七時醒。

三月十四號星期三（二月初三）

寫鄧西園信。看《金石萃編》秦碑各條。與靜秋同到鴻蘇醫院，打針三。歸，看《呂氏春秋》。

寫北京市文物組信，告火葬最早資料。看《呂氏春秋》、《王制》、《墨子》、《韓非》等書。記筆記十五則。

張次溪來。周耿來。看王澍《淳化閣帖考正》。洗浴。十時眠。二時半醒，四時後又眠，六時半醒。

今日量血壓，爲 140/90，更好矣。以昨夜得眠八小時，今日精神頗好。

三月十五號星期四（二月初四）

作題泰山二十九字卷五古一首，即題上。與靜秋同到賀次君
處，談編點《史記》計劃，并晤尹受、馮、張兩太太。予獨至陳叔
通先生處繳卷。晤昌群，知王以中暴死。

校改《史記・十二諸侯年表》二十餘頁。與靜秋及賀太太同到
第五醫院，視以中入殮，送靈至嘉興寺。六時歸。

寫殷綏淑、自珍信，告以中死。爲兒輩講《魚的悲哀》童話。
十時眠，十二時半醒，二時後又眠，四時又醒，五時許又眠，七時
許醒。

昨日王以中毫無疾病，下班後晚飯，喝酒二杯，到宿舍號房
付水電費，號房出言不遜，以中盛怒之下，心臟爆裂，立刻倒
下，口吐白沫，小便大注，脉息絕矣。此可爲易怒之鑒誡。

聞該號房向以中云：“你是國民黨時代的王庸，來壓迫我們
工人階級。”以中云：“今天我不同你談，明天到組織上談。”言
至此即倒下。工人們拾得幾個新名詞，隨便亂用，竟致殺一地理
學人才，可恨孰甚！

三月十六號星期五（二月初五）

校改《十二諸侯年表》標點。與靜秋同到鴻蘇診所，打三針。

在沙發上小眠半小時。校改《十二諸侯年表》，仍未畢。記筆
記三則。到南小街修面。訪伯祥，未晤，留條。遇索介然。

到紅星，看《越南》電影。與兒輩講《池邊》。九時眠，翌晨
六時醒。

予作事好細，別人看爲無問題者，予每好尋出問題，且必將
心得記出，以是工作較別人忙而吃力，此真自討苦吃。然天性如
此，有何辦法！

三月十七號星期六（二月初六）

　　寫朱育蓮、殷綏民、李炳墋信。到中海人代會，參加該會民族委員會，聽費孝通報告“穿青人的由來”、劉冠英報告“雲南景頗族調查”。自九時至十二時半。

　　校改《十二諸侯年表》畢，《六國年表》未畢。記筆記二則。

　　到紅星，看《印度尼西亞》電影。爲兒輩講《春夜的夢》。十時眠，十二時三刻醒。至四時未能眠，服安眠藥，約五時眠，七時醒。

　　今日同會：劉格平　費孝通　蘇炳琦　王靜如　夏鼐　劉冠英　約三十人。

　　上午赴會，聽得甚好，以民族問題予舊所曾用心也，然一念及《史記》工作，即不免歉然。飯後工作較急，又作時較長，遂致晚間又不成眠，苦哉！予責任心重，又性急，而體已不逮，奈何！

三月十八號星期日（二月初七）

　　與靜秋、昌群同至嘉興寺，晤綏貞及其子、女，與諸友人談。十時，公祭，移靈赴東郊火葬。予未送殯，到鴻蘇診所，打三針。看民進所發文件。

　　眠二小時。補記日記三天。與靜秋到中山公園散步。到來今雨軒吃點。六時歸。

　　休息。九時眠，上午三時醒，六時又眠，七時醒。

　　昨夜睡不好，今日困甚，就醫量之，則 160/120 矣。下字至120，爲前之所無。予血壓本已降低，偏逢以中之歿，使予更高，是北京圖書館宿舍號房不但害死以中，并間接害我矣！

　　今日同吊：葉譽虎　林宰平　陳援庵　劉汝霖　張秀民　王伯祥　葉聖陶　徐調孚　錢稻孫　張申府　竺可楨　吳辰伯　王天木　傅振倫　侯仁之　黃秉維　萬稼軒　向覺明　譚季龍　呂

叔湘　王一飛　丁志剛　曾毅公　侯芸圻　劉盼遂　鄒新垓　朱
育蓮　殷之慧　牛松雲　賀昌群　夏志和　王潤華　王滋華　吳
仲超　趙萬里　張全新　楊殿珣　約一百人。

三月十九號星期一（二月初八）

校改《六國年表》標點訖。記筆記六則。爲《緩齋雜記》第
二册編一目録。

眠未着。二時半，與湲兒到天壇公園，游皇穹宇、圓丘等處。
到茶社飲。又到兒童運動場。六時歸。

修綆堂伙友來。爲兒輩講《古怪的貓》。八時半眠，已入睡矣，
爲羅媽大聲説話驚醒，遂不成眠。服藥三次，至上午一時始眠。七
時醒。

今日游玩半天，晚上覺得倦了，到不及静秋讀俄文歸來即就
睡，已入眠矣。及静秋歸，羅媽送洗脚水入，步聲沈重，静秋恐
余醒，囑其輕行，乃彼高聲答曰："先生還未睡着咧！"在黑暗
中，她何從知道我未睡着，徒欲以口給禦人，然而竟將予驚醒
矣。此後越睡越醒，繼續服藥三次，仍難得眠，苦哉！予之難睡
如此，而家人偏不照顧我，可嘆也！

三月二十號星期二（二月初九）

草致各圖書館信，備贈《禹貢半月刊》。校改《秦楚之際月
表》標點，訖。記筆記三則。與静秋到景山公園散步。到鴻蘇診所
打三針。遇趙萬里。趙華璧來。

眠一小時。看蒙文通《古史甄微》。

洗浴。吳宜俊來。十一時眠，上午四時半醒。五時許又眠，六
時半醒。

今日量血壓爲145/100，低矣。醫謂續打之針主治神經衰弱。

又囑予不要吃雞蛋及豆，以其富蛋白質也。肉更不要吃。

三月廿一號星期三（二月初十）

古籍出版社朱士春來。校《漢興以來諸侯王年表》訖。記筆記二則。張文華來，留飯。

眠一小時許。與静秋同游北海，穿山洞，看承露盤。參觀蘇聯積極婦女照片展覽。茗于雙虹榭。出，遇朱欣陶。

趙華璧來。上街，理髮。十時眠，失眠，服藥二次，至上午二時半後始入眠，七時許醒。

今晚失眠，倘因雙虹榭茶太濃故耶？抑昨天打針，藥性已消失耶？

三月廿二號星期四（二月十一）

朱葆初來。校《高祖功臣侯者年表》半篇。記筆記二則。

眠一小時。與静秋到鴻蘇診所，打三針。到故宮奉先殿，看敦煌藝術展覽。六時，步至東華門上車，到燈市口吃餛飩。

朱士嘉來。陳友業來。爲兒輩講《西游記》第一回。十時眠，翌晨六時醒。

今日量血壓，爲 140/95，自以中之死，越八日，漸正常矣。醫囑多吃魚、蝦。左肋作痛，不知何病。

蘇州人代會主張拆城，朱葆初、汪旭初、周瘦鵑等反對無效，葆初囑我在京設法。其實，蘇州城外有運河，既不能填，拆城有何意義，不如多開幾個城門，造幾座大橋，爲切丁實際也。

三月廿三號星期五（二月十二）

校《高祖功臣侯者年表》訖。記筆記四則。寫周叔迦信。修緶堂人來。

眠半小時許。與湲到歷史博物館。到文化宮看北京市工業手工業品種展覽，未畢。到中山公園，看交通管理展覽。六時歸。

爲兒輩講《西游記》第二回。失眠，服藥，十一時眠，上午二時半醒。三時許復眠，七時醒。

三月廿四號星期六（二月十三）

校《惠景間侯者年表》訖，《建元以來侯者年表》未訖。記筆記三則。趙華璧來。

就床一小時，未成眠。高大姨偕耀玥來。到鴻蘇診所，打三針。訪殷綏貞，未遇，留條。歸，與耀玥談。到伯祥處。

爲兒輩講《西游記》第三回。失眠，服藥，十二時後得眠，上午五時醒。

　　今日血壓，爲140/93，左肋作痛，醫亦言是神經衰弱所致。

　　伯祥謂予現在一談話臉即易紅，此即肝火易升之徵也。衰象日臻，事多未作，奈何！

三月廿五號星期日（二月十四）

賀次君來。與靜秋到聖陶夫人處問疾，并晤葉至善夫婦及其女小沫、子永和，葉蠖生，伯祥。歸，李丙生來，留飯。

眠一小時。與靜秋同到康同璧家談。出，到姚企虞夫婦處談，索花子。爲兒輩講《勇敢的公主》。

十時眠，十一時半爲洪兒夢哭吵醒，遂不成眠，服藥二次無效。上午四時半眠，六時醒。

三月廿六號星期一（二月十五）

到乾麪胡同西口王茂生大夫處診。臥床竟日。

看《史記會注考證》表部。綏貞偕其子王應梧來。

看《紫桃軒雜綴》。服中藥後，至十一時得眠，上午四時許醒。五時許又眠，六時半醒。

爲昨日失眠，今日精神大壞。巷口王茂生醫師，昌群所從就醫者也，試往診焉。洪兒今日還臥其原室，渠膽小，聞故事中有可怕處，輒夢哭，而予絕不能于眠後醒，遂致錯忤。

三月廿七號星期二（二月十六）

趙華璧、鄧西園、羅峰南來。到王茂生處診。將古籍出版社送還本紀十二篇疑難處決定，送還該社，寫徐調孚信。校《建元以來侯者年表》訖，《建元以來王子侯者年表》亦訖。

眠一小時。金太太、賀太太來。張德鈞來。

洗浴。十時眠，上午二時半醒，五時又眠，七時醒。

昨睡較正常，今日精神較好，惟仍疲倦耳。

三月廿八號星期三（二月十七）

徐伯昕來，長談。單玉堂來，扎針四，灸二。臥床，看《紫桃軒雜綴》。

就榻兩小時，不成眠。校《漢興以來將相年表》訖。到青年會，修面。歸，與又安整理所藏經部書卡片。

到大華，看《梅蘭芳舞臺藝術》電影，九時歸。洗浴。失眠，服藥無效，至翌晨四時後始入眠，六時醒。

以鄧大姐主張予每日洗浴，故靜秋爲設火煮水。然今晚以看電影故，精神又緊張，仍不能睡，反更炯炯矣。身體如此，真想寫遺囑，備身後事。

三月廿九號星期四（二月十八）

與靜秋到蘇聯紅十字醫院，由丁銘臣大夫診。爲量血壓有疑，再到山澗口聯合診所量之。

眠半小時許。與靜秋挈洪、湲兩兒到文化宮看工業手工業展覽會，到中山公園，進點于瑞珍厚。游唐花塢。七時歸。

陳友業來。洗浴。九時眠，翌晨四時半醒。六時起。

昨晚僅眠二小時，精神大不爽快，初以爲血壓必高矣，乃就蘇聯醫院量之，爲 146/80，甚不高。更就一診所量之，爲 150/76，雖不同而相差不遠，心爲安定。晚間早睡，又服藥，遂得眠七小時半矣。

三月三十號星期五（二月十九）

寫徐伯昕信。民族學院車來，與容元胎同到該院，開科學院委托該院代辦之民俗學遠景規劃會，即在該院飯。遇金鵬。

到北大，訪馮芝生，交《尚書》譯稿四篇。返民族學院，續開會，至五時半散。與紹原同車入城，到啓明處及紹原處小坐。七時歸。

到昌群處，與綏貞談。看歐陽修《歸田録》。洗浴。十時眠，上午三時醒，又眠，六時醒。

今日同會：潘光旦（主席）　　王靜如　楊成志　羅致平　胡先晋　汪明禹　江紹原　容肇祖　鍾敬文

三月卅一號星期六（二月二十）

覆勘《史記》表前七篇。記筆記五則。看《校點資治通鑒説明》。

眠二小時。記筆記一則。賀次君來。點《今古學考》。到大街散步，到古籍門市部買書。劉玉山來。

木蘭來，留宿。看所買書。洗浴。十時眠，四時半醒。

堪兒又發燒，蓋下午在學校吃點，歸家後其母又令吃點，腸中積食所致。

静秋重傷風，又兼月經來，困頓臥床。

余久不作詩，而陳叔通先生以姚茫父鈎填之泰山廿九字卷命題，不得不爲，乃强成五古一章報之，錄下：

秦皇侈游幸，六合恣鞭笞。群臣頌其德，所至建豐碑。
二世示威力，東巡隨父覲。欲章先帝功，謂非後嗣爲。
斯也丞相任，昧死請刻辭。傷哉一年後，便興黃犬悲。
泰山廿九字，即此功狗遺。歷歲二千餘，滅没如冰澌。
幸有宋覆本，寶之若球彝。茫父曠代才，筆搨創其奇。
石花與字口，更不差毫厘。自稱爲響搨，林、邵析其疑。
陳丈懷古歡，什襲善藏持。何當詩琅邪，草萊同拂披。
倘見嬴氏石，狂笑傾千巵。

余涓滴不飲，而末句云云，此便落入形式主義矣。酬應之文，固爾爾也。

一九五六年四月

四月一號星期日 （二月廿一）

金擎宇來。章元善來。爲兒輩講書。校《史記》表三份訖。

到徐調孚處交《史記》表。到民進，開小組會，五時散。到伯祥處，并晤其諸子女、諸婿。

看阿英《晚清小説史》。洗浴。十時半眠。翌晨五時醒。

昨晨小雪，今晨大雪，真北京異事也。火爐已拆去，静秋呼冷！

今日下午同會：趙承信　王歷耕　吳□□　富□□　討論斯大林之獨裁問題。

四月二號星期一（二月廿二）

校改《禮書》略訖，《樂書》未畢。朱葆初來。堪兒起床。

排列經總類卡片。眠半小時。寫樹幟、聲漢信。與静秋到東安市場買玩具贈辛、石二家。

爲兒輩講圖畫書。看《晚清小説史》。義安來辭行。十一時眠，上午三時半醒。

又安兄弟在此，尹達、吳宜俊累次發動他們還鄉，甚至請聖陶出來勸説。予爲此事與樹幟言之已久，頃幸西北農學院古農學研究室成立，石聲漢主之，來信囑義安前往，任鈔寫之職。從此我家少一勞動力，亦有以報研究所矣。

静秋爲我隨便説話，氣至兩眼充血，知其精神苦痛甚，予決受教，不再發牢騷矣。

堪兒欲隨義安入陝，此兒殊有游興。

四月三號星期二（二月廿三）

義安赴武功。與静秋到車站送之，到糧食店進早點。九時歸。校改《樂書》，仍未畢。記筆記二則。

眠一小時。寫映婁、延孫信，到王府井取錢，八面槽寄信，報房胡同理髮，中國書店閲書。

爲兒輩講書。洗浴。看《晚清小説史》。十時眠，翌晨四時醒。

《史記》八書，問題甚多，須多看幾遍，多校他書，方可告無罪于讀者也。

四月四號星期三（二月廿四）

校《樂書》，粗訖。記筆記四則。

眠廿分鐘。與静秋挈湲兒到北海，划船二小時。到雙虹榭茶。到兒童體育場。看花。遇李天佑。看《真理報》評個人崇拜文。

爲兒輩講《愛羅先珂童話》。看錢易《南部新書》。十時眠。翌晨五時半醒。

四月五號星期四（二月廿五）

校《律書》，粗訖。記筆記一則。徐伯昕來，談三小時。何天行來。賀次君來。綏貞來，留飯，并邀昌群夫人飯。

上床，未成眠。整理《春秋》學書卡片。

爲兒輩講蘇俄童話。看《晚清小説史》。失眠，再服藥，得眠，自十一時至翌晨七時。

得眠已多日而今日失眠者，以上午多談話，下午未散步，晚間未洗浴也。

今日洪、湲兩兒隨姈及木蘭游十三陵，湲兒每到一處，必采集花草。我家四兒中，潮兒好看書，洪兒好爲人服務，堪兒好勞動，對種植尤感興趣。

徐伯昕先生來談三次，真是耐心説服矣。予以此一年半間所受痛苦告之。

四月六號星期五（二月廿六）

看《關于無産階級專政的歷史經驗》，與木蘭談。校《曆書》，粗訖。記筆記二則。

到政協，訪連以農，談。到禮堂三樓，參加第四組，討論斯大林重新估價問題，自三時至六時。洪兒以割扁桃腺入耳鼻咽喉科醫院。

誦芬弟來。看《晚清小説史》。十時眠，十一時半起再服藥，三時醒，又眠，六時醒。

久未與静秋好合，今晚爲之，乃不能眠，且盜汗，乃知古人所云“男子六十四而陽絶”者正謂此也。從此以後，予殆脱離性生活矣。

今日同會：陳銘樞（主席）　李平衡　駱介子　王達仁　張豐胄　陳銘德　鄧季惺　鄭芸　蘇從周　李一平　汪德新　王雪瑩　張曼□

四月七號星期六（二月廿七）

與木蘭同到清華大學一工區訪王載輿夫婦，未晤，晤高太太及載輿之子王衛平，女憶寧、嘉寧。到清華園散步，返王宅，載輿歸，同到合作社飯。飯後木蘭別去，予到載輿家談。

到礦業學院，訪丁壽田夫婦，并晤丁老太太。出，到師範大學，訪王真夫婦及其子無病，女無怒等。與王真同到校內散步，看教育法及古代算書（李儼藏）兩展覽會。返王宅，王真夫婦邀至合作社晚飯。

乘十四路汽車返城。李天佑來。陳友業來。洗浴。十時眠，十一時半醒，五時又醒，七時起。

王真夫婦與予同病，皆不能工作或少工作。生在大時代中，偏偏力不從心，其痛苦爲何如也！

譚平山、譚仲逵（熙鴻）俱逝，舊游日少，爲之悵然。豈今年死人之多耶？抑如予年齡，分當有此淒涼之感耶？

四月八號星期日（二月廿八）

王樹民來。何天行來。王芷章來。季龍來。宴客。

與靜秋到天橋劇場，看解放軍抗敵話劇團演《戰鬥裏成長》，四時三刻閉幕。與靜秋同到耳鼻咽喉科醫院，予未得入。訪譚伯普，未晤。訪王姨丈，亦未晤。歸，殷綏貞、殷綏民來談。

留綏貞姊弟飯。九時眠，十一時半醒。服藥，十二時眠，四時半醒。

洪兒割扁桃腺後情形良好，已能下床。從此可不長患傷風矣。

今晚覺倦，未服藥而眠。然兩小時半即醒，仍不得不服藥。

今午同席：史筱蘇　王樹民　譚季龍　王毓瑚（以上客）

予夫婦（主）

四月九號星期一（二月廿九）

賀次君來。爲作《史記》索引事到古籍出版社，晤徐調孚、王乃夫、丁曉先。與賀次君及堪兒參觀國畫展覽會。

眠廿分鐘。出，修面。讀《人民日報·關于無産階級專政的歷史經驗》。到民進，晚飯。

參加民進中央小組，討論個人崇拜。與曹葆章談。九時歸。失眠，十一時半再服藥，一夜不安眠。

今晚同會同席：王却塵　徐伯昕　嚴景耀　張紀元　張明養　金芝軒　梁純夫　周建人　徐楚波　馮賓符　葛志成　吳研因　梁明

四月十號星期二（二月三十）

郝文冲來。與湲、堪兩兒同到北海，上白塔，至運動場，又至桃林觀賞。十二時半歸。

伴堪兒眠一小時。記筆記三則。整理《古柯庭瑣記》第一册，未畢。

爲兒輩講書。王之屏來。洗浴。九時眠，翌晨五時醒。

昨晚失眠，今日精神甚不好。幸日來諸兒正值春假，可與共游。

予晚上精神不能稍集中，否則即無法成眠。晚間如只隨便翻些易看之書，并爲兒輩講故事，即無此病。惜民進對我過于看重，使我有説不出的苦痛耳。

四月十一號星期三（三月初一）

與靜秋挈潮、湲、堪三兒到北京動物園，游覽竟日，在牡丹亭茶飯。

看人民出版社送來之《中國歷史圖譜說明書》稿。歸，尚愛松來。到耳鼻喉科院，爲頤萱嫂送飯。

爲兒輩講《古怪的風磨》。看《越縵堂日記》。與靜秋口角，服藥兩次不眠。直至上午二時後始眠，未明，即醒。

予一生患神經衰弱，而無如今日之甚者，則以老來抵抗力弱，又所處環境特殊耳。

今日到動物園，園中陳列禽獸較前大有進步，幾乎換一面目。臨睡時與靜秋言之，靜秋曰：“何處不然！”予曰：“只是歷史研究所第一所不進步耳。”靜秋遽詈予。予遂不能成眠，冤矣！

四月十二號星期四（三月初二）

八時起。理《古柯庭瑣記》第一册畢。與靜秋到耳鼻醫院，又到蘇聯醫院，就陳慧玲大夫診。續看《歷史圖譜說明書》。

何天行來。賀次君來。眠一小時許。龔雲水來，未見。與湲兒到集郵公司買郵票。

到姚企虞處。到王修處。洗浴。十時眠，翌晨五時醒。

昨眠太壞，今日頭昏，體倦，足冷，殆不成人形矣。

今日血壓 150/105，低壓較前高至 25 度。

四月十三號星期五（三月初三）

校《封禪書》數頁。記筆記五則。樹民來，同到修綆堂，晤孫助廉。到中國書店，會季龍、筱蘇，同到東四食堂飯。

到華僑招待所稍息，晤斯維至。別樹民、筱蘇歸。小眠。朱士春來。寫徐調孚信。孔繁山來。王姨丈、母來。看《呂碧城集》。

挈堪兒到伯祥家，與其孫女王緒芳同嬉。十時眠，翌晨四時醒。

四月十四號星期六（三月初四）

校《封禪書》十頁，記筆記七則。賀次君來。洪兒出醫院。

眠一小時。何天行來，未見。到春風理髮。續看《漢代歷史圖譜說明書》訖。

到東安市場閱書。誦芬弟來，爲寫王姨丈信。洗浴。十時眠，翌晨四時半醒。

洪兒住醫院八天，共用五十餘元。

靜秋足指腫痛，不便步履，不知何疾。

四月十五號星期日（三月初五）

訪徐伯昕、徐調孚、陳碧笙，俱不晤。記筆記一則。挈湲、堪兩兒到陶然亭公園，十二時出園，一時歸。

眠一小時半。雪如來。武作成來。藍菊蓀來。續校《封禪書》。

姚企虞來。到隆福寺買物，閱書。洗浴。十時眠，翌晨六時醒。

四月十六號星期一（三月初六）

賀次君、尹受從今日起來理書。校《封禪書》訖。記筆記八則。眠一小時半。

送靜秋到青年會。到東安市場買物。失眠，服藥二次，十二時眠。

今日所以失眠者，晚飯少吃一次藥也。所以少吃者，有意減少也。然不能鞏固，即不能發展，以後尚勿急進哉！

四月十七號星期二（三月初七）

校《河渠書》訖。記筆記四則。張文華來。戶警來。

眠一小時。到所，開民主黨派座談會，自三時至六時半。

在附近胡同散步。看《浪迹三談》。洗浴。失眠，服樂口福，十一時眠。

　　今日同會：吳宜俊（主席）　侯外廬　向達　王毓銓　萬斯年　陰法魯　譚其驤　王修　張德鈞　予將到京後所受尹達之侮辱性言語略爲轉述，聞者駴然。

四月十八號星期三（三月初八）

校《平準書》訖。記筆記六則。張文鑄來。與次君談。

眠半小時。寫陳稺常、章丹楓信。

爲兒輩講《西游記》第五回。寫一所信。到陳友業處。十時眠，翌晨五時醒。

四月十九號星期四（三月初九）

寫映婁信。校《天官書》，未畢。

眠一小時半。藍菊蓀來。到巷口修面。

看許同莘《石步山人游記》。洗浴。十時眠，翌晨四時醒。

四月二十號星期五（三月初十）

寫李仲均《二千年來太史公書的傳布》審查書。到所，送稿與張雲飛。與德鈞談。開所務會議，自九時至十二時。與苑峰同歸。

就床，未成眠。本欲到政協聽翦伯贊講"義和團"，以未檢得通知書，遂赴團城、北海，在茶社中修改民俗學十二年規劃，歷兩小時。到安定門閱市。

爲兒輩講《西游記》第六回。與靜秋口角，不成眠，服藥二次，至十二時後眠，翌晨六時半醒。

　　今日同會：尹達　張政烺　張德鈞　吳宜俊　討論數事：1.

定副博士閱讀書規格。2. 爲實習員及研究生講書。3. 編刊《古史學報》。4. 討論中國史之分期問題。

四月廿一號星期六（三月十一）

校《天官書》，仍未畢。記筆記六則。

眠一小時半。張文華來。木蘭偕其同事錢敬田、杭永良來，留宿。

爲兒輩講《西游記》第七回。看《越縵堂日記》。十時許眠，翌晨五時半醒。

四月廿二號星期日（三月十二）

與靜秋、頤萱、又安、羅媽挈四孩游北海，在仿膳茶場野餐。到團城看工藝品，五時歸。

記筆記三則。

爲孩子講《西游記》第八回，未畢。綏貞來。爲留綏貞宿事，又與靜秋口角。十時半眠後十二時半即醒，又吵，二時半又眠，六時半醒。

靜秋脾氣本壞，近值更年期，更壞，幾乎無一事不生氣。對予尤酷烈，每有集會，無不令參加，而不知予之業務與精力之不許可。今日游玩一天，精神已鬆散，可睡眠矣，而綏貞至，至昌群家飯，其時正大雨，予欲留其一宿，靜秋初亦首肯，而久久不去，予再問之，彼即大怒。由此刺激，使予復致失眠。

四月廿三號星期一（三月十三）

到蘇聯紅十字醫院，就陳醫師診。十一時歸，爲湲兒講書（渠以傷風臥床）。與次君、又安、頤萱談。看《天官書》畢。

眠一小時半。將所點《禮書》重看一遍，記出問題。看《越縵堂日記》。

爲孩子講《西游記》第八、九回。十一時入眠，翌晨五時醒。

今日量血壓，爲90至142，若無昨日之吵鬧，當更低。

以昨夜眠不好，今日頭頗昏。

四月廿四號星期二（三月十四）

將《禮書》諸問題，查校諸書訖。記筆記六則。

就床，未成眠。將《樂書》重看，未畢。記筆記二則。劉世點來。

與靜秋挈四孩到東安市場散步。以不睏，十時服藥眠。翌晨六時醒。

近來予苦便秘，必蹲于公厠，方能用力使下，亦一苦事也。

四月廿五號星期三（三月十五）

重勘《樂書》，訖。徐伯昕來。王姨丈、母來。記筆記二則。

到巷口理髮，遇吳瑞燕。

到附近胡同散步。誦芬弟來。爲兒輩講《西游記》第十回。九時半眠，翌晨四時醒。

誦芬弟得其父書，謂上海方面傳予病得甚重，囑來探訪。此亦海外東坡故事重演矣。

四月廿六號星期四（三月十六）

重勘《律書》、《曆書》，訖。記筆記二則。史筱蘇又自西安來，參加先進工作者會，長談，留飯。

未成眠。徐調甫來。與次君談。

木蘭來，留宿。在附近胡同散步。看諸筆記書。洗浴。十時半眠，翌晨五時醒。

古籍出版社社長一人，葉聖陶，挂名而已；副社長二人：傅彬然司編輯，在醫院養病；王乃夫司行政，係黨員，對業務不明瞭。因此，《史記》索引一事，調孚竟無法答復。有集體領導之名而實不能領導，如之奈何！

四月廿七號星期五（三月十七）

重勘《天官書》，未畢。記筆記五則。

未成眠。高耀玥來。寫辛田信。上街散步，晤葛綏成、劉及辰，談。到伯祥處，未晤。

爲孩子講《西游記》十一回。九時半眠，失眠，服藥二次，至十二時後得眠，翌晨四時醒。

得調孚信，知古籍出版社稿費未能預付，下月家用即成問題。心中一急，血壓又高，遂致失眠。噫，此亦予在陳絶糧時矣！

四月廿八號星期六（三月十八）

重勘《天官書》畢。記筆記四則。汪安之自天津來。與次君談科學出版社事。

未成眠。看《蘇聯史料學綱要》。與湲兒到中山公園，看美國特務气球照相展覽會，又看英國版刻展覽會，六時半歸。

爲諸孩講故事。九時許眠，翌晨四時醒。

安之表弟患精神病，到處疑人與之爲難，住天津久，與比鄰崔家鬥毆，欲居北京，來與予商。北京有何空房，且報進户口亦屬不可能之事，只得遣去。

四月廿九號星期日（三月十九）

重勘《封禪書》，未畢。記筆記三則。

與靜秋等同到吉祥戲院，看昆曲《十五貫》，自一時至四時半。

遇金靜庵。李丙生來，長談，留飯。

季龍來。爲兒輩講書。洗浴。十時眠，翌晨五時半醒。

《十五貫》演員：況鍾——周傳瑛　婁阿鼠——王傳淞　過于執——朱國梁　周岑——包傳鐸　尤葫蘆、中軍——周傳錚蘇戌娟——張世萼　熊友蘭——龔祥甫　況鍾家丁——龔世葵秦古心——蔣笑笑　夏總甲——華世鴻

同觀劇者：康同璧　張滄江　王愛雲之母　黃以平　頤萱又安（以上客）　予夫婦（主）

四月三十號星期一（三月二十）

重勘《封禪書》訖。記筆記十八則。

出，修面、買物。劉鴻賓自青島來。

頤萱嫂挈洪、湲、堪三兒住瑞蘭家，看游行。十時眠，上午一時半醒，遂耿耿達旦。

今日趕看《史記》太急，每發見問題又不肯不記入冊中，以此緊張，夜眠又不佳。予既自題爲緩齋，何猶不肯緩也？

本月《史記》工作實作十六天半，八書迄未校訖，標點工作之難可知。若古籍出版社將來仍只給三元一千字，真不知輕重矣。

［徐調孚來信］

頡剛先生：

關于《史記》稿費事，弟已將尊意告知領導上。領導上擬稍緩再行送奉。因我社稿費標準及預支辦法等均正在擬訂中，中華書局去年曾付出之一筆亦須先行還出；而自今年起我社改爲企業管理後，須有經濟核算制度，難于多所預付。一切統祈見諒爲荷。

尚復，順致

敬禮

弟徐調孚。四月廿七日。

[原件]

金縷曲

一九五六年五一節天安門檢閱臺上即景

處處飄紅幟！問今年、天安門上，拓眸何以？濃艷紛披煊
朗景，隊隊落霞鋪地。是人語、天聲渾似。千萬條心同感
激，鑄年光、苦難翻歡喜。共產黨，造萬世。

五年超額將終屆，看更番、條條戰綫奪標破記！千樣模型
鮮奪目，難數勞工湛詣。更簇簇、如菇文藝。百族排奇和
合唱，動精魂、龍舞嘆觀止。美勁繼，體育隊。

此陳真如先生作也，頃來我家，所寫示者。存之以見盛況。

1956 年 5 月 4 日，頡剛記。

一九五六年五月

五月一號星期二（三月廿一）

擎宇夫人來。記筆記一則。七時三刻，車來，與裴文中、侯外
廬同到天安門，上西二臺。十時，五一節游行開始，至下午二時
訖。仍乘車歸，三時飯。

睡一小時。陳碧笙來。擎宇夫人偕其子女來。

看唐文治《茹經堂文集》。九時半眠，翌晨四時半醒。

今日所遇人：賀貴嚴　菓叔衡　田綏祥　梁漱溟　劉定五
孫蓀荃　魏建功　向達　張伯英　馬松亭　陳翰笙　葉譽虎　袁
翰青　唐鉞　張奚若　丁西林　許寶駒　胡庶華　周炳琳　聯慧
珠　關瑞梧　吳景超　雷潔瓊　費孝通　巨贊　童第周　何遂
馮友蘭　范文瀾　楊亦周　喜饒嘉措　嚴濟慈　葉企孫　鄧哲熙

李健生　金岳霖　王季範　章元善　盧郁文　李蒸　顧均正　劉瑤章　董渭川　王歷耕　潘光旦

站立臺上五小時，兩腿僵化矣，問之裴文中，不然也，以此知年紀不饒人。

今日參加之外國代表，共五十餘國，先進工作會議代表六千人，又有華僑代表，比去年五一節更盛。

五月二號星期三 （三月廿二）

勘《河渠書》訖。勘《平準書》訖。將《律書》以下六篇再勘一過，訖。記筆記五則。

看《義門讀書記》。洗浴。九時半眠，一時半醒。又服藥。上午五時醒。

今日將八書勘訖，如釋重負，蓋此爲《史記》中最難之部分，本文及注文中問題至多也。

五月三號星期四 （三月廿三　予六十四生辰）

到古籍出版社，晤丁曉先。晤王乃夫，談預支稿費事。到科學出版社，晤辛田、楊肇焜，談三家注集校事。歸，與次君談。

記筆記二則。未成眠。勘《吳太伯世家》，未畢。張德鈞來，同到古代天文儀器陳列館。出，到孫蜀丞處談。遇黃仲良、余元盦、張遵驑、曹君。

看胡式鈺《竇存》。爲兒輩講《西游記》十二回。九時半眠，翌晨四時半醒。

與王乃夫談，謂我作《史記》工作，爲科學院照顧我生活，與出版管理局接洽而來。如不能預支，我只得暫停工作。彼乃首肯，眼前難關可以渡過矣。

五月四號星期五（三月廿四）

整理數月來信件。陳真如來。寫平心信。王修來。

眠一小時。寫誠安、汪叔良、樹幟、許毓峰、孫寶君、方詩銘、聞在宥信。到擎宇處，晤竹君。到南小街寄信。到伯祥處談。趙華璧來。

爲兒輩講《西游記》第十三回。看許宗彥《鑒止水齋集》。十時眠，翌晨五時醒。

數月來工作太忙，以致信件積擱許多，心中甚爲不安，《史記》上半部弄畢，可作一清理矣。

真如來，謂人代會將出視察，不知政協一同參加否。若亦出發，我願一行。

日來早晨多痰，蓋春來多風雨，天氣陰涼故也。

五月五號星期六（三月廿五）

爲堪兒寫王競信。寫李映婁、謝延孫信，到王府井取錢寄信。到春風剃頭。寫趙肖甫信。趙華璧來。

到王姨丈、母處。到政協參加國際問題座談會，自二時半至四時。先出，到西單商場閱書。到陶才百處，晤其夫人及子、女。到擎宇處送行。

爲兒輩講《西游記》第十四回。看《鑒止水齋集》。十時眠，翌晨四時許醒。

今日同會：羅隆基　余清心　王家楨　翁文灝　陳銘樞　林宰平　張伯英　關瑞梧　林仲易　李平衡　章元善　章士釗　葉譽虎　俞寰澄　劉清揚　周亞衛　陳公培等約四十人。

今日所談爲"共產黨和工人黨情報局的結束問題"及"蘇聯國家領導人訪問英國的問題"。此皆當世極重要之事，由于蘇聯政策之變化及斯大林之批判而來。

五月六號星期日（三月廿六）

寫連士升、僑思信。偕靜秋挈四孩到動物園，晤王姨丈及伯祥、緒芳，遇丁曉先及其外孫謝心明。茗于牡丹廊，覽動物，野餐。

姨丈飯後別去。予與伯祥挈兒輩到運動場，五時歸。寫德輝、毓蘊信。

洗浴。閱《無邪堂答問》。失眠，至十二時，靜秋歸，再服藥，至上午六時醒。

今日游玩一天，夜又洗浴，而竟失眠者，則以靜秋到政協看各省市業餘文娛，至十二時方歸，予心頭一有事，睡意便全丟也。

五月七號星期一（三月廿七）

寫趙孟頫、朱欣陶信。到蘇聯醫院，就陳慧玲醫師診，在院看《趙世家》。

眠一小時許。看《趙世家》。到民進，先開理事會，在會晚飯。

飯畢開學習，討論毛主席"十條方針"的報告。九時歸。服藥二次眠，自十時至三時。三時半又眠，至七時。

今日量血壓，爲150/94，較上次爲高，大約予昨日不能安眠之故。

今晚同席：王紹鏊　葛志成　余之介　許廣平　雷潔瓊　嚴景耀　梁純夫　金芝軒　周建人　徐楚波　顧均正　予不能夜間開會，而民進中央小組各員必夜中始得閑，此對予大不便。

五月八號星期二（三月廿八）

看次君所擬《史記三家注校證計畫》。靜秋奪而藏之，因與吵架。到古籍出版社，晤徐調甫、王乃夫。到新華地圖社，晤鄒新垓、王錫光、葛綏成。到所，晤張政烺、吳宜俊等。遇平伯。

寫辛田信。寫黃奮生資料。眠一小時。所中派汽車來，到所，將予一生經歷向尹達、吳宜俊陳述。六時半出。遇王澤民。

看羅有高《尊聞居士集》。十時眠，翌晨五時半醒。

予此次來京後，屢受尹達之冷嘲熱諷，不得已在民進會上暴露。伯昕爲此事四度來予家，囑予與尹達團結，如團結不好，再由他來團結。予感其意，故向尹達述生平，然時短，尚不能盡言也。

靜秋爲予忙，身體不好，不欲予參加次君校勘《史記》之工作，日來屢與予吵。然校勘《史記》，是予廿年前之志願，且予不主持其事，次君亦不便出名，頗使予爲難。

五月九號星期三（三月廿九）

寫起潛叔、季龍、辛田信。看東北地理圖書，略摘其要。記筆記四則。填視察表。

眠一小時。到東安市場，買旅行用品。寫周慶基、章丹楓、李德清信。唐守正來，留飯。

鄒新垓來。朱士嘉來。十時眠，上午二時半醒。天明又眠，六時半醒。

此次政協委員出發視察，予填東北三省及各市。視察項目爲工業、農業，深願多見近代建設，認識社會主義之遠景。

五月十號星期四（四月初一）

整理信札，未畢。寫于思泊、王守真、科學出版社信。與賀次君談。

修面。到政協，訪連以農。遇袁翰青、吳景超。開教育組座談會，自三時至六時。乘許楚生夫婦車歸。

綏真來，留飯，同到伯祥家，與伯祥及濬華談。洗浴。看任兆麟《述記》。十一時眠，上午五時半醒。

今日開會：許德珩　勞君展　胡庶華　周培源　陳岱孫　向達　孫蓀荃　鄭芸　徐楚波　金寶善　統戰部蕭、彭二同志　王述曾等

今日予謂今日教育界只注重德而不注重才，遂有人地不宜、埋没人才及領導者以耳爲目之病，如華東師大之王謇，交通大學之黃永年，北京師大之劉盼遂，鎮江中學之諸祖耿皆其例。有統戰部人在座，當可發生效力。

五月十一號星期五（四月初二）

到平伯處，與其夫婦談。到所，取書，與萬斯年、張德鈞握別。到王姨丈處，與姨丈、母談，并晤方伯義及童君。

到郵局寄映婁所鈔書。到故宮博物院，看陝西、舊熱河、江蘇、安徽、山西五省新出土文物。到中山公園，茗，寫映婁信。歸，爲又安改代頤萱所草反應書。

到馬曼青夫婦處，談東北情況。到新垓處取錢。失眠，服藥，約十一時眠，翌晨五時半醒。

書尚未理畢，而次君以静秋之吵鬧，不敢再來。意氣之害事如此！計彼與尹受來理書者廿五天，大類略略分清。

五月十二號星期六（四月初三）

張文鑄來。苑峰來。寫平伯、伯祥、吳宜俊、俞瑞英、李金聲、自珍信。爲李金聲、白壽彝、陳元柱寫事實，應上級需要。到伯祥處。

到西郊賓館，參預爲科學院及來京討論十二年計劃之各專家之周總理傳達毛主席十條綱要之録音，自二時至六時半。在站待車四十五分鐘方得上，八時歸。與李儼、李承三、傅惜華、杜穎陶、張爲申、李曉舫談。

疲甚，九時半上床即眠，上午一時半醒。服藥，又眠，六時醒。

五月十三號星期日（四月初四）

到章元善處。改頤萱嫂爲雁秋案之意見。寫葛志成信。周耿來。

眠一小時。據曾次亮所提意見，改正《天官書》標點。寫曾次亮、徐調孚信。寫本所對上海文管會及歷史文獻圖書館所藏稿本處理意見兩份。寫章丹楓信。到東安市場買物。

洗浴。看馮夢龍《山歌》。失眠，服藥兩次，十一時眠，翌晨五時醒。

五月十四號星期一（四月初五）

到次君處。遇李一平。到西單理髮。到政協，參加遼寧組會。十一時散。再至次君處。

眠一小時半。看吳曾《能改齋漫錄》。寫樹幟、懋恒、張西堂、映婁信。

爲兒輩講《西游記》十五、六兩回。爲隔壁講話聲所驚醒，服藥兩次。十一時半眠，翌晨六時醒。

今日同會：吳景超 翁文灝 莊希泉 何遂 王芸生 張明養 張豐冑 杜振英 潘震亞等約卅人。

五月十五號星期二（四月初六）

與洪兒到歷史博物館，十一時歸。與張西珍等談。看又安爲頤萱所作意見書。

眠一小時半。尹受來取書。寫趙孟頫、文字改革會信。看郭沫若《管子集校》。整理行裝。

到王修處談東北情形。看《能改齋漫錄》。十時睡，翌晨六時醒。

五月十六號星期三（四月初七）

寫常任俠、沈燮元、讀書月報社信。再看頤萱嫂意見書。整理書籍、抽屜。寫鍾敬文信。

眠一小時。趙華璧來。王修來。吳雲翹來。到常任俠處，未晤。批科學院交下之謝循通《山海經管見》及曾次亮《歷代天文志、律曆志整理計劃》，即送苑峰處。記筆記五則。寫潘光旦信，赴郵局寄。再到任俠處，仍不晤。

朱欣陶來。八時，汽車來，與翁、鮮兩先生同上車站，趙華璧來送行。九時廿五分車開。失眠，服藥兩次，上午二時眠。

今日同行者：王芸生　田德民　張天翼　危秀英　潘震亞　艾蕪　鮮英　莊希泉　何遂（以上人代）　王雪瑩　王道明　吳景超　翁文灝　鄭昕　曹谷冰　王紀元（以上政協）　李奇中　舒宗鎏　張知行（以上國務院參事）　張豐冑　杜振英　楊汝玉（以上人代會職員）　共廿三人。推王芸生爲組長，吳景超爲副組長。

五月十七號星期四（四月初八）

六時醒。梳洗後到瞭望臺看錦州一帶風景。八時，到餐車進早點。與芸生、鄭昕、希泉、振英等談。十一時廿九分到瀋陽，省府派張盤新等迎接，入東北旅社討論，并定房間。

飯後整理什物。眠一小時。起，寫靜秋明片。三時半，與同人乘汽車游鐵西區工人村及北陵公園。五時半歸。記日記。

上街散步，開會討論行程。劉市長及三副市來。遼寧省府及政協招待茶會。與莊希泉、王紀元上街散步。杜振英、鄭君、韓大夫來。十一時眠。

自北京至瀋陽，八百五十公里。

五月十八號星期五（四月初九）

五時起。寫靜秋、李德清信。到遼寧人民委員會，參加遼寧省人民委員會和政協常委會聯席會議。

眠一小時。寫思泊信。參觀東北工業陳列館，自二時半至七時。看《遼寧日報》及《瀋陽日報》。

與叔父同游古董鋪及聯營商場。張豐冑偕李維周來。十時眠。

看了東北工業陳列館，知道東北工業受蘇聯領導，已駸駸趕上世界水平，在國內各省區裏可説是最有成績的省份。觀其于解放後七年中進步之神速，不能不使人佩服。

五月十九號星期六（四月初十）

五時起。寫靜秋、王大瑛信。視察瀋陽第一機床廠。十二時半歸。

到新華書店古舊書部。還，看酈露《赤雅》。視察瀋陽電綫廠。與叔父同到古舊書門市部購書。

與叔父談。看新購之《全遼志》等，至十一時。失眠，服藥兩次。

五月二十號星期日（四月十一）

七時起。視察瀋陽變壓器廠及瀋陽風動工具廠。

眠一小時。到五樓會議室，聽省人民委員會張盤新秘書長報告遼寧情況，看瀋陽地圖。

李德清來。大瑛表妹偕其夫楊冬麟來。與何叔父、杜振英同到專家招待所洗浴。十一時，服藥眠。

五月廿一號星期一（四月十二）

五時起。寫靜秋信。叔父來，商北行路綫。與翁先生談。十時，到東北博物館參觀，十二時出。

眠半小時。二時半，到中國醫科大學參觀。四時半，到東北工學院參觀，六時半出。

到遼寧賓館宴會，與車向忱談。飯畢，與向忱同到民進茶話。十時歸。失眠，服藥兩次。

今晚同席：本組同人（叙父因病未到）（以上客）　杜者蘅（省長）　車向忱（副省長）　劉寶田（市長）　陳先舟（副市長）　張盤新（省秘書長）　仇友文（副省長）　張雪軒（統戰部長）（以上主）

今晚民進同會：車向忱　孫光（瀋陽師範學院圖書館）　苗樹仁（瀋陽市一中）　楊明書（遼寧省實驗中學）　林朋（遼寧人民出版社）　郭厚德（瀋陽中學教師進修學院）　李春培、丁壽椿（會內工作）

五月廿二號星期二 （四月十三）

六時起。寫六月一日至八日預定行程。視叙父疾。與同人到東郊區高坎農業生產合作社，參觀新開之灌溉渠道、小學、供銷合作社及各農民家庭。在村政府飯。

在一農民家午睡半小時。歸途游清太祖東陵。與王金珩談。

省文化局長施展及東北博物館研究員胡文效、朱子方來談。整理行裝。張盤新、陳先舟、劉鳴九、李維周、劉啓新來送行。十一時半開車，十二時許眠。

五月廿三號星期三 （四月十四）

五時起，寫靜秋片。與叙父、詠霓等談。八時四十分到大連，喬市長等來接，到國際旅行社。予出步市街，歸則同人已出，遂理髮，參觀百貨商店及大連工業博物館。

參觀大連造船廠，聽原經理憲千報告。參觀大連機車車輛製造工廠，聽李廠長青報告。七時歸。

到中山路舊書店閱書。歸，看書。洗浴。失眠，服藥三次，約十二時眠。

自瀋陽至大連，三百九十八公里。

五月廿四號星期四（四月十五）

六時半起。到叔父處談，進點。到東北資源館參觀。乘汽車到旅順，到市政府，聽劉東升副市長報告。出，觀軍事歷史博物館。寫靜秋片。到旅順飯店進食。

到友誼公園散步。到萬忠墓，白玉塔，望旅順港口。到旅順博物館參觀。冒雨到東鷄冠山北堡壘，看日俄戰爭遺迹。到秋林百貨商店。

飯後與宋市長談市政應改進事。看《閩江橘子紅》影片。十一時，服藥眠。

五月廿五號星期五（四月十六）

五時半起，寫靜秋信。何毅吾偕其妻、女來。八時十分開車。在車聽翁、潘兩先生談過去政界情況。

與雪瑩、景超、叔父、知行、芸生等談。二時五十分到鞍山市。市長及王崇倫、孟泰等來迎，即到交際處，住215室。寫靜秋片。與諸同人同乘車看市容，游二一九公園。

飯後與莊希泉、王紀元同游公園及市街。七時半歸，聽李市長、楊樹棠工程師報告。十時半眠。

自大連至鞍山，三百〇九公里。

五月廿六號星期六（四月十七）

六時起。七時半，出發，至大孤山，聽□礦長報告。上山，觀采礦及選礦工程。與鞍山市長李唯民談。十二時歸。

眠一小時。寫靜秋信。觀煉鐵廠、煉鋼廠、中型軋鋼廠。看《人民的千山》。參預歡迎南斯拉夫青年代表團。

與叔父同到廣場散步，遇杜振英、張意如，與叔父同觀《五一節》電影。失眠，服藥三次。

五月廿七號星期日（四月十八）

五時半起。到王雪瑩、楊汝玉處談。觀大型軋鋼廠、第二薄板廠、無縫鋼管廠。

眠半小時許。二時，赴湯崗子溫泉療養院，聽劉院長彙報，洗浴。六時返鞍山。

出席李市長召集之會談。八時四十分上車，十一時許到瀋陽，張盤新來接，入遼寧賓館宿。

此次到鞍山，爲時間所限，未到煉焦、燒碱兩廠，致生產過程未全明瞭，爲一缺點。

自鞍山至瀋陽，八十九公里。

五月廿八號星期一（四月十九）

寫靜秋片。早飯後乘小汽車到撫順，八時三刻開車，十時到達，入市人民委員會，聽王市長彙報。到招待所飯，到電氣廠招待所宿。

到石油一廠參觀，聽顧敬心副廠長彙報。觀畢，到工人養老院參觀。到招待所飯。回宿舍，與叔父到勞動公園。

伴王雪瑩到勞動公園。歸，看方德修《東北地方沿革及其民族》。失眠，服藥無效，耿耿到曉。

今日失眠之故，主要原因，由于天氣熱，渴甚，晚間多飲茶所致。

王芸生組長得北京電話，將在芬蘭開新聞界會議，囑即行，于今晚回瀋陽轉北京。

五月廿九號星期二（四月二十）

與叙父、張天翼、莊希泉、王紀元同游勞動公園。飯後到三〇一廠，觀製鋁工程。到露天煤礦。到招待所飯。寫静秋信。

回住所取物，即與鮮特生、李奇中同返瀋陽。仍至遼寧賓館。獨至清故宮參觀。到遼寧圖書館，晤館長楊東昉，談。到東北博物館，晤楊化愷等及叙父，觀梁貞明二年緙絲金剛經及存素堂原藏宋緙絲畫等。

受省府招待，到人民劇院看韓少雲、笑倩演《賈寶玉與林黛玉》。十一時歸。

盛京清故宮之小出于意外，知當時清室物力不過如此，使無腐化之明朝，即不致任其侵入關内也。

五月三十號星期三（四月廿一）

六時起，洗浴。補記日記。獨步市街。十時許上站，在車看金毓黻《東北通史》上編。

下午六時到達安東，入國際旅行社落宿。與危秀英等談。

未參加安東市長之彙報會，略翻《東北通史》。早眠，得眠。

自瀋陽至安東，二百七十四公里。

五月卅一號星期四（四月廿二）

與叙父、張豐胄上街散步。乘車到五龍背，看安東絹廠。出，到人民解放軍療養院，看溫泉。十二時許歸飯。

略盹。寫静秋信。到造紙第一分廠。出，到鴨緑江鐵橋邊散步，到鎮江山公園遠望。歸，開茶話會。六時許上站。

與李奇中、張知行、舒宗鎏談。在車略盹，十二時許到瀋陽。吳景超、張明養來接。仍回遼寧賓館。服藥兩次，甚久乃眠。

今晚莊希泉、王紀元、鄭昕、張天翼四人直由安東返北京。

　　本月旅程：

十七日至瀋陽，留六日。	瀋陽——六天半
廿二日晚赴大連，廿三日晨到。	大連——一天
廿四日至旅順，仍返大連。	旅順——一天
廿五日至鞍山，留三日。	鞍山——三天
廿七日晚回瀋陽。	撫順——一天半
廿八日至撫順，廿九日回瀋陽。	瀋陽至安東途中——一天
三十日至安東，卅一日回瀋陽。	安東——一天

一九五六年六月

六月一號星期五（四月廿三）

　　六時起。補記日記。準備發言稿。到會議廳，出席省府所召集之會談。自九時至十二時半。

　　就床，未成眠。叙父來。整理書籍付寄。寫靜秋信。三時，與特生、叙父、雪瑩、艾蕪、豐胄、遵明、宗鎏同到故宮及東北博物館參觀。

　　到遼寧京劇院看《十五貫》。十時半散。十一時眠。

　　劇中人：況鍾——尹月樵　蘇戌娟——秦友梅　婁阿鼠——田奎慶　過于執——管韻華　周岑——關大有　秦古心——吳子州　尤葫蘆——秦銷貴　熊友蘭——楊元詠　演得甚好，昆曲劇團較之有遜色矣！

六月二號星期六（四月廿四）

　　五時起。整理行裝。七時許上站。寧武、張雪軒等來送行，七時四十五分車開。在車閱《東北通史》。

　　打盹一小時。三時卅五分到長春，由省府接入吉林賓館。寫靜秋片。知行、宗鎏來談。到于思泊處談。

到市賓館，看匈牙利電影《圍城春曉》，并觀跳舞及"二人轉"。遇張伯英，談。十一時歸。洗浴。失眠，服藥兩次，上午二時入眠。

北行同人：王遵明（組長）　田德明（副組長）　何遂鮮英　張明養　汪世銘　張知行　舒宗鎏　張豐冑　杜振英　李奇中本同行，以心臟病發，不果。

餘人有至錦州者，有至本溪者，有留瀋陽者。

"二人轉"爲吉林小戲，若小放牛之類。既欲觀此即不得早眠，而數日來甚熱，又不得不洗澡。至十二時後就枕，遂不能睡矣。

六月三號星期日（四月廿五）

到吉林省人民銀行，看金庫設備。到省博物館。到地質宮，參觀陳列室及重力、電子、水力實驗室。十二時半歸。

省醫院張醫師來診。眠一小時。出，看僞滿皇宮、人民體育場。四時歸，思泊來，長談，至六時別。到張知行、汪世銘處。寫伯祥、映婁、丹楓、延孫信。

赴省市首長宴，九時散。十時，服藥眠。

今晚同席：本組同人　自黑龍江來之一組（張鈁、王家楨、丁桂堂等）（以上客）　吉林副省長于克　黨委書記吳德、趙林等（以上主）　凡四桌。

因昨夜失眠，爲延醫來診，予血壓爲七十五至百卅，反較旅行前爲低，亦可喜也。

自瀋陽至長春，三〇七公里。

六月四號星期一（四月廿六）

四時起，寫靜秋信。題來賓意見簿。到第一汽車廠，聽郭力廠長報告，參觀鍛工、發動機、裝配、一般各車間。出，看該廠工人宿舍。

思泊偕匡亞明校長來。眠一小時。到東北人民大學，晤劉靖副校長，佟東副校長及歷史系主任丁則良等，參觀歷史博物館及圖書館，到會議室，與歷史系同人談話二小時。教廳長劉風竹來。

思泊、則良等來，邀宴。到會議室，參加省市首長召集之談話會。十時，服藥眠。

今晚同席：予　劉靖　佟東（以上客）　　于思泊　丁則良（以上主）

六月五號星期二（四月廿七）

五時起。六時上站，鄭國林自吉林來接。六時廿五分開車，九時四十分到吉林市，入松花江濱之高幹招待所，與關副市長等談。入十七號室休息。寫靜秋片。看思泊《釋〈蓂曆〉》。

到松花江邊散步。未成眠。到吉林造紙廠參觀，聽廠長何庸報告。出，游舊吉林城，到中藥材經理部買人參。游北山公園，登曠觀亭，入娘娘廟。歸，到王組長室談。

赴當地首長宴。與陳修和長談越南史。到修和室。九時，服藥眠。

今晚同席：本組同人　黑龍江組同人（張鈁、王家楨、丁桂堂、李永、陳修和等）（以上客）　張文海（市長）　關鶴意　馬蘊海　馬宜林　高威（副市長）　辛成　韓榮魯　吳梅（市委書記）　吳寶軒（教育局長）　賀高潔（政協秘書長，關副市長夫人）（以上主）

自長春至吉林市，一百廿七公里。

六月六號星期三（四月廿八）

五時起。寫靜秋信。乘汽車到小豐滿發電廠，聽李鵬廠長報告，參觀全廠及堤壩。乘汽車游水庫。下午二時歸飯。

　　與周德才同出，到吉林市圖書館，晤館長張旗及編目員黃維新，談館事，并參觀全館。出，到江南公園看動物。到北山公園，看四月廿八日之廟會。寫對于圖書館意見書，交市府。

　　與叔父同到松花江濱散步。失眠，十二時再服藥得眠。

六月七號星期四 （四月廿九）

　　舒宗鎏、張知行來。到王遵明、田德民處。七時五十分上車，賀高潔等來送行。在車看鳥居龍藏《滿蒙古蹟考》。

　　下午五時廿分到達哈爾濱，入哈爾濱國際旅行社 221 號宿。遇于滋潭。楊醫來。鮮繼康來視其父。寫靜秋片。副省長于杰、杜光宇，市長呂其恩等來。

　　在附近散步。洗浴。叔父來談。張明養來。

　　全國人代六月十一日報到，本組鮮、何、田、汪四人急欲歸去，張明養有事亦欲返京，因之黑龍江僅到哈爾濱一處。予甚感不足，且出門時本定到佳木斯看友誼農場，適遇于滋澤，渠亦擬赴佳木斯，遂定同行之計。

　　自吉林市至哈爾濱，爲拉賓綫，三百四十五公里。

六月八號星期五 （四月三十）

　　五時起，寫靜秋信。與張知行、張豐胄同游蘇軍紀念碑、東正教堂、南崗兒童公園。歸飯。與同人到東北烈士紀念館，聽館長馮詠榮報告。出，周歷市街，游兆麟公園及哈爾濱公園（東北林學院實驗林場）、斯大林公園（沿松花江）。

　　眠一小時。二時，與同人到亞麻廠參觀，聽廠長董禮報告，并觀職工宿舍。出，到黑龍江省博物館，由館員傅文江導觀。

　　到哈爾濱市京劇院，看《挑女婿》及《哪吒鬧海》。十時歸，服藥眠。

東北工業，奠基日帝，然如長春第一汽車廠，及今日所見之亞麻廠，皆解放後創辦而規模極弘偉者也。

今晚所觀劇：

（一）挑女婿——李維英（知縣）　石莉莉（太太）　陸英其（張天順）　王玉華（張賀氏）　王香蘭（張麗英）　王德全（王田）　王大舉（吳三丁）　趙潤田（李俊生）

（二）哪吒鬧海——邢富羅（敖廣）　于喜林（敖丙）　王默安（李靖）　鄭小冬（李夫人）　張蓉華（哪吒）　馬紀良（金吒）　吳月樵（木吒）　張春鳴（書童）　陸英其（太乙真人）　沈斌茹（巨靈神）

六月九號星期六 （五月初一）

四時半起，爲叔父寫金靜庵、陳玉書、馮伯平、靜秋信。鮮特生來。叔父來，與同至東正教堂。與同人參觀量具刃具廠。出，同至斯大林公園，乘汽船游松花江，至太陽島。

未成眠。于滋潭來，同到王遵明處談。至會議室，與呂其恩市長會談。到車站，送同人行，晤歐陽欽省長。歸後由張倫并導至圖書館，由館員孟友群導觀全館。到道外，看百貨公司、統一商店及民房。到新華書店購書，在江濱遇王應梧。

與滋澤同飯。與劉振邦談。到杜振英處。王應梧來談。十時半，服藥眠。

莫斯科國際車，今日三時五十分到哈爾濱，明日下午三時到北京，僅二十四小時，亦云速矣。

六月十號星期日 （五月初二）

五時半起，寫靜秋信。與滋潭游教堂。工業廳楊克、楊驥來。到哈爾濱毛織廠，聽沈希博廠長報告，參觀全廠。

到秋林商店。理髮。到市西同順街，參觀興東製油廠，聽楊蔭惠、初煥章、張松南三廠長報告，五時歸。寫靜秋信。

楊子榮、馮克來送行。七時上站，八時許就眠，上午二時半醒，三時半又眠。四時半醒，起。

自哈爾濱至帶嶺，爲濱北綫，三百二十公里。

六月十一號星期一（五月初三）

五時十五分到達伊春縣之帶嶺，畢德育等來接，入森林工業學校。寫靜秋、自珍、伯祥信。洗浴，整理什物。開此次旅行所參觀之機關名單，分類未畢。

未成眠。二時半，到學校會議室聽校長畢德育對于全校情形的報告，欒鳳九對于當地情形的報告。到技術室、實驗室參觀。

到禮堂，看舞蹈及京劇《打漁殺家》及《三堂會審》，自七時至十時。

帶嶺森林工業實驗學校：

副校長——畢德育　黨委書記——曹秀岩

帶嶺鎮委會書記——欒鳳九　教務主任——楊貴生

學校面積十萬公頃，一公頃即一坰，亦即十畝，是十萬公頃即百萬畝也。余前所見學校之大者以西北農學院爲最，七八千畝，今乃凌駕百倍。

六月十二號星期二（五月初四）

五時起，看吉林省長栗又文之報告。十時半，乘"森鐵"車赴第二伐木場，十時到。至辦公處小憩，即上山，看架空集材索道及集材拖拉機。

在車飯。上山，看電鋸鋸木。以機車掉道，步行至伐木場辦公處，參觀職工家屬宿舍。四時一刻上車，六時半回校。

畢德育來談。

　　今日同行者：曹秀岩　曲鳳飛（行政處）　劉洪義　王紹田（第二伐木場主任）　修樂福（第二伐木場黨支書）

　　森鐵：學校——花園（九公里）　花園——雙河（九公里）　雙河——平原（七公里）　平原——凉水（八公里）　共行卅三公里

　　第一伐木場在青林，距第二場尚有四十餘公里。

六月十三號星期三（五月初五　端午）

　　四時起，寫靜秋信。畢校長伴游校園，曹書記伴游托兒所、醫院、養老院、苗圃。到造材臺，畢校長來，同觀造材、製材、造刃、修理等部門。又至學生宿舍及技術室。

　　十二時半，赴畢校長約，提意見。一時半上車，看風景。五時四十五分到佳木斯，殷市長等來接，入市人民委員會交際科之招待所，談視察計畫。

　　到京劇團，看尚長春、新艷君等演《白蛇傳》，十時歸。失眠，服藥兩次，至十二時後成眠。

　　今日乘綏佳綫車，凡行一百八十八公里。

　　上午所見者：苗圃主任徐鳳鳴　工會主席何貴元　貯木場主任趙怡寧　基建科副科長王珪祺　製材廠廠長戚春霖　副廠長劉群

　　下午同會及送行者：畢校長　曹書記　副書記隋永彬　工會副主席王恩統　青年團書記盧殿佐　曲鳳飛　劉洪義

　　佳木斯來接者：副市長殷星南　政協副主席兼市工商聯主任委員林生陽　市委統戰部長高炳照　合江地委副書記錢興門　國營造紙廠廠長胡凱　虞頌舜

　　浩良河以西爲林區，以東平原爲農耕區。浩良河西，每一站必有木廠，無木廠處即無車站，故每站距離遠近不等。

六月十四號星期四（五月初六）

六時起。八時，與高炳照、金永達同出東郊，到樺川縣建國區之星火集體農莊，聽副主席李在根報告，在主席金白山（赴京開人代會）家飯。

參觀農莊托兒所、小學、播種機、脫殼機及各農民家庭。再到金白山家，談至四時出。經建國村，西行，到松花江抽水站參觀，由李日奉引領。七時歸。

洗浴。倚沙發眠，至十一時就床。

星火農莊爲朝鮮少數民族所辦，其中亦有漢人。觀其家給人足，皆其人勤勞而又機械化之所致也。

道路太壞，雨後更不易行，今日坐吉普車往來，顛簸之甚，晚乃易睡，可見予體之當動蕩也。

六月十五號星期五（五月初七）

六時起，寫靜秋信。七時半，由副市長趙銳伴至佳木斯電機廠，副廠長王永清報告後，參觀東西兩廠及俱樂部、托兒所、幼兒園、食堂、宿舍、圖書館等處。回所，與趙市長談。

戚萬鈞、吳輝來，同到站。十一時五十五分，上佳木斯至尖山子車，下午一時四十分到福利屯。曹子平來接，換乘汽車，四時三十分到國營友誼農場。寫魯弟信。王操犁、劉寶慶來，同至飯堂飯。出，到商店。

散步。看電影《在荒地上》。失眠，服藥三次，至上午一時成眠。

今日同行者：戚萬鈞(合江專署第一辦公室)　吳輝(專署第五辦公室主任)　常福恩(專署科員)　沈希賢(佳市交際科)

昨日同行者：金永達（合江專署民政科科長）

友誼農場所見人：王操犁（場長）　曹子平（副場長）

劉寶慶（黨委書記）

今日在車中感寒咳嗽，蓋此間氣候一雨即凉也。

自佳木斯至福利屯，六十六公里，爲佳富綫。

六月十六號星期六（五月初八）

到總辦公室。由王操犁場長伴至第五分場及第十二生産隊。以天雨，退歸，參觀工人宿舍。到王、曹二場長家及劉書記家小坐。

眠一小時。二時半，到總辦公室，聽王場長報告創辦經過及所感困難，至六時散。

與滋潭及戚萬鈞、吳輝、劉振邦談。九時，服藥眠。

六月十七號星期日（五月初九）

五時起，寫靜秋信。與曹子平同到農場發電站、修理車間、畜牧場等處參觀。向王場長辭行。九時四十分上汽車，十二時半到福利屯，入農場招待所休息，午飯。

看《人民日報》。與戚萬鈞、于滋潭談。三時四十五分上火車，車中與吳輝、王國沛、金立煥談。五時五十分到佳木斯。高炳照來接，回招待所談話。

與高炳照、劉振邦、沈希賢同到京劇團看《鳳儀亭》、《打龐文》劇。十時散。十一時眠。

六月十八號星期一（五月初十）

五時起，整理什物。八時，高炳照、趙鋭來，同到造紙廠，由虞頌舜導觀銅網廠及發電站，并聽虞頌舜、鄭良臣、趙文會三主任報告。

醫士學校醫生楊華、吳少芸、楊慧永來。再至造紙廠，由趙文會導觀紙廠、漿廠工地，由鄭良臣導觀職工宿舍、食堂、托兒所等處。到西林公園散步。

與張嘉楓、劉振邦同到松花江邊望柳樹島。到百貨商店，到京劇團看全本《王寶釧》。十一時歸。

今日所見《王寶釧》係集合彩樓配、三擊掌、平貴別窯、魏虎壓迫平貴，誘其酒醉，以紅鬃烈馬馱之至西涼（此段予從未見過，不知何名），五家坡、拜壽算糧、大登殿等齣而成。尚長春飾前段薛平貴，張鳳茹（女角）飾後段薛平貴，梅香雪飾前段王寶釧，新艷君飾後段王寶釧，均用力唱作，有優秀的表現，惜其僻在佳市也。

六月十九號星期二（五月十一）

五時起。八時，高炳照來，到國營佳木斯紡織廠，聽廠長張欣、黨委書記呂昭堂報告，參觀全廠及托兒所、醫務室等處。出，到省營佳木斯友誼糖廠，聽廠長岳明武報告，參觀全廠，聽車間主任朱其明解說。下午一時歸飯。

草發言提綱。三時，諸首長來，討論省、市及國營廠場與地方的關係，至七時訖。

到京劇團，看《大破東平府》，至十一時歸。服藥眠。

今日同會：徐學良（副市長）　趙銳（同）　高炳照（統戰部長）　林生陽（政協副主席）　曲岩（專署副主任）　劉祖裕（合江地委副書記）　于滋潭　劉振邦

三江平原已大量開墾，而道路不便，汽車運輸量弱，大量農作物無法運出，且開墾農工生活所需要者亦不易運入，妨礙其福利。予主張將尖山子及鶴崗兩鐵路接長，將三江平原作一周轉，因請專署及地委供給資料以備報告政協。

六月二十號星期三（五月十二）

　　四時起。理行裝。寫靜秋信。六時半上站，與送行者握別。四十五分開車。十一時食盒飯。

　　在車矇矓約一小時。看地圖及《人民文學》、《解放軍文藝》等雜志。下午四時到牡丹江，夏市長等來接。入牡丹江旅行社談，并用飯。

　　到紅星文化宮，看黑龍江省職工業餘曲藝巡迴演出隊演奏，自七時至十時。失眠，服藥二次。

　　今日到站送行者：徐學良　趙銳　高炳照　林生陽　曲岩劉祖裕　戚萬鈞　沈希賢　張嘉楓

　　牡丹江來接者：夏鈞（副市長）　楊長江（統戰部長）侯英麟（市人民委員會秘書長）

　　今日自佳木斯至牡丹江，一路所見皆農耕區，山皆不高，坡陀皆施種，間有林區。華林風景頗美，山有大石，如畫中斧劈法也。

　　牡佳綫全長三百二十八公里。

六月廿一號星期四（五月十三）

　　五時起。楊長江及寶欽增來，同到人民公園，到北山。返旅社，即上站，十時十五分開車，十二時十分到世環鎮，在站小憩。李樹林、崔喜壽來。

　　左秀發、張紹義來，同乘吉普車到鏡泊湖發電廠。三時，進食。由左廠長、張書記導游鏡泊湖北源頭，哈爾濱工大休養所、瀑布、吸水場等。

　　左、張二同志同飯。九時眠。

　　今日所見人：世環鎮鎮長：李樹林　中共寧安縣世環鎮委員會書記：崔熙壽　鏡泊湖發電廠廠長：左秀發　鏡泊湖發電廠黨支部書記：張紹義　發電廠司機：黃輔臣

　　鏡泊湖曲折迴環于群山中，成不等邊形。湖水静穆，而在溢流堤則聲音澎湃，對岸又有瀑布，白浪四濺，極可觀。聞人言，此地風景在日内瓦上。若能加以人工建設，必爲國際游覽勝地無疑。

　　今日乘牡圖綫車，自牡丹江至世環鎮，七十公里。

六月廿二號星期五（五月十四）

　　五時起，寫静秋信。左廠長導觀發電廠之俱樂部、幼兒園、職工宿舍、發電臺等處。九時半，離廠，赴東京鄉，由梁當鈞、李榮田導觀上京城南大寺及五鳳樓、八寶琉璃井。

　　十二時半啓行，二時四十分到寧安縣，入縣人民委員會，與吕紹先、劉振東談。三時半進食，食畢，乘馬車到車站。四時十一分開車，五時十分到牡丹江市，李海文等來接。返旅行社，侯英麟等來談。

　　赴宴，八時散。同到予室，談牡丹江市改進問題，九時半散。失眠，服藥二次，約十二時眠。

　　今日晤見之人：梁當鈞（東京城中心鄉總支書記）　李榮田（世環鎮幹部學校教員）　吕紹先（寧安縣人委會縣長）　劉振東（中共寧安縣委書記）　黄瑩（中共寧安縣委財務部長）　李友林（中共牡丹江市委書記）　包琮（牡丹江市市長）　李海文（牡丹江市政協秘書）

　　今晚同席：于滋潭及予（客）　李友林　包琮　夏鈞　楊長江　侯英麟（主）

　　自寧安縣至牡丹江，卅二公里。

六月廿三號星期六（五月十五）

　　五時半起，整理行裝。夏市長、楊統戰部長、侯秘書長、寶欽增等來送行。九時〇八分開車。在車看景物及連環圖畫《朱元璋（一）》。

　　在車朦朧約半小時。看景物及連環圖畫《杏花泪》。八時，至哈爾濱，省政協秘書郭春華來接，入國際旅行社 217 號室。

　　洗浴。十二時半，以熱醒，服藥二次。四時許，鄭祖志來，略醒，仍睡。

　　　今日一路所見森林甚多，但因自然生長，過于茂密，枝幹細小，無大用處，只能作薪耳。

　　　今日乘綏濱綫車，凡行三百五十六公里。

六月廿四號星期日（五月十六）

　　八時起。與鄭祖志談。九時，與滋潭、振邦同至水上俱樂部。上汽艇，至道外上岸，看攤販。至七道街，與振邦夫人及其兩子文實、文新同到太陽島游覽，觀青年划船游泳。下午一時歸。

　　與鄭祖志談。寫張豐冑信。楊子榮、薛綏宸、侯林來，談東北事，自四時至六時半。

　　與滋潭、振邦同至哈爾濱公園。歸，寫静秋信。理物。與鄭祖志談。十一時上站，十一時卅分開車。

　　　劉振邦同志伴游兩星期，以鼻子出血過多，須休息。自今晚起，改由侯林同志陪伴。

　　　予自十五日赴友誼農場途中受寒咳嗽，近日以冷熱不均，咳

扁桃腺發炎也。予年已長，不知可割否。洪兒今日亦割去，大快意。

六月廿五號星期一（五月十七）

　　五時起。六時卅分到齊齊哈爾。程薪等來接，入市委會第一招待所，談視察計畫。李治文來談。統戰部派武文博來，同到市圖書

館，與于德輔等談。到龍沙公園。

二時，到地方國營齊齊哈爾造紙廠，聽羅昶、徐秋名報告，參觀全廠。五時出，欲至園藝試驗場，以陣雨，車陷入泥淖而止。

與滋潭、侯林、武文博等同到齊市評劇團，看《獵犬失踪》劇。十時歸。

今日晤見之人：程薪(副市長、政協副主席) 章林(副市長) 劉紹卿(市人民委員會秘書長) 李治文(中共市委書記) 康蒙(市文化局局長) 王祖鶴(同上，科長) 方金華(市圖書館主任) 于德輔(市圖書館副主任) 羅昶(齊市造紙廠廠長) 徐秋名(造紙廠工程師) 呂鐵良(同上，技術科長)

齊齊哈爾多風，蒙古沙吹來，故土色黃。

昨夜在車太熱，僅睡三四小時，今日不免疲倦。

齊市評劇團演員，以女角張麗華爲最有名。渠爲省人民代表，今年二十三歲。

自哈爾濱至齊齊哈爾，凡二百九十八公里，爲濱洲、昂榆綫。

六月廿六號星期二 （五月十八）

四時起，記本月旅程。寫静秋信。到七二六廠，聽廠長江天、黨委書記劉吉生等報告，參觀全廠。到園藝試驗場，聽場長闞巍報告，參觀。

到南大街理髮。到車輛製造廠，聽廠長王樹森、黨委副書記韓繼繹報告，參觀全廠。五時歸，市婦聯主任王純來，談婦女問題，至七時許去。

到東北電影院，看《牛虻》。歸，洗浴。十一時許，服藥眠。

六月廿七號星期三 （五月十九）

五時半起，整理行装。八時，乘汽車到富拉爾基。九時半，入北滿鋼廠，聽副廠長蘇明、工程師馬迪璋報告。十二時，到招待所午餐。

一時，還北滿鋼廠，參觀煤氣發生站、煉鋼、鑄鋼、鍛壓、修理各車間，由工程師石若珣引導。四時，談話休息。返齊齊哈爾，諸首長來談。

赴首長宴。八時半，赴初級黨校看少年劇團表演。十一時歸，服藥眠。

今晚同席并同觀劇：高衡(市長)　程薪(副市長)　謝厲(市委副書記)　張浦家(市委工業部長)　杜玉瑾(市政協副主席)

今日晤見之人：北滿鋼廠總工程師兼第一副廠長蘇明　基建廳長楊景雲　工程師石若珣、田廣治、馬迪璋　秘書趙鎬堂　福利處處長鄭仁政

六月廿八號星期四 （五月二十）

四時起。五時飯。五時四十分到飛機場，六時四十五分機開。八時到哈爾濱，郭春華來接。入國際旅行社 302 號室。到 204 號視滋潭疾。與侯林談。十一時，至食堂進餐。

眠一小時。劉振邦來。寫静秋信。與侯林同到文化局，訪薛綏宸局長談，與薛局長到博物館，看書畫、古物。歸，沈希賢來。

與劉振邦、侯林、沈希賢、郭春華同到道外省評劇團，看《御﹍﹍寺歸。服藥眠。

長）　潘述俊(保管部)　林桂英(群衆工作部)　谷甫田(司書畫)

六月廿九號星期五 （五月廿一）

五時起，鈔僞滿時代之東北政區。薛綏宸、熱爾那科夫、潘述俊來，八時出，到黃山寨子，以軍士射擊，未能登古城。十時半，

到顧鄉區，看溫泉河出古骨區。入鄉人民委員會休息。到博物館看古物。十一時三刻歸寓。

眠一小時。與滋潭、車太勛、侯林到哈爾濱電表儀器廠，聽副廠長那治璋報告，參觀全廠，易履而入。四時歸。準備發言稿。

七時，楊子榮來，同到 311 室會，至九時四十五分散。失眠，服藥二次。

今晚同會：于天放（副省長）　張瑞麟（統戰部長）　楊子榮（統戰部副部長）　呂其恩（哈市長）　薛綬宸（省文化局長）　趙雲生（省人委會辦公廳主任）　朱天民（省工業廳工程師）　高瑞泉（省輕工業處處長）

六月三十號星期六（五月廿二）

四時半起。與滋潭同到蘇軍紀念碑。與振邦、楊子榮、趙雲生同送滋潭上車赴長春。與振邦到省政協，晤朱蘊新。摘鈔《滿洲地名考》。

與劉振邦同飯。三時許上站，三時五十五分國際列車開行。與同室孫君談。

八時即眠，翌晨五時方醒。

今日送行者：楊子榮　趙雲生　劉振邦　郭春華　侯林

自哈爾濱至北京，一千三百九十八公里。

今日在車晚飯後更無別事，安心睡覺，便得九小時之佳眠。可見予只要生活安定，事情不忙，神經恬靜，睡眠本無問題。只緣關係方面太多，而時代又太緊張，乃有此職業病耳。

本月二十日晚在紅星文化宮所見節目：

（黑龍江省工會聯合會主辦）

1. 東北民歌演唱——合作社真比單幹好

　　　侯錫華（哈市電車公司女司機）

2. 評書——郝班長打虎

　　　周琛（哈市自來水公司工人）

3. 二人轉——模範乘務員

　　　顏桂珍（齊市五金機械生產合作女工人）

　　　劉寶成（齊市美術工藝生產合作工人）

4. 快板書——好東家

　　　闞震（佳市康復醫院護士）

5. 相聲——精打細算

　　　周琛（逗）　董英（捧）（哈市電話局工人）

6. 演唱——小過河

　　　侯錫華　張玉芳（哈市電車公司乘務員）

7. 山東快書——拔牙

　　　劉夢庚（某廠工人）

8. 雙簧——一事無成

　　　周琛、闞震

9. 相聲——黃鶴樓

　　　趙樹義(哈市百貨公司職員)　王文彬(哈市建築公司技術員)

10. 山東呂戲——王小趕脚

　　　尹柄正（省海員工會工人）　顏桂珍

一日，在瀋陽。

二日，瀋陽至長春途中。

三——四日，長春。

五——六日，吉林市、小豐滿。

七日，吉林市至哈爾濱途中。

八——十日，哈爾濱。

十一——十三日，帶嶺。十三日晚，至佳木斯。

十四日，樺川縣星火集體農莊及建國村抽水站。

十五——十七日，集賢縣國營友誼農場。

十八——十九日，佳木斯。

二十日，佳木斯至牡丹江途中。

廿一——廿二日，寧安縣、世環鎮、鏡泊湖。

廿三日，牡丹江至哈爾濱途中。

廿四日，哈爾濱。

廿五日——廿七日，齊齊哈爾、富拉爾基。

廿八——三十日，哈爾濱。三十日下午，起程返京。

七月一日到北京。

　　自五月十六日晚起程，至七月一日返京，共計四十七天。內
與政協同人同行時間二十五天，與于滋潭委員同行時間十九天。

　　此行所到：

甲，市：

　一、遼寧境內：

　　1. 瀋陽　2. 大連　3. 旅順　4. 鞍山　5. 撫順　6. 安東

　二、吉林境內：

　　1. 長春　2. 吉林

　三、黑龍江境內：

　　1. 哈爾濱　2. 佳木斯　3. 牡丹江　4. 齊齊哈爾（富拉爾基）

乙，縣及鄉鎮：

　一、遼寧境內：

　　1. 高坎鄉　2. 五龍背

　二、吉林境內：

1. 小豐滿

三、黑龍江境內：

1. 帶嶺　2. 樺川縣　3. 集賢縣　4. 寧安縣　5. 世環鎮　6. 鏡泊湖

共市十二，縣及鄉鎮九，總二十一處。遼寧境內八，吉林境內三，黑龍江境內十。

[圖畫]（下略）

此一九五六年六月湲兒所繪也，時七歲半。此兒胸中亦頗有丘壑，可喜。顧頡剛記，時方自東北歸京，覺其有旅順口氣象，故藏之日記中。

唐景陽同志言，東北土改時，黑龍江省每一農民分到七十畝，如一家十口，則爲七百畝，人力不足，故多粗放。遼寧省一農民分到十七畝，故能精耕細作。

一九五八年一月十四日記于青島療養院。

一九五六年七月

七月一號星期日（五月廿三）

六時，車至錦州。九時十分至山海關。九時四十五分，至秦皇唐山。下午一時五十分至天津。四時，到北京。

静秋挈四兒，偕又安、木蘭、翟福亭來接。返家，洗浴，休息。看各處來信。

失眠，服藥三次，至翌晨二時後方眠，七時醒。

堪兒見予，聳身入抱，云：“這次好容易接你回來了，再不讓你走了!"又説:"上一次你走時,我真想哭。"到了睡時,又説:"我不想睡了,明天我不上學了。"又説:"爸爸,你要好幾年才死吧?"我説:"你們没有結婚生孩子,我是不肯死的。"這想見他對于予歸來的興奮。予受此感動,亦爲興奮至不能眠。想不到這個没有滿五歲的孩子情重如此!

北京今日悶熱甚,聞前數旬多雨,氣候不熱,然小麥冲壞矣。

七月二號星期一 (五月廿四)

將本組同人所草之《遼寧省工作報告初稿》加以修改。賀次君來。寫馮世五信。到伯祥處,晤其子滋華、湜華。

到張苑峰處。小眠。伯祥偕陳乃乾來。到國務院參事室,與張豐冑談。到政協,訪徐伯昕,未晤。到次君處,取《史記》。

爲兒輩講《西游記》十八回。到昌群處。到王修處。十一時,服藥眠。

乃乾由振鐸調至古籍出版社工作,從此該社有内行人矣。

七月三號星期二 (五月廿五)

到伯祥處。乃乾來。與伯祥、滋華、乃乾同到雪村處,又同至陶然亭游覽,酒于窑臺茶社。出,飯于煤市街新新餃子館。

與諸人别,予到研究所,與德鈞、萬斯年、法魯、尹達、吴宜俊、季龍、張若達、王毓瑚等談。

賀昌群來。戈湘嵐來。洗浴。十一時,服藥眠。

七月四號星期三 (五月廿六)

到翁詠霓處,未晤。到殷綏貞處,長談。歸。

眠一小時。到民進,晤劉鶚業(文教部)、吴廷勘(宣傳部)。到張豐冑處還錢。到何叙父處長談,并晤其幼女敏。歸,翁詠霓、起潛叔、童丕繩來。留起潛叔飯。

與丕繩長談。王修來。洗浴。十時半，服藥眠。

七月五號星期四 （五月廿七）

到王姨丈、母處談。出，在南小街修面。到中華書局訪姚紹華，并晤羅文迪、常紫鐘、舒新城、陸高誼。到馬彝初先生處，并晤徐伯昕、周建人、嚴景耀、許廣平、梁明。到大公報社訪王芸生，談。

未成眠。到馬曼青處，未遇。到北海，訪周耿、芸圻、方慶瑛、朱欣陶。到張石公先生處，并晤石榮暲（蓋年）。歸，尚愛松來，留飯。

張苑峰夫婦來。洗浴。失眠，服藥二次，至十二時後眠。

歸後頗覺疲憊，而各方不得不接洽，即不得不多談話，因此精神興奮，又屢失眠。予安得長休息于山中耶？

七月六號星期五 （五月廿八）

傅築夫、孫健來。與靜秋到鄭河先醫師處，遇孫蕙芳。與靜秋到隆福寺購物。

眠二小時半。看楊賓《柳邊紀略》。整理書桌。王修來。綏真來，爲改致吳辰伯信，留飯。

王夷來。趙華璧來。爲兒輩講《西游記》第十九回。洗浴。服藥眠，自十一時至翌晨六時。

今日量血壓，上字165，下字90，較旅行時高矣。鄭醫言無大妨，但須心頭無事耳。改服渠藥良效，然終以不服爲宜。

七月七號星期六 （五月廿九）

理書札、雜紙。陳友業來。劉朝陽來。姚紹華來。張慶林及金女士來視屋。

木蘭來，留飯。未成眠。到新華古典門市部。到文化俱樂部，參加本組遼寧省視察報告之討論，自三時至六時。

到容元胎處。歸，洗浴。十二時，二姐挈鮕鮕來。失眠，服藥三次，至上午二時半後眠。翌晨六時半起。

今日同會：王芸生　　吳景超　　王遵明　　王雪瑩　　張豐胄（以下秘書）杜振英　楊汝玉

二姐前年在滬醫院治白內障後，迄今舊疾復作，聞有針醫能治此疾，適來北京，故玉蘭出旅費，請其來京治療。

七月八號星期日（六月初一）

與靜秋到北京劇院，參加民進北京市分會選舉代表會，并看《馬蘭花開》電影。遇喬峰、徐健竹、雷潔瓊等。聞在宥來。到昌群處談。

眠二小時許。尹受來。趙光濤來。與靜秋到康同璧處談，并看其所植花果。到聖陶處，視其夫人疾。

爲兒輩講《西游記》廿回。洗浴。以與靜秋齟齬，失眠，服藥三次，至十二時後眠。

民進已批准靜秋入會。

七月九號星期一（六月初二）

到西苑大旅社，參加科學史討論會，聽竺可楨開幕詞，王吉民"中醫在世界的影響"，萬國鼎"《齊民要術》中之農業技術"。

到起潛叔房間，并晤嚴獨鶴、馬蔭良。到拱宸、丕繩宰談。參加高教部之歷史系教學大綱會議，自三時至六時。飯後與苑峰、季龍同歸。

李丙生來，留飯。洗浴。看《西遼史》。服藥，得佳眠。

高教部審訂文史教學大綱會議先秦兩漢史組同人：汪籛　張

政烺　尚鉞　徐中舒　楊向奎　劉節　蘇金聲　華紹英　胡厚宣　曹紹孔　田餘慶

　　　科學史討論會所晤人：竺可楨　錢寶琮　劉朝陽　陳恒力　王毓瑚　石聲漢　李德全　龍伯堅　陳邦賢　侯外廬　萬國鼎　朱培仁　胡先驌　夏瑋瑛　王吉民　宋大仁　黃勝白　唐蘭　馬堅　葉企孫　袁翰青　錢臨照　侯仁之

七月十號星期二（六月初三）

　　魏明經來。寫延孫信。高教部車來，與苑峰同接季龍，到西苑大旅社，續開教學大綱會議，至十二時。與丕繩談。

　　與石聲漢談。到郵局寄信。到黃淬伯、梁方仲、王栻室談。三時，續開會，至六時。到子植室談。與石聲漢談。飯後歸。到巷口理髮。

　　看《松漠紀聞》、《契丹國志》。洗浴。十二時，服藥眠，五時醒。

　　　文史教學大綱所晤人：劉大杰　周谷城　陳守實　胡厚宣　耿淡如　張世祿　田汝康　靳文翰　趙景深　李㵌　蔣孟引　王栻　韓儒林　黃淬伯　陸侃如　馮沅君　楊向奎　童書業　鄭鶴聲　殷孟倫　王仲犖　盧振華　韓振華　丁則良　曹紹濂　劉節　朱杰勤　梁方仲　楊明照　徐中舒　繆鉞　蒙文通　納忠　李埏　尹巨　劉持生　鄭天挺　楊志玖　皮名舉等（以上京外）　羅常培　魏建功　周一良　邵循正　楊人楩　鄧廣銘　張政烺　譚其驤　王力　汪籛　田餘慶　王崇武　傅樂煥　馮家昇　尚名凱　張芝聯　浦江清　丁梧梓　翦伯贊　陳述　呂叔湘等（以上京內）

七月十一號星期三（六月初四）

　　寫彝初先生信，贈書。到西苑大旅社，繼續開會，至下午五時，將教學大綱討論完畢。

到韓振華室。到厚宣、陳守實室，到周谷城、劉大杰室，并晤邵循正。到蒙文通、徐中舒室。與厚宣同訪思泊，尚未歸。到考古所，晤夢家、仲良。金靜安、郭寶鈞來。

同回家，留厚宣飯。殷綏真來。張德鈞來。靜秋與又安爲雁秋事赴南京。洗浴。失眠，服藥五次，至翌日上午二時後方眠。

師哲萍自身事了，將調北京任職，願爲雁秋平反冤獄，故靜秋與又安今晚赴寧，供給材料，并到江蘇檢察廳作證。想《十五貫》演後，司法官之官僚主義、主觀主義當能一洗也。

七月十二號星期四（六月初五）

眠大半天。

爲兒輩講《西游記》第廿一、廿二回。看前内政部所編之《政區録》。

木蘭來，留宿。

昨夜極不能眠，服藥過多，今日上午乃完全睡眠中過去。下午又眠三小時，共約十二小時，爲多年所未有。夜中服藥後又得眠八小時，雖頗疲軟而精神殊清爽。

七月十三號星期五（六月初六）

賀次君來。寫夏廷棫信。寫靜秋、自珍信。何叔父遣楊贊武來取書架。補記日記。將在東北與靜秋書簡編號粘貼。

未成眠。修改《視察遼寧省工作報告修正稿》。姚紹華來。寫于思泊信。

到于滋潭處，并晤其子徐琦、瑞，女珊。洗浴。服藥眠。上午二時潮兒墜床，爲驚醒，又服藥。

次君持所鈔吾家書目來，總數如下：

經：　1,282 種　1,772 部　10,452 冊
史：　2,757 種　3,132 部　15,055 冊
子：　1,070 種　1,296 部　5,351 冊
集：　1,972 種　2,221 部　9,115 冊
叢：　　378 種　　443 部　10,267 冊
新：　　106 種　　113 部　　127 冊
共計：7,565 種　8,977 部　50,367 冊　外未有冊數者 57 部

此我一生辛勤之積聚，遭亂而僅存者也。而今以種種之壓迫，恐不得保矣。

尚有報紙、雜志不在此數。

七月十四號星期六（六月初七）

到所，出席侯外廬傳達之工資改革報告會。與毓銓、德鈞、斯年談。到錢琢如處，并晤喻培厚、李樂知。到鄭河先處，不晤。到隆福寺購《春秋戰國異辭》。

鈔東北九省縣名，未畢。到巷口修面。到文化俱樂部，出席遼寧省報告之最後討論會。五時散，與何叙父同到三所訪金靜安，并晤蔣天樞、張遵驑。到民族學院，訪王靜如、陳玉書、謝冰心，并晤孫鉞。

與叙父訪馮伯平夫婦，在其家飯。九時半歸。洗浴。失眠，服藥三次無效，天明方眠。

今日下午同會：王芸生　吳景超　潘霅亞　翁文灝　何遂
王紀元　危秀英　張知行　張豐胄　舒宗鎏　王遵明　鮮英　張明養　汪世銘　艾蕪　王雪瑩　楊汝玉　杜振英

七月十五號星期日（六月初八）

七時半起。苑峰來。到東方診所取藥。陳文鑒、孫梅生來。到

擎宇處，并晤屠思聰。凌大夏、祝叔平來。起潛叔來。到燈市口冷飲。到同和居宴客。

到北京飯店，出席文史教學大綱總結會議，聽黃嵩齡、潘梓年、周揚談話。到文化俱樂部照相。伴蒙文通、黃淬伯登樓頂。

在北京飯店宴會。九時，與苑峰同歸。洗浴。服藥眠。

今午同席：蒙文通　繆鉞　徐中舒　鄭天挺（以上客）　張政烺　楊向奎　童書業　鄧廣銘　胡厚宣　傅樂煥及予（以上主）

今日下午同會及晚間同席：出席會議者一百九十人　工作人員約三十人　周建人　鄭振鐸　陳翰笙　潘梓年　周揚　黃嵩齡　翁獨健（以上客）　郭沫若　楊秀峰（以上主）

七月十六號星期一（六月初九）

四時半起。寫静秋信。到彝初先生處。到所，參加第一所第一次所務會議，自九時至下午一時。到萃華樓飯。

與谷城等同到西苑大旅社。訪起潛叔，未值。到蘇聯展覽館餐廳，參加哲學研究所召集之整理古籍會議，自三時至六時半。與子植、李埏、厚宣到西苑大旅社，飯。遇程會昌。爲李埏寫自珍、楊寬、錢海岳信。

與厚宣、中舒、曹紹孔同入城，訪陳援庵，不遇。九時歸，洗浴。服藥，十時眠，翌晨三時半醒。

今日上午同會同席：郭沫若　尹達　翦伯贊　鄧拓　徐中舒　張政烺　楊向奎　李儼　張雲飛　張德峻　張若達　萬斯年　譚其驤　白淑英　易謀遠　蕭良瓊　鄧福秋　陳可畏　陰法魯　周谷城　尚鉞　周一良　唐蘭　唐長孺

今日下午同會：馮友蘭　蒙文通　徐中舒　胡厚宣　高亨　梁啓雄　劉盼遂　劉節　舒連景　繆鉞　黃淬伯　容肇祖　王維庭　王維城　張恒壽　汪毅　李埏　王利器

七月十七號星期二（六月初十）

到伯祥處。理映婁等鈔件。疲甚，休息。卜蕙霙偕巴西、琳琳（守成）來，留飯。昌群來。

眠一小時許。看張須《通鑑學》。馮伯平夫婦來。爲湲兒等講《小朋友》。看《太陽探險記》。黃仲良來。

失眠，服藥三次，十二時眠。上午一時即醒，起看《越縵堂日記》。五時又眠，六時醒。

接靜秋信，知渠等至南京，法院邵院長適到北京，走個交道。何雁秋之厄運如是。靜秋等將在南京待其歸乎？

近日熱極，僕僕開會又累極，而休息後晚間仍失眠，何也？此疾愈發愈劇，直使人無生人之樂！

七月十八號星期三（六月十一）

賀次君來，同到鄭河先醫師處診，又到科學出版社，晤辛田、張修鍔。出，予到所，與尹達、魏明經、翟福辰等談。出，遇錢琢如。

賀次君來，爲寫科學出版社、辛田信。眠一小時許。童丕繩來，長談六小時，留飯。王修來。

洗浴。九時半，服藥眠。翌晨五時半醒。

予血壓，上字150，下字90，雖失眠，尚不高。

七月十九號星期四（六月十二）

陳友業來。記筆記一則。寫靜秋信。到政協，參加文化組座談會，予報告東北情形。十二時半會畢。與孫蓀荃同出。

一時，飯，巴西來，留飯。眠一小時。寫映婁、延孫信，捆書，到郵局寄。寫邦華、仲良信。

洗浴。納忠來。張德鈞來，到昌群處與談。與德鈞到苑峰處談。十一時服藥眠，翌晨六時醒。

今日同會：鄭振鐸　陳銘樞　張鈁　葉恭綽　林宰平　林仲易　黃紹竑　孫蓀荃　李俊龍　朱蘊山　楊公庶　陳公培　王季範　于非闇

七月二十號星期五（六月十三）

張覺非偕鄭琦來。羅偉之來，長談。出，發信。

萬分疲倦，臥床，略看《虞初新志》。殷綏貞來，與同出。

到民進飯。與伯昕等談。七時，開會。九時半，予先退。歸，洗浴。十一時服藥眠。翌晨七時醒。

今日同飯同會：王却塵　梁純夫　葛志成　徐伯昕　雷潔瓊　嚴景耀　金芝軒　許廣平　吳研因　王歷耕　趙樸初　梁明

今日下便三次，晨乾，午稀，下午雖稀而成條。體感不適，似有寒熱。然民進中央小組之會不能不參加，以予須將"長期共存，互相監督"之實例舉出也。

七月廿一號星期六（六月十四）

陳友業來。陳懋恒來，長談，留飯。王修來。

眠一小時。與四兒及魴魴到美協，看第二屆國畫展覽會。到兒童門市部及新華書店購書。

木蘭來，留宿。洗浴。看謝國楨《清初流人開發東北史》。十一時眠。

陳友業來告，予到青島已定廿五日下午八時票。

以昨夜得眠，今日精神已好，腎囊亦緊，惟泄瀉尚未愈。

七月廿二號星期日（六月十五）

看《清初流人開發東北史》畢。周雲青來。爲兒輩講《西游記》第廿三回。高大姨、瑞蘭、燕燕、樂寧來，留飯。大姨留宿。

眠一小時。理髮。購筆，遇周耿。德融侄來。與德融挈四兒及魴魴到北海，上白塔。渡至北岸，游者孔多，不得食。七時，與德融別，挈諸兒歸。

寫靜秋信。洗浴。看《越縵堂日記》。十一時，服藥眠。翌晨七時醒。

雪如侄女已定下月與陳元弘君在滬結婚，到西湖度蜜月。

七月廿三號星期一（六月十六）

王修來。補記日記三天。邢勉之先生來。到伯祥處。理物。

眠一小時。到百貨公司購物，携歸，又出，到前門車站，到郵局繳電話費，取又曾寄來之錢。到西單商場閱書。到陶才百處。高大姨去。

洗浴。已眠着，爲褚嫂驚醒，服藥兩次，看《越縵堂日記》。十二時後眠。

今日熱約九十五度，予出外三次，夜中倦甚。已不服藥而眠矣，乃頤萱嫂浴後在我床前説了一句話，把我驚醒，遂致失眠。渠已在我家十餘年而猶如此，洵乎其不注意也。浴室在我房内，亦是不便處。

七月廿四號星期二（六月十七）

理物。賀次君來，長談，留飯。鈔解放前東北九省市縣名。

眠一小時。周應聰來。理物。到東安市場購物，陳友琹來。

到周太玄夫婦處談。到思泊處，尚未歸，留條。洗浴。服藥眠。

靜秋來信，已見邵院長，渠根本上已接受，雁秋一案諒能湔雪，不枉大熱天走一遭。

七月廿五號星期三（六月十八）

藍菊孫來。理物。寫静秋信。到東四付長途電話費。爲兒輩講《西游記》廿四——廿六回。

洗浴。眠一小時。寫研究所請假信。陳友業來。

翟福辰、王國英來，送上車。八時十分車開。以不服藥終夜無眠。

静秋今日自南京動身，明日到京，而我于今晚離京，明日到青島，直如捉迷藏者。予本當待之，以所中已爲予買卧車票，如退票則不知又將延至何日，只得不顧矣。

同是在火車上過夜，然哈爾濱歸來，睡至九小時，今夜乃僅一小時，蓋自哈上車後即進晚飯，飯後即睡，斯時血聚在胃，故易眠，今日則晚飯後赴站，不免一番緊張，又收票、送水、取費等擾攘二小時始畢，故不得眠耳。有此經驗，此後晚上進些食物，或亦催眠之一道。

七月廿六號星期四（六月十九）

天明後約睡一小時。六時到濟南，轉膠濟車，在車與邵循正夫婦及蔣齊生談。下午三時四十五分到青島，即雇車到丕繩處。

與丕繩夫婦談，并晤其女教英。

與丕繩到盧南喬處。狂風，大雨，且下雹。九時許，服藥眠，翌晨五時醒。

丕繩住合江路一號，拱辰住安東路四號，相去甚近，拱辰以赴大凉山夷區調查，其夫人住娘家，故房屋空出，予可借住。

夏天坐軟席卧車，既熱且悶，不如坐硬席車也。

自北京至青島，凡行八百九十三公里。

七月廿七號星期五（六月二十）

與丕繩到黄雲眉處。同出，訪孫思白，未晤。到山大醫院，就

滕錫衡大夫診，晤舒培義。出，到馮沅君處。到趙儷生處，并晤南
喬、雲眉，談至午。到拱辰夫人尚樹芝處。

　　眠一小時，尚樹芝來。到拱辰家，整理什物，擦桌椅。即住
入。翻架上書。

　　到春和樓赴宴。到鄭鶴聲家，與其夫婦談。十時許歸，服
藥眠。

　　　　今晚同席：予　黃雲眉　鄭鶴聲　趙儷生　王仲犖　盧南喬
（以上客）　童書業（主）

　　　　今日予量血壓，上字百五十，下字九十四。醫視予目，云：
"眼睛，有些花了！"此誠然，老態日臻，此固自然規律也。

七月廿八號星期六（六月廿一）

　　五時醒。童太太送早點來。黃雲眉之子漢望送水來。看《醒世
恒言》等。寫靜秋、次君、映婁、延孫、伯祥信。

　　眠一小時。丕繩來，同冷飲，到王仲榮處，晤其夫人。到丁山
夫人處。到魯迅公園（即海濱公園），遇陸志韋。擦皮鞋。食棗羹。

　　徐連城來。黃雲眉來。孫思白來。服藥兩次眠。

　　青島天氣亦熱，幸有海風，不悶，早晚則視北京爲涼。予初
至，一切未就緒，精神頗倦怠，艱于工作，奈何！

七月廿九號星期日（六月廿二）

　　勘《吳世家》標點半篇。理拱辰藏書。黃漢望來掃地。看
《醒世恒言》。

　　未成眠。陸侃如來。寫靜秋、劉雁浦、張又曾信。丕繩來，同
到中山路，遇劉大年、孫毓華。

　　丕繩邀至咖啡飯店晚餐。到天成劇院，看黎明京劇團趙萬鵬等演
《劉邦斬蛇起義》，十時半散。十一時半到童宅宿，約一時後入眠。

七月三十號星期一（六月廿三）

勘《吳世家》標點訖。《齊世家》未畢。看《醒世恒言》。

眠一小時。雲眉來。

與雲眉步至中山公園及體育場，仍步歸。服藥二次眠。

青島天氣，今年特熱，爲往歲所無。然青島如此，則他處之更熱可知。

七月卅一號星期二（六月廿四）

童太太偕孫嫂來送點。黃漢充來掃地。勘《齊太公世家》標點訖。劉雁浦來，邀至其家飯。晤其夫人郭錦蕙及三女一子。

飯後與雁浦同至海水浴場浴。遇陸侃如夫婦、束星北。回雁浦家，束星北來談。與雁浦及其女小羌到青島海產博物館及水族館參觀，到魯迅公園散步。五時，乘公共汽車歸。雲眉送西瓜來。

陶夢雲來。與丕繩談。到雲眉處談。服藥二次眠。

今日海水浴爲予初次嘗試。當潮水衝來時予幾立足不穩，拉雁浦之臂，海水入口，甚鹹。全場萬餘人，以青少年爲多，白首者恐但有予一人矣。

近日生活甚安定，且勞動，而仍失眠，何也？大約年餘以來以多服成癮矣。此尹達輩所害也！

丕繩以抗戰中懷予詞見示，調寄雙雙燕：

雲收雨斂，正時節清明，小園泥蝕。新蔬待植，蛙鼓滿地聲逼。夢覺相思不克，此夜景深長可憶。月明柳絮狂飛，風壓花枝無力。

只惜東方欲白，畏霎地曉寒，露珠侵陌。知心歸否，已是去年今夕。此刻形單影隻，想忘了芳蕪如碧。望斷萬水千山，贏得相思更積。

一九五六年八月

八月一號星期三（六月廿五）

寫靜秋信。寫起潛叔、人民日報社信。校改《魯世家》、《燕世家》標點訖。記筆記八則。

眠一小時。

與丕繩到針灸師范明經處。九時眠，上午一時爲大風震撼醒，遂不成眠。

范明經醫師在齊東路，離予所住處約半里，可每日去。每次診金五角，而達一小時之久，何其廉也？

八月二號星期四（六月廿六）

校改《管蔡世家》、《陳杞世家》標點。記筆記二則。丕繩來，與同到山大醫院，就滕錫衡診。又至山大保健科取藥，未得。到歷史系參觀。

眠一小時。王仲犖來。丕繩來，與同到范明經處針灸。

山大汽車來，與丕繩、蕭滌非同到春和樓赴宴，九時歸。看《醒世恒言》。十時，服藥眠，翌晨六時半醒。

今晚同席：王亞南　羅莘田　呂叔湘　童丕繩　蕭滌非　吳大琨　王肇新（以上客）　晁哲甫（山大校長）　陸侃如（副校長）　崔庸（教務長）（以上主）

今日量血壓，爲135——90，何其低也？

青島大風揚沙，直欲將人吹倒。歸來滿頭滿身都是沙粒，海濱生活亦有其不舒服處。

八月三號星期五（六月廿七）

看《醒世恒言》。校改《衞康叔世家》標點訖。寫静秋、次君信。記筆記四則。

眠一小時半。到范醫處針灸。

到鄭家赴宴。九時睡，失眠，服藥二次。至十一時眠。翌晨四時醒。

今晚同席：魏建功　　陸侃如　　邵循正夫婦及其女　　朱□□（以上客）　鄭鶴聲夫婦（主）

今晚以客少，予多談話，又主人殷勤，爲盡一杯，又飯後飲綠茶，遂致精神又緊張，不得佳眠。晚上應酬，真是可怕。

八月四號星期六（六月廿八）

與黄漢望談。記筆記二則。整理《緩齋雜記》第三册訖。校改《宋世家》標點訖。改《晋世家》未畢。

眠一小時。雁浦子女三人來。到范醫處針灸。看徐中舒《試論周代田制及其社會性質》，未畢。

失眠，起看《醒世恒言》。服藥三次，至十二時後乃眠。

今夜失眠，當是工作太緊張而又未出外散步之故。予來此以治病爲第一事，豈有連日針灸而反失眠之理。此後必當用力矯正，不要太趕工作。

八月五號星期日（六月廿九）

七時起。到雁浦家，偕雁浦及其子女到中山公園，看動、植物，遇陸侃如、高亨、張維華、鄭鶴聲等，飲茶。十二時，到雁浦家飯。

由雁浦子羌奎導至東鎮光陸戲院，與丕繩同看濟南市京劇一團演《黑旋風李逵》。四時，到蓬萊館飯。同到范醫處針灸。

黄雲眉夫人來，贈物。八時即眠，翌晨二時醒，四時起。

今日游散一天，在范醫師家扎針時即入睡鄉。歸後洗身，未至開燈即上床，竟得一夜自然之睡眠，爲自哈爾濱歸車後所未有。可見予只要游散與醫療相結合，即可無病。無如生活鞭子緊緊趕着。日前得静秋書，知尚存二百餘元，固可延至本月取薪，但決不能更延至下月取薪，在此一月内非得數百元稿費不可，此真説不出之苦痛也！

八月六號星期一（七月初一）

寫静秋信。已而得其來信，又寫一通。校改《晋世家》訖，《楚世家》未畢。

略一朦朧。看《醒世恒言》。理髮。到范家針灸。

在丕繩家見趙殿誥（文周）。與丕繩夫人共勸丕繩息事。服溴劑，睡二小時即醒。更服 Amytal 眠。

昨日同席：青島市文化局長王桂渾及其夫人羅江雲（客）

劉雁浦夫婦（主）

八月七號星期二（七月初二　立秋）

理拱辰書籍。校改《楚世家》標點訖。

到棧橋、中蘇友好閣。到中山公園，品茗，看陳伯達《關于十年内戰》。到中山路購物、閲市。到范家針灸。

與丕繩到高静生處。歸，淮洋來。失眠，服酒無效，服 Luminal 亦無效，服 Amytal 至上午二時方眠。

今日工作不多，而散步逾半日，乃又失眠，何也？豈以天熱耶？抑以專心治《史記》耶？若此工作尚不能幹，則予其爲廢人矣，思之灰心！

有人謂予，睡前飲葡萄酒有催眠之效。今日試之，不驗。

八月八號星期三（七月初三）

校改《越世家》、《鄭世家》訖。到范醫處商針事。到丕繩處，晤趙儷生。

眠一小時半。看《醒世恒言》。將次君校記斟酌一過，改正金陵本誤字。

范醫來針。九時就寢，仍不能睡，服藥兩次，十二時後入眠。

八月九號星期四（七月初四）

疲甚，看《醒世恒言》訖。到中大醫院，以非神經科期，未得診。到道濟醫院，就孫幹卿院長診。

眠一小時。到范醫處，未針，由范天民伴至道濟醫院診。

未進食。丕繩夫婦來視疾。丕繩留伴。十二時後入眠。

近日天熱，而予又連續數夜睡不好，疲乏之極。下午知身有熱度，到范醫處量之，則已至攝氏表39度，遂至道濟醫院打一針，并服退燒藥。流了一夜汗，衾枕俱濕。

八月十號星期五（七月初五）

臥床，看《湖南革命烈士傳》及榮孟源《中國近百年革命史略》。陸侃如、馮沅君來。

眠一小時。丕繩偕姚企虞來。童太太來兩次，送西瓜汁。

黃太太來。服安眠藥兩次，十二時後入眠。翌晨五時醒。

今日上午予體温高36度，蓋以一夜流汗之故。下午即升至38.2度，則病仍未去也。夜間未服藥，仍出汗。

八月十一號星期六（七月初六）

臥床，看《中國近百年革命史略》、《脂硯齋紅樓夢輯評》。眠一小時。

童太太來送西瓜汁。黃漢望來辭行。

丕繩來長談，至十時去。十一時後入眠。

今日整天溫度未高，想已痊可。惟流汗仍多，大便三次均溏薄，故無力。

昨晚雷雨，今日起風，天氣頓涼，使人精神一爽。

八月十二號星期日（七月初七）

三時醒，又略睡，五時起。補記日記四天。寫靜秋信。看楊獻珍《思維對存在的關係這個哲學上最根本的問題也是我們一切實際工作中最根本的問題》。丕繩來。拱辰夫人來贈物。

眠一小時半。童太太來送瓜汁。姚企虞來。看《紅樓夢》。

黃太太、漢充來。劉雁浦夫婦來。丕繩來。失眠，服藥三次，至翌晨上午三時後入眠，五時半醒。

拂曉又出汗甚多，汗皆在胸前肩上，而以左面爲多。此虛弱之徵象也。今日雖起床，而氣力不足，仍在床上看書。

丕繩及楊太太都勸我改就中醫，明日當到中醫院診治。倘失眠症長此牽纏，我生休矣！

八月十三號星期一（七月初八）

寫靜秋、徐伯昕、民進總會信。與丕繩到青島市中醫院，就錢軸范醫師診。

眠一小時許。看天然痴叟《石點頭》，未畢。與丕繩到范明經醫師處續針灸。

續看《石點頭》。至十二時始入眠，翌晨五時半醒。

予服西藥安眠，已歷多年，癮日以深，束縛愈緊。上次在東北，于滋潭同志謂予，常服西藥安眠當致心臟病，聞之自危。今日既服中藥，又針灸，遂將西藥摒棄，深願勿破此戒也！

醫言予上焦有火，故血易上升，輒致不眠。又言予脉大而速。

今日量血壓，上字 137，不高，而下字乃 110，則高，且太接上字，宜其病也！

八月十四號星期二（七月初九）

校改《趙世家》標點，未畢。記筆記四則。在丕繩處遇鄒源琳。

眠半小時。續校《趙世家》。到安東路合作社買物。與丕繩到范醫處針灸。

八時覺倦，即眠。十二時半醒，無眠，起看《石點頭》。

昨睡得下半夜，今睡得上半夜，何也？

八月十五號星期三（七月初十）

寫靜秋信，未訖。黃太太來送點。步至中醫院，就錢軸范醫師診。步至科學院海洋生物研究室，訪張璽。步歸，遇蕭滌非。

眠一小時半。續校《趙世家》。記筆記二則。到丕繩處，看王仲犖論奴隸、封建制長文。看《醒世恒言》。

到拱辰夫人處，并見其母、弟、子、女。到黃太太處。九時三刻眠，十一時一刻醒。直至上午四時復眠，五時半又醒。

青島公共汽車少而乘者多，今日連待數處皆不得，且站上人多，即車來亦不得上，只得步行。然日光下實熱，又全身濕透矣。

訪張璽者，為請此間科學院為予向醫院索一“特療證”也。如無此證，即不易掛上號，且須在候診室久待也。

八月十六號星期四（七月十一）

校改《趙世家》訖。記筆記四則。看《醒世恒言》訖。

未成眠。訪紹華，并晤王經新。在紹華處看尼古拉也夫所編《辯證法講義》。與紹華同到運動場，看全國第一屆少年體育代表團競賽結果報告。四時許出，冷飲。予即歸。寫完靜秋信付寄。

八時許就床，不成眠，至十時半起，看徐復《秦會要訂補》。約至上午二時始闔眼，五時半醒。

如此睡眠，成何事體！其爲難過，有如凌遲處死矣！

今日天氣轉凉，秋風時拂，在熱空氣中解放出來了。

八月十七號星期五（七月十二）

到中醫院，待久，寫静秋長函。及取藥，以價昂，錢不足，歸取錢再往取藥。看魯迅《唐宋傳奇集》。

眠一小時。高晋生來，同到蕭滌非處，晤其夫人。到鄭鶴聲處談。并晤其夫人及趙振民。

問道，到高晋生處。八時半眠，十時半醒。又眠，二時半醒。四時後又小朦朧，五時半起。

錢醫師謂予濕熱甚重，服鮮石斛等藥，每劑近兩元。

今晚爲不服西藥而得佳眠之第一夜。

高晋生作《古字通疏證》，以音部分字，以字列通假，廣羅文獻資料及歷代訓詁于其下，爲之已二十年，誠讀古書者所不可少之工具也。有如此潛孽之人而外間不知，惜哉！

八月十八號星期六（七月十三）

校改《魏世家》，未訖。黄雲眉來。蕭滌非來。雲眉夫人及其子、女來。從松江路上山，經京山路、福山路，由大學路歸。

眠一小時半。拱辰夫人送桃，魚來。看《唐宋傳奇集》。續寫昨致静秋信，訖。到丕繩處，晤陳翠。與丕繩同到范醫處針灸。

到晋生處赴宴。九時，與滌非同步歸。失眠，至十二時半後入眠，翌晨五時許醒。

昨晚得眠六小時以上，今日精神當好，而仍疲憊，何也？今日始服“艾羅補汁”，未知有效否？

　　今晚同席：陸侃如　蕭滌非　王八姨（以上客）　高晋生夫
婦及其子女巒、英、彥、雲等（主）

八月十九號星期日（七月十四）

　　校改《魏世家》訖。記筆記四則。繞信號山、提督府一周，經
行龍江、龍口、龍山等路。

　　丕繩來，同到咖啡飯店飯。到永安大戲院，看《天波楊府》
劇，自一時至五時。到范醫生處針灸。

　　九時眠，十一時醒。十二時眠，上午三時半醒。後稍一朦朧，
五時半起。

　　今日陰雲滿天，不熱而悶，予苦疲憊，疑將續病。丕繩推門
入，曰：“今天天氣大不好，身子難過得很。青島氣壓太低了，
我輩受不了！”予方知氣候惱人也。

　　今日泄瀉停止，已將十日矣。

　　《天波楊府》一劇，包括寇準激將、破洪州、三岔口、戰潼
臺、探地穴、六郎救駕六劇。今日所見係唐山京劇團所演，每一
角色均賣力，與東北所見無異，益嘆地方戲之超出京劇也。

八月二十號星期一（七月十五）

　　到雲眉處。到市北區散步，經行膠東路、無棣路等。校改《韓
世家》標點訖，《田齊世家》未訖。鄭鶴聲來。

　　朦朧半小時許。到中山路理髮。到中醫院，就錢醫生診。與丕
繩到德縣路冷飲。到平度路閱書。到范醫處針灸。在丕繩家，與曹
祖勛同飯。

　　黃雲眉來談。終夜不寐。至上午四時後略睡，五時半醒。

　　錢醫爲予開方案只六字，曰：交心腎，除濕熱。

　　得靜秋信，知渠已就豐盛胡同幼兒園園長職。又堪兒正病高

燒，扁桃腺發炎也。

今日所以失眠，由于夜中與雲眉談話較久，及彼去而我即就寢，不曾將精神鬆懈下來，以致越睡越醒，耿耿終夜。以後晚上如有客來，必須出外散步半小時，然後歸室，此亦失敗之教訓也。

八月廿一號星期二（七月十六）

步至大連路、泰山路，由華陽路乘汽車到四方，略覽，換乘環行路車歸。校改《田齊世家》標點訖。寫靜秋信。

眠一小時。看《紅樓夢》。到范醫生處針灸。

到大連路、無棣路散步。九時半眠，翌晨三時半醒。

八月廿二號星期三（七月十七）

到興安路一帶散步。九時，雨中到中醫院續診。到新華書店閱書。冒雨歸。看《紅樓夢》。冒大雨到丕繩家飯，洗足易衣。

在丕繩處小眠，朦朧半小時。與丕繩長談。待晚飯後歸。

看《紅樓夢》。九時半眠，上午一時半醒，遂不成眠。

錢醫師為予所開健康狀況證明，為"神經官能症：食欲不振，睡眠不穩，自汗虛煩，時感疲勞"，其建議云："治療佐以療養，建議初步休息一個月。"今日量血壓，為130——90，此甚正常，可喜也！

一動即流汗，時時須換襯衣，此大苦事。

今夜不如昨夜之得眠，殆因下午講話過多，兼因天雨未得散步之故乎？

八月廿三號星期四（七月十八）

寫郭、尹二所長信，續假一個月。寫靜秋信。到齊東路寄信。看《紅樓夢》。與丕繩到盧南喬處借書。

眠一小時。加世家各篇小標題，凡十篇。到范醫處針灸。

八時半眠，上午二時醒。又眠，五時半醒。

八月廿四號星期五（七月十九）

七時，到中醫院，就錢醫師診。九時，取藥歸。到童家吃點。加《史記》世家各篇小標題，訖。

遇黃公渚于童家，長談。校改《陳涉世家》標點訖。到范醫處針灸，與蔡德明談。

雲眉來。劉雁浦夫婦來。九時眠，十時半醒，徹夜無眠。

昨夜得一佳眠，今日錢醫謂予脉氣甚佳，再服藥一月決可痊愈。舌苔今日亦較化。

昨天睡得極好，今天又極壞。所以然者，工作緊張，一也；客人多，談話勞神，二也；未午眠，三也。在青島環境中尚不能養病，況北京乎？爲之悶鬱！

八月廿五號星期六（七月二十）

到臺東、四方、中山路散步。到青島政協訪樹幟，晤之。歸，看丕繩《中國手工業商業史》稿。

眠一小時。看《紅樓夢》。寫静秋信。到范醫處針灸。劉敦愿來。

自大學路下山，龍江路上山，步行一小時。仍不得眠，十一時起服西藥，眠至翌晨六時。

樹幟來此參加動物學會，會期中忙碌，須于廿九日行前方得一談話也。

覽《光明日報》，悉此次民主促進會全國代表大會中，予被選爲中央委員，爲之惶悚！

今日未做工作，又飲藥，又針灸，又散步，而就床後仍烱炯，不得已破戒服 Amytal 一粒，始睡。甚矣習慣之難改也！

八月廿六號星期日（七月廿一）

校點《孔子世家》，未畢。續看《手工業商業史》，向丕繩提出幾點應修改處。寫次君信。

與丕繩同到東鎮飯。到光陸戲院，看山東省京劇團二分團演《楚漢爭》（蕭何追韓信，霸王別姬）。五時歸，與曹祖勛及丕繩談。

以蕭太太在樓上鬧，不得眠。至十二時服西藥。翌晨五時半醒。

青島三面環海，氣壓過低，既濕且熱，使人不易喘氣，決非我久居之地。懷念西北，如仰天堂矣！

八月廿七號星期一（七月廿二）

到中醫院，就錢軸范醫師診。黃公渚來，同到青島圖書館，晤韓寶生、張錚夫、張伯仁等。閱書。到黃公渚家小坐，閱畫。

眠一小時。看袁榮叟《膠澳志》。校點《孔子世家》，仍未畢。到范醫處針灸。

八時眠，翌晨二時半醒。

予舌苔已化，僅根上未淨耳。錢醫謂此後應專注意神經衰弱。

八月廿八號星期二（七月廿三）

二時半起，記筆記四則。上伏龍山。下，到第六碼頭觀海及裝米。校點《孔子世家》訖。校點《楚元王世家》、《荊燕世家》訖，《外戚世家》未訖。

趙儼生偕其子緼伴王之屏來。眠一小時。姚企虞來，商談中華出版書籍事。寫靜秋信。到范醫處針灸。

到雲眉處，問其夫人疾。九時眠，未即睡，至十二時後始眠，翌晨五時許醒。

八月廿九號星期三（七月廿四）

到政協訪樹幟，并見薛德焴、張孟聞、董聿茂、陳義等。與樹幟到中山路全聚福進點。回政協。予到醫院，就錢醫診。到鄭鶴聲處。回童宅，交藥。出，到劉雁浦處，晤錦蕙及羌瑜。到政協，鶴聲來，與樹幟、鶴聲同到全聚福午飯。晤禹瀚、崔之蘭等。

送樹幟行。予到山大門口冷飲、剃頭。到趙儷生處談，并爲題冊子，觀畫。丕繩來，與丕繩、儷生及其女綑、子緼到栖霞路科學院休養所訪王之屏。與丕繩、之屏同到范醫處，不值。

在童宅飯後再到范醫處針灸。回童宅喝牛奶。九時歸。徹夜無眠。看《膠澳志》。

題儷生冊

蒼茫海上月，突兀畫山中，化境融真幻，烟雲涌筆間。

在儷生家可憑闌觀海，渠又喜藏畫，故云。

今日寫字忽然手顫，見者當謂是七八十人矣。

今夜無眠之故，一見客太多，説話傷氣；二在各家喝濃茶太多，致興奮；三跑了一天，不無勞累；四今日又熱，蚊子特多，秋蚊喙老，刺人作痛。此後當點蚊烟香。藥物不可恃，必須從生活上注意。

八月三十號星期四（七月廿五）

整理《浪口村隨筆》中《畿服》、《職貢》、《書社》、《兵刑》、《貴族平民之升降》、《武士文士之蜕化》六篇。

眠一小時半。到合作社欲買蚊香未得，童太太派人來打 DDT。到范醫處針灸。

與丕繩到趙儷生家赴宴。汽車送歸。失眠，服西藥。十二時後眠，翌晨六時半醒。

今晚同席：王之屏　童丕繩　趙楓（以上客）　儷生及其夫人高昭一（主）

静秋來函，囑予速整理《浪口村隨筆》，故自今日起，每日騰出一部分時間爲之。

八月卅一號星期五（七月廿六）

孫嫂去，童太太偕徐媽送早點來。到山大醫院，就滕錫衡醫師診。校改《外戚世家》、《齊悼惠王世家》。記筆記七則。

眠一小時。整理《隨筆》。到范醫處針灸胸背。張知寒來。

到雲眉處取水，與其夫婦談。九時眠，翌早二時醒，四時起。

今日量血壓爲122/80，又低些了！血壓低固可喜，而每在夢醒前出盜汗，左面肩項特多，濕透汗衫及睡衣，爲往年之所無，則身體虚弱可知也。

睡眠情況表：（∘∘特好　∘較好　△較劣　△△特劣）

八、一△　二∘∘　三△　四∘　五∘∘　六△　七△△　八△　九△　十△
十一∘　十二△△　十三∘　十四△　十五△△　十六△△　十七∘∘　十八∘
十九∘∘　廿△△　廿一∘∘　廿二△　廿三∘∘　廿四△△　廿五∘　廿六△
廿七∘∘　廿八∘　廿九△△　卅∘　卅一∘

∘∘7　∘8　△9　△△7

［原件］

中國民主促進會第四屆中央委員會委員和候補委員名單

——1956年8月23日本會第二次

全國代表大會選出（以姓氏筆劃爲序）

中央委員：

　　方明　王紹鏊　王歷耕　沈慧儒　安紹芸　巫寶三　吳若安
吳研因　吳貽芳　車向忱　余之介　李平心　李祥生　李霽野　宓
逸群　林漢達　周建人　周煦良　金芝軒　金通尹　陳禮節　陳秋
安　陳選善　段力佩　柯靈　孟秋江　胡顔立　祝其樂　馬叙倫
俞子夷　徐伯昕　徐相任　徐楚波　柴德賡　許崇清　許廣平　章
廷謙　梁純夫　曹鴻燾　梅達君　馮少山　馮賓符　郭承權　張紀
元　張明養　張景寧　陽太陽　傅彬然　雷潔瓊　楊石先　楊東蒓
董守義　董秋斯　董純才　趙樸初　葛志成　潘承孝　臧慧芬　謝
冰心　嚴景耀　顧均正　顧頡剛
候補中央委員：
　　王幸生　王寶初　史念海　司曉南　劉天香　朱鏡清　余文光
沈同一　吳企堯　李述禮　李學盈　李燮華　蘇玉闈　金海觀　陳
慧　陳鴻楷　陳蘆荻　范烟橋　胡明樹　梁明　温崇實　楊國英
鄭效洵　鄭資穎　鄭顯通　蔣永維　謝加因　嚴寶禮

　　中國民主促進會第四屆中央委員會主席、副主席和中央常務委
　　員會委員名單
　　——1956 年 8 月 24 日本會四屆一中全會選出
主席：馬叙倫
副主席：王紹鏊　周建人　許廣平　車向忱　林漢達
常務委員（以姓氏筆劃爲序）：
　　　　吳研因　吳貽芳　金芝軒　柯　靈　徐伯昕　徐楚波　許
　　　　崇清　陳禮節　張明養　馮賓符　楊東蒓　雷潔瓊　葛志
　　　　成　趙樸初　嚴景耀

一九五六年九月

九月一號星期六（七月廿七）

到中醫院，續就錢醫師診。看丕繩《春秋王都辨疑》。吳宜俊自北京來，長談。伴之出，晤之屛。到齊東路郵局取款。

眠一小時半。整理《隨筆》。校《蕭相國世家》點。寫静秋信。到范醫處針灸。

看《莊子》。八時眠，未得睡。十時許起服西藥，眠至翌晨六時半。

范醫近日爲我針灸之穴爲三里、中脘、關元、曲尺、膏肓、腎俞。

静秋來信喜漫罵，强謂予病由工作來，而此次醫病即爲此不善調度生活所致，這完全是"過于執"的論調，因去書斥之。然即以此故，夜遂不易入眠矣。

九月二號星期日（七月廿八）

校《曹相國世家》點。記筆記四則。整理《隨筆》。到丕繩家，與曹祖勛同飯。

祖勛邀至永安戲院，觀《掃松下書》、《鬧天宮》、《紅娘》三劇。四時散。同到黃公渚家，與公渚、爲憲、祖勛同上觀海山，遠望。出，與丕繩、祖勛同到范醫處針灸。

到公渚家飯。九時歸，看《莊子》。十一時，服西藥眠。翌晨五時許醒。

今晚同席：杜宗甫　丕繩　曹祖勛（以上客）　黃公渚及其子爲憲（主）

在公渚家見文徵明夏木垂陰圖，粗筆，枝葉鬱密，一室生凉。青島本爲下臺官僚寄居之所，故頗有書畫古物。山大教授中頗有收藏者，趙儷生其一也。

九月三號星期一（七月廿九）

校《留侯世家》點。記筆記七則。整理《隨筆》。

眠一小時半。整理《隨筆》。到范醫處針灸。

看《莊子》及舊筆記。失眠，服藥兩次，至十二時半眠，翌晨六時醒。

今夜失眠，其天氣太悶熱之所致耶？抑工作太勤之所致耶？抑静秋來信，刺戟太强，至今猶覺不快之所致耶？抑三者兼備之耶？

昨演《鬧天宮》者爲韓小樓，身段靈活。演《紅娘》者爲李硯萍，扮相、唱、作均好。使在北京，必馳名矣。兹在青島市京劇團，默默不爲人所知，惜哉！

九月四號星期二（七月三十）

到中醫院，就錢軸范醫師診。校《陳丞相世家》點。記筆記二則。看《手工業商業史稿》。

眠一小時。到栖霞路，訪吳宜俊、王崇武，俱不遇。到祥記書店閲書。到范大夫處針灸。

看舊筆記。十時眠，上午一時醒，遂不能睡。四時，風雨大作，起。

九月五號星期三（八月初一）

寫潮兒信。整理《隨筆》。校《絳侯周勃世家》點。記筆記二則。欲到童家飯，以路斷而止。

一時，童太太送飯來。登榻，未成眠。到伏龍路散步。到范醫處針灸。

　　到雲眉處。九時眠，上午二時半醒。四時起。

　　昨日極悶熱，今早颱風至，狂風暴雨至午始止，合江路馬路，以水管橫決，中裂，罅數尺，陷將丈。予自來青，大風雨三次，以此次爲最。丕繩家來七年，亦云此次爲最。予幸得一開眼界，知山洪之猛也。

　　多日未得佳眠，今日先服西藥而後睡，乃得眠五時半，足矣。

九月六號星期四（八月初二）

　　校《梁孝王世家》點。記筆記四則。看丕繩前所著《論亞細亞生產方法》。

　　眠一小時。整理《隨筆》。到海濱散步，到生活林冷飲。到范醫處針灸。看舊筆記。

　　服藥兩次眠，約十一時半眠，翌晨六時醒。

　　今日天氣清朗，又涼爽，是爲予至青島後第一好天。

　　昨日之狂風暴雨，塌屋數百間，死人數十。一家中孩三人，父母外出而歸，則炕已塌，兩孩爲水冲走，一人騎自行車到郊外，連人與車均不知去向。至人民海軍爲國家搶救物資，亦有死者。此一劫也。

九月七號星期五（八月初三）

　　到中醫院就錢醫診。到樂口福進點。送藥到童家。校《三王世家》點訖。記筆記六則。

　　眠一小時。整理《隨筆》，自三時至六時。到丕繩處，徐治邦來，問經學。

　　到江蘇、熱河、遼寧、黃台諸路散步，由登州路歸。服藥兩次，約十一時半眠，翌晨六時醒。

今日下午，整理《隨筆》太專心，竟忘時間，針灸脫了一次。

錢醫謂予初診時脉極速，今已平靜下來。又謂予所怕者，一爲熱，二爲氣壓低。此誠然，予過夏如度難也。予脉儘管平靜，而入眠仍難，何也？

山大史系學生徐治邦，二年級，南京人，欲治經學，來問門徑，此眞空谷足音矣。彼讀《秦漢的方士與儒生》一書，故有興趣于經，知此書頗發生影響也。

九月八號星期六（八月初四）

到蘇州路、膠東路散步。校《三王世家》點。整理《隨筆》。登床，未成眠。到道濟醫院診。整理《隨筆》。到范醫處針灸。徐治邦、徐連城等來談。十時，服藥眠，翌早四時醒，五時起。

今日量血壓，爲130/80，兩數相距又遠了些，更正常矣。只要入睡稍易，便可説無病。

九月九號星期日（八月初五）

整理《隨筆》。出，到科學院招待所訪吳宜俊，晤之。訪王之屛，未遇。訪姚紹華，亦未遇。到劉雁浦家，與其女羔瑜談一小時。到童家吃藥，遇雁浦夫婦，談。與丕繩到咖啡館飯。

到祥記書店買書。到永安戲院，看《青石山》、《十五貫》，遇趙肖甫、羅江雲、羅赤霞、盧南喬夫婦。五時半散，丕繩邀至新新公寓飯。

到童宅吃藥。服藥眠，上午一時半醒，又服藥，五時醒。

今晚同席：趙肖甫及予（客）　童丕繩（主）

今日所觀劇爲唐山京劇團所演，戲甚好，而演者爲誰苦不能知，此太集體主義矣！（後知飾況鍾者爲徐榮奎。）

九月十號星期一（八月初六）

到雲眉處。到中醫院，就錢醫師診。到中山路進點。在院看《手工業商業史稿》。取藥後送至童宅。歸，記筆記九則。

眠一小時。整理《隨筆》。到范醫處針灸。

趙儷生來，贈扇。冒雨歸。八時眠，十二時醒。二時起。

范醫謂予胃中有火，故舌苔不化。錢醫所用藥有高麗參及鹿茸，撮藥三帖，計十元〇二角六分。

聞王之屏經山大醫院檢查，小便中有紅血球，血壓高一百八九十度，因之渠甚頹喪。

九月十一號星期二（八月初七）

整理《隨筆》。由膠東、膠州、四方、湖南諸路到火車站及海邊。歸車遇黃、童兩太太。到泉記理髮。改定《三王世家》章節及標題。到盧南喬家飯。

朦朧一小時。整理《隨筆》，將油印本校畢。到范醫處針灸，吊其父喪。

到南喬家飯。聽丕繩與費國慶談話。八時半眠，上午二時半醒，三時半起。

今日兩次同席：予與丕繩（客）　盧振華夫婦及其子今珏（主）

今夜十一時醒一次，十二時半又醒一次，而皆能復睡，倘服參、茸之效乎？抑由針灸乎？

將《浪口村隨筆》油印本校一周，亦費兩星期工夫，任何工作均與時間作正比例，予安得常有此正常生活乎？

九月十二號星期三（八月初八）

以七年來筆記，增改《浪口村隨筆》，約寫四千字。陳繼珉來，請其帶歸衣物。

眠一小時。到范醫處，不遇。

與丕繩談。看舊筆記。失眠，服藥，約十一時眠，翌晨四時半醒。

兩夜大雨，而今日又悶熱，何也？童太太謂她來青島七年，天氣無如今年之壞者。

今夜失眠，蓋修改筆記，精神緊張之故，亦以未針灸，未散步也。

九月十三號星期四（八月初九）

到中醫院就錢醫師診。整理《隨筆》。看舊筆記。

眠一小時。到范醫處針灸。

到雲眉處赴宴。九時散。失眠，至十二時後服藥，一時眠，五時許醒。

今晚同席：鄭鶴聲，丕繩（以上客），黃雲眉夫婦（主）。黃家久要請我吃飯，黃太太跑了幾天，買不到菜（青島菜極難買），遲至今日始得了此心願。然予則多談話故，又不能睡矣！

整理《隨筆》，實最輕鬆之工作，乃晚上總覺緊張，予安得有不緊張之環境耶？

青島氣候，冬與春俱寒，夏與秋俱熱，實非好居處。

今日錢醫所開之藥更貴，每帖高麗參八分，三帖即十元餘。

九月十四號星期五（八月初十）

出，遇童太太。到山大醫院，就滕醫師診。整理《隨筆》，看舊筆記。

朦朧一小時。張知寒來。寫潮兒信。到范醫處針灸。

在附近散步。九時服藥眠，翌晨四時半醒。

今日量血壓，為 140/90，視前為高，則以昨夜失眠故也。

近日天氣甚熱，至華氏八十度，予流汗不止，可見其虛，雖服錢醫止汗藥，無效也。惟范醫生言渠每出去一次亦輒滿頭大汗，然則或青島氣壓太低之故耶？

今夜睡眠特好，然必藉藥力之引導，則于心終未足耳。

九月十五號星期六（八月十一）

到山大醫院，晤舒培義，就張國屏醫師診。到膠州路香山堂藥鋪交藥單，由黃台路歸。整理《隨筆》，看舊筆記。

眠半小時。劉羌瑜來。丕繩來。張知寒偕周國榮、湯繼雲、孟仲玉來。王崇武、吳宜俊來。

孫思白來。盧南喬來。到香山堂取藥。黃雲眉來。九時半服藥眠，上午一時醒。至二時半又眠，五時半醒。

張醫謂予病是肝旺內熱。按此為錢醫所未言，倘得予之真病源耶？此固靜秋之病也。予所以不得不易服藥者，以錢醫開方太貴，三帖即十元餘，囊中錢將罄也。今日張醫所開，三帖三元餘耳。

今日客來甚多，可知予不能久住一地。

九月十六號星期日（八月十二）

漢充來出曬臺上積水。樓上蕭家遷至魚山路。丕繩來，商討修改《隨筆》各問題。到童家吃藥。到雁浦處，晤王局長夫婦、束星北、周北屏等，留飯。

到東鎮光陸戲院，應南喬之招，看黎明劇團演《楊家將》（夜審潘洪，刺潘洪），三時半散。回寓，看舊筆記。

到南喬家飯。獨步月，由大學路至海邊，由青島路歸。十時眠，翌晨三時半醒。

予之病，已屆衰年，一也。受經濟之壓迫，卒卒無閑，二也。受尹達之侮辱，三也。靜秋易怒，常致反目，四也。若予工作輕鬆些，家庭和樂，領導方面有相當之禮貌，則雖屆衰年，尚可有水平綫上之健康也。

今日看審潘洪，對權臣活活將楊老將軍逼死，不禁有感。

九月十七號星期一（八月十三）

到中醫院，就錢醫診。到大窑溝郵局取衣包。將前在上海所作之筆記十六篇修改一過。尹仲魯來。

登床，未成眠。寫靜秋信。看舊筆記。到童家服藥後與丕繩、南喬、雲眉同到新新公寓宴。

失眠，看《列子》，服藥三次，約十二時後眠。翌晨五時半醒。

錢醫謂我脉氣甚長，據醫書言是壽徵。

靜秋來信道歉，故即作答，要求她兩事，一勿使我緊張，二要給我一點自由。

今晚同席：予與華山（客）　黃雲眉　孫思白　趙儷生　王仲犖　盧振華　童書業　吳大琨（以上主）

九月十八號星期二（八月十四）

修改《隨筆》，看舊筆記。在丕繩處遇孫達人。

眠一小時。到百貨公司買月餅。送月餅至黃家，與雲眉夫婦談。

送月餅到童、盧二家。散步，自黃台路至膠東路歸。九時半眠，翌晨三時半醒。

張國屏醫師主治予肝旺，頗有效，今日即得眠六小時矣。

買月餅贈黃、童、盧三家，計九元九角。

九月十九號星期三（八月十五　中秋）

草《韓與三韓》，未畢。修改《隨筆》，看舊筆記。記筆記三則。

眠一小時。寫静秋信。

與丕繩夫婦、南喬夫婦、雲眉同步月到海邊。失眠，十二時後服藥，約一時眠，五時醒。

舊筆記自抗戰初起，至近日止，共四十九册，今已看廿九册，録其可以補充《浪口村隨筆》者，增加、塗改俱不少。我幸有此習慣，得抓住多少資料，否則如雲烟之過眼矣。

九月二十號星期四（八月十六）

到山大醫院，就張國屏醫師診。到膠州路香山堂取藥。看舊筆記九册。

眠一小時。丕繩來，看予所增加之《隨筆》。

在附近散步。八時眠，十一時醒。服水藥，朦朧兩小時。上午一時起身。

日來又睡不好，大約是趕看舊筆記所致。予性不能趕工作，一趕精神即緊張，然歸期迫人，不得不趕，此真無可奈何矣。

張醫師謂予肝旺較平，惟胸前仍作悶耳。

九月廿一號星期五（八月十七）

到魯迅公園及中山公園，冷飲。看舊筆記十册。

眠半小時。張知寒偕袁益民、郝允誠來。姚企虞來。到道濟醫院。

七時半眠，十二時醒。起看舊筆記訖。上午三時復眠，五時半醒。

今日查血壓，爲150/80，又與前不同。今日携舊筆記到公園中看，緊張情緒較平。晚飯後極倦，即就寢，此前所未有，倘服藥之效乎？

青島秋季甚熱，今日出外又復流汗，真"火燒八月半"矣。

九月廿二號星期六（八月十八）

草《韶武》、《關雎之亂》二條，未畢。鈔資料。到山大醫院掛號。到中山路冷飲。十時四十分，到醫院，就張醫師診。

眠半小時。看《揚子法言》。到香山堂送藥方。到百貨公司買玩具，送楊拱辰夫人處，未晤，與其母、弟談。出，在汽車中遇黄中敬。到香山堂取藥，乘車至黄台路，步至童家飯。

八時半眠，翌晨二時醒。三時起。

今日方爲"清胃養津以安神"，用生牡蠣至三兩。予舌上常苦乾，舌苔膩厚，服此當愈乎？

予病有三：一失眠，二盜汗，三胃呆，食多不覺飽，食少亦不覺餓。

九月廿三號星期日（八月十九）

記筆記八則。續鈔《關雎之亂》資料。到童家問丕繩事。到大窑溝郵局取所中匯款，到栖霞路訪高忠堅，付款，托其購車票，與吳宜俊、王崇武談。訪劉雁浦夫婦，未晤。到國貨公司冷飲。到祥記書局購書贈漢充。歸，到丕繩處，盧南喬來，約同觀劇。

到永安戲院，門尚未啓。理髮。一時半，入院，看青島市京劇團演《二進宮》、《打漁殺家》、《刺巴杰》及《巴駱和》。四時三刻散。與南喬、小今同到復興書局，買吳蔚若藏帖三種。乘車歸。

到南喬處，與徐連城同飯。丕繩夫婦來。失眠，十一時，服西藥。翌晨五時半醒。

今日失眠，以在南喬家夜飯，談話稍多，又興奮也。予夜中真不能見客！

《巴駱和》一劇，尚是民國初年所見，時田雨農在天樂園常演之。倏忽四十餘年，吳奎霄兄亦卒四十餘年矣，思之憮然。

　　昨買送楊拱辰子女之玩物十一元四角。今日買送黃漢充之書七元八角。

　　此間復興書局有吳郁生舊藏之碑帖甚多，予無力通購，擇其有題跋者三種買之，價六元五角，存鄉邦文獻也。此爲予到青島後之唯一浪費。

九月廿四號星期一（八月二十）

　　鈔《燕石札記・揚越》及《漢書・鼂錯傳》入筆記，約書四千字。寫靜秋信。南喬來。

　　眠一小時。劉羌奎、小羌來送貝殼。姚企虞來，與同到黃雲眉處。記筆記二則。丕繩來談，與同至其家。與丕繩夫婦同出，到市人代會，丕繩報到。

　　邀丕繩夫婦至新新公寓飯，又到中山路天樂攝影。九時眠，上午一時醒，二時起。

　　上午大雨，幸無風，合江路剛修好，又冲壞矣。

　　宴丕繩夫婦，五元二角。攝影，一元三角。

九月廿五號星期二（八月廿一）

　　記筆記三則，約四千字。寫張又曾信。到科學院休養所，晤高忠堅、吳宜俊、王崇武、葉渚沛。到魯迅公園小坐。到中山路，買兒童書及繩索。歸。到山大醫院，就張大夫診。遇蕭滌非。

　　到鄭鶴聲處還書，談。到高晋生處，未遇，留條。到孫思白處，未遇。歸，南喬來。到青島圖書館還書，晤韓寶生。到山大，訪趙儷生夫婦，談至六時別。

　　與南喬及丕繩夫婦飯，談。到雲眉夫婦處談。丕繩夫人來理物。失眠。十時服西藥，眠至翌晨四時半。

買兒童書，贈南喬、儷生、晋生、鶴聲等子女，計十五元
餘，尚未贈盡。

九月廿六號星期三（八月廿二）

整理行裝訖。寫張璽信。丕繩夫人來。爲拱辰整理書架。黃公
渚來，贈畫。雲眉夫婦來。尚修人來，同到合江路，與南喬、丕繩
同照相。到科學院休養所，與之屛談。在所飯。

與渚沛、林一同車到站，與來送行者別。一時開車，與渚沛
談。小眠。五時到坊子，下車散步。與渚沛同飯。

七時半眠，十二時半醒。約四時復眠，五時半醒。

今午同席：葉渚沛　林一夫婦　王崇武　吳宜俊

今日到站送行者：盧南喬　楊拱辰夫人　童丕繩夫人　姚紹
華　劉雁浦及其子羌奎

九月廿七號星期四（八月廿三）

六時到天津，八時五十分到北京。在車與渚沛長談。出站後，
乘科學院汽車歸。與二姐、頤嫂等談，整理携歸之物。

就榻，未成眠。張七姐、十姐及其孫來。王芷章來，爲寫史久
芸信。到伯祥處談。到寶泉堂洗浴。歸，爲兒輩講書。靜秋自幼兒
園歸。

爲兒輩講書。靜秋伴潮兒到醫院治唇腫。予與堪兒眠。失眠，
服藥，約十一時眠，四時醒。

北京溫度比青島約低華氏表十度，覺甚爽快。伯祥家于八月
五日塌屋，幸未被壓，一喜也。潤華得一子，二喜也。修理費約
一千五百元，則無妄之灾也。

靜秋謂予，到青島兩個月，頂上本有一叢黑髮，今亦白盡矣。

九月廿八號星期五 （八月廿四）

張苑峰來。到昌群處。看舊筆記一册，修改《隨筆》，定《隨筆》鈔例，交又安鈔。携物送王姨丈處，留飯，吃蟹。

眠一小時半。看舊筆記二册，修改《隨筆》。翻《水經注》。

挈四兒到金擎宇、葛綏成處，散步鄰巷。待静秋開會歸，十一時眠，服西藥兩次。約十二時半入眠，翌晨五時半醒。

王姨丈昨日八十生辰，子女無一人歸者，可見今日之公忙。現定星期日家宴。

北京今年蟹極多，貨賤至三角餘一斤。當以水大之故。

九月廿九號星期六 （八月廿五）

俞劍華來。王姨丈來。陳乃乾來。看舊筆記三册，修改《隨筆》。

眠一小時半。賀次君來。木蘭來，留宿。陳友業來。譚慧中來。

爲兒輩講《西游記》27 回。十時眠，上午二時醒。又眠，五時醒。

今日復進張國屏醫師藥，得佳眠。否則以工作之緊張，見客之多，必又耿耿長宵矣。

歸後竟未盜汗，固由天較凉，亦青島氣候容易出汗之一證。

此次歸京，許多人見我，説我瘦些了。

九月三十號星期日 （八月廿六）

看舊筆記三册，修改《隨筆》。汪馥泉、張文豐來。出，遇陰法魯，同到所，晤張苑峰、張德鈞、張若達、萬斯年、蕭良瓊、姚家積等。訪尹達，未晤。

就榻，未成眠。看舊筆記三册，修改《隨筆》。李炳塽來辭别。與静秋挈四兒到王宅。

在王宅預姨丈壽宴。九時歸。静秋十時歸。失眠，至十二時服藥眠，翌晨六時醒。

第一、二所之一部分已遷九爺府，多爾袞舊宅也，每人得一室，可從事研究矣。予以書多不遷，與陰法魯君同室。

王姨丈有子三人，女四人，今日返家者只大玟、大琬、大珍三女耳。其他皆在外方。今晚同席：陸老太太　陸太太及其子　方老先生夫婦及其孫　蔣先生夫婦

長春東北人民大學堅要買我書，今日由汪馥泉君來接洽。予應以予如得科學院允可，到長春作研究工作者，則書自可售予，輕予負擔。

[黃雲眉詩]

白髮相逢兩廣文，樓頭意氣比秋氛。渾忘風雨人皆客，會看車書國亦群。徵獻不辭披亂草，採謠還愛踏荒雲。馬三代後嗟寥寂，珍重先生汲古勤。

謹撰七律一章，奉別

頡剛先生，并乞

削正。

　　　　　　　　黃雲眉　　一九五六年九月

九月十五日張國屏醫師所處方：

生梔三　丹皮三　生白芍六　竹葉一　竹茹三　鮮蘆根兩　黃連鬚四黃芩三　元參兩　珍珠母　生牡蠣兩　半夏二　炒棗仁六　硃茯神四知母四

九月二十日所處方：

竹葉一　生梔二　丹皮二　生白芍六　竹茹三　元參兩　半夏二　生香附三　枳實一　珍珠母兩　茯苓三　生牡蠣兩　廣皮三　炒棗仁八　硃茯神三

九月廿五日所處方：

竹葉　　生梔二　生白芍四　丹皮二　竹茹三　川連　鮮蘆根兩
黃芩四　元參又　生牡蠣二兩　炒棗仁八　生龍齒、骨各四　硃茯神四
生石決明兩

一九五六年十月

十月一號星期一（八月廿七）

看舊筆記一冊，修改《隨筆》。陳友業來。科學院車來，與嚴濟慈同乘，到天安門，上西二台，觀國慶節游行，自九時至下午二時一刻。今日大雨，據人云，開國以來，勞動節、國慶節，以一九五〇年五月一日雨爲大，然猶不及今日，則今日洵可謂"淋漓盡致"矣。

二時三刻，歸飯。王姨母來。就枕，未成眠。看舊筆記一冊，修改《隨筆》。周耿來。藍菊孫來。

八時許即眠，仍不成睡。兩次服藥，至一時後方眠。翌晨六時許醒。

今日所晤人：葉譽虎　張伯英　何叙父　劉定五　于滋潭　譚健常　鄧季惺　勞君展　浦熙修　鮮特生　舒舍予　許昂若　俞寰澄　陶孟和　向覺明　鄭昕　金岳霖　薛愚　范長江　馬松亭　鄭振鐸　章元善　王季範　錢雨農　錢崇澍　裴文中　葉聖陶　葉至善　夏衍　胡繩　袁翰青　劉瑤章　周亞衛　唐擘黃　翁詠霓　李印泉　鄧哲熙　吳研因　林漢達　顧均正　康同璧　聯慧珠　李雲亭　盧郁文　張絅伯　張天翼　潘震亞　孫蓀荃　馮仲雲　胡庶華　葉叔衡

十月二號星期二（八月廿八）

看舊筆記二冊，修改《隨筆》。劉厚祜來。曹覲虞來。徐日新、于滋潭及其女來。與靜秋挈四兒游王府井、東長安街、東安門大街，一時歸飯。

就枕，未成眠。雪如偕其夫陳元弘及德融來，同到紅星，看《蘇加諾到京》、《羅馬尼亞歌舞團》電影，晤許子美夫婦。歸，綏真來。木蘭返校。誦芬弟來。

與元弘夫婦及德融同飯。到王修處。與靜秋、潮兒同到天安門及文化宮、中山公園看燈及舞，十時半歸。

今日兩次出游，晚又服腦力須藥水，十一時就眠，翌晨五時醒，爲歸家後第一次佳眠。

國慶前夕，四兒均赴子美家住，以看游行隊方便也。然以是日溫度高，故攜衣不多，不免受寒，今日下午，洪、湲兩兒俱發燒，至晚，洪兒退燒，湲兒未退。

十月三號星期三（八月廿九）

寫社會主義學院信，看舊筆記二冊，修改《隨筆》，訖。到何叔父處談，看其近所作畫。飯于西四北小飯店。

到西皇城根理髮。到次君處，并晤尹受。到馬曼青夫婦處。到陳乃乾處。由紫禁城旁步歸。看《水經注》。

金振宇、擎宇來。九時許眠，上午一時醒。又眠，三時半醒。

昨滋潭來，勸予參加政協所辦社會主義學院學習，靜秋亦堅勸予。惟申請截止期爲八月三十日，未知見許否，因去函問之。

予攜抗戰後筆記五十冊至青島，取以補充《浪口村隨筆》，歸前未能補完，今日始完成之，所補殊不少矣。即此知積累之功。

十月四號星期四（九月初一）

寫《尚書今語》評，寫古籍出版社信。周濟平夫婦來。修改

《隨筆》付鈔。得社會主義學院允許入學電話，即寫郭、尹二所長信，持訪尹達，不晤，托法魯代交。盧志堅爲黃英事來訪問。

到懷仁堂，聽印度尼西亞總統蘇加諾演講，自二時至四時半。出，遇孫蓀荃，同至其家，看古硯及畫。渠贈畫，携歸。

到北京飯店赴宴。十時歸。十一時眠，十二時半醒。又眠，四時半醒。

方孝岳《尚書今語》一稿，先送歷史第一所，歸予審查，予評得甚好，而尹達摒棄不用（此亦足見彼對予之彆扭）。繼投古籍出版社，該社又送予審查，不知可出版否。今晨得古籍社電話，心中一急，肝陽又上升，予之不能受人迫促如此。

今日下午會中所見：何叙父　章元善　鄧廣銘　李奇中　黎劭西　王重民　巨贊　康同璧……

今晚同席：莊希泉　周建人　錢偉長　白壽彝　鄭振鐸　王紹鏊　許廣平　蘇加諾　印尼人若干　各國大使及代辦　回教徒若干　佛教徒若干　各民主黨派負責人（以上客）　周總理　陳副總理（以上主）

十月五號星期五（九月初二）

次君來，交與《隨筆》十八篇，付尹受鈔。以次君所校世家廿一篇審核一過，録其必改者于金陵本《史記》。記筆記六則。

剛欲眠，汪嶽雲來，遂起。盧志堅來。到古籍門市部閱書。

到北京飯店，赴宴。九時，搭衛立煌車到懷仁堂，觀印尼峇厘藝術團舞蹈。十二時半歸。翌晨六時醒。

今晚同席：毛主席　周總理　朱副主席　劉少奇　陳銘樞　陶孟知　賀麟　凌其峻　達浦生　許廣平　徐特立　翦伯贊　齊燕銘　于非闇　裴文中　鄭振鐸　邵力子　各國大使　約五百人（以上客）　印尼總統蘇加諾　印尼駐華大使維約普拉諾托等（主）

十月六號星期六（九月初三）

劉與點來。作《世家改字表》。記筆記二則。

眠一小時。與堪兒到伯祥處談。

爲兒輩講《西游記》二回。九時眠，翌晨四時半醒。木蘭來，留宿。

昨眠雖尚佳，究因就眠太遲，今晨起來，有筋疲力盡之勢，予真不能作社會活動也。

十月七號星期日（九月初四）

與靜秋到第四醫院參加區代表選舉。爲兒輩講《西游記》。何叙父來，同到葉譽虎先生處長談。到中國書店閱書。

與叙父到康同璧家，與譽虎、同璧長談。又與叙父到李樂知處談。再到同璧家，商討紀念康有爲百歲生日事。

在同璧家飯，九時歸。未易眠，服腦力須，約十一時入眠，翌晨六時半醒。

今晚同席：葉譽虎　龍志舟（雲）　載濤　張伯英（鈁）何叙父　王眉五　張滄江（以上客）　康同璧（主）

明年爲康長素先生百年生日，又爲死後卅年紀念，又爲戊戌變政六十年紀念，故其女同璧欲于陰曆四月中爲開一紀念會，展覽其作品。其著作正請張滄江君爲編輯，云不止一千萬字。開會紀念文推我起草。

十月八號星期一（九月初五）

記筆記三則。將《世家改字表》校次君眉端校文。改《隨筆》二則。教洪兒及顧潔莉寫字。

眠一小時。改筆記四則。送《隨筆》稿至尹受處。遇邦華。到新華書店購書。到第一所，與尹達長談，六時出。

索介然來。宋挺生來。八時半眠，十二時半醒，直至將天明時又眠一小時。

湲兒已無熱，而堪兒昨又發燒，今日尚有一度，雖無大病，亦體弱之徵。予歸來不及半月，而四兒輪流生病，子女多之爲累可知矣。

洪兒寫字頗有筆力，其同班顧潔莉更勝之。上午無課，潔莉時來玩，因督其習字。書法今已不講，然寫標語及選民榜等猶必須用之，不能廢也。

十月九號星期二（九月初六）

改《隨筆》四則。記筆記四則。解決世家標點問題八篇。

眠一小時。賀次君來。與潮兒到美協，看任伯年、吳昌碩、陳師曾、黃賓虹畫展。到大華，看常香玉演《木蘭從軍》電影。六時半歸。

張德鈞來。九時眠，上午一時半醒。又眠，六時醒。

任、吳、陳、黃四家畫爲近百年中性靈派之魁杰，解放之先驅者。任由陳老蓮來。吳由徐青藤來。陳即由吳來。畫不難于似，而難于不似之似，所謂得其神理，忘其迹象也。

昨尹達勸予不必入社會學院，恐一緊張身體吃不消。今日德鈞又如此言之。予答以倘使吃不消，當即退出。予久欲學習辯證唯物論與歷史唯物論，苦于不得時間，今當試之。向所請求脫產一事，尹達未允，但云可不催予工作耳。

十月十號星期三（九月初七）

解決世家標點問題廿二篇，訖。記筆記二則。

就枕，未成眠。爲兒輩講《西游記》31 回。

姚家積來。待静秋開會，看《儀禮》，至十一時方歸。服腦力須，十二時眠，翌晨五時半醒。

十月十一號星期四（九月初八）

徐伯昕來，長談。記筆記五則。整理《史記》世家之分段及標題，凡五篇。

到政協，向社會主義學院報到。遇鄧哲熙。到豐盛幼兒園，晤静秋及趙華璧，參觀一過。譚慧中來。王姨丈、母來。講《西游記》。

劉與點來。陳友業來。看薛天沛《益州書畫録》。九時眠，翌晨三時半醒。

堪兒今日才無熱。

十月十二號星期五（九月初九）

作《康有爲先生誕生百年紀念啓事》約千餘字。

到東安市場購書及紙，遇擎宇夫人。到中國書店付款。到燈市口買筆。歸，鈔所作啓事。一、二所爲討論中共八大文件，招開會，準備學習。晤季龍，與同歸飯。遇王芹白、李學勤、尹達。

士嘉來，同飯。携稿到王修處商量。看《天方夜談》。爲静秋開會，失眠，十一時服腦力須，翌晨七時醒。

一作文血就上升，耳也紅了。我以後如何寫文，真是一件難事。

今日同會：張若達　魏明經　張德鈞　陰法魯　張政烺　常紹温　萬斯年　王毓銓

高教部命令復旦，在校設“歷史地理研究室”，以是季龍不克留京，頃來取行李。其實，季龍在京，非特重畫楊守敬地圖，地理研究所將辦歷史地理部門，有藉于彼也。倘范文瀾能爲彼向周總理一說，事必有成，而無如彼爲一庸才何！

十月十三號星期六（九月初十）

修改昨作啓事。鄧西園來。寫丕繩信，即到郵局寄款。到新華書店購書。遇汪靜之。

到民進總部，開中央常務委員會擴大會議，自二時半至五時半。乘金芝軒車歸。

爲兒輩講《西游記》三十三、四回。韓儒林、賀昌群來。十時眠，上午一時半醒。又眠，五時半醒。

今日同會：王紹鏊　周建人　林漢達　吳研因　金芝軒　徐伯昕　徐楚波　馮賓符　嚴景耀　雷潔瓊　葛志成　王歷耕　安紹芸　陳選善　梁純夫　顧均正　陳慧　梁明

十月十四號星期日（九月十一）

再將啓事看一過，寫康同璧信。俞劍華來，爲寫何叙父信。陶才百來。與靜秋、頤萱挈四孩到中山公園，遇伯祥、雪村、乃乾，同茶叙。遇周昄成、吳玉年。與靜秋到朱士嘉家飯。二時出。

遇桂宜芳，至其家小坐。到西單商場及菜市。欲乘車，不得上，步至六部口，乘十路汽車歸。到張乾若先生處。到王之屛夫婦處。

綏貞來。爲兒輩講《西游記》卅五回。靜秋爲洗浴。十時眠，翌晨四時醒。

今午同席：予夫婦　季龍　湯貽孝(以上客)　朱士嘉夫婦(主)

十月十五號星期一（九月十二）

賀次君來。到政協，參加社會主義學院開學典禮，聽吳玉章、章伯鈞、馬寅初、李德全、王葆眞、衛立煌等講話，自九時至十二時。

龔雲水來。科學院幹部局朱伯同來，對我作瞭解，與之長談三小時，自述歷史，未盡，約下星期一再談。到隆福寺閱書。

爲兒輩講《西游記》卅六回。張滄江來。失眠，十一時服腦力須，翌晨七時醒。

今日晤見人：李印泉　翁詠霓　衞立煌　于滋潭　龔業雅　鄭芸　劉定五　鄧哲熙　李蒸　馬松亭　傅維本　馬非百　王紹鏊　孫蓀荃　鮮英

科學院幹部局派人來瞭解，予先不談尹達與予磨擦事，從我一生工作説起。大約須談三次方明白。然卒以多談之故，血液上升，又不得安眠矣。

十月十六號星期二（九月十三）

到所，與法魯、鴻庵、季龍談。整理收據，備報賬，整理稿件，交又安帶歸。點讀《日知録》中地方制度數條。出，遇王天木。

整理稿件入書箱。修改《明堂》篇付鈔。算旅費。古籍出版社朱士春來，寫之屏信。王修來。與靜秋到王府井買物。到百貨商店，遇陳茂賢。到東安市場，遇向覺明。買書。

與又安、湲兒到紅星看國慶節電影。九時許眠。翌晨三時半醒。

十月十七號星期三（九月十四）

到政協，途遇侯芸圻。訪鄧哲熙。上"辯證唯物主義與歷史唯物主義"三小時。到靜秋處，與同到蘇聯展覽館，待潮兒來，同到莫斯科餐廳飯。遇周亞衞夫婦。

到展覽館看日本商品展覽會，以人多，未能盡觀。到動物園，茗于牡丹廳。出，看長頸鹿、四不像、熊猫、袋鼠等動物。乘二路車歸。遇吳玉年。

藍菊孫來。爲兒輩講《西游記》卅七回。失眠，十一時服腦力須，翌晨五時醒。

今日在社會主義學院所晤人：黃炎培　邵力子　楊美真　鄭

芸　于滋潭　唐現之　張振漢　安紹芸　梁明　許寶駒　胡庶華
雷沛鴻　高桂滋　傅振倫　張知行　何北衡　丁貴堂　汪世銘
李平衡　講唯物主義之教員齊一，講得呆板，不能發揮，使予昏
昏欲睡，此不幸事也。

　　在豐潤幼兒園所晤人：張若芳　周汝清　趙華璧

十月十八號星期四（九月十五）

　　將又安自傳再看一遍。整理《史記》世家之分段及標點，凡四
篇。記筆記五則。

　　到所，訪尹達，遇辛田，談。到會計處報賬。檢查沈家本遺
著。到王府井，看美術作家門市部。到新華書店及古典部購書。

　　爲兒輩講《西游記》卅八回。十時眠，翌晨五時許醒。

十月十九號星期五（九月十六）

　　爲地圖事到鄒新垓處。整理《史記》世家之分段及標點，凡四
篇。記筆記二則。

　　送書至才百處，未晤，留條。到政協禮堂，參加魯迅先生逝世
二十周年紀念大會，聽郭沫若、沈雁冰、陸定一及各國代表講話，
自二時至六時一刻。

　　與昌群同歸。譚慧中來。修改筆記。失眠，至十一時起服藥，
翌晨四時醒。

　　　今日所晤人：劉大年　王學文　林漢達　吳研因　魏建功
常任俠　王了一　吳文藻　謝冰心　傅維本

十月二十號星期六（九月十七）

　　新垓來。到政協，聽鮑爾漢報告“中國文化藝術團和中國伊斯
蘭教朝覲團在阿拉伯等國訪問情況”，自九時至十一時半。遇方覬

予、馬松亭及其三女。

到蘇聯展覽館，看埃及藝術展覽會。出，遇嚴景耀夫婦。飯于花園食堂。出，遇吳玉年。乘車歸。理髮。張朝棟來。記筆記三則。修改《隨筆》。木蘭來，留宿。

爲兒輩講《西游記》卅八回及《金鑰匙》。九時眠，上午二時醒。天明時略一朦朧。

十月廿一號星期日（九月十八）

與静秋、又安挈四孩乘二路車至廣濟寺，換三十一路車至頤和園，游十七孔橋及龍王堂，乘舟返玉瀾堂。在茶肆待黃秉維夫婦，來，同食。

與秉維夫婦等至諧趣園，至後湖，沿山麓至畫中游，茗于長廊，至石舫。五時半離園，乘汽車至動物園，換車返，七時半歸。遇楊品泉。汪静之來。

八時飯。十時眠，十一時醒，服腦力須，翌晨五時半醒。

今日同游：黃秉維夫婦　秉維夫人王愛雲之母（年七十）　予夫婦　又安　秉維子克平、女以平、永平　予家四孩　共十三人，兩家共化約三十元。

十月廿二號星期一（九月十九）

整理《趙世家》之分段及標點。記筆記八則。陶才百來，爲寫鄭逸梅信。

整理《魏世家》，未畢。記筆記三則。胡厚宣來。朱伯同來。工姨丈來。

爲兒輩講《金鑰匙》畢。十時半眠，失眠，十一時半服藥，一時入眠，七時醒。

十月廿三號星期二 （九月二十）

賀次君來。到康同璧處，并晤其女羅儀鳳及張滄江，爲寫馬彝初、黃任之、郭沫若、陳叔通信。整理《魏世家》，畢。記筆記二則。

到研究所，晤尹達、胡厚宣、譚季龍、張遵驦、陰法魯、陳友業等。到隆福寺購書。歸，看《辛未訪古日記》。到姚企虞夫人處。遇林宰平夫婦。

看《水經注》。靜秋爲洗浴。姜淑華自長治來，留住。十時半眠，上午二時醒，服腦息定，又眠，自三時至七時。

十月廿四號星期三 （九月廿一）

到政協，上"辯證唯物主義"三小時課。晤孟紹濂、何基鴻、傅維本、馬非百、楊公庶、陳公培等。

整理《韓、田世家》之分段及標點，訖。記筆記三則。楊德興來。陳叔通先生來。到伯祥處。

爲孩子講故事。看《水經注》。尚愛松來。王修來。十時半眠，失眠，十二時服腦息定，翌晨六時醒。

近日睡眠又不佳，客多，一也；靜秋遲歸，二也；靜秋歸後處理事務，不能早睡，三也。

叔通先生來，謂戊戌政變是進步性的，可以紀念，康有爲固爲戊戌政變之發動人物，但其後主復辟，過于倒退，如爲作紀念必結合批判，一批判即不成爲紀念，故不特彼不願參加，亦囑我不要參加。此老政治性真強。

十月廿五號星期四 （九月廿二）

整理《孔子世家》至《三王世家》，凡十四篇。

改《隨筆》。范中春來。張珉來。許鈺來。方詩銘自上海來，留飯，長談。

爲兒輩講《西游記》第四十回。九時半眠，上午二時醒。

上海人民出版社去年來信，要將《浪口村隨筆》出版，予以其中需改動處多，未與説定。今日該社遣張珉同志來，重申前請，即應之。

十月廿六號星期五（九月廿三）

四時起，看《水經注》。寫徐調孚信，即持《史記》稿送古籍出版社。到康同璧處，告以不便公開紀念康有爲之故。到所，與法魯、明經、劉厚祜、何高濟談。到楊品泉處交借款。到王府井大街存款。到東安市場買物。

校尹受所鈔《隨筆》。到文化俱樂部，參加政協“八大文件”學習，自三時至六時。晤何仙槎。與王家楨、張豐冑同乘電車歸。

爲兒輩講《西游記》第四十一、二回。十時眠，上午四時醒。

今日同會：鄭振鐸　陳銘樞（組長）　周詒春　廖華　張曼筠　蔡方蔭　王家楨　袁伯揚　王達仁　陳修和　陳公培　張豐冑　李一平

所晤史二所思想史組同志：張豈之　林英　李學勤　楊超　何維鴻

十月廿七號星期六（九月廿四）

賀次君來。寫張軼東，人代會信。到政協，遇陳新桂。出席教育組會，聽向達報告，予亦發言。自九時至十二時一刻散。步至西單，飯。

在西單商場閱書。到邢勉之先生處。到北京圖書館，看“古今圖書展覽”。到故宮，遇邦華。上神武門，看全國木刻展覽。到繪畫館，遇詩銘、沈全昕、吳樸。

與又安及四孩到蟾宮，看《沒有留下地址》法國電影。歸，金擎宇來。十時半眠，上午五時半醒。

此次視察，予定廣西，以平生所未至也。

今日同會：樓邦彥（主席）　孫雲鑄　雷潔瓊　向達　吳研因　徐楚波　浦熙修　孫蓀荃　李燕　陳公培　辛志超　黎錦熙

十月廿八號星期日（九月廿五）

寫王紀元、民進信，請假。遇羅偉之。到馬彝初先生處談。出，遇雷潔瓊夫婦。挈四孩到侯芸圻處。十二時半，靜秋來，同飯。

與芸圻挈四孩到陶然亭公園，入兒童運動場，至大悲寺西廊茶。五時半出，仍乘五路車到南櫻桃園，換十路車歸。

詩銘來，留飯。九時半眠，上午一時醒。二時半服腦息定，三時又眠，七時醒。

今日同席：予夫婦及四孩（客）　侯芸圻、韓培厚及其女侯瑩（主）

十月廿九號星期一（九月廿六）

鄒新垓來。到隆福醫院，由其轉至騎河樓中醫院，就武蔭南醫師診。十一時，取藥歸。整理《隨筆》。

龔雲水來。賀次君來。三時，到新華地圖社，開會，商編中小學歷史地圖事，至五時散，到社長室，與沈、張兩社長商舊編《歷史地圖》事。寫陳修和信。

到西單恩成居譚家菜，赴宴，九時歸。十時眠，上午二時醒。三時又眠，六時醒。

今日同會：沈靜芷　張思俊（主席）　譚其驤　歐陽纓　金擎宇　鄒新垓　曾世英　王錫光　屠思聰　劉宗弼　胡佳瑾　金薇

今晚同席：同上列，去王錫光，加吉少甫。譚家菜爲譚璪青及其妾所創，在抗戰前約卅元一桌，一日限一桌，凡設宴者必邀璲青同座，以示其非營業。今璲青久死，其助手廚師與恩成居合同營業，猶襲其名。所作菜皆羹或燉，不用煎炒，故特爛，與成都"姑姑筵"作法同，資料亦以海味爲多。璲青，譚瑩之曾孫也。

十月三十號星期二（九月廿七）

修改《隨筆》，于《畿服》條費時半天。科學院聯絡局王仁全偕英國劍橋大學龍彼得教授來談約二小時。

到美術學院看人像展覽會。

到市場爲洪兒購藥，遇馮國瑞，同到美術學院，予訪俞劍華。十時眠，一時起服藥，又眠，七時醒。

今日爲修改工作太緊張，雖出外散步，眠仍不佳。

龍彼得（Piet Van Derloon），荷蘭人，劍橋大學漢文教授，于予出版書籍無所不讀。此次來華一年，在京有較長時間之勾留。

十月卅一號星期三（九月廿八）

到政協，聽"辯證唯物主義"課三小時。與邵力子、黃任之、張軫、于滋潭、梁明、鄭芸等談。

修改《隨筆》。朱伯同來，繼續談，自三時至六時。

翻《水經注》。九時眠，十時醒。十一時又眠，翌晨五時醒。

今日與朱伯同談到尹達對我態度，感情興奮，故夜眠一小時即醒。

一九五六年十一月

十一月一號星期四（九月廿九）

到中醫院，就武大夫續診。到汽車站買月票。到所，晤王芹白。將存所子書交又安捆扎運家。賀次君來，留飯，爲寫辛田信。

理書。看《西北考察日記》，修改《隨筆》。康同璧、張滄江來。昌群來。

爲兒輩講《西游記》四十一回。歐陽鐵橋來，看其所作文。九時眠，翌晨二時醒。四時起。

今日量血壓，上百五十，下一百，較九月在青島時各高十度，當是生活緊張之故。

科學出版社辛田同志要拉次君前往襄助工作，此極好事。特《史記》校勘工作不得不延展耳。

康同璧聞羅隆基言，周總理并非不欲紀念康有爲，因是又鼓起勇氣，欲舉行。惟亦知今方紀念孫中山，不宜太接近，擬于後年百周年爲之。

英、法兩國爲蘇彝士運河事，已致最後通牒與埃及。

十一月二號星期五（九月三十）

以《說文通俗》贈徐行可，題端，送交昌群。修改《隨筆》。寫聖陶信，并寄推薦龔雲水函稿。

到王修、陳友業處。爲康同璧改發起紀念康有爲百年啓事。到政協，出席歡迎吳努大會，自二時半至四時。晤振鐸等。與鮮英同上車，到其家小坐。到東安市場購書。

馬長壽來。羅偉之來。待靜秋開會歸，十一時就榻，失眠，服腦力須，十二時眠，上午七時醒。

頤萱嫂爲在我家不安，而木蘭薪金已至七十八元，故決定遷出，已擇定西四羊肉胡同卅一號張雲川寓所。今日往掃除，後日即遷去。

英、法已與埃及開火，飛機已炸開羅等地。此事美國在後面支持，供給軍火、軍費，而表面示反對。此次結果，必然英、法兩帝國主義政府崩潰，使美帝更孤立。

十一月三號星期六（十月初一）

修改《隨筆》。記筆記兩則。姚企虞來，長談。

到天安門樓，參加反英法侵略埃及戰爭大會，自二時至四時半。乘健常汽車到東安市場，吃桂圓粥。遇陳夢家，同飲茶談。看藍鼎元《修史試筆》。

爲兒輩講《西游記》四十二、三回。洗浴。十時半眠，上午三時半醒。

今日參加反侵略之民衆達四十萬人，天安門廣場擠得滿滿的，具見民氣之盛，昔人所謂"萬衆一心"，于此見之。

今日會上所見人：馬松亭　達浦生　譚健常　周枚孫　陳銘樞　章伯鈞　周建人　嚴景耀　吳鴻業　王紀元　趙樸初　錢端升　程希孟　張其春

今日先晤健常，次晤夢家，均訝予之瘦，大約此數月中修改《隨筆》太用心之故，即太白所謂"借問別來太瘦生，只爲從前作詩苦"也。然老來瘦些亦是好事。

十一月四號星期日（十月初二）

送二姨、淑華到政協禮堂。到叙父處，并晤其夫人及第二子世平、冷禦秋先生。到汪世銘處，并晤其夫人，乘叙父車歸。

看《列子》，記筆記二則。到文化俱樂部，看平心《甲骨文及金石文考釋》。三時，康同璧等來，同討論紀念康有爲百年生日事，至六時出，步歸。

瑞蘭、木蘭來，留飯。爲孩子講《西游記》四十四回。九時半眠，翌晨五時醒。

今日同會：張伯英　王眉五　張滄江　康同璧

十一月五號星期一（十月初三）

理稿件半天。看《入世的苦痛》兩冊。

看《列子》，記筆記一則。張令琦來。朱伯同來。王姨丈偕曾次亮來。劉益之來。遇曾憲楷。

全家人到烤肉季，吃晚飯。九時歸，看《水經注》。十時眠，上午一時半醒。三時許又眠，六時醒。

整理稿件，見予寫作之多，自己也想不到有如許，特未能鞏固，已先發展，坐是多不克終業。前旬陳叔通先生告我，夏曾佑即有此病，以是雖極聰明而著作迄未成一種。予爲此懼矣！

今晚同席：二姨　又安　淑華　劉益之　頤萱嫂　羅媽（以上客）　予夫婦及四孩（主）　十五元。

十一月六號星期二（十月初四）

到中醫所，就武蔭南大夫續診。寫自珍、葉聖陶信。看朱士嘉《重編地方志綜錄序例》。譚慧中來。

看卅年前舊作《孟姜女故事研究》一文。師大"人民文學"研究生十三人來談"孟姜女"故事，自二時至四時。記筆記三則。

翻《水經注》訖。二姨及淑華返徐及錫。十時半，服藥眠，一時半醒。又眠，六時醒。

今日師大來人：許鈺（河北）　陳國珩（蘇州）　梁宗彥（廣西）　馬名超（遼寧）　邵海清（浙江）　屈育德（同上）女　巫瑞書（湖南）　譚雪蓮（廣東）女　張子臣（長春）　潛明茲（江西）女　孫曉星（浙江）音樂　王德寬（山東恩縣）　陳子艾（湖南）女

十一月七號星期三（十月初五）

到政協，聽辯證唯物主義三堂（哲學史），與龔業雅、梁明、張鉁、傅振倫、張知行、何基鴻、張振漢等談。歸，次君來。

寫誠安長信，即赴郵局寄。爲朱士嘉改文三篇（美國侵華資料說明，方志概述，地方志綜録序）。

士嘉來，留飯。爲四孩講《鸚鵡講的故事》。看程大昌《詩論》。十時眠，上午三時醒。又眠，六時醒。

自今日起，不服湯藥，改服硃砂安神丸及天王補心丹，朝夕各一次。

十一月八號星期四（十月初六）

俞劍華來，借書。看宋慶齡紀念孫中山文。王威、張軍自上海來，談。到中國書店專家服務部閱書，遇孫光、龍彼得。又到中國書店門市部。到東四吃涮羊肉。

到兩處中國書店取書。到企虞家，未晤。歸家，看新購書。送頤萱嫂遷家。翻看《列子》訖，記筆記二則。

爲湲兒講連環圖畫二册。八時半眠，十時許醒，起看《古史辨》第四册。十一時半，静秋挈三兒看馬戲團歸，十二時，服藥眠。

十一月九號星期五（十月初七）

姚企虞來。送堪兒到幼兒園。修改《隨筆》二則。

翻《山海經》二遍，記筆記十六則，約二千四百字。

爲四兒講故事。看《天方夜談‧非夢記》。失眠，十一時起服腦力須，翌晨六時半醒。

近日頗寒，今日生火。予向不耐室中生火，今亦喜媚竈，知體質變矣。

十一月十號星期六（十月初八）

修改《隨筆》。賀次君來。到“利華”理髮。

偕湲兒到太陽宮，入體育館，看蘇聯馬戲團表演，自二時到五時。散後因人擠，不易上車，步至崇文門飯，并參觀特種手工藝商店，并一拍賣行。

看上月《新蘇州報》。爲孩子們講木蘭故事。始移榻北屋。

予寓北屋三小間，本爲頤萱嫂及三小孩所居，自她遷出，洪、湲、堪俱隨母住，我與潮居之，并擬將予書室遷入，取其稍爲隱蔽，可擋不願見之客。

十一月十一號星期日（十月初九）

理抽屜。誦芬弟自瀋陽來。龔雲水來。趙敦甫（世暹）來。魏明經來，與同挈洪、湲、堪三兒至觀象臺。

到政協禮堂，參加孫中山先生誕辰九十周年紀念會，自二時至六時，聽周總理、林伯渠、李濟深、何香凝、邵力子及外賓講演。

朱士嘉夫婦來。洗浴。十時眠，上午三時醒，五時起。

今日所晤人：周鯁生　林宰平　鄧初民　金芝軒　李一平
冷禦秋　梁漱溟　何思源　潘光旦　康同璧　李健生　譚健常
勞君展　林漢達　馬松亭　李奇中　張知行　嚴景耀　陳修和
黎錦熙　王紀元　陶孟和　尹達　申伯純　陳公培

十一月十二號星期一（十月初十）

與靜秋同出，八時到政協，與胡庶華、冷禦秋、吳研因等談。九時上大轎車，與李六如、許德珩、張鈁等談。九時四十分到碧雲寺，上塔，旋下，集體對中山先生行敬禮。到茶點部，與莊希泉、譚惕吾、嚴景耀茗談。十一時上車，十一時四十分回政協。到豐盛幼兒園訪靜秋，同到西單商場食品店午飯。到百貨公司買物。遇虞宏正。與靜秋到頤萱嫂家。

予至中山公園，看中山先生事迹展覽會，三時歸。理書。將叙父提案重草初稿。翻《春秋地名考略》。

傅維本來。九時眠。上午一時醒，因爐太熱致咳。四時許又眠，七時醒。

今日所晤人（除昨所見）：胡庶華　李六如　巨贊　衛立煌　浦熙修　史良　許德珩　吳晗　劉定五　盧郁文　李蒸　周亞衛　陳瑾昆　鄭昕　王瑤　楊公庶　章友江　陳新桂　邵恒秋　張鈁　王遵明　連以農　文幼章　薛愚　王歷耕　張明養　孫蓀荃　謝蔚明　莊希泉　張奚若　吳研因　雷潔瓊　袁翰青

主祭者：周總理　何香凝

予到碧雲寺，直上塔頂。衛立煌小予三歲，由人扶掖而上，譚惕吾小予九歲，竟未敢上，以上行即心痛也。以此知予體之健。

十一月十三號星期二（十月十一）

將傅維本所作《方志》一文重作，約成二千言，未畢。

將何叙父擬提至人代會之兩案（中國文獻之總清算、東北史研究）草成説明書，約二千五百言。送稿至叙父處，長談。到北方飯店訪金子敦，并晤李昌允。

王仙舟自滬來，長談。翻《水經注》。十時眠，上午二時醒。約四時又眠，六時半醒。

近日病便秘，非蹲公廁不能解，亦一苦事。

十一月十四號星期三（十月十二）

理積稿。朱伯同來，以積稿示之，并續談魯迅等事。修改《隨筆》。到企虞處。到伯祥處。修改《隨筆》。次君來，持去六篇。寫商務印書館信。理書。與潮兒到東安市場買物。

宴客。看《水經注》。十時半眠，翌晨五時醒。

今晚同席：金子敦　姚企虞（以上客）　予夫婦（主）　十元。

十一月十五號星期四（十月十三）

記筆記一則。到政協俱樂部取所遺圖章，與史公載談。到人民銀行取古籍出版社稿費。到華宮飯。出，遇陶才百夫婦。

修面。到北海，看捷克斯洛伐克藝術及蘇聯電影兩展覽會。到科學院，參加孫中山先生學説討論會，自二時至七時，即在院部飯。與李樂知同出。

到百貨商店及東安市場買旅行用物。九時半眠，上午三時醒。

今日所聽講：侯外廬：孫中山先生的思想　丁則良：孫中山與亞洲民族鬥争　黎澍：孫中山革命運動與社會力量

今日同會、同席：潘梓年（主席）　　陶孟和　邵力子　李儼金毓黻　魏建功　容肇祖　王維城　王靜如　劉大年　周炳琳許寶駒　王愛雲　張瑋瑛　約百餘人。

十一月十六號星期五（十月十四）

記筆記五則。吳恩裕來，長談。作張菊生先生壽序五百餘言，即改訖。

將張先生壽序鈔清，寫史久芸信，寄去。到所，與王毓銓談。印度尼西亞漢學院院長曾珠森偕翻譯薛河獻來，長談。到尹達處談。將姚文田書送曾次亮處。

譚季龍來，與季龍同出，予到葉譽虎先生處談。失眠，至十一時服腦力須，翌晨五時醒。

今日下午同會：曾珠森　薛河獻（以上客）　　侯外廬　白壽彝　王毓銓　陰法魯（以上主）　　予代表一所，贈曾氏精裝本《資治通鑒》一部，四十二元。

十一月十七號星期六（十月十五）

理帶出物件。記筆記一則。修改《滅項》一條，增加約一千言。頤萱嫂來，留飯。

到北海訪芸圻，未遇。到政協，開會討論視察事宜，凡一小時。晤雷潔瓊、王雪瑩、李一平等。到豐盛幼兒園，晤靜秋及周汝青等。到叙父處，并晤其夫人及長子世庸。到尹受處。

賀昌群來談。理書。九時半眠，翌晨六時半醒。

　到廣西視察者：李維漢　黃紹竑　黃立人　裴文中　林漢達黃藥眠　秘書：黃貽平

十一月十八號星期日（十月十六）

到張苑峰處。與湲、堪兩兒到動物園游覽，飯于豳風堂，茗于牡丹亭。自十一時至下午五時，遍歷全園。

爲兒輩講《劉海取金蟾》。陳友業來。

楊拱辰自四川來。宋挺生、索介然來。洗浴。十一時服藥眠，翌晨五時半醒。

昨自西四歸，乘環行路電車，以北城一段爲單軌，須待來車，又值下班時，待乘客上下久，歷一小時半始到家。今日自動物園出，上二路汽車之快車到東安市場，復雇三輪車歸，僅半小時耳。工具與時間之關係如此。

十一月十九號星期一（十月十七）

鈔《水經注》資料，準備修改《隨筆》。次君來。

楊拱辰來，留飯，長談。理書及抽屜。木蘭來。

與木蘭、湲、堪到紅星看《偉大的孫中山》及《上海菊花展覽》電影。遇王修。看尹繼美《詩管見》。十時服藥眠，翌晨六時半醒。

十一月二十號星期二（十月十八）

理行裝及抽屜。記筆記一則。爲歷史第一所草致劉放皆信

（《史記》新校注事）。

繼續整理。邵恒秋來。王威來辭別。又安取書櫃來，布置。到市場買物。到中國書店，遇白壽彝、馬國靖等。

寫楊拱辰信。到"春風"理髮。九時半眠，翌晨二時半醒，四時又眠，五時起。

八日到中國書店專家服務部，見有明刻朱謀瑋《水經注箋》，以定價卅元，未能得也。耿耿于心越一旬矣。今以頻行，恐歸來時已爲他人所得，遂于雨中出門購取之，可謂痴矣。

十一月廿一號星期三（十月十九）

到王修處握別。徐建西來，同到林漢達家，上車站。八時〇五分開車，十一時卅四分經保定，與諸人談。

一時，進飯。二時四十分經石家莊。六時四十二分經邯鄲。看《天方夜談》。與李世璋長談。

八時飯。九時眠。上午二時半醒，遂不成寐。

今日同車人：張治中　章乃器　楊明軒　李世璋　林漢達　黃藥眠　劉達潮　王季範　李俊龍　樓邦彥　李燕　關瑞梧　王雪瑩　唐擘黃　陳岱孫　張豐胄　楊端　葛志成　黃貽平　徐建西　于清霖

今年人代、政協視察者，以四川、廣東兩省爲最多。今日出發，廣東、廣西兩組同行，以是熟人甚多。

十一月廿二號星期四（十月二十）

六時廿分經信陽，七時卅五分經武勝關，十時四十五分到漢口。上渡輪，到湖北飯店飯。上武昌南站。下午一時十分上南寧直達車。三時四十五分經蒲圻，五時四十九分經岳陽，九時〇八分經長沙，十時卅一分經株洲，十二時十九分經衡山。上午一時卅一分經衡陽。

與楊明軒、馮嶺安長談。

夜眠不佳，坐起朦朧睡，仍時醒。

到漢口後，廣東、廣西兩組分道，予所同行者如下：

楊明軒　黃藥眠　林漢達（以上人代）　黃貽平（秘書）
徐建西（隨漢達視察教育）　韋士賓（隨藥眠視察民族）　馮
嶺安（隨明軒視察灾情）

入湖南境時天已晚，一些風景沒有見到，負此一行矣。

王雪瑩同志謂予，此行氣色比往東北時好得多，將無以比較
能眠故耶？

十一月廿三號星期五（十月廿一）

七時經東安，八時廿二分經全縣，十時經興安，十一時卅七分
經桂林，下午四時○三分經柳州，七時四十七分經黎塘。一路看
風景。

閱《天方夜談》第一册訖，續閱第二册。

與楊明軒、馮嶺安等長談。十一時卅四分到南寧，入明園飯
店，宿410室。上午一時，再服腦力須方眠。

自北京至漢口，一千二百二十公里，自北京至南寧，二千五
百七十四公里。快哉，三日之間行五千餘華里，有如穆王駕八駿！

十一月廿四號星期六（十月廿二）

七時半起。到林漢達處，吕集義、張景寧、胡明樹、陳憲章、
秦宗漢、劉牧、石兆棠、陳捷、丘辰、覃應機、莫乃群、農康、丁
明來。發靜秋電。理物。

整理尹受、又安所鈔《隨筆》。韋瑞霖、韋士賓來。與黃藥眠、
韋士賓上街散步買物，至民生路等處。

到桂劇藝術團觀《桃花扇》，自七時至十一時。服腦力須眠，

翌晨六時半醒。

桂劇聞由湖南祁陽調轉化，道白係桂林官話，班中以女角爲多，作工頗細緻。今日演李香君者爲謝玉君，楊文驄者爲蔣志芳，皆不弱。惜尹義未得見耳。

十一月廿五號星期日（十月廿三）

整理又安所鈔《隨筆》訖。在明園中散步。到黃貽平處。胡明樹偕朱乃文來。黃藥眠來。

到桂劇藝術團觀劇，自十二時半至四時。到百貨大樓買物。韋省長、陳書記來。

上樓赴宴。到軍區禮堂，看解放軍歌、舞、音樂等表演。十時半歸。十一時服腦力須眠。翌晨六時半醒。

今日所觀劇：三家福　昭君出塞　挑女婿

今晚同席：楊明軒　林漢達　黃藥眠（以上客）　　韋國清陳漫遠　覃應機　莫乃群　石兆棠　丘辰（以上主）

十一月廿六號星期一（十月廿四）

劉牧來。到楊明軒處。到本園會場，聽韋省長報告本省農業及民族狀況。晤農康、覃應機。補記日記五天。

游人民公園，上山，看動物，登炮臺。回，寫静秋信。到會客室，聽農業廳副廳長周祖芳、民政廳副廳長張顯龍報告。與覃副省長談。

張景寧、胡明樹來，同到民進分會籌備處談話。十時歸。十時半眠，翌晨五時半醒。

今晚同會：林漢達　徐建西（以上客）　　張景寧　劉牧　胡明樹　朱乃文　秦宗漢　陳憲章（以上主）

十一月廿七號星期二（十月廿五）

藥眠來。到會客室，晤農康等。聽農村部辦公室主任黃英、秘書長王祝光報告本省合作社情況。

整理《隨筆》。與明軒、漢達、藥眠等同到省人民政府答拜。三時，與明軒、漢達、藥眠、建西同到教育廳，聽副廳長余明炎報告。四時，到百貨商店購物。

應民盟、民進同人宴，到邕劇團觀劇。十一時歸。整理《隨筆》，訂冊。至上午一時眠。翌晨七時醒。

今晚同席：楊明軒　林漢達　黃藥眠（以上客）　張景寧　胡明樹　朱乃文　劉牧　秦宗漢　陳憲章（以上民進）　張國粹（以上民盟）　張純之　丘辰（以上農工民主黨）　呂集義（以上民革）　雷榮柯　陸榕樹（以上致公黨）　蒙大任（以上民建）　林克武　陳捷　何潛　羅杰林（以上統戰部）

今晚所觀劇：三擊掌　姑娘查關　五台會兄　王大娘補缸

十一月廿八號星期三（十月廿六）

寫靜秋信，理行裝。到楊明軒處道別。十時半上車，途中與藥眠、士賓等談。看《隨筆》，加以改正。十二時一刻經邕關，下午三時經崇善，下車，吃肉湯粉。下午七時十五分到憑祥。招待所韓平來接，乘汽車到所。

晚飯後洗浴。十時眠，十一時入睡，翌晨七時醒。

今日起同行：黃藥眠　韋士賓　王方（省府秘書廳職員）梁詩文（警衛）　莫乃榮（同上）

十一月廿九號星期四（十月廿七）

八時卅分上汽車，九時十分到睦南關，凡十八公里，到邊防卅二團，與參謀長潘森林談。由四營長吳洪運導上鏡鷄山，游鎮南、鎮中兩臺。下，在關前照相。十二時卅五分上車，到隘口看中越互市。一時○五分上車，一時卅五分歸招待所。

二時飯，藥眠來談。寫靜秋信。理行裝。三時五十分，別韓平上車，四時半經鴨仔灘，五時到龍津縣，上渡頭。五時一刻至龍津縣人民委員會，與縣長馬權三談。七時半飯。

到人民俱樂部，看本縣民族民間文藝歌舞會演，自八時至十一時半。十二時眠，翌晨七時醒。

今日所觀劇目：歌圩（以唱歌求對象）　春米舞、耕作舞、采香蕉舞（皆生產之形象化）　船家歌（勸新娘上船）　茅山道舞（巫師作法）　打柴劇（男女相愛而女母責以行媒）　錢邊舞　蝴蝶舞、蝶戀花舞　唱燕（巫婆彈弦唱，以足套樂器爲節）　采茶舞　搞八角舞　山歌獨唱　民間歌舞凡演三日，而今日爲末日，予等幸得趕上，僮人文化之大觀也。

鏡鷄山因國防關係，禁止樵采，披蒙茸而上，冬間草枯路滑，極難行，下山時幾次欲傾跌，賴莫同志之扶而免，一身汗濕矣。

十一月三十號星期五　（十月廿八）

摘録中央《關于農業社秋收分配中若干具體問題的指示》。十時飯。與藥眠等及陳輝上街散步，參觀師範學校。

寫靜秋信。寫誠安、伯祥明片。與士賓、王方、莫乃榮等步出西門，經田野，由北門回。

與藥眠等聽馬縣長報告當地情況。十時眠，十二時起溺，又眠，翌晨六時醒。

［剪報］　　一九五六、十一、廿八《廣西日報》
全國人民代表和政協委員來省視察工作
〔本報消息〕　全國人民代表大會常務委員會委員楊明軒，

代表林漢達、黃藥眠，中國人民政治協商會議全國委員會委員顧頡剛從本月 26 日起開始視察本省工作。

他們于本月 23 日夜由北京到達南寧。到昨天（27日）爲止，他們分別聽取了韋國清省長關于省人民委員會的工作報告、省農業廳關于農業工作情况的報告、省民政廳關于廣西灾情情况的報告和省教育廳關于教育工作的報告，聽取了中共廣西省委農村工作部關于農業合作化工作情况的介紹，向省民政廳、桂西僮族自治州、南寧市民政局等單位瞭解了關于本省各級人民代表大會、人民委員會的工作情况。從今天（28 日）起，楊明軒、林漢達開始在南寧市郊進行視察，并將和群衆座談。黃藥眠、顧頡剛將于今日（28 日）前往龍津視察。他們在視察工作中，受到廣西省、南寧市有關機關的熱情協助。這四位代表還計劃到桂林、容縣視察。

今後還將有代表由昆明、廣州視察後到本省進行視察工作，陳此生、黃紹竑也將由京來廣西視察。

一九五六年十二月

十二月一號星期六（十月廿九）

上午九時開車，十時一刻到水口，落宿派出所。凡行四十五公里。即到河邊觀，買花王神紙。到邊防檢查站遙望。區委潘禮仁來詳談當地狀况。

渡河，到水口鄉，周歷市街，到鄉公所看法國飛機殘骸。回所，看《天方夜談》。

潘禮仁繼續談當地情况。十時眠，翌晨六時醒。

水口鄉在河南，而若干新設機關皆在河北，本共和鄉地，亦稱水口。

十二月二號星期日（十一月初一）

九時，步行到共和鄉，入合作社，與社主任黎振標等談。到一勞動模範家，未晤。到一七十八歲之老婦人家，問其公家照顧情況。

到羅回，入區公所，與潘禮仁談。到街上，看趕集，買物。到榨花生油作場。看男、女青年在野地唱歌。到一農民家看造屋。回水口，六時矣。

到部隊操場看電影《新騎兵》、《原子能時代》、《南島風雲》三片。自七時半至十時半。服藥眠，翌晨六時醒。

此間趕集期，羅回爲一、四、七，水口爲二、五、八，龍州爲三、六、九，皆以陰曆計。

十二月三號星期一（十一月初二）

寫静秋信。渡河，到水口鄉，晤副業社主任周畢宏，鄉黨支書龐月民兩女士，同上山，看咖啡樹及廿三號界碑、陸榮廷花園。下，與手工業社主任何漢民、黃加光談。

一時，回。飯後看水口趕集。與韋士賓談。回，看近日報紙。看《天方夜談》。與王方談，定明日歸計。

與韋士賓、王方談。八時半眠，翌晨五時醒。

十二月四號星期二（十一月初三）

藥眠等赴羅回調查。予與王方、莫乃榮、錢萬祥先回龍津。九時半開車，十時半到。與副縣長吕焕文談。出，到橋頭理髮。看趕集。夏葵醫生來診疾。

飯後洗浴易衣。二時，與王方及莫、錢二人出，到文化館，晤吳經文，聽褚繡球、黃愛英、蒙麗宏、黎英球四女唱歌，與吳經文談。觀班夫人廟。渡河，觀馬伏波廟，游中山公園。六時歸。

看《天方夜談》。八時半眠，十一時半醒。再服藥。又眠，翌晨五時半醒。

予冬間本發氣管支炎，今年雖到炎地，亦不能免，尤以早上痰塞喉間爲苦。今日呂副縣長邀夏醫生來視，經前後聽，知肺無疾，而氣管支炎有多年歷史，亦未易痊也。

柚子，水口僅一角一個，到龍州即爲二角。不及百華里，價已漲一倍。運至北京，如何不高至七八角乎！

十二月五號星期三（十一月初四）

呂煥文來談。補記日記四天。寫平心、盧南喬、又曾、芸圻、次君片。寫靜秋信。

與王方、莫乃榮、錢萬祥到新華書店閱書。到譚氏宗祠及興仁街散步。歸，眠一小時。鈔僮族資料。藥眠、士賓自水口歸。寫自明、傅維本信片。

與王方等出觀夜市，遇錢萬祥之子桂生，同歸。看《天方夜談》。十時眠，二時半醒。四時又眠，六時半醒。

盧南喬爲《文史哲》索稿，答之曰：“俟明年四月，將《史記》標點工作結束時，當作《史記各篇之主從關係》一文奉投，此問題似尚無人談及而實爲研究《史記》之主要問題，蓋百卅篇中有主，有從，有再從，非平列也。”

十二月六號星期四（十一月初五）

鈔僮族史料入筆記。馬縣長來談本縣應興革事。

與馬、呂兩縣長話別。下午一時半離縣署，馬、呂兩縣長送至江邊。二時三刻到上降鄉梓叢屯農業社訪問，晤社主任李廣崇、出納凌紹宣。出，看八角樹。五時，到憑祥，入招待所。

飯後到憑祥鎮散步。歸，與士賓、王方談。看《天方夜談》。十一時眠，翌晨六時醒。

十二月七號星期五（十一月初六）

續鈔資料。七時半，憑祥鎮人民委會農君來，導游全市。九時飯。九時半上汽車赴寧明，經白馬村等，十一時半到。入縣人會，見縣長趙羽，副縣長古梅，秘書劉漢雍，藝術家謝志周，談本縣名勝古迹。謝君爲作速寫像。韓平別歸。

二時，飯。醫來，取安眠藥。入"工業科"休息。與士賓、乃榮上街閱市容，購物。五時半歸。寫靜秋、孫元徵、起潛叔片。

七時，趙、古兩縣長來談本縣情況。九時半眠，服所取藥兩次俱無效，約至十二時眠。

前到南寧，僮族自治州州長覃應機爲予言，寧明有古代壁畫，可一觀，并籌保存方法，故予等到龍津後即擬轉寧明，由王方打電話與韓平，韓平打電話到寧明縣人會詢之，得覆，離縣城才五里，因謂今日一天可往返，遂包一汽車往。既至，乃知畫在花山，而花山距縣城七十里，無公路可通，坐船須一天。謝志周君司本縣文藝工作，曾伴楊成志等前往，摹出壁畫若干，願同往，顧予等不特鋪蓋未帶，即盥洗具亦未携，欲留甚難，欲歸又可惜。兩縣長殷勤勸往，勉爲留住，由縣署移借臥具，自己又買手巾、牙刷等，備三日需要。此皆詢問不仔細之過也。

十二月八號星期六（十一月初七）

六時起。七時半，與趙縣長同飯。寫德輝片。鈔縣署"禁革碑文"。九時，上汽車，到江邊下，上篷船。九時半開船。十一時一刻至獅子頭，探溫泉。十二時半至珠山，入洞。下舟，聽謝志周講廣西太平天國故事。

　　寫泉澄夫婦、筱蘇、丹楓、静秋片。望峚村山。三時半午飯，
食鮮魚。四時五十分經高山，望壁畫。五時許，經岜耀灘，江底多
石，甚不易過。六時，至花山，天已暮，未上山。望對岸耀達鄉。

　　無事，七時半即相率就眠。一夜寒甚，不敢眠，但亦時時做夢。

　　今日同行者：黃藥眠　韋士賓　王方　莫乃榮　吳詩文（以
上來人）　趙羽　劉漢雍　黃寶松　李權章　鄭全興　易國福
韋森（以上寧明縣人民會）　謝志周（寧明文化館）

　　明江（左江之一部）中一路石山，壁立數十丈，石罅生樹，
便覺蒼秀異常。謝君桂林人，謂其頗似陽朔也。

　　夜臥船中，一陣陣涼風吹來，念予正犯氣管支炎，得無轉肺
炎乎，因以呢制服蒙頭而臥。廣西冬日白天甚熱而夜中頗寒，早
晚須易衣。此行未帶大衣，遂致狼狽。

十二月九號星期日（十一月初八）

　　七時起，看壁畫，食龍珠果。八時半開船返。寫于鶴年、范希
衡片。在船望高山、峚村山。十一時半飯。

　　望龍岩洞。看《展望》。謝志周爲作水墨畫像。四時十五分，
舟至獅子頭。上岸，步行。四時四十五分到車站。五時半，與趙縣
長到站外吃麵，促其歸。六時四十分，火車開。

　　八時十分到憑祥，韓平來接。入招待所，洗臉、漱口，九時
飯。看《天方夜談》。失眠，十二時半起服藥，一時後眠。翌晨七
時半起。

　　花山壁畫，殆是古代僮人所爲，其中有人坐，衆女圍之而
舞，殆酋長也。有圓形物，殆銅鼓也。有騎馬人，作馬背站立
狀，殆賽馬也。若干人腰劍，殆武士也。予意，此蓋當時令節娛
樂，亦或含有宗教儀式，觀其有劍、有銅鼓，則作于銅器時代無
疑。觀珠山、高山亦均有之，而少，則花山殆大酋長之所居，故

爲壁畫中心。左江再轉西北，便至龍津縣上金鄉境（相去廿餘里），或彼處尚有之乎？中原社日，亦類于此，而無畫流傳，則此僅畫固至可寶貴者矣。

十二月十號星期一（十一月初九）

補記日記三天。將費孝通《關于廣西僮族歷史的初步推考》一文摘鈔訖。

洗浴。憑祥市人委會秘書農元善，公安局長樊振森來談本市情況，自三時至六時。看《新越華報》。

寫靜秋信。理行裝。看《天方夜談》。十一時，服藥眠。

十二月十一號星期二（十一月初十）

五時半起。七時飯。上站，韓平來送。八時十六分開車，十一時五十分，經崇善，停半小時，飯。看《天方夜談》畢。看恩格斯《家庭、私有制和國家的起源》五十四頁。

到韋士賓處談。五時廿分到南寧，省府交際處姜振杰科長來接，入明園飯店原室。理物。

到士賓處。李裕棟醫生來視疾。理物訖。洗浴。摺壓《隨筆》鈔本，至十時半。失眠，服藥兩次，至十二時半後方眠，翌晨七時半醒。

近日入眠又甚困難，蓋起居無時，夜中多喜做些工作之故。氣管支炎雖未愈，幸尚不劇。

十二月十二號星期三（十一月十一）

定旅行計劃交士賓。寫潮兒信。晤姜振杰。將費孝通文校點一過。廣西日報記者李寧來訪問。

寫《廣西視察日記》五天。李微、胡明樹來。雙文忠來，同到省博物館及省第二圖書館視察，晤龍兆佛、徐廷召、滿景祚、黄文德、藍啓輝諸君。

到邕江邊六角亭遠望。與蘇海秀同觀桂劇《好醜洞房》，十一時歸。服藥眠，翌晨六時四十分醒。

得静秋書，知其已到民進試工，暫在宣委會做對社會人士及婦女聯繫宣教事宜，事情雖忙，責任較小，且比較活動。又悉堪兒患腮腺炎和扁桃腺炎，已近旬日，今已退熱，在休養中。

今日所觀劇，尹羲飾盧秀英，其情節與在蘭州所見王景雲演《三拂袖》略同。

博物館分自然資源、動物標本、歷史文物、工藝美術四室，布置井井。又正建屋，擬添設少數民族、革命文獻兩室。圖書館中，舊雜志頗多，綫裝書則無名貴者，惟廿六萬餘册悉已上架耳。

顧頡剛行程計劃

1. 由南寧至武鳴、百色，再退回南寧。約五天。
2. 由南寧至貴縣、玉林，退回貴縣，到桂平，再回貴縣。約六天。
3. 由貴縣至黎塘，到柳州。約三天。
4. 由柳州到桂林。約三天。
5. 由桂林回北京。三天。

　　　　以上共 20 天。

12 月 15 日	百色	民族、農林業、水利　到武鳴時停一夜
20	南寧	休息
22	貴縣	工業
23	鬱林	歷史遺迹
26	桂平	同上
29	柳州	同上，工業
1 月 1 日	桂林	同上，文化

4　　　興安　靈渠
5　　　返北京

十二月十三號星期四（十一月十二）

記《廣西視察日記》四天，約三千六百字。翻《太平天國起義調查報告》。

李寧又來訪問。覃副省長來，談寧明壁畫事。晤涂長望。沿明園北隅山坡散步。

韋士賓來。將《浪口村隨筆》副本裝釘兩份。十時眠，翌晨五時醒。

十二月十四號星期五（十一月十三）

將《隨筆》打包寄京。與士賓談。寫静秋、苑峰信。晤吳詩文。王方、吳詩文來。記《視察日記》兩天，二千字。晤陳此生。

李微來，同到省政協，出席民進所召集之史學談話會，由諸人問而予答之，自三時至五時半。歸，徐建西自容縣專區歸。飯後，予至林漢達處談。

農康來談。看陳漢流《花山崖壁畫調查報告》及徐松石《粤江流域人民史》。十時眠，上午一時爲蚊囓醒。服藥眠，七時半醒。

今日同會：李微（主席）　秦宗漢　陳漢流　馬駒譽　蒙起鵬　杭浴珧　雷煒清　韋燕章　林虎（隱青）　龍兆佛　陳哲璽田雲青　盧特　盧榮之　張正明　蘇瑞成　馬任遠　何如潛等約五十人。此會爲省立中學歷史教師、圖書、博物館、文史館各方面組合者。

十二月十五號星期六（十一月十四）

藥眠來，與同至馬思聰及其夫人王慕理處，看其在昆明所購書畫。李寧來。王方、韋士賓來。記《廣西視察日記》三天，約三千七百字。

到陳此生處。寫靜秋信。整理行裝。鈔《旅行家》武鳴山洞文。

涂長望來，同到桂劇院，聽馬思聰小提琴演奏，自七時半至十時。歸，寫李微信。

十二月十六號星期日（十一月十五）

與林漢達、馬思聰、陳此生、徐建西握別。九時，與黃藥眠、韋士賓、王方、楊天珍乘汽車出發。九時半，到老虎嶺水庫，與灌溉工程管理所所長雷炳漢、副所長閉乃卿談，觀水利工程。十一時出，經高峰坳，十二時到武鳴縣，入縣署，與副縣長陸海瑤、秘書李開稜談。

二時，飯畢，到僮文學校，晤校長屈友予、第一副校長黃史山，校務處主任韋芳杰，談。三時半，游靈水。四時，游明秀園。四時三刻，到雙橋鄉，晤縣長耿武平，談。并與大路社社長談。五時半，出，藥眠、士賓回南寧。予與陸副縣長等返縣署。

陸副縣長邀至文化館，看僮民歌舞，自七時半至十時一刻。約十時四十分眠，翌晨四時半以溺急醒，後朦朧至天曉。

今晚所觀歌舞：1. 唱蠻　2. 抗旱在靈源　3. 農家樂（上二目皆師公歌舞式）　4. 橫鼓五人舞　5. 愉快的勞動（僮歌劇）6. 萬事不求人（僮劇）　所見殊較龍津爲勝。

十二月十七號星期一（十一月十六）

八時三刻，與陸縣長、民政科長韋孝盛同到陸榮廷墓，雨中匆匆看碑碣，即歸。凡往返十公里。寫靜秋長信，出署寄。歸飯。

十二時半出，一時到起鳳山，由韋孝盛及教育科黃茂林爲導，更約夏黃小學教師黃瑞堂、黃俊泰來，講説故事。凡游鎮江岩、蓮花洞、讀書岩、太極洞、合雲岩等勝。出，到文江塔。三時廿五分歸。小憩，即出游市街。五時飯後又出，到西門初級中學參觀。

到市買水果等物。歸，陸副縣長來談。九時眠，睡不寧。十二時起服藥，得眠，翌晨六時半醒。

武鳴有八景，兩日來予到其四，靈水，明秀園，起鳳山，文江塔是也。靈水、明秀以水勝，起鳳以洞勝，文江以遠眺勝。南寧無勝迹，將來交通方便，則此四十四公里之距離不及一小時即至，武鳴殆爲南寧人之游覽區矣。

十二月十八號星期二（十一月十七）

九時上車，十一時半至平果，食捲粉。游東、西、南、北街及中山公園。一時上車，二時半至田東縣，至平馬鎮（好城）散步。

四時一刻，至田陽縣，游田州鎮，入棉紡織工藝合作社訪問。五時一刻開車，六時一刻至百色，入百色地區工作委員會卸裝，晤秘書劉金運。

趙世同主任來談。九時眠，翌晨五時醒。

十二月十九號星期三（十一月十八）

與王方、楊天珍上街，觀市容。歸，寫靜秋信，劉振邦、于思泊、姜亮夫片。趙世同主任來談。

十二時半，與劉金運等同出，觀農業機械廠，與陸伍亭廠長談，由其導觀全廠，并電廠及染織廠。出，到百色農業試驗站，與站長蒙枸琴、黃載歧、梁紹權談。又到農校，與校長黃克家談，并觀全校。五時歸，飯。

與王方、楊天珍、鄧開達同到百色劇院，看勝利粵劇團演《身嬌至貴尋作賤》劇，觀未畢。十時歸，在街飲豆漿。十一時半眠，翌晨六時醒。

十二月二十號星期四（十一月十九）

　　寫伯祥、誠安、滋潭、張慕騫、沈勤廬片。十時半，與趙主任等同乘車出，十一時一刻到新民鄉畜牧繁殖場，晤場長李開煥、副場長張立元、李克昌等，同出觀豬種及水庫。

　　一時上車，一時半到三塘，又觀豬種。一時五十五分出，二時十二分到二塘街，食鴨粉。二時卅分行，道不通車，步行。三時十五分到青水鄉，由磺桑江水利工程管理所韋瑞忠導至壩首，四時卅分回。五時四十五分上汽車，六時四十五分到百色。

　　劉秘書來談。十時眠，翌晨二時半醒，四時半起。

　　今日計由汽車行八十八公里，步行約十五公里，上下山甚費力，渾身汗濕矣。

　　磺桑江水利工程在田陽縣，爲廣西大型水利第二（第一在賓陽），分爲九渠，平時灌溉兩萬餘畝，今年大旱，亦灌萬餘畝。許多茅屋將改建磚房，農民生活之提高可知也。

十二月廿一號星期五（十一月二十）

　　寫靜秋信。理行裝。寫八爰片。八時，別趙主任，偕隆林縣長黃景墀同行。十時廿分到田林縣，略觀。十一時廿五分到田林舊城。十二時四十五分到舊州，進食。觀市集、僮戲。

　　一時五十分啓行。三時廿分到沙梨區，閱市。三時五十分行，六時到隆林各族自治縣。自舊州至此，凡翻六山，二大四小，七十公里行至四小時之久。

　　與黃縣長及決院馬世華院長長談。八時飯。看地圖。十時半眠，翌晨六時醒。

　　自出門後，今日第一次遇雨，然離百色不久即止。夜中却淅瀝不止，以眠得甚酣，不知何時停也。廣西旱五個月矣，此真甘霖，恨不多耳。

自舊州後上山，路甚陡而盤，一山才過，又是一山，諒蜀道亦不過如是。

十二月廿二號星期六（十一月廿一　冬至）

八時，馬院長來，與予及王方同上街散步。到法院，看新州河可發電處。九時歸，十時飯。十一時浴。十二時，馬院長來談。一時，縣委書記安鈞生等來。

自一時至五時，聽本縣黨、政、警、法各方面情況報告。五時飯。與王方等上街散步。

黄縣長、馬院長又來續談本縣情況。五時半眠，翌晨五時醒。

今日同會：安鈞生（縣黨委書記）　鄭季傳（黨委，宣傳部長）　譚德育（黨委，組織部長）　鄒個君（黨委，農村工作部長）　黄景墀（縣長）　馬世華（法院院長）　宋雙賢（公安局長）

十二月廿三號星期日（十一月廿二）

五時起，寫静秋、湲兒、伯昕、尹達、樹民信。出寄信，到法院，與馬院長及其幹部談。歸，寫戚萬鈞、吴輝信。十一時飯，與馬院長及黨委農村工作部副部長李化同到大樹角，訪問苗族，到副鄉長陶明輝家，見其母、妻，及黄國秀等，吃紅薯。

二時，離大樹角，回縣署。稍息，又出，到縣西民强鄉僮族合作社訪問，晤鄉長李恩培及整社工作人員廖宣榮等。五時歸，寫谷城、樹幟片。

晚飯後，馬院長、黄縣長、安書記來談。至九時半，服藥眠。翌晨五時醒，即起。

十二月廿四號星期一（十一月廿三）

描繪隆林地圖。八時，與黄縣長、馬院長同飯。八時三刻，離隆林縣。九時五十分經扁牙。十一時到沙梨，下車閱市。十二時到隆林畜牧場，晤徐永清、凌維星，談。

一時廿分到舊州，食粉。三時卅分到田林縣，食包子。五時四十分到百色，入地區工作委員會。七時飯。

七時半上街，看電影說明，進甜食。到人民影劇院，看匈牙利片《圍城春曉》。十一時歸，即眠。

十二月廿五號星期二（十一月廿四）

七時起，寫劉尊一、黃少荃、趙孟輖片。出，理髮。歸，與王方同到趙世同主任處，并晤黃寶山副主任。十一時飯。兩主任來，談百色地區農業情況。下午二時半散。

寫自珍、賀次君片。與王方同出，散步市街，到新建之大橋，游百勝街，訪問中國藥材公司。到粵東會館參觀，四時半歸。五時飯。劉秘書來。寫靜秋、洪兒、丹楓信。

八時半出，看香港片《一板之隔》。十一時歸。夜眠較差。

十二月廿六號星期三（十一月廿五）

八時起。王作民、李春帆、陳可祥來，春帆報告本區工業情況，作民報告商業情況。趙主任來。至十時半散，十一時飯。十一時半，趙主任來，報告本區水利、民族、文化、衛生諸事項，二時半畢。

寫王崇武、王威、李爲衡、謝延孫、朱乃文、黃永年、黃毓華、紀伯庸片，辛田、李映婁函。上街寄信。五時，上樓赴宴。

劉秘書來。與王方長談。楊天珍爲描花山畫。九時半眠。上午二時即醒，待至六時半起。

今日上午同會：王作民（本區署財經貿辦公室副主任）　李春帆（區署工業科副科長）　陳可祥（區署辦公室副主任）

今晚同席：鄭少東（百色地委）　韓開祥（同）　朱守剛（同）

孟國基(百色軍分區副政委)　李林(隆林縣副縣長)　楊宗德
(同)　陸鍾珣(隆林縣衛生院院長)　王方(省人民委員會秘書)
(以上客)　趙世同　黃寶山　劉金運　陳可祥(以上主)

十二月廿七號星期四（十一月廿六）

　　寫雁浦、企虞片。八時飯，到趙、黃兩主任處辭行。八時五十
分開車。九時卅分將到二塘，與一貨車相撞，吉普車受輕傷。十時
卅分到田東，飲豆漿。十時四十五分開車。

　　十二時十分到平果，飯。一時起行，二時經靈馬。三時到武
鳴，稍息。三時十分行，四時到南寧，入明園飯店，晤交際處副處
長趙福三及職員宋彩鳳。整理什物。

　　六時飯，遇裴文中。到文中室，晤張森水、邱中郎、王浩。七
時，到桂劇團看《春香傳》，十一時歸。洗浴。十二時服藥眠，翌
晨六時半醒。

　　數日間聽各處報告，筆錄甚多，又寫信約卅通，右脇有些發
痛，知過勞矣。

　　夜中，明園飯店職員來通知看桂劇，不忍不去。而今日上午
二時即醒，直至晚十二時始眠，精神用得過分，足戒也。

　　《春香傳》爲朝鮮古典劇，桂劇團演此，服裝、道具一切原
樣，耳目爲之一新。演春香者秦彩霞，飾李夢龍者趙若珠，飾春
香母者謝玉君。

十二月廿八號星期五（十一月廿七）

　　與文中談。八時半，到省博物館，晤方一中、黃增慶，細觀全
館陳列物品。十二時回明園飯。

　　補記日記六天。記筆記三則。描繪花山圖畫。王方來。

　　到文中處談話。七時半與同至桂劇院，看《雪梅教子》、《賣

胭脂》、《老少配》三劇，并晤文化局長秦似。十一時廿分歸。十二時服藥眠。

今晚所見劇，《雪梅教子》係謝玉君、秦彩霞主演。《賣胭脂》係尹羲、趙若珠主演。《賣胭脂》一劇，民國初即已禁演，故予始終未見，今乃于桂劇中見之，又兼尹羲描演細膩，極能傳神，可見其藝術之成就。

十二月廿九號星期六（十一月廿八）

晤外事處長丁明。王方、省人民會辦公廳副主任于紹光、交通廳副廳長韋純束來，由韋廳長報告本省公路情況，自九時半至十二時。

文中來。寫靜秋信。上街買物。水利廳副廳長雷榮珂、辦公室副主任張作良報告本省水利情況，王方來，自三時至五時半。

與文中、姜振杰到桂劇院，看《御河橋》劇，自七時一刻至十時半。失眠，十二時一刻起服藥，眠，七時起。

所觀劇之演員：宣登鰲——趙若珠飾　柯寶珠——秦彩霞　宣學賢——劉萬春　宣母——秦志精　柯太傅——蔣金凱　柯母——謝玉君　二奶奶——楊明燕　裴瑞卿——蔣惠芳　《御河橋》舊思想甚重，諒非新編，不知借自何劇種也。（聞尹羲言，此本川劇。）

南寧桂劇團角色齊整，生旦淨丑無一不佳，求諸國內，罕與倫比。惟予于民國初年見譚鑫培演劇，有此盛況耳。

十二月三十號星期日（十一月廿九）

王方來。廣西人民廣播電台編輯部楊馨來。地質局副局長張國柱、職員韓劍冰，工業廳計劃處長韓志剛、職員藍顯士來，報告本省礦產及工業情況。

將本冊月日填畢。與文中談。尹羲來，與文中、許香亭、韓德芬同招待之。詢桂劇狀況，長談，自三時至六時。遇廣西醫學院院長方中裕及秦似、馮書記（自治州）等。

　　與文中等同到桂西禮堂，觀自治州民間文藝觀摩會演，八時開演，十一時散。歸，服藥眠，翌晨七時半起。

　　今晚所見民間文藝，知銅鼓尚爲瑤族祈拜、過年時所用。繡球舞則鎮西縣僮族歌墟時亦爲之。苗族大蘆笙舞氣象猛烈，大有桑林之舞，題以旄夏，使晉侯懼而退入于房之模樣，此皆此行之新收穫也。

十二月卅一號星期一（十一月三十）

　　王方來。文中偕省文化局副局長張純之來。森林工業局副局長王正常、計劃科長王雲峰、林業廳科長趙紹義來，報告本省林業，自九時半至十二時。交際處李煥湖來。

　　描繪花山壁畫訖。爲省電臺作廣播稿二千餘言，題爲《廣西的前途》，即修改謄清。

　　到文中處談。與文中、柴鳳岐上街散步，到中山路、民生路、興寧路等處，自八時至十時一刻歸。十一時眠，翌晨七時起。

　　此次到右江流域行程

1. 自南寧至武鳴　　45 公里
2. 在武鳴活動　　　50 公里
3. 自武鳴至百色　220 公里
4. 在百色活動　　120 公里　　（此專指乘車，步行不在內）
5. 自百色至隆林　215 公里
6. 在隆林活動　　 10 公里　　（此專指乘車言）
7. 自隆林回百色　215 公里
8. 自百色回南寧　265 公里
　　　　　　　1,135 公里

計用 56 公斤汽油，每公斤 1.25 元，計 70 元。機油 13 斤，每斤 9 角，計 11.70 元。兩共 81.70 元。

到廣西後所聽各方面之報告（一）

一九五六，

十一，廿六	韋國清省長——本省農業及民族狀況
同	農業廳副廳長周祖芳——
同	民政廳副廳長張顯龍——
廿七	農村工作部辦公室主任黃英、秘書長王祝先——本省合作社情況
同	教育廳副廳長余明炎——本省教育情況
三十	龍津縣長馬權三——本縣情況
十二，一	
——二	龍津縣□區區委潘禮仁——龍津水口、共和、羅回諸鄉情況
三	水口鄉副業社主任周畢宏、手工業社主任何漢民等——水口鄉副業、手工業情況
六	龍津縣上降鄉梓叢屯農業社出納凌紹宣——梓叢屯生產情況
七	寧明縣縣長趙羽、副縣長古梅——本縣情況
十	憑祥市人委會秘書農元善、公安局長樊振森——本市情況
十六	老虎嶺水庫灌溉工程管理所所長雷炳漢——本水庫情況
同	武鳴縣縣長陸海瑶——本縣情況
同	僮文學校校長屈友予、副校長黃史山——本校情況
同	武鳴縣縣長耿武平、大陸社社長——本縣及本社情況

（以上均與黃藥眠等聽）

十九　　百色農業機械廠廠長陸伍亭——本廠及百色工業
　　　　情況

同　　　百色農業試驗站站長蒙柏琴、副站長黃載岐、梁紹
　　　　權——本站情況

同　　　百色農業學校校長黃克家——本校情況

二十　　百色畜牧繁殖場場長李開煥——本場情況

廿二　　隆林縣黨委書記安鈞生、黨委鄭季傳、譚德育、鄒
　　　　個君，縣長黃景墀、法院院長馬世華、公安局局
　　　　長宋雙賢——本縣情況

廿三　　隆林縣大樹角幸福合作社助理會計黃國秀——本社
　　　　及苗族情況

同　　　隆林縣民强鄉合作社鄉長李恩培及整社工作人員廖
　　　　宣榮——本社情況

廿五——

　廿六　　百色地區工作委員會主任趙世同、副主任黃寶山、
　　　　財經貿辦公室副主任王作民、工業科副科長李春帆
　　　　——本區農、工、商、民族、水利、文化、衛生諸
　　　　項情況

廿九　　交通廳副廳長韋純束——本省公路情況

同　　　水利廳副廳長雷榮珂、辦公室副主任張作良——本
　　　　省水利情況

一九五七年

一九五七年一月廿七日，自廣西歸。

二月廿五日至三月十九日，開全國政協大會。

三月廿二日起以積勞致疾，咳血，臥床看《馬哥孛羅游記》等書。

四月二十日起，赴小湯山療養院休養，整理《史記》。五月十九日回城。廿六日復往，六月卅日歸。

七月十日起，全家到青島休養，住科學院招待所，編《古籍考辨叢刊》二集。

是年，右派向黨猖狂進攻，予以臥病，各處招致發言均未去，幸免。惟《光明日報》記者何炳然來予榻前訪問，爲作《顧頡剛談放手貫徹百家爭鳴》一文，載入四月廿一日該報，予惴惴恐罹咎，幸得寬免。

八月二十日，靜秋挈四兒先返京。予留青島，與侯仁之、譚其驤、任美鍔同編《中國地理名著選讀》。渠等九月五日行。

八月廿八日，自珍偕其次子李育宜來，渠等九月三日回南京。

予獨居青島，整理《山海經》，校姚際恒《詩經通論》排樣。

九月廿八日，爲山東大學中文系講"詩經的來源問題"。

以予失眠甚，十月一日靜秋復到青島。十一日，予轉入青島療養院，寓居庸關路十號。校《詩經通論》訖。

十二月，點吳承志《山海經地理今釋》。廿六日，静秋先歸。

[剪報]　　一九五七，三，某報轉《人民日報》社論
　　　　　全面規劃建設山區
（新華社北京 23 日電）（下略）

夫松柏飽風霜而後勝梁棟之任，人必勞餓空乏而後無充詘之
態。譽早必氣鋭，氣鋭則志驕，志驕則斂怨。先達者未足喜，晚成
者或可賀，況慶吊相望于門閭，不可測哉！……古人不耻能治而無
位，耻有位而不能治也。

　　　　　　　　　　　　　　——辛文房《唐才子傳》論元稹語。

騏驥壯盛之時，一日而馳千里；至其衰老，駑馬先之。

　　　　　　　　　　　　　　——《刺客傳》，田光語。

予性卞急，又貪多，又責善，以此終日勞動而不自足，遂致養
成緊張之精神生活，雖不必緊張者而亦終不能自遏其緊張。至于今
日，年六十四五，血管日就硬化，血壓容易上升，失眠遂成慣習。
然處于二十世紀兩大陣營對峙之時代，業于創造新國家，號召向科
學大進軍之北京，本職，學也，兼職，政也，雖欲就閒而終不得
閒，工作日積，中心日急，内外相煎，遂致久病。如不在生活上善
自處理，行見立即倒下。如此結果，不但一生寫作不得整理以自獻
于人民，即四個小孩亦未能盡其撫育之責任，家庭情況可怖甚矣。
今日書此，自訂條約如下：
　　一、工作範圍，此後只能縮小，不該放大。
　　二、工作勿太努力，如有人力可用，還當任人，勿專任己。
　　三、日常工作應有休息之時，開會非必不得已，可以不到。人

有責言，應實陳其病。一切可推之事，儘量推與他人。

四、病瘳之時，勿忘病中苦痛。

五、應學習幾種娛樂，如照相、跳舞、打球等，藉資調劑生活。

　　　　一九五七年五月二日，頡剛書于小湯山衛生部直屬療養院 251 室病房，時正患高度失眠也。

［賀次君來信］

剛師賜鑒：示書奉悉，因患牙病，將齒拔除，未將《史記》檢出，故未奉稟。茲寄上《史記》十篇，如還需要，敬乞示知，當即續寄。商務草約已如吾師原函簽定，并送來預付費陸百元，祈勿念。新疆科學分院又來相約，與之說明目前實不能去京，如能在明年年底，可以如約。生恐此後機會甚少，切盼吾師能爲生另作打算也。近來多休養，想身心俱健，但亦以少勞力爲幸。專肅敬請

痊安

　　　　　　　　　生次君上。五月四日。

一九五七年一月

一月一號星期二（十二月初一）

　　王浩、陸地、史乃展來，修改講稿訖。到韋國清省長處，并晤陳再勵副省長。歸，再修改講稿，寫楊馨信。寫朱乃文片。

　　寫靜秋信，并將講稿鈔寄。與文中同到文化局，晤秦似、張純之兩局長。又到黨委員宿舍，晤王浩、史乃展兩部長，陸地秘書長。歸，赴春節宴。

　　與文中、姜振杰同到民族電影院，看蘇聯片《錦綉前程》。九時歸。失眠，服藥三次，約十二時眠。翌晨七時半醒。

　　今晚同席：李維漢　裴文中　韋國清　覃應機　林隱青　陳

漫遠　莫乃群　丘辰　雷榮柯　張景寧　胡明樹　金城等　共三桌。

今日失眠之故，蓋以會客太多，説話興奮之故。予之不能辦事，實爲身體所限，無可如何者。

今日天氣太暖，蚊蟲亂飛，嗡嗡作聲，亦不得佳睡之故。

一月二號星期三（十二月初二）

到李維漢部長處。剪《廣西日報》。記筆記三則。寫李微信。楊馨、楊國選來。

到桂劇院看《花田錯》劇，自十二時半至三時半。歸，剪《廣西日報》粘貼。與柴鳳岐、喬旗、李有恒同飯。到文中處談。

與文中同到人民禮堂，看民間文藝會演開幕式，自七時至十時半。失眠，服藥兩次，至十二時半眠。翌晨八時醒。

今晚所觀：1. 我想着他（僮歌，上林）　2. 取切溜（僮歌，都安）　3. 打八音（僮器樂，扶綏）　4. 橫鼓五人舞（僮舞，武鳴）　5. 歌唱毛主席（瑤歌對唱，東蘭）　6. 五笙舞（保族，睦邊）　7. 蘆笙采堂舞（苗，三江）　8. 歌唱高級社（仫佬，羅城）　9. 武十打（漢舞，鬱林）　10. 采茶串燈（漢舞，北流）　11. 苗歌齊唱（資源）　12. 泡頭龍（侗舞，龍勝）　13. 蘆笙長鼓舞（瑤舞，富鍾）　14. 三毛箭打鳥（桂北彩調，荔浦）

一月三號星期四（十二月初三）

送文中等行（到武鳴）。寫秦似、農康信。到七星路廣播電臺，廣播十四分鐘，即聽復奏。到臺長譚流處談。歸，宋彩鳳來。洗襪及手巾。

手工業管理局局長熊河清來，報告本省手工業情況，自二時半至五時半。王方同來。剪《廣西日報》。

到人民禮堂，看民間文藝會演第三場，遇尹義及其母、夫樊清璋，張純之。十一時歸，服藥眠。

　　今晚所觀：1. 獅子滾綉球（北流）　2. 撐船舞（北流）　3. 斷橋（廣東話劇，貴縣）　4. 僮族山歌（貴縣）　5. 白狗仙姑（采茶劇，鬱林）6. 二才子（木偶戲，桂平）　7. 雙球舞（桂平）　8. 花燈舞（桂平）　9. 鳥投林（二陽獨奏，桂平）　10. 中秋之夜（廣東話劇，桂平）

一月四號星期五（十二月初四）

　　王方來。墾殖廳副廳長陳任生來，報告本省樹膠、咖啡、劍麻等經濟作物情形，自九時半至十一時半。

　　到民生路買紙，新華書店買書，一新美髮室剃頭。與王方同到墾殖廳，由陳任生、陸鎮華導觀經濟作物，并晤趙鐵生，自三時至五時半。

　　到人民禮堂，看第四次會演，與秦似、樊清璋談。十一時歸，服藥眠，翌晨七時半醒。

　　今晚所觀：1. 罵媒（小型歌劇，富鍾）　2. 鎖吶獨奏（富鍾）3. 石頭燒鎔不分開（富江情歌，富鍾）　4. 嚕西啦咧、蝴蝶歌（瑤歌重唱，富鍾）　5. 東水民歌（漢，富鍾）　6. 順口溜（平樂）　7. 秋江（文場挂衣，桂林）　8. 算命（同，同）　9. 陪嫁歌（富鍾）　10. 鬧花樓（笛子獨奏，平樂）　11. 夫妻觀燈（桂北彩調，平樂）

一月五號星期六（十二月初五）

　　王方來。桂西僮族自治州人民委員會副秘書長孫朝相來，報告自治州情況，自九時半至十一時半。

　　到人民禮堂，看第五次會演，自一時至三時。遇王方。歸，整理各部門報告，未畢。

　　到人民禮堂，看第六次會演。遇胡明樹、韋國清、李維漢。十一時一刻歸，服藥眠。翌晨七時半醒。

今日所觀：1.凱旋舞(僮,上林)　2.燕球舞（僮，龍津）3.女游舞(瑤，大瑤山)　4.三元舞(同，同)　5.嘛哈哩(瑤,蒙山)　6.滿意舞（瑤，上林）　7.唱香哩(瑤，大瑤山)　8.民族年舞(瑤，蒙山)　9.打獵舞(瑤，大瑤山)　10.器樂合奏(漢，蒙山)　11.黃坭鼓舞(瑤，大瑤山)　12.溯源舞(瑤，上林)　13.盤三妹舞(瑤，大瑤山)

今晚所觀：1.鬧八音(器樂合奏，平南)　2.卡樂舞(蘆笙舞，苗，大苗山)　3.陪嫁歌(齊唱，富鍾)　4.鎖吶獨奏(田東)　5.采茶舞(平南)　6.五篆山歌(僮，東蘭)　7.打杯舞(漢，博白)　8.蜂鼓舞(僮，河池)　9.家庭俱樂部(苗，隆林)　10.取切溜(僮，都安)　11.五笙舞(倮，睦邊)　12.雙球舞(桂平)　13.彩唱毛主席(瑤，東蘭)　14.雙喜奇緣(僮，德保)　15.鷹獅舞(平南)

一月六號星期日（十二月初六）

農康挈其女小華來，長談。李微來，長談至午。寫潮兒信。

到寧武路散步，游綠化區，冒雨歸。剪《廣西日報》。到李維漢處小坐。到民生路購紙及藥。整理剪貼資料。

到人民禮堂看第七次會演，與秦似、胡明樹談。十一時歸。服藥眠，翌晨七時三刻醒。

今日雨矣，此廣西人亟盼之甘霖也。前數日天氣奇燠，至穿不上呢衣，而予又未携布衣，今乃知前數日之燠正爲今日雨作準備耳。

今晚所觀：1.扁擔舞(僮，馬山)　2.趕街(山歌，田陽)3.吶子合奏(柳江)　4.侗歌對唱(大苗山)　5.僮曲(田林)　6.銅鼓舞(僮，東蘭)　7.蔗園山歌(百色，歌唱合作社)　8.采茶舞(田東，慶豐登)　9.侗歌齊唱(三江)　10.莫六魚洞(僮劇，

平果）　11.扯豆藤（舞，靖西）　12.民歌對唱（三江）　13.銅鼓舞（瑤，南丹）　14.六甲山歌（三江）

一月七號星期一（十二月初七）

王方偕商業廳副廳長王象乾來，報告本省收購、供銷情況，自九時至十一時半。剪貼《廣西日報》。

到人民禮堂，看第八次會演，自一時至四時。與胡明樹同到省文聯參觀。歸，看《漓江》雜志，剪報。

到人民禮堂，看第九次會演，自七時至十時半。與樊清璋、秦似、張谷、陳憲章談。服藥眠。上午一時半醒，再服藥。八時醒。

今日所觀：1.跳牛郎（舞，玉林）　2.二胡獨奏（漢宮秋月，平南）　3.調陽舞（平南）　4.大笛獨奏（平南）　5.船家民歌（平南）　6.采茶舞（玉林）　7.揀豬菜（僮劇，德保）　8.白鶴游（樂調，玉林）　9.山歌（平南）　10.二胡獨奏（玉林）　11.十打舞（玉林）

今晚所觀：1.貔猍舞（梧州）　2.撫琴（文場、挂衣，柳州）　3.明年雙喜到門堂（民歌，梧州）　4.賽龍奪錦（器樂合奏，柳州）　5.捧咚捧（民歌對唱，柳州）　6.金鷄歌、燕子歌（民歌獨唱，柳州）　7.哥有歌道理（山歌，梧州）　8.板凳龍（舞，柳州）　9.華成伯想通了（話劇，梧州）　10.連環扣（秦琴獨奏，柳州）　11.八寶會（打擊樂合奏，柳州）　12.開闢新航綫（曲藝，梧州）　13.二排、大板對（呐子合奏，柳州）　14.灘路歌（船歌，梧州）　15.八月十五你就來（僮歌對唱，柳州）　16.寶鴨穿蓮（揚琴獨奏，柳州）　17.上羊爛灘（船歌，梧州）　18.醉打山門（文場、清唱,柳州）　19.柳州有個鯉魚岩（山歌齊唱，柳州）　20.舞火碗（梧州）

一月八號星期二（十二月初八）

王方偕衛生廳廳長閻光彩來，報告本省疾病及醫療情形，自九時至十一時。寫李裕棟信，取藥。

到北寧路、共和路一帶散步，修面。歸，剪貼《廣西日報》。寫靜秋信，即寄航空。將前數日所看歌舞節目記入日記中。

到人民禮堂，看第十次會演，自七時至十一時。與孔德揚談。服藥眠，翌晨七時醒。

今晚所觀：1.舞獅（漢，恭城）　2.歌頌毛主席（瑤，大瑤山）　3.跑馬（漢，賀縣）　4.姑娘走過大田旁（客家，昭平）　5.草坪情歌（僮，恭城）　6.捉龜舞（瑤，荔浦）　7.喝字謎（漢，賀縣）　8.銅鎖吶重奏（昭平）　9.寄生草（文場清唱，恭城）　10.唱春節（客家快板，昭平）　11.嘛耳耶（山歌，恭城）　12.車馬燈（漢、舞，賀縣）　13.花燭歌（恭城）　14.山歌齊唱（客家，賀縣）　15.信都山歌（賀縣）　16.器樂合奏（昭平）　17.芙蓉鏡（桂北彩調，荔浦）

一月九號星期三（十二月初九）

王方偕文化局辦公廳主任李捷三來，報告文化工作，自九時至十二時。飯時遇內政部副部長袁任遠。

到人民禮堂，看第十一次會演，自一時至四時一刻。與秦似談。歸，即寫《觀廣西民間文藝會演雜感（一）》，約千字。

到人民禮堂，看第十二次會演，自七時至十一時。與秦似、孔德揚、陳憲章談。十二時服藥眠，翌晨七時半醒。

今日所觀：1.歌唱龍城社（漁鼓，鹿寨）　2.跑抵馬（漢，永福）　3.山魈歌（苗，資源）　4.蚌殼舞（漢，陽朔）　5.瑤歌獨唱（龍勝）　6.琵琶獨奏（漢，鹿寨）　7.侗族團歌（龍勝）　8.三青笛（漢，興安）　9.叮咚歌（漢，全縣）　10.東山冲鼓舞（瑤，全縣）　11.侗族民歌——婚姻法（龍勝）　12.二胡獨奏（秦保壽，八歲，臨桂）　13.僮族歌（鹿寨）　14.侗簫獨奏（龍勝）　15.紡紗娘（跳神，臨桂）　16.梁祝、賀新郎（僮，陽朔）　17.鎖吶獨奏

（漢，全縣）　18.瑤族雙人舞（資源）　19.盤王開山舞（瑤，灌陽）　20.學文化（快板，鹿寨）　21.文獅（舞，臨桂）

今晚所觀*：1.龍船歌（臨桂）　2.飛哈舞（苗，資源）　3.蘆笙雙人舞（侗，龍勝）　4.蚌殼舞（漢，永福）　5.板凳龍（漢，全縣）　6.車馬調——迎親（漢，灌陽）　7.東山情歌（瑤，全縣）　8.瑤族長鼓舞（龍勝）　9.盤王舞（瑤，資源）　10.挖地歌（灌陽）　11.逼女投河（侗戲，龍勝）　12.采蓮船（漢，全縣）　13.侗族琵琶歌（龍勝）　14.花籃舞（漢，臨桂）　15.馬仔調（漢，興安）

一月十號星期四　（十二月初十）

王方偕糧食廳廳長馬鴻祥來，報告本省糧食產、銷、供情況，自九時至十一時半。

理抽屜。草明日談話稿。張谷來，同到廣西日報社參觀，晤總編輯姚天縱、編輯吳子厚、唐劍文、陳裕寬、周中仁，談話約兩小時。

到人民禮堂，看第十三次會演，自七時至十時，晤秦似、陳憲章、樊清璋、尹羲，與其子尹建國談。服安眠藥兩次，始于十二時後成眠。翌晨八時醒。

今晚所見：1.龍船舞（漢，桂林）　2.剪剪花、玉美人、跌斷橋（文場器樂，桂林）　3.沐浴舞（回，桂林）　4.拋綉球（僮，鎮都）　5.仙女游江（宗教舞，桂林）　6.還球（僮，邕寧）　7.牡丹花舞（僮，崇左）　8.梅山、公王（宗教器樂，桂林）　9.僧尼緣（文場戲，桂林）　10.魯班架橋（宗教舞，桂林）　11.舞獅（桂林）

一月十一號星期五　（十二月十一）

---

* 編按：日記原文此處作"今晚所觀移書本月末。"今移回。

八時半，到文化局與諸人談話，晤秦似、滿謙子、孔德揚等，十時歸。李寧來，以寫稿囑看。續作《觀廣西民間文藝會演雜感》訖，共四千字。

到人民禮堂，看第十四次會演，自一時至四時半。

到人民禮堂，看第十五次會演，自七時至十一時。歸，孔德揚來，修改所作與之。十二時服藥眠，翌晨八時醒。

今日所見：1.鯉魚舞（蒼梧）　2.明日機器運村來（山歌，蒼梧）　3.鳳舞（岑溪）　4.功曹舞（容縣）　5.藕塘丟了十八年（山歌，天峨）　6.月英采桑（彩調，宜山）　7.牧童舞（陸川）　8.扇花舞（陸川）　9.紡紗舞（博白）　10.評雪辨蹤（粵劇，藤縣）。

今晚所見：1.二叔婆串花燈（陸川）　2.船民歌（藤縣）　3.燈圖舞（容縣）　4.唱下俚（蒼梧八景，蒼梧）　5.邀月舞（岑溪）　6.春牛舞（藤縣）　7.踩臺、慶豐收（花燈戲，僮，南丹）　8.木犀舞（蒼梧）　9.十送英臺（牛娘劇，岑溪）　10.吹木葉（扶綏）　11.鳳凰舞（博白）　12.龍鳳麒麟舞（貴縣）　13.重圓（鹿兒劇，蒼梧）

一月十二號星期六（十二月十二）

王方偕珠江航運局廣西分局局長吳騰芳來，報告本省航運情況，自九時至十二時。吳子厚、張谷來。

眠一小時半。王方偕財政廳廳長董敬齋、副廳長安倫來，談本省財政情況，自三時至五時。與王方談一生經歷。

到人民禮堂，看第十六次會演，與秦似談，自七時至十一時。歸，服藥眠。翌晨八時醒。

今晚所見：1.繡球舞（僮，靖西）　2.鳳城山歌（僮，鳳山）　3.問列南（僮歌，凌樂）　4.榜墟山歌（僮，平果）　5.隆桑山歌（僮，德保）　6.哈理（苗劇，大苗山）　7.采鋤舞（僮，德保）　8.問者誼（僮歌，凌樂）　9.學文化（僮歌，田林）　10.金馬乖（僮劇，靖西）

一月十三號星期日（十二月十三）

裴文中自武鳴歸，談。寫靜秋長信。整理資料。

到人民禮堂，看第十七次會演。與秦似、張谷、陳憲章、鍾善根等談，自一時至四時。補記日記，結算所觀民間文藝節目。出寄信。看交通廳報告記錄。到文中處談。

到人民禮堂，看文藝會演第一次總結演出，自七時半至十時四十分。服藥眠，翌晨八時起。

今晨大雷雨，霹靂聲震屋瓦，儼然夏日情景。終日雨。

今日所見：1.花燈舞（大新）　2.琵琶歌（侗，大苗山）　3.車馬舞（柳江）　4.直簫二重奏（苗，隆林）　5.劍刀舞（瑤，忻城）　6.打柴舞（苗，民族學院）　7.上元棍舞（瑤，宜山）　8.將軍調、贊詞調、三清調（器樂合奏，邕寧）　9.梳妝舞（僮，橫縣）10.民族團結幸福萬年長（僮歌，民族學院）　11.東山瑤歌（瑤歌齊唱，巴馬）　12.朝龍舞、盤皇舞（瑤，上思）　13.巴馬山歌（僮歌齊唱，巴馬）　14.吹沙拉（苗、僮，隆林）　15.問那郎（僮，隆林）　16.拋繡球（僮，天新）　17.比農耐（僮歌齊唱，環江）18.三界舞（僮，環江）　19.僮歌合唱（馬山、上林、忻城）　20.舞翡翠（石龍）　21.銅鼓舞（瑤，都安）

以上共 226 目。

今晚所觀＊（總結演出第一次）：1.鬧八音（樂器合奏，平南）　2.取切溜（僮歌齊唱，都安）　3.跑紙馬（漢族舞蹈，永福）4.寄生草（文場清唱，恭城）　5.蘆笙采堂舞（苗族舞蹈，三江）6.十面埋伏（琵琶獨奏，南寧）　7.五笙舞（僳族舞蹈，睦邊）　8.上羊欄灘（民歌齊唱，梧州）　9.連環扣（粵曲演奏，柳州）　10.雙球舞（民間舞蹈，桂平）　11.吾有吾道理、妹有妹文章（山歌齊唱，梧州）

＊ 編按：日記原文此處作"今晚所觀移書本月末。"今移回。

12. 扁擔舞(僮族舞蹈，馬山)　　13. 蘆笙長鼓舞(瑤族舞蹈，富鍾)
14. 中和民謠、五篆山歌(僮歌齊唱，東蘭)　　15. 打杯舞(漢族歌舞，博白)　16. 陪嫁歌(瑤用漢語唱，富鍾)　　17. 銅鼓舞(瑤族舞蹈，南丹)　18. 五排情歌(苗歌齊唱，資源)　　19. 苗族器樂合奏(隆林)
20. 農民翻身樂(數課子，平樂)　　21. 舞獅(漢族舞蹈，桂林)

一月十四號星期一（十二月十四）

　　王方偕省供銷社處長辛銘、職員劉明、孔冠珍來，報告本省供銷合作社情況，自九時半至十一時。寫尹義信。

　　到人民禮堂，看文化局招待各縣演員之演出，自一時至三時半。歸，理物，看報告記錄。到文中處。

　　與文中同到人民禮堂，看文藝會演第二次總結演出，自七時半至十一時。歸，服藥眠。翌晨七時半醒。

　　上午雨，下午止，天仍暖。

　　今日所見：1. 樓臺會（群力粵劇團演）：梁山伯——姚朗星飾　祝英臺——林慧芬飾　2. 跑菜園（廣西彩調團演）：小妹——傅錦華飾　小保——梁友森飾　3. 地保貪財（同上）：劉地保——楊愛明飾　林姑娘——王玉珍飾　羅瞎子——未詳

　　十四日晚所觀＊（總結演出第二次）：1. 打八音（僮族器樂合奏，扶綏）　2. 金鷄歌、燕子歌（民歌獨唱，柳州）　3. 綉球舞（僮族舞蹈，靖西）　4. 毛主席像太陽（山歌齊唱，桂平）　5. 蜂鼓舞（僮族舞蹈，河池）　6. 情歌（僮歌合唱，馬山）　7. 橫鼓五人舞（僮族舞蹈，武鳴）　8. 苗族器樂合奏（隆林）　9. 龍鳳麒麟舞（民間舞蹈，貴縣）　10. 鎖呐獨奏（瑤，富鍾）　11. 翡翠舞（僮

＊　編按：日記此處未作注記。此段原置本月末，原文作“十四日晚所觀”，今依日期移回。

族舞蹈，石龍）　12. 馬仔調（漢族歌舞，興安）　13. 板凳龍（漢
族歌舞，全縣）　14. 學文化（快板演唱，鹿寨）　15. 卡樂舞（苗
族蘆笙舞，大苗山）　16. 挖地歌（灌陽）　17. 瑤族銅鼓舞（都安）
18. 歌圩趕街（田陽）　19. 燕球舞（僮族歌舞，龍津）　20. 文獅
（獅子舞，臨桂）　此總結演出，爲得獎節目之一部分。

　　昨與戰士歌舞團（在廣州）舞蹈部鍾善根君談，渠謂廣東文
藝音樂勝，以含外來成分多也；廣西文藝舞蹈勝，以少數民族各
作獨立之發展也。

　　少數民族歌前歌後輒作鳥鳴聲，疑即古代之"嘯"。

一月十五號星期二（十二月十五）

　　王方偕服務廳長褚方珍等來，報告食品公司、鹽務局、烟酒專
賣公司、飲食業公司等情況，自九時至十一時半。

　　與文中到桂劇團，與諸藝人談桂劇歷史，并照相、進茶果。三
時歸。褚廳長又來，報告食品雜貨公司、水產公司、糖業公司情
況，自三時半至五時半。

　　與王方同出，欲乘公共汽車，待一小時不來，步至當陽路一樂
香肉店吃狗肉。九時出。歸整理什物。十一時就寢，失眠，服藥
無效。

　　上午雨，下午陰，晚風，較冷，中宵又雨。

　　在桂劇團所見諸人：李寅　蔣金凱　尹義（以上三人均副團
長，團長由秦似兼）　蔣惠芳　蔣金亮　趙元卿　劉萬春　秦少
梅　秦志精　謝玉君　秦彩霞　廖燕翼　陳自立　王石堅　王安
栭　劉真（導演）

一月十六號星期三（十二月十六）

　　上午二時起，三時整裝訖。携物下樓，與韋世温談。王方來，

姜振杰送上車，四時五十分車開。眠至八時起。到餐車進早膳。與
文中、王方談。歸室，又眠一小時。鍾善根來談。看向達《張騫》
一文。十一時五十分，至柳州北站，市方來接，入招待所。與龍、
翟諸君談。一時半飯。

記日記二天。寫靜秋信。與文中、唐立德等同觀市容，過浮
橋，望立魚峰、馬鞍山。回河北，游柳侯公園，觀柳宗元祠墓、羅
池。五時半歸飯。市長來談。遇高之佩。

與文中等到工人俱樂部，觀桂劇一團演《武則天》第三本，倦
眠，十時半散。回河北待車，食八寶飯。十一時許歸，服藥眠，翌
晨八時方醒。

　　到柳州時來接者：柳州市文化局局長曾公朗　藝術科科長于
輝雲　省人委會參事翟念劬　柳州市政協副主席龍月卿　柳州招
待所所長唐立德

　　今晚來客：柳州市市長周彤　副市長黎達愚　市人委辦公廳
主任赫然

　　今晚所看之《武則天》劇，頭緒紛繁，角色穿場過多，又無
説明書，竟看不出故事的大概情形來。我昨夜未睡，竟在戲院裏
打盹了。以此知編劇、導演之責任之重，柳州桂劇之所以不及南
寧者以此。

一月十七號星期四 （十二月十七）

　　工業局局長等來，談本市建設狀況。十時，與王方同出，觀河
北市容及手工業諸合作社，穿柳侯公園以歸。

　　與王方、唐立德同到市人民委員會，晤黎達愚。工業局職員范
紹需伴，汽車渡河，至鷄喇，參觀柳州機械廠，廠長馮敬瑩導觀全
廠。出，返河北。至公私合營永豐利五金製品廠，與廠長劉兆江、
副廠長龐成、生產技術股副股長史麗明談，并參觀全廠。

飯後與王方游全園，到文中處。看報，洗浴。唐芳始來。九時半就眠，至十時半起服藥，翌晨七時半醒。

今晨來客：柳州市工業局局長李汝乾　副局長黃汝莊　城市建設局局長趙熙宏

柳州市區，分河南、河北，而柳江自西轉南又轉東，將河北區圈成半島，以是河南區大于河北區。惟河南區石山多，不如河北區之便于建設。

一月十八號星期五（十二月十八）

九時，與王方同車渡河，到柳州鐵路管理局訪問，晤局長吳冶山、副局長顧啓文、政治部副主任王時習、工會代主席陳化舜，談一小時許。十一時三刻歸。

與王方、唐立德及工業局職員鍾德周同乘車渡河，到駕鶴鄉農械廠，由廠長陳聚街導觀各部。又至電廠，由廠長梁超梧導觀。又至柳州烟廠，由廠長莫一平、鄭國祥導觀。五時半歸。

飯後與王方在河北諸街道散步，飲魚丸粥。九時歸。服藥眠。翌晨七時醒。

柳州市隔一河，雖有渡船將汽車渡過，然今晨因渡船上所載大卡車機壞，下不來，我們所坐車即上不去，空停至半小時之久。無一大橋，使人廢時失業，且每一車之渡，須五元渡費，亦復勞民傷財，使物價騰高。工業區中，不容有此現象。

一月十九號星期六（十二月十九）

寫靜秋信，未畢。九時半，與王方、唐立德同到市府，由范紹霈伴至森工局貯木場，晤副場長黃懷英、趙守平、黨部書記崔廷位，同到場，看電動木材出河機運木及鋸木場。又到柳州市榨油廠，晤生產副廠長陳戀，導觀廠內機器。范紹霈同回。

一時，與王方、唐立德、范紹霈同到鋅品廠，晤廠長劉泗海、副廠長高文欽、工程師呂仁業，參觀全廠。四時，到柳州染織廠，晤廠長陳國盛、副廠長占村嵐，參觀全廠。五時歸，即到統戰部徐部長處赴宴。

七時半，宴畢。同到解放南路桂劇二團看《和鳳裙》。十時半散，到後臺參觀。十一時歸，失眠，十二時許再服藥得眠，翌晨八時醒。

今晚同席、同觀劇：裴文中　高之佩　邱中郎　周彤　黎達愚　翟念劬　龍月卿　梁山（黨書記）（以上客）　徐錫文（統戰部長）　喬仁卿（副部長）　李百其（秘書）（以上主）

一月二十號星期日（十二月二十）

與王方同到河南，上立魚峰，訪劉三妹廟，九時許往，十一時半歸，即飯。整理行裝上車，裴文中、唐立德送至北站。遇喬仁卿。

十二時廿分車開。與王方談。二時經黃冕，三時半經永福，四時卅分至桂林南站。朱乃文及市政協副秘書長李晉階來接，入環湖公園之招待所，談一小時去。予獨出門，經行榕湖一周。

飯後理髮，與王方同到中山路散步，吃水圓。九時歸。十時半，服藥眠，翌晨七時半醒。

今晚散步歸來，已倦矣，意不藥可眠，而竟愈睡愈醒，不得已，于七十時半服藥。是知我睡眠機能爲廣西民間藝術破壞，還京後當重服中藥以資恢復。

一月廿一號星期一（十二月廿一）

市政協朱襲文來。九時，朱襲文偕市政協副主席魏繼昌來。與王方、襲文同到省圖書館，由唐昌瑋導觀全館。歸，寫靜秋信畢。

一時，朱襲文來，同出，登叠彩山，進風洞，上最高一亭。

下，至木龍洞，望灕江。出，到伏波山，游還珠洞。出，到廣西師範學院，晤梁唐晉、蘇康甲、文禧等，同上獨秀峰。下，看靖江王殿基及福井。到黎家巷訪魏繼昌先生。到文明路就龍樹村醫生診脉。歸，換房間，居樓上。

與王方到工人電影院看《夜半歌聲》片。八時半歸，服中藥。十一時許服西藥眠。

一月廿二號星期二（十二月廿二）

朱襲文來，與同至市政協，晤魏老及秘書長劉開泰等。由蘇康甲（子惠）伴至城西招隱山，由尼姑海圓導游朝陽、夕陽各洞。出，到象鼻山，達峰頂望全市。下，到雲峰寺，又至開元寺遺址，觀舍利塔及觀音像碑。到師院宿舍蘇子惠家談。看其所作《珠山樂府》。十一時半歸。

寫靜秋信。朱襲文來，與同出，觀蔣翊武就義處碑。到政協，蘇子惠來，與同出東門，經花橋，至普陀山。下山，觀渾融和尚及張光烈士兩墓。上七星山，入七星巖。從後門出，至月牙山，入龍隱岩，觀平蠻碑及黨人碑等。返城，到正陽路民進市委會訪朱乃文。六時歸。

朱襲文偕張聲智來。與王方到人民劇院，觀桂劇一團演《六部大審》及後本《琵琶記》。十一時歸，服藥眠。翌晨七時半醒。

一月廿三號星期三（十二月廿三）

唐現之來。桂林市副市長王俊華、崔耀華及朱襲文來，長談一小時半。與王方同到市人民醫院，就梁志鵠醫師診。將書稿打包付寄。

朱乃文、朱襲文來，同出，南行，經善濟橋、將軍橋、良豐，至廣西農學院，晤院長孫仲達、副院長陳興元，由孫院長導游西林公園，并至華南植物研究所分所參觀。五時歸。

梁志鵠醫師來。朱襲文偕張心澂、易熙吾來談。出，至湖心亭散步。十一時，服藥眠。

今日量血壓，爲 140/100，下字略高。

桂林風景，此來只游了四個半天，如何够！然爲歸期所迫，竟不得不止，惟有留待他日之重莅耳。

一月廿四號星期四（十二月廿四）

朱襲文偕蘇子惠來。與子惠、王方、韋德良同上車站，九時三刻，自南站開行。十二時一刻，到興安，入該縣人民委員會，與副縣長陳靜賢等談。興安中學教師曾如海來。

一時半進飯。飯後由曾如海導至城臺嶺興安中學，看漢墓。下，到秦堤，看湘、灕二水分合處，至將軍墓、飛來石、大天平、大灣堤等處。四時半到車站，鈔曾如海所集資料。五時二十分上車。

七時五十分到桂林，別子惠，與王方、韋德良到華北飯店飯。九時歸，朱襲文來。看《廣西文獻》等。十一時許服藥眠。

看靈渠，覺其與都江堰頗近似。作人字形之堰以分水，一也。鑿山通溝，二也。特都江堰之目的爲分出一内江；而靈渠則在聯繫湘、灕二水，斯不同耳。

一月廿五號星期五（十二月廿五）

朱襲文來，同到政協，晤教育局長湯松年，同赴會場，開談話會，自八時半至十一時半。會散後復與張心澂等談。歸，爲襲文題畫册。

整理行裝。趙友琴來。眠一小時。魏育清（繼昌）、王俊峰、陽心如、李晋階、朱乃文等來送別。四時，上站，乃文、襲文、王方、趙繼賢送上車。四時半開車，五時半飯。

七時半就眠。服藥後至上午一時後始朦朧。

今日同會：朱乃文（主席）　湯松年　魏繼昌　張心澂　易熙吾　梁岵廬　朱襄文　蘇康甲　鄭玉麟　朱世行　翟騰雯　韋若松　田光萱　朱炳康　龐炳南等　約五十人

一月廿六號星期六（十二月廿六）

八時起，九時半進點。十二時到蒲圻，買蛋餅當飯。看《天方夜談》。

三時廿二分到武昌，由武漢交際處派人來接。送上輪渡。四時卅分，到江漢飯店小憩。散步漢口市，游百貨商店。歸旅館晚飯，遇雷賓南（沛鴻）。

六時，由張敬潮伴送上站。六時半車開。與王孫慈談。失眠，服藥無效。上午二時許合眼，四時許即驚醒。

京漢車中甚熱，度以是不易眠。服藥二次，至上午二時方得眠，而車將到鄭州時，車警即拍醒余，問予：“你到鄭州否?”以是驚醒，遂不克眠。實則到鄭州者爲下鋪客，而予則臥上鋪也，冤哉！

一月廿七號星期日（十二月廿七）

八時起，九時進點，十二時飯。下午七時晚飯。上午四時五十六分到邯鄲，因防水改築鐵路，十時半到安陽，已脫車卅二分鐘。十二時到邯鄲，已脫車四十三分。其後趕快，下午三時十二分到石家莊，已如點。看《廣西文獻》等雜志。

與王孫慈談。九時五十分到北京，靜秋、又安偕四兒來接。歸家理物。十二時服藥眠。

一月廿八號星期一（十二月廿八）

大雪。九時起，整理什物。賀次君來。

覓理髮鋪，皆客滿。到伯祥處，與伯祥及其子湜華長談。出，遇汪静之、賀昌群。到繼仁堂買丸藥。

洗澡。與誦芬弟談。九時眠，翌晨七時醒。

一月廿九號星期二（十二月廿九）

與誦芬弟談。補記日記四天。寫起潛叔信。寫王方信，寄還借款。

誦芬弟赴滬。剃頭。整理物件。綏真來。教兒輩理抽屜。頤萱嫂來，留宿。

看到廣西後與静秋信，未畢。十一時眠，一時起服藥，晨八時醒。

一月三十號星期三（十二月三十）

到所，開所務會議，自九時至十二時。到厚宣家。遇陰法魯、胡嘉、姚家積等。

到苑峰處談。整理屋内物件，與湲兒同爲之。到百貨公司購藥。打開桂林所發包裹，并整理。木蘭來，留宿。

吃年夜飯。與木蘭談。看《文物參考資料》。看兒輩跳舞。十二時眠。翌晨五時醒。

今日同會：尹達　楊向奎　胡厚宣　張政烺　葉玉華　袁鴻壽　桂瓊英　田昌五　張德鈞　黄烈　趙幼文

初歸時覺北京氣候無殊桂林，自前日下雪，今日起風，乃覺其寒。

一月卅一號星期四（正月初一　丁酉春節）

與兒輩到賀昌群家。又至金擎宇家，并晤振宇、屠思聰、沈静芷。王崇武來。王明來。田昌五來。賀次君來。研究學習員陳炯光、裘錫圭、舒振邦、蘇治先、劉安民、韓誼臨來。瑞蘭、子美挈其兩女燕燕、寶寶至，頤萱嫂來，并留午晚餐。

與靜秋挈四兒到王姨丈家，留飯。晤大琪、大玫、大琬、大珍、大瑜。歸，姚企虞夫婦來。吳宜俊夫婦來。綏真挈其女應坤來。李唐晏來。

到王修處談。看劉錫蕃《嶺表紀蠻》。十時眠，翌晨五時半醒。

尹達今日始至予家，值予不在。明日當答訪之。

予又長一歲矣，年長則體衰，自是公例。予以胃好能食，故步履甚健。然兩眼漸花，筆墨工作已不如從前之有力，晚間又非藥不眠，斯爲苦耳。

到廣西後所聽各方面之報告（二）

一九五六，

十二，三十　地質局副局長張國柱、職員韓劍冰——本省礦產情況

　　同　　工業廳計劃處長韓志剛、職員藍顯士——本省工業情況

　　同　　藝人尹義——桂劇情況

　　卅一　森林工業局副局長王正常、計劃科長王雲峰、林業廳科
　　　　　長趙紹義——本省林業情況

一九五七，

一，三　手工業管理局局長熊河清——本省手工業情況

　　四　墾殖廳副廳長陳任之——本省經濟作物情況

　　五　桂西僮族自治州人民委員會副秘書長孫朝相——本自治州
　　　　情況

　　七　商業廳副廳長王象乾——本省收購、供銷情況

　　八　衛生廳廳長閻光彩——本省疾病及醫療情況

　　九　文化局辦公廳主任李捷三——本省文化工作

　　十　糧食廳廳長馬鴻祥——本省糧食產、供、銷情況

十二　珠江航運局廣西分局局長吳騰芳——本省航運情況

又　財政廳廳長董敬齋、副廳長安倫——本省財政情況

十四　省供銷合作社處長辛銘等——本省供銷情況

十五　服務廳廳長褚方珍：

1. 食品公司經理李粲思——報告本公司情況
2. 鹽務局局長徐正文——同上
3. 烟酒專賣公司副經理李元成——同上
4. 飲食業公司副經理吕和——同上
5. 食品雜貨公司副經理劉鳴岐——同上
6. 水産公司副經理王林盈及工程師孫錫麟——同上
7. 糖業公司秘書科長李錫南——同上

一九五七年二月

二月一號星期五（正月初二）

　　馮世五來。賀昌群夫婦來。與静秋挈四孩到第一所，訪尹達、吳宜俊、胡厚宣三家，俱見其夫婦。訪張德俊，未晤。遇謝友蘭、宋挺生。

　　魏明經來，與同到昌群處。劉一之、胡以滔、劉文芝、鄧世明、劉雲霞來。與静秋挈四孩到王愛雲處，并晤黄秉鏞夫婦、郭煜中。與静秋到葉聖陶處，晤其子婦滿小姐。予到王明處，未晤。到趙琛處。與静秋挈四孩到頤萱嫂處，并晤木蘭、許子美夫婦。

　　與静秋挈堪兒先歸，在站待車半小時方得上。十時就寝，十一時起服藥。十二時後眠，翌晨六時醒。

　　北京市民現有三百九十萬人，加以軍隊至四百五十萬人，故逢節日，汽車、電車擠不堪言，而三輪車又少，今晚在白塔寺待車半小時，氣管炎又作矣。

二月二號星期六（正月初三）

看《人民日報》張世英《略談對唯心主義的評價問題》。羅偉之來，孔玉芳來，王芹白來，均留飯，長談。葉玉華來。石慰萱來。楊向奎來。馬超卿來。

尚愛松來。與玉芳、王芹白同出。與玉芳同到金靜庵家，并晤王壽彭、石仲琳、尚愛松，作長談。出，送玉芳到燈市口站。歸，祝瑞開來，留飯。

德融侄，雪如侄女及其婿陳元弘來。

昨夜大雪。今日又大雪，氣候陡冷，雪後冰凍，路亦難行。

二月三號星期日（正月初四）

侯芸圻夫婦及其女瑩來。胡嘉來。朱士嘉來。張文儒來。王澤民夫婦來。與靜秋到黃仲良處，與之同到馬夷初先生處，同歸，留飯。遇聞在宥夫人。

郭敬來。吳玉年來。王文俊來。卜蕙藁偕其兩姊來。頤萱嫂來。與靜秋同到和平賓館，參加民進春節聯歡茶會，自二時半至五時半。

荊三林、劉銘恕來。九時三刻服藥眠。翌晨六時醒。

今日同會：馬敘倫　王紹鏊　周建人　許廣平　吳研因　趙樸初　巫寶三　酈平章　吳文藻　謝冰心　嚴景耀　雷潔瓊　吳榮　梁明　嚴幼芝　姚紹華　王澤民　陳慧　宮介壽　葛志成　余文介　張明養　陶建基　盧文迪　徐楚波　馮賓符　倪之璜　林耀華　梁純夫　章廷謙　陸高誼　陳麟瑞　王歷耕　張夢麟　陳選善　顧均正　戴克光　約六七十人。

二月四號星期一（正月初五）

張覺非來。黃永年自西安來，偕馬鼎璋同至。康同璧來。整理稿件略訖。靜秋歸飯。

新建設雜志社趙幻雲、王愚來徵稿。龔文慶來。寫朱乃文信。姚紹華來。

曹祖勛來。永年留宿。十時半服藥眠。翌晨四時半醒。復眠，七時醒。

　　前四日中來客未晤者：徐健竹　張中行　班書閣　李延增　陶才伯　姚家積　尹達　王毓瑚　王姨母　王大玫　王修

二月五號星期二（正月初六）

姚紹華來。爲永年寫劉大年信。郝文冲來。王修來。整理視察筆記。教堪兒寫字。

次君來。辛田來，長談，自二時至四時。與四孩到大華，看《上甘嶺》電影，自四時廿分至六時四十分。在場遇頤萱嫂及木蘭，同歸，留飯。遇張知行。

看《文史哲》等期刊。與木蘭談。十時半，服藥眠，翌晨七時醒。

張覺非來，予告以年來右脇作痛。渠云：此肝氣也。其説與青島張國屏醫師説同。因從其言，服舒肝丸。如能因肝舒而得佳眠，豈非大佳事！

觀《上甘嶺》影片，可見抗美援朝之艱苦。當時在坑道中之志願軍，坑門爲美軍所塞，出取水者輒爲擊死，軍中乾渴已甚，健者病，病者死，而能堅守以得勝利，真可師法！

二月六號星期三（正月初七）

爲永年寫趙萬里信。寫葉譽虎先生信。戴克光來，爲寫萬斯年信。教湲兒寫字。整理視察筆記。

到張知行處。陳炯光、舒振邦、劉安民來，談兩小時。張知行來。

九時，服藥眠，翌晨三時半醒，旋又朦朧。

二月七號星期四（正月初八）

翻黃濬《花隨人聖庵摭憶》。與永年談。胡厚宣來。整理視察筆記。静秋歸飯。

與永年到中國書店專家服務部閱書。

宴王藥雨及永年。與藥雨談至九時別。十時半，服藥眠，翌晨七時醒。

夜中起風，大寒，温度下降十度。

二月八號星期五（正月初九）

教湲兒寫字。專家服務部送書來，略一翻檢，并題記。整理視察筆記。

周耿來，留飯。葉玉華來。與永年談。静秋爲洗浴。十一時服藥眠，翌晨七時醒。

湲兒發燒，當係在院中游玩受寒之故。

二月九號星期六（正月初十）

看葉玉華《分析周官史料論證六國社會發展階段》。教堪兒寫字。樹幟夫婦、梁得柱、楊銘泰來。

整理視察筆記。爲潮、洪兩兒修改致玉華信。

與潮兒到紅星，看《秋翁遇仙記》及《周總理五國之行》電影。八時，誦芬弟自上海來。十一時服藥眠，翌晨六時醒。

寒甚，生火仍不暖，手足僵凍矣。鼻多涕。湲兒熱仍高一度。

周總理此次出行，先至越南、柬埔寨、印度、緬甸、巴基斯坦五國，兹演電影，見諸國與我國親愛逾恒，有如兄弟，此即孫中山先生所謂“王道政策”之成功也。

二月十號星期日（正月十一）

遇葛綏成。與静秋到康同璧處，并晤其女儀鳳，詳談墮胎罪惡。出，到王澤民夫婦處，并晤其女曉鐘，留飯。歸，綏真及袁洪壽來，留飯。

與綏真到葉譽虎處，并晤王世襄。永年偕馬鼎璋來。祝瑞開偕潮、洪、堪三兒到中山公園歸，留飯及晚飯。黃克平、以平、永平來，留晚飯。與静秋到姚紹華夫婦處，并晤楊震心。遇歐陽静戈。

葉玉華來。十時服藥眠，翌晨六時醒。

二月十一號星期一（正月十二）

整理視察資料。教堪兒寫字。同潮、洪、堪三兒到紅星，及至，乃知誤記日期，退歸。樹幟來。

小眠。到春風理髮。吳祥泰來。傅維本來。

爲兒輩講《西游記》第四十五、六回。待静秋聽馬思聰提琴歸。十一時服藥眠，翌晨七時醒。

二月十二號星期二（正月十三）

與永年談。馬鼎璋來。教堪兒寫字。李子魁來。整理視察資料。與潮、洪、堪三兒到紅星看《哥哥和妹妹》電影。

小眠。張宇慈夫人來。

爲兒輩講《西游記》四十七、八回。與誦芬弟談。十一時服藥，十二時後眠，翌晨七時醒。

　近日咳加甚，痰吐不絶，疑與湲兒同病也。

二月十三號星期三（正月十四）

徐調孚來。整理視察資料。略改元旦廣播詞，交民進刊物。譚慧中來。

金蕾君來。四時，發冷，臥床，戰顫不已。六時静秋歸，以熱度表量之，得一百○二度，服阿司匹靈等藥。晚出汗，熱退。至上午二時不得眠。服藥，六時醒。卜蕙賞偕其女玲玲來，留飯。

今日湲兒起床，而予大不舒服，恐將病矣。政協行將開會，予應作之提案、報告、發言皆未成，如何可病，爲之焦急。

二月十四號星期四（正月十五）

謝剛主來。臥床。延汪仲鶴來診。

樹幟來，看其所作《禹貢著作時代的初步推測》。熱仍有五分。綏貞來，取以中稿。

十時，服藥眠。

汪醫謂予感冒風寒以致發燒，痰嗽頻繁，立清絡解邪之方。

二月十五號星期五（正月十六）

看樹幟稿訖。臥床。邀伯祥來談。高耀玥來，留飯。

熱退。楊拱辰、胡厚宣、吳宜俊、田昌五來。看民進文件。

永年偕葉志麟來。姚企虞來。静秋與潮兒往看《虎符》劇，待其歸，十二時服藥眠。

二月十六號星期六（正月十七）

臥床。爲永年題新得之汪刻《郡齋讀書志》，約六百字。藍菊孫來。金竹安自滬來。延汪仲鶴續診。樹幟來。

看上海《學術月刊》第二期。與永年談。范錚來。

永年來辭行，赴西安。

二月十七號星期日（正月十八）

臥床。何維鴻來。趙世暹來。頤萱嫂來，留宿。

張苑峰來。昌群偕熊德基來。看予前年所作《周官辨非序》。
誦芬弟辭別，赴瀋陽。十時服藥眠，翌晨六時醒。

二月十八號星期一（正月十九）

起床。便秘，靜秋爲用肥皂降下。看沈文倬《校點儀禮注疏儀
禮正義計劃》。

補記日記四天。王姨丈來。樹幟夫婦來。爲王賡堯寫證明信。
草養老院案，未畢。

高玉舜自賈旺來，長談。十時半，服藥眠，翌晨六時半醒。

今日起身，而足冷甚，不得不就床，以暖水袋溫之。咳仍
不止。

二月十九號星期二（正月二十）

樹幟來。草《請糾正歪曲歷史事實的歷史地圖案》，重草《請
改變養老院組織案》，約二千言。

陳炯光來。整理文件，鈔《廣西日報》中歌墟資料。徐調孚
來。王修來。爲兒輩講《神燈》。

玉舜來，長談。靜秋爲洗浴。十時服藥眠，翌晨七時醒。

二月二十號星期三（正月廿一）

藍菊孫來，爲寫徐調孚信。作《請在北京籌建農業博物館和工
業博物館案》，約一千三百字。

次君來。

玉舜來，長談。十時服藥眠，上午二時醒。天明又一朦朧。

二月廿一號星期四（正月廿二）

寫樹幟信。將在北碚所作《詩經通論序》鈔改一過，并作附

記。將又安所鈔三提案校改一過。

作大會發言稿約一千五百字。爲兒輩講《西游記》。

爲兒輩講《天方夜談》。静秋在民進開會歸，已十一時半。予服藥眠，翌晨七時醒。

二月廿二號星期五（正月廿三）

到文化俱樂部，向政協報到，遇達浦生。到燈市口聯合醫院，由李懿徵女醫師診，并晤院長陶君毅女士。

夏景凡（宗禹）來。張德鈞來。整理視察資料。爲兒輩講《西游記》四十九回訖。

玉舜來。九時服藥眠，上午二時醒。三時許又眠，七時醒。

予病及飯食雖已照常，而咳嗽仍不止，痰吐亦多，精神疲憊，氣力全無，因至新設之燈市口醫院診治，知氣管發炎狀態仍劇，醫囑休息，然恰值政協開會，不知將如何勞碌，奈何！予久有氣管炎疾，而今年以南方旅行歸來，適遇嚴寒，遂致特劇，殊所不料。

今日量血壓，爲 158/90，上字雖高，下字則降低，亦可喜也。

潮兒亦以感冒發燒，幸熱度尚不高，一家人輪流生病，氣候之惡劣可知也。

二月廿三號星期六（正月廿四）

續草政協發言稿，約三千字，略訖。

眠一小時。

爲堪兒病，十一時後服兩次藥始成眠，翌晨六時醒。

今日又下雪，細如粉屑，不積。

堪兒今日在幼兒園嘔吐，晚間又吐三次。

二月廿四號星期日 （正月廿五）

玉舜來。鈔改發言稿二千字。爲兒輩講《西游記》51—53 回。綏真、朱育蓮來。吳玉年來。王姨丈來。司機臧壽輪來。

九時服藥，十時後成眠，翌晨五時醒。

　　昨日下了一天的雪，今日又下，若詩之所謂"霰"者，傍晚乃晴，甚願從此溫和，俾人民無多病也。

二月廿五號星期一 （正月廿六）

續鈔發言稿一千餘字。李平心、文懷沙來談，與同車到東安市場，至四聯理髮社剃頭。

伴潮、堪兩兒，就床休息一小時。車來，接章元善、張明養俱未得，到政協，三時開大組會，四時半開第廿五組小組會，推選組長。

劉逸楓來。玉舜來。十時半服藥眠，翌晨六時醒。

　　今日所晤：裴文中　雷榮珂　吳文藻　馬松亭　康同璧　鄭曉滄　熊佛西　葉譽虎　孫蓀荃　董爽秋　鄧昊明　巨贊　馮芝生　岳劼恒　陳序經　費彝民　梁漱溟　李印泉　劉定五　程希孟　朱光潛　周炳琳　尹義　趙樸初

二月廿六號星期二 （正月廿七）

到葉譽虎、李培基處，同到政協禮堂，開小組會，自九時至十二時。遇尹義、于滋潭。與楚溪春同車歸。陶才百來。龔雲水來。

寫樹幟夫婦、平心、尹義信，邀宴。到政協，續開小組會，自三時至六時半。與白薇、陳序經、熊佛西談。與文藻同車到民進赴宴。

在民進開談話會，請外省來之同志談話，自八時至九時半。與金芝軒、吳學藺同車歸。十一時服藥眠，翌晨七時醒。

今日發言者：馮友蘭　沈從文　朱光潛（二次）　費彝民　王遵民（二次）　李沛文　凌莎　康同璧　穆芝房　衛仲樂　羅大英　白薇　陳銘德　唐鉞　余寶笙　傅抱石

今晚同席同會：王紹鏊　王歷耕　吳研因　金通尹　柯靈　葛志成　許廣平　車向忱　徐楚波　董守義　金芝軒　吳學藺　吳文藻　陽太陽　鄭曉滄　陳禮節　張景寧　梁岵廬　謝孝思　吳慶升　吳榮　梁明　嚴景耀　雷潔瓊　馮賓符　李燮華

二月廿七號星期三（正月廿八）

草小組發言稿，未畢。裝門鈴。到王府井大街問虎皮價。到東安市場買書。遇聞宥。爲大同書店寫徐調孚信。

與張明養同到懷仁堂，聽毛主席在最高國務會議作大報告，自三時至七時。到全聚德宴客。

十時歸。十一時服藥眠，翌晨六時醒。

今日所晤：蘇炳文　周鯁生　章元善　葉至善　徐森玉　沙彥楷　于滋潭　尹義　呂叔湘　尹達　鄧拓　范文瀾　張之江　張鈁　葛志誠　梁明

今晚同席：辛樹幟夫婦　李平心　尹義　高玉舜　姜又安（以上客）　予夫婦及四兒（主）　卅元。

二月廿八號星期四（正月廿九）

玉舜來。八時半到政協，與岳劼恒等談。九時開會，予先發言。十二時一刻，會散，歸家飯。晤頤萱嫂。

到政協，續開小組會，自三時至六時半。予又先發言。與岳劼恒、沈從文、劉文典談。譚鎬來。

玉舜來辭行。爲待靜秋與談話，看《燕子箋》。十一時半服藥眠，翌晨七時醒。

今日發言者：予　劉文典　丁菓仙　易見龍　鄭曉滄　董渭川　梁漱溟　陳銘德　孫瑞芝　羅大英　唐弢　白薇　沈從文　馮友蘭

[剪報]　　《文匯報・筆會》

古籍的標點和校勘　　　龍楡生

自從黨中央提出"百花齊放、百家爭鳴"的方針以後，鼓舞了一般知識分子向科學進軍的熱情，開始有了一些重視學術的空氣。但是花要放得耀眼，家要鳴得驚人，還有待于領導方面的不斷扶植和老一輩的專家們多起一些橋梁作用。"後來居上"，是要從多方面加以培養的。

談到文化建設，不容許割斷歷史。關于古籍的大量翻印，已經成了一項刻不容緩的重大任務。最近中華書局即將着手進行文、史、哲一類著作的刊行，這是異常可喜的一個好消息。我曾給舒新城先生建議，在翻印古籍方面，必須特別重視校訂和標點工作；像過去商務印書館搞的《叢書集成》和《國學基本叢書》那樣不負責任的亂加句讀、訛誤滿紙的惡劣作風，是絕對要不得的了。商務印書館在文化教育上的巨大貢獻和在編輯方面培養了很多專家學者，這功績是不容否認的。但王雲五爲了生意眼，以七角錢作爲校點古籍一萬字的酬勞，這簡直是"傷天害理"，也就難怪擔任這項工作的人只顧"拆爛污"了。

關于古籍的校訂標點，是一件異常艱巨的工作。就是學有專長的老師宿儒，也很難保證百分之百的準確性。我還記得一九三五年的春天，我正準備改就廣州中山大學之聘，從上海到南京去向黃季剛（侃）先生辭行，順便慶祝他的五十生日。他請到"浣花"吃過酒，到太平門外看過桃花，回到他在台城脚下新築的"量守廬"，指着他正在細讀的《舊唐書》，告訴我說："你看我左邊一把剪刀，右邊一瓶漿糊，爲的什麼？讀古書真不容易！常是分過句讀之後，發覺講不通，把它挖了一個小洞，補起來重點。爲了搞通俞正燮《癸巳類稿》一段話，直到三年之後，細看《唐書·藝文志》，才把它點斷句子。"黃先生是古韻學的權威，前北京大學和中央大學的名教授，可惜那年秋天就死了！他這一段話，我是深深印在腦海裏的。

我前年替北京文學古籍刊行社校訂《山谷詞》，用了八九種不同的本子，逐字比較，寫了兩次的清稿。爲了決定一個字，常是想了幾天。譬如那首《洞仙歌》是給瀘州太守做生日的。它的後半闋有這樣幾句："正注意得人雄，静掃河山，應難縱五湖歸棹。"（《彊村叢書》本《山谷琴趣外篇》卷一）這"河山"的"山"字，宋刊本和嘉靖本、汲古閣本都作"西"。一般的說來，"静掃河山"也是講得通的。可是我們仔細一想，在北宋中期，一般詩人學者都重視當時的"敵國外患"，主要的是"西夏"。黃庭堅這首詞，正是勉勵王補之該找機會爲國家靖邊殺敵。這"河西"恰是指的"西夏"，和前一首慶祝黔州太守曹伯達的《鼓笛慢》："宣威西夏"，用意相同。這樣作者的愛國主義思想，也就很明朗的表現出來了。我曾和劉大杰先生談起，他說這就是"一字千金"。然而"此中甘苦"，却不是現在一般出版社的編輯先生們所能瞭解的。爲了《山谷詞》用了許多禪宗的話，我還寫信去問過博聞強記的錢鍾書教授和馬一浮、陳寅恪兩位大師。我覺得這就是對人民、對我們的祖先、也就是對自己負責。

現在反過來看，一般著作家和出版社的編輯先生們是用怎樣的態度來對待這古籍的校訂標點工作呢？有的是"强不知以爲知"，有的是索性"拆爛污"。我且隨手舉些例子：

（一）前年我在上海博物館資料室工作，偶然翻翻周貽白教授著的《中國戲劇史》，他引了王盧溪的《上元鼓子詞》，接着說"僅一闋，未知何調"。下面是"詞云：玉漏春遲，鐵關金鎖，星橋夜暗塵隨馬，明月應無價。天半朱樓，銀漢波光射。更深也翠娥如畫，猶在凉檐下"（中華書局出版上册八八頁）。我看到這裏，不覺嚇了一跳。向朋友們探聽到，周教授正在中央戲劇學院擔任戲劇史的教課，我就寫了一封信告訴他：這是用的"點絳唇"調；句法上半闋是四、七、四、五，下半闋是四、五、三、四、五，"夜"、"馬"、"價"、"射"、"也"、"畫"、"下"七個字都是韻脚；應該這樣讀："玉漏春遲，鐵關金鎖星橋夜。暗塵隨馬，明月應無價。天半朱樓，銀漢波光射。更深也，翠娥如畫，猶在凉檐下。"我是好意的提醒他，希望他再版時更正。也不知道是信没有收到？還是大教授"高不可攀"？始終是"石沈大海"，連回音也不曾有過。這使我懷疑到，某些著作家和教授們是否學習過批評和自我批評的文件？

（二）我有個朋友，爲古籍出版社看清樣。最近看完了畢沅著的《續資治通鑒》，發現原來的校勘標點錯誤很多，他曾指給我看，有的簡直不成説話。没有讀過古書的人，我們不必去責備他。可是"謬種流傳"，害了我們的下一代，是出版界乃至文教界領導人物，都該負責的。據說由顧頡剛先生領導十多位歷史家共同標點的司馬光《資治通鑒》，經在上海發排以後，還發現不少錯誤，臨時又請了章錫琛、陳乃乾、傅東華三位先生加工校訂。傅東華先生親自告訴過我，他就發現了幾處很大的錯誤。他舉出了例證，可惜我一時記不起來了。一時的疏忽，什麼專家都難避免。像這樣艱巨的工作，却不曾引起一般重視，是應該大聲疾呼的。

（三）前不久，我向古籍書店買了一本古典文學出版社新出的《中國文學參考資料小叢書》第一輯。我躺在床上翻了一翻，發現第一面就有這樣一個大錯：

　　且歌"雲間貴公子玉骨秀"橫秋水調歌一闋。

他不懂"水調歌"是個調名，也不想想"雲間貴公子，玉骨秀橫秋"，明明是兩個五言句子，是"水調歌"（即"水調歌頭"）的開端，怎樣可以把它割裂？還有下面一段：

　　（趙真真）（楊玉娥）善唱宮調，楊立齋見其謳
　　張五牛、商正叔所編雙漸小卿恕，因作鷓鴣天、哨
　　遍、耍孩兒、煞以詠之。

這使我讀來讀去，都搞不通，校對標點都有問題。可惜我沒有時間去找"青樓集"各種刊本來核對，也就只好長嘆一聲而已！

看了這些情況，我覺得我們的出版界和著作界，對待文化遺産的態度是太不嚴肅了！主要的關鍵，還在領導方面對這一艱巨工作的不够重視，把它看得太容易了，以爲只要認識一些字的人就能够作，作了也不值錢，這是十分使人痛心的。

我要喚起各級文教領導方面的注意，這個古籍的校訂標點工作，是"百花齊放、百家爭鳴"的基本準備工作之一。我們的祖先和我們的毛主席都是異常重視的。現在能搞這項工作的人已經不多了！我希望本市的領導方面及時地向各方面去發掘這些僅存的"活寶"，給他們以效力的機會，把重印古籍的校訂標點工作搞得比較像樣，使我們的下一代得着可讀之書，借以發揚祖國的優秀傳統，來迎接文化建設高潮，這是十分要緊的。

我也奉勸各出版社的青年編輯同志們，不要"自視太高"，以爲校訂標點工作，有什麼大不了，把精力放在這上面似乎不太值得。這是十分錯誤的思想。我們能够在這方面鍛煉幾年，自己看不懂的地方，虛心地向老一輩的專家請教。新生力量的培養，正該在這上面着眼呢！

出版界的領導同志們，應該會知道我們的老前輩張菊生（元濟）老先生吧？在上海解放的前一年，我正在商務印書館幫着他老先生修訂《辭源》。他老先生以董事長的身份，八十多歲了，還親自看小五號字的排樣，紅筆都寫滿了。這不是值得我們好好學習的嗎？

最近我聽到許多出版社的編輯同志説起，他們是太不被重視了。在政治待遇上，在物質生活上，都懷着很大的不滿情緒。這是應該亟圖改進的一方面。至于剛在大學畢業的青年同志常是薄校對而不屑做，這種錯誤思想，更是應該及時糾正的。大家睜開眼來看看，歷來大著作家，有幾個不重視校訂、句讀工作而親自動手去搞的？在書局當校對出身，後來成了赫赫有名的專家教授，有如王靜安（國維）先生一類的人，正是算不清。我覺得負責編輯和校對的青年同志們，這正是鍛煉自己的最好機會。只希望領導上予以適當的培養，使每個青年同志都認識到編校工作，是最艱巨而又光榮的工作，大家把這責任負起來，跟着老的一輩做好古籍出版事業，十年、八年，就自然成了專家，那還愁不會受到政府和人民的尊重嗎？

此爲上海《文匯報》本年五、六月間之一則筆會，爲誠安弟寄我者。

予作事素小心，而標點《通鑒》一事，領導上限一年完成，予屢次争之不見許，謂即使有錯再版時亦可改正，予無其權而有其責，遂致受此批責，不亦冤乎！

[剪報]　　　一九五七、三、五，上海《文匯報·訪問記》

在古書裏做學問
——訪顧頡剛先生　　　　　李　寧

我訪問了著名史學家顧頡剛老先生。他適在廣西以全國政協委員身份進行視察。當我探問他這幾年來的研究生活時，他捋着銀鬚答道："還是老本行，研究古代史。"

近年來繼續研究古代史

"中國古代史的資料只是幾部古書，但問題却很多，一個句子就有幾十個各不相同的解釋。"顧先生對記者説道："我弄了幾十年上古史，還弄不出什麽'道理'。但解放後接受了新東西，走新方向，就和過去不同。過去是用資料學方法去弄，現在是用辯證唯物論和歷史唯物論的方法來弄了。雖然我已經 64 歲，但身體尚好，可以再多幹幾年。"

顧先生 1952 年在上海編了一部《中國歷史地圖》，想在地理沿革方面給歷史研究的同道提供一些幫助。

1954 年 8 月去北京，忙于標點《史記》和《資治通鑒》，這工作今年下半年就可完成了，他説：“除此以外，我還在整理抗日戰争時期的筆記，題名《浪口村隨筆》。浪口村是昆明的一個小村子，這筆記在此起頭寫，後來到成都、上海也一直記。全文約二十多萬字，主要内容是探討古代史的一些問題，可説是近廿年來的研究記録。書分 5 卷：地理及民族類、制度類、名物類、史事類、藝文類。本來還有一卷研究現代民族，但研究得不透，没有要。現在是到那裏就把這部稿本帶到那裏，搞一點是一點。準備再增加幾篇，約今年下半年可由上海人民出版社出版。”

我很想看看原稿。顧先生打開箱子，捧出五厚本約 8 開大的册子，沉甸甸的有一斤多重，老式的十行紙上寫着蠅頭小楷。“我這個工作，是爲後人作通史參考方便。我是一個個題目寫的，歷史研究工作越分得細，材料越容易完全。我一生工作四十多年，一直記筆記，希望能慢慢的把它全部整理出來。我在卅年前編過《古史辨》，對上古史提出了許多問題，但都未徹底解決。解決古代史的疑題的確是困難的，這不是一個人能做，而必須是集體的、長時期的工作。搞這個東西，目的是把封建社會統治者的謊話揭穿，露出歷史的本來面目。”

今後想着重研究“經學”

我問他今後研究的計劃。他説：“年青時一直想寫通史，現在還是先從根本上做起。今後想着重研究‘經學’。‘經學’是舊文化的核心，不恢復它的真面目，要研究中國思想史、政治史是很困難的。現在歷史學者的任務就是把孔子這個偶像和歷史分家，把‘經學’變爲古代歷史資料的一部分。但做這個工作比較難，因爲統治階級竄改時也很狡猾，有的改原文，有的改解釋，改得附合他們的心意。幾千年錯誤相沿至今，把這些錯誤推翻就得費大勁，搞起來不但字句不懂，一句話的注解也很多，彼此衝突。很多人怕弄，常常'進得去，出不來'。我自小苦讀過幾年古書，稍懂一些，不過還是要下苦功，方法是用很多別的資料來比，從百僞裏取一真。過去搞這個研究常只讀'經書'，但現在搞這個工作，除經書以外，還要讀'子書'等，并看甲骨文、金文，看地下出來的材料，更要研究現代少數民族的生活情況。古代的社會現象已沒有了，但在某些少數民族的生活中還存在着。這次到廣西，到左江、右江看僮、苗等族的生活，還要到興安看秦始皇時代開的一條運糧渠，這幾天又看了廣西各族文藝會演，長了不少知識。"

老先生又説："這次來廣西，聽僮族人民説自己是古'濮人'，這點還可研究。古代的'濮人'距中原很近，約在今湖北。費孝通先生認爲僮族是'越人'之後，這我是同意的。如廣西的很多地名，有與'越'同音的，如'鬱林'的'鬱'，'邕寧'的'邕'。費先生認爲古時越族分布于浙江至雲南一帶，這是對的。"

對青年歷史研究者説幾句話

記者最後請他爲青年歷史研究者談些歷史研究的道路。他贊揚現在的青年求知欲很強。但有些青年做古代史研究還比較困難。主要是因爲讀的古書少，理解力弱。他認爲一定要下苦功才行。做學問就是要刻苦，而且要處處注意吸收知識，處處做研究工作。特別是研究歷史，對于各種科學，雖然不必作專門的研究，但他們的結論，却要懂一點。古書雖然是一句話，但要用現代的學問配合研究才行，而這之中歷史唯物論又很重要。顧先生語重心長的說："處處是好材料，但要把握住它，先要腦筋裏有問題，眼睛裏才能看出材料的價值，才有實際意義。如裴文中先生發現周口店北京人就是這樣。我們在山裏也看見過人骨，但我們不知道是什麼年代，而他看見後經過研究能證實是五十萬年前的。又如楊鍾健在雲南禄豐找到大恐龍化石，把一塊塊散開的骨頭，拼成五間屋子那麼大的整個恐龍，這就是因爲有古生物學的學識。我們在山裏看見只會說不過是一堆無用的石頭而已。"

記者最後請他爲青年人題幾個字，他拿起擱在宣紙稿本上的毛筆，寫道：

遍地都是黃金，只怕你不去揀。隨處都是學問，只怕你不去想。天下的路是走不完的，科學工作者的任務是無窮的艱巨，我們一生的時間很短，在建設新中國的大工作中我們不能隨便放掉一秒鐘。

一九五七年三月

三月一號星期五（正月三十）

到政協禮堂，續開小組會，自九時至十二時一刻。到前門郵局。到百貨大樓，買腦息定。責又安。

與張明養同到懷仁堂，繼續參加最高國務會議，自四時至九時。

與明養到前門飯店進晚餐，到尹羲室小坐，并晤徐惠規等。十時一刻歸。十一時服藥眠，翌晨七時醒。

今日所晤人：朱桂辛　康同璧　張治中　周叔迦　魏繼昌

雷榮珂　周太玄　翁文灝　俞平伯　裴文中　楊令德　董守義
鄭曉滄　唐弢　辛樹幟　曾昭掄　曾昭璿　盧于道　張仲魯　齊
璧亭　焦實齋　李平心　李霽野　鄧昊明　邵力子　張鈁　梁明
金岳霖

　　今日小組發言者：葉恭綽　帕巴拉（活佛）　王文成（天主
教）　岳劼恒　羅大英（彝族）　白薇　閻迦勒（基督教）　陳半丁

　　今日大會發言者：李濟深　章伯鈞　黃炎培　馬敘倫（周建
人代）　陳嘉庚　陳叔通　郭沫若　程潛　馬寅初　許德珩　達
浦生　車向忱　劉文輝　盛丕華　孫蔚如　黃琪翔　毛主席

三月二號星期六（二月初一）

　　爲樹幟改其所作《九州》文，未畢。翻《逸周書》。

　　伴堪兒眠。到政協禮堂，聽李富春副總理報告"對于第二個五
年計劃的說明"，自三時至六時。因說話聽不明白，草兩提案。到
楊向奎處，并晤其夫人及尚恕堂。賀太太來，報告聖陶夫人噩耗。

　　羅偉之來，長談。十時半去。靜秋爲洗浴。十二時半服藥眠。
翌晨七時醒。

　　　　今日所晤人：柯璜　喜饒嘉措　成德　葛志誠　馬寅初　潘
光旦　劉清揚　勞君展　許德珩　鮑爾漢　董必武　吳玉章　王
雪瑩　張景寧　雷沛鴻　陳劭先　黃藥眠　何北衡

　　雪三日矣，今日下午放晴，道路泥濘甚矣。

　　聖陶夫人今日下午五時逝世，距伯祥夫人之死僅一年半耳。

三月三號星期日（二月初二）

　　譚鎬來，爲寫市府人事科信。李平心來。趙華璧來。德融侄
來，留飯。到馬彝初先生處赴宴。

　　與靜秋到嘉興寺吊聖陶夫人之喪。歸，遇汪靜之。到文淵閣買

筆。彭勛武、辛田及其女劉立華、賀次君來。

看《燕子箋》。九時服藥眠。翌晨六時醒。

今日同席：謝無量　馬一浮　徐森玉　陳叔通　錢均夫　黄仲良（以上客）　馬夷初（主）

今日吊喪所晤人：聖陶暨其子至善、至誠，女至美，子婦滿小姐，子婿葉蠖生　伯祥及其兩女　盧芷芬　鄭振鐸　徐調孚　丁曉先　賀昌群　顧均正　朱文叔　沈雁冰　章元善　周建人

振鐸晤面，對于所提歷史地圖一案大不滿意，予身無媚骨，決不能歪曲事實以媚大官也。

三月四號星期一（二月初三）

與沈從文、章元善同車到前門飯店，予參加廣西組會議，黄紹竑主席，予先發言。自九時至十二時散，即在飯店中飯。與覃異之、李任潮談。與裴文中同到梁岵廬處談，晤薛篤弼。到商務印書館，與郭敬、周雲青、章熊、趙守儼等談。回飯店，到陳旭輪處談。

二時半，續開廣西組會議，至六時半訖。在飯店進食。與鄭建宣、吕集義、黄季宣、張顯龍談。晤關瑞梧。

到謝孝思處，并晤李世軍。到平心處長談。八時許出。歸，看政協本次座位表。十一時服藥眠，翌晨六時半醒。

今日發言者：予　覃異之　裴文中　雷榮珂　梁漱溟　雷沛鴻　梁岵廬　李濟深　鄭建宣　尹義　黄紹竑　吕集義　石兆棠　秦振武　陳良佐　陳再勵

三月五號星期二（二月初四）

在家續作發言稿千餘字，并將前作修改一過。

與從文同到政協禮堂，參預開幕禮，聽周總理與陳叔通先生報告。自二時半至五時四十分。

辛樹幟夫婦偕董爽秋來。十時服藥眠，上午四時醒。至五時半又眠一小時許。

今日所晤人：李雲亭　馬松亭　王一鳴　盧漢　辛樹幟　李平心　翁文灝　葉恭綽　何思源　周炳琳　楊令德　鄭建宣　陳調甫　李根源　楊公庶　王雪瑩　范長江　吳有訓　陸秀　關瑞梧　陶孟和　錢端升

三月六號星期三（二月初五）

寫黃紹竑信，請假。續作發言稿二千餘字，畢。將全文統改一過。爲譽虎先生作地方志編輯發言稿，爲同璧先生作智識婦女應出任教育工作案，共三千餘言。

到譽虎先生處送稿，并談。爲待潮兒看電影歸，看《燕子箋》。十一時服藥眠，翌晨六時醒。

今日一天寫五千餘字之文，自喜精力尚不衰。惟自粵西歸來，氣管炎大發，痰吐不止，迄今未愈，斯爲苦事耳。

三月七號星期四（二月初六）

到前門飯店，至平心處，未晤。開小組會，自九時至十二時，予發言。歸飯。

到政協禮堂，參加大會，自二時半至六時三刻散。與譽虎、同璧商提案事。

改又安所鈔發言稿。到東安市場購物。爲待靜秋開會歸，看《燕子箋》，畢。十一時服藥眠，翌晨六時醒。

今日上午發言者：莫乃群（主席）　覃異之（二）　俞作柏　裴文中　梁岵廬　秦振武　黃紹竑（二）　何自堅　潘乃德

今日下午發言者：周建人　支應遴　楊子廉　王遵明　楊亦周　黃鳴龍　王一帆　李德全　稅西恒　顧敬心　翁文灝　何思源

今日所晤人：鄭建宣　鄧初民　于滋潭　王家楨　辛樹幟　馬文瑞　邵力子　胡愈之　徐伯昕　陳銘樞　吳羹梅　王紹鏊　金通尹　劉多荃　鄭芸　章元善　陸侃如　王芸生　王紀元　鄧哲熙　劉瑤章　蘇炳文　刀棟庭　朱物華

三月八號星期五（二月初七）

到前門飯店，到平心處，并晤許廣平。開小組會，看毛主席在最高國務會議發言記錄，自九時至十一時半。到平心處修改發言稿。

開北大在京人名單。飯後到次君處送稿，付尹受再鈔。到政協，開大會，自二時半至六時半。

參與四個孩子的三八節慶祝會，聽歌及音樂。十時服藥眠，翌晨七時醒。

今日下午發言人：楊之華　張治中　馬大猷　馬昆山　李健生　陳調甫　桂林栖　孫瑞芝　吳耀宗　王家烈　丁菓仙　楊莘耜

今日所晤人：徐誦明　秦振武　寧武　章乃器　李健生　柯靈　杜君慧　于滋潭　葉至善　孫蘭峰　劉瑤章　何柱國　何公敢　曾震五　盧漢　鄭顯龍　黃紹竑　程希孟

三月九號星期六（二月初八）

到政協，開大會，自九時至十二時。到前門飯店飯。到樹幟處，并晤吳學周。寫《如何作好統戰工作》約三百字。

到政協，開小組會，討論政協工作問題，自二時半至六時。到前門飯店飯。

與從文到政協觀劇，遇馬一浮先生及其內侄湯女士，朱孟實談。十一時三刻歸。十二時服藥眠，翌晨六時醒。

今日上午發言人：陳雲　劉文輝　岳劼恒　楊樹棠　侯德榜

劉鴻文　王一鳴　趙樸初　陳蔭生　書面發言者：施今墨　楊公庶　孫蔚如

今日下午發言者：梁漱溟（三）　沈從文（二）　唐鉞　予（二）　傅抱石（二）　陳序經（二）　熊佛西　岳崇岱（道士）　李沛文　王遵明　孫瑞芝　易見龍

今日所晤人：尹贊勳　楊令德　李沛文　傅抱石　李培基　楚溪春　鄭振鐸　董爽秋　巨贊　陳鶴琴

三月十號星期日（二月初九）

到伯祥處。到昌群處。補記日記兩天。伯祥來，長談。祝叔屏來。到文記理髮。

修改發言稿《廣西的生產潛力和將來開發的途徑》訖。林文沂來。祝叔屏又來。

到北京飯店，參加歡迎捷克總理酒會。八時許出，覓飯店均已打烊。歸家飯。姚紹華來。

昨晚所看劇：賣布頭（侯寶林、郭啟儒）　一分錢一兩米（高鳳山、高德亮，快板）　南陽關（譚富英、馬長禮、于元龍等）　探陰山（裘盛戎、慈少泉、趙麗秋等）　南天門（馬連良、張君秋等）　今晚戲，大抵四十年前之富連成班也。

今晚所晤人：周總理　捷克總理西羅基　章伯鈞　謝家榮　袁翰青　鄧初民　裴麗生　陶孟和　費孝通　華羅庚　錢學森　韋愨　嚴景耀　錢偉長　吳有訓　楊鍾健　陸志韋　鄭振鐸　侯德榜　胡愈之　王紹鏊　馬松亭　達浦生

三月十一號星期一（二月初十）

到平心處。到謝孝思處。出席廣西小組，討論陳雲副總理節約報告。十一時，到平心室修改發言稿。在前門飯店飯。到樹幟處，并晤其夫人及章熊。

　　遇羅子爲。與樹幟談。到大會，修改發言稿，即送秘書處。開會自二時半至六時，與趙樸初、劉文輝、于滋潭、張之江等談。

　　看于省吾《當代的穀類作物》。静秋爲洗浴。十時眠，二時以堪兒病驚醒，再服藥，翌晨七時醒。

　　今日上午發言者：莫乃群　馮介　梁岵廬　覃異之　甘懷義潘乃德　秦振武　梁漱溟　俞作柏

　　下午發言者：傅作義　車向忱　羅大英　楊忱民　方鼎英謝家榮　劉文典　何魯　譚啓龍　茅以升　辛樹幟　曾昭燏　金寶善　陳書農　書面發言者：陳其尤　陳占梅　張德慶

三月十二號星期二（二月十一）

　　到前門飯店，將發言稿再看一過。寫秘書處信。參加廣西組小組會，自九時至十二時。與陳再勵、張顯龍、林克武、陳銘樞、甘春雷、謝扶民等談。在飯店飯。

　　到樹幟處。到鄭曉滄處談。遇涂允檀、劉風竹、易見龍、吕集義等。到政協禮堂開大會，歡迎捷克總理，自二時半至四時。繼續發言，自四時至六時半。與張鈁、《文匯報》記者吴聞等談。

　　爲兒輩講信陵君故事。看馮夢龍《山歌》。九時半眠，失眠。十一時起再服藥，翌晨七時醒。

　　今日上午發言者：鄭顯龍　尹羲　陳銘樞　陳再勵　黃紹竑李楚離　林克武　秦振武

　　下午發言者：周總理　威廉·西羅基　董必武　羅翼群　朱繼聖　柯璜　梁岵廬　熊秉坤　黃紹竑　劉王立明

　　堪兒昨夜發燒，體温高卅九度半。蓋連日出外游觀所致。此兒體弱，奈何！今年天氣，至今迄不暖，政協大會嗽聲不絶，亦怪事也。

三月十三號星期三（二月十二）

寫廣西組、政協秘書處、馬彝初先生信。補記日記三天。作《如何作好政協工作》，未畢。

到政協禮堂開大會，自二時半至六時。晤石筱山。到前門飯店飯。與何思源談。

與滋潭同車，到其家，與其夫徐日新同到農業展覽會參觀，自八時至十時半。與元善、從文同車歸。十一時半服藥眠，翌晨七時起。

連續開會已十六天矣，予氣管炎迄不止，精神頗感疲憊，不知七八十歲老人如何支持也？

予發言稿約八千言，恐是全體發言中最長之一篇，篇中字斟句酌，費了九天功夫，請多少朋友提意見，大致可以無誤矣。

今日下午發言者：黃炎培　戴戟　冉雪峰　岳崇岱　崔東伯　衛立煌　尹贊勳　薛篤弼　程潛　寧武　胡庶華　李俊龍　王歷耕等十九人　書面發言者：馬敘倫　郭沫若　江恒源　郝翹然等　沈肇年　孟目的　王明選

三月十四號星期四（二月十三）

到政協禮堂，參加大會，自九時至十二時。到前門飯店飯。到徐森玉、董渭川、鄧昊明、傅抱石、沙彥楷處。晤王葆真、向達、盧于道。與陸侃如、馬松亭、朱光潛談。

二時，到懷仁堂，參加全體照相。三時，在懷仁堂開大會。六時許散。

九時服藥眠，十一時以咳醒。再服藥，翌晨七時起。

今日上午發言者：唐生智　陸侃如　張之江　蔣旨昂　祝更生　姚克方　黃育賢　胡厥文　王海山　桑熱嘉措　馮友蘭　馬師曾　巨贊　曾甦元　書面發言者：黃長水　鍾志闓

今日下午發言者：陳嘉庚　吉雅泰　蔡方蔭　黃琪翔等　馬軼塵　沈方成　陳正人　王葆真　顧維精　張志和　曾震五　書面發言者：葉恭綽　王德興

三月十五號星期五（二月十四）

到政協禮堂，與李文漢談。參加大會，自九時至十二時。歸飯。晤張振漢、吳紹澍、葉譽虎等。

龔雲水來。眠一小時。到政協禮堂，參加大會，自三時至六時三刻。

九時眠，翌晨四時半醒，六時許起。

今日上午發言者：鮑爾漢　簡仁南　王家楨　趙君邁　左協中　曾昭掄　顏福慶等　陳銘德　溫少鶴　汪德昭　書面發言者：韓篷臺　王亢之　趙樹屏等　予與葉恭綽、李培基

今日下午發言者：鄧初民　董渭川　康同璧　羅子為　木汗買提江　馬合蘇木　朱學範　連闊如　江樹峰　郭宗汾　閻迦勒　李沛文　劉清揚等　于滋潭　王枕心　書面發言者：周祥初　周鳳九　冷宣東　王哲賢

三月十六號星期六（二月十五）

補記日記三天。到政協取發言稿，即到故宮博物院，看書畫及碑帖，自九時至十二時。出，乘公共汽車歸，遇左恭。

眠一小時。到政協，開大會，三時大組發言。四時起，由周總理報告中緬畫界問題，至八時畢。與惕吾、樹幟、溪春同車出。

到前門飯店飯，遇尹義等。訪平心，未晤。十時歸，十一時就睡，不成眠；十二時又起服藥，翌晨七時醒。

今日上午所晤人：吳仲超　唐立庵　馬一浮　沙彥楷　陳叔通　謝無量　徐森玉　陳夢家　曾昭燏　湯小姐

下午所晤人：葉聖陶父子　林漢達　林仲易　譚惕吾　孫曉村　彭國珍（滇劇女演員）　潘梓年　楊亦周夫婦　顧敬心

下午發言人：楚圖南　吳學周　王造時　周總理　書面發言者：劉文蔚　郭秀珍　蘇育民　李蒸　何賢　余名鈺　孫雲鑄　張孝騫　范予遂　劉洪濤　沈從文　吳曉邦　陳光藻　張恢先　徐楚波　謝雪堂　石筱山　王觀瀾　王之璽　安若定　盛康年

今日上午發言，予未能聽，補記如下：張奚若　帕巴拉　屬无咎　賈亦斌　張東野　方方　黃文熙　鄭曉滄　鮑國寶　鄧季惺　董爽秋　吳志標　書面發言者：鄒秉文　張召谷　苗海南　饒彰鳳　于林　汪猷　蘇步青等　婁象峰

三月十七號星期日（二月十六）

整日作《改進政協工作的一些建議》，訖，凡五千言。

九時服藥眠，翌晨六時醒。

今日喜無一客來，乃得以一日成一文，然而緊張甚矣。靜秋謂予貪多，誠中余病，然要全面看問題，不得不爾。余之不能作短文者以此。

三月十八號星期一（二月十七）

到政協禮堂，參加大會，自九時至十二時。在場修改昨文訖，交何仙槎。晤覃異之、謝南光、翁詠霓、于滋潭、周建人等，滋潭請吃茶點。

眠一小時。到政協禮堂，參加大會，自三時至六時。周耿來，長談。

待靜秋開會歸，看政協文件至十一時許，大咳，吐血三口。服藥眠。

今日上午發言人：邵力子　齊璧亭　黃德茂　黃乃　劉昆水

林斯馨　劉風竹　吳學藺　邦達養璧　劉錫瑛　馬文鼎　蔣雲台　邢世同　郭向欣　書面發言者：李燭塵　黃凉塵　予　李平衡　李宗恩　嚴希純　劉述周　袁翰青　葉鶴汀　劉蘆隱　杜仲和　沙彥楷　李培基　鄒哲熙　金通尹　鄭鶴琴等　冀春光　袁安全等　資耀華　吳晋航　何乃揚　李呈祥　李述中　張仲魯

　　今日下午發言人：章伯鈞　博彥滿都　顔心畣　余寶笙　閻若鸞　羅隆基　張超倫　吳其瑞　黃啓漢　書面發言者：陳其瑗　劉瑤章　孫淑芝　黃雍、傅正模等　徐羽卿　喻名英等　孫海丞　凌東林　于澤九等　陳鶴琴　陸秀等　蕭巂英　覃異之　秦德君　蕭作霖　李文漢　蘭亭　苗春亭　陳翠貞　張伯華　蘇漢臣　潘光旦　向達　連瑞琦　王雪瑩等　王寄一　彭國珍　劉靖基

　　今晚予竟因咳咯血，此平生第一次也，亦見開會期間之緊張與勞苦。

三月十九號星期二（二月十八）

　　與元善同至政協禮堂，參加大會。與王一鳴談。十時半，到前門飯店醫務處檢查。十一時半歸。

　　臥床，得眠兩次。寫政協請假信及葉聖陶信。看周耿《井田辨譌》及各委員發言稿。

　　王藥雨來。九時服藥眠。十二時，潮、洪、湲自劇院歸，醒不成眠。又服藥，翌晨七時醒。

　　今日午刻吐痰，中又有血，作粉紅色。眠半天後，夜中幸能不咳。予之咯血當是咳破了氣管，非肺病也。予體重連衣履只一百三十磅，減輕甚矣。

　　今日上午發言人：郭沫若　李伯球等　周亞衛　鄒儀新　嚴仁英　書面發言者：冀朝鼎　熊佛西等　孫蘭峰　陳崇桂　胡子昂　唐書園　陳卓凡　高鳳先　董竹君　熊大仕　汪盈科等　吳

天保　吳研因（二篇）　董文隆等　呂集義　李再雯　于北辰
張士琅　吳文藻　吳羹梅等　高覺敷　施今墨　何魯　資耀華等
陳調甫　方曉天等　路耀林　李宗林　程希孟　董守義　曾秀相
羅羽珍　張烈　王菊山等　顏福慶　載濤　孟目的　祝更生　傅
肖先　劉栽甫　熊十力（上海寄來）

三月二十號星期三（二月十九）

乘電車到前門飯店，途遇謝興堯。至醫務處，由嚴荷琴導至北
京醫院，遇尹達、曾震五、華羅庚、吉雅泰，由王志芸醫師診，并
至透視室及眼科。十二時歸飯。

寫於同志信，取藥。一時登床，未成眠，三時半起。到春風理
髮。補記日記四天。裝訂大會發言。王姨丈來。

今日驗血壓，爲170/110，高血壓又高了些，此一月來精神
緊張所致也。

報載十一天大會中共有四百〇六人發言，發言稿共三百〇八
篇。又提案有二百八十七件，此種盛況爲從來所未有，非毛主席
精神感召不能有也。委員及列席代表中因勞致疾者甚多，其奮鬥
直如作戰矣。

三月廿一號星期四（二月二十）

與梁純夫同車到民進，開座談會一整天。到前門飯店飯。到謝
孝思、馬崇儒、平心處談。與梁明等同返會。

訪靜秋，不遇，晤富介壽。六時半，與金芝軒、吳學藺同車歸。
周耿來，留飯。

今日同會：王紹鏊　許廣平　周建人　林漢達　吳研因　徐
楚波　李平心　張紀元　陽太陽　梁純夫　嚴景耀　雷潔瓊　車
向忱　金芝軒　吳學藺　謝孝思　柯靈　梁明　吳榮　馮賓符

董守義　葛志成　趙樸初　顧均正　安紹芸　鄭曉滄　鄭效洵
金通尹

三月廿二號星期五（二月廿一）

終日臥床，看馮承鈞譯《沙海昂注本馬可波羅行紀》。

樹幟夫婦來談。九時半服藥眠，翌晨五時半醒。

《馬可波羅游記》，予以前曾看魏易譯本，今看馮譯，兼有西洋學者考釋，乃知此書在中世紀實具有經典性，與中土《水經注》無殊，必當細讀。以此知古代經典必加考索乃能顯其意義。

一月來疲甚矣，借病休息，實有其必要也。此次政協大會，宛如作戰，拚全力以赴之，故政協同人多病，不第予也。

三月廿三號星期六（二月廿二）

靜秋伴至北京醫院，由王志芸大夫續診，抽指血。遇錢端升、陳劭先、李俊龍、陳瑾昆等。歸，看《人民日報》所登予發言。次君來。

臥床，續看《馬可波羅行紀》。

胡厚宣偕周谷城來。以洪兒病，夜眠不安，上午二時半醒後直至天明又略一朦朧。

今日量血壓爲170/100，下字較前爲低。近日所咳之痰已無血，然醫院驗昨日送去之痰則尚有紅血球，所照 X 光相片肺上有鈣化點，亦有模糊不清處，尚須下星期二前往，方得確曉病症所在。

近日外間流行性感冒大爲流行，故靜秋不令堪兒入學。然至今晚而洪兒發燒，當是從學校中傳得者。聞近來中小學有全班停課者。今年氣候太不正，昨晚又降大雪，不識天公之何以欺人若是。

三月廿四號星期日（二月廿三）

容元胎來。臥床，續看《馬可波羅行紀》。平心偕胡德煌來，偕至奇珍閣飯。頤萱嫂來，晚歸。

眠一小時許。羅偉之來。張苑峰來。辛樹幟夫婦來辭行。

九時半服藥眠，翌晨六時醒。

邇來極易腳冷，雖穿棉鞋，仍冷不可耐。此亦衰徵也。

三月廿五號星期一（二月廿四）

靜秋伴至北京醫院，再驗血。到米市大街吃餛飩。十時歸，補記日記四天。李金聲來。綏真來，留飯。

就床，未成眠。續看《馬可波羅行紀》。姚企虞來，長談。平心來，乘平心車到企虞家。頤萱嫂來。

到大同酒家赴企虞宴。八時許歸。與靜秋談雁秋事。十時半服藥眠，翌晨六時半醒。

雁秋之冤獄，自一九五一年糾纏至今，靜秋為之不知拋多少眼泪，化多少金錢，依然無補于事。去年政策改變，民主黨派敢于申訴，予遂函民進，請為平反。越一年，至本月十五日離海州農場勞改所在，今日上午六時半抵京，真大不易矣。

洪兒之病，今日靜秋伴赴協和醫院診查，知是猩紅熱，但係輕性者。靜秋大驚，慮傳染他兒，即送之至地壇傳染病醫院住院治療。

今晚同席：平心　金永祚夫婦　楊震心（以上客）　企虞夫婦（主）

三月廿六號星期二（二月廿五）

張雪賓來。看馮友蘭紀念魏默深逝世百年文。看《馬可波羅行紀》。

眠一小時，朦朧而已。東單防疫站來消毒。到古典門市部購書。與靜秋到北京醫院，就內科主任高大夫診，自四時至六時。看王芸生《臺灣史話》。

雁秋來。待靜秋伴湲兒治病歸。十一時眠，翌晨六時醒。

今夜又發見湲兒臉上亦有紅斑，量之又有熱度，蓋與洪兒同病，即赴燈市口聯合診所打針。天時不正，成此疫癘，即醫師亦不能免，可謂酷矣。

高主任謂予右肺上端有一塊模糊處，不知是肺炎抑係肺結核，囑令服藥，一星期後再往診。今日量血壓，爲 165/95，比上次爲低，休養之效也。

三月廿七號星期三（二月廿六）

續看《馬可波羅行紀》。曬太陽。

就床，未成眠。寫李德全信，請轉醫院。

失眠，十二時起再服藥，翌時七時醒。

靜秋以予及孩子之病，向民進請假一星期。

三月廿八號星期四（二月廿七）

曬太陽，晤王修。臥床，續看《馬可波羅行紀》。藍菊孫來。賀次君來。平心來辭行，留飯。

眠一小時。楊拱辰來。

九時服藥眠，翌晨五時醒。

予工作太努力，負責心太強，雖作一小事亦必竭全力爲之，用是致疾。平心謂予，此是優點，亦是弱點。

三月廿九號星期五（二月廿八）

臥床，續看《馬可波羅行紀》。

眠一小時許。汪甦民、徐澅秋來。

筀移今來，贈物，胡厚宣夫婦偕來。失眠，十一時半再服藥，翌晨七時醒。

洪兒入病院已五日，今日靜秋往視，雖傳染病院不容探病，知其熱度尚有五分，則尚須多住些日子。湲兒熱雖不高，終不能止燒，殊悶人。

三月三十號星期六（二月廿九）

看《馬可波羅行紀》訖。汪少鶴來視湲兒疾。

眠一小時。看張星烺譯《馬可孛羅游記》。雁秋來。王藥雨來。王姨丈來。周耿來。

宴客。九時半眠，翌晨六時醒。

予近日已不咳，早起痰亦不多，惟飯量減少，一頓吃一碗即不想再吃，或者服合黴素之反應歟？

九日之中，得將一部大書閱訖，大是快事！

今晚同席：雁秋　王藥雨　尚愛松　羅偉之　又安（以上客）　予夫婦（主）

三月卅一號星期日（三月初一）

康同璧先生來，長談，贈物。王大琪表弟偕其夫人王儼來，長談，留飯。雁秋來，留飯。

眠一小時。看張譯《馬可孛羅游記》。

十時服藥眠，上午四時半醒，旋又朦朧。

昨王姨丈言，其外孫女小楊犯流行性感冒多日不退，服綠黴素即愈。家中有此藥，靜秋因令湲兒服之，今日果退熱矣。

此次流行性感冒，不但普及全國，并幾遍世界，閱報載，一九一九年亦曾有之。然則自明之釁，殆以得流行性感冒遂并發腦膜炎歟？

[剪報]　　一九五七、三、廿三《人民日報》
　　　　向稱地瘠民貧的廣西大有發展前途
　　　　顧頡剛談視察廣西觀感
　（下略）

一九五七年四月

四月一號星期一（三月初二）

寫自珍信。看張譯《馬可孛羅游記》。愛松來，長談，留飯。
未成眠。企虞來，爲伯祥申請入民進作介紹人。
看政協文件。十時服藥眠，上午三時半醒。天明稍朦朧。
　静秋已向民進請假一星期，兹以予病未確定，再請假。

四月二號星期二（三月初三）

看政協文件。看張譯《馬可孛羅游記》。
頤萱嫂來。未成眠。三時，與静秋到北京醫院，繼續由高主任
診，再透視照相，并照心動電流圖。六時歸。到東單菜場買食物。
遇張明養。遇李俊龍、楚溪春。
金振宇、擎宇來。九時半服藥眠，翌晨五時醒。
　今日以 X 光照肺部，右角模糊處已縮小，有一條長綫，醫謂
有進步，并謂予病當係急性肺炎，非肺結核。今日量血壓，爲
165/90，視前較好。醫囑我再休息一二星期再診。因此静秋仍迫
予臥床，不輕見客。

四月三號星期三（三月初四）

静秋領洪兒歸家。到春風理髮。看張譯《馬可孛羅游記》。翻馮承鈞譯《西域南海史地譯叢》五、六編。

眠一小時。張鈁夫婦偕劉盼遂來。陳萃芳來。

九時服藥眠,十一時醒。十二時再服藥,翌晨六時半醒。

静秋近日常覺腹痛,今日就第六醫院檢查,乃知是慢性盲腸炎,醫生勸其住院割治,渠以家有病人,未允。静秋感情太强,急躁甚,自任工作,吃飯後即急跑,又常以節省吃冷飯,致成此病。如不治好,則養癰貽患,殊可慮也。

四月四號星期四（三月初五）

看報。張滄江來。

拍堪兒眠。眠一小時。寫荆三林、王樹民及孔玉芳、陳懋恒、黃永年信。看張譯《馬哥孛羅游記》。

與静秋及潮、湲、堪三兒到和平餐廳赴大琬妹婚宴,自七時至九時。十時服藥眠,翌晨六時半醒。

家中所定報紙有《人民日報》、《光明日報》、《文匯報》、《參考消息》等,贈報又有《廣西日報》、《新蘇州報》等,內容豐富。予平日事多,僅僅一望,今日細細觀之,不覺破費半日工夫。

今晚同席:孫紹謙（新郎）　王大琬（新娘）　孫明遠夫婦（紹謙父母）　王姨丈夫婦　大琪夫婦　大珍一家　大瑜　大瑛　章守華　汪采齡　季蘇華　大人約五十人,小孩約二十人。

四月五號星期五（三月初六　清明）

賀次君來,岑家梧來。看張譯《馬哥孛羅游記》。

眠一小時。寫陳萬里信。與静秋、潮兒到紅星,看《蘇州園林》影片。寫陳真如,人代會信。

看周谷城《古史零證》。九時服藥眠，翌晨六時醒。

静秋犯慢性盲腸炎，已打盤尼西林藥針三次，而仍不愈，走路無力，予勸其入院割治，而彼必欲待予診療有結果。渠病不容久淹，性子如此固執，奈之何哉！

湲兒今日上學，缺課九天矣。

四月六號星期六（三月初七）

看張譯《馬哥孛羅游記》。劉世點來。顧均正夫人周國華來。寫吳宜俊信。趙文周來。

看《古史零證》訖。失眠，十一時再服藥，翌晨六時醒。

今日看書較多，夜間精神覺得緊張，睡眠又不善。以是知予下午必須游息散步。今天暖矣，可常茬公園也。

四月七號星期日（三月初八）

看報。雁秋夫婦來，留飯。與静秋到譚家菜赴宴，下午三時歸。小眠。綏真偕綏育、綏琮來。厚宣來。祝瑞開來，留飯。紹謙夫婦來。九時半眠。上午三時半醒。天明又朦朧。

今午同席：孫明遠夫婦　孫紹謙夫婦　章守華　汪采齡　王大珍　王大瑛（以上客）　王姨丈（主）

今日出門，頗有春意，枝頭發新葉，桃杏着花矣。

清華、北大病者均二千人，鋼鐵學院學生四千而病者一千餘，白紙坊印刷廠五千人而病者一千五百，以此各機關只得封鎖，不與人相往來。

四月八號星期一（三月初九）

看張譯《馬哥孛羅游記》訖。

看馮承鈞譯格羅賽《蒙古史略》。看姜亮夫《敦煌》。

九時半服藥眠，翌晨五時醒。

卧床十八天中，兩讀馬哥游記，不可謂非成績矣。

四月九號星期二（三月初十）

看馮承鈞譯鄂羅梭《秦代初平南越考》。寫丹楓信。

三時，與静秋同到北京醫院，再透視。遇傅彬然、翦伯贊。

九時半服藥眠，翌晨六時醒。

高浴醫師，謂予肺炎處已收縮，惟右肺上端一條綫痕仍與上回透視無異，而痰中無結核菌，説不定是以前曾犯過肺炎，此是舊病竈也。

今日仍大雪，北風頗厲，以清明後四日而有此，爲我生所未見。氣候又降至零度下，如此倏寒倏暖，不知又病倒幾人！

四月十號星期三（三月十一）

看《秦代初平南越考》畢。

眠一小時。次君來。雜翻馮譯《史地叢考》。與又安理舊書。

十時服藥眠，上午三時醒。四時半又入眠，七時醒。

得丙生書，自珍及其三子均病。

洋裝書及平裝書去年未理好，因囑又安重理之。

四月十一號星期四（三月十二）

看沈大銈譯愛德華滋《罕默剌俾法典》。

邵蘅秋來。

十時半服藥眠，翌晨六時醒。

四月十二號星期五（三月十三）

看馮沅君譯馬伯樂《書經中的神話》訖。寫錢琢如信。

高大姨來。雁秋夫婦來，留飯。

十時半服藥眠，翌晨五時醒。

天雖轉暖，仍感脚冷，甚矣余之衰也！

静秋一動即疲倦，渠體更弱于余，奈何！

四月十三號星期六（三月十四）

看報。寫侯仁之信。雁秋來，留飯。

未成眠。師哲萍來。續看《罕默剌俾法典》。

看徐釚《本事詩》。十一時服藥眠，翌晨四時醒。五時又眠，七時醒。

今日起大風，天又凉，予嗽又作。知氣管之在予體爲最弱之一環。

四月十四號星期日（三月十五）

次君偕章熊來。趙光濤來。金竹安來。續看《罕穆剌俾法典》，并以《舊約》勘之。

眠一小時。

續看《本事詩》。九時服藥眠，良久方入睡，翌晨四時半醒。

堪兒到滕起濤處治淋巴腺未愈，而今日吃飯，喉中作痛，静秋視之，則扁桃腺又腫脹，量其體温，爲卅七度六分，看來又要病。我家何多難也？

静秋又腹瀉，滿面病容。渠恤人之軀而不自恤其軀，奈之何哉？

四月十五號星期一（三月十六）

續看《罕穆剌俾法典》訖。滕起濤來，視堪兒疾。看任乃强《西康札記》。

龔雲水來。

看《北大同學錄》。九時服藥眠，翌晨四時半醒。

今日堪兒身上紅點益多，且突起，靜秋疑其是猩紅熱，或腦膜炎，急甚，雇汽車至復興門外兒童醫院檢查，醫未作出決定。

馬夷初先生要集合北大舊同學向臺灣作廣播，以同學、校友兩錄交予記出。然單是同學一錄已萬餘人，看一遍亦殊匪易。

四月十六號星期二（三月十七）

看《北大同學錄》。爲綏真改其所作王以中傳。看王以中《中國地圖史綱》一稿，爲修改。

看司徒盧威編《古代的東方》中巴比倫部分。

看《北大同學錄》。九時服藥眠。上午二時半醒。以全國人大送信來，直至天明復睡，七時醒。

今日又帶堪兒到東四、東單、兒童三醫院，醫斷爲非猩紅熱，亦非腦膜炎，當爲滕醫所敷藥所激發之紅點。下午歸後，量其熱度果下降，夜熱退，惟身上仍作癢耳。

昨蘇聯主席伏羅希洛夫到京，觀迎者殆近百萬人。今日懷仁堂開歡迎會，予本當去，以靜秋囑未往。

四月十七號星期三（三月十八）

《光明日報》科學部何炳然來，談百家爭鳴事，約兩小時。陰法魯來。點勘《史記·伯夷列傳》。

到利華理髮。陶建基、汪曾祺、吳超來，談民間文藝事。

看《北大同學錄》。失眠，至十時半，服兩次藥，上午三時半醒。

今日堪兒竟日無熱，精神甚好，看來已無病矣。

天甚暖，院中花發，予脫呢衣矣。

今日兩次受人訪問，説話過多，精神又覺緊張，遂致失眠。

邇來大約黨中要數年來受壓迫之知識分子説話，使領導幹部缺點暴露，故《人民日報》、《光明日報》均欲予就妨害百家爭鳴問題發言。《人民日報》但來信，要我自己寫文，而《光明日報》採取訪問方式，予僅加修改，于事較便，故遂從之。然老實説話必爲人所嫌厭，予惟有静待其報復耳。

四月十八號星期四（三月十九）

六時起，修改何炳然昨日訪問記，增入頗多，至十一時訖。侯仁之來，留飯，長談。

略一矇矓。續看以中書稿。賀次君來，寫商務印書館信。綏真來。蕭鋒來。馬曼倩來。

看《北大同學録》。九時半服藥眠。翌晨五時醒。

今晚所中送來衛生部所發予到小湯山療養院休息一個月之證明文件，自本月十九日起至下月十九日止。因定後日前往。北京市視察只得放棄矣。

四月十九號星期五（三月二十）

與湲兒到美術家協會，看張光宇"新西游記"畫展，又看港、澳、穗美術照相畫展。到合作社買糖。

眠一小時半。與静秋到北京醫院，就高浴診，再透視。遇凌莎。到東單市場買菜。看張宗祥校《越絶書》。

看《香咳集》。看《北大同學録》訖。十時服藥眠，翌晨四時醒。

今日透視，右肺上部痕迹依然，想是舊病竈。予久不出門，今晨看展覽會便覺心宕無力。

四月二十號星期六（三月廿一）

整理行裝，整理三個月來積件。王修來。

二時，研究所車來，偕静秋、潮兒行，經清河、沙河、白蛇店，到小湯山，以修路，下車步行兩次。四時到衛生部直屬療養院，辦手續，入 251 室。四時三刻，静秋、潮兒回城。晚飯後丁瓚導游全園及街市。

服藥兩次，僅闔眼半小時，終夜耿耿。

王崇武君于前日死矣，哀哉！渠病係肺癌，兼腸瘤，吃什麼就拉什麼。今年春節，渠來賀年，想不到竟是來永訣也。

王君實于廿一日晚八時死，予昨所聞蓋訛傳也。

四月廿一號星期日（三月廿二）

在園內散步一周。上街買物兩次。修面。寫静秋信。記賬。看《北大校友錄》。

臥床，仍不得眠。上街買拖鞋，未得。洗浴。寫伯祥、次君、徐調孚信。與諸同人談。看報。與丁瓚、吳一塵、陳育麟到崇山農社。

到丁瓚處談，到吳鍾清室聽廣播。八時，服藥，仍不能眠。九時半服水藥，眠至翌晨五時。

住院同人：林永廣（鋼鐵學院教授）　丁瓚（心理研究所研究員）　吳一塵（社會學部秘書）　馮蘭洲（昆蟲研究所研究員）　周義中（人民銀行總行）　陶振翼（鋼鐵學院）　陳育麟（建築工業部工程師）　胡正詳（協和醫學院教授）　馮文蔚（冶金工業部翻譯）李廣訓（衛生部醫藥科學研究所）　吳鍾清（馬列主義學院）　宣凱（冶金工業部翻譯）　蕭振乾（糧食部）　曾綿才（協和醫院婦兒科）　車榮浚（空軍指揮員）　高寒松（電器工程部）　劉醒群（農業研究所）　李英（國務院）　陳源深（衛生部幹部司司長）　李乾

（郵電部副局長）　夏康農（中央民族學院副院長）　姚向梅（冶金工業部）　安笑蘭（北京醫學院講師）　張淀之（全國婦聯）　李克（國務院）　林宗彩（鋼鐵學院）　連竹瑩（外交部）　鄭大堃（城市建設部）　孟寶申（結核病研究所）　林路（外文出版社）　林引（第二機械工業部）　任文彬（第一機械工業部）　王繼先（第二機械工業部）　劉云平（三門峽水利工程局）　史修德（新華書店總店）　童振九　孫楷第（文學研究所）　郭玉民（電業管理局副局長）

四月廿二號星期一（三月廿三）

點勘《管晏列傳》。驗血，就王大夫診。在園散步。看《老莊申韓列傳》少許。

未成眠。洗浴。看報。上街散步。到新華書店買書。到周義中處談。在園散步。

續聽連闊如説《三國》。與同人座談。八時半服藥眠，又不能寐，再服藥水乃眠，翌日六時醒。

四月廿三號星期二（三月廿四）

驗血。看余冠英《詩經選譯》。到按摩室，由董大夫按摩。寫靜秋、王崇武夫人黎世清信。看報。

眠一小時。洗浴。張鴻義來。點勘《老韓列傳》半篇。到市街散步。與丁瓚等談。

續聽《三國》。與胡正詳、劉醒群談。九時服藥，十時後得眠，翌時三時半醒。

昨夜雖亦眠至七小時，終以爲藥物所强制，今日精神甚不好。今日午後能眠一小時，殆按摩之效與？

四月廿四號星期三（三月廿五）

看《詩經選譯》。到馮文蔚室，開療養院改進討論會。到王大夫處診。到董秀英處按摩。

眠一小時。洗浴。勘《老韓列傳》訖，勘《穰苴列傳》亦訖。記筆記一則。與夏康農談。

續聽《三國》。看報。九時半服藥，至十二時後得眠，翌晨五時許醒。

近日放屁甚多，今日上、中、晚各下糞一次，不知是腸中有病，抑飲溫泉水不慣之故。

予所作檢查，血、痰、大小便皆正常，痰中無結核菌。

四月廿五號星期四（三月廿六）

在園散步。早餐後與丁瓚、夏康農在園散步。寫靜秋信。到陳育麟處。到針灸室，李魯璵爲針。看報。

未成眠。看魏金枝《中國古代寓言》。勘《孫子吳起列傳》。記筆記三則。

聽《三國》。到院部，看《一朵小紅花》、《春寒》兩影片。十時歸。十時半眠，失眠，服藥兩次，約睡二小時。

今日中午之不眠，係風起吹窗門格格作響所致。晚間之不眠，不知是工作較多耶，抑看電影較久耶？

院中工作人員：林之翰（院長）　王懋昭（副院長）　錢淑蘭（護士長）　朱書情（代護士長）　張敏玉（護士）　賈秀娟（助理護士）馬蔭慶（護士）　馬桂芬（同）　石鳳英（同）　孔祥珠（同）　姚慧生（同）　王西林（醫師）　盧汝鈺（同）　李魯璵（同）　張鴻義（俱樂部主任）　劉蔭熙（理髮師）　辛淑貞（服務員）　莽九霞（同）　董秀英（按摩師）　楊金秀（掌膳食）　巨繩斌（廚師）　毛亞南（院長辦公室）

四月廿六號星期五（三月廿七）

寫靜秋信。到市購物。勘《伍子胥列傳》。到針灸室續針。量體重。看報。

眠一小時。洗浴。按摩。李魯璵診脉。勘《仲尼弟子列傳》半篇。

聽《三國》。與丁瓚、李廣訓談。十時，服藥眠，上午一時許醒。又眠，五時半醒。

今日量體重，予爲一百廿六斤，即六十三公斤。

四月廿七號星期六（三月廿八）

在園散步。到院部問車。到郵局打長途電話與靜秋。扎針。晤吉堃。續勘《仲尼弟子列傳》訖。

眠一小時。按摩。寫靜秋信。看報。

聽《三國》。看《商君列傳》。十時許服藥眠，十二時醒，耿耿達曉。

四月廿八號星期日（三月廿九）

上街散步。與丁瓚、夏康農談話。按摩。寫靜秋信。到王西林大夫處，王大夫來。勘《商君列傳》。扎針。

眠一小時。勘《蘇秦列傳》未訖。欲至大湯山，風大折歸。與陳育麟談。

聽《三國》及郭啓儒講《連升三級》。八時半就寢，仍不能眠，服藥兩次，體操一小時半，至上午二時方得眠，五時許醒。

今日量血壓，爲 148/98，并不爲高，而予失眠乃如是之甚，何也？

今日上午下便三次，溏薄而不粘，殆此間飲食皆爲温泉水，予腹不適應與？

四月廿九號星期一（三月三十）

上街散步。寫静秋、綏真信。到會計處送糧票、油票。到王大夫處診。續勘《蘇秦列傳》，仍未訖。

眠未成。寫静秋信。與高寒松、陶振翼、馮文蔚、劉醒群同到大湯山，至山巔。揀花石。五時歸。

聽《三國》。到全國總工會療養院大禮堂，觀跳舞、聽歌唱。九時三刻，朱護士來打針，十時眠，翌晨五時醒。

前夜眠上半夜二小時，昨夜眠下半夜三小時，出奇！

今日量血壓，爲 130/80，較昨更好，王大夫謂是服藥關係，又謂予之失眠不因血壓，蓋純粹神經衰弱也。

四月三十號星期二（四月初一）

按摩。到王大夫處。續勘《蘇秦列傳》仍未訖。周義中、李廣訓來。扎針，與劉醒群談。

眠一小時，未實。静秋偕堪兒來，同來者丁瓚、馮蘭洲、胡正詳三夫人。偕静秋、堪兒游後園，遇周義中，同乘船。出，上街買物。五時半，静秋等歸。

聽《三國》。洗浴。九時半，打針，十一時半得眠，上午一時半醒，耿耿到曉。

昨日打針得佳眠，而今晚打針後只睡兩小時，何也？

[剪報]　　　1957，4，21《光明日報》
　　　　　顧頡剛談放手貫徹"百家争鳴"

　　　　　　　　　　　　　　　　　本報記者何炳然

（下略，見《全集·文集卷》）

一九五七年五月

五月一號星期三（四月初二）

散步一小時。與丁瓚、林永廣、陳育麟到園東墻外水塘網魚。歸，看《人民畫報》。

眠一小時。勘《蘇秦傳》，仍未訖。陳育麟來。到育麟處談。與育麟及馮文蔚同出，參觀本村中學、中小學，五時半歸。

到俱樂部，看《恭賀新禧》、《游園驚夢》兩影片。打針。十時許睡，翌晨五時許醒。

爲昨夜眠得不佳，今日上午非常疲倦。午飯後得自然睡眠一小時，精神轉佳。

本月新來之休養員：楊祺良（外交部司長）　白淑珍（楊祺良夫人）　比斯瓦斯（印度共產黨）　衛寒民（電力部療養院）　王振華（河北師範學院）　王鈞華（財政部國防司）　于文波　王本江（建築工程部）　黃淑範（北京師範大學教授）　李貞南（朝鮮女子）　陳秀美（廣東黨務工作）　顧佛（地質學院數學教師）　潘寶質　魏恩懋（電力部水電總局）　田文（中央戲劇學校）　白静（教育部計劃處）　張寶田（建築工程部）　柏生芸（計劃委員會）　崔一（朝鮮駐華大使）

五月二號星期四（四月初三）

寫静秋信。與同人在街市散步。看蒙古人就浴。買書。歸，勘《蘇秦傳》訖。記筆記八則。

陳真如、黃居素、黃良庸、羅偉之、又安、洪兒來。寫孟餘先生、錢賓四、董彥堂、雪曼夫婦、吳敬軒、香林夫婦、慰堂、季明、寶璋、簡又文、饒宗頤信。洗浴。看報。

聽《三國》。散步。打針。九時半眠，翌晨四時醒。

昨得佳眠，今日精神一振。

政府派黃居素到港，作聯絡事宜，故真如邀其來此，囑予爲賓四寫信，能回來最好，即不回來亦望改善態度。予因作留港舊友書十一通交之。

五月三號星期五（四月初四）

買書。剃頭。扎針，按摩。勘《張儀列傳》半篇。

眠一小時半。記筆記九則。

到院部看《牛虻》影片。十時歸，打針。十一時眠，翌晨五時醒。

今日上午連續扎針、按摩，故飯後眠得甚佳。

五月四號星期六（四月初五）

寫靜秋信。八時，與院中同人上汽車至飛機場，聽報告，繼至場上看飛機表現技巧，又至飛機下聽解說。下午一時，在場進飯。

二時歸。勘《張儀傳》訖。記筆記二則。

聽《三國》。散步。洗浴。打針。九時半眠，翌晨三時半醒。

今日同游：丁瓚　夏康農　胡正詳　姚向梅　李乾　馮蘭洲　林永廣　馮文蔚　陳育麟　周義中　李廣訓　曾綿才　吳一塵　蕭振乾　連竹營　劉震平　張鴻義　王西林　董秀英　錢淑蘭　楊金秀　賈秀絹

五月五號星期日（四月初六）

寫靜秋信。與康農、丁瓚、醒群、文蔚出觀廟會，尚未開，到小學參觀。醒群來，到醒群處。勘《樗里子甘茂傳》訖。

眠一小時。記筆記七則。與陳育麟等同觀廟會，尚未集。晤夏康農夫人。

聽《三國》。散步。洗浴。打針。九時半眠，翌晨五時醒。

此間本有大辛峰廟會，今廟已不存，廟會改爲物資交流大會。此次自五日至七日，凡三天，而今日至暮仍未集事，殆農民對此已不感興趣乎？

得静秋書，知渠爲顧全一老四小，擬即到民進辭職。渠感情太强，實不能抛家不管，而一做職業，則全天不能顧家，甚至晚上亦不能管。然心則在家，以此公私兩傷。

五月六號星期一（四月初七）

寫静秋信，到郵局寄。看廟會，仍未集。量血壓，扎針。勘《穰侯列傳》訖。記筆記四則。

眠一小時。按摩。寫陶建基信。與丁瓚等看廟會，仍未集。上街買物。看《白起傳》。

聽《三國》。到廟會，看前鋒評劇團演《萬花船》。遇王懋昭、林之翰于劇場。九時即歸。打針。服藥。十一時後得眠，翌晨五時醒。

今日量血壓，爲 138/80，益低矣。予告王大夫，已每晚打派皮吐藥針七天，睡頗好，想釀成非打針不眠之局，奈何？彼謂可逐漸減少其量。

今晚打針後不易睡，不知爲看戲乎？抑針藥減少分量乎？此後當不看夜戲。静秋上星期攜腦力須來，今晚始一用之。

五月七號星期二（四月初八）

點勘《白起王翦傳》。扎針。看劉醒群《五毒説話》。

朦朧一小時。點勘《孟子荀卿列傳》。記筆記三則。

與胡正詳長談。打針。十時眠，翌晨四時醒。

狂風振地，黃沙瀰天，竟不能出外散步。

五月八號星期三（四月初九）

五時起，寫擬作書于册後。到王大夫處診，李大夫爲扎針、按脉。點勘《孟嘗君列傳》。

眠一小時。按摩。洗浴。看王栻《嚴復傳》。點勘《平原君虞卿列傳》。

聽《三國》。到俱樂部，看揚劇《上金山》、楚劇《葛麻》兩電影。九時半歸。打針。十時半眠，翌晨四時醒。

今日量血壓：爲 134/80，按摩至今日已十次，告一段落。李大夫謂我有內熱，故口乾，主用生津之劑。

下午仍大風。

五月九號星期四（四月初十）

寫靜秋信。在園及市散步一周。點勘《魏公子列傳》、《春申君列傳》。記筆記八則。扎針。

眠未着。洗浴。到龍志舟處。

聽《三國》。與龍志舟同到場上，觀鴻艷樵《桃花庵》，八時半歸。與李乾等談。打針。

三日來，趕《史記》工作太甚，一日勘兩篇，又寫筆記，以是今日下午胸口又復悶痛，如前年點《通鑒》時狀。急起洗浴，而夜間失眠又作，打針無效矣。十一時、上午二時連服兩次藥，僅乃得眠。此後萬不可趕，一日以一篇爲宜。當知我體已如破汽車，不可當新車用矣！此是人生悲劇，然凡人老來皆如是，不必悲也。

五月十號星期五（四月十一）

七時早餐（提前半小時）。七時半，與同人北行，到龍泉寺。車中與龍志舟談。在溪邊拾石子。上山。到工地飲茶。十一時半歸。記筆記二則。

眠一小時半。扎針。與志舟、丁瓚同到崇山農業社，與副主任歐慶長談一小時。出，游市街。

聽《三國》。與夏康農同到龍志舟處，長談。十時歸室。打針。十時半眠，翌晨四時半醒。

今日同游者：龍雲　陳天德　任治文　連竹營　吳一塵　曾綿才　裘志明　馮蘭洲　董振九　任文彬　劉醒群　姚向梅　蕭振乾　史修德　林引　王西林　張鴻義

龍泉寺在湯山北十二里，寺已無存，今正建築國際法庭。泉水在溪中冒出，若珍珠然。溪水清澈可愛。山上皆白石，即所謂"漢白玉"也。

五月十一號星期六（四月十二）

寫靜秋信。與林引同散步。記筆記六則。龍志舟來辭別，王戀昭同來。晤孫子書。扎針。

眠一小時。覆看《春申君傳》訖。點勘《范雎蔡澤傳》。

到全總飯堂，看前鋒評劇團演《借衣當》及《蓮花庵》，自七時半至十時。打針。十一時眠，翌晨五時醒。

鴻硯樵演《蓮花庵》中子婦劉氏，甚沈着，其哭頭甚似小香水。評劇中用河北梆子腔也。

此一班子有六十人，而包一臺戲僅八十元。自己演出，如遇風雨，不能上坐，不知如何生活。

五月十二號星期日（四月十三）

視孟寶申疾。與孫子書散步一小時。到市購物，遇馮文蔚、劉醒群。勘《樂毅傳》粗畢。十時，靜秋挈湲、堪兩兒來，伴游全園。同入市購物，五時回城。

眠半小時。馮文蔚離院。

聽《三國》。與丁瓚、陳育麟、林永廣談。看報。打針。九時半眠，翌晨四時半醒。

今日來人：丁瓚夫人及其子宗一　夏康農夫人及其子女　嚴希純（計量局局長）　胡正詳子

城內草紙久無供應，而此間市上尚有，靜秋購十元而歸。

今晚九時半眠後，十二時半即醒。初意恐將不寐，不久又睡着，至四時半方醒。不知是中藥之力歟？抑西藥之力歟？抑金針之力歟？

五月十三號星期一（四月十四）

與孫子書談。將《范雎蔡澤傳》、《樂毅傳》復看一過，記筆記九則。勘《廉頗藺相如傳》半篇。扎針。

孫子書來。眠一小時。與陳育麟到市南散步一小時。劉醒群來。

到職工俱樂部，由錢淑蘭教跳舞。失眠，起看《諸葛亮》第一册訖。服藥。上午一時後得眠，五時半醒。

今夜失眠，當以今日工作過多之故。然晚間同學跳舞之人都失眠，則又似學舞精神緊張之故。

五月十四號星期二（四月十五）

與周義中、李廣訓、丁瓚同划船。看《諸葛亮》第二册。勘《廉頗藺相如傳》、《田單傳》訖。扎針。吳清鍾來。

眠一小時。與同人到八爺墳、定王墳、大柳樹村散步，六時歸。看《諸葛亮》第二册訖。

聽《三國》。洗浴。打針。九時半眠，翌晨四時半醒。

今日同游人：張鴻義　曾綿才　劉醒群　馮蘭洲　連竹營李廣訓　周義中　史修德

日來大熱，穿單衣矣。

五月十五號星期三（四月十六）

記筆記三則。上街散步，買書。理髮。王大夫診。寫靜秋信。扎針。陳源深來。記筆記十一則。

眠一小時。李大夫診。看《諸葛亮》第三册訖。

聽《三國》。與陳育麟散步園内，看牛奶房。回，與孫子書、衛寒民等談。打針。

今日量血壓，爲118/75，爲從來所未有，此可謂療養與休息之功效。

今夜眠又不佳，十時就睡，十二時即醒。茌苒至上午一時許服藥又得眠，六時醒。當有數因，天熱，蓋被則流汗，一也。筆記太多，又感興奮，二也。然讀書不記筆記即不能融化知識爲自己血肉，奈何！

五月十六號星期四（四月十七）

史修德、吳清鍾離院。磅體重。散步。到孟寶申處。看《北京游覽手册》。爲樹幟修改《禹貢制作時代》文，未訖。

眠一小時。與吳一塵、蕭振乾、曾綿才、劉醒群上大湯山，下山繞一周。觀龍泉。五時半歸。

聽《三國》。與陳育麟、王鈞華、錢淑蘭、丁瓚同散步。到院部看晋劇《打金枝》電影。打針。十時眠，翌晨三時四十分醒。

磅體重，得一百廿七斤，比前增了一斤。

《打金枝》演出者爲丁菓仙（飾唐代宗）、冀萍（飾公主）等。此爲山西中部梆子，予尚第一次見。

五月十七號星期五（四月十八）

寫静秋信。散步。與子書談。到李志、李英室。孫子書來。爲樹幟修改《禹貢制作時代》一文訖，即摘要録入筆記，未畢。

眠半小時。

聽《三國》。聽馮鰍心唱歌。到俱樂部參加舞會。打針。失眠。服藥，約十一時眠，翌晨四時半醒。

五月十八號星期六（四月十九）

向王大夫請假。散步。觀丁瓚、王振華網魚，與丁瓚到牛奶房參觀。回，晤安笑蘭之夫王錦江，談。摘樹幟文入筆記訖，即赴郵局寄。

眠一小時半。寫樹幟信，論其文，即鈔入筆記。

聽《三國》。散步。洗澡。十一時服藥眠，翌晨五時醒。

來此一月，生活甚有秩序，血壓已低，中午亦能眠，惟夜眠仍是問題，入睡綦難。現定再休養一個月，甚望能藉中藥及針灸之力擺脱此痛苦也。

五月十九號星期日（四月二十）

散步。聽李乾講釣魚術。整理一月來筆記。九時半，静秋、湲兒、堪兒來，同游園中。十一時半，與静秋等及丁瓚夫人、馮蘭洲夫人同返城。

王修來。一時半到家，二時飯，三時眠，四時起。與雁秋談。看各處來信。黃盛璋來。林文沂來。師哲萍來。

謝友蘭、宋挺生來。失眠，十一時服藥，翌晨五時醒。

返家得讀魯弟書，知景春伯母與午姑母上月聯翩逝世，伯母年九十二，姑母年七十七，予長輩所餘無幾矣！

五月二十號星期一（四月廿一）

理稿件。陳真如、羅偉之來。寫起潛叔、呂誠之、章丹楓信。祝叔屏來。與靜秋到中山公園，看月季花展覽。

眠一小時。寫平心、真如信。與靜秋、潮兒到紅星，看影片《家》。五時半散。予到東安市場，購書及藥。與昌群談。

看馮承鈞《諸番志校注》。十時眠，上午一時醒，發燒。四時後復眠，六時醒。

昨今兩日酷熱，而昨日予在汽車中達兩小時，今日又兩次外出，且在電影院中呆了兩小時，遂致受熱感冒，今夜遂發燒，雖未量，終在一度以上也。

予現在受了一點熱、一點寒就病，抗抵力如此薄弱，老來情味大不可堪！

五月廿一號星期二（四月廿二）

臥床，時時入眠。雁秋來。

眠四十分鐘。二時半，雇汽車，與靜秋同到北京醫院，由高浴大夫診，并透視，六時歸。遇彝初先生、楊鍾健、馮仲雲。賀次君來。

姚紹華來。十時眠，翌晨五時醒。

今日量血壓，爲134/90，較前又高了許多，然而合理。

今早熱高八分，下午仍有四分，惟夜眠極佳，竟未用藥而睡七小時，良不得易。

五月廿二號星期三（四月廿三）

祝叔屏來。鍾天越來。修改《舊日民間文藝必須搶救》一文，送民間文學社。蒙文通來，長談，留飯。

昌群來。寫汪曾祺信。寫第一所信，續假。補記日記四天。

尹達來。九時半服藥眠，翌晨四時醒。

今日熱退，腹瀉尚未止，身體覺軟。

五月廿三號星期四（四月廿四）

師哲萍偕林士均來。北京出版社金光群來，討論編輯計劃。雁秋來。看《説苑》。

眠一小時。到南小街理髮。到伯祥處長談。賀次君來。到蕭鋒處。

全家到中國照相館照相，至則已閉門。到東安市場散步購物。遇孫思白。十時歸，十一時服藥眠，翌晨六時醒。

腹瀉止。

北京出版社欲整理北京歷史，邀予參加，予允將"妙峰山"資料得暇整理，亦結束舊工作之一道。

五月廿四號星期五（四月廿五）

鍾天越來。十時，與静秋同到歷史博物館，看中古期陳列室。十二時歸。遇汪静之。

眠一小時。三時，與雁秋、静秋同到故宮，至鐘錶陳列室及儲秀宮、養心殿等處，在御花園飲茶。與雁秋討論整理稿件事。

洗浴。到王修處。與雁秋、静秋到擎宇家，晤振宇，與新垓談。失眠，十一時半服藥，翌晨七時醒。

予四十年來，積稿達四架，自己無時間無力量整理，雁秋來京後無事，因以委之。

吳歌，予三十年前舊工作也，而未作一總結，今静秋願作，亦以委之。

五月廿五號星期六（四月廿六）

雁秋來，始爲我理稿。將吳歌材料交静秋整理。理稿件。師哲萍來，留飯，爲寫政協信。

姚企虞來。未成眠。續理稿件，略訖。王姨丈、母來，長談。理行裝。楊拱辰來。

與雁秋、静秋及四兒到王府井"中國"照相。十一時服藥眠，翌晨六時半醒。

五月廿六號星期日（四月廿七）

陶才百來。辛毓南、仲勤來。丁太太偕其子宗一來。偕雁秋、潮、洪、湲及丁氏母子上汽車，九時十分出發，十時卅分到小湯山，與同人會晤。偕雁秋到園内散步。到街爲潮兒買書。

雁秋等偕馮蘭洲回城。眠未成。看馮承鈞《諸番志校注》。孫子書來。

聽《三國》。與林引等在園散步。又獨步。看《新序》。十時服藥眠，翌晨五時醒。

今日來此，知小湯山公共汽車已于昨日通車，每晨八時半開，一日有八班，價七角半，此後交通利便矣。

五月廿七號星期一（四月廿八）

在新築公路上散步一小時。到會計室付飯費。與顧佛、王振華等談。到王大夫處診。到飯廳，修改王以中《中國地圖史綱》，未畢。

眠一小時。洗浴。與李廣訓、黄淑範談。

聽《三國》。散步。與任文彬談。九時眠。十時起服藥，十二時半又服藥，翌晨六時醒。

今日當是改稿太多，胸中覺悶，夜睡又屢醒，予其長爲廢物乎？量血壓，爲130/74，更正常。

五月廿八號星期二（四月廿九）

上街買物。理信札，未畢。到李大夫處針。到董秀英處按摩。看《清平山堂話本》，未畢。

眠一小時。與丁瓚、夏康農到大柳樹村散步。

十時半，服藥眠，翌晨五時半醒。

以昨夜眠不佳，今日甚疲倦，故專看小説遣日。

馬隅卿先生在日，曾以影印本《清平山堂話本》見惠，當時未細看，及抗戰時失去。今日乃購譚正璧校注本（上海古典文學出版社出版）讀之，知與《京本通俗小説》俱保存話本之真面目者，實有不少好材料也。

五月廿九號星期三（五月初一）

散步。看《清平山堂話本》訖。寫静秋信。扎針。按摩。到俱樂部看報。

眠一小時半。到李大夫處診脉。到飯廳，聽王大夫講健身法。到孫子書處談。理信札。

與丁瓚、陳育麟、顧佛上街散步。歸，乘涼，談話。九時許，打針，即睡，十一時醒。十二時服藥，翌晨五時半醒。

李大夫謂予脉氣甚好。

五月三十號星期四（五月初二）

到顧佛處。寫綏真信。到王大夫處診。看容元胎所著《李贄年譜》未訖。扎針、按摩。

眠一小時半。與吳一麈、劉醒群、陳育麟、曾綿才、蕭振乾到大湯山拾石頭，自三時一刻至五時三刻。

到院部，看《不聽話的小貓》與《秋翁遇仙記》電影。與王振華談。打針。十一時服藥眠，翌晨五時醒。

今日血壓爲129/68，更低矣。

五月卅一號星期五（五月初三）

上街買物。看《李贄年譜》訖。理信札。扎針、按摩。

未成眠。洗浴。爲樹幟修改其所作《禹貢》論文中之貢物部分，訖。摘鈔未訖。看《水滸傳》。

聽《三國》。與陳育麟散步。與王振華等談話。打針。十時眠，十二時半醒。服藥眠，五時半醒。

今日磅體重，爲124斤，減了三斤。

打針而眠，效力只二小時許。服腦力須而眠，則可終宵。予其不能離此藥矣。

我自己要做的事情很多，別人要我做的事情更不少。我性不能拒絕人，因此永遠忙，也永遠負了工作的債。我的神經衰弱由此益深。最好有幾個人幫助我：

一人——爲我寫信。（公私皆有）

一人——爲我整理書籍文件。（公）

二人——爲我鈔寫資料。（公）

二人——爲我整理資料。（公）

一人——爲我代寫酬應文字。（私）

一人——根據我研究的心得和所集到的資料爲我作研究文字。
　　　　（公）

有了這八個人，我才可以喘氣。可是在今日的情況下，尤其是在領導方面不瞭解我的情況下，如何能有人來幫我！能來幫我的，都是無處投奔，力不勝任的人。因此，一切事都得由我自己作。可是，年紀日高，體力日衰，自己是作不了的了。這真正是一個悲劇！異日，有人可惜我未盡其才者，當知在偉大的時代裏，尚不容盡我之才也。古人云："惺惺惜惺惺，好漢惜好漢。"今日"外行領導内行"，怎麽可以知人，怎麽懂得爲國家愛惜人才！書至此，痛心極矣！

一九五七年六月

六月一號星期六（五月初四）

散步。寫静秋信。摘録樹幟文訖，即書片，到郵局寄。扎針、按摩。

未成眠。校唐兆民《再訪靈渠》、雷震《秦堤靈渠考查報告》。洗衣。鈔李任仁《釋文獻》入筆記。看《水滸》。

聽《三國》。與陳育麟、劉雲平同到小學觀賽球。歸，與孫子書談。打針。十時眠。上午二時醒。服藥，六時半醒。

今日打針後能睡四小時。然夜尚長，不能不再服藥。從今日起，停中藥湯，改服天王補心丹，每日兩顆。

邇來睡醒時兩肩項背均有汗，昔日盗汗症復發也。

六月二號星期日（五月初五）

王振華、顧佛來。與王振華、顧佛、馮蘭洲、郭玉民同游小學。與馮蘭洲、顧佛同游大柳樹村。十一時歸，静秋偕王煦華來，待已久。同游園中。爲煦華寫張次溪、姚企虞信。

眠一小時。寫殷綏真、侯芸圻、葉譽虎先生信。送静秋、煦華上車站。上街買書、紙。四時半，車開。看《諸番志》。

聽《三國》。與王本江在園散步，看育麟等捕魚。歸，育麟來贈魚。看《水滸》。打針。十時眠，二時醒。復睡，五時半醒。

静秋堅不令予修改王以中《中國地圖史》稿，不得已，以此事委之芸圻，不知見允否耳。

　　煦華以接受李大釗遺物展覽來京，下月初移至滬上，在歷史文獻圖書館展覽。

　　在大柳村看菜擔，滿擔皆茴香草，每斤價三分，向各家易鷄蛋，每個價五分，即以三蛋易茴香草三斤。鄉民云：蛋價市場價六分，茲以易菜故貶值。此擔乃合作社所辦，諒菜價亦低于市也。以物易物，不用錢幣，茲乃見之。

六月三號星期一（五月初六）

　　散步。上街買魚缸。與田文談。與子書談。寫姚紹華、辛田、次君、起潛、樹幟、何叙父信。扎針。

　　未成眠。晤黄家駟。按摩。看郭嵩燾《史記札記》校樣。寫次君、朱襲文信。獨步，北行到後牛坊村。

　　與趙增嘏等同到園看賽船。回舍又談。服藥、打針。十一時後眠，翌晨五時醒。

　　小湯山出鬥魚，許多同人均捕養，予未養也。昨日陳育麟、李英、陳秀英三人所得皆以與予，予遂不得不買一缸貯之，又多一事矣。鬥魚性猛烈，富鬥爭性，遂受黑魚之侮而不屈，仍尋黑魚子食之。

六月四號星期二（五月初七）

　　洗浴。看《水滸傳》十回。扎針。

　　眠一小時。王本江來。與王寶繁談。理髮。

　　聽《三國》。因雨，與陳育賢在廊下散步，談。十時，打針眠，翌晨三時半醒。

　　昨日多寫信，又看郭嵩燾《史記札記》稿，心中一急，心就發宕。今日精神不好，只得多看小説矣。

　　近日新來之休養員：趙承嘏（藥物研究所所長）　黄家駟（上

海醫學院院長） 梁伯强（廣東醫學院院長） 李辛之（第一機械
工業部） 范少泉（第三醫院醫師） 黃升仁（保健局處長） 應德
田（人民出版社），張光敬 王一夫（內務部副部長） 張志海 王
寶榮 閻凱豐（建築工程部） 趙樹棠（衛生部中醫司） 周玉英
（石油工業部） 于鳳英（化工學校黨支部） 張懷璋（高級黨校）
李振三（中醫研究院副院長） 徐達（手工業總社工藝美術局）

六月五號星期三（五月初八）

看《水滸傳》五回。寫靜秋、自珍信。爲民進填北大校友在京
者現職。扎針。到夏康農處，遇張雲川。

眠一小時半。按摩。雨中在園散步。寫翁獨健、吳辰伯、辛仲
勤、政協會刊編輯部信。

聽《三國》。與丁瓚、顧佛、李辛之、黃家駟打撲克。十時，
打針眠，上午三時三刻醒。

下雨兩天，氣候陡寒。

六月六號星期四（五月初九）

夏康農來。到王大夫處診。寫魯弟、于鶴年、歷史教學編輯部
信。扎針，與李大夫談。寫靜秋、又安信。看《水滸》八回。

未成眠。寫馬彝初先生信。到郵局寄信。鈔函稿入日記。寫上
海人民出版社、于思泊信。

聽《三國》。與丁瓚、夏康農、王一夫、陳育麟在園散步。十
時服藥眠，翌晨四時三刻醒。

今日量血壓，爲 132/80，較前稍高。

王大夫亦説多打派皮托針不好，可與李大夫商，用彭澤民爲
謝覺哉所開之方，彼固以西藥無效而服彭方獲效者也。

自今日起不再打針，服 Amytal，又每日服人參精三回。

六月七號星期五（五月初十）

看《水滸》三回。與趙承嘏談。寫思泊第二信。扎針、按摩。換金魚缸水。周義中出院。

眠一小時。寫張又曾、程金造信。與夏康農、李廣訓、顧佛、王振華、王鈞華、陳育麟到後牛坊散步，看打井水，參觀小學及雜貨商店。自三時半至五時三刻。

聽《三國》。與陳育麟等在園散步。十時服阿米他爾丸眠，翌晨五時醒。

後牛坊在療養院北，約三里，其地井水不爲温泉，無氟，對牙齒有利（湯山附近之人牙多黑），本院用水取于是。村約四百户，房屋多磚砌，有商店及小學。但聞缺糧户占半數，何也？

六月八號星期六（五月十一）

出西北角門，到堤上散步。看《水滸》三回。雁秋、静秋來，長談。扎針，與李大夫談。

眠一小時。送雁秋、静秋上站。與同人到小湯山，在石壁陰凉處，予與康農、蘭洲各談少數民族風俗。五時半歸。與應德田談。

聽《三國》。與陳育麟、王繼先、丁瓚同在園散步。九時服腦力須眠，翌晨四時半醒。

今日同游：張鴻義　孟寶申　王振華　顧佛　丁瓚　陳育麟　王一夫　夏康農　馮蘭洲　劉醒群　應德田　曾綿才　楊祺良　王寶榮

此間亦有灌溉工程，蓋利用秋水，築堤引之者。橋旁有小石孔，則水大漲時宣泄于小溝者。

今年小麥因春寒大壞，瘦小若亂草。土豆（此間稱爲山藥，故有山藥蛋之名）、青麻、高粱、豆子，今正發育。

六月九號星期日（五月十二）

上小湯山，又到大湯山附近散步。與陳育麟、劉醒群步至蕭家村及香屯。遇雨，至合作社避。八時往，十一時歸。馮世五、賀次君來。

與黃淑範談。朦朧半小時。與世五、次君談。看報。孫子書來，長談。看《諸番志》。晤吳一塵夫人及其子女。

聽《三國》。與育麟、王繼先、林引到園散步，上山。九時半服腦力須眠，翌晨五時醒。

本院東北爲蕭家村，其東爲香屯，蕭家村一百八十戶，香屯四百餘戶，房屋整齊，似頗殷富。前數日此間演馬戲，今前鋒評劇團尚在演也。其東爲順義縣境。

院中種蜀葵花，有白、黃、粉、紅、紫、黑諸色。每枝花朵甚多，茂盛有若牡丹，徘徊其下，殊賞心也。

六月十號星期一（五月十三）

寫侯仁之信。校《湘灕溯源》文。鈔《興安古迹采訪去來》文。送丁瓚、夏康農、李廣訓進城。與丁太太談。扎針。

眠一小時。裝《興安古迹考》成冊。鈔《廣西文獻通訊》資料入筆記，三條。張鴻義來。與張懷璋談。

聽《三國》。與趙承煆同散步。與王一夫長談。九時半服藥眠，翌晨四時半醒。

近數日睡眠頗好，得無人參精之效耶？

近日新來之休養員：吉翔　李天相（最高檢查院）　劉建勳（教育部民族教育司）　施達偉　曹肇球　廖憲民　黎樹（越南勞動黨人）　許丁（同上）　劉士杰（廣州市委）　黃靜英（外文出版社）　陳維昕（中央宣傳部）　雷汀　張任

六月十一號星期二（五月十四）

在園散步。寫靜秋信。到王一夫處談。鈔《廣西通志館館刊》資料入筆記。蘇良赫、顧佛來。扎針。與張敏玉談。到顧佛處與蘇良赫談。寫朱襲文片。

眠一小時。林引出院。到郵局寄信。算賬。到小湯山人民法庭參觀。與育麟、本江、醒群到園中林下坐談。續鈔《館刊》入筆記。

與同人到後牛坊散步，自六時半至八時半。十時半服藥眠，翌晨五時半醒。

今晚同游者：張鴻義　劉醒群　曾綿才　應德田　王本江
任文彬　閻凱來　周玉英　連竹營　裘克明　張光敬

六月十二號星期三（五月十五）

看院中職工清理池泥。散步。到小湯山法庭，聽瓮桂英請求與齊廷亮離婚案。扎針。續鈔劉介《廣西兩大系派民族的由來及其文化的演進》約三千字。

眠一小時。到法庭，聽張益中請求與何淑蘭離婚案。到李大夫處診脉。

聽《三國》。與育麟、一夫、繼先、本江到大街南散步。到院部看墨西哥片《力命之力》。十時半歸。失眠。十二時服藥，五時許醒。

院前兩池係溫泉之眼，久不疏浚，污泥累積。今暫停用水數日，涸而去之。職工肯親身勞動，殊可喜也。

數日來眠得均好，今晚一看電影便壞，以後還以早眠爲宜。

六月十三號星期四（五月十六）

散步。與范少泉談。安笑蘭出院。到王大夫處診，與于鳳英談。扎針。寫靜秋信。續鈔劉介《廣西民族》文二千六百字，訖。

眠一小時。到法庭，聽楊春章請與王秀蘭離婚案。

聽《三國》。與陳育麟、王本江到大柳樹村散步。與胡正詳談。九時半服藥眠，翌晨三時醒。

今日量血壓，爲128/68，較前又低，而與五月卅日所量同。

大柳樹村，大樹已不存。村之面積頗大，而僅八十餘户，故各家多有菜圃。村民多作手藝，耕地不多，缺糧户衆。

連到法院聽三次離婚案。其一爲女訴男，則以男本白痴，不當結婚，初以翁姑待之優，不忍離，今翁姑既没，乃求去。堂上准之。其二、三皆男訴女，而男皆惑于母言，一准離，以雙方感情已裂，且無子女也；一不准離，以其有子女，且感情未十分決裂也。姑媳間之痛苦，自昔已然。今日之案，則以女方參加農業勞動，某日逢雨，持有一傘，與一男社員同行，爲姑所見，張揚其有私，而夫信之，浸相疑忌，則新社會與舊思想之衝突也。

六月十四號星期五（五月十七）

大雨。鈔《王會》未畢。與張懷璋、李振三談。鈔劉介《廣西縣名考原述略》，五千餘字，訖。

眠二小時。記《湯山小記》第二册畢。

聽《三國》。與育麟、本江到軍委職工宿舍散步。遇車榮濬、黃慰仁。十時服藥眠，翌晨六時醒。

上午大雨，天氣轉涼，午眠竟至二小時之久，前所無也。

今日小莽承王一夫副部長之命，搬一方桌來，予乃得正式工作，不必欠身爲之，甚可感也。

六月十五號星期六（五月十八）

散步。量體重。鈔《王會》訖。静秋來，同到湖中采水草。同至市，至合作飯店午餐。

眠一小時。寫陳真如信。與靜秋同到顧佛處談。四時，送靜秋上車站，遇正詳、綿才入城。洗浴。寫德輝信。

聽《三國》。出席文娛晚會，聽比斯瓦斯唱歌，予講故事。十時眠，失眠，服藥兩次。十一時後眠，翌晨六時醒。

今晨磅體重，予仍得百廿四斤，飯量增而體重不加者，郭玉民謂係活動太多所致。

靜秋來言，擎宇自上海回，爲言丹楓囑告，陳銘樞是政客，予忌者橫集，專在尋錯頭，最好不與打交道。上月陳氏到予家，予曾以《歷史地圖》不出版事告之。靜秋囑予即致一函，此事不必在本屆人大會中提起，緣擎宇言，此書已有公開發行之可能，不必再生是非也。予已息影，而忌者仍多，殊可哂。

六月十六號星期日（五月十九）

八時。與陳育麟、陳秀美、劉醒群同出，到鎮南之北馬坊村，入三義廟小憩。十一時歸。何叙父與其子仲山、女敏、孫迪及司機蘇鴻恩來，同到十三陵，飯。

游長陵、景陵（宣宗）、永陵（世宗），茶于長陵門外，與叙父長談，商量其發言稿。遇熊克武、劉文輝及其子。六時半歸，導游全園。渠等別去，予入食堂飯。

與育麟、繼先、少泉在園散步。回，與少泉長談。歸室，翻《水滸》。十時半眠，服藥眠，翌晨六時醒。

北馬坊戶四百餘，而缺糧戶占百分之七十。此間尚比較有水，而猶如此，北方生產力之薄弱可知矣。

六月十七號星期一（五月二十）

看昨日報。孫子書來，贈其所編《中國通俗小說書目》。與林之翰談。理髮。鈔梁岵廬論西隆爨文兩篇。

未成眠，看報。翻孫子書《小説書目》。

聽《三國》。與育麟、繼先到公路散步，自七時至九時。十時服藥眠。上午二時半醒，又眠，六時醒。

兩天不務正業，今日便心野，憚于作事，以此知静與動不能兼爲，猶之方與圓不能兼畫也。

近日報上，反批評章伯鈞、章乃器、儲安平、陳新桂、陳仁炳等反黨、反社會主義者之文字甚多，因以半日之力細看一過。譚惕吾主張不要以黨代政，黨員要守法，亦列入右派分子中。予不解政治，想來此等人之背後必有組織在，故必須大張旗鼓而攻之。若陳銘樞所謂"整風期間，只談缺點，勿談優點"，乃用思想改造時黨員對知識分子之語，而亦列爲反黨之柄，何也？

六月十八號星期二（五月廿一）

與育麟到黃淑範處問"乾坤杵"事。寫静秋信。與王懋昭談。鈔《廣西通志館館刊》資料約四千字入筆記。

眠一小時許。與孫子書談。

到圖書室，聽毛主席論文廣播，又看報，與張鴻義談。失眠，十一時後服藥兩次，得眠，翌晨六時醒。

今晚毛主席論文廣播，時間幾三點鐘，又看報上記章伯鈞、章乃器事，凝神過久，便又失眠。此後夜中不但電影不能看，即廣播亦不能聽。

六月十九號星期三（五月廿二）

略翻《水滸傳》。張鴻義送《人民日報》（載毛主席文）來，一看。張敏玉來。摘鈔劉介《自明以來的廣西僻姓》，約三千五百字。

眠一小時許。到李大夫處診。寫朱襲文信。到郵局寄書。曾綿才返院。整理《湯山小記》第二冊訖。

與同人到定王墳散步。與史修德長談。十時服藥眠，上午二時爲蚊嚙醒。天明又眠，六時醒。

摘鈔《廣西文獻》及《廣西通志館館刊》約費時七天。今日寄出，還了一筆債。此二書在北方不易見到，故必須鈔録也。廣西甚多好學之士，惜不爲外間所知耳。

今日同游：王一夫　劉醒群　張鴻義　陳秀英　楊祺良　白淑珍　吳一塵　應德田　王繼先　廖憲民

六月二十號星期四（五月廿三）

到王大夫處診。賈秀娟來。張鴻義來。整理《緩齋雜記》第六册畢，約書三千二百字。

未成眠。寫静秋信。到法院旁聽，因當事人不到，待一小時許而散。與顧佛、白静、劉士杰談。

洗浴。與育麟繞行全湖。與王一夫談。看《水滸》。失眠，服藥兩次，十一時後眠，翌晨六時許醒。

今日量血壓爲128/78，低壓較前爲高，或昨夜未能安睡所致乎？

今日熱至華氏表八十六度，失眠殆以此乎？

得静秋信，悉十五日回城後上吐下瀉，到昨日尚未平復。蓋由家來此須換三次車，大熱天易感暑熱，且上飯館進食亦太膩，易渴，故胃病遂發。予勸其本星期不必再來。

六月廿一號星期五（五月廿四）

寫《緩齋雜記》第六册序訖。到人民法庭，聽王家耕與王寧氏（其父代表）離婚案。劉醒群來。黃淑範來。續記《廣西視察日記》約二千字。

眠一小時。到人民法庭，聽孫淑蘭與張桂柱離婚案。五時，與王一夫同回。

聽《三國》。出席院聯文娛會，予講"民國初年之北京"。與育麟繞行全湖。回，與劉醒群、徐達談。十時半，服藥眠。上午二時半醒。又眠，六時醒。

今日所聽，上一案爲王寧氏嫁廿一年，近三年發瘋，其夫王家耕請離婚，判其月貼十元作寧氏生活費，婦歸母家。并售屋，以三百元與之。下一案爲孫淑蘭嫁一年，失歡翁姑，翁姑揚言其私事，因請離，其夫亦同意。判張桂柱給予三十元，作半年食糧。

自五四運動後，城市中男女社交公開，城市之離婚案日多。自農業合作化後，農村中男女社交公開，男勞動力與女勞動力既不可截然分開，勢必接近，而翁姑見子婦與他男子接近，讒于其子，而離婚案亦遂日多。在此過渡時代，夫婦之道苦矣。

六月廿二號星期六（五月廿五　夏至）

續寫《廣西視察日記》約四千字。劉醒群出院。

未成眠。寫靜秋信。到人民法庭，聽張光普與周秀琴離婚案。與應德田談。四時歸，續寫《視察日記》二千字，第一册寫畢矣。

聽《三國》。與陳育麟、王一夫、徐達同到公路散步，自七時至八時三刻。歸，與李志、賈秀娟談。十時服藥眠。翌晨四時醒，五時又眠，六時醒。

周秀琴與姑不睦，姑憤而他居，周又不負家事責任，夫婦感情破裂，同意離婚。惟生有一歲餘之子，判歸周撫養，張月貼三十工分。此間每工分僅一角五分，爲四元五角。張從事農業勞動，年可得一千五百工分，惟尚有母、妹，妹在中學讀書，故負擔殊重。

去年到廣西，酷欲寫一視察日記，惜無暇晷，僅自十一月二十一日出發寫至十二月三日在水口。近二日補寫，自三日續寫至九日由寧明返憑祥，又得八千字，而此一格本盡矣。予此行首尾六十八日，今不及二十日已占一册，則全文當書成四册矣。他日更加增補，廿萬字不難成也。

六月廿三號星期日（五月廿六）

八時，與張鴻義、黎樹、許丁同到蕭家村，入關帝廟，至小學課堂小憩。遇彭副院長、李乾在蕭村釣魚。繼至香屯，參觀合作社，至昊天上帝廟，由小學教師趙、楊、石諸君招待飲茶，由尹玉嵐導至其家，又至合作社牲口房參觀。十一時三刻歸。

眠一小時半。與黎樹同到人民法庭，聽路瑞蘭與張福長離婚案，自二時半待至三時三刻方開庭。與顧佛、應寶田等談。五時半歸。看所寫《廣西視察日記》。與李志、胡正詳談。

聽《三國》。因雨，在廊下散步。看《水滸》，爲待護士來，取藥，看多了一些。十時半眠，失眠，至十一時半，服藥兩次方得眠，翌晨六時一刻醒。

與香屯小學教員談，每一教師，薪水高者達五十三元，低者爲卅二元。當地農民，每月可向社支四五元，年底勞動力高者可分二百餘元，低者一百餘元。以故，各家皆有煤油燈、手電筒、雨傘、雨鞋，此皆以前所未有者也。然以社論，還是缺糧户多，則華北農業生產量低，只能望其逐步提高耳。

路瑞蘭本寡婦，當日本投降之前一年，因撫育遺孤，生活困難，嫁與張福長，然路爲北京城内人，到小湯山鄉生活一切不適合，與農民之丈夫無感情可言。徒以將前夫之子帶來，苟安一時。及解放後，路在城找得保姆及打綫工作，收入較優，其子又死，對家庭毫無留戀，故堅決請離婚，其夫雖不願，庭上卒判離，以其在生活上毫無共同點，不能與張作伴也。張年五十七，路年四十九，垂老而離，城市與農村之矛盾可知。

六月廿四號星期一（五月廿七）

洗澡。寫靜秋信。與孫子書談。記筆記三則。

眠一小時半。送陳育麟行。到法庭，聽王文惠與邸春生離婚案，與應德田談。上街買書。歸，看錢靜方《小說叢考》等。張鴻義來。寫靜秋信。

聽《三國》。與范少泉、王繼先同在園中散步。看葉景葵《卷盦書跋》。失眠，十一時半，服藥兩次眠。翌晨六時醒。

予與孫子書，同爲神經衰弱，彼看半小時書即感頭暈，走不動路，眠不服藥；我適反之，愈作愈有精神，而興奮之下不能成眠。此兩種類型也。

王文惠爲有夫之婦，其夫出外不歸，生活不濟，與邸春生（其夫之姊夫）苟合，生二子。其夫知之，于一九五二年與離婚。然邸有原配，不能正式結婚。邸本小販，擺攤爲生，近年所營聯合，月入才三十元。王在城幫工，亦無定業，庭判月貼撫養費四元，王不滿意。

六月廿五號星期二（五月廿八）

到王振華處吃菠蘿。到史修德處。與林之翰、胡正詳談。九時，到法庭，聽文淑珍申訴與趙春成離婚案。與黃升仁、李振三談。十二時，判畢。歸飯。

眠一小時半。到郵局打電話與靜秋。到市購物。張懷璋來，長談"老子"等問題（原名志運）。記筆記一則。

聽《三國》。與李振三談。與范少泉、比斯瓦斯等散步。九時半服藥眠。翌晨二時醒。又眠，四時三刻醒。

文淑珍嫁趙春成二年，無子，以趙不肯勞動，思想落後，不任入團及民校，時常吵鬧，請離婚，并有律師作代表。趙則不願離，審判員張明達判不離，以其夫婦感情尚未壞至不可收拾也。

然文無挽回意，擬上訴。

　　此間農民在合作化後，最多得二千分，即三百元。如一家勞動力多，所入亦可觀。今日庭上，文訴趙不肯勞動，趙辨謂，去年得一千八百分，文謂渠母之工分亦記在兒子賬上。文則一年得七百分。

　　本意明日歸城，嗣以明日旅行十三陵，衆意邀予講解，因打電話與靜秋，索性星期日歸。

六月廿六號星期三（五月廿九）

　　六時一刻早餐。六時四十分開車，七時四十分到長陵，予爲同人講述歷史。上長陵、景陵。十時半歸，飯。乘車到永陵，上寶頂。到石牌坊，照相。下車一時歸。

　　眠一小時。看報。看次君《括地志輯釋》，記筆記六則。爲比斯瓦斯寫中國戲劇關係圖及《白蛇傳》節略。

　　聽《三國》，未終。上街購書。到孫子書處長談。九時半服藥眠，翌晨五時醒。

　　今日同游：史修德　黃靜英　白靜　曾綿才　連竹營　王寶榮　閻凱雲　陳維昕　蕭振乾　李振三　張懷璋　劉士杰　馮蘭洲　張克敬　徐達　吳一塵　李天相　于鳳英　張任　周玉英　孟寶申　張寶田　顧佛　王振華　王繼先　廖憲民　雷汀　比斯瓦斯　胡正詳（以上休養員）　陳鴻義　盧汝鈺　賈秀娟　孔祥珠　姚慧生　張敏玉　郭鳳鳴　劉蔭熙　巨繩斌　杜國曾　王品良（以上職工）

六月廿七號星期四（五月三十）

　　到王大夫處診。到李大夫處診脉。看《括地志輯釋》，記筆記十則，約三千字。張鴻義來。

良久始入眠，眠一小時許，三時起。寫静秋、侯仁之信。與馮蘭洲同到郵局打電話。送孫子書返校。與白静、李天相談。到黄淑範處談。

聽《三國》。散步，遇顧佛、王振華、馮蘭洲、周玉英等，談。回至門口，與王一夫、胡正詳談。十時，服藥眠。翌晨五時醒。

今日量血壓，爲130/80，較上回稍高。中醫亦謂予脉甚好。舌上近亦有津液。中午睡眠好。晚睡雖須服藥，但既眠則甚酣，且必天明後始醒。此來小湯山休養兩月之功效也。

六月廿八號星期五（六月初一）

寫上海人民出版社、次君信。寄出《括地志輯釋》。到劉蔭熙處理髮。洗浴。鈔廣西省民間文藝會演節目單入筆記，四千餘字。

眠一小時許。看報。到飯廳進冰淇淋。到周玉英處。到張懷璋處。

與張鴻義等到大湯山散步，八時半歸。與陳維昕、黄静英等談。九時半服藥眠，翌晨三時半醒。

今日同游：張鴻義　馮蘭洲　王振華　陳維昕　陳秀美　陳譚　黄静英　閻凱豐　周玉英

大湯山麓石洞中流泉，雖方廣不及半畝，而流量不小，由溝通至隴畝間，稻田生產受惠不少，當地人食飲亦取于是。湯山附近多鹼地，生產受限制，故各村多缺糧户，惟大湯山村多餘糧户。據農人云：此泉冬暖夏涼，水至清，如玉泉。

六月廿九號星期六（六月初二）

到顧佛處，與馮蘭洲、王振華、張辛之等談。記筆記三則，將《湯山小記》第三册記畢，即加整理。賈秀娟代向會計處算賬。王振華來談。

眠一小時。看報。顧佛來談。理物。張鴻義來。到李乾處。到胡正詳處，并晤王一夫。出，與王懋昭院長談。張懷璋來。

與黃靜英、陳維昕、王繼先到小湯山散步。歸，到禮堂，看跳舞，張鴻義教予舞。到門口，與史修德、顧佛、王振華、馮蘭洲等談。十時服藥眠，翌晨五時半醒。

《湯山小記》，五月十九日畢第一冊，六月十九日畢第二冊，廿九日畢第三冊。中間又寫畢《廣西視察日記》第一冊，《緩齋雜記》第六冊，固是鈔集材料，而兩個月中寫字十餘萬，可見予只要有空閑，便易做工作。

報載人民大學法律系四年級女生林希翎（亦名程海果）大發反社會主義謬論，渠曾住譚惕吾家，與黃紹竑亦有往還。予前覽報，覺民盟章伯鈞、羅隆基、儲安平等有組織，有陰謀，而民革若龍雲、黃紹竑、陳銘樞、譚惕吾等不過説話隨便，似不當同等看待。今觀人大揭發，殆不其然。論世知人，戞戞乎難哉！

六月三十號星期日（六月初三）

理物，王振華來助。寫《湯山小記》第三冊小叙。李乾、李志、范少泉、柏生芸、吳一塵、徐達、比斯瓦斯等來告別。馮蘭洲、胡正詳、黃靜英、王振華、顧佛同照相。靜秋來，九時半上車，十一時到家。馮蘭洲同行。與雁秋等談。與靜秋到黃宅午飯。遇祝叔屏。

眠一小時。賀次君來。殷綬真來。理物。

洗浴。十時半服藥眠，上午二時醒。又服藥，六時醒。

在湯山住兩個月，習慣矣，回到家中，反覺不能寧定，夜眠亦不能佳。以此知求心定，必須生活安定，而治學之事必須心定乃能爲之，與政治活動截然不同也。

今午同席：予夫婦及潮、洪、湲（以上客）　黃秉維夫婦及克平、以平、永平（以上主）

一九五七，六，四，静秋來信云：

望你好好休養，切勿多攬事，自找苦吃。你這大年紀，又有一群小兒女，總要善自安排，切莫一切放不開，或不好意思，爲人作嫁，爲一切人使用。等你累垮了，誰有力來幫助你。你現在正是一刻千金的時候，若是無限度地花費掉了，便太可惜。我們是夫妻，我是赤誠地爲你打算，也就是爲我自己打算，更是爲我們的下一代打算。……你的年齡已不容許你再多繞彎路了，更不容許你開無限公司了。你要做的事情太多，你所關心的人也太多，但你應當考慮一下你的時間精力，絕對滿足不了這許多人的希望。

一九五七，六，六，致于鶴年先生書云：

（下略，見《顧頡剛書信集》）

一九五七，六，六，與誠安弟書云：

（下略，見《顧頡剛書信集》）

一九五七，六，七，與于思泊先生書略云：

（下略，見《顧頡剛書信集》）

來小湯山後頗得閑暇，因將平生寫作及欲寫作者開列出來，如下目。倘科學院能助我作，最好。否則只要我自己有錢，亦可請人助我作。若兩望皆虛，則存此一目，亦望後人之爲我補些缺憾也。

甲，古籍類：

1. 古籍彙函——將漢以前古籍，用善本作底而標點之，分類編函，刊出白文，以利繙讀。此即"十三經白文"之擴大。

2. 古籍考辨叢刊　集合前人考辨古籍年代及著作人年代之文或專著，分集出版。在我生時，希望刊出十集。以後望有人繼續編纂。

3. 古籍年代略説——此係集合昔人考辨文字，抽其精粹，敷之系統，爲後學者作啓蒙工作之讀物。

4. 經學史——不須太完全，只將經學史中之要點抉出即可。

5. 古代文類編——將古籍中成篇者拆散分類，以便各種專史家之擷取。

6. 古代文類編選注——將古籍中有學術價值，爲後生所必須讀者，選爲一集，加以注釋，以供大學生及研究所實習生之諷誦。

乙，古史類：

1. 古史勘——此可分"殷周史事勘"、"春秋史事勘"、"戰國史事勘"、"西漢史事勘"、"東漢史事勘"、"三國史事勘"六册，凡一人、一事而有若干種記載者，皆列爲一表，使比較之下，異同之點突出，爲研究古史者之必備參考書。

2. 古史資料選讀——凡後學者着手研究中國古史所必須讀之資料，皆標點加注，分信史、神話、傳説等類，且載考辨文字，使一讀之下即得其鈐鍵。

3. 古史論文集——此爲我研究古史所作論文之總集，須加修改。

4. 三皇五帝考——此爲我昔年所作《三皇考》及《五德終始説下的政治和歷史》之合編，且加以修正補充，使此問題達到解決之地步。

丙，《尚書》類：

1. 《尚書》文字合編——此爲予昔年與起潛叔合作之工作，舉凡漢魏石經、敦煌寫本、日本古寫本、唐石經、書古文訓之古文一起輯出，以利對勘。

2. 《尚書》集解——將前人解釋，按其主張異同而分列之，使一目朗然。其錯誤顯著者則辨之。

3. 《尚書》校譯——分校勘、解釋、標點、翻譯、批判五步驟。

丁，《春秋》類：

1. 《春秋經》通檢——分詞作索引，使與已出版之《尚書通

《檢》并列。

2. 《春秋經》本事——以事釋經，去《左傳》中之不可信者與其不釋經者，《左氏》以外有可釋經之史料亦補入，使春秋時史迹得一整理。

3. 《左傳》簡注——選古今注傳者，并加入自己見解，成此一編，以利初學。

4. 假定本《國語》——《左傳》本由《國語》抽出，略經修改，今試去其羼入，還之本書。以材料不足，有些地方只能憑主觀取捨，故曰假定。

5. 春秋史——將童丕繩《春秋史》修改，并加年表、地圖、世系表、官制表等，以備斷代史之一格。

戊，《史記》類：

1. 標點本《史記》注——即今日所爲，供今日之需要者。

2. 《史記》三家注彙校——分三家注爲三書，以測定其底本，并將唐宋以來諸本詳細校勘，評其是非，即今賀次君所爲者，予爲勘定。

3. 《史記》新注——寫定一本于彙校之後，大删舊注，增列新注，一掃塵霧，希望以此接近司馬氏原著。

4. 《史記》索引——分人名、地名、官名、書名、器物名等類，以利尋索。

己，古代史書類：

1. 《世本》彙輯——清代輯《世本》者多家，互有短長，兹加以比較，取其決然可信者爲一書。其疑似者作附録。

2. 《天問》注——集合各家説，回復其神話之真面目。

3. 《古本竹書紀年》集注——王國維輯本太簡，且有漏略，應補正。雷學淇雖釋《今本紀年》，其中不少精密之考證，可移注《古本》。徐位山及陳逢衡書亦有可取者，應斟酌損益，成此一書。

4. 《逸周書》集注——作者多家，可事抉擇，使此書可讀。

5. 《穆天子傳》集注——同上。

6. 《汲冢竹書》彙編——除集録原書及佚文外，并及出土記載
與考論諸家之記載，爲現存之汲冢文獻作一總匯。

庚，戰國史類：

1. 戰國年表，附地圖——集合原始材料及各家考證，決定戰
國之年曆，其未能解決者或更考，或存疑。

2. 先秦諸子學案——將關于先秦諸子之文字盡量輯出，後世
評論諸子者亦擇要録入。

辛，古地理類：

1. 《山海經》集注——除集合諸家説而選録之外，更分析其孰
爲事實，孰爲想象。希望《山經》、《海經》各能作爲總圖，
以顯出彼時人之世界觀。

2. 《漢書地理志》通釋——除爲本志詳細作注外，更注意于經
濟、人文之地方性，使讀者對于漢代地理有全面之瞭解。

3. 《水經注》讀本，附地圖——除便學者誦習外，并指出酈氏
誤信處。

4. 古行記彙編——繼續丁謙、王國維之工作，使亞洲地理之
中國記載得有一定本。

5. 古代地名彙考——凡漢代以前地名，集録前人之考釋而更
考定之。

6. 古地理論文集——集合我昔年所作研究論文，并加修改。

壬，考證學類：

1. 考證文選——選前代學者精粹之考證文字，并加標點注釋，
使後學者尋得門徑。

2. 清代樸學家著述考——按人分列，如《經義考》例録其序

跋，并録其目録、版本，使每一學者之工作精神及其成就躍然如見。

癸，民俗學類：

1. 孟姜女故事考——分時代與地域兩部分，作系統的叙述，爲故事演變作一示範。

2. 吳歌集——集録蘇州歌謠約四五百首，并加研究，爲地方歌謠之采集示範。

子，地方史類：

1. 蘇州史話——一部中國文化史，蘇州可居一半，應加以活潑的叙述，以見蘇州在中國之地位。

丑，筆記類：

1. 景山日諸——此爲一九一四——二六年筆記之總集，其時住景山東街及大石作，皆景山左右也。此時學甚幼稚，實不足存，所謂"敝帚自珍"耳。

2. 勺園叢考——此爲一九二七——三七年筆記之總集，此部分抗戰時已略有遺失。其時正集中精神治古史。以在燕大八年，故用勺園名。

3. 浪口村隨筆——此爲一九三七——四七年筆記之總集，以始作于昆明，故被以此名。抗戰及內戰中，生活極不安定，得此一編已不易矣。

4. 法華讀書記——此爲一九四七——五四年筆記總集，其時居上海武康路，屬法華鄉。先治《尚書》、《史記》，後作《歷史地圖》，所考以地理問題爲多。

5. 朝陽類聚——此爲一九五四年後所作筆記。研究所及寓舍皆在朝陽門附近也。

寅，生活類：

1. 緩齋日記——約自一九一八年始，間斷處甚少。

2. 緩齋自訂年譜——約縮日記爲此，以利尋檢。

3. 顧頡剛自傳——予一生經歷封建社會、資本主義社會、社會主義社會三個階段，無物不變。抗戰前所集材料雖已損失，但還有些印象，如不寫出，將來人要認識此大時代之發展及當時人物之心理即不易爲。予生丁此代，治學苦難，而幸得觀此天翻地覆之大變，際遇可謂空前絕後。如不寫出，辜負時代甚矣。

4. 緩齋藏書記——予一生好藏書，其中艱苦非他人所知，且得到若干孤本，必當自定一目錄，并略爲記叙，庶不埋没一生苦心。

5. 緩齋函牘偶存——抗戰後所存已不多，應加搜集。

卯，其他：

1. 雜文——凡不能入《古史論文集》與《古地理論文集》者統爲雜文，大抵不少，可分文言、白話二集。

以上所記，古籍類六種，古史類四種，《尚書》類三種，《春秋》類五種，《史記》類四種，古代史書類六種，戰國史類二種，古地理類六種，考證學類二種，民俗學類二種，地方史類一種，筆記類五種，生活類五種，其他一種，凡五十二種，偉哉！"老驥伏櫪，志在千里。烈士暮年，壯心不已"，然哉然哉！

如有人見予此目，必將狂笑曰："顧某其發瘋耶？何年六十四五而猶作此大而無當之妄想，將謂真能工作至百歲，成此數千萬言之書乎？"予將應之曰：書有以己之心得著成者，亦有集衆力以編成者。上之所列，除論文集及筆記外，大抵皆可集體工作，只待予隨時加以指點耳。昔玄奘譯經，自據上座，弟子若干人旁座，每誦一句，經衆討論決定，有人筆受，故能譯出數千卷。若予有此環境，宜與媲美。且各種資料多有關聯，欲治一書須遍治他書，故得成一書亦可兼成他書，只勞寫生之手耳。故苟予不逢尹達而逢一知治學且知我者，按日進展，實不甚難。不幸而悠悠蒼天，無所控訴，且手頭乾涸，不能從失業分子中尋些助手，故此種想望遂不可實現。今毛主席號召百家爭鳴，且黨內整風矣，予之工作倘得一解束縛耶？企予望之！

予前所出版書：

新學制初級中學國語教科書六冊（與葉聖陶同編）

新學制初級中學本國史教科書三冊（與王鍾麒同編）

古史辨七冊（與羅根澤、童書業同編）

禹貢半月刊七十期（與譚其驤、馮家昇同編）

北京大學研究所國學門周刊（與魏建功等同編）

歌謠周刊（與常惠等同編）

國學季刊（與胡適等同編）

中山大學語言歷史學研究所周刊（與商承祚等同編）

中山大學圖書館周刊（與蔣徑三等同編）

中山大學民俗周刊（與鍾敬文、容肇祖等同編）

燕京學報（與容庚等同編）

北平研究院史學集刊（與吳世昌等同編）

民眾周報（與王日蔚等同編）

大眾知識（與楊剛、鄭侃嬜等同編）

責善半月刊

民眾（與王澤民同編）

老百姓（與谷苞等同編）

顧頡剛通俗論文集（亞東圖書館編）

崔東壁遺書（亞東圖書館出版）

尚書研究講義（燕大、北大出版）

尚書通檢（燕大出版）

三皇考（同上）

妙峰山（中山大學出版）

蘇粵之婚喪（與劉萬章同編，中山大學出版）

孟姜女故事研究集三冊（中山大學出版）

吳歌甲集（北大出版）

孟姜女故事歌曲甲集（北大出版）

史記白文之部（與徐文珊同編，北平研究院出版）

當代中國史學（與方詩銘、童書業同編，勝利出版公司出版）

秦漢的方士與儒生（群聯出版社出版）

中國疆域沿革史（與史念海同編，商務印書館出版）

西北考察日記（合衆圖書館出版）

上游集（同上）

浪口村隨筆（同上）

辨僞叢刊（樸社出版）

文史雜志（與吳錫澤、魏建猷、方詩銘同編）

中國歷史地圖集（與章巽同編，地圖出版社出版）

中國歷史故事小叢書（與丁君匋同編，大中國圖書局出版）

姚際恒詩經通論（中華書局出版）

　　尚未付印者：

鄭樵六經奧論

元雜劇選（與何定生同編）

元雜劇本事（與石兆原同編）

一九五七年七月

七月一號星期一（六月初四）

羅偉之來，長談，留飯。看報。上海少年兒童出版社趙景源、錢公侯來。到王修處談。

眠一小時。翻看《知不足齋叢書》中《嶺外代答》、《桂海虞衡志》各種。

洗浴。十時服藥眠，翌晨六時醒。

七月二號星期二（六月初五）

到伯祥處，并晤滋華。到所，晤陰法魯、胡嘉、胡厚宣夫婦、蒙文通、熊德基、吳宜俊、陳友業、楊拱辰，談。遇王芹白。

眠兩小時。與靜秋到北京醫院，就王通醫士續診。遇楊拱辰。到金振宇夫人處。到王姨丈處，留飯。

與靜秋到金擎宇夫人處。洗浴。十時半服藥眠，翌晨四時醒。又眠，六時半醒。

金氏弟兄擬于七月底遷至竹竿巷廿二號，允以一室假予讀書。

今日血壓爲 130/86。

七月三號星期三（六月初六）

看報兩小時。補記日記三天。理書桌。草答狄靜觀信。

未成眠。侯仁之來。記筆記一則。寫劉雁浦信。到古典門市部閱書。

姚企虞來。張德鈞來，長談。十時去。洗浴。十一時服藥眠，翌晨六時醒。

歸家後迄不能集中心思作事，知城內惟適爲政治活動，而讀書作文則鄉間所絕宜也。

七月四號星期四（六月初七）

看報。何叙父來，爲修改其三提案，一發言，留飯，下午二時去。劉玉山來。

未成眠。點廖平《今古學考》。看徐旭生《禹治洪水考》。

與靜秋、雁秋挈四孩到中山公園，茗于河濱。歸，王煦華自滬來。洗浴。十一時服藥眠，翌晨六時醒。

廖氏《今古學考》尚係予四十年前所讀，今擬刊入《古籍考辨叢刊》第二集，故加標點。此書甚多精湛之思，惜引其緒而未伸，康氏爲之條理，遂使人豁然。

七月五號星期五（六月初八）

看報。擎宇來。點《今古學考》。遇賀昌群。與雁秋談。

未成眠。到北京醫院，就女醫師王遹續診。遇章友江、蘇良赫。到丁瓚處談。到文淵閣買筆。

遇章錫琛。與靜秋到伯祥家道歉，與煦華談。洗浴。十時服藥眠，翌晨六時醒。

予在湯山，中午恒眠一小時許，歸後生活變動，迄難延續。前日不能眠，以仁之來。昨日不能眠，以叙父來。今日不能眠，以堪兒在幼兒園闖禍，傷王緒芳。予安得復居鄉間乎！

堪兒太頑皮，今午在幼兒園捉住王緒芳的腿，使緒芳倒地，碰破下頦，流血甚多。靜秋聞訊，即往爲之醫治，化十元。

予血壓爲 134/84。上次所照透視相，證明右上肺部已纖維化，此兩月調養之功也。

七月六號星期六（六月初九）

看報。算賬。康心之來。次君來。吳毓江來，與煦華同留飯。點《今古學考》。

眠一小時半。

與煦華及潮、洪、湲三兒游北海，冒大雨歸。洗浴。與煦華、雁秋、木蘭談。

七月七號星期日（六月初十）

看報。鄒新垓來。羅偉之、馮端鱗來。點《今古學考》。

眠一小時。與四兒到和平賓館冷食部進冰淇淋。與静秋、雁秋夫婦、木蘭同到紅星，看《向右派鬥爭》電影。

蒙文通來，長談。洗浴。與煦華、木蘭等談。十一時服藥眠。翌晨五時醒。

今日爲七七事變之二十周年，此二十年中變化太大，舊時人物死者汰者何限，即係生存，亦遂遠隔矣，思之悵然，并爲死者志哀也。

七月八號星期一（六月十一）

木蘭返校。看報。馮蘭洲來。點《今古學考》初點訖。

未成眠。與煦華到中國書店專家服務部及門市部檢書。遇龍彼得。

趙公紱偕馬詒壽來，同到五芳齋飯。歸，洗浴。十時半，煦華返滬。十一時服藥眠，翌晨五時醒。

今晚同席：馬詒壽　趙公紱　王煦華（以上客）　予夫婦（主）　十一·元。*

中國書店新從四川搜得若干綫裝書來，頗有未見者，選得若

---

*　編按：此後有"詒壽，當作詒綏"。當爲日後補註。

干。四五年後，民間所藏書已盡出，而古籍出版工作不能與之相應，即有供求脫節現象矣。

七月九號星期二（六月十二）

爲朱襄文寫字。記筆記一則。理髮。遇馬桂芬。陳其田及其子叔祺來。何叙父來，偕至中國書店購書，晤趙掖成。

眠一小時。寫馬詒壽、張又曾、起潛叔、潘景鄭、朱襄文信。唐長孺、李埏來。吳毓江來。

姚紹華來。洗浴。十時半服藥眠，翌晨七時醒。

七月十號星期三（六月十三）

到所，檢書。與陰法魯、胡嘉、胡厚宣、楊拱辰、李埏、唐長孺、魏明經、祝瑞開、楊品泉等談。

未成眠。理書，裝箱。理物，整裝。到昌羣處。與洪、湲、堪到伯祥處。到王修處。胡厚宣來。

雁秋、又安送行。七時上站，八時〇七分車開。在車未進藥，十一時後眠，上午二時前醒，遂張目達曉。

此次與靜秋及四兒到青島，明知花錢不少，然爲希望兒輩心胸開廣及鍛煉其自理生活計，亦所必要也。

七月十一號星期四（六月十四）

早經濟南，下午三時到青島。趙艾、劉羌瑜來接，即入栖霞路十五號科學院招待所，住西樓三層西屋。晤葉渚沛。理物，洗浴。

與四兒到劉雁浦夫婦處談。兩次服藥，十時後入眠，翌晨四時醒。

科學院休養所給予臥室三間，會客室兼飯室一間，衛生室一間，雜作間一間，布置井然。東、北、西三面環山，南面臨海。

樹木蓊翳，蛙鳴不休。離中山公園只數步。潮兒謂到了此地，快樂得要發瘋了。湲、堪兩兒一來即對景寫生。

住休養所，唯須出飯金。予與靜秋皆每日兩元，四兒皆每日一元，計一個月須二百四十元。予之六十元，當由科學院開支一部分。飯菜頗好。

七月十二號星期五（六月十五）

看廖平《經話》，與靜秋及四兒到中山公園游覽，并照相。到中山路買物，十一時半歸。

眠一小時半。劉羌瑜、羌瑩、羌奎等來，偕予夫婦及四兒到海水浴場洗浴，曬日光浴。自三時至五時半。趙艾來。

看亞東本《三國演義》胡、錢兩序。十時眠，上午一時大風打門驚醒。服藥，五時半醒。

青島水果便宜，桃子一斤值二角，不及北京價格之半。

此來青島之任務：

1. 編《古地理名著選》。
2. 編《古籍考辨叢刊》第二集。
3. 編《浪口村隨筆》。
4. 點訖《史記三家注》。
5. 準備今古文問題演講。
6. 作《禹貢》、《王會》二評。

七月十三號星期六（六月十六）

到東樓閱報。修改前年所作《周官辨序》及《禮經通論序》。續看《經話》。

未成眠。鈔程大昌《詩論》二篇。與靜秋及四兒到福山路散步，下山至魯迅公園拾貝殼。

洗浴。九時半服藥眠，翌晨三時醒。四時又眠，五時起。

曩編輯《古籍考辨叢刊》第二集，有廖平《古學考》。今以擬將今古文問題移入第三集，故以程大昌《詩論》補入第二集，當就季龍等未到時鈔訖。

休養所工作人員：趙艾（主任）　趙金斗　周緒路　李興銀

七月十四號星期日（六月十七）

鈔《詩論》二篇。郭錦蕙偕羌奎、小羌來。偕靜秋挈堪兒到黃雲眉家，晤其夫人，并見其女婿俞鼎鈺全家。到丕繩處，晤其夫人及女教英。到盧南喬處，晤其夫人及子小今。十二時歸。遇張健夫婦。

眠半小時許。與靜秋及四兒、劉羌瑜、羌奎、小羌到海水浴場，洗海浴，曬太陽。郭錦蕙來。遇張亮夫婦。歸，再清洗。

蒙文通自京來，同到中山公園散步，八時三刻歸。九時半服藥眠，翌晨五時醒。

今日走數家而皆不見主人，以各民主黨派皆爲反右派鬥爭，趁星期日開會也。青島之重要右派分子爲王桂渾、陸侃如、徐一貫、束星北等，劉鴻賓亦不免。

七月十五號星期一（六月十八）

鈔《詩論》七篇。童丕繩夫婦來，留飯。與丕繩同到文通處談。未成眠。與靜秋挈四孩至延安一路散步，望東鎮。轉入公園北門，游牡丹亭、植物園。

八時半眠，十時半醒，服藥。又眠，翌晨四時醒。

丕繩來，道及張維華在學生面前攻擊趙儷生及丕繩，謂是理論派，不是史料派。儷生固不治考據，而丕繩則自考據中來，前與之同在禹貢學會，焉有不知。儷生今已應蘭大之聘，不日西去。丕繩亦欲往，爲黨委勸止，謂張維華起不了作用。以此知黨領導學校實有必要，倘從前有此制，予何必捨成都而到重慶乎！丕繩已輯廿餘年來考據文字謀出版，以事實擊破張氏謠言。

七月十六號星期二（六月十九）

鈔《詩論》四篇。到東樓閱報。

眠一小時。與四兒到海産博物館參觀。出，兒輩在海濱拾貝殼，予至中山路購藥及書。再至公園，與四兒經金口一路以歸。

洗浴。八時半服藥眠，上午二時醒。又眠，五時醒。

今日静秋病矣，以予推測，其病因有三：連日勞累，一也。青島氣候一雨即寒，一晴即熱，潮濕空氣使渠無抵抗力，二也。海水實冷，渠浴二次，不免犯寒，三也。今晚未進食，服發汗藥。

七月十七號星期三（六月二十）

鈔《詩論》二篇，本書訖，即加標、裝册。點歐陽修《詩本義》五卷。趙艾來。賀昌群自北京來。

與堪兒上至京山路，下至小西湖散步。遇葉渚沛及昌群。

八時半眠，十一時半醒。服藥，約十二時許又眠，翌晨五時半醒。

静秋今日上午無熱，下午漸高，晚間甚燙，服羚翹解毒丸。予亦服銀翹解毒丸以事預防。堪兒腹瀉仍未痊。潮兒亦瀉數次。此當是時令病也。

昨買來《青島游覽手册》，才讀一年書之湲兒已能看。

静秋病後，浣濯之事由潮、洪兩兒任之。

七月十八號星期四（六月廿一）

到山大秘書科訪張君俠，未晤。到鬥争右派分子陸侃如大會，晤盧南喬，王仲犖。到趙儷生處，與其夫婦長談。十一時許歸，買物。點《詩本義》五卷。

眠二小時。到昌群、文通處。高士其及其秘書高□□等自京來。

與葉渚沛等到中國電影院，未買到票，退歸。九時服藥眠。上午二時醒。良久又眠，六時醒。

下午靜秋起床，然感冒仍未愈也。

七月十九號星期五（六月廿二）

點《詩本義》六卷，訖。到食堂看報，遇文通。

眠一小時許。寫又安信。

挈四兒與文通、渚沛、蔣士驤、趙艾等到友協影院看《百貨商店的秘密》電影，九時半歸。十時眠，失眠。十一時起再服藥，成眠，翌晨五時半醒。

來此後睡眠頗好，藥量輕減，而今日一到電影院，舊病又作，可見予晚上絕不能用注意力。此後夜中不但不能觀書，并不能看電影矣。

七月二十號星期六（六月廿三）

輯録《左傳》"季札觀樂"一章之解釋。

眠一小時。蒙文通來。與文通及四兒到棧橋，上中蘇友好閣。

到食堂進西餐。洗浴。十時眠，上午一時半醒。再服藥，五時半醒。

今晚同席：蒙文通　趙忠堯夫婦及其子女　賀昌群父子　蔣士驤　吳幾康　葉渚沛

累日下雨，山東已有災象。

七月廿一號星期日（六月廿四）

看《漢書·禮樂志》，記筆記七則。丕繩偕黃永年來，留飯，談至下午一時。

未成眠。偕靜秋及四兒到海水浴場，予作日光浴。撿貝殼。遇葉渚沛、劉羌瑜。

洗浴。看程建爲評瀧川《會注》文。八時半眠，上午一時醒，遂不成眠。

爲準備作程大昌《詩論》序，心思較集中，睡又不佳，奈何！

七月廿二號星期一（六月廿五）

三時半起床，寫張君俠信。在山散步。草程大昌《詩論》序稿約二千言，未畢。丕繩夫人偕永年來送瓜。寫又安信。

眠一小時。與靜秋偕四兒到海水浴場，洗海水浴。租小船二，在海上游行一小時，越警戒綫。六時歸。

九時眠，十一時醒，身體不舒，靜秋來伴。十二時服藥眠，翌晨五時半醒。

天氣冷熱無常，流行性感冒盛行，靜秋初瘥，咳尚未止。又延及于予。今日午睡醒來，已疲憊欲倒，而靜秋又強令赴海水浴，夜中醒來，遂不可支，周身作痛，惟無熱耳。

七月廿三號星期二（六月廿六）

臥床，看《歷史唯物主義》第一章《歷史唯物主義是一門科學》。趙儷生夫婦來。

眠一小時。葉渚沛家眷自北京來，與予家鄰。

看本次政協發言册。失眠，服藥三次，至十二時後始得眠，翌晨六時醒。

今日臥床一日，晚似較好，惟因看《歷史唯物主義》，注意力集中，又文字累贅不易通曉，以過分用心之故又致失眠。是則予尚能學習否乎?

　　湲兒才讀一年書,已能看青年出版社所出書,如冰心著《陶奇的暑假日記》其一也。

七月廿四號星期三 (六月廿七)

　　看《歷史唯物主義》第二章《社會物質生活條件》。十時,與靜秋同到海濱醫院診療。予到中山路理髮。遇昌群。

　　到葉渚沛處。眠一小時。乘車到浮山所,觀市街及海。歸,與丕繩夫人談。到游藝室閱報,晤賀齡渝。

　　洗浴。七時半眠,十時醒。服藥,十一時後眠,翌晨五時半醒。

　　爲昨夜失眠,故今日下午必出散步。浮山所,予前所未至者也,故今日遂獨往。自中山公園至彼地皆瀕海,沿途療養院甚多。浮山所市街約一里長,尚是舊式建築。

　　今日量血壓,爲 132/92,視前則下壓稍高,醫云下壓之高由血管硬化來。此本老年人常態也。

　　理髮師謂予鬚之硬直似外國人,蓋常自用保險刀刮臉之故。

七月廿五號星期四 (六月廿八)

　　續草《詩論》序二千餘言。看雁秋寄來之《參考消息》。

　　未成眠。修改所作。與靜秋及四兒乘馬車到太平角,在海邊撿石子、蚌殼等。六時,步歸。

　　看李源澄《秦漢史》。九時服藥眠,十一時醒。又服藥,眠至翌晨上午五時半。

　　五倍子酊,予久聞其能治失眠。北京買不到,青島有之,服之不生效。Luminal 有時生效。惟 Amytal 及腦力須則有效,然因有毒,不可常服也。

　　得雁秋信,又安已去無錫。此君疲懶,行前竟不來一封信。

自中山公園以東，有所謂十大關路者，房屋皆極精美堅固，蓋皆帝國主義分子及本國之官僚資產階級所構之別墅也。步行其間，使人痛恨其罪行。

七月廿六號星期五（六月廿九）

續草《詩論》序一千餘言，將全文修改，未訖。記筆記三則。

未成眠。四時，偕靜秋及四兒到大窰溝，換環行車到四方，即回中山路。

到春和樓赴宴。八時半歸。九時許服藥眠，十時三刻即醒。又服藥，上午四時半醒。又眠，五時許醒。

今晚同席：予家六人　趙儷生夫婦（趙夫人名高昭一）　黃永年夫婦（黃夫人名童教寧）（以上客）　童丕繩夫婦（童夫人名蔣詠香）（以上主）

七月廿七號星期六（七月初一）

為游嶗山事到辦公室詢問。將程大昌《詩論》再看一過。續修改序文，重草序文首章二千字。記筆記一則。

眠一小時。繼續修改序文。與靜秋及湲、堪兩兒到小西湖寫生。

洗浴。失眠，兩次服藥，將至十一時成眠。翌晨三時半醒，四時起。

作《詩論》序，其實并不甚用心，而予不肯隨便一點，處處用注意力，以此又致強烈之失眠。就此看來，予有生之日將不能作用心事矣，然而職在科學院，則雖欲不用心而不可能也。

近日每天上午大便兩次，第　次乾，第二次稀。靜秋亦然。倘為青島之氣候水土所致耶？每得午眠，起來即疲憊萬狀，不知何故。

七月廿八號星期日（七月初二）

與雁秋信，論又安事。七時半上汽車，八時十分到李村，渡河。八時四十五分到法海寺，入寺少息。九時二十分經惜福鎮，十時三十分到嶗東，在林氏宗祠憩息。十一時卅分到港東莊，下車步行，看瀑布，下午一時到華巖寺，午餐。參觀全寺，至藏經閣閱雍正藏。

二時四十分離華巖寺，下山，三時十五分過瀑布後上車。四時半，未到王哥莊時，汽車碰傷一木貨車，大起交涉。予等至一土地廟前休息、飲茶。六時十分車來，一路看落日。

車至滄口，少息，飲汽水。九時，返休養所。進晚餐。十時半服藥眠，翌晨四時半醒。

今日同游：蒙文通　賀齡渝　趙忠堯夫婦及其子維仁、女維勤　葉渚沛及其子　殷孟倫（山大中文系教授）　趙松喬（地理所，南京）　趙鴻泰（山大外文系）　楊振輝（山大政治經濟教研組）　楊鑒初（地球物理所）　趙艾（休養所所長）予全家六人　王弘禄（服務員）

歸途看落日，得一絶：

一輪沸日沈滄海，萬朵紅雲化紫霓。道遠莫嗟歸去晚，急車看盡夕陽姿。

赴嶗山東路，過李村後，河多，時涉水，路又窄，雨後又多沖裂，車極緩。至王哥莊後只得步行矣，以此雖只有百卅里而走了一天。公共汽車包價八十元。

七月廿九號星期一（七月初三）

寫雁秋信。與湲、堪兩兒出門散步。到山大，訪張君俠，仍未晤，留條。到趙儷生夫婦處握別。遇雁浦，到其家，與錦蕙談。歸，修改《詩論》序第一章。

眠一小時。修改《詩論》序第一章訖，即鈔清。與靜秋挈四兒到中山路百貨公司購物，冷飲，六時半歸。

全家玩撲克。九時眠，十時半醒。服藥，十一時後眠，翌晨三時半醒，四時起。

今晚與兒輩鬥撲克爲戲，予不好博，倦極思眠，即就床，乃在半睡眠狀態中，至一小時後而全醒，仍須服藥，可見予之大腦皮層已壞甚。

七月三十號星期二（七月初四）

記筆記一則。偕靜秋及四兒到浮山所。返紡織療養院，到海邊拾貝殼石子。予坐地看《詩辨妄》輯本，加修改，十一時半，予與湲、堪兩兒先歸，步至海校上車，一時歸飯。

未成眠。到即墨路古舊書籍門市部，買《荀子》、《毛詩疏》等書，即歸。四時，靜秋、潮、洪歸。看《東京夢華録》。

到東樓閱報。九時半服藥，不成眠，再服藥，約十一時後眠，翌晨四時醒。

今日覽北京報，悉譚惕吾犯錯誤甚嚴重，又知國務院下令，所有機關人員皆須投入反右派運動，以提高政治認識。予本擬來此三月，在如此情況中恐須早歸。

紡織療養院之海濱，石子與貝殼均特佳，靜秋等均捨不得走，撿取五小時之久，滿載而歸，亦憊甚矣。予先歸，經行大湛山海濱，見曬海帶之場，知此處海帶最多。同是海濱，而一處一個樣子。

七月卅一號星期三（七月初五）

翻《荀子》。記筆記一則。修改《詩論》序，續寫六百餘字。

眠一小時。與靜秋同到海水浴場，找得四孩，同洗。晤昌群、渚沛、趙太太。與靜秋、四孩游觀海山，到黃島路閱市，到中山路購物，六時半歸。

張君俠、孔少先來。洗浴。九時半服藥眠，上午三時醒。就静秋榻。四時許又眠，五時半起。

昌群謂洗海水澡，可以增强皮膚之抵抗力，使不易傷風。若然，此對予極好。四個孩子曬得都黑了，尤以堪兒爲甚，背上直如塗上一層廣漆。他們也都胖了些。此行良不虛！

昨至青島公私合營之古舊書籍門市部，書少得可憐，木版書没有幾部，鉛印書只中華書局《四部備要》之零種爲多，餘皆京滬新印書也。以此見青島以前寓公雖多，而文化實不高。

本月十四日曉，夢見尹達，板着臉，對予言曰："我所以不要你作事，爲的是你一作就把事情做壞了！"醒而思之，其言良是。蓋予有數病：

其一，同情心太强，不願見一個人受苦，以此喜施予，喜包庇人，結果爲人利用，甚且爲憐才之故而不分敵我，以至失去自己立場。——此是徇人

其二，太貪得。天下事是做不完的，而我要把事情做完，因此常常疲累至不堪言狀，而結果完不了工，半途而廢。又性好搜集資料，不計資力之有限，弄得自己永遠窮而包袱越重。如爲公家做事，亦將造成浪費事故。——此是逐物

其三，神經容易緊張，負責心又重，造成了數十年之失眠症。如再投入行政工作，此病必然更劇，終因血壓高而喪生。——此是勞命

因此，尹達之不要我作事，無論其動機如何，而客觀效果却是延長了我的壽命，使我在小範圍裏還能得些成就，所謂"塞翁失馬，未必非福"也。

［剪報］1957 年 8 月 1 日《團結報》

　　玩了二十年的兩面手腕
　　譚惕吾是老牌右派分子

　　密室策劃　面授機宜
　　譚惕吾指揮林希翎反黨
　　譚還積極支持北京大學"廣場"反動刊物

　　右派分子給林希翎的密信
　　證明黃紹竑譚惕吾同右派分子聯係密切

　　不服工人階級領導
　　公然污蔑人民領袖

　　如此"檢討"*　　　　　　　　　　　　豐久畫

　　譚惕吾在會場上　　　　　　　　　　　小林

　　中央整風辦公室已經開始工作
　　（以上各文内容從略）

一九五七年八月

八月一號星期四（七月初六）

　　八時半，全家乘車到錦州路勝利影院，看《誇口的小青蛙》及

---

* 此係漫畫。

《祝福》。續看《詩辨妄》輯本，摘録要點。

眠不及一小時。全家到海水浴場，遇黃公渚、王瑶夫婦、湯佩松夫婦等。在浴場照相。

到食堂進西餐，慶八一建軍節。八時歸。翻《荀子》。十時服藥眠，翌晨五時醒。

近兩日睡眠所以較好者，想來一因静秋拉我作海水浴，下午不工作，二因日服天王補心丹三丸之故。

今晚席上，要求大家唱歌，即遂朗吟杜甫《客至》一首。

今晚同席：蒙文通　賀昌群及其子　湯佩松夫婦及其女　趙忠堯夫婦及其子女　趙松喬　楊鑒初　楊麗生夫婦及其子女　嚴幹　崔澂　周堅及其母　予夫婦及子女

八月二號星期五（七月初七）

記筆記一則。寫雁秋信。看《詩辨妄》，摘録訖。與静秋挈堪兒行山上，至丕繩處，與其夫婦及永年談，十一時半歸。

未成眠。與静秋到海水浴場，四兒先往，以有風，僅在沙灘挖坑洗。晤趙忠堯等。到海灘零食鋪吃粉條。翻《荀子》。

到游藝室，與昌群談，并見其子齡山。到公園散步。再至游藝室閲報。十時服藥眠，翌晨四時醒。

明日季龍自滬來，《古代地理名著選》工作即須展開，而《詩論》序尚未成，静秋又必欲予每日在海水浴場費去半天，不免着急，與之齟齬。

八月三號星期六（七月初八）

記筆記一則。將《詩本義》復看四卷，摘鈔資料，備作文。

眠一小時。譚季龍來，談。四時，同到海水浴場，遇李亞農。六時歸，到亞農處。留季龍飯。

與季龍、文通、趙松喬到中山公園散步。八時歸，洗浴。九時半，服藥眠，十二時醒。又眠，翌晨五時醒。

近日泄瀉已好，而大便轉爲乾結。靜秋及堪兒仍每日三次。

八月四號星期日（七月初九）

記筆記一則。與潮、洪、湲三兒到公園，看動物。靜秋、堪兒至，同飲茶。看《中華人民共和國刑法草案稿》。

眠一小時。與靜秋、堪兒同到青島醫學院附屬醫院。出，游觀象山，望信號山。六時歸。

丕繩、永年來，同到亞農、文通處談。十時去。服藥眠，十二時醒。又服，四時醒。又睡，五時醒。

堪兒昨日游泳，右耳作痛且聾。今日到醫院檢查，知耳屎爲海水所浸而漲，先滴藥水，明日再醫。

文通學博能談，上下數千年之政治、法律、經濟、文化，明如指掌，可佩也。惜予不堪用心，不克與之多談，爲恨耳。

八月五號星期一（七月初十）

記筆記一則。點郝懿行《爾雅郭注義疏》中《釋地》一卷。

以腳癢未成眠。與靜秋挈堪兒到公園散步。

與靜秋及潮、湲兩兒玩撲克牌。八時半眠，十二時三刻醒，遂未能眠。

今晚覺倦，未進藥而眠，此固甚善，惜僅睡四小時即醒耳。大概予自然睡眠必不能太久，然藥物中有鈉，爲毒質，兩害相權，寧少眠耳。

予于一九二七年到粵，以天氣潮濕，足上得濕氣，作癢，搔破之則出癗。二九年返京即好，但仍脫皮。三九年入蜀，此疾又作，迄今不愈。茲來青島，海濱雲霧重，發更劇，至不可耐，擬即用藥治之。

八月六號星期二（七月十一）

記筆記一則。點《爾雅義疏》中《釋丘》、《釋山》兩卷。

眠五十分鐘。與靜秋到浴場，遇王了一，談。楊鑒初、趙松喬挾予至海水較深處，五時半歸。

到食堂閱報。石聲漢來。十時服藥眠，翌晨三時醒。

八月七號星期三（七月十二）

記筆記一則。與靜秋挈堪兒到中山路，冷飲，理髮，購物。到新新公寓分寓訪譚季龍。十二時歸。徐連城來。

眠一小時。看徐連城《弭兵》論文。與靜秋及四兒赴海水浴場，遇趙忠堯夫人。予與潮兒四時半歸，再洗清水浴。點《爾雅義疏》中《釋水》四頁。

到石聲漢、李亞農處談。又與黃鳴龍談。失眠，服藥兩次，約十一時後眠，翌晨六時醒。

八月八號星期四（七月十三　立秋）

點《爾雅義疏》中《釋水》訖。鈔《爾雅·釋地》白文。

盧南喬偕其子小今來。眠一小時。與家人到海水浴場，遇亞農及子小驪。五時出，到體育場前吃餛飩。

與家人到中蘇友好館電影場看《游泳》、《山魔》兩片。到棧橋。九時半歸。十時服藥眠，翌晨四時醒。又眠，六時醒。

八月九號星期五（七月十四）

看朱右曾《詩地理徵》，記筆記六則，約二千五百字。

眠一小時。與家人到海水浴場，遇亞農、忠堯等。行經栖霞路十二號舊休養所，入內參觀，晤白同志。

與家人到永安戲院看唐山話劇團之《清宮外史》，自七時半至十一時。歸服藥眠，三時醒。又眠，六時醒。

《清宮外史》第一部演甲午年事，自朝鮮起釁至慈禧祝壽，其中多不合史實，如翁同龢推薦康有爲及其被逐皆非此年事也。

八月十號星期六（七月十五）

寫程建爲、自珍信。從楊守敬《水經注圖》上勾出黃河下游水道圖，并着色。

未成眠。與靜秋挈洪、湲、堪三兒到公園牡丹亭茶座，三兒畫圖，予看《禹貢篇孔傳》。

洗浴。文通來。爲兒輩講戊戌政變故事。十時服藥眠，翌晨五時許醒。

八月十一號星期日（七月十六）

記筆記三則。與靜秋挈四兒乘馬車到湛山寺游覽。出，到太平角撿蚌殼、石子。十二時歸。

未成眠。三時，全家步行到丕繩處，晤其夫婦與羅祖基。出，到貯水山公園，上山。五時出，到中山路購物。六時歸。遇李連捷。

丕繩偕徐連城來。全家玩撲克。十時服藥眠，翌晨六時醒。

貯水山公園本是日本侵略時代之神社，今拆除之爲公園。當時中國人經過門外，受强迫必須鞠躬，今則門外爲雜技場矣。公園猶未布置，氣象甚偉大，入門行石級百餘。

八月十二號星期一（七月十七）

看徐連城《春秋初年盟的探討》一文。石聲漢來辭行。尹達來。趙艾來。鈔《禹貢》、《職方》。校《釋地》、《王會》。記筆記四則。

眠四十分鐘。與李興銀到車站，接侯仁之。車至新新分寓，接季龍，同到休養所落宿。仁之、季龍來談編輯事。

遇張景鉞。到季龍處，并晤尹達。與季龍同到尹達處談。看報。失眠，服藥兩次。十一時半眠，一時醒。又眠，六時醒。

休養所規則，凡停飯一整天者，可預先通知，算賬時扣去此一日。予家擬明日行之，藉嘗青島飯館風味。

八月十三號星期二 （七月十八）

到仁之處。全家到體育場合作社進點，到魯迅公園照相。予到海濱醫院驗血壓。回所，與仁之、季龍討論編書事。文通、丕繩、殷孟倫、王仲犖來談。與丕繩同到咖啡飯店飯。

與全家及丕繩到海水浴場，遇亞農、糜文煥等。四時半出，送丕繩到山大校門。予復下山，與家人到春和樓飯。

休息。八時半服藥眠。上午一時半醒。又眠，五時醒。

量血壓，爲134/78，上字稍高，下字則甚低，倘爲吸海風、洗海浴之效乎？

今午同席：童丕繩夫婦（客）　予一家（主）　十一元。

聞仁之言，丁則良君投北大未名湖自殺，渠爲東北人大教授，本年以編書來北大，不知以何感觸，乃至于斯。去年十一月十五日猶在科學院中聽其講“孫中山與亞洲民族鬥爭”，深佩其治近代史之精湛也，惜哉！

越十餘日讀報，乃知丁則良與陸欽墀一氣反黨反社會主義，則死亦不足惜矣。　廿七日記。

八月十四號星期三 （七月十九）

點《山海經》南、西二山經。記筆記二則。周緒路來。姚智千來。童太太來，贈桃。

眠四十分鐘。與靜秋到海水浴場，遇尹達、張鈺哲夫婦、仁之、季龍等。李連捷爲照相。四時半，與全家及仁之、季龍到龍口路購物，穿山東大學而歸。與家人到京山路散步，觀公墓。

到亞農處。洗浴。十時半服藥眠，翌晨四時醒。

靜秋賃一救生圈與予，能到離岸較遠處。然老年筋骨已僵，亦未能望其進步也。

八月十五號星期四（七月二十）

點《西次三經》郭、畢、郝三注，訖。與靜秋訪張鈺哲夫婦。記筆記三則。

送趙忠堯行。未成眠。到海水浴場，遇劉羌瑜、張鈺哲夫婦。與靜秋到中山路購鞋。到樂口福吃點。

徐連城來。聽靜秋講《三國》。八時半服藥眠，翌晨二時醒，遂不復睡。

八月十六號星期五（七月廿一）

點《中山經》訖，點郭、畢注未訖。黃公渚來。

眠一小時。與靜秋到海水浴場，入水一小時即出。獨到工人文化宮，看“時人書法展覽會”。出，到古舊書門市部買書。看錢謙益文。

晤文通及尹達。與靜秋到花園。八時半眠，十一時半醒。又服藥眠，早六時醒。

八月十七號星期六（七月廿二）

爲潮兒改日記。鈔《淮南子・地形訓》，未畢。

與全家到中國劇院，看《第十二夜》電影。到百貨公司及新華書店購物。四時半歸。

洗浴。九時就寢，失眠，十時服藥，上午一時醒。又服藥，六時醒。

今夜所以失眠者，當以浴水較燙，刺戟神經之故。

八月十八號星期日（七月廿三）

點《地形》高誘注及莊逵吉校，鈔此篇訖。為潮兒改日記。

未成眠。與家人到國貨公司買物，冷飲。到匯泉路、山海關路觀海。六時歸。童太太來，贈物，留飯。

為兒輩講連環圖畫。九時眠，上午二時醒。天明前又小眠。

今日散步達三小時，得自然睡眠五小時許，倘能稍延長，便滿足矣。

青島水果便宜，水蜜桃尤佳，近日常一啖兩枚，未有之享受也。水蜜桃一斤二角四分，洋梨一斤一角二分，蘋果一斤一角八分。予多吃水果，以是大便通利矣。

八月十九號星期一（七月廿四）

姚智千來。仁之、季龍來談。點《海外四經》與《海內四經》。修改所鈔《地形》。寫張又曾信。

未成眠。與靜秋到海水浴場。予欲理髮，南海路上無空，到中山路為之。到浴場，遇張鈺哲夫婦及其女。歸，看《唐才子傳》及楊樹達《古書句讀釋例》。寫伯祥信。

郭錦蕙偕其女三人來，送靜秋等行。十時服藥眠，上午三時醒。四時復眠，五時半醒。

八月二十號星期二（七月廿五）

李興銀來。整理物件。姚智千來，交鈔稿。點《大荒經》未畢。童太太來，導全家到山大合作社購物。又到大學路合作社購物。到栖霞路十二號休養所。歸，到辦公室付錢。張鈺哲夫人來。

飯後即上汽車，仁之、季龍、張鈺哲夫婦及其女來送。趙金升、柯□□送上車。上站，結行李，送靜秋等上火車，一時卅六分車開。歸，點《大荒》、《海內》二經訖，又點《海外南經》及《大荒南經》郭、畢兩注訖，鈔出其目。到季龍處。上食堂膳。

晤阮鴻儀。與尹達談。與文通、季龍、仁之到孫思白、黃雲眉、鄭鶴聲處。九時一刻歸，洗浴。十時半服藥眠，上午三時醒。又眠，五時半醒。

靜秋及四兒來此四十天，約用五百元，亦多年未有之豪舉矣。

八月廿一號星期三（七月廿六）

理物，移至東樓三〇五號，仁之與趙金升、趙明珍相助。尹達來，長談。黃公渚來。

未成眠。理物訖。到新華書店科技書部及古舊書店購書。到黃公渚處，并晤其弟君坦、女湘畹及陳雲章。步歸。

與季龍、仁之到中山路購物，到車站接任美鍔，未得。九時歸，十時服藥眠，翌晨五時醒。

日來泄瀉，一日三次，倘以多吃桃子乎？足上濕氣，塗"甘露"後頗愈，雖仍脫皮，但不癢矣。

尹達告我：伏羅希洛夫到北京，住中南海，日日步行，中南海竟不够他走。聞其在本國，每日必步行十餘公里，以是年七十六而猶健壯如少年。予幸能走路，必當效法，蓋走路時實全身運動也。惜予易出汗耳。

八月廿二號星期四（七月廿七）

　　寫自珍信。點《海外西經》至《海內北經》郭、畢注。至亞
農處長談。

　　送文通返京。眠一小時半。孫思白來，同到山東大學，參加座
談會，自三時半到六時。歸，全所進西餐。

　　與仁之、季龍、李興銀同到車站接美鍔，仍未來。與季龍、仁
之到海水浴場進酸梅湯。歸，洗浴。失眠，服藥兩次，十一時半
眠，翌晨六時醒。

　　今日同會：吳富恒（山大教務長）　黃雲眉（史系主任）　孫
思白（副主任）　鄭鶴聲（教授）　童書業（同）　盧振華（同）　王
仲犖（同）　陳雲章（同，亞洲史）　韓連琪（副教授，中國古代
史）　劉敦愿（講師，考古學，組秘書）　宋錫民（系秘書）　季楚
書（《文史哲》編委，世界史）　王遽汝（同上，中國史）　徐緒典
（副教授，近代史）　黃冕堂（講師，中國史）　路遙（講師，中國
近代史）　徐竟成（史系黨支部書記）　郭淑琴（教務處職員）　莊
煥先（同上）（以上主人）　予　尹達　季龍　仁之（以上客）

八月廿三號星期五（七月廿八）

　　點畢校《海經》各篇訖。記筆記一則。

　　未成眠。與仁之、季龍到海水浴場浴，并照相。晤張鈺哲夫婦
等。到匯泉海濱散步。晤程茂蘭。徐連城來。

　　與仁之、季龍到公園，從北門入，南門出。歸，鄭鶴聲夫婦及
兒子一鈞來。看報。十時半服藥眠，翌晨五時半醒。

八月廿四號星期六（七月廿九）

　　寫靜秋信。亞農送還《浪口村隨筆》稿，即送尹達處。鈔校
《西次三經》及《海外四經》訖。

　　未成眠。三時，與季龍同到車站接任美鍔到所，談。與美鍔、

季龍到中山公園散步。

丕繩來。丁山夫人偕胡信貞來。洗浴。十時服藥眠，無效。起坐沙發得眠，上午三時半醒。五時起。

公園中紫薇盛開，有紅、粉、紫、白四色，爛縵之甚，可愛也。

丁山夫人陶夢雲談，丁山逝世，其稿都交與其弟子劉敦愿，而數年來曾不爲編輯，反罵其師爲反革命，恐有吞没之心。此真欺人孤兒寡婦矣！

八月廿五號星期日（八月初一）

寫靜秋、次君、映婁信。仁之、美鍔、季龍來，共商編書事。到李亞農處握別。到王仲犖處談。到高晋生處談。到中山路天津館飯。

到永安戲院，看徐東來《得意緣》，徐東明《奇冤報》。會黃公渚及其女湘畹，同飲冰。遇張璽。到復興書店購書。到古舊書店購書。六時歸飯。

到季龍處，晤董省非。與季龍、仁之、美鍔到中山路購物，遇阮鴻儀。十時服藥眠，翌晨五時一刻醒。

北京市明來戲劇團爲徐東明姊妹所組織。東明唱腔極似余叔岩，而嗓子則過之，拔得起，放得寬，轉折如意，今日京劇鬚生中不可多得之人才也，簡直聽不出是女子。東來學于王瑶卿，活潑玲瓏，亦是後起之秀。

得意緣：羅生：關韻華　小姐：徐東來　祖母：徐東祥

烏盆計：劉世昌：徐東明　包公：朱玉良　張別古：徐永海　趙大：張德祥　趙妻：新麗華　劉升：佟崇湖

判官：常鳴晋

八月廿六號星期一（八月初二）

鈔《海內四經》訖，校一過。記筆記三則。點王夫之《書經稗疏》中《禹貢》部分。

與仁之、美鍔、季龍賃馬車游湛山寺及太平角。

與尹達、仁之、美鍔、季龍到膠東路看夜市，步而往，車而歸。九時服藥眠，翌晨四時醒。

覽《人民日報》，悉蘇聯醫學界發明"電眠器"，以物理治失眠，比較以化學治失眠者無中毒危險。此真我之福音也。不知此器何日得至中國。

八月廿七號星期二（八月初三）

校《海外》、《海內》兩經。記筆記十則。續點《書經稗疏》十餘頁。

未成眠。與仁之、美鍔同參觀水族館、海產館，游魯迅公園。

到春和樓赴宴。到公園買桃。歸，洗浴。看《彈指詞》。十時半服藥眠，無效。十二時再服藥，翌晨六時醒。

今晚同席：王起（中山大學教授）　詹安泰（同上）　王瑤（北大教授）　袁家驊（同上）　蕭滌非（山大教授）（以上客）　高亨（主）

八月廿八號星期三（八月初四）

與仁之、季龍、美鍔同商歷史地理名著選、要籍介紹、論文選等工作。姚智千來。點《書經稗疏》。

送仁之上車。歸，續點《稗疏》。與鳴龍、鴻儀、尹達、美鍔同赴海水浴場。四時半，與尹達、美鍔到匯泉散步。又到中山公園買桃。

與鳴龍、茂蘭、鈺哲同車出。黃鳴龍返滬。予到車站，遇鶴聲夫婦。八時半，自珍、育宜到站，同車歸。十時，服藥眠，上午二時半醒。又眠，六時醒。

不見自珍整三年矣。其次子育宜修畢小學一年，爲三好學生。聞其三子育康更聰明活潑。

八月廿九號星期四（八月初五）

爲《文史哲》寫《息壤考》，未畢。黃漢充來，爲其父雲眉贈物及書。

程茂蘭返京。未成眠。與自珍、育宜到中山公園游覽，到中山路購物。予獨至平原路及即墨路購書。

與自珍到童丕繩夫婦處談，借書。十時服藥眠，翌晨三時半醒。

丕繩累次來，邀予爲《文史哲》作文，因念《息壤》已有成稿，整理工夫較少，即爲之。然一寫之下，頭緒紛繁，勢不可止，只得趁筆爲之。

"書到用時方恨少"，爲了作文，不得不僕僕書店。然青島書店綫裝書太少，連一部《國語》都沒有，不得不到丕繩處借。

《息壤考》文，將來擬再加修改，改題爲《息壤的真實性及其神話的分化》。

八月三十號星期五（八月初六）

五時起續作昨文，未畢。

未成眠。童太太來，偕自珍等到山東大學。三時，與尹達、季龍、美鍔同到觀海山、復興書局、新新公寓，五時半歸。

與自珍訪鄭鶴聲夫婦，未遇。歸，看岑仲勉《黃河變遷史》。十時服藥眠，翌晨三時醒。

自珍謂予："看你一走路就流汗。"予自覺以前走路，脚汗多；今不流脚汗，而專集于頭、肩、胸、背諸處，走路一多，即如雨淋，此衰徵也。語謂馬不能流汗，流汗即去死期不遠，予亦殆將然乎？

八月卅一號星期六（八月初七）

四時，續作昨文，至早餐時作完。補記三日來日記及賬本。寫靜秋信。到登州路理髮。送稿到丕繩處，未晤。到盧南喬處小談。到中山路購地圖。十一時三刻歸。

眠一小時。鴻儀來。與鴻儀、美鍔、季龍、自珍、育宜同到海水浴場。四時半，與自珍、育宜游魯迅公園，照相。六時歸。

洗浴。九時半服藥眠，上午三時醒。又眠，六時醒。

今晨七時半，《息壤考》作完，計七千字，肩上一輕鬆。予久未爲此種文字矣。

數日來爲了作文，精神緊張，睡眠不佳，擬休息兩天。人家勸我節勞，然作文之事如不能精神貫注，一氣呵成，即無說服力也。所以無說服力者，思想不能深入，研究不能徹底也。予前在北大、燕大時，每成一文，恒病半月，即以精神及注意力過于集中之故。今老矣，猶有餘勇可賈，甚望能好好寫出幾篇文章，真正解決幾個問題。不知能如願否耳。

岑仲勉《黃河變遷史》，予稍遲購，假季龍所藏閱之。今日往新華書店，則賣完矣。此等專門書籍尚能售罄，此真好現象也。惟各出版社出書之後，再版之權在新華書店，如新華不通知再版即不能印。以是初版一經售完，便難再覓，此或因紙張來路少致然，然讀書者苦矣。

一九五七年九月

九月一號星期日（八月初八）

與自珍、育宜雇馬車游湛山寺，到浮山所海灘撿貝殼，遇王弘禄。到太平角海灘，撿石子。十二時歸。

與自珍、育宜到永安戲院，看唐山專區評劇團表演。四時半散，到觀海山望青島市景。出，予訪姚智千于太平路，未晤。六時歸。

與尹達談。張鈺哲夫婦返寧。與自珍、育宜到中山路購蚌殼。九時服藥眠，翌晨三時醒。

今日所觀劇：

王二姐思夫：高艷敏演

小二黑結婚：小芹(范金亭飾)　小二黑(郭繼明)

二孔明(曹希純)　三仙姑(陸沙)　媒婆(洪影)

金旺(陳效影)　區長(高鳳榮)　小榮(丁玉香)

尹達謂予：“外人説你對古史已忘懷了。今觀《浪口村隨筆》乃不然。”即此可知予負謗之重。又云：“昨張維華來，説你史料熟，魄力大，如能把握馬列主義當必有更大之成就。”張維華，打擊予之人也，而能説此話，殊可感也。

九月二號星期一（八月初九）

尹達移衛生部療養院。童太太來。季龍來。鈔《穆天子傳》，未畢。爲季龍看其所作《漢書·地理志》注，略加潤飾。

與自珍、育宜到新新公寓赴宴。飯畢，同到貯水山公園。又到工人文化宮（即第三公園），看動物。到大窰溝郵局取款。到新華書店買書。又到國貨公司略觀，遇南喬。五時半歸，與自珍閑話。

與季龍、美鍔到魯迅公園步月。十時眠，上午二時醒。服藥，六時醒。

今午同席：予與自珍、育宜（客）　盧南喬夫婦及其子小今童丕繩夫婦（主）

累日伴自珍等出游，不免疲乏。今晚覺倦，就床遂眠，得睡四小時，此自然之睡眠也。服藥後，又得眠二三小時。如能得自然睡眠六小時，即無事服藥矣。然亦非多走路不能倦也。

九月三號星期二（八月初十）

美鍔爲照相。鈔《穆天子傳》畢，粗校一過。

未成眠。再校《穆傳》兩過。與季龍、自珍、育宜到仲犖處，未晤。到合作社購物。到黄雲眉、孫思白處，亦未晤，遇雲眉夫人。與自珍談。

與季龍、美鍔到中山公園步月。十時，與李興銀送自珍、育宜上車。十一時服藥眠，二時半醒。再服藥，五時醒。

自珍此來，匆匆六日，青島勝迹，游覽略遍。彼此大約都化五十元。育宜外孫頗聰敏，能記路，讀書一年，識字不少。聞其在寧校爲“三好生”，所有功課皆得五分，蓋能集中注意力也。

今晚進西餐同席：嚴幹　任美鍔　譚其驤　自珍　育宜　連予僅六人，可謂寥落。在此兩月，盛衰至是。今日美鍔到海水浴場，聞和平更衣室人言，本日到此者，上午一人，下午一人耳。東鎮至浴場車已停開。

九月四號星期三（八月十一）

整理《穆天子傳》訖。姚智千來。王仲犖來。寫静秋、次君、映婁信。

未成眠。鈔《吕氏春秋・有始、本味》兩篇。到中山路購書。歸，翻所購書。

與季龍、美鍔到小西湖散步。洗浴。看焦循《劇説》等。失眠，服藥兩次，十一時後眠，翌晨五時醒。

爲作《古地理名著選》注，入市求《辭海》不得，買得幾種文藝筆記歸，晚間一看，又致失眠。此種閑書亦復不能隨意翻覽，可謂苦事矣。

九月五號星期四（八月十二）

爲編《歷史地理論文選》事寫三聯書店信。寫章丹楓、鄒新垓信。季龍來。將季龍《漢書·地理志》注已成稿閱畢，摘鈔入筆記，約二千四百字。

未成眠。與美鍔、季龍到中山公園照相。丁瓚來。

到龍口路買水果。到海濱望月。歸，整理季龍交來書籍。到季龍處談。十時，送美鍔、季龍上站。十一時服藥眠，翌晨五時半醒。

季龍論作文，謂自己太拘謹，放不開。蒙老則晦澀，看不懂。仁之會作文，故占了便宜，可惜現在行政事務太忙，不能進步。又說予文章流暢，是一筆絕大的本錢。按予能走路，前在小湯山時，同人謂予：須好好地保護這本錢。予幸能有此兩筆本錢，自應好好地使用，以求無負天賦。

連日夜中到海邊望月，而此間氣候，白天甚暖，有時至八十度上，夜中則徹骨奇寒，予未穿絨綫衣，遂致氣管炎大發，痰咳甚重。

九月六號星期五（八月十三）

記筆記一則。點讀許維遹《呂氏春秋集釋》中《有始》、《本味》兩篇。尹達來。

未成眠。到青島療養院，晤丁瓚，與同到俱樂部，晤尹達、丁西林。到尹達處談。又同到丁瓚處談。在丁瓚處留飯。遇唐進。

與丁瓚、唐進同散步。歸，看仁之寄來書籍。失眠，服藥三次，十一時後眠，五時半醒。

丁瓚勸予遷至青島療養院，與同宿舍。彼處中西醫及針灸、按摩俱備，便于治療，且風景好，房屋精，包飯廉也。

九月七號星期六（八月十四）

晤趙九章及律巍部長。將《有始》、《本味》兩篇校改訖。姚智千來。到海濱醫院，就姜白萍醫師診。與律巍談。

未成眠。欲購節禮送童、盧諸家，而中山路、大學路兩處均不得當，遂至中山公園品茗，看《淮南子》兩卷。

再到大學路買物。看蔣瑞藻《小說考證》。九時半服藥眠，十一時以咳醒。再服藥，翌晨六時半醒。

今日量血壓，爲 170/100，較八月十三日 134/78 大高，是皆太忙及連宵失眠之所致。

近日氣管炎又發，多痰且咳，今日起亦服藥治之。

九月八號星期日（八月十五　中秋）

到體育場早餐。到尹達處，同出，遇丁瓚、唐進，同到公園。丁、唐先歸，予與尹達到牡丹亭茶館長談。十一時歸，即赴童家飯。

飯後稍息，即與南喬、小今同到永安，看評劇《批女婿》、《打金枝》，四時廿分散。回盧家，看《蠹酌編》。

在盧家飯。飯後南喬及丕繩夫婦送予回所。九時半，服藥眠，翌晨四時醒。又眠，六時醒。

唐山評劇團，演唱俱不劣，而永安戲院只賣三成座，何青島人之不欣賞至如是耶？

今午同席：予　盧南喬（客）　　丕繩夫婦及其女教英（主）

今晚同席：予　丕繩（客）　　盧南喬夫婦及其子小今（主）

九月九號星期一（八月十六）

寫歷史所信，請轉療養院。到海濱醫院，續診。到中山路寄信，并參觀拍賣行。遇白玉海。與駕駛摩托艇之常女士同飯。

眠一小時半。整理文稿。寫靜秋、又安信。到公園，觀果園，上山，沿東柵走，至日本"忠魂碑"而下。

與阮鴻儀話别，觀其書畫。看《小説考證》。十時，送鴻儀上車。服藥眠，翌晨六時醒。

今日檢血壓，爲 150/80，已入正常，此兩日來安眠之效也。氣管炎漸好，仍服藥。

接静秋信，悉家中均好，惟堪兒上月卅一日起發高燒，後燒退而食少進。

阮鴻儀君，主持科學院應用化學研究所，居長春，而頗好翰墨，今晚出書畫兩卷以示予，其一爲祝枝山之《蘭亭序》，醉後之筆，寫得活潑而又穩妥，真可愛也。

九月十號星期二（八月十七）

點劉文典《淮南鴻烈集解》中之《墜形》訖。到辦公室付飯費，并接洽遷居事。遷至西樓，整理物件。

未成眠。步至東鎮，乘車到中山路，購物，取款，理髮。

到公園散步。翻新購書。十時服藥眠，翌晨四時半醒。又少眠。

今早大便發黑，甚奇，予服食何物而致斯耶？

從今日起，東樓只予一人住矣。爲不欲多耗公家燈火，故又遷于西樓三層舊居之地。

九月十一號星期三（八月十八）

寫静秋信。改《地形》誤文訖。點《北山經》、點《北次三經》之畢校與郝箋，訖。姚智千來。

未成眠。記筆記二則。到南海路買物。

蕭滌非來。洗浴。看《詁經精舍文集》。十時服藥眠，十二時醒。又服藥，四時醒。又眠，六時醒。

今日大便已不黑，然一日三次，雖非拉稀，終嫌其頻。倘進水果太多所致耶？

氣管炎，服藥後，咳已甚稀，而痰猶不少，若吐不盡者。予他年委蛻，度必與吾父同也。

九月十二號星期四（八月十九）

鈔《北次三經》訖。記筆記四則。

未成眠。到中山路購物。

到丁瓚處還所借衣。看王紹蘭《王氏經説》。失眠，十一時服藥眠，翌晨五時半醒。

夜在匯泉路散步，得一小詩：

清宵獨步聽潮聲，海畔蒼茫待月生。指點搖光疑不定，山頭燈火接天星。

九月十三號星期五（八月二十）

校所鈔《山海經》各篇，未訖。記筆記三則。

未成眠。到公園，茗于牡丹亭，看丕繩所作《明清時代白青花瓷器》、《唐窑考》、《唐窑成就》訖，略加修改。由北門歸。

到蕭滌非處談。看《禹貢半月刊》。九時半服藥眠，翌晨四時醒。

九月十四號星期六（八月廿一）

校《海外》、《海内》兩經訖。記筆記八則。徐連城來。

到中山公園紫藤路茶社，待丁瓚來，同到山大訪黃嘉德，未遇。到青島市圖書館，亦值停工。步到中山路，入寄售肆買皮包。到冷飲店進冰淇淋。到文具店取卡片，即乘車歸。

丕繩來，長談。洗浴。十時服藥眠，翌晨四時廿分醒。

予所用皮包，係十餘年前在滬所購，已破得不成樣子。今日在寄售商行買一半新者，僅六元，殊不貴。

九月十五號星期日（八月廿二）

六時半出，到中山公園散步。出，到體育場吃餛飩。車到棧橋。步至西鎮最西頭之團島路，至雲南路乘車到河北路，到古舊書店購書。到樂口福吃燒賣。歸。到南喬處。到丕繩家吃飯。

與丕繩步至永安戲院，晤南喬父子，同看青島京劇團所演戲。四時半散。回丕繩家長談。到南喬家晚飯。

歸，看《二刻拍案驚奇》。十時服藥眠，失眠。十二時再服藥眠，翌晨六時醒。

今日所觀劇：

白水灘：孫蔚理、楊鳴孝等演

胭脂寶褶：言少朋等演。自公孫行仙起，至舉家團圓止。

後一齣爲新編戲，情節蕪雜而無中心。言少朋爲言菊朋之子，唱鬚生，嗓音不弘亮，惟說白與做工甚乾淨，扮相亦好，大有當年余叔岩風度。與其妹言慧珠同爲後起之秀。

九月十六號星期一（八月廿三）

看《二刻拍案驚奇》約十篇。看張靜海《春秋戰國時的水利灌漑事業》未訖。到海濱醫院，就夏占初醫師診。校《息壤考》訖。

眠二小時。寫盧南喬信。

到春和樓赴宴。十時服藥眠，翌晨二時三刻醒。又眠，五時半醒。

昨晚睡得不好，今日精神甚差，只得停止工作。到醫院，檢得血壓爲148/90，仍較高。上午來往醫院皆步行，日光下甚熱，以此感疲，午後竟眠全兩小時之久，此前所未有也。晚到春和樓，來往皆步行，約十八里，走得滿身是汗，以此僅服腦力須亦得佳眠。以此觀之，予實須多體力勞動。

今晚同席：予　黃公渚　高晋生（以上客）　蕭滌非（主）

九月十七號星期二 （八月廿四）

寫靜秋信。校姚際恒《詩經通論》四卷。

未成眠。

在市區山中散步兩小時。失眠，服藥三次，至十二時後眠，翌晨六時半醒。

《詩經通論》一書爲予一九二三年所點，一向無出版機會，去冬姚紹華君向予徵稿，付以此稿，至前日而排樣至。估計須七八天方得校畢，古地理工作又放下矣，此突來之任務也。然不自校終不放心，而一校之後確然發見了許多錯誤。予安得長有此悠閑之歲月從事于此耶？

九月十八號星期三 （八月廿五）

校《詩經通論》兩卷。

由延安一路翻山，至延安二路。又翻山回，至延安三路，經山海關路以歸。在南海路修面。遇嚴幹。

周緒路來。洗浴。十時服藥眠，十二時醒。又服藥，翌晨六時醒。

九月十九號星期四 （八月廿六）

記筆記七條，二千餘字。

到中山公園，茗于牡丹亭前，寫潮兒等、又安、仁之、季龍、自珍、次君信。丁瓚來，同到桃園散步，送之回療養院。

到龍口路買梨。看《墨子》。失眠，至十二時，再服藥，得眠，晨六時半醒。

年來多說予瘦者，今日服務員趙玉珍亦說予“瘦了”，則予到青島來兩閱月又瘦了些也。所幸飯量照常，尚可撑拄耳。

九月二十號星期五（八月廿七）

趙艾來。校《詩經通論》三卷。記筆記三則。

到丁山夫人處。到中山路買物。到姚智千處送稿。到海濱醫院，未得挂號，即歸。

到公園散步。看《二刻拍案驚奇》。十時服藥眠，翌晨五時醒。

今日購補心丹與舒肝丸服之，夜眠之佳，其以此耶？西藥霸道，服之發生副作用，誠能改服中藥，予體之幸也。

九月廿一號星期六（八月廿八）

尹達來辭別。記筆記二則。李興銀來。由其伴乘汽車，到市立中醫院，就錢軸范大夫診治。歸，寫靜秋信。

到車站，送尹達回京。到南海路寄信。校《詩經通論》半卷。記筆記二則。劉敦愿來，長談。

洗浴。服中藥。看《小說考證》等書。失眠，至上午一時服西藥，七時醒。

今晚本已倦，靠沙發打盹矣，徒以待洗浴及服中藥故不得就眠，及兩事皆爲，十時就眠，則精神又緊張。初意待中藥發生作用，而中藥見效特緩，不得不又服西藥。此所以致靜秋書，請其再來青島也。

尹達以醫言，肺有問題，故今日返京。

九月廿二號星期日（八月廿九）

姚智千來。記筆記二則。

到永安戲院，看《三打祝家莊》劇，自一時至四時十分。出，到古舊書店購書。歸，閱所購書。

徐連城來。看周亮工《因樹屋書影》。失眠，服藥三次，至上午三時後得眠，六時半醒。

　　兩日來睡極劣，憊甚矣。蓋 Amytal 服畢無繼，遂至爾也。余服此已成癮耶？若靜秋不來，予工作必不能完成矣。如予不病，如此清靜環境直當以天國視之。

　　今日所觀劇：鍾離老人（言少朋）　宋江（林之一）　李逵（鉗韻戎）　楊林（尹玉麟）　石秀（韓小樓）　孫立（王臨淵）　樂和（孫蔚理）　顧大嫂（張春秋）　祝朝奉（徐戎奎）　祝小三（張金柱）　老五（王信生）　樂廷玉（解士福）　扈三娘（武蓮芝）　扈成（姜振發）　李媽（薛硯琴）　樂氏（張文娟）

九月廿三號星期一（八月三十）

　　到海濱醫院，就劉桂珍女醫師診。到"新中國"理髮。到清真飯店午餐。

　　到國貨公司買蛤蜊乾。到新聞電影院看時事片。到中國電影院看周信芳等所演《宋士杰》彩色片。四時半歸，看《拍案驚奇》。

　　到大學路買水果。看《拍案驚奇》。九時半服藥眠，翌晨五時醒。又朦朧一小時。

　　今日量血壓，為 160/110，久無此高度，知失眠實損人也。

　　今晚八時起風，天陡涼，人一清爽。此間秋熱，我又易出汗，又不能不出外散步，總是上半身濕透回來，大是苦事。

九月廿四號星期二（閏八月初一）

　　為山大中文系演講，搜集材料。記筆記二則。

　　到太平角取沙土。歸打包，寫靜秋信，送高士其處，請其帶歸。

　　看孫楷第《俗講、說話與白話小說》。九時半，服藥眠，無效。至十一時，在床作運動，十二時眠，翌晨五時半醒。

　　昨晚服 Amytal 一丸，居然睡了七小時許，今天精神便覺恢復了。

今晚服 Amital 便不靈，想以夜中未走路之故。在床作體操一小時，氣喘出汗，疲勞之甚，自然睡去。此法得效，可常行也。

又昨日玩了一天，今日工作了一天，故睡眠好壞有異，不盡關藥也。

九月廿五號星期三（閏八月初二）

趙金斗伴至中醫院，就錢軸范醫師診。繼續搜集演講材料。丁山夫人送水果來，寫謝函。

送高士其等上車。到公園，茗于紫藤路。

到中山路，聽安慶萍等女藝人西河大鼓《東漢》。九時眠，久不成睡，至十二時。二時兩次服藥乃眠，五時半醒。

量血壓爲 150/100，比前日爲低矣。錢醫謂予，此是神經性血壓高也，能不做工作即好。

安慶萍等説書，與梨花大鼓無異，惟説白較多，名之曰"西河大鼓"，不得其解。每聽一段，即收錢一次，一人兩分，殊廉，此亦舊法也。聽客甚多，大都皆老年工人。説東漢開國，猶是宋代瓦舍講史遺風。

九月廿六號星期四（閏八月初三）

繼續搜集演講材料。

二時半，孟廣來至，同到山東大學，晤蕭滌非、高晉生、黃公渚、金里等。到大禮堂，爲中文系同學講"詩經的來源問題"兩小時半。滌非、公渚、晉生送回。

到丕繩、南喬處還書。九時，服中藥眠。十一時醒，服西藥，又眠，翌晨四時半醒。

今日聽講者約四百人，予喊得嗓子也有些啞了。然夜中竟得佳眠，爲前數日所未有。可知活動實與身體有益，一人之生活自當有多方面也。

九月廿七號星期五（閏八月初四）

趙明珍來辭別。記筆記六則，將《湯山小記》第四冊整理訖，作小序。出門，遇雁浦。到海濱醫院就姜醫師診。歸，循魯迅公園行，望海。

眠一小時半。看《二刻拍案驚奇》畢。

到金城球社，聽安慶萍等説書。九時半就寢，不能眠，十一時、一時兩次服藥乃眠，翌晨六時許醒。

今日血壓爲148/90，不知是中藥之力否？午後得眠，亦血壓低之效也。今晚睡又不善，則下午寫筆記過多之過也。予性急功，宜有此罰。

此間休養員越來越少，今僅剩予與嚴幹兩人矣。故趙明珍亦被遣，改由男同志崔世玉來服務。

近來每日上午輒大便二次至三次，前一次成條，後二次帶稀。

九月廿八號星期六（閏八月初五）

寫靜秋信。到中醫院就錢醫診。到大窰溝郵局寄信。記筆記二則。將《湯山小記》第五冊整理訖。

眠一小時。到中山路購書及藥，遇王興瑞及其夫人陳佩馨。

看新購諸書。十時，服藥眠。上午二時半醒，遂不克眠。四時起。

醫謂予病爲神經性之血壓高，故可升可降，不爲惡性。又謂予性緊張，毛細管容易充血，故臉常紅。憶廿餘年前，孟真謂予，“你叫別人代做的文章，一看就看出來，因爲別人不能像你一般緊張”。四十年前，袁封百亦謂予，“你寫字有好處，甚緊”，此亦精神緊張故也。而所以精神緊張者，諒以與予父飲酒有關。父少年嗜飲，一飲輒五斤，故予有此先天性之神經衰弱。然使予性不緊張，則在此動盪時代中決無如此成績，所謂"有一利必有一弊"也，此亦辯證法也。

今晚服"巴氏合劑片"，忽然嘔吐，予胃素強，不知何以致此？

九月廿九號星期日（閏八月初六）

搜集下次講演材料。記筆記五則。

打盹半小時許。

到永安戲院買票，送童、盧兩家，晤南喬。歸，丕繩正坐待，與談。十時就眠，不入眠，服西藥兩次，十二時後眠，上午三時醒。又眠，六時半醒。

欲求研究工作之深入，非得如今之清靜環境不可。今日悟得《周南》、《召南》所在，大是快事，即失眠亦值得矣。

九月三十號星期一（閏八月初七）

看丕繩所作批判雷海宗"世界史分期"一文。繼續搜集講演材料。寫靜秋信。

到永安戲院，與丕繩及南喬夫婦同觀《樊江關》、《除三害》、《鬧龍宮》三劇。三時半，戲散，即歸，洗浴。接靜秋電報。與徐連城同出，到其山大辦公室小坐。

到丕繩處飯，南喬同坐。八時歸。服藥眠。十二時醒，再服藥，翌晨六時醒。

為睡不好，兩眼澀痛。予所最懼者，失明與右臂不仁而已，蓋此皆使我不能任工作者也。

中秋夜，丕繩與予談，謂湖帆之畫能融合四王、宋元，又加以創造，故能獨步一時。然聰明有餘，功力尚不足，以其未經科班出身也。予因謂草橋中學出三人，湖帆之畫，聖陶之文學，予之史學，皆是聰明逾于功力者，以清末民初，群不悅學，我輩皆由自己摸索而來，未得名師傳授也。故聖陶之詩，富于天趣而軼出繩墨。予亦自知根柢始終未打好。丕繩云："現在人所作歷史研究文字，大都經不起覆案，一覆便不是這回事。其經得起覆案者只五人：先生、呂誠之、陳寅恪、楊寬、張政烺也。然呂先生有時只憑記憶，因以致誤。陳先生集材，大抵只憑主要部分而忽其餘，如正史中，只從'志'中搜集制度材料，而忘記'列傳'中尚有許多零星材料。先生亦然，不能將細微資料搜羅淨盡，以是結論有不正確者。楊寬所作，巨、細無遺矣，而結論卻下得粗。其無病者，僅張政烺一人而已。"聞此心折。予之文字作得太快，故有此病，不若苑峰之謹慎與細密也。

予身體稍好，即工作不休，以致病倒，實緣生活太無節制之故。而其所以不肯節制者，則自恃有本錢。本錢者何？一則能多食，一則能多走是也。然多食結果，形成不消化，發生一日下便數次，舌苔厚膩諸種現象；多走結果，上身流汗，頭上尤甚。此可知予體根本已衰，不可能多食、多走，此二事已不足為予之本錢。至于神經衰弱，逐年加劇，不有西藥，便輾轉終宵；緊張性愈高，心中一有些事，便覺有鞭策在後，以至胸悶、心跳。予年已六十五矣，不可能還如少壯時代之"賣很"。然而好大喜功、好高騖遠之習性乃與少壯時代無殊，且以此生工作時間已不多，更要加緊趕程，遂致年年發病。此次來青島，初時全家俱至，靜秋及諸孩拉予日至海水浴場，予不能游泳，頗以為苦，又覺下午費掉半天時間為可惜。及家人俱走，仁之、季龍、美鍔諸君亦相繼行，予乃得專力工作，慮其犯失眠，則輒走數十里路，期腦中積血下降。然此二事皆極緊張，失眠疾遂一發不止，不得不請静秋來此，對予生活作一調度。静秋來後，頻致勸導，輒為泣下，予曷敢不聽良言，因書此以自儆焉。

　　　　　　　　　　　十月五日記。

一九五七年十月

十月一號星期二（閏八月初八）

　　到李興銀處。到體育場進早餐。到公園，茗于紫藤路茶肆。看孫作雲《説詩經大小雅同為西周末年詩》。到後山林中坐，計劃"詩經編次問題"之講演。出園北門，翻山至延安路，步至丕繩處午飯。到南喬處借書。

　　與丕繩同到永安戲院，看《三打祝家莊》劇。遇張静海。二時半，離戲院，到火車站接静秋。三時十分到，坐汽車歸所，與李興銀夫婦談。五時半，與静秋同到南喬處夜餐。

　　八時歸。即就寢，服藥兩次。至十二時後方得眠，上午四時醒。又眠，六時醒。

　　不下雨兩閱月矣，静秋來，謂山東亢旱，已成灾象，一路所見，禾稼乾枯細弱，幹部擔水澆之。澇灾剛過，旱灾又來，何吾民之不幸也。

　　前昨甚涼，趕緊加衣。今日天氣晴好，氣候又熱，可穿單衣矣。

　　静秋體亦不佳，腸胃俱病，顔色憔悴。一對病夫婦，相見殆難為懷。

十月二號星期三（閏八月初九）

　　寫蕭滌非信，謝講演事。看孫作雲《説雅》，記筆記二則。

　　眠一小時。到大學路寄信、送信。看孫作雲《從讀史方面談談詩經的時代和地域性》。與靜秋到公園、海邊散步。

休息。七時半登床，九時眠，十一時醒。耿耿至上午三時許又眠，六時半醒。

靜秋勸我辭絕山東大學演講，從之。予體力如此，擔負越少越好。而予同情心強，服務心勇，負責心重，故到處牽纏，雖到青島而實不能休養也。

予服腦力須一年許，今瓶罄而青島市上無售者，服 Amital 半年許，而頃以國慶節放假，無從在醫院取得，遂致有絕糧之憂。故雖靜秋到青，已不寂寞，又近日工作輕鬆，而失眠狀態仍延續也。

十月三號星期四（閏八月初十）

與靜秋同到中醫院，就錢醫師診。十時歸。寫尹達信。丕繩來，出其新作《古籍考辨叢刊》第二集序，長談，留飯。

未成眠。到南海路寄信，理髮，到公園轉一圈，五時歸。翻姚振宗《隋書經籍志考證》。

靜秋教予下象棋。八時半眠，十一時半醒。以無西藥，耿耿至曉。

靜秋責予頭緒太多，以致身罹疾病，工作無一件做成。謂予之興趣主義實是資產階級病根，必須痛除，始可使工作有計劃。其言甚是，書此自誡。

今日量血壓，為 168/100，較前更高矣。醫開羚羊角，價十六元，謂內熱甚重，須服涼藥也。

近日此間天氣亦熱，室外八十度以上，與夏間無異。予多流汗，一出門即上衣盡濕。

十月四號星期五（閏八月十一）

到辦公室付飯費。與静秋到海濱醫院，同診。出，到中山路買物。十一時許歸。看童書業《論宗法制與封建制的關係》，訖。

卧床半天，未得眠，看《敦煌變文集》中《伍子胥變文》及《醒世恒言》中《賣油郎》。與静秋打撲克。

與嚴幹談。劉敦愿來。八時半服藥眠，上午三時半醒。又眠，五時半醒。

昨夜眠太不佳，今日疲甚。量血壓，則爲 165/110，更高矣。没有辦法，只得眠床看小説消遣。

静秋腹中時時作痛，醫謂係腸炎。

予舌苔厚甚，而休養所飯，鷄、鴨、魚、蝦、蟹、牛、豕肉，儘吃好東西，太油膩了。予前請減膳，所中人謂此係體制，不可改變。今日静秋自與厨房言之，多吃蔬菜，少進葷腥，當可對予腸胃有益也。

十月五號星期六（閏八月十二）

趙艾來。寫雁秋信。與静秋到中醫院續診，與郭同志談。看李如箎《東周叢説》。鈔丕繩所作《古籍考辨叢刊》第二集序三千餘言，未畢。

眠一小時。看《醒世恒言》。與嚴幹談。

九時半服藥眠，上午二時三刻醒。又眠，五時醒。

今日血壓爲 154/88，較前昨減得多矣。一夜安眠，其效如此。然亦静秋來此，精神有所慰藉，乃得一弛其獨居時之緊張狀態耳。

潮、洪、湲三兒今日皆有信來，報告國慶節觀禮及觀游行狀，寫得均好；惟洪兒粗枝大葉，不能如潮、湲之多描寫。湲兒初入二年級，而能不錯寫一字，亦見其審慎小心。

十月六號星期日（閏八月十三）

静秋始鈔地理名著卡片。續鈔丕繩所作序文三千餘字，訖。記筆記二則。

未成眠。與静秋到中山公園散步，到"忠魂碑"。看《醒世恒言》。

與静秋下棋。八時半眠，十時半醒。服藥眠，四時許醒。又眠，六時醒。

自静秋來後，不輕與人來往，工作減少，游散增多，服藥有定時及定量，因此日來又得佳眠。静秋呵，你真是我的救苦救難觀世音菩薩也！

静秋今日下便黑色，不稔其故。

静秋爲予梳頭，嘆曰："何髮落之多也，成禿頂矣！"

昨夜有雨，今日有風，天氣又凉。

十月七號星期一（閏八月十四）

續校《詩經通論》，盡第九卷。記筆記五則。

眠三刻鐘。校《詩經通論》卷十訖。記筆記二則。與静秋到南海路一帶散步。

洗浴。九時半眠，十時半醒。服藥眠，上午一時許醒。又服藥，上午三時醒。又眠，五時半醒。

姚際恒《詩經通論》之校勘工作，以山大講演，搜集資料，又爲病困，停止半個月矣。至今日乃得繼續爲之，甚願不再間斷也。

静秋月經自游嶗山後未來過，已兩月矣，而今日又來，古籍謂"男子六十四而陽絶，女子四十九而陰絶"。予與静秋已屆此年，而俱不絶，何也？

十月八號星期二（閏八月十五）

到中醫院就錢醫診。又到海濱醫院就姜醫診。修改徐連城《弭兵》文，未訖。記筆記三則。

未成眠。與靜秋到中山路，她理髮，予買書，定卡片。冷飲，看電影（黃山、桂林山水）。五時半歸。

與靜秋到東山路步月。童太太來，長談。九時半眠，十一時醒。服藥久不眠。至上午一時半又眠，六時醒。

今日血壓爲 140/85，又較前日爲低。錢醫謂予根本之病，爲陰虧、肝旺。

前日（六日）蘇聯製人造衛星成功，從此更加精進，人類有航行各恒星間之望，真劃時代之舉矣。必有馬列主義，然後可以征服天空！

十月九號星期三（閏八月十六）

續校《詩經通論》卷十一訖，卷十二未畢。

未成眠。到丁瓚處，與之出，沿海邊行，至理療所。到大合作社買水果。出，遇史修德。

看《醒世恒言》。九時半眠，十一時醒，又眠，三時醒。良久又眠，五時半醒。

今晚未進西藥，亦得眠約六小時。雖分三段，總爲滿意矣。

十月十號星期四（閏八月十七）

到丁瓚處，未晤。由李際年同志伴至黃海路四號青島療養院，晤王院長及楊同志，由張同志伴至區部，由崔同志伴至居庸關路，看定十號屋。再至丁瓚處留條歸。校《詩經通論》卷十二訖。

未成眠。與靜秋到中山路，購水果寄京寓。買物。予步歸，靜秋車歸（以拍電影，汽車停）。理物。

理物畢。七時半眠，九時半醒。至十二時後服藥，眠，六時醒。

今日接歷史所轉來衛生部介紹轉至青島療養院，爲期兩個月，自十月十日至十二月十日，因即往接洽，定明日遷往。

十月十一號星期五（閏八月十八）

八時，辭別休養所同人，由宋星三駕汽車到療養院。丁瓚來，李艾青來。到療養區辦手續。整理書籍、什物略訖。遇李四光夫人、季少娟大夫。

晤唐景陽、李一非。眠一小時。與靜秋到合作社買水果，到匯泉路寄信。看朱偰《蘇州名勝》。遇李四光先生。

與靜秋、丁瓚、胡華等同看《章西女皇》及《桂林山水》電影。九時歸。十時眠。翌晨四時醒。天明時復朦朧半小時許。

移入居庸關路，環境清幽，較栖霞路更好，不聞人聲，充耳皆松風與濤響也。所住之屋不知舊爲何官僚抑資本家之別墅，爲高級洋房，有山林之佳趣與現代化之設備。予夫婦得居于此，不能不感謝共産黨之厚賜。

今晚看電影，寫十九世紀印度反英帝，甚緊張，而竟得自然睡眠六小時，大出意外。

十月十二號星期六（閏八月十九）

取大小便送檢查、量體重。與靜秋到海邊散步。崔淑英護士長來。到區，由季少娟大夫記錄病歷。校《詩經通論》卷十三，訖。

眠半小時。崔世五送衣服來。記筆記二則。寫歷史一所信。與靜秋到李仲揆先生處，遇丁瓚夫婦，談。到海邊散步。

七時半就床，失眠。服藥無效。至十二時後始睡，五時醒。

仲揆先生大予四歲，病與予同。謂在杭州遇馬一浮先生，告以服胡慶餘堂之“桑椹膏”有效，已服四個月矣。

十月十三號星期日（閏八月二十）

五時半起，與靜秋到海邊拾菜。六時半飯。七時十分開車。七時五十分經滄口。以車老常壞，九時至南九水，換車。九時四十五分到北九水。步行亂石間。十一時半到魚鱗峽，休息。十二時到潮音瀑，上觀瀑亭飯。

一時，下山。二時半，到太和觀，略看。到青島療養院招待所休息，看陳師道《後山叢談》、曾慥《高齋漫錄》。上保合橋散步。四時半，上車。五時經烏衣巷。五時半經李村。六時返院，飯。晤護士王鳳彩。

八時眠，十一時醒。又眠，上午五時醒。

今日同游：舒維清（丁夫人）　姚真　甘春雷　胡華　趙中林

上次游嶗山，係行東路，今日行西路（亦即中路），西路汽車行，較東路爲平坦，惟自北九水後須步行，道路極不易走，蓋大石風化，常自山巔塌下，又山洪暴急，常冲路至零斷。今年修路，明年即無路，凡游是者必在大石塊上翻過，此予之所甚短也。

十月十四號星期一（閏八月廿一）

阮護士來，同到理療所抽血。與靜秋到海邊。校《詩經通論》卷十四訖。崔世五來。李仲揆先生夫婦來。寫姚智千信。到海邊撿石子。

眠半小時許。記筆記二則。三時，與靜秋到理療部洗浴。出，到俱樂部看報。遇吉雅泰。飯時遇曹文玉。

八時眠，十一時醒。失眠，終夜朦朧數次，然不久便醒。

今夜失眠，其由于抽血耶？抑由于洗澡耶？抑由于晚間天氣轉暖耶？日來予盜汗甚多，而今晚尤甚。

十月十五號星期二（閏八月廿二）

到海邊拾石子。到李艾青處，同到閻步瀛處。又遇史修德、吉雅泰夫婦。到仲揆先生處聽人造衛星叫聲廣播。到俱樂部理髮、看報。歸，寫侯仁之信。

眠一小時。王鳳彩來，同到山大醫院看眼科，由潘院長檢查。静秋同。翻閱馬歡《瀛涯勝覽》。歸後與静秋同到海濱撿石子。

與静秋及丁瓚夫婦同看《椰林曲》電影。晤唐景陽夫人。十時半，服藥眠。翌晨五時半醒。

以昨夜失眠，今日身體甚不舒服，只得停止工作。院給 Luminal 兩丸無效，仍服 Amytal 一丸得眠。

今日長江大橋通車。

石華草，亦名凍凍菜，本黑色，曬乾便成白色，煮爛即成凉粉，服之可低血壓。每潮退時，海邊俯拾即是。静秋每日前往撿取曬之。

十月十六號星期三（閏八月廿三）

寫潮兒等、羅守誠（爲平心休養事）信，到南海路發信。校《詩經通論》卷十五，訖。丁瓚夫婦來談。

眠一小時。崔淑英來談。

與静秋及丁瓚夫婦到匯泉路散步，到俱樂部打麻將兩圈。歸，九時服藥眠，上午二時醒。又眠，五時半醒。

今日大風，海濱尤甚，撲人幾倒。天氣轉寒，可穿大衣。予氣管炎又發。

十月十七號星期四（閏八月廿四）

與静秋到海邊，撿石子。與丁瓚夫婦同回。記筆記一則。與丁瓚夫婦、李時、静秋游中山公園，出，飲凉粉。

眠一小時。偕静秋暨休養員三十餘人到滄口青島國營第六棉紡織廠參觀。二時半往，五時廿分歸。

關護士來。看《醒世恒言》。八時眠，十二時醒。又眠，二時醒。又眠，四時醒。又眠，六時醒。

晨量血壓，爲 144/92，護士云：飯後可較低。脉搏 65，甚正常。季大夫謂予驗血後知予膽固醇較高，此血管硬化之徵也。

昨日一冷，予氣管炎又發，痰頗多。

十月十八號星期五（閏八月廿五）

寫古籍出版社信。校《詩經通論》第十六卷，訖。記筆記六則。到季大夫處診，用噴氣治療。遇徐林。

眠半小時許。打針、噴氣。黃雲眉來。取飯至寓所食之。

看《莊子》。八時眠，十一時醒。又眠，上午一時醒。又眠，三時醒。此後只稍朦朧。

晨血壓爲 142/88，稍低。脉搏 70，較速。

昨夜醒來，滿身骨骼皆痛。今日護士謂予有半度熱，禁予出門。

今夜未服安眠藥，居然睡七小時，大不易矣。

十月十九號星期六（閏八月廿六）

八時半，到理療所拔火管，又到居庸關區打針、噴氣。十時半歸。寫堪兒信，并寄字片五張。晤黃繼武。

眠一小時。打針、噴氣。校《詩經通論》卷十七，半卷。

看《莊子》。八時眠。失眠，服藥兩次，至十一時眠，翌晨六時半醒。

今日寄字片與堪兒，單字下更寫聯字，如"天"下有"青天"、"雨天"，"地"下有"泥地"、"地球"，"人"下有"大人"、"女人"，"家"下有"你家"、"他家"，"路"下有"馬路"、"公路"等。希望引起其聯想，易于接受。

拔火管，予尚是第一次經驗。醫言予傷風咳嗽，須拔五次。用十二玻璃管，先燒火使成真空，按于背上，約一刻鐘取下，所拔處遂成紫色。

十月二十號星期日（閏八月廿七）

到區辦公室打針。與静秋同乘院車，到李村路青島影劇院，看青島話劇團演《布穀鳥又叫了》。自九時至十一時半。（童亞男——傅兆利飾　申小甲——蕭竹　童亞花——李訓蓮　雷大旱——張鶴　王必好——楊玉林　方寶山——王棟宸　孔玉成——董驥　郭家林——周廣仁）歸，遇丁一。

眠二小時。校《詩經通論》卷十七訖。作噴氣治療。與静秋到合作社購物。出，遇仲揆夫婦及丁瓚夫婦。

看《莊子》。打撲克。八時眠，十一時醒。又眠，上午五時半醒。

今日未服安眠藥，而午眠兩小時，夜眠九小時半，真開新紀錄矣！

咳嗽較愈，固由藥物，亦以天氣又轉暖也。連日陰雲密布，方冀下雨以拯旱荒，而今日又出太陽矣。農人之失望爲何如？

接呂翼仁女士來訃，知其父誠之先生（思勉）于本月九日逝世矣。渠一生讀廿四史，全國中精熟全史者惟此一人。彼有志作一《中國通史》，解放以來，精力不足，迄《隋唐五代史》而止。其筆記占二箱，所發表者惟《燕石札記》一册耳。予累請其着手，亦以頻年體弱，未能整理也。今兹長逝，能有人爲之纂録者乎？企予望之！

十月廿一號星期一（閏八月廿八）

　　王鳳彩來量熱，打針。校《詩經通論》第十八卷畢。與靜秋到海邊取石子。

　　眠半小時。由關護士伴至山大醫院，與索懷玉談。以找不到病歷，未診歸。到理療館洗浴。王鳳彩來。

　　看《莊子》。八時眠，十一時醒，以咳故，服藥，十二時後眠，上午六時醒。

　　今夜咳又劇，以其洗浴受涼乎？

十月廿二號星期二（閏八月廿九）

　　到海邊散步。量血壓，熏喉。季大夫來視，談。檢查《詩經通論》中"頌"之問題，并《象武》之問題。鄺明來，教靜秋照相。

　　未成眠。由關護士、靜秋伴往山大醫院，放大瞳孔，由潘院長檢查。四時半出，到區辦公室熏喉。

　　與靜秋等到理療所，看教育片《回聲》及西班牙喜劇片《馬歇爾，歡迎你》。九時歸，即眠，十時醒，二時又醒，五時醒。

　　晨血壓爲 146/86。

　　季大夫謂予身體底子甚好，今雖有病，而與四十餘歲之犯病者同。又謂予驗血結果，膽固醇二百，視丁瓚高五十，視張稼夫低五十。又謂李四光部長之身體不能與予比。彼有心臟病，小便中有紅血球，而予皆無之。聞此心爲一壯。

十月廿三號星期三（九月初一）

　　與黃繼武握別。到理療所，再作拔火管。歸，熏喉。以陳子展《雅頌選譯》標點校《詩經通論》標點，未畢。

　　柯義敏來，同飯。未成眠。二時，與靜秋到俱樂部，下五子棋、看報。二時半，與同人到四方機車車輛製造廠參觀。五時回，到區辦公室噴喉。

九時眠，十時醒。服藥，上午二時半醒。四時許又眠，六時醒。

兩月餘不下雨矣，今早忽來一陣細雨。方喜可解農民憂慮，乃不久太陽即出，真天公有意玩弄人也！

十月廿四號星期四（九月初二）

以《雅頌選譯》校《詩經通論》經文，訖。嗽喉。

眠一刻。嗽喉。記筆記二則。

看《初刻拍案驚奇》。八時眠，十一時醒。又眠，一時半醒，遂耿耿達旦。

寄堪兒"日"、"月"、"山"、"水"、"海"五字。

晨血壓爲120/86，上壓太低矣。

近日頗覺疲倦，走路亦無力，不知何故。

十月廿五號星期五（九月初三）

李四光夫人來。嗽喉。再將《詩經通論》中有問題之字句斟酌。記筆記二則。到海濱訪靜秋。

眠半小時。與靜秋到匯泉路散步。嗽喉。

看《五七年國慶節》及《桃李劫》電影。遇龔古今。以靜秋暈，未觀畢而歸。十時，服藥眠。一時醒，四時醒，六時半醒。

近日不服藥亦能眠，但眠時不長，且屢醒爲苦。今晚電影寫舊社會中服務之難，非同流合污便不能見容，婦女工作者則輒爲人所玩弄，使人太息。以是予不得不服藥而睡。

十月廿六號星期六（九月初四）

磅體重。嗽喉。覆看《詩經通論》卷一、二訖。記筆記二則。

眠四十分鐘。理髮、嗽喉。丁瓚夫婦來談，同到李家。

在李家晚飯，八時半歸。九時眠，十二時醒。服藥，一時許眠，三時醒。又眠，五時半醒。

今日磅體重，爲一百廿八斤半。量血壓，爲 128/86。

連日無力，蓋血壓下降，失其興奮性之故。

今晚同席：丁瓚及其夫人舒維清　宋廣純及其夫人李少娟、女宋政　王鳳雲女醫師　予夫婦(以上客)　李仲揆及其夫人許淑彬、外孫女鄒宗平(主)　今日爲仲揆先生六十八歲生日，故宴客。

十月廿七號星期日 （九月初五）

到理療處，拔火管。噴喉。姚智千來。覆看《詩經通論》卷三訖，卷四未訖。與靜秋到俱樂部下跳棋、打撲克。

眠四十分鐘。噴喉。記筆記二則。

看《初刻拍案驚奇》。與靜秋打撲克。八時眠，十二時醒。又眠，二時醒。又眠，五時半醒。

今早（或昨夜）降雨，全日陰，風大，天氣頓寒。所帶衣服，不够用矣。憶本月初猶熱至穿單衣亦流汗，一月之間寒燠異致如此。

十月廿八號星期一 （九月初六）

季大夫來診。噴喉。覆看《詩經通論》卷四訖，卷五訖。記筆記二則。與靜秋到俱樂部閱報。

到丁瓚處視疾。眠半小時。噴喉。記筆記二則。

與丁夫人及靜秋同觀《警察與小偷》意大利片及《長江大橋》新聞片。九時歸。九時半眠，二時半醒，良久復眠，五時半醒。

寄堪兒“桌、椅、床、盆、瓶”五字。

季大夫謂予肺部無恙，氣管發炎亦僅上面一段。然予發病已將兩星期，一日之間，打嚏、吐痰不少，殊以爲苦耳。

十月廿九號星期二（九月初七）

量血壓。到丁瓚處視疾。覆看《詩經通論》卷六、卷七、卷八上半。噴喉。

眠五十分鐘。噴喉。看《初刻拍案驚奇》。

與靜秋玩撲克。七時半眠，十一時醒。服藥兩次，至上午三時後方眠，六時半醒。

今晨量血壓，爲128/80，更低矣。此所以不服安眠藥而能眠也。自本月十一日入療養院，將兩旬，此爲極大成績。惟血壓所以能低者，以服“壽比南”也。他日停服，不知尚能如此否乎？

今日靜秋與丁太太上街買物，晨出晚歸，無人管束予，予遂得恣意工作，覆閱二卷半，視前數日爲特多，亦恃己血壓下降，不復有失眠慮也。孰意報在眼前，耿耿者四小時餘。

十月三十號星期三（九月初八）

覆看《詩經通論》卷八訖。寫《詩經通論評點彙録》樣子三張。噴喉。

眠半小時許。翻《詩經通論》前四卷，記筆記六則。噴喉。看《初刻拍案驚奇》。

聽靜秋讀反右派文件。玩撲克。八時半眠，十二時醒。服藥，一時半眠，六時醒。

始服梨膏。聞丁一同志言，用鷄蛋白調蜜糖服之，亦可以治氣管炎。

十月卅一號星期四（九月初九　重陽）

與靜秋、丁瓚同到理療室，予拔火管，丁作蠟療。歸，噴喉。檢查《詩經通論》前四卷，記筆記三則。將前四卷校樣打包。

鄺明返京，寫字一幅贈之。到其室，并晤宋廣純、崔玉仁、顧循。未成眠。與丁瓚、李時、蕭高及護士管桂芝同到青島市人民醫院作透視。出，到中山公園看菊花展覽會。四時三刻，步歸。噴喉。

與靜秋、丁一、唐景陽夫婦到俱樂部，觀打臺球，并下五子棋及跳棋。八時半眠，上午二時醒。三時許又眠，五時半醒。

今晨量血壓，爲 138/94，視前爲高，想係兩夜不得安眠之故。聞蘇聯所製"電眠器"，北京醫院已有，如得自購一具，失眠時即用之，便得解放矣。

今日透視，知心肺皆正常，可喜。

今日寄出《詩經通論》之《國風》上半部，餘陸續寄發。予作事太小心，常爲靜秋所呵，然予必如此乃心安也。

青島療養院居庸關區護士：遲彬　王瑤　管桂芝　王鳳倩李文貞　閻淑良　張惠　姜淑英（護士長）

科學院來信問家庭經濟情況，靜秋答之，如下表：

（一）本人月薪收入　　　345 元

（二）每月開支：
1. 房租	40 元
2. 公債	30 元
3. 工會費	3.45
4. 水電	10
5. 電話	10.20
6. 保姆工資	27
7. 伙食：	
一、煤	7
二、油鹽	8
三、米麵	40
四、菜	75
五、糖	3

六、牛奶、鷄蛋	33
七、茶葉	1
八、水果	15
8. 書報	15
9. 學費	20
10. 醫藥	10
11. 交通	5
12. 文娛	6
13. 肥皂	8
14. 零用	20
	390.65

　　静秋旋以此表，耗費過于收入，貽人以不能節約之觀感，將伙食、文娛、零用等項縮小，改經常費爲 336.70 元，示未超過收入。

（三）頡剛個人零用及全家穿衣所需月約 100 元，靠不定規的稿酬及賣書貼補。

一九五七年十一月

十一月一號星期五（九月初十）

　　記筆記二則。與静秋到海灘散步。丁瓚夫婦、李時來，長談。到後花園看花，遇吉雅泰及其女。寫徐調孚、李亞農信。

　　眠半小時許。記筆記三則。與静秋到理療室洗澡，遇雲崎。歸，遇丁氏夫婦及李仲揆。

　　看焦循《劇説》。八時眠，十二時半醒。良久不能睡，且咳。至三時許又眠，五時半醒。

　　近日可以不服安眠藥而睡，自是進步。然眠四小時左右即醒，將天明又睡，一如葫蘆然，兩頭粗，中間細，白白在中夜反側數小時，亦可惜也。

今夜咳又劇，疑係下午出外洗澡，又感風寒所致。

十一月二號星期六（九月十一）

到十五號磅體重。與靜秋到海邊散步、照相。歸，嗜喉。遇季少娟。記筆記三則。

眠兩小時。嗜喉。記筆記一則。整理近日筆記及《詩經通論‧國風》部分。與靜秋在附近散步。

李仲揆太太到九號，與丁氏夫婦及予夫婦談。八時半眠，上午二時醒。三時許又眠，六時醒。

今晨量血壓，為128/82，視前日為低。今日磅體重，得128斤，較上星期六減半斤。此間菜太平淡，引不起食欲，又傷風多時，所服藥亦敗胃，以是飲食少進，遂使體重減輕也。

寄堪兒"門"、"井"、"街"、"場"、"園"五字。接雁秋函，渠對認字有興趣。

十一月三號星期日（九月十二）

寫又安信。八時，與靜秋到中山路，寄信。遇史修德、姚真等。游婦女兒童商店，到古舊書店買書，到照相館洗片。到百貨公司。十一時，到咖啡飯店，與丕繩夫婦談，十二時進飯。遇季大夫夫婦。

與靜秋到永安戲院，看華特生魔術團表演，自一時至四時，遇李青山、許淑彬等。出，國貨公司購物。到海泊路看臨時市場（資貨交流大會）。五時歸。

看新購各書。與靜秋談話多，不能眠，服藥，十時眠，上午二時半醒。四時後又眠，六時半醒。

今午同席：予夫婦　徐連城（以上客）　童丕繩夫婦（主）

今日所看"上海市華特生大魔術團"節目：1. 華特生閃電魔術(木盒跳牌等)　2. 章忠五車技　3. 張芳飛幻術(穿過玻璃等)　4. 華特生中巨型魔術(籠遁、水遁等)　5. 王慧文空竹技術　6. 華特生巨型魔術(火遁)　7. 華特生電術(人身傳電)　8. 王慧文盤椅技術　9. 楊根山雜技(洋瓶寶塔等)　10. 張芳飛幻術(束手自由等)　11. 華特生巨型魔術(空中飛人等)

十一月四號星期一 （九月十三）

到理療館拔火管。靜秋來，同到太平角，與唐氏、丁氏夫婦同照相。歸，遇黃升仁、胡華。記筆記四則。寫辛樹幟信。噴喉。

眠一小時許。李際年來，到黃升仁處談。寫徐調孚信，寄《詩經通論・國風》部分訖。噴喉。與靜秋到正陽關路散步。

與靜秋到紫荆關路散步。八時半眠，上午二時醒，約三時半又眠，六時醒。

十一月五號星期二 （九月十四）

閔步瀛來。唐景陽偕其夫人周玉蘭來。校《詩經通論》第九卷未畢。爲說明明年工作計劃，寫楊向奎長信。噴喉。

未成眠。到俱樂部修面、看報。歸，黃升仁來。噴喉。記筆記一則。與靜秋散步。

與靜秋及丁瓚夫婦到海濱散步看月。以與靜秋口角，服藥後十時眠，上午三時醒。又眠，六時醒。

今晨量血壓，爲136/80，更正常矣。

前夕拱辰書來，囑予定明年研究計劃。予意與靜秋忤，以是失眠服藥。今日作拱辰長書，靜秋又不贊成，吵了一天，以此又致失眠服藥。

靜秋之意，要我擺脫一切包袱，專心一種工作，俾病易愈，此自是好意，但有的包袱是無法擺脫的，如去了賀次君予即無助手。噫，招我到北京而不給以助手，此尹達之宗派主義，害事、害我，至于今日之局面者也。

十一月六號星期三（九月十五）

重草復拱辰書，由静秋修改鈔清，即發。校《詩經通論》卷九，訖。噴喉。

記筆記二則。噴喉。

與静秋及丁氏夫婦到大禮堂，看跳舞及歌舞。遇杜任之等。九時許歸，十時眠。上午三時醒。約四時半眠，五時半醒。

青島療養院與海軍療養院、空軍療養院、省委療養院合辦文娛大會，唱歌有甚佳者。

十一月七號星期四（九月十六）

噴喉。與静秋乘汽車到浮山所，步至街，欲待車至麥島，未即得，遂至海濱拾貝殼，并照相。沿海步歸。至家已十二時半矣。

眠半小時許。噴喉。記筆記二則。丁瓚夫婦偕杜任之、胡華來談。

與静秋及丁瓚夫婦到大禮堂，看緬甸片《她的愛》。八時出，與胡華同行。九時眠，上午二時醒。三時又眠，五時醒。

今日血壓爲128/86。

今日步行約十五里。自浮山所海邊至湛山寺海邊，更到太平角，循湛山三路而歸。浮山所海灘廣里許，灘上蚌殼甚多。湛山寺海灘則多石子。

今日爲蘇聯十月革命四十周年紀念日，故自己放假半天，到浮山所一走。

十一月八號星期五（九月十七）

到唐景陽夫婦處、丁一處談。遇李四光太太。拔火管。到吉雅泰處話別。與靜秋到海邊。噴喉。記筆記四則。

眠幾兩小時。與靜秋到水療部洗澡。出，遇仲揆夫婦。噴喉。

與靜秋及丁氏夫婦到俱樂部打麻將三圈。九時眠，十二時醒。三時又朦朧，四時即醒。天明時又一迷糊。

寄堪兒"動"、"植"、"礦"、"土"、"氣"五字。

昨夜大風起，今日海潮甚猛，撲石上騰躍數丈，浪花四濺，奇觀也。七級風如是，如遇十二級風，景必更美。

今晚眠不佳，當係打牌三圈之故。上星期兩圈固無事也。

今日大風，浪飛數丈，而予咳嗽轉好，藥物之效與？抑風雖大而氣候不寒（南風，地濕）所致與？

十一月九號星期六（九月十八）

磅體重。噴喉。覆校《詩經通論》第十卷畢。記筆記八則。寫上海人民出版社信。

眠一小時許。噴喉。

與丁氏夫婦及靜秋到匯泉路散步。八時眠，九時半即醒。服藥，約至十二時始得眠，晨六時半醒。

前兩星期磅體，以減輕故，靜秋急甚。今日磅得 129 斤，較前星期長了一斤，可無憂矣。

今日血壓爲 130/86，壽比南已停服數天，利血平亦于昨起停服。

十一月十號星期日（九月十九）

噴喉。丁氏夫婦來。八時四十分上車，至國營青島印染廠參觀。十時出。到史修德處談。并遇黃升仁。歸，記筆記一則。

眠半小時。記筆記四則。嗩喉。散步,以大風折回。修面。

與丁瓚散步。到杜任之處談。八時眠,十時半醒。服藥,十一時許眠,上午二時半醒。又眠,六時半醒。

樹幟勸予將《古史辨》中關于《易經》之論文編成一册。予意,《易經》方面我不够深入,擬先編我個人所作之《詩經》與民間文學之論文爲一册,即命名爲《詩經與民間文學》,較可自信。

十一月十一號星期一(九月二十)

將《詩經通論》十一、十二兩卷粗覆一過。記筆記三則。本院院長楊光天來。嗩喉。

看《北京民進整風簡報》。眠兩小時。嗩喉。與静秋在附近散步。

與静秋到禮堂,看蘇聯電影《原子能》及《證據》。九時眠,一時一刻醒。三時後又稍眠,四時半醒,遂達旦。

十一月十二號星期二(九月廿一)

拔火管。到宋、季兩大夫處談治病。到俱樂部。嗩喉。將《詩經通論·小雅》部分照原書加圈點。記筆記二則。

眠一小時。嗩喉。與静秋到海邊送照片。遇李時,至其室談。

與静秋散步。歸,打撲克。八時服藥眠,十二時許醒。一時許又眠,三時一刻醒。又眠,六時醒。

今日血壓 134/80。

自上月十八日起,以氣管噴氣治療,至今痰咳已愈,商之季大夫,明日起停止。以予神經衰弱,自明日起開始水療。

予來此後,伏案時間并不多。蓋日短,起身必于上午六時後,盥洗大便訖,即接上早飯。八時飯訖,又接上治療,大抵上午至多工作三小時。下午睡醒已二時許，而黃昏在五時左右，有一治療則不過工作一小時耳。

十一月十三號星期三（九月廿二）

到理療室，晤劉季順女醫師。作水療，得小眠。出，與雲崎談。十時歸，將《小雅》部分之姚氏評語過録上校樣。記筆記一則。十一時半，提前午餐。

與靜秋及舒維清到永安戲院，看光明劇團學員隊演茂腔《牧牛》、《小姑賢》兩劇，自一時至四時。出，游四方路自由市場，到中山路買鞋歸。

聽靜秋讀報。八時眠，十二時醒。又眠，三時醒，遂待旦。

今日始聽"茂腔"，雖極簡單，然在農村中自能發生作用，有其一定之群衆基礎也。

水療有用海水者，有用松節粉入淡水者。予所用係後一種。聞松節粉有鎮定神經之作用。

十一月十四號星期四（九月廿三）

水療。出門，遇李四光太太，約至大麥島游覽。十時出發，在麥島看漁民撒網。又至石老人村，望石老人，并見海軍登陸演習，十二時歸。

眠一小時，未酣。續鈔《小雅》部分評語，至第十卷畢。記筆記一則。姚智千來。到南海路理髮。

與靜秋及丁氏夫婦看《拜月記》電影，遇楠林。九時許眠，不酣，一時起服藥，六時半醒。

今晨血壓爲 120/80，太好了。

今日同游：李四光先生夫婦　丁瓚夫婦　李時　鄒宗平　予夫婦

湘劇爲弋陽腔，有的地方類昆曲，身段做工亦似昆曲，其劇頗古，人皆厭聽，我獨喜之，正以其可探索清以前歌劇之情狀也。

十一月十五號星期五（九月廿四）

水療。將《詩經通論》中《小雅》部分第十一、十二卷過録畢。寫四兒信，到俱樂部寄。

眠一小時。記筆記三則。訪胡華，未晤。

與静秋及丁氏夫婦到俱樂部，晤胡華，談。丁夫人教跳舞。繼又打牌二圈。歸，九時半眠，失眠，服藥，翌晨六時醒。

今日寄堪兒六字："我"、"你"、"他"、"她"、"它"、"們"。

十一月十六號星期六（九月廿五）

拔火管。遇馮乃超夫婦。與唐景陽談。遇宋大夫。將《詩經通論》中《小雅》部分之問題，查書校改訖。記筆記一則。

眠一小時許。將《詩經通論》序後加寫二段《附記》。史修德、黄升仁來談。與静秋到海濱撿石子，遇李老一家及唐氏夫婦。

看葉德均《宋元明的講唱文學》。八時半眠，九時半醒。起服藥，直至十一時半始得眠，翌晨五時半醒。

體重仍 129 斤。血壓仍 120/80。

十一月十七號星期日（九月廿六）

將昨作《校記》修改謄清，將《小雅》部分打包寄京，寫徐調孚信。與静秋及丁氏夫婦到李仲揆處，并晤其秘書段萬倜、女婿鄒承魯。到南海路寄信。

眠一小時許。李太太挈外孫女鄒志平來辭别。段萬倜同來。送志平上海輪（民主十二號），到大港。五時歸，到海濱散步。

與静秋及丁氏夫婦到嘉峪關路散步。到俱樂部打牌兩圈。歸遇杜任之，邀至家談。八時半眠，十一時半醒。約上午三時眠，六時醒。

今日所送之人：鄒承魯　鄒志平　戴媽　送行者：李仲揆夫婦　丁瓚夫婦　予夫婦

得拱辰信，王育伊君在滬死矣，未詳何病，年未五十，傷哉！

十一月十八號星期一（九月廿七）

水療。遇張幹承。胡華來。與静秋、丁瓚在黃海路二號照相。由海濱步歸。寫姜義安、任美鍔、新華地圖社、山大圖書館、羅守誠、侯仁之、吕翼仁信。

朦朧一小時。崔淑英來。與静秋到俱樂部及南海路。

與静秋及丁氏夫婦到匯泉路散步，遇宋立。到俱樂部打牌兩圈。九時眠，十二時醒。又眠，五時醒。

十一月十九號星期二（九月廿八）

水療。過錄《詩經通論》圈點三卷，評語二卷。

眠一小時許。遲彬來。與静秋到南海路鴻真照相館看所洗片。

與静秋及丁氏夫婦到海療俱樂部觀青島話劇團獨幕劇三齣。九時半歸，十時半服藥眠。二時半醒。又眠，六時醒。

寄堪兒"工"、"農"、"兵"、"車"、"船"五字。

今日量血壓，爲 124/84。

今晚所觀劇：1. 無頭蒼蠅：雷仲謙、戴明月、鄒知華、王夢麟等演　2. 王三：王本善、張曉梅、董潤華、江雁等演　3. 朝陽的房間：王振東、蕭竹、胡萱、朱玉琛等演

十一月二十號星期三（九月廿九）

水療。拔火管。與黃升仁談。過録《詩經通論》圈點三卷，評語四卷。全書過録工作訖。

與丁一握別。眠一小時半。寫姜又安信。與静秋出外散步。

與静秋及丁氏夫婦散步。到俱樂部看舞。八時半眠，上午二時半醒。約三時許又眠，六時許醒。

十一月廿一號星期四（九月三十）

水療。到劉季順大夫處寫病歷。遇艾思奇。與吳士一談。出理療部，與静秋及丁氏夫婦到太平角照相。歸經山海關路五號，遇崔淑英，入内參觀，至鄭一俊家，并遇張幹丞。

眠一小時半。將卅餘年前原所評點之《詩經通論》中《大雅》、《頌》部分過録別本。記筆記一則。與静秋到南海路取照片。

與静秋及丁氏夫婦同看埃及片《我們美好的生活》。九時歸。九時半眠，十時三刻醒。服藥，三時醒。此後睡醒不常。

今晨血壓爲126/78。

十一月廿二號星期五（十月初一）

水療。到宋廣純大夫處診。將《詩經通論》第十三卷重看一過。與李星光握別。

眠一小時。與静秋同到浴室。浴竣，與雲琦、李四光太太談。同出，遇唐景陽夫婦，同到家談。

與静秋及丁氏夫婦散步。八時眠，十二時醒。又眠，四時醒。又眠，五時醒。

宋大大謂予膽固醇二百餘較高，若能下降至一百二十則大佳矣。渠又主張，我在此多休養一個月，俾得行蠟療。

李老小便中仍有血，特從北京協和醫院請泌尿科大夫吳階平來診，據云恐是腎中有瘤（即癌），但有亦是良性的。須照 X 光照片方可決定。李老夫婦均爲此着急。

十一月廿三號星期六（十月初二）

水療。將《詩經通論》卷十四重看一過。記筆記二則。

朦朧一小時。將《詩經通論》卷十五重看一過。與靜秋到函谷關路、嘉峪關路散步。遇吳階平大夫。

與靜秋及丁氏夫婦到俱樂部打牌。歸，看葉德均書。十時服藥眠，翌晨五時醒。

今晨量血壓，爲 126/84。磅重仍 129 斤，然內加一絨綫褲，則不啻減輕一斤。靜秋以是生愁。

十一月廿四號星期日（十月初三）

寫姚智千信。又打一電話與之。拔火管。與靜秋同到中山公園，遇吳階平、丁瓚。從後山至東鎮，轉延安路到合江路，與盧南喬談，看其所藏書，留飯。

與南喬父子、丕繩同出，到永安戲院，看青島市新光評劇團演《桃花庵》，自一時至四時三刻。出，到新新公寓晚餐，吃"氣斯烤蝦"。

七時許，冒雨歸。九時，服藥眠，翌晨四時醒。又眠，七時醒。

今日午飯及戲，爲南喬所請。晚飯爲丕繩所請。

《桃花庵》劇，蓋即本《玉蜻蜓》而增刪之。青島評劇團演得甚有力。

十一月廿五號星期一（十月初四）

水療。與黃升仁同歸。易棉衣。將《大雅》中問題細勘一過。勘《周頌》未畢。

朦朧一小時。與靜秋到李仲揆先生處問疾。晤吳階平及丁氏夫婦。

　　與静秋及丁氏夫婦打牌兩圈。晤閔步瀛。八時眠，上午二時許醒。良久眠，六時半醒。

　　李老經吳大夫兩次診察，知左腎確有瘤子（一九五四年已發現），勸其割治，謂否則恐惡化致不治。李老夫婦爲之食不下箸，寢不安席。

十一月廿六號星期二（十月初五）

　　水療。將《頌》部分看畢。《詩經通論》校對畢工。

　　寫徐調孚、趙肖甫、辛樹幟、史筱蘇信，并打印刷品包分寄各處。到南海路寄信。歸，到俱樂部理髮，與静秋俱看報。李老夫婦及段萬個來話別。

　　與静秋及丁瓚同觀《人造衛星》及蘇聯片《革命的前奏》。九時歸，九時半眠，一時醒。良久又眠，五時醒。

　　今晨血壓130/84。丁瓚夫婦亦較高。所以然者，蓋昨至李老處，聞吳大夫勸其動手術，渠家充滿恐怖氣氛也。我輩犯此症，再好不參預人事，少交游。

　　《詩經通論》今日校訖矣。計自九月十七日校起，除因病因事不能任此工作外，共費三十四天，甚緊張矣。

十一月廿七號星期三（十月初六）

　　水療。李家送小貓來。記筆記二則。與静秋同到李老處話別，并晤丁瓚夫婦，又同到吾家照相。

　　眠一小時。到李老處，并晤楊光大、宋廣純、杜任之，同送李老夫婦上車。歸，整理書桌及抽屜。算賬。與静秋到唐景陽處。

　　與静秋及丁氏夫婦打牌兩圈。九時眠，十二時醒。又眠，五時醒。

　　今日同至站者：李仲揆　許淑彬　段萬倜（以上行者）　楊光天　杜任之　宋廣純　丁瓚　孫宗一　舒維清　予夫婦（以上送者）

　　丁瓚今晚告我，李老實犯惡性瘤，醫師不敢使渠夫婦發急，詭言良性耳。如此，則不割必死。割則渠有心臟、肺、胃諸病，亦不敢保其必痊。奈何！

十一月廿八號星期四（十月初七）

　　水療。姜淑英來。記筆記四則。始生汽爐，將桌椅另行布置。

　　龔古今來辭別。眠一小時。寫堪兒信，寄方塊字八個。

　　與靜秋及丁氏夫婦打牌兩圈。九時半，服藥眠，十二時醒。又眠，二時醒。良久，又眠，六時半醒。

　　血壓仍 130/84。今晨大寒，零下一度。

　　性功能似衰退，倘即古人所謂"六十四而陽絕"者乎？

十一月廿九號星期五（十月初八）

　　水療。遇李青山。遇馮乃超夫婦。寫仁之、姚智千、楊拱辰信。寫平心信，未畢。

　　眠一小時半。與靜秋到理療樓浴。寄信。到馮乃超處，并晤氣功趙大夫。到胡華處談。

　　在飯堂開工休人員座談會，未終席而歸。九時眠，十二時醒，遂耿耿達旦。

　　今晚同會：孫宗一（主席）　姜淑英　李時　丁瓚　舒維清　唐景陽　周玉蘭　雲琦　吳士一　楠林　李艾青　李青山　歐陽鐸　閔步瀛　凌志雲　李一飛　傅克　蕭高

　　自水療後，睡眠頗好，而今日忽然失眠，反側至七小時之久，不得闔眼，何也？蓋晚飯後開會之所致也。療養院中爲欲大鳴大放，居庸關區由區長孫宗一召集此會，徵集意見，予坐一小時，孫氏恐予疲勞，囑先歸，然而竟不眠矣。予病之不適宜于集體生活如此其甚也！

十一月三十號星期六（十月初九）

磅體重。末次水療。到劉季順大夫處。到宋廣純大夫處診。寫自珍、鴻鈞信。寫畢致平心信。與靜秋同出寄信，到海邊。

寫徐調孚信索稿費。姚智千之子心倫來，送《海經》圖。寫智千信。就寢，良久不眠，服藥得眠三刻鐘。重寫楊拱辰信。寫又安信。

與靜秋及丁氏夫婦打牌三圈。服藥眠，九時睡，上午五時醒。

水療自本月十三日至今，凡十五次，告一段落。

宋大夫診予，謂心臟甚好，謂予性功能之衰退殆服壽比南後之反應。

血壓 130/82。體重 128 斤，又輕一斤。

一九五七，十一，十五，靜秋與義安書：

你的來信和辛伯伯接連三封一次比一次更懇切的來信，都次第收到。姨丈必須改造，也有爭取改造的認識，但決心還嫌不夠，對自己的檢查不能深入。這原因是爲了：

㈠把自己看得太高，對自己太放心，總覺得我們對參加革命工作，感情上沒有抵觸，就以爲自己是擁護黨、擁護人民政府的，是要走社會主義道路的，因此就用不着多加改造，無視或放鬆了反動的一面。

㈡死守着"學術第一"的偏見，忽視了改變階級立場的重要性。

㈢滿足于自己淺薄的愛國心、正義感這些思想基礎。

㈣沈重地背着個人主義、自由主義的包袱。

㈤心之深處懷着愛面子、護短、個人第一等反動思想。

㈥過去和尹達的摩擦，只認爲是對尹達個人的不滿，不認爲這是對黨不滿（最近一年來由于雙方面的接觸多，關係已較好轉）。這將是改造的關鍵。

以上各點是我粗淺的看法，你可以拿給辛伯伯看看，他和姨丈有卅年以上的友誼關係，無論在社會關係上，個人思想性格上，事實經歷上，學術工作上都比我對姨丈的認識瞭解的更多，希望辛伯伯針對以上各點，比上封信更深刻、更具體地來信，提出寶貴的意見，本着"治病救人"的態度，對症下藥，必能有助于姨丈好好地過社會主義的大關。

姨丈的身體基本上還算好的。只是爲了工作（各處的約稿多，這都是沒有周密的計劃性和個人自由主義的影響所致）的壓迫，影響了健康。希望這次休養期滿回去，好好地改造自己，走上了有組織、有領導、有計劃的道路，工作精力還是相當强的。

我自己的家庭生活纏着我，既不能安心跑出去工作，又不安于不學無術，一天到晚也不免和姨丈意見有些不一致。在這方面正在努力勉勵自己，以期有助于姨丈。爲了照顧姨丈的身體，又來青島近五十天了。

一九五七年十二月

十二月一號星期日（十月初十）

與静秋步至中山公園，乘車進城。到古舊書店，遇黃公渚、胡華。十一時，乘療養院車歸。翻新購書。

眠一小時半。寫致辛樹幟長函。翻新購書。杜任之來。

與静秋及丁氏夫婦打牌三圈。九時眠，十二時醒。服藥，約上午二時眠，六時醒。

十二月二號星期一（十月十一）

六時起。到理療樓抽血。粗點吳承志《山海經地理今釋》卷一之$\frac{2}{3}$。寫葉玉華、段萬倜、賀次君信。

眠半小時。看《警世通言》。與靜秋到武勝關、紫荆關路散步。

與靜秋及丁氏夫婦打牌兩圈。九時眠，二時醒。四時又眠，六時醒。

葡萄糖鈣片多服半片後，今日只大便一次。

《山海經地理通釋》作者承西北地理研究諸名家之後，對《山海經》作深入之鑽研，使原書別開生面。然寸寸而量，使《山海經》中地名無一不可據現實山川爲說，終不免有附會，其隨意調動次序亦不免有主觀。書無句讀，劉氏刻本校對又不審，時有誤字，使人無法讀下，真一苦事也。

十二月三號星期二（十月十二）

粗點《山海經地理今釋》卷一畢，卷二$\frac{1}{3}$。

眠一小時。與靜秋到俱樂部，聽趙大夫講氣功。遇王寶榮。

與靜秋及丁氏夫婦打牌兩圈。九時眠，上午二時一刻醒。至將曉時又眠，六時半醒。

血壓124/86。丁瓚謂氣功主旨，不出"凝神、調息"四字。即要忘記一切事情也。又密宗氣功，則幻想一美妙莊嚴之境界，以得安慰，故幻想亦能發生治病作用。

十二月四號星期三（十月十三）

粗點《山海經地理今釋》卷二畢，卷三$\frac{1}{6}$。

眠一小時。看《警世通言》。到大合作社買物。至正陽關路，遇史修德、黃升仁，同參觀五號屋。出，遇王寶榮。

與靜秋及丁氏夫婦打牌兩圈。以待靜秋看書，失眠，十時服藥眠，上午二時三刻醒。五時復眠，七時醒。

近日流行性感冒甚普遍，本院同人多犯之，丁瓚、静秋、閔步瀛、凌志雲皆然。

十二月五號星期四（十月十四）

到丁瓚處視疾，遇楊光天。粗點《山海經地理今釋》卷三畢，卷四 $1/6$。

李艾青返京。眠一小時。寫丕繩信。

丁太太來視静秋疾。看《警世通言》。九時服藥眠，二時半醒。又眠，五時半醒。又眠，七時醒。

今晨血壓 130/88。姜淑英云：大概是少服壽比南一片之故。

静秋今日感冒較甚，服 ABC 丸後，午睡發汗，晚間未至飯堂進食，由小張携來。

十二月六號星期五（十月十五）

點《山海經地理今釋》卷四，仍未畢。宋廣純來。與静秋小步海邊。

眠一小時。記筆記一則。整理單據，填報銷單，備報地理所。

看嚴有禧《漱華隨筆》訖。九時許服藥眠，上午三時半醒。待曉又眠一小時。

多服葡萄糖鈣，只好了兩三天，近日又每天大便兩次矣。

近來天短，上午尚可工作三小時（以無診療），下午則一時就眠，二時許醒。三時工作，四時半已將天黑，實際只能工作一小時半，若有他事則全不能工作矣。

十二月七號星期六（十月十六）

張國棟自瀋陽來，同桌食。與静秋到宋大夫處診。點《山海經地理今釋》卷四畢。寫賬目清單訖，寫中華地理志編輯部信。

眠一小時。看《警世通言》。記筆記二則。出，到湛山大路寄信。到合作社購水果。遇馮乃超。

看吳任臣《山海經廣注》。八時服藥眠，十時醒。又服藥，上午三時半醒。又眠，六時醒。

得徐調孚來書，《詩經通論》校點費以前點《史記》稿未交，所支錢應扣除，不能付，此間生活便成問題。正欲函家中寄出，而上海人民出版社來信，將《秦漢的方士與儒生》稿費結出，竟有千一百元餘之多，大喜過望，真天無絕人之路也。此後用錢須有計劃，免得再受窘。

十二月八號星期日（十月十七）

與丁太太同進城，車中遇杜任之、蔣寧等。在中山路及婦女兒童商店購物。上觀海山。十一時半歸。

眠一小時。看《警世通言》。寫四兒信。記筆記二則。寫厚宣信。

姚智千來。看《警世通言》。八時半睡，十時醒。服藥，上午五時醒。

李老歸後，由吳大夫于五日動手術，結果良好，腫瘤屬良性，可慰也。

十二月九號星期一（十月十八）

五時一刻起。記筆記一則。粗點《山海經地理今釋》卷五，未畢。與靜秋到海邊散步。

眠兩小時半。到理療樓，與吳大夫接洽蠟療。到俱樂部欲理髮不得，到南海路理髮，六時歸飯。

靜秋談"整改"，自七時至十時。失眠，服藥三次，至十二時後始眠。上午三時即醒，約五時又眠，七時醒。

今日午飯後，一時就眠，醒來已三時半，此爲從來未有。急至理療樓，則蠟療時間已過，改從明日開始。

今晚失眠，以静秋講政治運動太久之故。予晚飯後絶不能精神緊張，而静秋欲予快速進步，多方啓發，并念報紙文字與聽，歷三小時之久，而我遂不能眠矣。此後晚上只能散步、打牌、看小説，不應談正經事。

十二月十號星期二（十月十九）

李修山來同飯。粗點《山海經地理今釋》第五卷畢。與静秋到海濱散步，與唐景陽談。

眠一小時。寫徐調孚、又安信。到理療樓，始作蠟療。到黄海路四號看本院大字報。出，遇舒清雅。

與静秋及丁氏夫婦看明星公司《十字街頭》電影。九時半眠，上午二時醒，遂耿耿到曉。

蠟療部工作人員：薛玉珍（女）　孫文祥（男）

予蠟療腹部，治大便次數多；又腿部，治血壓高。均間日一作。

十二月十一號星期三（十月二十）

與静秋到館陶路人民銀行，取上海人民出版社稿費。到婦女兒童商店購鞋，古舊書店買書。

眠半小時許。到理療樓作蠟療，兩足裹四方蠟，全身汗下。看瞿佑《剪燈新話》。

看李禎《剪燈餘話》。八時半服藥眠，二時醒，又眠，五時醒。

得自珍來書，悉其任高中三年級近代史不勝任，學生在整改中提意見甚多，爲伊有生以來第一次受打擊，憫憫成病。意頗憐之，然奈之何！

十二月十二號星期四（十月廿一）

由護士張惠爲伴，與王來音同乘汽車到青島醫學院附屬醫院，就放射綫科曹大夫檢查腸胃，九時一次，十一時一次。中間與王來音出外散步，到市人民委員會門口。

二時，復與王來音、李時到醫院，復查。予查畢後步歸。到理療部作蠟療。五時，又與王來音到院復查。歸飯。看《初刻拍案驚奇》。

八時半服藥眠，十二時醒。又眠，三時醒。四時許又眠，六時醒。

得兒輩書札，潮兒筆頗暢，亦略能描寫。洪兒粗枝大葉，所作畫頗能抓住要點。溈兒文筆婉轉纏綿，甚有文學家筆調。堪兒不好認字，獨喜爲火箭、人造衛星，將來倘得爲工程家乎？

十二月十三號星期五（十月廿二）

重點《山海經地理今釋·西次三經》，未畢。記筆記二則。看《初刻拍案驚奇》。舒維清、周玉蘭來。

未成眠。與靜秋到水療部洗浴。予又至蠟療部治。看《初刻拍案驚奇》。

與靜秋及丁氏夫婦到俱樂部打牌三圈。十時服藥眠，十二時醒。一時又服藥眠，四時醒。五時又眠，七時醒。

十二月十四號星期六（十月廿三）

與靜秋到海邊散步。重點《山海經地理今釋·西次三經》，仍未訖。記筆記二則。

眠一小時半。寫又安信。看《初刻拍案驚奇》。

與丁瓚、静秋到院部看大字報。十時服藥眠，十二時醒，三時醒，六時半醒。

今晨血壓 136/88，又高些了。脉搏永爲 60。今日磅重，仍爲 128 斤。

又安爲人，粗心大意，日前寄《參考消息》來，將糧票夾入其中，又未來信通知，些些小物當然在不經意中墜地，爲服務員當作垃圾掃出矣。作事不牢靠一至于此！

十二月十五號星期日（十月廿四）

與療養院同人同乘汽車到大港第三碼頭，參觀軍艦，上雷擊艦一、登陸艦一，又觀驅潛艇一。十一時半歸。

未成眠。與丁氏夫婦及静秋同游湛山寺。下山，到郵局寄信，大合作社買物。看《拍案驚奇》。

到丁氏室長談。九時上床，失眠。十時半服藥，三時半醒。又眠，六時醒。

今日活動了一天，兩條腿覺得有些酸了。乃猶失眠，何也？

雷擊艦中，儀表數百事，其禦敵與擊敵工作之複雜可見。

十二月十六號星期一（十月廿五）

與静秋到海邊、居庸關區、本路十一號看屋。重點《山海經地理今釋・西次三經》，仍未畢。宋廣純大夫來，談兩小時。

未成眠。丁瓚夫婦來，與丁君到史修德、王寶榮、胡華處，俱未晤。遇陳敏。

與静秋及丁氏夫婦到俱樂部打牌三圈。服腦力須眠，自九時至上午三時。五時後又眠一小時許。

宋大夫謂予，予初來時膽固醇二百六十，今已減至二百二十。只要入二百内，便可説是正常。欲膽固醇減少，只有多吃青菜，不可進蛋黃及動物內臟，常服 Rodin 丸。如此可使血液流通，血管不致硬化。

居庸關區要我搬至十一號甲屋，即李老所居者。蓋今所居室太大，冬間殊苦寒也。

十二月十七號星期二（十月廿六）

重點《西次三經》畢，點《西次四經》未畢。

眠一小時許。

與靜秋到丁氏夫婦處談一小時許。歸，看科學院刊物《風訊台》。失眠，服藥三次，至十二時眠，翌晨七時醒。

今晨量血壓，爲 130/90，稍高矣。

今日狂風，下午又下雪，陡然寒冷。

十二月十八號星期三（十月廿七）

重點《西山經·西次二經》未畢。胡華來，話別。

眠一小時。蠟療。姜淑英來，同觀十一號屋。

與靜秋及丁氏夫婦打牌三圈，王輝、歐陽鐸爲我參謀。服藥後十時眠，翌晨三時醒，五時又眠，六時醒。

點吳承志《山海經地理今釋》逾半月矣，而頭緒尚未理清，誤字亦未能盡正，句讀又猶有難施。蓋此書出版以後殆無第二人若予者也。予真爲彼一知己矣。

天晴，仍西北風。

十二月十九號星期四（十月廿八）

與靜秋到居庸關路九號三樓看屋。重點《西山經》訖。

未成眠。準備搬家，理物。蠟療。

與靜秋及丁氏夫婦打牌三圈，凌志雲爲我參謀。九時眠，上午一時半醒。服藥，又眠，六時醒。

十二月二十號星期五（十月廿九）

重點《西次二經》畢。看《風訊台》。

眠一小時。與靜秋到水療部洗浴，遇杜任之。自十號遷至九號。理物。

與靜秋及丁氏夫婦打牌二圈。丁夫婦到予家談。十時服藥眠，上午三時半醒。約五時又眠，六時半醒。

遷至九號三樓九號屋，固較十號屋爲暖，且洗浴亦方便，但予書物多，有攤不開之苦，靜秋亦不便與予同時工作，以室中只有一小書桌也。前所住者爲闊人別墅，今所住者爲當時客店，以此不同。

十二月廿一號星期六（十一月初一）

與靜秋到海邊散步，遇邵荃麟夫婦。崔玉仁大夫來。記筆記兩則。整理《湯山小記》第六册訖。

未成眠。與靜秋同到中山路買地圖及什物。到姚智千處，未晤，見孫大娘，留錢及條。

打牌兩圈，傅克、周玉蘭同打。在室開茶話會。十時服藥眠，三時半醒，五時又眠，七時醒。

血壓 126/86。體重 126 斤。

今晚同會：唐景陽夫婦　丁瓚夫婦　李時　李秀山（以上客）　予夫婦（主）

居庸關路九號護理員：李際年　徐吉英（女）　王秉盛（以下厨房）　鞠維成　孫明新

十二月廿二號星期日（十一月初二）

與静秋到海邊散步。算賬。重點《北山經》訖。

與同人到工人俱樂部，看濟南市京劇一團演《白水灘》、《穆柯寨》二劇。四時許歸。點《北次二經》，未訖。

與同人到海軍療養院俱樂部看湖南皮影戲。八時歸。九時服藥眠，十二時醒，又服藥，二時醒。約四時眠，六時半醒。

濟南市京劇一團主要角色：曲學海　李毓麟　李幼麟　孟麗君　雪又琴　張美玲

今晚所看皮影戲：兩朋友　龜與鶴　貪心的猴弟弟　豬八戒背媳婦　火焰山　梁紅玉　水漫金山　哪吒鬧海

十二月廿三號星期一（十一月初三）

與静秋到海邊散步。重點《北次二經》訖。記筆記二則。姜淑英來。宋廣純來。閻淑良來。

未成眠。記筆記一則。與静秋參觀室內海水浴池。作蠟療。與静秋及丁氏夫婦到季大夫處問疾。

與静秋看印度電影《小使節》、蘇聯電影《天職》。九時歸。九時半服藥眠，上午二時半醒。四時又眠，六時醒。

宋大夫謂予，十二日腸胃檢查，得“正常”結論。此固可喜，然予每日恒兩便，第一次乾，第二次稀，恐終有病，特未易檢查耳。

十二月廿四號星期二（十一月初四）

與静秋到海邊散步。記筆記二則。整理《湯山小記》第七冊訖。

未成眠。與丁太太到南海路理髮。到理療部蠟療。點《北次三經》數頁。

與丁氏夫婦、静秋、李秀山、凌志雲打牌三圈。服藥兩次，十二時眠，翌晨六時醒。

血壓 130/90。

十二月廿五號星期三（十一月初五）

與丁瓚、静秋到南海路散步。續點《山海經地理今釋·北次三、四經》部分。記筆記一則。崔世五來送代購紫菜、蝦米。

到婦女兒童用品公司買玩具贈四兒。歸車中遇静秋，同歸，寫四兒信。到理療部，以停電未療。看何孟春《餘冬序録》。

與丁氏夫婦、凌志雲、李秀山、静秋同打牌三圈。十時服藥眠，翌晨五時半醒。

青島氣候，冬日只要不颳風，有太陽，便如春日，以是予今年氣管支炎比往年好得多，惟中夜仍咳，驚醒鄰居李秀山耳。

十二月廿六號星期四（十一月初六）

與静秋到海邊散步。續點《北次三經》部分，仍未畢。記筆記一則。丁瓚夫婦來與静秋話別，同到唐景陽夫婦處談，并贈海葵。

丁太太來談。一時半與静秋等上汽車到站，結票，送上車，二時五十分歸。蠟療。記筆記一則。董昆一同桌飯。

與丁、唐兩家夫婦看保加利亞電影《英雄城》及蘇聯片《播種法》、中國片《劉介梅忘本回頭》。九時歸。服藥眠，上午二時醒。又眠，五時半醒。

今日送静秋者：周玉蘭　舒維清（與我同上站）　唐景陽
閔步瀛　李時　李際年（到大門）

静秋爲我的生活，一再叮囑丁太太及老李注意，予不得自由行動矣。

血壓仍 130/90。

十二月廿七號星期五（十一月初七）

與丁瓚散步。續點《北次三經》今釋畢。寫又安信。理書。

未成眠。看王運熙《六朝樂府與民歌》。到湛山路寄信、買水果。蠟療。遇黃升仁、杜任之。看張金吾《兩漢五經博士考》。歸，寫又曾、德輝信。丁瓚來。

與丁瓚、凌志雲、李秀山打牌三圈。歸，洗浴。十時服藥眠，上午二時醒，遂不成寐。

曉霜甚濃，開窗一望，若鋪雪然。唐人詩云："迴樂峰前沙似雪"，今居海濱，亦有此感。

静秋昨歸，携書箱一，重五十公斤，運費七元三角四分；水果筐二，重廿六公斤，四元六角；衣箱一，鋪蓋捲二，重四十二公斤，四元八角九分。

十二月廿八號星期六（十一月初八）

記筆記一則。到宋大夫處診。閻護士導至中醫部，由錢濟生大夫診。遇艾思奇、馮乃超夫婦。到郵局發信。歸，依吳承志説改《西次三經》誤文。

未成眠。續看《六朝樂府與民歌》。依吳承志説改《北次三經》誤文。依畢沅校，鈔《西次三經》卡片，未畢。到丁瓚處談。

與丁氏夫婦、凌志雲、李秀山打牌三圈。九時服藥眠，上午二時醒。

昨接德輝信，知其生一女，名行吉，小名迎祥。又知政府徵用上方山一帶地，吾祖、吾母及徵蘭等墳地俱須移動，幸有樂園公墓空穴可遷。又知志堅已接母赴漢，下鄉生産。

予近日睡眠甚劣，西藥已無大效，只得改服中藥。宋、錢兩大夫謂予只是神經不好，内臟無問題。

十二月廿九號星期日（十一月初九）

三時起，鈔《山海經》卡片。與丁瓚到西鎮，游雲南、四川、貴州諸路，看貧民窟。到中蘇友誼館，看畫廊。

眠半小時。記筆記一則。鈔《北次三經》畢校本地理名詞訖。蠟療。丁瓚來。開始服中藥。

與丁氏夫婦、凌志雲打牌三圈。九時服藥眠，上午一時醒，又服藥，四時醒。

孩子們寄畫片與賀年片來。潮兒寫信有進步。

十二月三十號星期一（十一月初十）

五時起。記筆記二則。宋大夫來談。到中山路購物，取款。

看新購之《醉翁談錄》等書。寫潮兒等信，即到湛山大路寄。蠟療。遇董昆一。記筆記一則。

與李時及丁氏夫婦到理療樓看舞會。遇王杰、宋立等。九時眠，十時半醒。起服藥，翌晨四時半醒。

今晚未藥而眠，然僅一小時半耳。希望能以中藥代西藥。

近日睡眠略好，其服中藥之效乎？

此間到公園車站，須步行十五分鐘，待車須七八分鐘，車至中山路須十五分鐘，則往來便須一小時十五分。故進城一次總須三小時以上方從容。予今日不及兩小時即來回，太局促，跑得一身汗。

十二月卅一號星期二（十一月十一）

四時半起。記筆記二則。遇廉伯雅。入城，與丁瓚、李時、王錦、沈賢登觀海山。到復興書店閱書。看黃島路自由市場。十一時歸。

與丁氏夫婦、傅克等到永安戲園，看青島京劇團演《文昭關》及《獵虎記》，四時散。即歸。點吳任臣《山海經廣注》。李時來。

與張國棟等吃年飯。

與丁氏夫婦、歐陽鐸打牌一圈。參加本院同樂會，聽工休人員唱歌。九時眠，十一時醒。服藥眠，三時醒。又眠，四時半醒，五時半起。

血壓 130/84。

今晚同樂會：宋廣純——胡琴　張幹承——《坐宮》　李時——《墊血》　杜任之——德國情歌　王杰——《捉放曹》　楊經典——《玉堂春》　蕭高——陝北情歌　朱楓——戀歌

今日所觀劇：文昭關：伍員——張少樓　獵虎記：顧大嫂——張春秋　孫新——惠玉林　孫立——林了一　樂氏——惠玉雯　樂和——孫蔚理　小二——王信生　解珍——韓小樓　解寶——鉗韻宏　毛善——徐戎奎　登州知府——尹玉麟　趙遷——姜振發　此班角色甚整齊，演唱亦賣力，而名不遠彰，賣座僅三四成。使在北京，必不其然。蓋青島人以其爲本地班子，不加重視。諺所謂"妙峰山的娘娘，照遠不照近"也。

一九五七年逝矣。此一年中，蘇聯貢獻最多，有人造衛星，有星際火箭，有北極破冰船，又有利用太陽能之發現。中國方面，以完成長江大橋爲最顯著之成功，而發動反右派鬥爭，使人知物質建設必賴思想改造，不能站在中間路綫，亦促進覺悟之大事，有劃時代之意義者也。

《警世通言·桂員外窮途懺悔》一篇中，有一聯云："別人求我三春雨，我去求人六月霜。"我爲了好周濟人，虧空了很多錢，以至今日交稿後拿不到稿費，在青島養病的錢要別想辦法。茲將徐調孚君函貼在這裏，俾時時省察。

［**徐調孚來信**］（12，3，）（下略，見《顧頡剛書信集》）
［**底稿**］復信（1957，12，9）（下略，見《顧頡剛書信集》）

　　寄堪兒方塊字：天、地、人、家、路（十月十九日）。日、月、山、水、海（十月廿四日）。桌、椅、床、盆、瓶（十月廿八日）。門、井、街、場、園（十一月二日）。動、植、礦、土、氣（十一月八日）。我、你、他、她、它、們（十一月十五日）。工、農、兵、車、船（十一月十九日）。爸、媽、舅、妗、哥、姊、姨、表（十一月廿八日）。弟、妹、姑、嫂、侄、姆（十二月八日）。

　　戒急（勿緊張）！
　　伏老（勿好勇）！
　　細水長流，不要急功！
　　不要濫用同情！

一九五八年

一九五八年一月十九日返京，計住青島半年餘。

二月九日至十二日，參加國務院科學規劃委員會古籍整理和出版規劃小組成立會。

二月，民進開始反右整風運動。

三月二日起參加民進反右整風會。同時歷史所亦開整風會。予均寫大字報。十六日，各民主黨派列隊游行。

蘇聯學生貝列莫夫研究"秦代史"，向予質問疑義。

三月廿四日，康有爲百年誕辰，予作演講。

自三月廿七日始，朝鮮留學生李址麟來華研究古朝鮮史，北大歷史系派予作導師。

自今年起，在全國範圍內掀起全民性的大躍進。

四月初，予在所作檢討書。是月，在民進寫交心資料，至六月寫訖，近十萬字。

四月廿六日，參加民間文學座談會。

六月三日，作《偉大的燈塔》一短文。八日，到十三陵水庫勞動。

六月十四日，予在民進梳辮子。十七日又梳。廿二、三日寫檢討書。

六月廿九日，與政協同人到天津，參觀窪地改造。七月三日歸。作《天津之行的認識》。

自七月七日至十七日，到民間文藝會出席民間文學工作者大會，予被選爲常務理事。

八月，靜秋辦街道食堂。予作《牛郎織女落伍了》短文，付《光明日報》刊出。

九月十三日起，與政協同人到鄭州、信陽、鷄公山、遂平、武漢參觀工農業大躍進狀況，卅日歸。

十月，整理河南、湖北行程及觀感，向民進報告。作梳辮子與自我改造規劃。

十月十八日，到坨里參觀原子能研究所。

十月廿一日至廿五日，到徐水、安國兩縣參觀。靜秋在街道煉鋼。讀《商君書》。

十一月，歷史研究所遷入建國門內舊海軍大樓。爲所中作“簡歷表”。

十一月十六日起，在西郊賓館開民進四中全會，至十二月十日止。予發言。

十二月，校點《史記三家注》畢工，凡歷四年。保姆去，予與靜秋自操家務。

此數月中，受揭發之右派分子不少，就所記憶，書于下方，以資儆惕：　章伯鈞　羅隆基　章乃器　龍　雲　黃紹竑　譚惕吾　陳銘樞　黃琪翔　沈志遠　孫大雨　陳仁炳　吳景超　費孝通　潘光旦　吳文藻　向　達　李化方　水　梓　顧學頡　丁曉先　李伯球　浦熙修　彭子岡　曾彥修　黃藥眠　錢偉長　黃萬里　李健生　譚天榮　林希翎　葛佩琪　鍾敬文　陳時偉　程千帆　王造時　王一鳴　陶大鏞　張　軔　王鍾翰　劉不同　龔自知　葛綏成　高覺敷　鄧昊明　曾昭掄　儲安平　江　豐　徐燕孫　陳夢家　榮　祥

陳學昭　宋雲彬　潘大逵　康心如　李康年　陸侃如　劉鴻賓　束
星北　范予遂　王桂渾　薛　愚　胡明樹　陳憲章　劉　牧　彭文
應　張雲川　陸欽墀　吳祖光　李金聲　王錫昌　王恒守　穆木天
馬哲民　流沙河　傅築夫　李宗恩　錢端升　陳仰之　樓邦彥
聞　宥　傅稚孫　蕭　乾　張友松　董渭川　徐仲年　吳紹澍　水
天同　章高煒　顧執中　陸　詒　金寶善　葉篤義　張默生　徐中
玉　戴家祥　許　杰　李萬春　丁　玲　陳企霞　葉盛長　劉王立
明　馬松亭　許德瑗　黎　湛　陳敏之　王枕心　王鐵崖　章士敩
雷海宗　王德周　范樸齋　張志和　陳子展　張孟聞　吳傳頤　徐
一貫　謝　昕　許君遠　許寶騤　許思園　楊玉清　李景漢　張錫
君　朱　偰　榮孟源　李世軍　李旭旦　王　中　林漢達　紀　庸
汪旭初　韓兆鶚　夏高陽　黃現璠　李士豪　何公敢　王捷三　陳
良佐　杜邁之　楊子恒　陳　雄　舒　蕪　胡思杜　丁則良　周鯨
文　馮雪峰　皮宗石　張仲魯　俞　塤　羅赤霞　羅紅雲　劉敬坤
俞鍾駱　羅翼群　徐　盈　郭仲隗　周拾禄　王葆真　張伯駒　孫
明經　姚雪垠　王化南　朱啓賢　陳　達　武北發　曹　飛　葉恭
綽　侯　塢　陳振漢　劉瑤章　劉光華　董每戡　廖冰兄　江維寬
孫毓棠　余寶笙　王雪濤　呂運明　龍沐勛　施蟄存　陳體強　王
漢華　龍伯堅　齊念衡　李小峰　沈福彭　薛天漢　陳碧笙　張申
府　顧　準　張　鈁　楊美真　袁翰青　楊肇燫　章有義　楊人楩
黃　源　何北衡　陳　銓　范　任　王　斌　許子美　馮欽哉　孫
家琇　徐懋庸　劉齡九　葉篤莊　李俊龍　謝雪紅　江文也　沙文
漢　丁君匋　楊思一　俞子夷　黃嘉音　傅振倫　石　揮　辛　田
盧文迪　金芝軒　王利器　鍾天越　章雪村　張維華　駱介子　陳
銘德　鄧季惺　沈慧儒　陸晶清　沈　鑒　楊廷福　燕　羽　龐京
周　歐百川　畢鳴岐　徐鑄成　周　耿　黃　良　胡德煌　王重民
王潤華　林冠一　孫海波　陸高誼　程應鏐　荊三林　李鴻哲　楊

伯峻　劉　節　汪馥泉　連闊如　黃異庵　金滿成　李長之　班書
閣　王輯五　吳　茵　張岱年　吳湖帆　劉海粟　潘景鄭　陳　沂
楊袁昌英　葉　麐　趙承信　陳秋子

　　以上所寫，或予所識，或予所知。聞全國右派分子凡十六萬
人，此只一鱗片爪耳。

[剪報]　　蘇州某報
　　　　　駁斥紀庸的反動謬論
　　　　　張曉江發言摘要
　　（下略）

　　予性易興奮，開會、見客，俱易發病。返京後必當極力擺脫社
會人事，始不枉在青島休養之功。否則年齡愈長，痊可愈難，我生
便已矣。即不死，亦必不能工作焉。
　　　　　　　　　　　　　　　　一九五八年一月二日記。

　　丕繩云："《古史辨》有成績四：
　　一，將古代神話與史實分開。
　　二，將《虞夏書》三篇推翻。
　　三，將宋人《詩經》看法發展。
　　四，重新提出今古文問題，加以批判。
此四項中，第一項須作系統的說明，第二項須加發揮，第四項則僅
開一頭，并未深入。"予曰："今古文問題之中心爲禮，而予于三禮
未多用功。故此後除對馬列主義須加意學習外，三禮殆爲必須致力
之部門。至于神話與史實之系統的說明，《書》與《詩》真相之闡
述，事故非難也。"此一九五八年一月十二日語。

一九五八年一月

一月一號星期三（十一月十二）

王杰、孫宗一來。與丁氏夫婦到太平角散步，至太平公園門口。丁夫人先歸。予與丁瓚步至第三浴場，由湛山大路歸，到理療樓小憩。徐連城來。唐景陽夫婦來。宋立來。丁瓚夫婦來。黄升仁、史修德來。張國棟來。李時來。

與丁夫人到永安戲院觀劇，自一時至四時。到新華書店及古舊書店閱書。歸，與傅克、蕭高談。

到雲琦處談。到丁瓚處，與唐氏夫婦、李一飛談。失眠，服藥三次，至十二時後方眠。翌晨六時半醒。

今日所觀劇：一、樊江關：薛金蓮——張春秋　樊梨花——惠玉雯　柳迎春——薛硯琴　二、擊鼓罵曹：禰衡——張少樓　曹操——鉗韻宏　三、挑滑車：高寵——韓小樓　金兀术——尹玉麟　黑風利——劉立東　岳飛——孫蔚理　牛皋——徐戎奎

今日西北風猛厲，夜中尤甚，故院中電影未能往觀。

一月二號星期四（十一月十三）

到理療樓，就錢濟生大夫診。記筆記二則。寫章丹楓、靜秋信，即付寄。

眠半小時。到科學院休養所，還崔世五蝦米錢，并晤嚴幹、趙艾等，談。到祥記書店購《本草綱目》等書。

與丁瓚、凌志雲、李秀山打牌三圈。看新購書。九時半上床，不得眠，十一時起服藥眠，翌晨六時半醒。

血壓 136/86。脉息 68。

昨天爲了多談話，精神興奮，自九時登床直至十二時後始以

多服藥而睡，今日血壓便高。此後真當少見客，保護精神，否則休養多日而不足，一旦毀廢而有餘矣。

一月三號星期五（十一月十四）

記筆記一則。因室內地板上蠟，遂到古舊書店購《舊小説》等以歸。導一老婦到武昌路。

未成眠。到蠟療部治療。到宋大夫處，未遇。歸，宋大夫來。點吳任臣《山海經廣注》。

與丁瓚、閔步瀛、李時打牌三圈。李際年爲洗浴。十時服藥眠，翌晨四時醒。

一月四號星期六（十一月十五）

將《山海經地理今釋》所定山川録于卡片。《西次三經》未訖。到俱樂部欲理髮，未得，歸，自刮。

到居庸關十五號，由王鳳倩爲作"電眠"，無效，三時歸。續鈔《西次三經》吳説卡片，訖。訪宋立，未遇。與丁瓚夫婦同到張國棟處。

與丁瓚、凌志雲打牌三圈。服藥兩次，上午一時醒，四時又眠，六時半醒。

血壓 126/80。脉搏 60。體重 127 斤。

今日下午要趕將《西次三經今釋》地名鈔訖，因而心思亢進，夜眠不安。此後下午工作應盡量減少，方不致功虧一簣。

電眠，久思一試矣。乃今日爲之而無效，殊使人失望。

接静秋信，已于一日返京，家中均好，惟雁秋以鴻鈞事益見憔悴耳。

一月五號星期日（十一月十六）

　　與丁瓚夫婦、唐景陽夫婦同到魚山路，遇殷孟倫。到黃嘉德夫婦處，予開借書條。嘉德導至山東大學，游覽一周。遇童太太。又到市圖書館，參觀山東省第四屆藝術展覽會，仍步歸。

　　獨至永安戲院，看劇。三時半散。到新華書店及古舊書店閱書，遇盧南喬。歸，丁瓚、唐景陽來。

　　與丁瓚、董昆一、王錦打牌三圈。看新購書。九時登床，迄不能眠，服藥二次，十一時後得眠，翌晨六時半醒。

　　今晚以竟日活動，覺疲矣，乃上床後又不能眠。所好者，服藥後尚能睡七小時許耳。

　　今日所觀劇：一、武家坡：薛平貴——張少樓　王寶釧——張春秋　予到已遲，此劇將畢。二、三顧茅廬：劉備——前言少朋，後林之一　諸葛亮——言少朋　張飛——鉗韻宏　三、火燒博望坡：劉備——林之一　趙雲——韓小樓　夏侯惇——劉立東（？）　諸葛亮、張飛——如前

一月六號星期一（十一月十七）

　　到中醫錢大夫處診。遇馮乃超夫婦。鈔《今釋·北次三經》上卡片，未畢。

　　略打盹。電眠治療，仍未眠。蠟療。看《儒林公議》。到俱樂部理髮。山大圖書館送書來。與丁瓚、王來音到海邊散步。

　　與丁瓚、王錦等打牌三圈。九時服藥眠，上午二時醒。

　　宋大夫意，電眠療法，未必當時即有效，須多爲之，亦使夜眠得安，因續作。

一月七號星期二（十一月十八）

　　三時起，記筆記二則。到海邊觀日出。寫靜秋、又曾、黃嘉德信，即付寄。續鈔《今釋·北次三經》上卡片，仍未畢。坐院中草

地，與丁、唐兩家夫婦及李時談話。

電眠治療。蠟療。續鈔《今釋》片。看郭沫若《鹽鐵論讀本》。

與丁瓚到俱樂部看《三毛流浪記》電影。八時歸。看趙景深《鼓詞選》。十時半服藥眠，上午四時醒。

血壓 134/86。天氣大暖。

今日上午又要記筆記，又要寫卡片，又要寫家信，事情一忙，心中一急，心宕又作。予之身體已不堪煩勞，此後必須戒躁就靜。

一月八號星期三（十一月十九）

續鈔《今釋・北次三經》上卡片，訖。閻淑良來。到唐景陽處談。

送楠林行。電眠治療。蠟療。到山海關路三號，訪歐陽鐸，并遇鄭宗鼒。

與丁瓚夫婦、李時、傅克打牌三圈。李文貞來傅藥。九時眠，十一時醒。又眠，二時半醒。

未曉得一詩：

月白風清夜，怒濤撲岸聲。小樓人不寐，欹枕待天明。

今晚未服西藥而能睡五小時半，則中藥之效也，抑亦電眠所促成乎？電眠漸有效，昨得眠約五分鐘，今日得眠約十分鐘，李護士云。

前夜踏月，誤觸一階倒地，右膝蓋擦去一層皮，昨作蠟療，太熱，傷處有發炎之象，今日覺疼，內作瘰，乃請李護士塗藥。倘使早塗，即不至此。

一月九號星期四（十一月二十）

四時起。記筆記三則。整理《北次三經》卡片，畫兩圖，一依本文，一依吳說。到錢大夫處診。到區辦公室上藥于膝。

看《石點頭》。電療無效。到黃海路四號看大字報。蠟療。訪宋立，未晤。丁瓚來談。

與丁氏夫婦、吳士一、傅克等同觀《當你睡熟了的時候》、《李二嫂改嫁記》電影。九時歸。失眠，服藥後十一時眠，翌晨六時醒。

血壓 136/86。

今日上午工作一緊張，心即宕，搖搖如懸旌。錢大夫診予脈時，即云："覺心跳否？"予詢其故，則曰："心血不足也。"爲此故，電療即無效。

予大約讀書尚可，寫作則甚難，以寫作必須集中精神，精神一集中病即發也。噫，爲了當時賣很，寫了《五德終始説》一長文，害得我畢生受罪！

一月十號星期五（十一月廿一）

散步，與丁氏夫婦同行。記筆記三則。與丁瓚同到邵荃麟夫婦處送行，長談。

換藥布。電眠，無效。李修山赴滬，作別。蠟療。到大合作社買物。歸途遇李時，歸，到其室談。

與丁瓚、董昆一、王錦打牌三圈。九時眠，十時半醒。服藥，上午五時醒。

爲了日來多病，《山海經》工作做不下去，只得以游閑度日矣。予一生把時間看得太重，不願有一分鐘之浪費，若富翁于錢財之吝嗇然，至今日不得不看它浪費矣，豈不可嘆！

一月十一號星期六（十一月廿二）

記筆記三則。姚智千來。到錢大夫處診。今日雨，終日。寫静秋及諸兒信。王鳳倩來量熱，予無熱。

看吳曾祺編《舊小説》。電眠，得睡一刻鐘。釘《山海經地理今釋》末卷。丁瓚夫婦來，商行期。同到唐景陽夫婦處談。遇李時。

　　到丁瓚處長談。失眠，看孫星衍輯《神農本草》。十時服藥，十一時得眠，翌晨七時醒。

　　血壓仍 136/86。體重又增一斤。日來天太温暖，市中又有流行感冒。昨晚作雲，起風，今日下雨。惟係東南風，仍不涼耳。丁瓚病，渠最易犯感冒也。

　　入夜易緊張，易煩躁，明知其不當然而不得不然，遂非西藥不眠。以服中藥，睡眠時間延長，但無補于醒來之困倦。丁氏夫婦擬早歸一星期，予同意，以歸家後或能稍好也。在此療養三個月，血壓雖低，但無益於睡眠，豈非天耶！

一月十二號星期日 （十一月廿三）

　　到黃雲眉夫婦處作別。到盧南喬處還書。到丕繩處長談，即在丕繩家飯。

　　南喬挈小今，邀予與丕繩到永安戲院，看青島共和京劇團演全本《紅娘》，四時散，即回丕繩處。南喬邀晚餐。

　　七時三刻歸。到丁瓚夫婦處談。返室，唐景陽來。九時眠，十一時半醒。服藥眠，翌晨七時醒。

　　今日玩了一天，自然睡眠得二小時半，服藥後睡眠得七小時，可見予必須作體力勞動。

　　演紅娘者名張玉雲，演張生者大約名王寶良，予均初見。全本《西廂記》，予所未見，今日前往惜已晚一小時，僅見賴婚以下耳。

一月十三號星期一 （十一月廿四）

　　下雪。記筆記三則。張惠來。點《今釋》第六卷，記筆記四則。閻淑良來。

閻淑良爲作電眠，得睡四十分鐘。寫靜秋信，即付寄。冒風雪到理療樓作蠟療。到唐景陽處談，并遇李時。

聽李際年談戲。到丁瓚夫婦處談。九時眠，十時半醒。服藥，十一時許眠，上午五時半醒。

上午筆記一多，此心又宕，予真不能工作矣，奈何！晚睡又不如昨，可見予之必須體力勞動。

大雪中，天是灰的，海是淡綠的，地是白的，把青島改了一副面目。惟蒼松則依舊挺立耳。

一月十四號星期二（十一月廿五）

終日下雪。到丁瓚室，由護士單秀娥抽血。寫自珍、黃嘉德信。整理書物。丁瓚、唐景陽來。到景陽處。

未成眠。理抽屜。看廖宗澤《六一先生年譜》卷一稿本，摘録入筆記，未畢。到景陽處談，并晤李時。到丁夫人處。

與吳士一、李時、李一飛、丁瓚打牌四圈。看《歷代笑話集》。十二時服藥眠，上午四時半醒。良久又眠，六時半醒。

血壓 130/90，下壓較高。抽血，血色素爲 104，亦較高。

竟日狂飆怒號，雪凝路滑，欲出治療，不得已而退歸。

今日實在未做甚事，然猶心宕。大約因終日未出門，故又失眠。老來身體竟如破汽車，真苦事也。

一月十五號星期三（十一月廿六）

寫姚智千信。到匯泉路人民銀行取款。到錢大夫處診，遇王輝。到十號舊屋看柳條箱。到宋大夫處談。徐連城來，留飯，爲改其《春秋弭兵之盟》文。

電眠，未成眠。晤黃升仁。歸，晤氣功趙大夫。蠟療，與吳大夫談。李時來。唐景陽夫婦來。

與王錦、丁瓚、李一飛、李時等打牌三圈。九時半眠，十一時半醒。服藥，十二時後眠，上午六時半醒。

雪雖停，日雖出，而風狂甚，雪又成冰，大不好走。

得又曾信，悉我嗣祖母、父、母、徵蘭、竹妹諸棺俱遷樂園公墓。本生祖父、母及子蟠公夫婦棺即遷上方山頂。

一月十六號星期四（十一月廿七）

馬作訓來，算清賬目。整理什物，入箱與包。看《歷代笑話集》。李時來。

電眠，約眠半小時。看《新蘇州報》。蠟療。到馬作訓處付款，并晤孫宗一。到丁瓚處，與杜任之談，遂晤李時、唐景陽。

與袁曉之、舒維清、董昆一、王來青打牌三圈。十時半服藥眠，上午四時半醒。

血壓 130/82。

青島零下十七度，北京零下二十度，寒威可畏。

一月十七號星期五（十一月廿八）

理物。與丁瓚到張幹丞、黃升仁、馮乃超夫婦、史修德處辭別。到侯秉鑫處。遇歐陽鐸、宋大夫。傅克來談。

作電眠，僅眠五分鐘即醒。到俱樂部理髮。蠟療，與薛玉珍談。到海軍合作社買衣箱，持歸。李時來。唐景陽夫婦來。丁太太來。馬作訓來。

王錦、王來音來。與董昆一、凌志雲、吳士一打牌三圈。看張鎮海古代水利文。九時半眠，十一時半醒。服藥眠，上午五時半醒。

一月十八號星期六（十一月廿九）

理物。爲服務員寫字。歐陽鐸、舒鴻康來，與唐、丁兩家夫婦同談。宋立來。

吳士一來、雲琦來。同院諸人送行，談至二點二十分上車。唐景陽、馬作訓等送上站，二時四十八分車開。與丁氏夫婦及沈賢夫人陳蓮玉談。六時，與丁瓚同飯。

八時就眠，一夜醒時多，眠時少。

今日送行諸同人：杜任之　張幹承　雲琦　吳士一　凌志雲　閔步瀛　蕭高　孫芸華　宋廣純　閻淑良　遲彬　孫宗一　李際年　李時　沈賢　周玉蘭　李青山　李一飛　傅克

宋大夫所開病歷，知予膽固醇自 268 減爲 228。

一月十九號星期日（十一月三十）

六時起。八時，與丁氏夫婦及陳蓮玉母子同早餐。十時廿八分到北京，雁秋、又安及潮、洪、湲來接，雇汽車返家，送陳蓮玉母子歸其家。理物。陶才百來。

未成眠。殷綏真來。李唐晏來。理物。算賬。看潮、洪、湲所作日記。

八時半服藥眠，上午一時三刻醒，遂達曉。

堪兒流感已七天，今日才起床。溫度最高達四十二度。靜秋亦犯此病已四天，尚未痊可。

一月二十號星期一（十二月初一）

到研究所，訪尹達、拱辰、厚宣、法魯、胡嘉、瓊英等。到伯祥處談。

未成眠。寫唐景陽信。看各處贈書。遣又安到中國書店，爲狄靜觀書更估價。

到賀昌群處。九時半服藥眠，上午三時半醒。五時許又略眠。

一月廿一號星期二（十二月初二）

交雁秋作《山海經今地表》。草致狄靜觀信。理物。

草答大字報信。眠約一刻鐘。續點《山海經地理今釋》第六卷數頁。

到企虞處，晤其夫人。到王修處談。九時眠，十二時醒。服藥未即眠，約三時眠，六時半醒。

一月廿二號星期三（十二月初三）

賀次君來，長談。由他安排工作，《地理名著選》我不必太費心了。留次君飯。

未成眠。昌群來長談。看去年報紙中批評右派語。

八時眠，十二時醒。服藥，一時眠，四時醒。又眠，六時半醒。

一月廿三號星期四（十二月初四）

寫一、二所整風小組信。到科學出版社，晤副社長趙仲池、張銘新。出，遇昌群，同至第一、二所，晤張若達、吳宜俊、萬斯年、張德俊、王毓銓。到頭條一所，晤楊拱辰、酈家駒。歸，點張棟銘《春秋地名疏證》數頁。

看民間文藝研究會批判鍾敬文發言。與靜秋同到雁秋處問疾。予先出，訪何叔父，未遇，留條。到賀次君處，長談，并晤尹受。出，到丁瓚夫婦處，并晤其子宗一，甥鄧化雨。

姚企虞來。八時半眠，上午二時醒，遂達曉。

一月廿四號星期五（十二月初五）

草《史記校證工作提綱》千餘字，即修改謄清。譚慧中偕高志辛（福怡）來。

未成眠。與靜秋同到竹竿巷金宅新居，晤振宇夫人、擎宇夫人及竹漪等。進點而歸。點《春秋地名疏證》六頁。

看民研會對鍾敬文之批判。静秋爲洗浴。十時眠，上午三時醒。

一月廿五號星期六（十二月初六）

與湲、堪兩兒到蘇聯展覽館看齊白石遺作展覽，兼及黃賓虹、徐悲鴻兩家。十二時歸。胡厚宣來。

到一所，參加反右派鬥爭會，聽熊德基報告。晤謝剛主、張雲飛、袁鴻壽。繼開小組會。予于三時半先出。到王姨丈、母處談。

早眠。閔步瀛送海水來。九時眠，上午二時醒。

今日小組同席：高志辛（小組長）　胡厚宣　魏明經　陰法魯　桂瓊英　譚慧中　田昌五　黃烈　今日爲討論處理右派分子事，本所及二所，共有右派六人。

齊白石先生于去年九月逝世，年九十七（實九十五）。其作畫有七十年之歷史，其畫出入大滌子、八大山人、趙撝叔、吳昌碩諸家，獨往獨來，遺貌取神。會中陳列，并及其粉本，上均批"粗、細"、"濃、淡"等字樣，其位置又多移改，于以知彼雖有天才，不廢勤學，雖粗枝大葉，原非率爾所爲，故可傳也。

一月廿六號星期日（十二月初七）

臥床，看《浪口村隨筆》，未訖。楊拱辰夫婦來。

得眠半小時。聽静秋讀報。

九時許眠，上午一時醒。四時又眠，六時醒。

予犯流行忭感冒已多日，至昨晚而覺不支，脚冷甚，知欲病矣。今日遂未起床。下午臉上覺熱，取寒熱表量之，爲百度〇六。

一月廿七號星期一（十二月初八）

臥床，看《浪口村隨筆》，仍未訖。

街道工作者徐大姐來募公債。

十時半服藥眠，翌晨四時醒，天將明時又少睡。

静秋甚不舒服，自疑是心臟病，而怠于就診。

予今日上午熱僅半度，下午已無熱。

一月廿八號星期二（十二月初九）

卧床，看《浪口村隨筆》訖。聽静秋讀報。

看石聲漢《齊民要術今釋》。

九時半，服藥眠，上午四時醒。又眠，六時醒。

自前年將《浪口村隨筆》交尹受、又安鈔録後，雖裝釘成册，自己迄未看過。今借病得休，乃得統看一遍，并修改字句，亦一快事。此書已有廿萬字，尚須補作二三萬字，不知精力能爲之否？

今日無熱，明日可起床矣。

洪兒畫圖、寫字并有才分，惟不細心耳。湲兒則既有才，又肯細心作。

得唐景陽信，知青島流感亦盛行，傅克等皆病倒。

一月廿九號星期三（十二月初十）

起床。理書物。補記日記五天。重草覆狄静觀信，約一千字。

未成眠。草致政協秘書處信，爲狄静觀賣書事。葉玉華來。寫陳懋恒信。

看葉玉華《禹貢》論文。九時眠，旋醒。十一時服藥眠，翌晨五時醒。

一月三十號星期四（十二月十一）

將《史記工作提綱》鈔訖。程建爲來。賀次君來，留飯。

未成眠。到春風理髮。王祝晨先生來，同到朱士嘉處，又與士嘉同至張石公先生處，談地方志事。

　　爲兒輩講故事。九時眠，十時半醒。服藥，十一時許眠，上午三時半醒。後又少朦朧。

一月卅一號星期五（十二月十二）

　　將《史記工作提綱》再改一過，重鈔。

　　眠半小時。寫侯仁之、李映婁信。與靜秋同到北京醫院，就王敏清診。作心肺透視。出，到東單菜市買菜。

　　看《周馥全集》。八時半，服藥眠，上午一時醒。直至四時後復眠一小時。

　　血壓 150/90。心肺無顯著症狀，病竈依然。醫師謂予主要之病仍是神經衰弱。

一九五八年二月

二月一號星期六（十二月十三）

　　賀次君來，同到周太玄處，并晤其夫人。又到科學出版社，晤江紹原、王子剛。出，遇祝叔屛。歸，重改致政協秘書處函，自鈔一過。高志辛來。

　　未成眠。算賬。寫中華地理志編輯部信。爲遷葬事，寫張又曾信。到煤渣胡同郵局寄信。到新華書店廉價部閱書。

　　與靜秋到閔步瀛處，晤其夫人。木蘭來。九時服藥眠，上午四時醒。又眠，六時醒。

　　得又曾信，悉我祖母、我母、我繼母、我妹、我妻徵蘭均於一月廿八日遷葬樂園公墓，與我父及我妻履安合于一塋。至本生祖父母等則移葬于上方山頂。原來墓地皆爲植林種稼地矣。

　　報載本屆全國人代開會，報告代表死亡名單中有楊剛，即燕

大之楊繽也。前聞她撞車受傷，乃竟逝世乎！朋輩中又弱一個，
爲之悼念。

二月二號星期日（十二月十四）

偕静秋、四兒、羅媽到首都劇場，看北京人民藝術劇院演出
《戰鬥的星期天》、《高等垃圾》、《黄譚探監》、《哎呀呀，美國小月
亮》四個獨幕劇。

吳玉年來。眠半小時許。到尹達處談。訪谷城，未遇。到容元
胎家，與其夫婦談，并見其子侃、伊。

静秋爲洗浴。十時服藥眠，上午三時半醒。五時後又眠，七
時醒。

今日爲静秋五十足歲壽。

静秋謂予體較前爲胖。

今日所觀劇：1. 戰鬥的星期天：記者——吕恩　趙大剛——
杜澄夫　馮旺山——劉勤　2. 高等垃圾：臧東曦——方瑄德　吳
德才——董行佶　顧影憐——朱琳　趙玉山——丁兆范　王
平——徐洗繁　3. 黄譚探監：黄拯——田春魁　譚然——秦在平
犯人——孫峻峰等　4. 哎呀呀，美國小月亮：艾森豪威爾——朱旭
杜勒斯——劉景毅　國防部長——刁光覃　總統秘書——葉子
醫生——賀正祁

二月三號星期一（十二月十五）

寫王子剛信。看葉玉華著《尚書禹貢的時代和寫訂經過》，未
完。到文淵閣買筆。

眠一小時。偕静秋挈洪、湲兩兒到中山公園，看其滑冰。六
時，予先歸。

閔步瀛來，長談，看照片。十時服藥眠，十一時半醒。又眠，

六時醒。

今午服 Misturae Sedativae No. 1 以眠，故眠得較久。晚間亦然，久無此佳眠矣。

二月四號星期二（十二月十六　立春）

寫歐陽鐸信。到科學出版社，與江紹原、王子剛談。遇辛田。續看葉玉華文，仍未畢。

眠半小時。磨豆漿。看報。獨到西長安街寬銀幕電影院看《祖國頌》。次君來，留飯。

胡厚宣夫婦來。失眠，十二時服藥無效，一時許又服藥，得眠，七時醒。

科學出版社決定將予等《史記及三家注校證》一書轉至古籍出版社。如踢球然，踢過來又踢過去。

歷史第一所今正編訂第二個五年計劃，而不通知我，知我仍爲檻外人矣。

二月五號星期三（十二月十七）

續看葉玉華論文畢，鈔錄亦畢。寫玉華信。

眠一小時。獨乘電車到永安門，在城外散步一小時。

九時服藥眠，上午三時醒。良久復眠，七時醒。

二月六號星期四（十二月十八）

蕭新祺來。將《禹貢》一篇極粗地譯爲語體。北京出版社金光群、趙犖來。

未成眠。出，刮臉。到丁瓚處，與同至杜任之處，與其夫婦子女談。出，獨游東安市場閱書。

金擎宇來。十時服藥眠，上午二時半醒。良久，又眠，五時半醒。又眠，七時醒。

二月七號星期五（十二月十九）

民間文藝研究會陶建基、江櫓、路工來，長談。看《尚書孔傳》，改昨所譯之《禹貢》。

未成眠。賀次君來。續看《禹貢》資料。寫批評鍾敬文文，未畢。到市場購物。

與靜秋到吉祥戲院，看北京市曲藝三團所演之《活洋片百丑圖》。自七時至十時。歸，十一時服藥眠，翌晨五時半醒。

湲兒咳嗽，淋巴腺腫脹，且有一掀核于下頜，疑其爲肺病，到兒童醫院透視，説肺上有些黑點，但無大礙，囑每日記温度三次。此兒性慧而體弱，握其手輒冷，不知能安然成長否也。

二月八號星期六（十二月二十）

點蔡沈《書傳》及《書經大全》之《禹貢》篇冀、兖、青、徐四章，修改前稿。袁鴻壽來，長談。

看李長傅《禹貢地理辨釋》中前四章。到王伯祥處長談，并晤其次、三兩子及兩孫。

爲兒輩講《西游記》五十一回。九時服藥眠，上午三時半醒，遂未成眠。

二月九號星期日（十二月廿一）

到政協禮堂，參加國務院科學規劃委員會古籍整理和出版規劃小組成立會，自九時至十二時。乘尹達汽車歸。

到朱士嘉處，與士嘉同至楊拱辰處，與其夫婦談。出，到賀次君處，并晤尹受、索介然、馮世五夫人。

講《西游記》五十二回。九時半服藥眠，上午二時一刻醒。良久又眠，七時醒。

今日同會：齊燕銘（主席）　周揚　金燦然　鄭振鐸　葉聖陶　王伯祥　楊晦　王瑤　齊思和　聶崇岐　翦伯贊　徐森玉　趙萬里　鄧廣銘　徐炳昶　章士釗　邢贊亭　李儼　周雲青　朱謙之　宿白　陳乃乾　謝無量　周輔成　林宰平　劉盼遂　賀昌群　容肇祖　馮友蘭　周谷城　尹達　徐調孚　姚紹華　郭敬　嵇文甫　周叔弢　金兆梓　舒新城　魏建功　陳垣　陳樂素　夏鼐　孫人和　邵循正　杜國庠　吳晗　潘梓年

二月十號星期一（十二月廿二）

到政協禮堂，續開整理古籍大會。與尹達、侯外廬同車歸。到張政烺處。

與潮、洪兩兒在卧室内換挂地圖。點《書經大全》廿餘頁。到賀昌群處。

講《西游》五十三回。九時服藥眠，上午四時醒。又眠，六時醒。

昨日發言人：齊燕銘　周揚

今日發言人：鄭振鐸　翦伯贊　潘梓年（以上報告三組選題）　杜國庠　徐森玉　馮友蘭　魏建功

二月十一號星期二（十二月廿三）

與苑峰、昌群、夏鼐同到政協，續整理古籍大會，自九時至十二時半。與昌群、苑峰、夏鼐同歸。

點《書經大全・禹貢》篇訖。青年出版社宋嘉需來。

講《西游》五十四回。十時服藥眠，上午一時醒。又眠，六時醒。

今日發言人：吳晗　邢贊亭　章士釗　嵇文甫　金兆梓　康生

二月十二號星期三（十二月廿四）

與苑峰同到政協禮堂，參加歷史組會議，自九時至十二時一刻。與昌群、斐雲同車歸。

按《書經大全》修改《禹貢》譯文，訖。

張德鈞來。靜秋爲洗浴。九時半眠，上午三時醒。四時眠，六時醒。

今日同會：翦伯贊　鄧廣銘　聶崇岐（以上主席）　徐森玉　徐炳昶　賀昌群　張政烺　姚紹華　周雲青　宿白　邵循正　趙萬里　金兆梓　陳乃乾　齊思和　曾次亮

堪兒好勇鬥很，去年在幼兒園將王緒芳撲傷下頦。日前又撲倒一持飯碗之孩子，致賠碗五隻。今日又將繩子勒一小孩，被他將葵秆打傷堪兒之耳朵，流血不少。如此頑皮，如何得了！

二月十三號星期四（十二月廿五）

將《禹貢》譯文重寫一過，約四千字。

眠一小時。到南小街革新理髮館理髮。記筆記六則，約一千字。

講《西游》五十五回，未畢。九時半眠，上午一時半醒。良久復眠，六時醒。

二月十四號星期五（十二月廿六）

注《禹貢》冀州一章，約三千字。

與靜秋到北京醫院，就趙淑媛醫師診。與靜秋到東單菜市買食品。重鈔《禹貢》譯文半篇。

十時半服藥眠，上午五時醒。

量血壓，左臂爲154/90，右臂爲140/90。

二月十五號星期六（十二月廿七）

于思泊來。注《禹貢》兖、青兩章，約二千字。

到民進，參加第二組，討論改進會務事。自下午兩時半至六時。與梁純夫、張明養同車歸。翻劉光蕡《烟霞草堂遺書》。十時服藥眠，上午二時半醒。又眠，六時醒。

思泊謂長春喧傳顧頡剛爲右派分子。長春如此，他處亦必爾也。大約因顧學頡是右派，登在報上，被人誤看爲予耳。

民進在京中央委員、候補中委、各部門負責人整風座談會：

甲組：°王紹鏊　王寶初　巫寶三　余之介　吳研因　吳榮金芝軒　顧均正　陳選善　梁純夫　°馮賓符　雷潔瓊　°葛志成董守義　趙樸初　王歷耕

乙組：°許廣平　周建人　°徐伯昕　徐楚波　章廷謙　張紀元　張明養　°楊東蓴　嚴景耀　陳慧　梁明　陳麟瑞　張志公顧頡剛　林漢達　（加°者爲召集人）

因公、因病請假者：馬叙倫　方明　安紹芸　傅彬然　董純才　董秋斯　謝冰心

二月十六號星期日（十二月廿八）

到所，與陰法魯、胡嘉、陳樂素談。上樓開會，討論整理古史資料事，自九時至十二時。

未成眠。韓及宇來。將《禹貢》譯文鈔訖。點段玉裁《古文尚書撰異》。

與靜秋、堪兒打撲克。九時服藥眠，十二時醒。又眠，三時半醒，遂不寐。

今日同會：楊向奎　張政烺　胡厚宣　田昌五

韓及宇爲齊魯同事，轉至雲大已十年。渠亦爲張維華排擠離校，當時曾打張一拳。今日談及張爲右派事，益信善惡之必有報也。

二月十七號星期一（十二月廿九）

于思泊來，招張苑峰來，長談留飯。李時來。唐守正來，留飯。
理物。點《古文尚書撰異·禹貢》篇，仍未畢。
看尹繼美《詩管見》。十時服藥眠，上午四時半醒。

自青島歸後，覺性功能陡然衰退，此亦老境之一徵也。

静秋左膀子痛已久，而不肯就醫，過春節後當促之。

二月十八號星期二（正月初一　戊戌元旦）

王澤民夫婦來。朱士嘉夫婦來。到民進中央，團拜。歸，賀次
君來。姚家積、黃巨興來。姚紹華來。唐守正來，留飯。

舒振邦來。馮世五來，贈物。與静秋到王姨丈處，未晤。歸，
雪如、陳元弘、德融來。魏明經來。徐伯昕來。黃秉維夫婦及兩女
來。賀昌群夫婦來。張德鈞來。閔步瀛夫婦來。雁秋夫婦、木蘭
來，留飯。劉益之夫婦來。留黃以平、永平、守正、德融、次君飯。

與雁秋夫婦、静秋、木蘭到西單劇場觀昆劇，自七時至九時三
刻。歸，十一時服藥眠，六時一刻醒。

今晚所觀劇：借扇：鐵扇公主——秦肖玉　孫悟空——侯長
治　通天犀：青面虎——侯玉山　許佩珠——劉秀華　十一郎
——張小樓　寫狀：李桂枝——韓世昌　趙寵——白雲生　華容
道：關羽——侯永奎　周倉——白玉珍　曹操——陶小廷　夏侯
惇——孟祥生

今日來客未晤者：黃烈　研究生七人　金振宇、擎宇　鍾天
越　王明

二月十九號星期三（正月初二）

與静秋到賀昌群、王修、蕭風家，并晤宋挺生、謝友蘭。葉遐
庵來。方慶瑛來。張覺非來。尹達、楊拱辰來。綏真來。高大姨、

高瑞蘭及兩女一子來，留飯。

到姚紹華家。到擎宇家，并晤王宜甫。與靜秋到閔步瀛夫婦處。歸，爲燕燕講畫書。到徐伯昕處長談，并晤王德謙、德章姊弟。道遇葛綏成。歸，卜蕙蓀偕其女守成來，與同出，欲至雁秋處，未及燈市口，遇雁秋夫婦，同歸談，并留飯。

與雁秋夫婦、高大姐、瑞蘭、靜秋等談。與靜秋吵架。遂不能眠，服藥三次，約十一時許眠，翌晨六時醒。

二月二十號星期四（正月初三）

王修來。程金造、賀次君來。石慰萱、李延增來。杜任之、丁瓚、丁宗一來，與同訪閔步瀛，未晤。到李時處亦未晤。與杜、丁別。予到容元胎處。王載興、高耀玥及其子王衛平來，留飯。

馮伯平夫婦及其子和平來。與伯平同到昌群處。王聿華來。與靜秋同到黃秉維夫婦處，晤王老太太。又到卜蕙蓀處，并晤其兩姊及守正、守默、守成、守文諸子女、王文俊。

吳祥泰來，留飯，長談。九時半服藥眠，翌晨三時半醒。良久又眠，六時半醒。

今日來客未晤者：蕭風　陳友業　翟福亭　馬毅　尚愛松

二月廿一號星期五（正月初四）

王姨丈、母來，長談。點姚永樸《尚書誼略·禹貢》篇，未畢。

與靜秋挈四兒到琉璃廠閱市，食元宵，到榮寶齋觀畫，到寬銀幕影院看《馬戲團演鳥》。六時半歸。

到李時處，并晤其夫人吳捷。與李時到青年劇院，看《天山脚下》兩幕，九時半歸。十時服藥眠，翌晨四時醒。天明又眠，七時醒。

近日氣管炎又作，痰吐苦多。

二月廿二號星期六（正月初五）

　　與兒輩到紅星影院，以成年人被擯。班曉三來。到于思泊處，未晤。到杜任之處，晤其夫人。到丁瓚處，長談，并晤丁宗一、鄧化雨。

　　高志辛來，送戲票。與同出，乘車到鼓樓，理髮。到民進續開鳴放會，自二時半至五時半。

　　點《尚書誼略・禹貢》篇畢。洗浴。十時就寢，失眠，服藥三次，至十二時後乃眠，翌晨七時醒。

　　今日同會：徐伯昕（主席）　徐楚波　嚴景耀　謝冰心　梁明　陳慧　章廷謙　張紀元　張明養　陳麟瑞　林漢達

　　今晚失眠，下午開會是一因，晚間洗浴爲又一因也。

　　民進中央整風要至五月方訖，予之業務只得延遲下去矣。

二月廿三號星期日（正月初六）

　　到尹達處，未晤。到綏貞處。并到牛松雲處。到馬毅處，未晤。到陶才百處。歸，宴客。

　　到小經廠實驗劇院，看《百丑圖》話劇，自二時至四時三刻。乘侯外廬車歸。

　　教諸兒打麻將。九時半服藥眠，十一時半醒。又眠，翌晨七時醒。

　　在劇場所晤人：侯外廬　翁獨健　胡厚宣夫婦　張政烺夫婦　劉大年　胡嘉　楊向奎　高志辛　黃烈　姚紹華　張若達

　　今日所觀劇：百丑圖

鄭連卿（委員）——耿震飾

吳珍（電影明星）——劉燕瑾飾（此人指吳茵）

李君（參事）——石一夫飾

周龍生（博士）——前民飾（此人似指王造時）

趙若冰（主任）——劉則敬飾（此人指陳仁炳）

褚瑪莉（女士）——于藍飾

錢鳴（教授）——張平、吳堅飾（此人指孫大雨）

馮從直（吳珍乾兒）——楊宗鏡、游本昌飾

孫立（編輯）——黃斐飾（此人指陸詒）

二月廿四號星期一（正月初七）

到所，與陰法魯、胡嘉談。到總務處領物。晤封耀昭。到後院東屋辦公，點蔣廷錫《尚書地理今釋》，未畢。

倪品真來，出示蘇軾、岳飛書卷。尚愛松來，留飯，與同出，到燈市口一書畫鋪閱市。到琉璃廠，入榮寶齋，觀宋、元、明人畫展。遇史怡公。出，閱書攤及畫肆。六時歸。

趕至民進開整風會，自七時始，至八時半，予先退。失眠，服藥兩次。至十一時後眠，翌晨六時半醒。

今日同會：許廣平（主席）　王紹鏊　嚴景耀　徐伯昕　雷潔瓊　吳榮　顧均正　徐楚波　謝冰心　陳慧　章廷謙　張紀元　林漢達　張明養　葛志成　馮賓符　張志公　余之介　陳選善

昨日所宴客：王聿華　卜蕙蓀　宿夢琴(以上客)　予夫婦(主)

今日所觀畫，爲秦仲文、蘇伯安、張效彬三君所藏，絕精，王冕畫梅卷、文徵明等畫册、大滌子、髡殘、漸江、惲南田山水軸爲最。

二月廿五號星期二（正月初八）

到所，點《尚書地理今釋》訖。點王鳴盛《尚書後案·禹貢》篇十一頁。

未成眠。訪何叔父，未晤，留條。訪于思泊，亦未晤，留條。訪馬彝初先生，以病未見，留條。到伯祥處，并晤潤華、滋華。

點《尚書撰異》十頁。失眠，服藥兩次，十時後眠，上午三時醒。四時許又眠，六時半醒。

自參加民進整風後，予精神緊張，失眠疾又作，每夜輒服藥至兩三次，予之不適于開會如此。然社會主義關不能不過，則只有拼命做去耳。

蔣竹莊先生日前逝世，年八十六。聞張菊生先生病甚，神智已昏，年九十二矣。

二月廿六號星期三（正月初九）

到所，謝剛主來談。重改趙貞信《歐陽修考辨古籍語序》。厚宣偕思泊來。高志辛來。

與靜秋同到鼓樓。予至後門新華書店及中國書店閱書。到民進，續開鳴放會，自二時半至五時半。

與兒輩看予幼年文稿。十時服藥眠，上午五時醒。

今日同會：王紹鏊（主席）　許廣平　吳研因　林漢達　嚴景耀　雷潔瓊　謝冰心　葛志成　余之介　陳慧　陳選善　章廷謙　馮賓符　徐楚波　吳榮　梁明　顧均正　張紀元　陳麟瑞

正欲專力《禹貢》，而中華書局來信催交《古籍考辨叢刊》第二集，只得將地理工作放下。然日來正值民進整風，恐兩星期內交不出耳。

二月廿七號星期四（正月初十）

到所，改《周官辨非序》半篇。出，遇張德鈞、厚宣夫婦。

點《古文尚書撰異》十頁。與靜秋到北京醫院，就趙淑媛診。到東安市場購書物。

看清華《中國通史選讀》講義。服藥兩次，至十一時後入眠。翌晨六時醒。

今日量血壓，左臂 136/88，右臂 132/84，較兩星期前爲低矣。

二月廿八號星期五（正月十一）

到所，改《周官辨非序》、《周官辨序》、《禮經通論序》訖。謝剛主夫婦來。吳品泉來。到高志辛處。

在巷口修面。到民間文藝研究會，參加工作座談會，討論大躍進問題，自二時至六時。

閔步瀛來，送海水。失眠，服藥三次，至十二時後得眠，翌晨五時半醒。

今日同會：林山（主席）　賈芝　容肇祖　江紹原　楊成志　汪靜之　俞平伯　黃芝崗　周汝誠　曹伯衡　馬學良　陶建基　汪曾祺　趙樹理　江檔　路工等約五十人

[**底稿**]　致王子剛信（1958，2，3）（下略，見《顧頡剛書信集》）

標點《史記》

標點《春秋地名疏證》

校改《浪口村隨筆》

校改《古籍考辨叢刊》

編注《古地理名著選讀》

看《史記三家注校證》

爲《史學集刊》作文

知識應該要走在實際需要的前頭
　　——郭沫若在自我改造促進大會上的講話

懶漢怪莊稼（一九五八，三，廿五《新蘇州報》）

一個懶漢蹲在地頭，質問地裏的莊稼説：“你爲什麽不長哪？説是傷了你的根了吧，我從來没有鋤過你。説是淹着了你吧，我從來没有澆過你。説是脹壞了你吧，我從來没有澆過糞。説是曬了你吧，一堆草長着替你遮蔭凉哩。我還有什麽地方對不起你？你爲什麽不長？”

此一寓言正寫出了尹達對我的樣子。我所以能受到一點政治教育，虧得加入了民進。尹達只要我自生自滅。

[剪報]　　　1958 年 8 月 25 日《北京晚報》

　　　　高血壓病是怎樣得的?　　　　　　　　　樊子良

（下略）

　　　　什么是血壓　　　　　　　　　　　　富士

（下略）

一九五八、四、廿四，與陳穉常書云：（下略，見《顧頡剛書信集》）

一九五八年三月

三月一號星期六（正月十二）

七時許出門，到九爺府，上汽車，八時開車，九時許到昌平縣，入區黨部，聽報告。即食所携燒餅。十二時半上車，到工地，步至小孤山，聽講解。予與李儼以老不任工事，入工作站憩息。三時，以風大，工作人員停工。上車，五時半回九爺府。到厚宣家，視其去年所生子振宇。到德鈞家談。

服藥兩次，至十時半後眠，翌晨六時醒。

今日所晤人：尹達　楊向奎　胡厚宣　張德鈞　江紹原　嚴
幼芝　李昌聲　袁鴻壽　萬斯年　王毓銓　張若達　李儼　趙仲
池　陰法魯　胡嘉　容肇祖　蘇炳琦　裴文中

三月二號星期日（正月十三）

趙世暹來。賀次君來。補記日記兩天。與静秋斟酌，草下午發
言稿。

二時，到魏家胡同民進市委會，開自我改造大躍進會，予發
言。六時簽名而出，與鄺平樟、陳意同車。于静安來。

到附近胡同散步一小時。九時服藥眠，十時半醒，再服藥，翌
晨六時醒。

今日同會：馮賓符（主席）　許廣平　王紹鏊　雷潔瓊　顧均
正　吳研因　徐楚波　方白　章廷謙　嚴景耀　陳慧　陳鳴一　陳
選善　陳意　鄺平樟　宋毓真　余之介　吳榮　陳麟瑞　張志公

三月三號星期一（正月十四）

到所，看趙貞信所作《葉適》、《崔述》、《袁枚》、《俞樾》四
種考辨古籍語，略爲改竄。謝剛主來。遇高味辛。

與静秋同到大華電影院，看蘇聯所演莎士比亞《奧賽羅》。歸，
看趙士喆《建文年譜》。

到民進，續開整風會，予先退，八時半歸。九時半服藥眠，翌
晨六時醒。

今晚同會：徐伯昕（主席）　許廣平　徐楚波　陳慧　章廷
謙　林漢達　梁明　張紀元　陳麟瑞　外中央幹部十二人

三月四號星期二（正月十五）

整理去年信札。到所，參加整風會議，聽熊德基報告，自十時

至十一時半。到厚宣處談。晤錢琢如。

到政協禮堂，開中華書局史學分組選書會議，自二時至六時半。乘汽車，與孫人和同出。到文聯，飯于服務部。

到文聯禮堂，看《中國代表團訪問朝鮮》及《一僕二主》電影，十時歸。服藥，十一時眠，翌晨六時醒。

今日同會：翦伯贊　齊燕銘　鄧廣銘　聶崇岐　齊思和　宿白　孫人和　劉盼遂　徐調孚　章士釗　陳乃乾　夏鼐　周雲青　謝無量　邵循正　翁獨健　白壽彝　曾次亮　張政烺

三月五號星期三（正月十六）

到所，整理《古籍考辨叢刊》第二集。厚宣來，同到其室，與商周史組同人談競賽事。

與靜秋同出，到鼓樓，予到"松林"修面，到中國書店閱書。到民進，續開整風會，自二時半至五時半。

看熊伯龍《無何集》。九時半服藥眠，翌晨四時醒，旋又迷糊片刻。

今日上午同會：胡厚宣　桂瓊英　陸慰利　裘錫圭　趙健

今日下午同會：許廣平　徐伯昕　徐楚波　嚴景耀　陳麟瑞　謝冰心　林漢達　梁明　張紀元

三月六號星期四（正月十七）

補記日記二天半。草明日在民進自我改造大躍進大會之講詞，計二千五百字。

將所草稿鈔清，交雁秋、靜秋修改。寫翦伯贊信，爲出版史學古籍事。看安海潮論歷史地圖信。

到統戰部，參加各民主黨派在京中委座談會，自七時至十一時許。乘伯昕車歸，服多量藥眠。上午四時醒，又服藥，七時醒。

今日同會：于毅夫　徐冰（主席）　各民主黨派代表發言：
九三——涂長望　民進——徐伯昕　農工——何世琨　民盟——
胡愈之、李文宜、吳晗　民建——浦潔修　民革——朱蘊山　致
公——黃鼎臣　個人發言：金克木　魏建功　吳研因　徐楚波
我所認識的到會者：邵力子　邵恒秋　裴文中　翁文灝　章元善
盧郁文　馮友蘭　周炳琳　雷潔瓊　嚴景耀　傅學文　秦德君
馮賓符　楚溪春　載濤等　共二百餘人。

三月七號星期五（正月十八）

徐伯昕來，商改講稿。乘伯昕車到九爺府，開先秦史組座談
會，自十時至十二時。晤李儼、王毓銓、張若達、錢寶琮等。

與靜秋同到中山堂，參加民進北京市委全體會員自我改造躍進
大會，自二時至五時半。晤陶景蕖、陳伯鈞、于鶴鷥、陶建基等。

到民進中央，參加中央常委擴大的第廿一次會議，與楊東蒓、
巫寶三、徐楚波談。八時三刻先退。十時眠，十一時又起服藥，翌
晨六時醒。

今日上午同會：楊向奎　胡厚宣　桂瓊英　裘錫圭　陸慰利
趙健　鄧福秋　韓毓升　劉安民　蕭良瓊　馬雍　舒振邦　田
昌五

今日下午會上發言人：馬叙倫（趙樸初宣讀）　王紹鏊　楊東
蒓　雷潔瓊　吳研因　馬敬修　宋毓真　徐楚波　傅彬然（富介
壽宣讀）　教育部　青年出版社　人民文學出版社　女二中　廿
五中　卅三中　卅五中　北京師範學院等代表　馮賓符（主席）

三月八號星期六（正月十九）

科學出版社第二編輯室吳振鑫來，商編《地名辭典》事。靜秋
爲最後改定昨日講稿。即寫水世琤信，送民進市委會。

到民進，續開整風會，自二時至五時半。

兒女四人爲慶祝母親節，開會表演歌舞。服藥二次，至十一時後得眠，翌晨六時醒。

今日同會：楊東蓴（主席）　　王紹鏊　徐伯昕　雷潔瓊　嚴景耀　林漢達　梁明　章廷謙　陳麟瑞　吳研因　徐楚波　張紀元　馮賓符　余之介　吳榮

章廷謙在會場中對予批評，依然三十年前態度。予自問心實無他，只以從前不明無產階級立場，致爲北大老同學拾得話柄，作一生之攻擊資料耳。故若無共産黨領導，予決不可來北京。

三月九號星期日（正月二十）

陳振藩來。陶才百來。丁曉先來。與堪兒同到兒童影院，看《母女教師》一片，十二時半歸。

眠一小時半。與静秋同到王澤民處談。到所，訪剛主夫婦不遇。到厚宣夫婦處。出看大字報，晤侯外廬、呂叔相。

龔文慶來。與静秋到中石槽訪鄧醫，不遇。予至米市大街理髮。歸，服藥兩次，至十時半後眠，翌晨七時醒。

上一星期中，開會至十一次，且統戰部一會開至深夜，體極疲乏，而夜中神轉清明，睡眠日難，安眠藥量日增，爲健康計甚可慮矣。

所中滿墻滿地都貼大字報，予亦受批評甚多，大致皆謂予外務多，在所工作不够，大家不易見面，學問不能公開，此皆實情也。

三月十號星期一（正月廿一）

到所，鈔尹繼美《詩管見》總論四千餘字。到謝剛主夫人處。到高志辛處。

到北京醫院，就王敏清醫師診。到古典門市部買書。歸，閱新購書。草大字報稿。

到民進，參加整風會，自七時至九時。歸，浴。十一時服藥眠，翌晨五時一刻醒。

今日同會：許廣平（主席）　楊東蒓（自述思想）　陳麟瑞　馮賓符　梁純夫　鄭芳龍　董守義　徐伯昕　張紀元　謝冰心　巫寶三　章廷謙　梁明　陳慧　王紹鏊　徐楚波　余之介民進中央幹部　共約五十人。

三月十一號星期二（正月廿二）

到所，至高志辛處，寫大字報兩張。續鈔《詩管見》總論四千字，訖。遇李蔭棠。

在家續寫大字報兩張。與靜秋到中石槽馮國寶老醫師診，長談。

到文聯，看《羊城暗哨》電影，遇常任俠。九時歸，服藥兩次，至十一時後入眠，翌晨四時醒。

林惠祥于上月卒，年五十七。程硯秋于前日卒，年五十四。憶一九一七年，予在東安市場丹桂茶園內看程氏第一次出演《女起解》，倏忽四十年，渠已終結其藝術之生命。而林氏于前年春間在考古會議上一見，遂成永別，可傷也！

予于一九三六年在四海保險公司保壽險時，由馮國寶醫師診，今渠年已七十一，設診所于家。謂予心肺均正常，血壓亦不高（138/88），惟失眠爲累。渠勸我勿多服 Amytal，以其劇烈也。然予服 Luminal 無濟于事，奈何！

三月十二號星期三（正月廿三）

到所，與姚家積遇，入其蒙史研究室。渠又至予室談。到尹達處談。楊拱辰偕蘇聯學生貝列羅莫夫來。標《詩管見》總論訖。鈔兩日來大字報交高志辛。

與靜秋同出，予到後門中國書店閱書。到民進，續開會，批判楊東蓴。自二時半至六時。出，遇志辛。

到隆福寺人民市場閱市，往返皆步行。九時服藥眠，翌晨二時三刻醒，天未明時又小眠。

今日貼大字報，將前年尹達對我的態度説出，又作自我批評，要求改變階級立場。

今日同會：王紹鏊（主席）　陳麟瑞　許廣平　章廷謙　馮賓符　嚴景耀　雷潔瓊　徐楚波　余之介　吳研因　張紀元　梁明　楊東蓴　林漢達　吳榮

三月十三號星期四（正月廿四）

到所，謝剛主來。看程大昌《詩論》及予去年所作《詩論序》、《古史辨》論《詩經》諸文。胡嘉來。張德鈞來。又安來，取歸書籍。

看蘇轍《潁濱詩集傳》，鈔出其可用者。擬大字報。與靜秋吵架，予遂出，訪次君不晤，晤尹受。出，訪何叙父夫婦，長談。

到西單商場閱書。到曲園吃粉條。從西單步行回家。服藥兩次，至十時後眠，翌晨五時半醒。

賀昌群貼壁報三張，批評予有唯心主義，喜定大計劃，常致不能實現；又言予爲名累，故意做作忙人，例如給他之信叫別人寫；又謂予固老病，但不能太要人家照顧。此道出予缺點，因響應之。

三月十四號星期五（正月廿五）

到所，鈔顧炎武《日知録》中論《詩經》各條作《詩論》附録，略訖。遇李昌聲、王振鐸。高志辛來。邵玉芬來。謝剛主來。

到所，參加第一所同人批判葉玉華大會，自二時至五時半。到錢琢如處，并晤其母、妻。

到東四修面。擬自我改造計劃八條。九時歸，服藥二次，十時後眠，翌晨六時醒。

今日同會：楊向奎　胡厚宣　張政烺　尹達　趙幼文　張雲非　張德鈞　高志辛　桂瓊英　譚惠中　邵玉芬　蕭良瓊　裘錫圭　陸慰利　劉浩然　葉玉華　黃烈　鄧福秋　趙健　舒振邦　馬雍　田昌五　劉安民　韓毓升

三月十五號星期六（正月廿六）

到所，參加葉玉華批判會，予發言。遇王竹樓。寫大字報五張，即送高志辛處，遇厚宣等。

到民進，續開會，商明日游行事。三時半，起寫大字報。予寫十紙。五時半，乘汽車，與伯昕、明養、純夫同出。

看鍾嗣成《錄鬼簿》。與兒輩談。九時服藥眠，翌晨五時醒。

今日上午同會：同昨。加入數人：封耀昭　楊品泉　吳宜俊　蕭風

今日下午同會：徐伯昕（主席）　王紹鏊　梁純夫　張明養　章廷謙　雷潔瓊　嚴景耀　徐楚波　吳榮　梁明　陳麟瑞　余之介　張紀元　林漢達　董守義　顧均正

三月十六號星期日（正月廿七）

次君來。寫謝延孫信，告以不復能援助。趙光濤來。雁秋來。留次君飯。

一時，與靜秋同出，到東長安街，排隊至天安門廣場，參加各民主黨派“自我改造促進大會”，聽沈鈞儒、李濟深、郭沫若、黃炎培講話。四時游行，至報子街西而散。六時歸。

腰痛甚，堪兒為捶千下。洗浴。九時服藥眠，翌晨五時醒。

今日在廣場所見人：姚紹華　涂傳保　朱彥頫　謝冰心　陳麟瑞　劉醒群　王澤民　魏建功　馮友蘭　張政烺　胡厚宣　梁明　梁純夫　高志辛　夏康農　陰法魯　劉鶚業　張志公

今日下雨甚寒，游行不累而在廣場上站立二小時則甚累，腰痛欲斷矣。

三月十七號星期一（正月廿八）

下雪。到所，將所鈔《日知録》加標。又將王質《詩總聞》中選鈔二千字。謝剛主來。出，遇王德謙、王澤民。

補記日記兩天。寫政協信。到北京醫院，由張愈醫師診。在院看《人民日報》社論及郭沫若講話。

到民進中央開會。九時許歸，服藥眠。翌晨五時醒。

血壓 140/92，較前稍高，尚不劇。醫言腰痛須休養，而在今日則不可能也。今日取藥兩種，一爲 Sod. Seconal，一爲 Sod. Pentobanhital，後一種爲黑色丸子，從未服過。

今晚同會：徐伯昕（主席）　陳慧　嚴景耀　徐楚波　梁明　林漢達　張志公　張紀元　陳麟瑞

三月十八號星期二（正月廿九）

到所，續鈔《詩總聞》三千字。遇白壽彝、劉厚祜、祝瑞開。鈔十五日所寫大字報一千五百字。

理抽屜、書架。看平心對《浪口村隨筆》所提意見。點《古文尚書撰異・禹貢》篇，仍未訖。

雁秋來，留飯。看《格林童話》。九時服藥眠，翌晨五時醒。

今日算是休息半天，實憊甚矣。

近日右下腭牙齦作痛，不便咬嚼，飲食爲難。老境日臻，而又須力滌暮氣，如何而可？又無時間跑醫院，奈之何哉？

三月十九號星期三（正月三十）

到所，摘鈔《詩總聞》千餘字，訖。校標未訖。謝剛主來。胡厚宣來。到高志辛處。

修面。到文津街院部，待車，一時車開，到中關村地球物理研究所開全院研究員大會，聽郭沫若、趙九章、傅承義、李善邦、許紹燮、葉篤正講話，自二時至七時，散。乘平伯、伯祥車歸。

八時飯。十時服藥眠，十二時醒。又服藥，約一時眠，七時醒。終夜在半醒狀態中。

今日開會所晤人：郭寶鈞　徐炳昶　葉玉華　趙幼文　張德鈞　胡厚宣　常紹溫　胡嘉　俞平伯　王伯祥　錢學森　裴文中　王毓銓　孫楷第　朱士嘉　袁翰青　嚴幼芝　萬斯年　謝剛主（出席者四百人）

地球物理研究所整風工作做得甚細緻，大字報既多且長，非但原則性之指摘，并作説理性之商量，故郭院長取此以爲模範，令各研究所學習。

三月二十號星期四（二月初一）

到所，開會，聽尹達、楊向奎自我檢查，予發言。自八時半至十一時三刻，會散。

到北海，看日本書法篆刻展覽及白俄羅斯婦女圖片展覽。歸，補記日記兩天。到青年會，看《把心交給黨》、《最可愛的人歸來了》兩片。到民進，開會討論中央支部之組織。與董守義談。喻培厚來，爲寫證明信。

爲堪兒講書。看包世榮《毛詩禮徵》。十時服藥眠，翌晨五時醒。

今日上午同會：尹達　楊向奎　胡厚宣　張政烺　張雲非　劉浩然　趙幼文　張德鈞　譚惠中　田昌五　桂瓊英　高志辛

封耀昭　余愛德　陳友業　歷史研究編輯部、歷史譯叢編輯部全
體人員　全體實習員、研究生

　　今日下午同會：兩組合開。

三月廿一號星期五（二月初二）

　　到所，將《詩總聞》標訖。貝列羅莫夫來，問《秦本紀》疑
義，并爲寫馬元材信。剛主來。胡厚宣來。晤祝瑞開及楊向奎。

　　爲《民間文學》審查張士杰編集之《河北省民間故事》中之
有關義和團傳説十篇，訖。點《尚書撰異·禹貢》訖。

　　到東安市場閲市，購書數種。九時服藥眠，翌晨六時醒。

　　《古文尚書撰異·禹貢》一篇，自二月十六日始點，至今日
始粗訖，閲一月餘矣。

　　得内侄吳受之來函，其父碧澂于本月十七日逝世，此吾五十
年之舊交也。同輩日就雕零，既痛逝者，行自念已。

三月廿二號星期六（二月初三）

　　到所，參加吳宜俊檢討會，并聽翟福辰、陳友業、祝瑞開等之
批評。看王國維《唐宋大曲考》。與謝剛主夫婦談。與陰法魯談。

　　車中遇高宛真。到"松林"理髮。晤方健明。到民進，寫大字
報十張，并聽諸同人漫談。六時半，與伯昕同車歸。

　　看劉節《古史考存》等書。服藥兩次，約十一時眠，翌晨七
時醒。

　　今日上午同會：一二所全體。

　　下午同會：王紹鏊　許廣平　徐伯昕　雷潔瓊　嚴景耀　張
紀元　梁明　徐楚波　楊東蒓　陳慧　吳榮　余之介　吳研因

三月廿三號星期日（二月初四）

何叙父來，同到康同璧處，并晤其女羅儀鳳及徐宗仁、陳君五。十一時歸。雁秋來。黃克平、以平、永平來，留飯。

草明日在康先生百年祭講稿二千餘字。交雁秋改之。寫聯語。（後因雁秋兄妹不贊成，改送花籃。）寫江櫓信。留以平、永平飯。

送以平、永平到東四七條。送審查稿至文藝大樓。與雁秋商量改稿。九時半服藥眠，三時醒。又眠，六時半醒。

今日靜秋到城外植樹。

潮兒左肩生癤，每夜作痛不能眠，明日當往割治。

疲極矣，而康家之事又費我一天半光陰。

康長素百齡誕辰紀念，兼爲戊戌變法六十年紀念，由其女同璧家祭，政府不參加，而同璧邀予發言，慮言其政治犯錯誤，故專就其《僞經》、《改制》兩考言之。

三月廿四號星期一（二月初五）

到所，準備晚間發言稿。到拱辰處，參加工作會議。返室，曹婉如來，談《山海經》研究事。

修改下午發言稿。與靜秋同到何家口羅宅，參加康長素先生百齡誕辰紀念，聽章行嚴、梁仲策發言，予繼之。照相後歸。寫樹幟信。

到民進，開漫談會。予與伯昕、潔瓊談心。九時半歸。失眠，服藥兩次，約十二時眠，翌晨六時半醒。

今日上午同會：楊向奎　胡厚宣　田昌五　譚惠中　桂瓊英張德鈞

今日下午同會：康同璧　羅儀鳳　麥家兩女（主人）　章士釗　朱啓鈐　李濟深　張江裁　金息侯　林宰平　梁啓勳　徐宗仁　陳君五　中央文史館同人　載濤　翁文灝　約五十人。

三月廿五號星期二（二月初六）

到政協禮堂，聽習仲勛報告整風運動之目的，李濟深主席，自九時至十二時。遇林宰平夫婦。出，到叔父家取《東北通史》歸。

一時飯。理存予家之他人稿件二小時。點讀金毓黻《東北史綱》。看《朝鮮史略》。洗浴。九時服藥眠，翌晨五時半醒。

今日在會場所遇：馬毅　陳修和　陶建基　王芸生　李一平　王澤民　楊東蒓　傅振倫　張豐胄　楊鍾健　全場約一千人。

洪兒今日下午送海葵到動物園，歸來又獨磨豆漿。此兒有勞動觀點，可喜，惜其易發脾氣耳。潮兒開刀後可望速愈，已不痛。風疹塊尚有，驗大便中有微生蟲。

三月廿六號星期三（二月初七）

續看《東北史綱》。雁秋來，留飯。草今日發言稿。

到民進，開小組會，討論昨日所聽報告，予發言。自二時半至五時半。頤萱來，留飯。

到燈市口修面。與靜秋吵架。失眠，服藥兩次，約十一時半眠，翌晨六時醒。

今日同會：許廣平　徐伯昕　張紀元　梁明　章廷謙　嚴景耀　徐楚波　林漢達　陳麟瑞

三月廿七號星期四（二月初八）

到所，續看《東北史綱》。北大許大齡偕朝鮮教授李址麟來談中、朝民族史，歷兩小時。

寫大字報一張。寫高志辛、貝列羅莫夫信。次君偕程建爲來。爲靜秋寫大字報六張。

休息。八時半服藥眠，翌晨三時半醒。

憊甚矣，苦天寒，未易出游也。

三月廿八號星期五（二月初九）

到政協禮堂，聽陳毅副總理報告外交及思想改造。沈鈞儒主席，自九時至下午一時。與陳修和談。

二時飯。到北京醫院，就女醫辛大夫診，四時歸。憊甚，眠二小時。看李錦全《批判古史辨派的疑古論》。

全家到紅星，看《三門峽》、《西湖》電影。九時半服藥眠，十一時半醒。又服藥，翌晨五時醒。

　　血壓仍 140/90。不爲高，而睡眠甚不好，輕性藥已不生效，必服重性藥方可。眼睛澀甚，至不易張開。腰及脊椎骨又痛不可支，予真不能參加運動矣。

　　今日會上所晤人：謝無量　趙啓騄　楊亦周　王家楨　馬毅　章士釗　朱啓鈐　魏建功　馬松亭　章廷謙　馬寅初　程希孟　陳修和　成覺

三月廿九號星期六（二月初十）

寫顧綴英信，爲靜秋所撕。到所，草檢討書三千餘字。遇李儼、陰法魯，談。

到歷史博物館訪陳佩馨，交還王興瑞"黎人"稿，值其下放，不遇。與王家畸談沿革地理。參觀歷史博物館近代史陳列室，未終，以搖鈴退出。到勞動文化宮，看劉介梅忘本回頭展覽會。歸，賀次君來，爲要錢，靜秋大吵。

到紅星，看《中國陶瓷》《一個新皮球》兩電影。九時服藥眠，無效，十一時又服藥，得眠，至翌晨上午六時醒。

　　今日下午出門散步半天，以爲可睡矣，而睡後了不能入眠，只覺得熱血上涌。在如此狀態下，只得休息一周。明日本有會，亦擬請假矣。

　　近來靜秋脾氣愈壞，總以予思想落後，漫加斥責，如對奴隸。家庭中無樂趣，奈何奈何！

三月三十號星期日 （二月十一）

李一平來，取還《瞿安日記》。王藥雨來。看《光明日報》社論《爲什麼把未經改造的知識分子稱作資産階級知識分子？》。

挈堪兒游故宮博物院西路及中路，又至承先殿看永濟元代畫像。飲橘子水。到歷史博物館前摩鐵炮。寫徐伯昕信，向民進請假。

到徐伯昕處，并晤傅彬然。到彬然處小坐。十時服藥眠，翌晨五時醒。

日來失眠疾加劇，幾每夜必服劇劑兩次方得入眠，血液易上升，足冷如冰而面赤如火，非佳兆。腰痛又若欲斷，只得向民進請假一星期。

彬然勸服中藥，以西藥實爲强制，服之癮日深，且易失效也。

三月卅一號星期一 （二月十二）

到所，續寫檢討書第一章訖。到尹達處談。到陰法魯處談，并晤厚宣。

眠二小時。到古典門市部買書。到東單公園散步。

看陳汝衡《説書史語》。服藥兩次，至十二時後眠，翌晨六時醒。

本月二十五日第一、二所整風《簡報》云：

《敬致顧頡剛先生》，這是俞旦初同志所用的標題。這幾天批評顧先生的思想作風的大字報已貼出不少，俞旦初説：顧先生"對馬列主義科學有成見，對黨的科學領導有成見，否則的話，那你爲什麼近幾年來如此不關心所裏的研究工作和青年的培養呢"？他又説：

"不首先從思想上解決兩條道路的問題，而一攤牌就要社會主義爲你的'地下工廠'服務，這是一種什麼思想?"楊遜同志在另一張大字報中說，顧先生"在舊社會多少有些'御用文人'的氣息"，應"仔細考慮這幾年來爲人民作了什麼"。此外，給顧先生貼大字報的還有張鏡航等同志。顧先生看了這些大字報以後，是否已經考慮自己的問題?

隆福醫院門診部門外，貼一聯云："把醫院當家庭，把病人當親人。"看病時間本有限制，而自躍進後則一天廿四小時隨時可往診，醫生態度本惡劣者今亦改得和善。

電車售票員替人扶老攜幼，車中置連環圖畫，并置吐痰紙及垃圾筐。

[原件]

爲響應黨所提出的要在十五年内在主要工業方面趕上或超過英國，儘快地實現農業發展綱要四十條偉大的號召，在全國範圍内掀起了全民性的大躍進，尤其是我們工人階級在各個戰綫上都提出"比先進、學先進、趕先進"的口號，拿出了苦幹、猛幹的革命幹勁，掀起了一個新的高峰。我們兒童車工人决不甘心落後，决心和全國人民一道堅定不移地爲建設社會主義事業、爲實現黨的偉大號召，勇敢熱情地獻出自己的一切力量，用實際行動把自己的工作做好，圓滿地完成任務。除將保證條例另行張貼外，特將車價再減低百分之十。并希各家長多提寶貴意見以期改進，特此通知。此致
顧德堪家長

博氏幼兒園
三輪車互助組啓　三月卅日。

大躍進事例之一

一九五八年四月

四月一號星期二（二月十三）

到所，改大字報第一章訖，即鈔清兩頁，未畢。剛主來。

約眠十餘分鐘。與靜秋同到北京醫院，就中醫陳西源診。出，到東單中藥公司取藥。予獨至紅星，看《雁蕩山》戲劇電影。

爲兒輩講《桃花女》故事書。看祁彪佳《曲品、劇品》。九時半服中藥眠，不得入睡，服西藥兩次，至十二時後眠，翌晨六時醒。

四月二號星期三（二月十四）

到所，李樹桐來，同到閱覽室，參加資料組會。出，遇桂瓊英，參加胡厚宣檢討會。遇祝瑞開。

眠一小時許。補記日記兩天。到北海，遇文懷沙、王昆侖，長談。上山看杏花。在車遇吳一塵。

看《今古奇觀》中《盧太學詩酒傲公侯》。洗浴。服中藥，九時半眠，十二時半醒。服輕性西藥，約上午一時眠，五時醒。

今日同會：李樹桐　李蔭棠　金光平　王壽銘　劉厚祜　陳士楷　姚鼎新　阮宜奎

又同會：尹達　譚惠中　胡厚宣　張德鈞　高志辛　張政烺　趙幼文　田昌五　葉玉華　桂瓊英

四月三號星期四（二月十五）

到所，續寫檢查第一章訖。鈔兩頁。李樹桐來。謝剛主來。

眠約半小時。到北海畫舫齋，看吳鏡汀、秦仲文等畫展。又到天王殿，看明清畫像及佛像。

爲堪兒講書。九時半就枕，迄不成眠，至十二時服藥兩次乃眠，翌晨七時醒。

昨服中藥，居然中午與晚都得眠。雖夜中早醒，又服西藥，究竟今日精神清爽。不幸今晚又不易眠，甚至服 Amytal 亦無效，何也？

潮兒左腋又生一瘡，可見其犯皮膚病甚重。

今日在天王殿，見吳容翁（此人在《吳縣志》內查出，名吳明相，字容之，歲貢生，順治十二年任吳縣知縣，十四年劾去，山西長治人。）離蘇州任一卷，端有吾祖松交公題詩，將來當請照出。

四月四號星期五（二月十六）

到所，貝列羅莫夫來，詢《始皇本紀》中問題。續改檢討文字，鈔寫兩張。記筆記一則。

未成眠。與靜秋到隆福寺市場閱覽，吃扒糕，出，買丁香、榆葉梅兩株歸。

九時眠，十一時三刻醒。服藥，至上午三時許又眠，七時醒。

四月五號星期六（二月十七）

到所，再改檢討文字，鈔寫三張，第一篇完畢，即發貼。

未成眠。到中山公園散步。出，到人民英雄碑瞻觀。六時歸。

九時上榻，迄不能眠，十時半起服藥，約十一時入眠，翌晨五時半醒。

羅媽來我家四年，自去秋回家，受其子與媳之氣，返京後時病，夜中盜汗，有微熱，體瘦，疑其患肺病，以此無勞動力，靜秋擬辭去之，藉資搏節。

四月六號星期日（二月十八）

八時半，與靜秋挈四兒乘車到動物園，十一時半就牡丹亭茶座進自携午餐。下午四時出。在園遇萬斯年及章宏序、程希文。

到五十六中訪木蘭，不遇。乘車到雁秋夫婦處談，并到劉益之室。五時三刻歸。

九時就枕，十時起服藥，上午二時醒，耿耿達旦。

動物園年餘未去，今日前往則又多若干種類，若犀、河馬、猞猁、豹、海產動物皆前所未有者，愈見充實矣。

四月七號星期一（二月十九）

疲甚，臥床，看汪倜然《希臘神話 ABC》，訖。寫王欣夫、謝延孫夫婦、誠安、自珍、上海人民出版社信。

到鼓樓"四合"理髮，遇黃鏡吾。到民進開會，聽諸人談聽彭真報告後之體會。自二時半至六時半。

馬曼青來。徐伯昕來，長談，至十時後去。十一時服藥眠，翌晨六時醒。

昨日游了一整天，覺得很好，乃夜眠又復不佳，心臟頗覺軟弱，若大病將至者，何也？

今日同會：王紹鰲　許廣平　楊東蓴　徐伯昕　葛志成　梁明　徐楚波　嚴景耀　雷潔瓊　吳榮　張志公　劉鸚業

四月八號星期二（二月二十）

到所，到厚宣處談，并晤祝瑞開。續作檢討書三千餘字。謝剛主夫婦赴天津。

眠一小時許。到北京醫院，照心動電流圖。由王志芸女醫師診。遇張石公先生及其子張英、邵恒秋。歸，爲堪兒講希臘神話。

到紅星，看《美國空投特務》、反革命《鐵證》兩短片。九時眠，翌晨三時半醒，約四時半又眠，六時醒。

昨夜得一佳眠，今午又得眠，精神較好。血壓爲 140/100，上壓不高而下壓高，此其所以失眠也。今晚換服水藥，竟得佳眠，安眠藥必須時換，于此證之。

堪兒病感冒，有微熱，夜中咳嗽多，請假在家。

幾個孩子都肯勞動，挖土種蓖麻，新時代中不容一人偷懶也。

四月九號星期三（二月廿一）

到政協，聽薛暮橋報告工農業現在進步狀況，自九時至十一時半。鮑爾漢作主席。會散，與馬毅同出。

得眠約十餘分鐘。到所，續寫檢討書約三千言。與陰法魯、尹達、陳友業談。

爲劉樊作證明，寫陳友業信，到蕭風處囑轉交。九時服藥眠，翌晨四時半醒。

今日會中所晤人：劉定五　林宰平　徐楚波　周炳琳　何遂　張豐胄　李權中　張志公　戴克光　雷潔瓊　何兆麟　馬毅　王家楨　陳劭先　王紹鏊　林漢達　葉企孫　趙公紱

五日北京歷史界集會，討論躍進，而尹達竟不通知我，直到八日看報始知其事。今日質問之，彼説，辦事人未送票，而彼對我無團結與教育之誠心可知，予雖體不任勞，而在躍進潮流不當退却則固知之也。

四月十號星期四（二月廿二）

記筆記一則。到政協禮堂，聽天津來之張國藩、方先之、李勉之談交心方法，王紹鏊主席。自九時至十二時。到西單進餐。

到中山公園，入音樂堂。置衣，與滋潭及周宗瓊在園散步。二時入場，聽各民主黨派成員交心報告。六時，與静秋同歸。雁秋來。

錢寶琮來。九時服藥眠，上午一時半爲堪兒吵醒，遂不能寐。

五時復睡，六時醒。

　　今日下午之會：王之相（主席）　吳晗（致開幕詞）　吳研因　梁君謨　楚溪春　王鈞衡　谷春帆　陳士驊　劉士豪　陸緒熙（致公黨）　廖太初　陸文彬（台盟）　邢其毅　裴文中（以上交心）　雷潔瓊（讀決心書）　浦潔修（提競賽）　張友漁（受決心書）

　　今日上午會中所見人：達浦生　吳文藻　雷潔瓊　嚴景耀　于滋潭　李毅　劉達夫　周亞衛

　　下午會中所見人：周宗瓊　胡厚宣　鄭奠　趙幼文　姚紹華夫人　胡庶華

四月十一號星期五（二月廿三）

　　到所。祝瑞開來。晤張德鈞。貝列羅莫夫來，詢《陳涉世家》中問題。李址麟來，詢東夷史料。修正前日所作檢討書。

　　頤萱來，留飯。眠一小時。爲堪兒講《水滸》故事。與靜秋同到中山公園，寫交心書，未畢。到花房。六時歸。

　　爲堪講《鬧江州》訖。九時服藥眠，翌晨五時半醒。

　　堪兒已兩日不思進食，腹中作鬱，不知其何病。啜粥輒吐，羸瘦更甚。

四月十二號星期六（二月廿四）

　　到所，寫交心書約四千字。李樂知來。晤侯外廬。到會計處取薪。

　　約眠半小時。到利華修面。劉起釪自南京來。爲《科學史集刊》看曹婉如《山經和禹貢的地理學價值》一文，爲改定數字。

　　到錢琢如處。洗浴。九時半眠，翌晨四時半醒，五時後又小眠。

　　近日睡眠較佳，蓋服“壽比胺”及“洛通片”之效，皆降血壓者也。

四月十三號星期日（二月廿五）

向維奮、南朝君來。到廣濟寺，訪趙公綏，看四王吳惲畫册。在廣濟寺禮堂開民進中央小組組織生活會，自九時至十二時，談交心問題。

與静秋挈四兒到中山公園觀花，吃茶，自二時至六時。予觀洪廷彥《駁只講材料不講觀點的謬論》。

看《新蘇州報》。九時服藥眠，十一時醒。又服藥，上午五時醒，又朦朧一小時。

予兩日來得佳眠，故今夜但服 Misturae Sedativae 水藥而不服丸藥，然十一時即醒，不得已仍服 Seconal 一丸而睡。

堪兒已好，明日入學矣。

今日同會：王紹鏊　許廣平　楊東蓴　徐伯昕　葛志成　張紀元　嚴景耀　雷潔瓊

四月十四號星期一（二月廿六）

看解放初期日記。寫出交心書約四十條。

到民進，聽陳慧"社會主義學院寫交心報"報告，即寫交心報，予合併上午所書各條。六時，在民進飯。

仍在民進寫，至八時半出，九時一刻歸。十時服藥眠，翌晨六時醒。

今日同會：王紹鏊　許廣平　徐伯昕　葛志成　吳研因　巫寶三　章廷謙　張紀元　嚴景耀　楊東蓴　梁明　徐楚波　陳選善　吳榮　張志公　王歷耕　陳麟瑞　林漢達　金芝軒　董守義　陳慧　梁純夫　張明養　劉鶚業（記錄）

我向少説話，自問一生謹慎，捫心無愧，而人家因我不説話而關係複雜，橫加猜測。今日決據日記，完全攤出，雖反共、反蘇者亦無顧慮。

四月十五號星期二（二月廿七）

看 1950 年日記，搜集交心資料。到北京醫院，就王志芸診。遇劉定五、何思源。歸經東單公園，賞花。

到民進，續寫交心報十七條。與王却塵、楊東蒓等談。飯後與伯昕、明養同歸。

到後院，開選民會，與昌群、王修等談。十時服藥眠，翌晨五時半醒。

今日同會：與昨同，缺廣平、研因、選善、歷耕、陳慧。

今晚同會：前後院各戶　向維奮（主席）

量血壓爲 150/100，又高了些。在運動中空氣緊張，固不能不高也。然血壓雖高而睡眠反好，何也？

四月十六號星期三（二月廿八）

搜集日記資料備寫交心報，自 1950 年三月至 1951 年三月。

到民進，續寫交心報二十四條。予向楊東蒓、嚴景耀、陳慧挑戰，將指標提至二百七十條。飯後與伯昕、陳慧、張紀元等到什刹海散步。

寫至八時半出。九時半歸。十時許服藥眠，翌晨四時三刻醒。

今日同會：如前日，缺一徐楚波。今日予向同人挑戰，不但比數量，而且比深比透，成一積極分子矣。歸後爲靜秋言之，渠喜而不寐。

四月十七號星期四（二月廿九）

六時三刻到北京醫院，以時早，到東單公園看花。七時半再到醫院取血，遇楚溪春。八時半歸，早飯。搜集日記資料，至 1952 年一月。

到鼓樓，修面。到民進，續寫交心書廿三條。在民進餐。

七時半至文懷沙處，并晤李重人、任應秋兩醫師，爲予按脉開方。又晤針師朱君及陳劭先夫人。九時許歸，十時半眠，上午三時醒，又服藥，六時半醒。

羅小妹今日離吾家矣。渠去秋回家，受子與媳之氣，生了病，回京後即憊憊無精神，且咳嗽盜汗，而又習于嬌慣，自以爲我家決不會辭她，益倔强，故静秋決意辭之，亦擺脱一包袱也。渠出外幫工二十年，將所得儲資養家，本非壞事，但兩個孩子遂因此養成游惰習慣，不安于農村勞動，每次來信總是索錢，而渠因一向傭于富厚之家，亦遂養成資産階級習性，不惜物力，要求過當矣。

交心書連續寫四天，今日爲最後一天，有指標數少者已完成。予不但指標高，且每條字數多，有至兩三頁者，故寫不快，至今日只九十一條，達三分之一而已。

四月十八號星期五（二月三十）

劉盼遂來。與徐伯昕、王歷耕、金芝軒同車到社會主義學院看大字報，遇張知行、張振漢、覃異之、吳文藻等。十一時三刻歸。

到民進，續寫交心書五條。遇汪静之。參加座談會，談日來感想，予發言。六時，與純夫、東蓀、志公同車歸。

與洪、湲兩兒到東單公園散步。九時半服藥眠，十二時醒。又服藥，六時醒。

今日同會：王紹鏊（主席）　楊東蓀　徐伯昕　章廷謙　張志公　徐楚波　梁純夫　嚴景耀　葛志成　張紀元　吳榮　金芝軒　毛啓邠（記録）

四月十九號星期六（三月初一）

打鑼驚雀。理架上書物。搜集日記資料，至 1952 年七月。

眠一小時。三時，到北京醫院，就中醫李輔仁診。遇羅莘田。
到藥物公司交方。到古典門市部購書。再到北京醫院就眼科張定貞
女醫師檢查。再到藥物公司取藥。六時歸。

到新華廉價部看書。雁秋來。服中藥，十時眠，上午二時半
醒，遂不寐。

自今日起，全市捕雀三天，以滅盡爲止。又安上屋，各家均
用紅布繫樹，或作假人，使其不敢飛下，則不數小時即可跌下自
斃。予無能，只能打盆罐以驚去之而已。

張定貞醫師檢予眼，謂尚不怎麼血管硬化，至眼澀則係充血
之故。

老貓上月生小貓四，昨晨爲野貓所咬，死其三，其一今日亦
死。貓何以要殘同類，奇事。潮、湲兩兒愛貓，均哭。

四月二十號星期日（三月初二）

驚雀。搜集日記資料，至 1953 年四月。

眠一小時半。二時半與洪兒同到北海，在雙虹榭茶，遇陶才
百。寫上海人民出版社信。到悅心殿，看榮寶齋所印畫展覽。上白
塔。下，看山水畫展。到天王殿，看首都博物館藏品展覽，遇劉頌
年、吳圖南。六時歸。

到新華書店換書。雁秋來。服中藥。九時半眠，十二時醒。服
西藥，上午六時醒。

昨夜未服西藥居然能睡四小時許，差強人意。但今日起來，
腳又冰冷，覺得不舒服。今夜服中藥只睡兩小時半即醒，仍不得
不服西藥，苦矣！

得乃乾電話，詢予整理古籍中之問題，予謂近日整風太忙，
可與伯祥商之。彼謂伯祥今年身體很不好。看來我輩年齡都將走
到盡頭路了。

四月廿一號星期一（三月初三）

驚雀。搜集日記資料，至 1955 年一月。

眠半小時。看全部《四進士》劇本。到春風理髮。到附近胡同散步。

看《打嚴嵩》劇本。雁秋來。十時就寢，失眠，十一時半起服藥。翌晨五時半醒。

中藥初服尚好，迄今三日竟不效，還是服西藥成眠。我想用中藥替代西藥，看來不可能矣。

湲兒多日咳嗽，夜中爲劇。

顧均正夫人周國華爲靜秋介紹臨時工趙大姐，其人年五十，住東直門，能做各種麵食。試工三天，覺得頗好。月薪十八元，自己吃飯。比羅媽便宜一半。

四月廿二號星期二（三月初四）

到所，到陰法魯處。胡厚宣來。寫交心條十餘。第五册畢。

未成眠。寫劉頌年信。到北京醫院，就陳峰雨醫師診。到中藥公司交方。遇趙長瑞，進中國書店收購部購書。歸，續寫交心條五。程建爲來。雁秋來。

看陳延杰《詩序解》。到中藥公司取藥。朱士嘉來。八時半眠，十時醒。靜秋開會歸，予失眠，至十二時，服藥兩次眠，翌晨六時醒。

今日量血壓，爲 130/80，何以驟低，又何以雖低而睡眠極難，良不可解。

建爲來，告我以社會黨時代之老友曹祥之住宣外香爐營頭條 278 號，得暇當往一談。又告予鄧穎超之母當時亦在此黨，知予與陳翼龍之關係，欲予寫出陳之革命事實。

湲兒以捕雀運動，三天來在院中屋上受寒，咳嗽甚劇，有微熱。

捕雀三天，北京市得雀四十四萬餘頭。然雀種未絕，須下毒餌。

四月廿三號星期三（三月初五）

到所，晤祝瑞開、侯外廬。謝剛主來，談《明儒學案》本子問題。高志辛來。寫交心條十餘，第六册畢。

未成眠。看近日報紙上論歌謠徵集文字。到伯祥處，談一小時半。頤萱嫂來，留宿。到鼓樓爲寶書局閲書。

到民進開交心體會談話會，自七時始，予九時一刻先退。十時歸。十一時服藥眠，上午三時醒。又服水藥，六時醒。

伯祥以老不任事，請于文學研究所，先乞假一個月，到上海住其七女處休息。

今晚同會：楊東蓴（主席）　王紹鏊　徐伯昕　徐楚波　葛志成　嚴景耀　張紀元　陳麟瑞　董守義　林漢達　王寶初　章廷謙　巫寶三　張志公　梁純夫　吳榮　張明養　王歷耕　毛啓邠（記録）

四月廿四號星期四（三月初六）

冒雨到所，寫交心條十五，第七册畢。陳友業來。寫人民出版社信，寫陳懋恒信訖。

到民間文藝研究會，商討"民間工作者大會"準備事項，自二時到六時。與黃芝岡同歸，座談片刻。

爲堪兒講《知識就是力量》。九時半服藥眠，翌晨四時醒。

今日同會：林山（主席）　賈芝　陶鈍　陶建基　常惠　傅惜華　容肇祖　馬學良　黃芝岡　袁水拍　路工　徐少岩　安民推予爲大會籌備人之一。

四月廿五號星期五（三月初七）

到所，寫明日講稿二千餘字。貝列羅莫夫來。陰法魯來。看毛主席《在延安文藝座談會上的講話》。

到所，看報紙，搜集民間歌謠資料。到大樓，參加一、二所同人交心會，自二時半至五時半。與剛主同到其家小坐。出遇嚴幼芝，入其家小坐。

出，修面。雁秋來，與又安等搬書櫃。九時半服藥眠，上午二時醒。又服藥，六時醒。

今日同會：熊德基　嚴敦杰（以上主席）　胡厚宣　錢寶琮　李儼　王毓銓　謝國楨　趙幼文　陰法魯　李樹桐　葉玉華　金光平　胡嘉　姚家積　李蔭棠　常紹溫（約卅人）

四月廿六號星期六（三月初八）

在所，將今日講稿作畢，共五千餘字，修飾一過。將通俗讀物編刊社出版物檢齊一份，送民間文藝研究會。

到文聯大樓，參加民間文學座談會，自二時至六時。予發言歷半小時。湖北紅安縣委宣傳部長童杰當眾表演。到鼓樓馬凱食堂飯。

到民進，開會，聽幹部對領導交心之批評。九時三刻歸。十一時服藥眠，翌晨四時三刻醒。

今日同會：周揚（主席）　郭沫若　鄭振鐸　陽翰笙　趙樹理　舒舍予　臧克家　常惠　常任俠　俞平伯　林山　江櫓　路工　賈芝　袁水拍　陶建基　陶鈍　顧絳　閻振綱　夏宗禹　約八十人。

今晚同會：楊東蒓（主席）　王紹鏊　徐伯昕　葛志成　張志公　王寶初　王歷耕　張明養　梁純夫　章廷謙　巫寶三　陳麟瑞　徐楚波　嚴景耀　張紀元　金芝軒　吳榮（以上領導）　吳廷勘　劉鶚業　沐紹良　趙濟年　鄭芳龍　龐安民　方健明（以上幹部）

四月廿七號星期日（三月初九）

到皇史宬訪劉起釪，并晤戴舜年等，參觀檔案陳列室。遇竺可楨、侯仁之、林超。到文化俱樂部，參加民進中央小組組織生活，自九時至十二時。

未成眠。與靜秋同到中山堂，參加民進北京市委會交心大會，自二時至四時。與靜秋、潮、洪、堪三兒在中山公園游覽。出，觀人民英雄紀念碑。六時半歸。

爲堪兒講《伊索寓言》。張文鑄來辭行。十一時服藥眠，翌晨五時醒。

今日上午同會：楊東蓴　王紹鏊　徐伯昕　葛志成　雷潔瓊　嚴景耀　陳麟瑞　陳慧　張紀元

今日會中，予自言無剝削思想，同人勸予再挖根。

今日下午會中所見人：嚴幼芝　章廷謙　嚴景耀夫婦　王澤民夫婦　李紫東夫婦　許廣平

四月廿八號星期一（三月初十）

到所，掃除研究室。晤陳友業、胡厚宣、胡嘉。改朱士嘉《十九世紀中美關係檔案資料選輯》序例、目録。草自我批判書。陳友業來，寫孫次舟資料。

未成眠。與靜秋同出，遇金荷清。到民進，寫交心條約三十。與徐伯昕談。與陳麟瑞談。與伯昕、麟瑞同飯。

訪高志辛，未遇，見其夫人。返會，看他人交心書，并續寫數條。九時半歸。十一時服藥眠，翌晨四時醒。五時又眠，六時醒。

昨日參加組織生活，予自謂平生謹小慎微，道德甚好，且儘量幫助人，自己生活并不要求享受，亦說不上個人主義。經楊東蓴、徐伯昕、嚴景耀、陳麟瑞四同志之啓發，使予思想發生鬥爭，在此次運動中初次發生痛苦。

今日又交出交心書兩册，總其九册矣。

我想出我有甚大之名心，即不欲出小風頭而要出大風頭，不欲一時出風頭而要永久出風頭，成若干不朽著作。然謂予有利心，則尚未挖出。

四月廿九號星期二（三月十一）

到所，爲程仰之《中國神話研究》作序八百字。祝瑞開來。高志辛來。晤陰法魯、胡嘉等。

到東單理髮館剃頭。到北京醫院就王志芸大夫診。遇劉定五、蕭高、鄺明。到民進，已五時，即寫交心書五條。與張志公、葛志成、陳麟瑞同飯，飯後同步什刹海。

回會，續寫十條。與伯昕談。九時半歸，十時服藥眠，翌晨四時半醒。

近日事情這樣忙，而民間文藝會猶必令作《神話研究》序文，在熱烈運動中强作鎮静，殊爲苦事。

今日雁秋兄妹及又安、趙媽將經學書四大玻璃櫃自中室移至東室。

四月三十號星期三（三月十二）

到所，作《中國神話研究序》訖，約三千言，未鈔完。晤譚惠中等自十三陵歸。

眠一小時。祝瑞開來，分析予之政治路綫及各種思想，自下午二時至十·時半。四孩宿舅家。

十二時服藥眠，翌晨五時醒。

予向不省予之階級罪惡，今幸瑞開來，爲之剖析，乃知實爲間接剥削人民，與反動統治者同一立場，故不能走入革命陣營。然知矣而猶不恨，則尚未爲真知也。

今日雇工將書箱自外室移入內室。

瑞開謂予性誠好施，然施矣即不能無報，雖不望其以利報我，至少達到不反對程度，則猶然利己思想也。

本月十七日，在文懷沙君處晤衛生部中醫司司長李重人君，中醫學院教授任應秋君，爲予按脉，謂跳動甚速，肝氣太旺，陽亢無竟，陰虧過甚，爲予開一常服之方如下：

生地黃八錢	净萸肉二錢	麥冬四錢	石斛四錢
五味子一錢半	石菖蒲一錢半	遠志二錢	茯苓四錢
肉蓯蓉三錢	草薢二錢	巴戟三錢	薄荷五分
生薑二錢	大棗三		

予治事治學，一生緊張，即由肝氣之旺而來。然而亢進不已，終有中風之一日。如何能將精神輕鬆下來？實在是最迫切之問題。依我想，丟下包袱確是一條道路，如不以救人爲己任，不欲在學問上求高度之成就，皆是也。

本月一日到北京醫院，就陳西源醫師診，渠所開方如下：

夜交藤一兩	合歡皮五錢	半夏麯三錢	秫米二錢
硃茯神四錢	硃寸冬三錢	龍齒五錢	酸棗仁五錢
焦梔子二錢	桂圓肉三錢		

十九日就李輔仁醫師診，所開方如下：

雲茯苓神各五錢	炒遠志三錢	五味子一錢半	懷牛膝五錢
夏枯草四錢	磁硃丸二錢（炒半夏麯三錢）		川杜仲四錢
生棗仁五錢梔二錢	夜交藤五錢	節菖蒲二錢	酒條參二錢
川續斷一錢			

本月十八日到社會主義學院參觀大字報，諸大右派分子章伯

釣、羅隆基、陳銘樞、李健生、黃紹竑、儲安平、費孝通、錢端
升、浦熙修、陳銘德、鄧季惺、葉恭綽咸有，獨不見龍雲、章乃
器、譚惕吾三人，蓋彼輩不肯學習也。與伯昕談，我輩要否去勸一
勸。渠云不必，統戰部曾召集右派分子開會勸導，譚惕吾發言仍强
硬不服罪，毛主席説，讓他們待着看罷。聞之殊爲憂慮，今日何
日，乃猶作死硬派耶！龍雲年老不必説，章乃器與譚惕吾年均五十
餘，在社會主義建設時期大可爲作，乃將以死硬派終耶？見葉恭綽
大字報言甚懇切，爲之動容。

　　聞章乃器之妻楊美貞雖亦劃爲右派分子，但已與其夫分居，臨
別之際，章乃器斥之爲"賣夫求榮"。

[原件]

自　我　改　造　　　　　　　第 10 期（共一版）
大　躍　進　快　報　　　　　　1958 年 4 月 18 日出版
　　　　　　　　　　　　　　中國民主促進會中央
　　　　　　　　　　　　　　整風辦公室編印

中央機關交心熱潮迅速形成
競賽指標提高到八千條

　　中央機關的向黨交心熱潮已迅速形成。從 14 日以來，中央領
導和幹部同志晝夜苦戰，到 17 日下午止已交心五千八百條，現在
正向八千條的總指標前進。

　　不少領導同志在競賽中一再挑戰加碼。中委顧頡剛同志原交二
百條，但他在翻閱自己解放頭兩年的日記後，感到要説的心裏話很
多，就主動提出增加指標到 270 條，向楊東蓴、嚴景耀同志和原來
指標最高的陳慧同志挑戰，陳慧同志以二百八十條向他應戰。不僅
比數量，還要比深、比透。嚴景耀和雷潔瓊同志夫婦也展開競賽。
到 17 日下午吳研因、巫寶三、章廷謙等同志已超額完成原定指標。

在幹部中，交心指標也不斷上升。毛啓邠同志從二百條一躍到四百條向大家挑戰。姚肅雍同志立即以同樣條數應戰，徐緯同志也從一百條躍進到二百條。鄭芳龍同志也提高到二百條向吳廷勱同志挑戰。

　　在交心中不少同志熬夜苦戰。16 日晚上，徐伯昕副秘書長苦戰到十二時。幹部中趙濟年、沐紹良、毛啓邠、吳廷勱、李延緒等同志也都在會内加班趕寫小字報，劉鶚業同志在家苦戰到半夜。毛啓邠同志當晚寫到四百六十條超額完成任務。這次交心的質量一般反映良好。據群衆反映其中尤以章廷謙、顧頡剛、楊起華、毛啓邠、趙濟年等同志敢于大膽暴露思想，交得真實深透。其他許多同志也都在不斷提高質量，互相觀摩啓發。徹底交心的同志都感到心情舒暢，精神愉快。

我的交心過程　　　　　　許廣平

1.　没有什麼了不起的問題可交；
2.　已經陸續糾正了，不一定要交；
3.　交心要自覺自願，不交也没關係；
4.　遲疑又遲疑，只是顧慮自己；
5.　交出自己的錯誤，還怕丢了魯迅的面子；
6.　自己做事自己當，自己的錯誤與魯迅無關；
7.　應該學魯迅——"更無情地解剖自己"；
8.　還有什麼比黨的號召更重要、更偉大；
9.　既然對黨忠誠，一切爲了社會主義，即便交心後，天掉下來也要經受得起；
10.　下定決心，愉快動手，挖呀，挖呀，一定要戰勝資産階級個人主義。

　　（轉載黑板報）

章老談交心

　　在交心熱潮中，大家都覺得章廷謙同志交心的内容既真實又深入，因此記者特地訪問了章老，問問他爲什麼能交得這么好。章老認爲交心的主要關鍵是"端"。當然這裏面也可能有認識問題，有些事也許到今天我們還不知道是錯的，但更主要的還是怎樣把已經挖出來的髒東西端出來。要西瓜瓤，便得把西瓜切開來，這"切"需要勇氣，"端"也得有勇氣。平日的言行，人所共見共知的，那是西瓜皮，所謂"交心"，當然不是交皮毛。章老還舉例説：像他交心的内容中關于對民主黨派幹部看法的那兩條，前兩天已經想起來了，就是不好意思端出來。可是不端出來不行，這件事老在腦子裏糾纏，以至別的也交不好了，最後還是下決心"端"了出來。

北京市委領導同志交心周開始

（本報訊）四月十五日下午二時半北京市委委員和市委整風領導小組成員向黨交心周開始，參加交心的領導同志有雷潔瓊、顧均正、陳選善、余之介等20人，爲了集中自己的思想進行回憶、反省，大家決定首先採用寫小字報的方式進行交心。從下午三時到晚九時半在市委各個辦公室、會議室内一片肅静，領導同志個個埋頭在桌案上反省自問，在作思想斗争，在和自己苦戰奮戰，截至16日止，已交心1354條。他們還要繼續的奮戰、苦戰，把藏在自己心裏面的一切骯髒東西全盤地、徹底地挖出來，準備一周内達到三千二百條。

一九五八年五月

五月一號星期四（三月十三）

八時到侯外廬家，同乘車到天安門觀禮，自九時至下午一時一刻散。

二時食畢，眠一小時許。起身後疲甚，倚床閲雜書。雁秋送四孩歸。鈔《中國古代神話》序訖。

九時服藥眠，十二時醒，又服藥，翌晨七時醒。

今日觀禮臺上所晤人：葉聖陶　呂叔湘　王季範　于滋潭　周炳琳　王雪瑩　鄭振鐸　葉企孫　陳總　俞寰澄　陳翰笙　孫蓀荃　徐伯昕　葛志成　雷潔瓊　嚴景耀　徐楚波　張明養　葉至善　巨贊　翁文灝　王家楨　唐擘黃　朱光潛　關瑞梧　程希孟　葉景莘　余之介　江澤涵　趙忠堯　王一夫　莊希泉　李培基　陳半丁　焦實齋　林仲易　喜饒嘉措　成覺

五月二號星期五（三月十四）

看一九五五年日記，摘鈔若干。到馮國寶醫師處診，并取藥。

眠一小時。木蘭來，談。五時食畢，全家至北海，并邀雁秋夫婦同來。

在北海看民族焰火。到雙虹榭飲茶。遇吳研因、何叙父。十時半歸。十一時服藥眠，上午一時醒。又眠，六時半醒。

今日血壓爲144/85，甚正常，大約昨日多眠之故。

北海大量放焰火，龍蛇飛舞，殊開眼界。

昨與外廬談，彼謂《古史辨》爲客觀主義，無目的。予謂有目的，即打倒道統。彼謂打倒道統後將如何，蓋如不打倒反動政權，在政治上固無何目的也。

五月三號星期六（三月十五）

到所，摘録日記中語。十時，到東院，聽赴十三陵工作者談勞動體會。到琢如處。

未成眠。二時到文聯大會，參加第二次民間文藝工作者大會籌備會，四時散。遇容元胎、王明、杜任之。摘録日記中語。

與又安談整理《山海經》事。洗浴。十時許服藥眠，翌晨五時半醒。

今日上午同會：胡厚宣　田昌五　裘錫圭　陸慰利　葉玉華

趙健　劉安民

今日下午同會：張敦（主席）　老舍　鄭振鐸　常惠　徐少岩　賈芝

五月四號星期日（三月十六）

到所，摘録日記中語。十時，到文娛室開大會，聽尹達、熊德基動員整風高潮報告。

到利華修面，被剃破，歸塗紅汞溶液。到政協禮堂，參加馬克思誕辰一百四十周年紀念大會，聽董必武、楊獻珍、德國駐華大使汪戴爾、黄炎培講話，聽貝多芬交響樂。六時散。遇吳研因、王毓銓、胡厚宣。

九時半服藥眠，翌晨四時三刻醒。

今日熊德基同志宣布"戰鬥的紅五月"，將集中力量從事整風。

近來每日醒來，滿身作痛，背上尤甚。其年老耶？其氣候耶？抑運動中疲勞耶？

五月五號星期一（三月十七）

在家，摘録日記。

到民進，開會討論"梳辮子"辦法，下午及晚兩次會，在會進晚餐。與徐楚波談。到新華書店及中國書店購書。

九時半歸，服藥眠，翌晨五時醒。

因交心條必須于本星期内寫完，而予尚欠百餘條，必須趕作，決定本星期向所請假。然據今日會内情勢，下星期須"梳辮子"，是一件不簡單的工作，恐須請假兩星期矣。

今日同席：徐伯昕　梁明　徐楚波　葛志成（以上同飯）王紹鏊　章廷謙　巫寶三　楊東蒓　陳麟瑞　嚴景耀　張明養

張志公　吴榮　張紀元　金芝軒　方健明（記録）等

五月六號星期二（三月十八）

寫厚宣信。摘録一九五七年日記。將零碎文件分類十二，置入櫃中。

蕭風來。未成眠。與静秋同到北京醫院治病，予由陳曼麗大夫診。遇邵力子先生。遇屠思聰。

九時半服藥眠，翌晨五時半醒。

静秋近來身體不好，易失眠，兩手發麻，故就醫，檢得心肺無病，手足麻木屬神經科，須明日查。予血壓爲145/90，近日睡眠不劣，惟疲勞耳，每醒時全身作痛。

静秋述顧均正夫人周國華語，云："顧先生實在没有什麽，只是舊東西裝得太多，新東西裝不下去。"静秋云："彼蓋聞諸其夫也。"在此厚今薄古潮流中，予必當勇于改變。

五月七號星期三（三月十九）

摘録五七、五八年日記。二姨自長治來。

到民進，開座談會，討論處理右派分子及"梳辮子"辦法，并分三組，漫談思想。六時歸。

爲堪兒講《西游記》。十時服藥眠，翌晨四時醒。

今日同會：楊東蓴　吴榮　王紹鏊　徐伯昕　嚴景耀　雷潔瓊　張紀元　徐楚波　章廷謙　金芝軒　葛志成　張志公　趙樸初

第二組同人：徐伯昕　徐楚波　張紀元　嚴景耀　陳慧　趙樸初　予

堪兒晚飯前後恒喜與他家男孩玩，而男孩相聚輒致打架，故只得用講書羈縻之。

五月八號星期四（三月二十）

摘録日記畢。到雁秋處。到政協禮堂，聽孟用潛"關于美國經濟危機問題"。一時歸。

眠一小時半。王緒芳來。到北京醫院，就李輔仁大夫診。到中藥公司交藥單。爲堪兒講《西游記》六十一回。

九時服中藥眠，上午二時醒。服西藥，又眠，六時醒。

今日晤見人：秉農山　陶孟和　法尊　王家楨　馬毅　周叔弢　鄧哲熙　葛志成　林漢達夫婦

停中藥十日矣，今日又服。醫云予脉氣較前爲好。

五月九號星期五（三月廿一）

將民進所印予之交心條，統看一過，改正訛字。續寫交心條廿餘。頤萱嫂與二姨同來。

到春風理髮。顧絳來。

爲堪兒講《西游記》六十二回。看喬松年《蘿藦亭札記》。九時半服中藥眠，上午三時醒，待曉起。

服中藥居然能入睡，雖不及六小時，已差強人意。

今日雨，氣候轉涼。湲兒咳又劇。此兒性敏而體弱，畫五一節游行隊甚肖。近看《明清故事選》，此非兒童讀物也。

五月十號星期六（三月廿二　予六十六生辰）

寫交心條廿餘條。雁秋來，留飯。

爲堪兒講《西游記》六十三回。

到紅星，看《民間舞蹈》及五一節電影。十時服中藥眠，十二時半醒。服西藥，又眠，五時醒。

交心條在家内寫，容易找材料，因此寫得比在會所寫更長，一條有至千餘言者。此次交心，予可能有十萬字，竟是解放後之自傳矣。

五月十一號星期日（三月廿三）

續寫交心五條。到廣濟寺，由趙樸初導游舍利閣、多寶殿。開民進中央組織生活會，十二時散。晤周海嬰。

眠半小時。陳叔通先生來，長談。與二姐、靜秋及四兒游中山公園，看牡丹，茗于紫藤架下。遇張秀民、陶才百、徐旭生夫婦。六時半歸。寫尹達信續假，到張政烺處托交。

爲堪兒講《西游記》六十四回。洗浴。十時許服中藥眠，上午二時半醒。服西藥，又眠，六時醒。

今日同會：楊東蓴　許廣平　徐伯昕　吳研因　陳慧　雷潔瓊　嚴景耀　金芝軒　趙樸初　陳麟瑞

公園牡丹已謝，堪兒云："像老太太了！"此語殊雋。

今日會上，予道及李石曾之罪惡，牽連及于程艷秋爲李携故宮所盜寶物出洋，經過上海海關，説是戲箱，納賄未查，故程到法國而未演劇。陳慧歸家，告其父，故叔通先生特來問我，此訊得于何人，予告以由蔣夢麟處聽來。彼謂程是一生受梅派壓迫之人，而蔣夢麟捧梅，自會接受梅派所造謡言。程固爲李石曾所拉攏，受李所支配之庚款辦戲曲音樂院，然其人品質甚好，決不助李爲不道德事。又言當時捧梅者有錢有勢，當梅與楊小樓合演時，楊挂頭牌，梅挂二牌，梅派包前排，及楊出場則相率離去，使楊大憤，不願與梅合班。戲界之宗派主義嚴重若是，可畏哉！

五月十二號星期一（三月廿四）

寫交心條十餘。

未成眠。到天橋閱市。到天壇，茗于皇穹宇旁，整理三年中事。出北門，乘電車到崇文門，游東單公園。到銀行取款。

到所，訪厚宣、德鈞、幼文等，俱未晤。十時服中藥眠，上午三時醒，遂待曉。

爲了寫得胸悶，不敢不到外邊散步。

湲兒傷風久不痊，可慮。堪兒昨日爲之脱衣入浴，方知其瘦。此二兒不肯好好吃飯，遂致此。

五月十三號星期二（三月廿五）

寫交心條約二十條。

到民進，向劉鶚業取交心報。以時早，到鼓樓文化館看綠化展覽會。再到民進開會，聽王紹鏊、葛志成、吳榮、張紀元、陳選善講"天津市民主黨派梳辮子的經驗"及"楊柳青農業建設"。五時許散。到研究所，寫通知來客條貼門上。在所遇祝瑞開、侯外廬等。訪厚宣仍不遇。六時歸。

到紅星，看《體育新聞》、《麻疹護理》、《節制生育》三片。看王國維《東山雜記》。十時服中藥眠，翌晨三時半醒。

今日同會：許廣平（主席）　王紹鏊　徐伯昕　楊東莼　葛志成　張紀元　張明養　雷潔瓊　陳慧　嚴景耀　趙樸初　陳麟瑞　吳研因　吳榮　陳選善　徐楚波　全體工作幹部

聽紀元談，楊柳青本爲窪地，年年水災。解放後農民掌握各河流之特性，爲潭積水，養魚、藕，不復畏水，惟恐水之不多也，而生產則較前超過十倍。紀元并謂農民能用水力、電力、風力，又能創造新農具，城市中人如不急起直追，科技知識將遠遜農民。

五月十四號星期三（三月廿六）

寫交心條十餘。張陽生來，談無錫建設，留飯。到利華修面。

到政協，與舒宗鎏同車，參加整風報告會，聽楊亦周、聶真、胡毅、齊新"介紹交心後整理分析問題的經驗"，自二時至六時半。

乘三路無軌電車歸。

疲憊甚。九時服中藥，未得眠。十時服西藥，眠。翌晨四時醒。又眠，六時醒。

今日所晤人：舒宗鎏　吳研因　胡愈之　許廣平　胡庶華　馬毅　周勗成　楚溪春　汪靜之　楊東蒓

張君來談，無錫工廠大小已達九百餘，廠房利用舊屋，各機關均將所占大屋讓與廠家，自己遷入小屋辦公。

報載四川一木工已創造"木牛"耕田，其效力相當于水牛之二倍，尚可改進。

五月十五號星期四（三月廿七）

鈔臧克家文入筆記。張覺非來。王姨丈、姨母來，長談。寫交心條十餘。

未成眠。雁秋來。到北京醫院，就辛慕紹醫師診。遇史良、勞君展。牙痛。

與靜秋到百貨公司、兒童商店、新華書店、東安市場買物。九時半眠，翌晨三時三刻醒。

比來生產大躍進，農村小型水電站發電能力將達九十萬瓩，新建大中型水電站達卅六個。我國已開始向電氣化邁進，水電爲主，火力爲輔，電燈照亮了小山村。社會主義社會的湧現已非遠景。

今日量血壓，爲150/90，較前稍高，然仍正常。今晚牙痛極，不能吃飯，恐又須拔掉一兩個。

姨母見告，長樂表哥于今年正月死矣。他大我一歲，以氣喘逝世。

五月十六號星期五（三月廿八）

到北京醫院牙科，就女醫師嚴同志診，并至 X 光部照相。遇 Biswas。寫交心條十餘。

眠半小時。到民進送交心條。到地安門古籍門市部購書。歸，看《兩般秋雨盦隨筆》。

爲兒輩講《老虎嶺》（《西游記》之一部）。九時許服藥眠，十二時醒。一時再服藥，六時醒。

牙痛略好，惟進食之際仍作劇痛。醫云是根膜炎，應拔。然在此運動之際，拔了便不適于開會，則只有待諸七月中矣。

自四月十一日至今寫交心條二百八十五，予不肯不結合歷史，因之愈寫愈長，殆十萬字矣。

湲兒咳嗽較好。静秋查婦科，無疾。惟兩手麻木，每日烤電，烤時覺好，而一歸家入厨房操作，着冷水即復發。家中僅有一半工，無如何也。

五月十七號星期六（三月廿九）

寫交心條十。

到民進，開小組會，由徐楚波報告經歷及思想，他人作互助批評。與伯昕同乘車歸。

到無量大人胡同修面。洗浴。看《吳縣志》。十一時服中藥眠，翌晨四時半醒。

今日同會：徐楚波（組長）　徐伯昕　嚴景耀　陳慧　張紀元　趙樸初

静秋以手指麻木，到北京醫院烤電。

五月十八號星期日（三月三十）

六時，到史家胡同小學選舉東單區人民代表。到厚宣處。寫交心條六。雁秋來，長談。

朦朧半小時。龔文慶來。到民進，續開小組會，徐楚波作第二次報告，同人再爲穿繩。晤馮賓符。

爲兒輩講《西游記》六十五回。劉起釪來。十時半服中藥眠，翌晨三時半醒。

今日同會：如昨。缺陳慧，增許廣平。

起釪勸我徹底否定過去。予亦自知立場不對，滿盤都錯。

今日到史家胡同小學投票，爲乾麵胡同中第一人。史家胡同小學爲史可法祠堂所改，原像已不存。

五月十九號星期一　（四月初一）

到陶然亭公園，涉覽一周，茗于慈悲院，寫檢討書約兩千字。十二時歸。

朦朧半小時。到北京醫院，就李輔仁大夫診。到中藥公司送方。到中山公園柏林品茗，看《人民日報》社論《現代修正主義必須批判》。續寫檢討書千餘字。

與雁秋談。九時半，服中藥眠，上午二時醒。服西藥，三時許眠，六時醒。

今夜眠不如前數日之善，疑是下午飲濃茶之故。

陶然亭薔薇繁發，又紅又香。中山公園芍藥怒放，遠遠聞到甜味，皆初夏之美景也。

今日大暖，夜中雷雨。

近日睡醒時，頸間又有汗，不知係天熱，還是盜汗？

五月二十號星期二　（四月初二）

爲下午開會，細讀嚴景耀交心條二百八十一條。修改昨作“出身”一章。整理民進中央各人交心書。雁秋來。

朦朧片刻。到民進，出席小組會，由嚴景耀報告思想，同人爲作互助批評。自二時半至六時。與楚波同出，至寶鈔胡同上車。遇黃鏡吾。

爲兒輩講《西游記》六十八回。洗浴。十時，服中藥眠，上午二時醒。服西藥，六時醒。

今日同會：徐楚波　徐伯昕　嚴景耀　張紀元　陳慧

遇鏡吾，知惕吾已入社會主義學院學習。此一喜訊也，頑強不化者，獨一章乃器耳。

今晚服中藥，仍只睡四小時，何也？豈以洗浴故耶？

予讀景耀交心條，無所得，而他人即能抓出他親美反蘇情緒，可見一班人學習馬列主義，分析力強。予真自慚，亦復羨人。

五月廿一號星期三（四月初三）

與靜秋同到北京醫院，渠烤電，予就牙科嚴大夫補病牙。出，遇劉定五先生。寫交心條十。

未成眠。牙奇痛，臥床看王國維《東山雜記》。

爲堪兒講《國慶節十點鐘》。十時服中藥眠，十二時醒。服西藥，上午六時醒。

定五先生謂予，爲了整風交心，許多文史館的老先生都血壓高了。這辦法很好，可惜我們年紀大了。

予右下腭之牙非拔掉兩個不可，然以整風，不可拔，僅將水門汀塞住三洞耳。

上午補牙洞，午飯後即作劇痛，殆不可忍，不得已停止工作。老境真痛苦也！

五月廿二號星期四（四月初四）

到東單理髮館理髮。到北京醫院，再就嚴大夫治牙，打一針。寫擬予主導思想圖，三易稿。

眠半小時。雁秋來，談自我批評事。到劉起釪處，并晤何晋琮、戴舜年。略看陳列室。與起釪同歸，留飯。與到昌群處談。

荆三林來。九時半服中藥眠，十時半醒。服西藥，上午四時醒。又眠，六時醒。

今日牙痛稍好。醫云痛是補牙後必歷過程。

到皇史宬，觀近代史陳列，中有中國社會黨傳單、章程及軍政執法處判陳翼龍死刑文告，翼龍爲不死矣！

中藥初進甚好，現在又疲了，昨尚睡二小時，今日只睡一小時，勢不得不服西藥，奈何奈何！腰痛寖劇，亦一苦事。

五月廿三號星期五（四月初五）

將主導思想圖重繪，并寫交心條十餘。

未成眠。朱士嘉來。

到文化俱樂部，參加交心分析示範會，聽吳研因講。八時半先出。九時服中藥眠，無效。十時服西藥眠，翌晨五時醒。

牙痛稍好，仍不便嚼。

近日下午在家時必大便一次，即一日兩次。若出外，則只早晨一次。不知其何故。

今日會中所遇人：吳研因　張紀元　吳榮　王澤民　劉鶚業　鄭芳龍　周國華　研因報告，全國廿餘萬右派分子，中小學教員居半數，可駭也！

五月廿四號星期六（四月初六）

將《戰國策之古本與今本》一篇重寫，得二千五百字。雁秋來，留飯。

到地安門中國書店買書。到民進，嚴景耀第二次報告思想，同人批評，自二時半至六時。木蘭來，留飯。

看新買之《北大李氏書目》。十時許，服西藥二次眠，翌晨六時醒。

昨寫交心條，提起 55 年 2 月，張雲非索《歷史研究》補白，予寫《戰國策今古本》一短文與之，久不登出，予亦寖忘。去年十一月中科學出版社忽送稿費十四元來，異而詢之，乃知爲是文。蓋反右運動中，反出尹達積擱予作，乃得刊載也。今日重寫，多出一半。

今日同會：徐楚波　徐伯昕　陳慧　張紀元　許廣平　嚴景耀　趙樸初

五月廿五號星期日（四月初七）

澆花。理書。到民間文藝研究會，參加座談會，自八時半至十一時半。會中邀至萃華樓飯。談至下午一時散。

到十刹海散步。到高志辛處談。到民進，開大組會，聽楊東蒓報告整風運動工作計劃，及馮賓符報上海整風情況。黃以平來，留宿。

洗浴。看陳沅《詩比興箋》。九時半，服藥眠，翌晨五時醒。

今日上午同會及同飯：林山　賈芝　安民　劉超　陶建基汪曾祺　孫劍冰　楊香保（以上會中工作人員）　傅惜華　江紹原　常惠　常任俠　黃芝岡　馬學良　林山之女

今日下午同會：許廣平（主席）　王紹鏊　楊東蒓　徐伯昕葛志成　張紀元　徐楚波　梁純夫　巫寶三　陳選善　王寶善吳榮　雷潔瓊　嚴景耀　趙樸初　陳麟瑞　章廷謙　方健明　莫紹棠　劉鶚業　鄭芳龍

五月廿六號星期一（四月初八）

澆花。理書。看徐伯昕交心條。看《山海經》，記筆記一則。

理又安從所中取歸書籍。到北京醫院，就女醫師沈瑾診，遇胡厚宣、趙九章。到中藥公司續取藥。到新華書店特價部閱書。修面，飲酪。

洗浴。看陶保廉《辛卯侍行記》。九時半服中藥眠，翌晨四時醒。

今日非常疲憊，竟不能作事，故以理書自遣。所以疲憊者，天氣熱，一也；身體衰，二也；開會忙，三也。六、七兩月爲整風高潮，不知予吃得消否？前日雁秋言，在彼學習組中，一人突然中風逝世，聞之殊自危。

今日量血壓，爲170/85，下壓不高而上壓大高，知緊張之所致也。

自羅媽行，又安住入其室，因之又安室可放大書架四，存所書籍遂可携歸不少。

五月廿七號星期二（四月初九）

與静秋同出，渠至北京醫院烤電，予到東單公園看報，待其出，同到東單外僑服務部購物，到王姨母處談。雁秋來，留飯。

到民進，開小組會，聽徐伯昕檢討，同人批評，自二時半至六時。歸，車中遇王家楨。理所中携餘書。

到劉大年處，談紀念戊戌政變六十年事。洗浴。失眠，服藥三次，至十二時後得眠，翌晨六時醒。

今早想起，予之所以一向怕階級鬥争，即爲温情主義所累，只想用愛來治天下。惟對于私人道德惡劣者則能恨。

今日同會：徐楚波　徐伯昕　許廣平　趙樸初　嚴景耀　張紀元

夜中以待服煎藥遲眠，又以與静秋齟齬，精神緊張，致失眠。渠真不諒人！

五月廿八號星期三（四月初十）

理架上書，供日用。憊甚，臥床看《襏者傳》（法國麥爾香著，朱樹人譯）訖。

眠一小時許。寫賀次君信。

八時眠，九時半醒。十時許服藥，又眠，翌晨五時許醒。久無此佳眠矣。

連日天氣大熱，行道如在火中，予昨夜睡又不佳，今日遂憊不能興。《襏者傳》尚是四十餘年前所讀，臥而讀之盡，亦一快事也。

今日熏溝中鼠，下午三時後停放自來水，明晨七時再放。

五月廿九號星期四（四月十一）

郭院長交下《孫子》問題，因將此書翻覽一過。記筆記三則。

到民進，開大組會，學習八大文件，自二時半至六時，予亦發言。出，遇高味辛。爲兒輩講《西游記》。

看王悠然輯《迴腸蕩氣曲》。洗浴。十時半服藥眠，上午三時三刻醒。四時許又眠，五時半醒。

今日同會：楊東蓴　趙樸初　巫寶三　徐楚波　馮賓符　葛志成　徐伯昕　林漢達　董守義　金芝軒　張紀元　吳榮　王紹鏊　又工作幹部九人

五月三十號星期五（四月十二）

看《孫子十家注》。鈔格芮非斯原函及郭院長批語入筆記。搜集批判《孫子》資料。理書。頤萱嫂來，留宿。

眠一小時許。到北海，茗于華園，看劉少奇中共中央八屆二次工作報告，未訖。出，看柬埔寨禮品展覽。理書。

爲堪兒講書。看羅爾綱《太平天國的婦女》。十時服藥眠，翌晨五時醒。

今日天陰轉凉，而我疲憊如故，何也？又近日忽患泄瀉，亦不詳其故，靜秋謂是服芹菜水所致，其然耶？老而衰，不勝其苦。

五月卅一號星期六（四月十三）

到中山公園，就柏林坐。繼就來今雨軒坐，看劉少奇同志工作報告訖，又看《人民日報》社論《把總路綫的紅旗插遍全國》訖。十一時半出，到利華修面。

朦朧一小時。續集《孫子》資料。將劉少奇工作報告每段列出小題目。

到民進，開大組會，討論劉少奇工作報告。九時半歸。服藥兩次，十一時後得眠，翌晨六時醒。

今日湲兒入少先隊，吾家有三紅領巾矣。

今晚同會：王紹鏊　許廣平　楊東蒓　徐伯昕　葛志成　張紀元　巫寶三　馮賓符　趙樸初　林漢達　金芝軒　吳榮　梁純夫　張明養　陳選善　王實初　梁明　嚴景耀　雷潔瓊　陳麟瑞

［剪報］　一九五八，六，十五《民進整風簡報》第十七期
　　　　　偉大的燈塔　　　　　　　　顧頡剛
（下略，見《全集・寶樹園文存》）
此文係予六月三日作，正是將病的時候。

一九五八年六月

六月一號星期日（四月十四）

偕堪兒到東單公園，爲講《仙人島》、《茅姑娘》、《虎口屋》三册。疲甚，臥看《容齋隨筆》及《曲海總目提要》。雁秋來。

朦朧半小時。到民進，開小組會，由張紀元報告，同人批判。自二時半至五時半。以車擠，步至交道口，乘四路無軌電車至燈市口，歸。

雁秋夫婦偕二姨俱去。費耀普來。爲堪兒講書。洗浴。失眠，服藥四次，至十二時後得眠，翌晨七時醒。

今日同會：徐楚波　徐伯昕　趙樸初　許廣平　余之介　張紀元　嚴景耀　近日大家疲憊，當與天氣有關。

前蘭大歷史系生費耀普已入黨，任呼爾浩特中級法院辦公廳主任，其妻在同一機關任審判員。今日來見，已闊別十年矣。

今日不知爲了何故失眠，真是莫名其妙！

六月二號星期一（四月十五）

七時半起。到來今雨軒茶座，分析予之思想。遇陶才百。在園內步行一周。

服藥，眠兩小時。到北京醫院，就中醫李輔仁診。出，遇李時夫婦。到中藥公司交方。費耀普來，與游動物園。

邀耀普飯于動物園前飯館。九時半歸。十時服中藥眠，翌晨三時半醒。

湲兒日前加入少先隊，被選爲中隊長。潮兒亦爲中隊長，兼組織委員。洪兒爲小隊長。吾家三兒并有政治訓練矣。

六月三號星期二（四月十六）

四時許起，整理下午發言資料。九時至北海，由陽澤門入，至仿膳茗座，續整理資料，十二時歸。

與伯昕同乘汽車到民進，以本組人不足，未開會，予作《讀劉少奇同志八大二次工作報告後的感想》一千餘字。與陳麟瑞、王却塵、龐安民、張守平、馮亨嘉談。疾作，五時半汽車送歸。

發燒，臥床。服藥眠，翌晨五時醒。

今日本輪到予作梳辮子報告，而本組同人，樸初以病，楚波、陳慧、景耀、廣平以事，伯昕亦在病中，以此竟未開成。

予在會寫文至四時許，陡覺身體不適，五時將文勉強作畢，即歸家，齒大震，以溫度表量之，熱高卅九度六。開會太緊張，奔波太甚，病積已久，兹特發出之耳。

六月四號星期三（四月十七）

臥床，看報紙及《紅旗》等雜志。雁秋來。李址麟來。汪仲鶴來診。

服藥眠，半夜醒後又眠，五時醒。

今日熱只高五分，惟不覺餓，上下午各飲一盂粥而已。昨晚滿身疼痛，静秋令服消炎片、阿斯匹林等藥片，汗大出。

汪醫來診，謂內熱甚重，又來外感，故病。

六月五號星期四（四月十八）

臥床，看《曲海總目提要》等書。

喚"春風"工來理髮。邵薾秋來。

爲堪兒講《少年報》。劉起釪來辭別。服桑椹蜜眠，半夜醒。服西藥，六時醒。

今日已無熱，上下午各進挂麵一碗，體較有力。

六月六號星期五（四月十九）

補記日記三天。到院本部，出席戊戌變法紀念會籌備座談會，自九時至十一時一刻。與外廬同車歸。寫錢秉雄信。

未成眠。記筆記二則。理書。到北京醫院，就沈瑾醫師診。遇張石公先生及王家楨。看《戰國策》。

與二姨、頤萱嫂、湲、堪兩兒游隆福寺，遇蕭風。十時服中藥眠，翌晨四時半醒。

今日同會：范文瀾（主席）　章士釗　梁啓勳　康同璧　陳垣　李濟深　翦伯贊　劉大年　侯外廬　戴逸　邵循正　劉桂五　齊燕銘　徐宗仁

今日量血壓，爲 128/76，較前特低，不知服利血平之故耶，抑休息兩天之故耶？

天將明，以咳嗽醒，蓋近日多風，稍凉，氣管炎又作矣，因服消炎片。

六月七號星期六（四月二十）

到政協禮堂，聽河南封丘縣應擧農業合作社崔希彥社長報告，自八時半至十二時半。與陳麟瑞談。

二時飯。眠一小時許。續改《戰國策之古本與今本》，增入千餘字。

看《新蘇州報》及周密《癸辛雜識》。失眠，服藥三次，至十二時後得眠，翌晨五時半醒。

今日所遇人：何思源　于滋潭　汪静之　徐楚波　徐伯昕　葛志成　章廷謙　陳麟瑞　裴文中　魏建功　吳研因　張紀元　梁漱溟

崔希彥，年卅四，解放前不識字，而解放後補習文化，程度已高，農村工作，無不通曉。今日連講四小時，僅有腹稿，而原原本本，有條有理，蓋真是活馬列主義者。黃炎培稱之爲"毛澤東的好學生"，陳叔通稱之爲"我們的好老師"，有以也。

六月八號星期日（四月廿一）

五時半起，六時出門，到政協，與龔業雅談。七時開車，到十三陵水庫，作傳遞石塊勞動。十一時在場午飯，十二時上山遠望。十二時半上車返城，到德勝門下車，換公共汽車到鼓樓，進冷食。

三時。歸家。略息。四時，與靜秋挈四兒到北海划船，風大浪急，在湖心轉甚久，七時上岸。遇王錫光。

洗浴。十時服藥眠，翌晨六時半醒。

今日所遇人：龔業雅　雷潔瓊　嚴景耀　王紹鼇　吳研因　劉鶚業　陳秉立　王寶初　梁明　梁純夫　張紀元　張明養　魏建功　許德珩　史良　李濟深　陳叔通　馮友蘭　譚惕吾　于滋潭　袁翰青　劉及辰　邵力子　翁文灝　馬松亭　費孝通　邵恒秋　陳選善　林漢達　徐楚波　趙樸初　許廣平　余之介　吳榮　董守義　馮賓符　葛志成　胡庶華　張知行　程希孟　趙濟年　劉清揚　李公樸夫人　王雪瑩

六月九號星期一（四月廿二）

與靜秋伴二姨游陶然亭，茗于慈悲庵。出，飯于天橋。到自然博物館看"寶成鐵路、鷹厦鐵路及長江大橋展覽會"。又到天橋百貨商店購物。五時歸。眠床憩息。

看《大躍進歌謠選》。十時，服藥眠，翌晨四時半醒。

今日不寒不燠，下午有雨，以此走了一天而未流汗。然歸後頗覺疲憊，臥兩小時。不知此體之大衰耶？抑上星期病後迄未復原耶？

二姨來此一月，以其女淑華新産一女，亟須回長治爲家務操作，定于明日行，故今日伴之一游，亦稍解予緊張氣氛也。

六月十號星期二（四月廿三）

準備下午講稿。作一簡單年譜。看交心條第四次印稿，改錯字。雁秋來。李志强來。

到地安門中國書店閱書。到民進，晤却塵、東蓴、廣平，知不開會，即歸，閱新得之《海藏樓詩》等。將《戰國策》一短文作訖。

與二姨、雁秋、靜秋、又安、潮、洪、堪同到人民英維紀念碑，又到森隆食消夜。十一時服藥眠，翌晨四時半醒。

《戰國策》一文，得暇寫寫，竟寫了十八天。若在年輕時，則一天即可成。甚矣老之無用也。

觀人民英雄紀念碑，偉大莊嚴，四面雕刻近百年重要史迹，熱力噴涌，觀之神往。

六月十一號星期三（四月廿四）

收集《孫子》材料。九時，與雁秋、靜秋、又安送二姨上車，赴長治。遇馮蘭洲。與靜秋到中山公園，茗于來今雨軒，看金德建《古籍叢考》。買橡皮樹。十二時歸。

眠一小時許。再將《戰國策》一文修改，又增數百字。到王姨丈處，未晤，晤金嫂。遇張知行。

翻薛虞畿《春秋別典》。九時，疲甚眠，十一時醒。服藥，十二時後眠，上午五時半醒。

下午無會固得眠，但醒來之疲倦竟至不可忍受之程度，直如一場大病。今日所以疲乏者，想以三日來未開會，精神一鬆懈，積勞發出之故。

湲兒入少先隊後，即被選爲二年級本班之中隊長，并兼中隊主席，每天寫墻報，開會，忙甚，輒至晚八時後始歸家吃飯。年未十歲，已參加政治工作，不然不紅矣。

六月十二號星期四（四月廿五）

搜集《孫子兵法》資料，并鈔出。

到民進，出席辯論會，自二時半至六時。與梁純夫、馮賓符同出。遇汪静之。

静秋召集家庭會議。洗浴。失眠，服藥三次，十二時後眠，翌晨七時醒。

今日同會：王紹鰲　許廣平　葛志成　馮賓符　梁純夫　雷潔瓊　方白　嚴景耀　陳麟瑞　王寶初　張紀元　余之介　吳榮劉鶚業

六月十三號星期五（四月廿六）

舒振邦、鄧福秋來，王姨丈來。與静秋吵架。顧綴英來。

服藥眠，三時醒。到北京醫院，就沈瑾診。遇尚愛松。看《孫子》。看整理古籍規劃小組所印目錄。爲堪兒講書。

洗浴。看《國語》。十時服藥眠，翌晨六時醒。又眠，七時醒。

今日量血壓，爲 148/80，視前又稍高。近日疲憊非常而不易入眠，此其所以苦也。

舒、鄧兩生來詢編輯《古史資料集》事，予勸其謹慎將事，勿過早出版，静秋以爲予之意見與“多快好省”不合，于其行後與予大吵。此之謂教條主義，孰謂整理全部古籍而可在半年內完成者乎！

六月十四號星期六（四月廿七）

寫舒振邦、鄧福秋信。理書桌。整理“梳辮子”資料。

到民進，予自梳辮子，自二時半至五時。同人提意見，至六時散。與伯昕、紀元、賓符同車歸。

疲甚，九時眠，約十時入睡。十二時醒，服藥，翌晨六時半醒。

今日同會：徐楚波　徐伯昕　謝冰心　許廣平　馮賓符　張紀元　嚴景耀　方健明

六月十五號星期日（四月廿八）

點《吳語》未畢。與又安、潮、洪、堪三兒到紅星，看《在總路綫光輝照耀下》電影。出，飲酪。予到中藥公司送方。到新華廉價門市部買書。冒雨歸。

眠一小時半。看羅爾綱《太平天國史料辨僞集》。與堪兒看雕塑展覽會，取藥，伴其理髮。唔蕭風。

爲堪兒講《西游記》七十二回。浴。十時服藥眠，翌晨四時醒。

體仍疲憊，不能工作。然今日雨後，天氣已凉，而予憊不解，何也？

六月十六號星期一（四月廿九）

看葉蠖生《現代中國革命史話》，未畢。終日寫第二次“梳辮子”書六千字。

眠一小時。爲堪兒講《勇敢的小裁縫》。

到米市大街理髮。游文化宫。洗浴。失眠，服藥三次，十一時半眠，翌晨六時醒。

今日寫字太多，自覺緊張，雖晚間出游，仍不能眠。我之受身體限制也如此。

六月十七號星期二（五月初一）

將交心條寫入卡片，分類，未畢。

到民進開會，予續梳辮子，諸人提意見，自二時半至六時。歸，遇王家楨。澆花。

爲堪兒講《勇敢的公主》。洗浴。九時半服中藥眠，十二時醒。服藥，一時後眠，六時醒。

今日同會：徐楚波　徐伯昕　許廣平　謝冰心　陳慧　張紀元　嚴景耀　方健明　今日許多人對我提意見，爲尹達事，我甚樂受。

六月十八號星期三（五月初二）

看《紅旗》半月刊。爲姜義安、劉熊祥寫證明材料。續寫交心條卡片。

眠一小時。綜合所得資料，寫《孫子的作者》一千五百字，即鈔清。到爲寶書局。遇馬松亭。

到民進，開學習八大文件討論會，九時半散。十時歸，洗浴。十一時服藥眠，翌晨六時醒。

今晚同會：許廣平　楊東蓴　徐伯昕　葛志成　張紀元　張明養　馮賓符　陳麟瑞　吳榮　謝冰心　梁明　顧均正　徐楚波　劉鶚業　林漢達

今晚討論，自下星期起，學習八大文件，須搜集資料以證成之，并須聯繫自己業務及思想，每人均須作重點發言，此實一艱巨之工作也。

六月十九號星期四（五月初三）

將昨作文鈔入筆記。寫郭院長、尹達、厚宣信，托蕭風送所。記筆記一則。

未成眠。續寫交心條卡片，未訖。與靜秋買物送王姨丈處，又到協和胡同十一號看王姨母。

爲堪兒講報。洗浴。看《淳化閣帖》。十一時服藥眠，翌晨六時醒。

與尹達及厚宣書，謂予一生從未脫產學習，今日參加此熱火燒天之運動，把我從舊社會帶來之頭腦改變，對于社會主義建設雖尚不能升堂入室，究竟進了第一重門户了。此一可喜之事也。

東、西觀音寺及官帽胡同等處須拆屋爲建國門内大街，王姨丈家定于本月底遷住協和胡同，從此離我家更近。

六月二十號星期五（五月初四）

續寫交心條卡片訖，即排列分類。

未成眠。到北京醫院，就沈瑾診。遇許廣平、陳叔通、陳慧、仇亦山。到中國書店崇內門市部。

到和平賓館，訪周谷城，長談。洗浴。十一時服藥眠，翌晨六時醒。

谷城由上海來，謂上海史學會開會，許多人談及予，均云：可惜顧先生一肚皮學問，不曾有馬列主義作發酵藥，蓋在今日實不當抱殘守缺也。

谷城此來，係毛主席所召。日前已談過一次，主席論及予，謂在卅餘年前敢推翻禹，實是不易，并謂予之學問由看戲來，知《古史辨》自序爲其所熟覽。問及予近狀，谷城云，治經學。主席云：擱一擱亦不妨。知所望予改造者深矣。

六月廿一號星期六（五月初五　端午）

到民間文藝研究會，參加座談會，自八時半至十二時，商討民間工作者大會之報告及躍進計劃。遇朱育蓮。

到民進，參加許廣平梳辮子會，自二時半至六時。與伯昕、冰心、紀元同車歸。澆花。

周谷城來，同到伯祥處談。十時歸。洗浴。服藥兩次，十一時半眠，翌晨六時醒。

今日上午同會：林山　賈芝　容肇祖　常惠　江紹原　常任俠　馬學良　周汝誠　黃芝岡　江櫐　路工　陶建基　傅惜華　汪曾祺　徐嘉瑞　約卅人。

今日下午同會：徐楚波　徐伯昕　許廣平　張紀元　謝冰心

嚴景耀

　　柳亞子先生今日逝世，年七十二。病爲血管硬化與氣管性肺炎，正與予同。

六月廿二號星期日（五月初六）

　　看馮夢龍《古今小説》。雁秋來。馬鶴天來。寫檢討書"我與黨的關係"三千餘言。

　　眠一小時。龔文慶來。

　　携四兒到東單公園散步。洗浴。十一時服中藥眠，上午二時半醒。服西藥，六時半醒。

　　潮兒在校，烈日中聽副校長講話，時間過久，眼前發黑，幾于暈倒，爲同學扶入教室。渠此病今年已發兩次。湲兒亦暈過一次。現在小學中政治性已强，而渠姊妹一爲中隊長，一爲中隊主席，較他人爲忙，體力又不如洪兒，宜其病也。

六月廿三號星期一（五月初七）

　　理書。續作檢討書四千五百字。

　　未成眠。到文化宮散步，參觀印刷展覽會。

　　看《人民畫報》、《古今小説》。洗浴。十時服藥眠，翌晨四時醒。

六月廿四號星期二（五月初八）

　　修改昨文訖。看《古今小説》。

　　汽車來接，與伯昕、紀元、冰心同到民進，二時半開會，由予繼續梳辮子，諸同人提意見。在會中飯。與陳慧、紀元、楚波到什刹海邊散步。遇常惠。

　　參加民進八大文件學習，七時至十時一刻，與賓符等同車歸。

浴。十一時服藥無效，一時又服，得睡。翌晨七時醒。

今日下午同會：徐楚波　徐伯昕　許廣平　謝冰心　陳慧
張紀元　方健明

今晚同會：許廣平　王紹鏊　楊東蓴　葛志成　張紀元　馮
賓符　梁明　張明養　趙樸初　謝冰心　陳慧　雷潔瓊　嚴景耀
徐楚波　吳榮　陳麟瑞　顧均正　方白　王賓初　余之介　林漢
達　董守義　劉鶚業等

一日兩會，歸以深夜，雖多服藥，終不得眠，不得不將五種
藥物一齊服矣。

六月廿五號星期三（五月初九）

到谷城處，同乘汽車，到國子監看進士題名碑。到廣濟寺，晤
巨贊，由羅松安導游。到團城看玉佛。到北海仿膳午餐，并飲茶。
一時歸。

眠一小時半。疲甚，臥床，看《古今小説》。與雁秋談。遇汪
静之。

與静秋到政協禮堂，看四川殘廢軍人教養院演出。遇王立芬。
十時歸。洗。十一時服藥眠，翌晨六時醒。

以昨日眠不佳，今日疲倦至不可耐。老年人不容興奮，即此
可見。然生于今日大躍進之世，無論在客觀上、主觀上均不容不
興奮，則惟有硬挺下去耳。近日之倦，與天氣亦有關係。

看殘廢軍人歌舞及體育表演，或無目，或斷臂，或缺腿，而
均有其積極精神，轉苦爲樂，使我輩不殘廢者聞風立懦。此真好
教育也！

六月廿六號星期四（五月初十）

到馮國寶大夫處就醫，打針，長談。看毛主席《正確處理人民

內部矛盾方法》，未畢。

眠一小時。到谷城處談，自三時至五時。看《古今小說》。

與又安同到王姨丈處，并晤采齡、大琬兩妹。九時許歸，浴。服藥兩次。十一時後眠，翌晨六時半醒。

今日到馮大夫處，打復方甘油磷酸鈉針，以治疲憊。量得血壓136/78，不高。體重136磅，亦不輕。只須解除疲勞，即無病矣。近日眼花漸甚。

六月廿七號星期五（五月十一）

到馮醫處打針。到谷城處，看報。十一時，同到椿樹胡同康樂餐廳飯。

眠一小時。到北京醫院，就沈瑾診。遇胡厚宣、楊東蒓。乘東蒓車歸。寫民進中央小組信。

到民進，續開學習八大文件會，十時許散。歸。浴。十一時服藥眠，翌晨六時醒。

今日血壓爲140/80，仍正常。就馮醫處打針後，精神似較振。

北京館子，口味遠不如前，惟康樂、恩成數家尚保存優點。今日與谷城到康樂，甚滿意。兩人化五元餘。

今晚同會：王紹鏊　楊東蒓　葛志成　張紀元　梁明　嚴景耀　雷潔瓊　章廷謙　巫寶三　余之介　徐楚波　吳榮　顧均正　陳麟瑞　嚴幼芝　馮賓符　王歷耕　張志公　諸中央幹部

六月廿八號星期六（五月十二）

看紀念關漢卿諸文。到馮醫處打針。翻《左傳》、《楚辭》、《曲海》等書，記筆記三則。

眠一小時。到南小街"銀城"理髮。到協和胡同王姨丈處，并晤采齡、王儼。

為堪兒講《藥草山》、《科學小報》。浴。十時服藥眠，翌晨五時半醒。

天氣悶熱，予夫婦都疲憊欲死。以此之故，只能翻舊書自遣，取其不用心耳。

出鋼量明年即可趕上英國，則趕上美國亦不過數年間事。工業躍進如此，殊可喜也！

報載今年太陽中黑子為八十年來最多的一年，太平洋暖氣侵襲至黃河北，故今年不但熱得酷，熱得久，亦且熱得早，尚有七、八、九三個月，不知如何過法！

六月廿九號星期日（五月十三）

整理行裝。民進汽車來接，與楚波、景耀、潔瓊同上車站，在車站與炳琳、雪瑩、家楨、恒秋、方白等談。八時廿分開車，在車與吳覺農、凌勉之、朱潔夫、楊起華等談。十時四十三分到天津。入天津大飯店，休息。十一時半飯。在店與翁詠霓、李雲亭等談。

與方白到公園散步。回，靠沙發小眠。與李德全、杜君慧談。一時，到市人民政府交際處，聽天津地委李錫藩講窪地改造情況。五時講畢，進晚餐。五時五十分上汽車，七時到靜海縣楊柳青鎮，入舊天津專員公署招待處，入專員公署，與盧漢同室。

與蔣光鼐、翁詠霓、李德全、李杰、李錫藩等談。九時就眠，失眠，服藥兩次，約十時後眠，翌晨五時醒。

六月三十號星期一（五月十四）

獨到公署牆外繞行一周。七時早餐。參觀水利館、農業館、工業館、水利發電館。十一時許歸，應邀作五言古詩一首，頌楊柳青度七一節。赴宴。

將所作詩鈔清送去。二時半出，到蓮花淀參觀農田水利，至雙旗社訪問。往返步行，約得卅里。六時半歸。

　　與盧漢同到體育場散步，冷飲，到百貨公司。服藥兩次，約十時半眠，翌晨五時半醒。

　　今午同席：李德全　蔣光鼐　翁文灝　盧漢　楚溪春　李覺　劉斐　周炳琳　雷潔瓊　嚴景耀　徐楚波　王雪瑩　錢昌照　劉仲容　許聞天　朱潔夫（以上客）　辛伯頊　李錫藩　申景雲（以上主）

　　予久不作詩，亦無此興，而同人見告，明日爲七一，黨的卅七年生辰，必須于今夜貼一大字報以爲慶祝，爰于參觀展覽會時寫出對于楊柳青躍進感想，成二百字，聊以塞責。

　　政協全國委員會天津窪地改造參觀團名單：

　　工作組　第一隊

領隊：朱潔夫　劉柏生

工作人員：林安娣（聯絡）　俞人則（會計）　張静一（醫衛）　孫華（住宿）　李宇宣（伙食）　王延棟（交通）

　　工作組　第二隊

領隊：李覺　朱益之

工作人員：張述孔（聯絡）　曾寶琳（聯絡）　白子如（會計）　林美雲（醫衛）　周軫光（住宿）　冀克龍（伙食）　任富春（交通）

　　第一組

組長：夏從本　副組長：王國英（女）

組員：錢昌照　許聞天　陳久敬（女）　朱德君（女）　王家楨　嚴莊　褚曙（女）　陶祖平　梅雪奎　滑少芳　李慶增　何爲奇　殷繼增　黄元彬

　　第二組

組長：唐贊同　副組長：江天

组员：楚溪春　劉仲容　李蒸　盧漢　黃雍　陳建晨（女）　盛芳（女）　顔明宜（女）　趙壽瑞　蔚銳符　謝熙玉　周步光　郝伯時　潘幸生　任碧雲（女）

第三組

组长：李建達　副組長：包式曾

组员：劉斐　邵恒秋　蔣光鼐　周炳琳　沈性元（女）　秋宗鼎　石中瑜（女）　黃業麒　許秀珍（女）　黃貽平　林儀　余湛邦

第四組

组长：陸天　副組長：黃國健

组员：侯鏡如　翁文灝　甘祠森　盧郁文　姜卿雲　周澤甫　祝修林　尹冰彥　施式英　任吉甫　張健東　陳文釗　鄧志杰

第五組

组长：劉鸚業

组员：顧頡剛　徐楚波　嚴景耀　雷潔瓊（女）　張蘭玉（女）　龐安民　吳廷勘　王蘇生　趙濟年　王雪瑩（女）　杜君慧（女）　吳覺農　凌勉之　李德全（女）

第六組

组长：吳德咸

组员：方白　汪祥慶　陳養齋　徐世信　楊起華　楊梅珍（女）　毛啓邠　陳秉立　張永昌　何欽賢　張守平　牛貴山　王嘉璇（女）　李佑民　方健明（女）　沐紹良　馮亨嘉

第一至第四組爲民革。第五、六組爲民進及無黨派民主人士。此次參觀團爲政協所組之第一批，其第二批比我們遲到兩天。

昔聞楊柳青，年畫精且良。今年楊柳青，農工都發揚。天津本窪地，一片水雲鄉。民生日憔悴，賴賑以充腸。解放才十年，到處具芬香。躍進再躍進，災害轉吉祥。引水與排水，用量隨主張。造雨兼噴霧，農民作龍王。大塊植水稻，增産五倍强。三年電氣化，其勇不可當。稻秆可釀酒，亦能製衣裳。昔未聞其事，今乃見其詳。敝鞋與破襪，改造成妍裝。歸去告吾婦，慎勿輕棄將。更有泥葦屋，冬暖夏亦凉。吾愛此穹廬，直欲住勝芳。魚鱉取無盡，菱藕任意嘗。用彼太陽燈，煮飯又燒湯。多快好省事，一切成家常。七一頌吾黨，黨績真輝煌。遥祝毛主席，萬歲永康强！

一九五八年七月

七月一號星期二（五月十五）

到詠霓、光鼐處商行程，與朱潔夫等談。早飯後與詠霓到展覽會鈔資料。詠霓先回。予鈔至十一時半歸。

一時，參加談話會，至五時散。晤張豐胄、馮芝生。五時許動身，乘汽車赴天津，住天津大飯店第一分店，仍與盧漢同室。

與詠霓、沈性元到公園散步。洗浴。十時半服藥眠，十二時半以車多震醒，終夜在迷蒙中。

今日同會：辛伯項　李錫藩　石澤年（青年團書記）　張兆延（雙旗社長）　孫萬苓（萬年青社長）　梁士鴻（和平社長）　申景雲（楊柳青鎮長）　本團人發言者：錢昌照　王家楨　李蒸　翁文灝　李德全　王國英　盧郁文

今晚到津同人：蔣光鼐　翁文灝　周炳琳　許聞天　劉斐　黄元彬　王家楨　盧漢　嚴莊　沈性元　孔華

天津大飯店在解放北路（即前英租界維多利亞大道），爲車行幹路，終夜大卡車聲不絶，固使我不能眠，然而亦爲天津工業大躍進慶賀也。

七月二號星期三（五月十六）

到于鶴年處。與同人到天津市工業生產大躍進展覽會參觀，自
九時半至十一時半。與市政協石紹漢談。

眠半小時許。再與同人到展覽會繼續參觀，自三時至六時。回
店，冷飲，雜談。晚飯後到詠霓處談。

鶴年來，同到人民圖書館、勸業場（天祥商場）閱舊書肆。十
時歸。雪瑩來。十二時服藥，約上午一時半入眠，五時半醒。

天津工業展覽會好極了，看也來不及看，記更來不及記，恨
不能多留兩日，看個痛快。若在從前，我自可單獨留下。今則有
組織管束，不敢作自由主義之行動矣。

七月三號星期四（五月十七）

到公園散步。八時許，與同人參觀天津市染料廠，十時半出。
到天津市新興鋼廠參觀。十二時許出，到馬場道市人民政府幹部俱
樂部茶、飯。與黃貽平、陳建晨談。

到歷史博物館參觀，晤譚虛谷、柳心、常洛南、王聖域、劉民
山，由譚、劉二人引導參觀。四時回俱樂部，方白來談。冷飲。五
時半赴車站。乘六時四十四分車，八時四十九分到北京。在車與姜
卿雪、楊梅珍、朱潔夫等談。

乘民進汽車歸。洗浴。十時服藥眠，上午三時醒。

在天津歷史博物館中見李錫九先生遺像，乃知彼爲共產黨
員，爲隱藏身份，在國民黨政府作官。予因憶宋哲元補助通俗讀
物社，由彼居間，蓋與王守真君同爲地下工作，利用宋及予鼓吹
抗日也。

七月四號星期五（五月十八）

補記日記五天。搜集天津工業資料，準備民進發言，寫二千
字，未訖。

眠一小時。路工、孫劍冰來。

洗浴。爲堪兒講畫報。九時眠，十二時醒。一時服藥，又眠，六時醒。

七月五號星期六 （五月十九）

徐宗仁來，爲仇亦山借《歷史地圖》。續作昨文，約四千字，訖。爲堪兒喉痛在家，爲講《西游記》七十三、七十四兩回。

眠一小時。

修改所作文。洗浴。失眠，起觀《淳化閣帖》。十一時服藥兩次眠，翌晨六時醒。

七月六號星期日 （五月二十）

到民進，開會，由徐楚波、嚴景耀、予、許廣平、方白各述到津聞見與感想，自八時半至十二時。寫民進請假信。

未成眠。重作《楊柳青贊》約五百字。大雨。

爲兒輩講《西游記》七十五、七十六兩回。洗浴。十時服藥眠，上午三時醒。又眠，六時半醒。

今日同會：王紹鏊　楊東蒓　許廣平　徐楚波　吳榮　章廷謙　嚴景耀　張紀元　馮賓符　方白　陳麟瑞　林漢達　葛志成　趙樸初　王歷耕　吳廷勘　吳德咸　龐安民　趙濟年　陳秉立　李佑民等

此次到津，天氣正熱，楊柳青又多蚊蠅，冷飲較多，故同人中患腸炎者特衆，潔瓊亦其一也，青年同志更不少。亦非民進爲然，民革、民盟、九三等黨派亦然，有入天津醫院而未能回京者。即此可見予體力尚强，經得起考驗也。

七月七號星期一 （五月廿一）

到民間文藝會，與江櫨、汪曾祺談。開民間工作者大會籌備會，自八時半至十二時。

眠一小時半。鈔昨作詩。到北京醫院，就趙夷年大夫診。遇錢端升。到中國書店閱書。為堪兒講《西游記》七十七、七十八兩回。

十時服藥眠，十二時醒上廁。又眠，五時醒，又上廁。

今日量血壓，為 144/90，較前稍高。趙大夫為開 Mixt Chloral Hydrate 水藥。

聞元胎云：浦江清已于去秋死。予在京而竟不知之，與北大方面隔閡甚矣。

中宵就廁，忽然病痢，不知食何不潔致斯疾也。

今日上午同會：林山　賈芝　張敦　徐嘉瑞　常惠　容肇祖張汀　王亞平　黃芝岡　楊紹萱

七月八號星期二（五月廿二）

與靜秋同到北京醫院，予就王敏清大夫診。遇江紹原、舒維清。再將楊柳青詩修改，成五十韻，即鈔清，寫民進信付寄。

眠一小時。臥床看關于民間文學之文獻，備寫發言稿。

看蔣瑞藻《小說枝譚》。十時服藥眠，翌晨四時半醒。

自昨夜十二時發覺拉痢，今日趕服磺胺脒（T. Sulfamidin），上午凡上廁四次，僅下黏液，下午已下糞。經此一病，全身無力，民間工作者會上之發言稿無法寫出矣。

靜秋患瀉多日，精神疲憊，我與她真成一對病夫婦矣。

七月九號星期三（五月廿三）

五時起，寫民間工作會發言稿兩千字。雁秋來。出席民間工作者大會，聽林山、賈芝報告。與建功、游國恩、元胎等談話。照相。歸，到昌群處與譚季龍談。

眠約三刻鐘。首都理髮館師來理髮。與靜秋同到北京醫院，予就沈瑾診。修改發言稿，訖。遇章友江。

到民研會送發言稿，遇林山。看《小説枝談》。洗浴。十時服藥眠，翌晨四時半醒。

今日同會（共 200 餘人）：郭沫若　陽翰笙　周揚　鄭振鐸　林山　賈芝　老舍　容肇祖　魏建功　游國恩　常任俠　常惠　江紹原　黃芝岡　張敦　徐嘉瑞　陶建基　毛依罕　趙景深　袁水拍　王亞平　馬達　吳藻汀　曹靖華　陶鈍　曹伯韓　俞平伯　王老九　程秀山　康朗甩　姜彬　楊蔭深　姜祖根　路工　江櫓　琵杰　張雲驤　殷光蘭　關山　連樹聲　韓燕如　丹正公布　周汝誠　唐亥　馬學良　傅惜華　汪曾祺　李星華　李亞群　趙慧娟　蕭三

七月十號星期四（五月廿四）

重寫楊柳青詩，寫民進信送去。到大會，予與李亞群任主席，聽琵杰（内蒙）、徐嘉瑞（雲南）、張雲驤（湖北）、殷光蘭（安徽）、關山（吉林）、姜祖根（常熟白茆鄉）發言。與平伯、紹原談。

眠一小時。到大會，與維鈞、楊蔭深談。聽王老九（陝西）、韓燕如（蒙古）、程秀山（青海）、丹正公布（甘肅藏族）、姜彬（上海）、康朗甩（傣族）發言。看潘景鄭《汲古閣書跋》。

爲兒輩講《西游記》七十九回。洗浴。九時半服藥眠，翌晨四時醒。

今日雖下便三次，已不帶膿血。幸治痢之早也。

七月十一號星期五（五月廿五）

寫《牛郎織女落伍了》一文，投《光明日報・東風》，寫顧絳信。到文聯，開小組會，自八時至十二時（討論機構問題等）。

未成眠。續開小組會。五時，出席主席團會，六時散。與王老九談。朱士嘉來辭別。

到文聯禮堂，看湖南花鼓劇《三里灣》。遇齊燕亭。與建功同出。十一時歸。十二時服藥眠，失眠。再服藥，一時半入眠，翌晨七時醒。

今日小組會：唐亥（主席）　常惠　常任俠　傅惜華　黃芝岡　曹伯韓　俞平伯　魏建功　林山　汪曾祺　連樹聲　馬學良　楊成志　周汝誠　趙慧娟

今日主席團會：陽翰笙（主席）　林山　賈芝　張敦　康朗甩　程秀山　王老九　姜祖根　姜彬　徐嘉瑞

七月十二號星期六（五月廿六）

到會，出席小組會，自八時至十一時三刻（討論培養幹部及本會章程）。

到會，出席大組會，自二時半至六時（討論民歌搜集、整理、研究之方法）。頤萱嫂回其家。

與靜秋、堪兒到王姨丈家，并晤大玫、大琬、采齡。十時服藥眠，翌日二時半醒，又眠，五時半醒。

今日小組會：唐亥（主席）　魏建功　馬學良　黃芝岡　周汝誠　楊成志　常惠　汪曾祺　趙慧娟　連樹聲

今日大組會：李亞群（主席）　劉青　宋梧剛　文莽彥　王建勛　賀大群　馬希良　徐國瓊　孫茂材　王克光　周驤良　常惠　陶建基　單超　常任俠　魏海平　蕭崇素　張辰丁　俞平伯　蕭甘平　王化民　李星華　馬順池　陳孟君　吳居敬　邢秀日　湯伏波　龍啓雲　柳淮南　柯玉生　劉魁立　楊瑩　馬達

七月十三號星期日（五月廿七）

　　出席大會，聽李亞群等報告。與程秀山、李亞群、馬學良、吳藻汀、容元胎等談。

　　眠一小時。出席大會，聽蕭三等報告。與常維鈞、孫劍冰等談。

　　到中山公園，看北京市高等學校中等專業學校紅專躍進展覽會，遇民進中央同人及聖陶父子。車中遇索介然。歸，浴。十時半服藥眠，翌晨三時醒。

　　今日史家胡同小學家長會議，静秋出席。該校二十八班，一千三百餘學生，選出優秀學生十二人，湲兒是其一，教師唐琳稱爲全才。洪兒粗心，潮兒膽小，皆不及也。湲兒敏慧而勇敢，將來不知有何成就，惜予不及見耳。

　　觀北京學校紅專躍進會，農校學生夏秋在田，冬春在校，教學與生產各占其半。諸工業學校皆能自製機械，且能超英超美，降低成本，出售既多，明年便可自給自足，不支國家經費。此種躍進精神，使人欣服。

七月十四號星期一（五月廿八）

　　四時起，修改發言稿。出席大會，聽袁水拍、鄭振鐸等報告。予發言。與振鐸、任俠、維鈞、建功等談。

　　眠一小時。辛田來。看農村大躍進歌謠資料第三册。爲堪兒講《西游記》八十、八十一回。陶才百之女來。

　　看張維驤《毗陵名人小傳》。洗浴。九時半服藥眠，翌晨五時醒。

　　多日開會，疲乏甚矣。今日下午，各地代表游十三陵水庫，予未往，得閑半日，頗欲料理工作，而精神不屬，只得翻書遣日，老年不堪驅使，苦痛甚矣。

　　錢穆在香港重印其《諸子繫年》，頗有修改。今日辛田以食用不足，出所藏此書，欲予買之。而静秋以其香港印，等于走私，堅令退回。

七月十五號星期二（五月廿九）

參加大會，聽各地方代表報告。與紹原等談。

眠一小時許。到北京醫院，就趙彝年大夫診。遇葉叔衡先生及錢昌照夫婦。到會，參加小組會議，討論規劃。

爲堪兒講《西游記》八十二回。洗浴。服藥兩次，十一時後眠，翌晨六時醒。

今日量血壓，爲 130/84，大低矣。近日眠較善，蓋因此故。然今晚浴後疲甚，就床小憩，已將眠矣，忽思尚有鋪床、易衣等事未做，即起爲之，遂不成眠。知朦朧中不能復醒也。

予拉痢雖愈，而拉稀不止，仍服 Sufaguanidini 藥片，惟少減其量。

趙景深君赴會，跌斷了腿，今入積水潭醫院，真無妄之災也。

七月十六號星期三（五月三十）

到大會，聽文化部副部長劉芝明、外交部長陳毅發言。與常任俠、維鈞、馬學良等談。

眠一小時半。到大會，聽周揚發言。與曹靖華、陶鈍等談。五時，到懷仁堂後院照相。見毛主席、李維漢。

爲堪兒講《西游記》八十三回。洗浴。九時半服藥眠，上午二時醒。良久眠，六時醒。

伊拉克軍隊日前起義，殺王儲及總理，國王失踪，改組共和國。此事由國王甘心爲美英帝國主義奴役所引致。美軍已在黎巴嫩登陸，説不定引起一場戰爭。然人民力量無限，果起戰爭亦不過促帝國主義者早日垮臺而已。

堪兒在黑板上畫飛機、人造衛星、火箭等滿板，此兒對此道真有興趣。

七月十七號星期四（六月初一）

為阮國樑、王樹民寫證明文件。看張維驤《清代毗陵名人小傳稿》及《毗陵書目》。雁秋來，留飯。辛田來，取回書。

出席主席團會議。出席閉幕典禮，聽陽翰笙講話。出席理事會議。看各省代表演雜技。

洗浴。看躍進歌謠。十時，服藥兩次，約十一時眠，翌晨五時三刻醒。

解放後每一人之政治面貌均多方探索，然解放前大都不明大是大非，不關懷政治者固甚多，阮、王二君皆是也。

予被選為理事，繼又被選為常務理事。此後當分一部精力多從事于民間文學。

今日潮兒到廣渠門外某合作社勞動，任拔草，未明而往，入黑而歸。將來當不復存腦力勞動與體力勞動之界限，可喜也。

七月十八號星期五（六月初二）

修改《天津之行的認識》，此文約五千餘字。

未成眠。選歌謠。整理書桌。到鼓樓買藥，遇高志辛。

到民進開會，十一時歸。洗浴。十二時服藥眠，上午三時半醒。又服藥，七時醒。

今晚同會：王紹鏊（主席）　楊東蒓　巫寶三　梁純夫　陶建基　馮賓符　張明養　吳廷勘　富介壽　徐楚波　余之介　毛之芬　嚴景耀　葛志成　謝冰心　梁明　顧均正　王寶初　張紀元　林漢達（以上發言）　雷潔瓊　姚紹華　方白　章廷謙　陳鳴一　陳慧　吳榮　劉鶚業　方健明　吳德咸　李佑民　鄭芳龍　龐安民　董守義　討論美國進軍黎巴嫩，英軍進約旦及支持伊拉克共和國事。

七月十九號星期六（六月初三）

到馮國寶大夫處打針。整理抽屜、信札。

眠一小時半。看辛樹幟《易傳的分析》文，未畢。略爲點定。

洗浴。十時服藥眠，十二時半醒。又服藥，五時半醒。

天氣酷熱，滿身生痱子，癢不可忍，度夏如遭難。所幸民間文學工作者開會期間多在雨中，否則必將熱死也。

今日上午，靜秋參加本街道之向英抗議進軍約旦，到英代辦處示威。聞北京市民之前往者，川流不息，一夜無停，大足表示人民力量。

七月二十號星期日（六月初四）

七時，與靜秋挈四孩到中山公園，至來今雨軒進點。看荷花。看衛生、紅專躍進兩展覽會。茗于柏林。看廿八中學活報劇。十二時半歸。遇王大珩、余之介、馬勤生夫婦。

眠一小時半。看樹幟文，略加改正。王仙舟自上海來，談。

欲理髮，家家擠滿。循行西觀音寺廢墟。浴。十時服藥眠，上午一時醒。服藥，至三時後方得眠。七時醒。

自上星期五開會，至十一時方散，十二時方就枕，遂使予連夕中間必醒。予腦筋如此不堪刺激，却偏偏生于多刺激之時代，奈何奈何！

自美軍進入黎巴嫩後，繼以英軍之進約旦，又繼以英軍之進利比亞。帝國主義者之勇于自掘墳墓如此！此垂死之瘋狂也。

七月廿一號星期一（六月初五）

到東單理髮館剃頭。到馮大夫處打針。看樹幟論文（《説卦傳》、《象傳》）訖。提要鈔出。記筆記一則。

未成眠。

洗浴。九時半服藥眠，上午三時半醒。又眠，六時半醒。

今年小學招生，限一九五一年八月卅一日前出生者。堪兒以九月十一日生，所差無幾。承史家胡同小學特予照顧收錄，從此我家四兒均爲小學生矣。

七月廿二號星期二（六月初六）

節録樹幟論文入筆記，計七則。寫樹幟信。

未成眠。寫《易本義》篇目。改次君代草之《北次三經》注文。到民進，開組織生活會，自五時至六時，商北京市委人選。在會飯。到十刹海散步，到聚寶齋看書畫文物。與林漢達、董守義與吳研因談。

到民進開會，討論中東問題。自七時半至十時。與賓符、麟瑞同車歸。浴。十一時半服藥眠，翌晨四時半醒。

昨日下雨，今日陰，炎威稍殺，便覺精神一振。

文物店（即解放前之古玩鋪）佳品頗多而生意甚清，蓋各人薪水僅够生活，一也；宿舍小，放不下許多東西，二也；怕人批評爲資産思想，三也；不能銷至國外，四也。

今日同會：王紹鏊　楊東蓴　張紀元　馮賓符　謝冰心　陳慧　吳研因　林漢達　葛志成

今晚同會：除上列諸人外，增：嚴景耀　雷潔瓊　吳榮　梁明　顧均正　陳麟瑞　姚紹華　富介壽　陶建基　徐健竹　嚴幼芝

七月廿三號星期三（六月初七）

校改《北次三經》注文略訖。寫譚其驤信。

眠一小時許。到北京醫院，就汪向平女醫師診。到英代辦處墻外，看群衆示威所貼標語。到伯祥處談。

與昌群、外廬同到文化俱樂部，開科技界抗美英侵略會，十時歸。浴。服藥兩次，約十二時眠，翌晨六時半醒。

今日量血壓，爲 150/90，較十五日爲大高，大約夜眠不安所致。

東交民巷，景物猶是，而帝國主義之威風已不存在，標語粘貼十餘重，油漆字書于英代辦處之圍門，活報劇演于門口，爲之稱快不止。

今晚同會：傅鷹　錢三强　竺可楨　茅以升　陳世驤　徐炳昶　李儼　呂叔湘　鄭奠　林巧稚　王潔泉　蘇炳琦　楊向奎　侯外廬　賀昌群等約六十人（科聯召集，各研究院、各大學、各學會等代表）

七月廿四號星期四（六月初八）

尹受來，寫次君信。將《西次三經》注文粗略修改一過。

眠一小時半。記筆記一則。

與湲、堪兩兒到英代辦處看標語。歸，尚愛松來。十時服藥眠，早四時醒。又眠，六時醒。

昨醫言 Mixt. Chloral Hydrate 藥有毒性，久服傷及肝、腎，反不如 Amytal 及 Seconal 爲少弊也。

伯祥言，練爲章已于去冬逝世。

七月廿五號星期五（六月初九）

將《史記》本紀前五篇加作小標題訖。宴譚季龍，長談。

眠一小時。記筆記一則。

與靜秋到東四劇場，聽馮賓符講中東問題。遇姚紹華、李延增、嫠朗懷等。自七時半至十時。歸，浴。十一時服藥眠，翌晨六時醒。

七月廿六號星期六（六月初十）

將《史記三家注》序、例整理訖。文懷沙偕金山來談《十三陵水庫暢想曲》事。

未成眠。頤萱嫂來。將《秦始皇帝本紀》、《項羽本紀》作小標題訖。爲堪兒講《西游記》八十四、五回。

到東安市場閱書。遇楊錦榮。洗浴。服藥，十時半眠，上午四時醒。又眠，五時半醒。

今日大便三次，不知何故，然非痢也。前日伯祥見我，謂頭髮較青島歸時更白矣。今日頤萱嫂見我，又云瘦得多了。噫，人非鐵石，如此趕任務，那得不速其老也！

多日未至市場，今日去大見躍進，有"無售貨員"之商店，社會主義道德之躍進爲何如也！書店全爲聯營，各占一類。

七月廿七號星期日（六月十一）

作《高祖本紀》至《孝武本紀》標題訖。作《史記》十表提綱，盡其半。看金其源《讀書管見》。

未成眠。記筆記一則。到東安市場購書。遇容媛，同飲核桃酪。浴。譚鎬來，爲寫北大電機廠信。十時服藥眠，翌晨五時半醒。

得毓蘊信，德輝被劃爲右派，到浦東勞動。渠爲女子中學工會主席，與黨爭權，遂至此。毓蘊將率兒輩回蘇州。

七月廿八號星期一（六月十二）

將《史記》十表作提綱訖。金擎宇夫人來。到馮醫處打針。

眠一小時。校對各表公元。作《禮書》、《樂書》提綱。看程樹德《國故談苑》。記筆記一則。

浴。看《喻世明言》。待諸兒看木偶戲歸,十一時服藥兩次眠,翌晨六時醒。

余邇來每日大便二三次,泄氣亦多,質之馮醫,謂是消化不良,蓋余每晨將牛奶一喝而盡,至胃中遇胃酸,遂凝結成塊,不易消化也。此後當將乳混入粥內,緩咽之。

月前報載全國小麥收一〇一〇億斤,今日報載早稻收四〇〇億斤,預計全年穀子當在八〇〇億斤上。生產如此,使人神往。伯祥云,從前最好收成,為一畝收二石八斗,真不可較量矣。

七月廿九號星期二（六月十三）

記筆記一則。作《史記》八書提綱訖。準備作標點本《史記》序。

眠一刻。整理《史記》世家中世系。記筆記二則。到利華修面。

到民進開學習會。十時半歸。洗浴。十一時服藥眠,翌晨五時醒。

今晚同會:王紹鏊　楊東蓴　巫寶三　徐楚波　謝冰心　胡夢玉　雷潔瓊　陳慧　陳鳴一　王歷耕　馮賓符　張紀元　葛志成　林漢達　顧均正　余之介　章廷謙　吳榮　董守義等

楚波言:一畝地種大白菜,以前最多出八百斤。今深耕及多次下肥,竟達二十五六萬斤,視前超過三百倍許。此大足打破馬爾薩斯之謬說。東蓴言,如此躍進,大可徑入共產主義社會。

七月三十號星期三（六月十四）

蕭新祺來,為寫巨贊、鄧文如、李儼介紹信。作《史記》世家提綱八篇。記筆記十則。到馮醫處打針。

眠一刻。

到北京劇院,看《杜十娘》電影。遇嚴景耀夫婦。十時歸,浴。失眠，服藥兩次無效。至天明睡一小時許。

川劇女演員廖靜秋爲全國人民代表，以患癌症，迄未至京。病深矣，演《杜十娘》劇入銀幕。不久即逝世。予見報載，憐其以垂盡之生命服務人民，故往觀之，遂至竟夜不寐。不知予神經興奮，以杜十娘耶，抑以廖靜秋耶？總之，此後晚上必不應觀悲劇矣。

七月卅一號星期四（六月十五）

作《史記》世家提綱，四篇。記筆記二則。

未成眠。看《古詩源》。中華書局孟默聞來談。到北京醫院，就趙彝年大夫診。遇林仲易、王家楨、趙啓騄。與昌群談。

浴。服藥兩次，十時半眠，翌晨六時醒。

今日量血壓，爲 150/94，視上星期又稍高。

遵馮醫言，牛奶與饅頭同食，不使其在胃内凝結，今日居然只拉一次。

潮兒常覺脚軟，不知何疾。堪兒今日別博氏幼兒園，不爲幼稚生矣。

潮、洪、湲三兒在小學中都是隊長，暑假中多會，歸時常晚至十時後，以是靜秋必等門，于其歸後又爲洗浴，就寢過遲，害失眠症亦劇。

[原件]

中國民間文藝研究會　　理事候選名單（以姓氏筆劃如序）

毛　星	常委邵荃麟	常委唐　亥	樓適夷
王老九	阿　英	孫劍冰	趙景深
王亞平	副主席周　揚	荒　煤	趙樹理
田　漢	周汝誠	主席郭沫若	魏建功

常委＊田　間	常委周巍峙	常　惠	常委魏傳統
副主席老　舍	常委林　山	常任俠	常委顧頡剛
安　波	歐陽予倩	常委陶　鈍	李定坤＊
江紹原	茅　盾	曹靖華	郝　汀＊
李元慶	姜　彬	曹伯韓	
李　季	柯仲平	游國恩	
常委李亞群	副主席鄭振鐸	張光年	
吳曉邦	馬學良	張　庚	
吳曉鈴	俞平伯	張　敦	
常委周而復	袁水拍	張　仃	
常委陽翰笙	容肇祖	程秀山	
吕　驥	徐少岩	楊成志	
蕭　三	徐嘉瑞	常委賈　芝	

一九五八年八月

八月一號星期五（六月十六）

　　到所，晤祝瑞開、譚其驤、李儼、錢琢如。訪尹達，未晤。歸，作《趙世家》小標題，訖。記筆記四則。到馮醫處打針。

　　眠一小時許。寫侯仁之信。爲張效宗、張質君寫證明資料。

　　到民進，聽廣平、趙樸初出席國際裁軍會議報告。十時許歸。浴。十一時服藥眠，上午三時醒。五時後又眠，六時半醒。

　　今日同會：王紹鏊　許廣平　楊東蓴　趙樸初　馮賓符　謝冰心　陳慧　雷潔瓊　嚴景耀　徐楚波　董守義　林漢達　吳研因　張明養　陳麟瑞　王歷耕　顧均正　巫寶三　葛志成　張紀

＊　此等職務及最末二人姓名均係作者所寫。

元　余之介　陳鳴一　嚴幼芝　章廷謙　毛之芬及諸幹部

聽許、趙報告，欣悉會中世界各國均承認中國與蘇聯爲穩定世界和平之力量，雖美國代表亦不得不承認，亦不得不反對其本國政府。我國國際地位如此之高，生產又如此之富（湖北之田有畝收一萬五千斤穀子者），使人如何不樂觀耶！

八月二號星期六（六月十七）

王姨丈來。作世家小標題三篇。

眠一小時。到統戰部開會，聽徐冰副部長報告，各黨派負責人發言，六時半散。

爲堪兒講《西游記》八十六回。浴。十時服藥眠，翌晨六時醒。

今日同會：平杰三（主席）　徐冰　李德全　史良（民盟）王紹鏊（民進）　浦潔修（民建）　梅公弼（民革）　許德珩（九三）季方（農工）　晤面者：章元善　林仲易　蔣光鼐　周炳琳　李平衡　李覺

今日會上報告，整風運動將于本月內結束，蓋七個月矣。予此後當多服中藥，以戒西藥。蓋此半年中服西藥量激增，再不改變必至中毒矣。

八月三號星期日（六月十八）

到民進，開會，聽陳慧梳辮發言，及各人批判。十二時半歸。

眠一小時許。作世家小標題二篇。爲堪兒講《西游記》八十七回。

看李學勤《近年考古發現與中國奴隸社會》，未畢。九時半服藥眠，翌晨三時半醒。天明又眠，六時醒。

今日同會：徐楚波　陳慧　嚴景耀　謝冰心　許廣平　張紀元　趙樸初

赫魯曉夫偕蘇聯國防部長等到中國，必與世界和平有關。

八月四號星期一（六月十九）

到政協禮堂，聽艾思奇報告"專政與民主問題"，自九時至下午一時四十分。出，飯于沙鍋居。

到次君處，未晤，晤尹受。歸，疲甚，臥床小息。作世家小標題二篇。

昌群來談。爲洪、堪二兒講《西游記》八十八回。十時服藥眠，翌晨五時半醒。

今日在會上所晤：葉聖陶父子　何叙父　鄧初民　巨贊　王紹鏊　吳榮　傅振倫　艾思奇連講五小時，予不但腹餓，且站起來右足忽痛，走路直似跛人。與會者年齡不少大于予者，不知歸去又如何也。

潮兒今日到六里屯露營，要歷四日歸。湲兒亦到校中度夏令營生活。此種鍛煉，固是可喜。惟醫生諄囑，近日痢疾盛行，且多毒性，患者每不及治而死，以不去爲佳。以是靜秋致電話與教師，請其注意飲食。

八月五號星期二（六月二十）

爲韓儒林寫證明資料，約三千字。寫尹達信。到馮醫處打針。

未成眠。作世家小標題五篇。爲堪兒講《蟠桃宴》畫册。

到民進開會，論學習問題。十時散。歸，浴。十一時服藥眠，上午三時醒。又眠，五時三刻醒。

韓鴻庵十餘年前經我介紹至邊疆語文編譯委員會，此爲朱家驊在國民黨組織部內所設之機關，故痛自檢討。

今晚同會：王紹鏊　楊東蓴　謝冰心　章廷謙　巫寶三　徐楚波　雷潔瓊　嚴景耀　陳慧　陳選善　顧均正　葛志成　張紀

元　梁明　吳榮　吳廷勘

八月六號星期三（六月廿一）

作《史記》小標題五篇，世家訖。續看列傳二篇。

未成眠，看《古詩源》。到中華書局，晤姚紹華、孟默聞、陳乃乾，談《史記》事。出，理髮。到東單購物。德融侄來，長談，留飯。

爲湲、堪講《西游記》八十九、九十兩回。洗浴。頤萱嫂來，宿。服藥三次，十一時半眠，翌晨五時半醒。

今日以德融侄將與北大史學系及民族學研究所同人到新疆，編民族史，爲之興奮，又晚上飲紅茶，因此不易成眠，後當慎之。

整風後各機關大躍進，中華書局一定要在今年年內將《史記》出版。我如不趕完，即將破壞他們的計劃。我除此事外還有民進的事，有上海人民出版社的事，有一所的事，真正把我壓死了！

八月七號星期四（六月廿二）

搜集標點本《史記》凡例資料，得一輪廓，即寫《標點史記凡例》約三千字。到馮醫處打針。

未成眠。

洗浴。九時半服藥眠，翌晨五時醒。

昨到中華書局，悉其急需標點《史記》凡例，以作標點此下廿三史之標準，因于今日爲之。初意寫數千字可了，但一下手便覺不夠，以在在須舉實例方能明白也。

潮兒到朝陽門外六里屯勞動四天，在田中拔草，飯量陡然增加一倍。少年人真可愛，也真容易改造。

八月八號星期五（六月廿三）

續寫《標點史記凡例》約六千字。

眠一小時。頤萱嫂來，留宿。徐祖芬來。

到民進，開學習會，自七時半至十時半。十一時歸（大雨，冒雨歸）。洗浴。十二時服藥眠，上午二時醒。又服藥，七時醒。

今晚同會：王紹鏊　許廣平　楊東蒓　嚴景耀　雷潔瓊　顧均正　梁明　陳選善　余之介　章廷謙　巫寶三　梁純夫　張紀元　葛志成　徐楚波　陳慧　吳廷勷

趙媽因胃病請假，靜秋一人洗衣，做飯，力有不及，因請頤萱嫂來幫忙。然彼自己亦有家務，且有街道工作，勢不可久留。到今天走上社會主義總路綫，每一個人的力量都用于國家，要爲私家找勞動力一天難似一天矣。

八月九號星期六（六月廿四）

孟默聞來，取已成稿廿頁去。續寫《標點史記凡例》約三千字。

到爲寶書局閱書。到民進，開二組梳辮會，聽嚴景耀第四次報告，并諸同人提意見。六時半散。

與堪兒、索稱舜散步。爲堪兒講《西游記》九十一回。閱《古詩源》。洗浴。服藥兩次，至十二時後眠，翌晨六時半醒。

今日同會：徐楚波　嚴景耀　張紀元　謝冰心　陳慧　趙樸初　梁明　王嘉璇

民進決定，本月內結束梳辮子工作，九月十五日前決定個人改造規劃，此後即籌備三中全會，此會于十月下旬開。

予于四日前致尹達函，謂民主黨派訂規劃須結合本工作崗位，擬與一談，請其見信後來一電話，以便趨晤，乃去函數日毫無消息，此君之架子與對我有成見都可證實矣。

八月十號星期日（六月廿五）

蕭新祺來，爲寫容元胎信。補記日記三天。寫劉大年信，告以十一月前不能作康有爲學術著作之原因。與四兒到“紅星”看《海軍展覽會》電影。

未成眠。寫中華書局第一編輯室信，論整理《史記》四步驟。續寫《標點史記凡例》一千餘字。

與静秋、頤萱挈四兒到長安戲院，看全國曲藝會演，自七時半至十時半。車中兩遇胡嘉。場中遇容元胎、李延增。十一時一刻歸。十二時服藥眠，上午四時醒。

連夜睡不好，今日非常疲倦。老而多病，又困于忙，真苦殺人也！予一生未罹刑罰，若今日生涯，直是受刑矣！

今日所見全國曲藝會演＊（四川、甘肅、江蘇三省；北京、天津兩市）:1. 金錢板（章羅聯盟如意算盤）　李少華（四川瀘州）2. 蘭州鼓子（引洮上山）　盧應奎（甘肅蘭州市）　3. 竹琴（趕豬的人）　楊慶文（四川榮昌縣）　4. 盤子（看女兒）　曾維秀、李静明（四川重慶市）　5. 相聲（試驗田）　高德明、王世臣（北京市）　6. 清音（歌唱英雄黃繼光）　王純西（四川宜賓縣）　7. 蘇州彈詞（六對半變一條心）　侯莉君、徐碧英、楊乃珍、劉雪華（江蘇蘇州市）　8. 金錢板（斷頭山——羅銀秀事）　鄒忠新（四川安岳縣）　9. 京韻大鼓（英雄的母親）　小彩舞（河北天津市）

報載北京市人民政府取締占卦、看相，并各爲安置生活。北京如此，他處亦必然。三千年來之卜筮命相，至今日而絕迹矣，較之賭博、娼妓之絕，猶遲數年。

八月十一號星期一（六月廿六）

續寫《標點史記凡例》六千字。孟默聞來，索稿。

＊ 日記此處原作“今日所見曲藝，錄目於本月之後。”今予移回。

未成眠。

與靜秋同到中山公園散步。抱西瓜歸。洗浴。十時服藥眠，翌晨五時半醒。

《標點史記凡例》一文今日粗畢矣，在五天內居然寫得二萬字，可謂快而多矣。然所舉例僅係匆忙中檢出，將來尚可補入若干也。

八月十二號星期二（六月廿七）

將凡例改畢，寫姚紹華信。將《史記》列傳七十篇上所作提綱應排黑體字者標出。雁秋來。

到民進，路遇高志辛。開會，聽謝冰心梳辮子及諸人批評，自三時至六時。在會內進晚餐。與陳麟瑞到什刹海散步。頤萱嫂去。

返民進，開學習會，自七時半至十時，與明養同車歸。十一時服藥眠，上午三時醒。看徐澄宇注《張王樂府》。天明，略一朦朧。

今日同會：徐楚波　謝冰心　陳慧　張紀元　趙樸初　許廣平　嚴景耀

廣東藥廠製有新藥"飛騰補片"一種，云治神經衰弱，買一瓶試之。

今晚同會：除上列諸人外，有：王紹鏊　楊東蓴　葛志成　章廷謙　陳麟瑞　吳研因　梁明　雷潔瓊　吳榮　張明養　吳廷勘

八月十三號星期三（六月廿八）

到廚房備早餐。寫侯仁之信。到馮醫處打針。勘《史記》列傳七篇。

未成眠。到北京醫院，就汪向平女醫師診。遇羅常培夫婦。到東安市場購物。記筆記二則。

費德普來，贈物。爲堪兒講《西游記》九十二回，未畢。九時

服藥眠，翌晨四時醒。

自趙媽辭去，頤萱嫂勢又不能長住，靜秋與又安支持家務，不勝其勞，予因下廚勞動，此殆有生以來第一回也。

昨夜眠不安，今日精神甚差，如在雲霧中。今日量血壓，左臂爲 140/80，右臂爲 148/90。近日放屁多，一日或數便，雖非稀屎，知腸胃仍不好。

八月十四號星期四（六月廿九）

續寫孫次舟資料。至馮君實大夫處打針。勘《史記》二篇，未盡，記筆記六條。

朦朧一小時。馮家昇夫婦及其子和平來。與堪兒到王府井買地球儀，到美術展覽館看時事畫。到東安市場購物。

到文聯禮堂看曲藝。九時半歸。洗浴。十時許服藥眠，翌晨五時三刻醒。

一夜佳眠（服多種藥），精神稍復，惟仍無力耳。

馮伯平自蘇聯歸，渠年餘未見我，乃訝予之瘦，可見我近來實以冗忙致瘦。凡久不見予者皆有此感覺。

今晚所觀曲藝節目：1. 山東琴書——白蛇傳　2. 上海彈詞——單刀會、祝英臺　3. 四川清音——昭君出塞　4. 河南墜子——李逵奪魚（係安徽人）　5. 天津落子——姑娘要女婿　6. 福建伏調——和尚思凡　以恐失眠，故先退。

八月十五號星期五（七月初一）

邵玉芬來。勘《史記》五篇，記筆記九則。

眠一小時。雁秋來，長談。

到文聯禮堂，遇林山、常惠。聽曲藝，至九時出。歸，浴。十一時服藥兩次眠，翌晨六時醒。

一日看五篇，力竭矣。夜中如不游散，身體又塌了。近日胸中又悶了起來。

今晚所觀曲藝：1. 西河大鼓——小春送書（《鐵道游擊隊》中之一節）　2. 評書——橋頭鎮抗戰　3. 揚州評書——武松飛雲浦　兩日來均未取得説明書，故不知演唱者之名姓。

八月十六號星期六（七月初二）

勘《史記》五篇，記筆記十四則。到馮醫處打針。

略朦朧。

到東四劇場，看山東曲藝。九時歸。遇謝剛主。以室熏"六六六"粉，至十一時始進室。服藥眠，翌晨六時醒。

今晚所見山東曲藝：1. 琴書（水漫金山）李湘雲、李如亮　2. 漁鼓（捨命救親人）王永田　3. 大鼓（降龍記）王長志　4. 快書（武松鬧南監）劉同武　5. 琴書（小姑賢）商業興、關雲霞

遇剛主，彼亦謂予瘦。

八月十七號星期日（七月初三）

以昨熏室，擦桌及櫃。與堪兒到紅星，看《蘇聯木偶戲》、《海南島之特産與歌舞》、《星際旅行》三片，自九時至十二時。

眠一小時半。勘《史記》兩篇半，記筆記五則。

爲兒輩講《西游記》九十三、四回。洗浴。服藥兩次，至十一時後眠，翌晨五時半醒。

今日午飯後眠特酣，倘以看電影半天故乎？晚間欲以Luminal 代劇性藥，終不得。

八月十八號星期一（七月初四）

勘《史記》三篇，記筆記十二則。劉玉山來，借錢。

到東單理髮館剃頭。歸，洗浴。十時半服藥眠，翌晨五時半醒。

趙媽行後，一時急遽找不到人，又值街道上辦食堂、辦托兒所、工廠之際，勞動力又缺乏，又安爲東城區開會常不在家，予工作太忙，三女兒皆于暑期内到學校及日壇勞動，以是任何工作均由静秋一人爲之，疲乏至極，早起遲眠，精神不足，抱怨萬狀。此皆舊時代生活遺留，不適合于新時代之故。昨對門徐家介紹一人來，看我們房屋多，不肯任，滋可見矣。

八月十九號星期二（七月初五）

勘《史記》兩篇半。記筆記三則。雁秋來，留飯。

到民進，開聯組會，聽嚴景耀梳辮子報告，中委與幹部各提意見，自下午三時至十時。在會飯，飯後到十刹海散步，紀元邀予與楚波食蘭州西瓜。

今日及晚間同會：王紹鏊　許廣平　楊東蒓　徐楚波　葛志成　陳慧　謝冰心　張紀元　章廷謙　梁明　吳榮　馮賓符　趙樸初　余之介　陳麟瑞　王歷耕　巫寶三　吳研因　王嘉璇　龐安民　吳廷勘　雷潔瓊　梁純夫　王寶初　嚴景耀

景耀有進步包袱，不肯撕破面子，自認爲買辦性之知識分子，故許多人都加以深刻之批評。彼前固參加民主運動，然其心目中之民主乃是英美式的，故處處與蘇聯及新中國有抵觸情緒也。

八月二十號星期三（七月初六）

勘《史記》三篇半，記筆記十則。

到西單，在長安街散步。遇藍菊孫。九時許歸，浴。十時半服藥眠，上午三時醒。又服藥，天明後眠一小時。

整天工作，胸前發悶，晚上不得不出外散步，而長安街樹林茂密，實是不花錢之公園。

《史記》中問題太多，一天中實只能勘定兩三篇。以中華書局必于今年之內出版，不能不趕。初意定能每天趕出五篇，今實際工作乃知不然，如《蘇秦》、《張儀》等傳，一天只能趕出一篇耳。

八月廿一號星期四（七月初七）

勘《史記》三篇，記筆記三則。雁秋來，留兩飯。

蕙蓀自保定來。

到天橋及前門大街散步。九時歸，浴。十時許服藥眠，翌晨六時醒。

前門大街，數月不去，今日去就變了樣子。許多鋪子，由小店併爲大店，一個鋪面就是七八間或至十數間，貨物豐富，陳列整齊，洵可愛也。

八月廿二號星期五（七月初八）

看《史記》一篇，并覆看前數篇，記筆記十則。

寫姚紹華信，親送至中華，未晤。遇徐調孚。遇徐伯昕。將《湯山小記》第八册目寫訖。

到民進，路遇紀元。七時半開會，冰心繼續梳辮。十時半歸，洗浴。十二時服藥眠，翌晨五時半醒。

自本月六日至中華書局以來，趕工作忙極矣。尿急起立，僵若死人。氣悶胸痛，舊病將作。今日送去列傳卅五篇，擔負一輕。然尚有卅五篇及序言，必須干九月內趕出，仍不得不趕也。

今晚同會：徐楚波　謝冰心　嚴景耀　陳慧　張紀元　趙樸初

八月廿三號星期六（七月初九）

寫檢討書二千餘字。到馮醫處打針。

到南小街修面。到政協，聽柬埔寨王國首相西哈努克親王演説，彭真主席。遇劉盼遂、吳晗等。五時出，到西單商場閱書，冷飲。

爲兒輩講《西游記》九十五回。洗浴。十時服藥眠，翌晨四時醒。

西哈努克生于一九二二年，年輕力壯，有世界眼光，可羨也。

八月廿四號星期日（七月初十）

以熏院早起，到東長安街及中山公園散步，六時半歸。記筆記三則。將《湯山小記》第九冊目寫訖。到馮醫處打針。

到郵局寄信。到地安門中國書店閱書。到民進，開聯組會，聽嚴景耀繼續檢討，諸同人批評，自二時半至七時半。出，飯於地安門義齋食堂。

到迎秋，聽高德明等相聲。十時歸。木蘭來，留宿。十一時服藥眠，翌晨五時醒。

政協定于九月九日參觀懷柔水庫，十一日參觀河南登封及信陽專區人民公社，往返約十五日，俾具體瞭解生產大躍進之情況與各地出現之共產主義萌芽，予報名。

今日同會：楊東蓴　王紹鏊　許廣平　嚴景耀　雷潔瓊　徐楚波　陳慧　巫寶三　梁明　張明養　張紀元　葛志成　吳榮　趙樸初　章廷謙　陳麟瑞　梁純夫　馮賓符　王嘉璇　龐安民

八月廿五號星期一（七月十一）

擦桌及門窗，工作兩小時。重作檢討，寫四千五百字，未訖。

到北京醫院，就趙淑媛大夫診。

到民進開會，討論召開第三次全國代表大會事。自七時半至九時。歸，浴。十時許服藥眠，翌晨五時醒。

今日爲檢查清潔之期，吾家屋多物衆，前數日已從隆福寺雇一短工爲之，積年塵垢得一清除。

量血壓，爲 144/90。醫亦訝我汗多。始服 Meprobamate，得安眠。

今晚同會：王紹鏊　許廣平　楊東蒓　張明養　梁純夫　徐伯昕　葛志成　馮賓符　張紀元　趙樸初　吳榮　章廷謙　陳慧　謝冰心　雷潔瓊　嚴景耀　吳研因　徐楚波　梁明　張志公　王寶初　吳廷勘　余之介

八月廿六號星期二（七月十二）

作檢討二千餘字，未訖。記筆記二則。

到地安門中國書店閱書。冷飲。到民進，開會，聽趙樸初梳辮，及同人批評，自三時至六時。

看沈濂《懷小編》。爲堪兒講《西游記》。九時半服藥眠，翌晨五時醒。

趙媽走了兩旬，靜秋獨力撑持，時時呼累。今日始得一人，爲淮安沈姓女子，年廿七，膂力方壯，惟方結婚，不免懷孕耳。

今日同會：徐楚波　趙樸初　張紀元　陳慧　謝冰心　許廣平

八月廿七號星期三（七月十三）

記筆記一則。作檢討書四千餘字，仍未畢。寫楊東蒓信。

眠一小時。黃以平、永平來，留飯。

與靜秋到王府井閱市，到文化俱樂部參加文娛晚會。十時半歸。十一時，服藥兩次眠，翌晨四時半醒。

今晚所見節目：1. 京韻大鼓：洗衣計——馬書林　2. 快板：神仙末日——高鳳山　3. 山東快書：美軍日記——劉世昌　4.

相聲：新書迷——王世臣、趙玉貴　5. 昆曲：游園驚夢——胡保棣、許宜春等

　　今晚同會：楊東蒓　徐伯昕　葛志成　謝冰心夫婦　馮友蘭吳有訓夫婦　陳真如　費孝通　王家楨　吳覺農　俞平伯夫婦許廣平　羅隆基　龍雲　浦熙修　陳銘德夫婦　潘光旦　申伯純林漢達　今日主要招待右派分子，而以非右派爲陪客，示團結也。

八月廿八號星期四（七月十四）

　　到文化俱樂部，開會，討論社會實踐與勞動實踐，自九時至十二時。即在俱樂部午飯。二時半，搭聖陶車歸。

　　修改昨日所作檢討書，并補入五百字。

　　與湲、堪兩兒到東安市場、百貨商店購物。九時半服藥，眠，翌晨六時醒。

　　今日同會、同席：鄭振鐸（主席）　吳覺農　葉聖陶　李六如　趙樸初　許廣平　李希凡　俞人則

八月廿九號星期五（七月十五）

　　續作檢討五千餘字，仍未畢。高耀玥來，留飯。雁秋來，留飯。

　　將楊柳青詩鈔出，并增注，寫俞人則信寄去。

　　訪王姨丈及伯祥均未晤。歸，浴。九時半眠，翌晨五時醒。

　　予本欲于卅一日在民進再檢查一次，今日接東蒓來信，謂只要在九月十五日前將檢討心得與規劃草擬出來，大家看過時如有意見，再定時面談即可。

八月三十號星期六（七月十六）

　　王姨母來，長談。記筆記一則。

　　到故宮博物院，于保和殿看近代畫，于寧壽宮看珍寶及乾隆花

園，于皇極殿看碑帖，于兩廊看近代畫，于文華殿看匈牙利油畫。

到文聯大樓看越劇，未畢歸。十時服藥眠，上午三時醒。又眠，五時半醒。

本月中趕《史記》工作，趕作檢討，時時開會，永遠在緊張狀態中，思想不靈，眼睛覺澀，自感成一傻子。明日既不須作檢討，因于今日出游，把腦筋活動一下。

今晚所見浙江省越劇二團演出：1. 風雲擺渡：老渡工——吳兆千　小姑娘——王媛　三小子——何賢芬　2. 闖宮（《秦香蓮》中之一段）：演者未詳。此下尚有《三擺渡》、《風雨同路人》兩劇，予畏失眠，未敢觀也。

八月卅一號星期日（七月十七）

到尹達處，未晤。晤其夫人及子，并遇鄧福秋。到第一所，晤楊向奎，請其轉達尹達。到姚紹華處，未晤。與堪兒到故宮，觀珍寶館、雕刻館（在奉先殿）、石鼓陳列室（在箭亭）、匈牙利油畫展覽（在傳心殿）。

與靜秋攜四兒出，遇汪靜之、唐琳、丁瓚。與靜之同到北海畫舫齋，看全國水彩畫展覽。出，與家人看武清縣白薯宣傳秧歌劇。到雙虹榭飲茶，遇陶才百、楊冬麟夫婦、胡正詳。七時歸。

看《懷小編》。洗浴。九時半服藥眠，上午二時半醒。約四時復眠，六時醒。

前日見鄭振鐸，今日見王大瑛，都說我瘦，可見我確實變了樣子。昨日王姨母說靜秋氣色不好，則因家中無保姆，過度操勞所致。

八月九日夜，靜秋批評我，好說：

1. 實在忙（做不完的事，時間不夠用，精力不夠用）；

2. 實在難（每做一事，總想做得細緻，看了一遍再一遍）；

3. 實在苦（身體不好，動輒失眠）。

她説："現在一個運動接着一個運動，不能依照成規做事，必須改變方法，安排好時間。如此始可轉變立場，不與社會脱節，否則必受淘汰。社會主義的豪邁氣概，只有狂歡、狂奔，没有叫苦的。所以，必須從勞動下手。惟有在集體中勞動，乃能徹底改造思想。"記在這裏，用以自鑒，并時刻提起警惕。我希望用革命樂觀主義解除我的疾病，在社會主義行列裏前進！

［剪報］　　本年八月六日《光明日報》

　　　　　　牛郎織女落伍了！　　　　　　　　　　顧頡剛

（下略，見《全集・寶樹園文存》）

一九五八年九月

九月一號星期一（七月十八）

勘《史記》列傳四篇，記筆記十則。

頤萱嫂來，留宿。

到紅星，看《嚴懲蔣賊軍》等三個軍事電影。九時半服藥眠，上午一時三刻醒。久不能睡，至三時半又服藥，約四時眠，六時醒。

服 Meprobamate，開始幾日甚好，睡眠已正常，但近日則越來越縮短，八月卅日上午三時醒，卅一日上午二時半醒，今晚則上午一時三刻醒矣。西藥不能治本，即此可見。

堪兒今日始上史家胡同小學一年級，已立志將來入隊爲大隊主席，其個人英雄主義之表現乎？潮兒六年級，洪兒四年級，湲兒三年級，堪兒一年級，同在一校。校長爲静秋言，甚以吾家三姊妹爲聰明。

自今年起，小學與中學一貫，爲十年制。

九月二號星期二（七月十九）

爲丁琦、沈顔閔、郭錦蕙寫證明材料，寫尹達、陰法魯信。勘《史記》四篇，記筆記十一則。孟默聞來，長談。

翻郭嵩燾《史記札記》。九時半眠，上午二時一刻醒。三時半服藥，約四時眠，六時許醒。

竟日大雨。

報載我軍向金門炮射，一旬來已十四萬發，又擊中蔣賊艦，臺灣僞政府慌張甚，準備疏散，蓋至今日而解放臺灣之期近矣。

堪兒被派爲放學時之路長。

九月三號星期三（七月二十）

勘《史記》二篇，記筆記四則。

到北京醫院，就劉沈秋大夫診。遇王葆真、秦德君、賀昌群。

與靜秋同到東城區政協禮堂，出席民進北京市委迎接十一向黨獻禮動員大會，自七時半至十時。十一時服藥眠，上午三時醒。又服藥，六時醒。

今日爲勘《扁鵲倉公傳》，忙了一天，恐勘《司馬相如傳》時需兩天餘矣。

予血壓爲 150/90，又高些矣。如此緊張生活，如何平得下去！

今晚到會者三百餘人，以中小學教師爲多。晤面者如下：王澤民夫婦　蘇笑天　周國華　計志中　楊東蒓　佘之介　徐楚波　林漢達夫婦　富介壽　吳廷勘

九月四號星期四（七月廿一）

記筆記三則。將在政協座談會發言重作，得三千六百字，未畢。

眠一小時。頤萱嫂返其家。到伯祥處談。

到東安市場，閱書。歸，看胡玉縉《許廎學林》等。失眠，服藥三次，至十二時眠，翌晨六時半醒。

九月五號星期五（七月廿二）

寫一、二所信，爲移書。作昨文畢，共五千字。即寫俞人則信。勘《史記》三篇，未畢。尹受來，助移書。

眠一小時許。與堪兒到東單廣場，看武清人李某演武藝。歸，遇鄧福秋。

洗浴。爲兒輩講《西游記》。九時眠，上午二時半醒，服藥，良久又眠，六時半醒。

予存所中書約二萬册，現在馮世五轉人民大學，移其家往，後口袋胡同空出兩間屋子，除次君留一間備結婚外，可移書置一室。余家中亦可放若干。今日又安、尹受兩人往遷，尚未盡也。

讀《魏其武安侯列傳》，覺得我真像竇嬰，宜我之得罪于人也。所幸我不貴，否則必被讒死矣！

九月六號星期六（七月廿三）

理書。到西四，修面。到政協，參加參觀團行前會議，先大組，聽張執一報告，後小組。出，與李平衡談。雁秋來，留飯。

未成眠。到吉祥戲院購票。到中國書店專家服務部閱書，晤李培基、陳濟川等。歸，看胡紹勛《四書拾義》。遇閻凱豐。

看鄭獻甫《愚一録》。十時眠，翌晨四時半醒。

今日同會：錢學森　陳叔通　黄炎培　李濟深　章乃器　丁西林　吳景超　胡愈之　劉仲容　吳大琨　董渭川　王雪瑩　葉聖陶　俞人則　張静一　李平衡　李蒸　白薇　馬正信　李數　李念武　陳麟瑞　張明養等約二百人。定十三日出發，先至鄂州，再定參觀地點。懷柔水庫，移至十月份參觀。

前中山大學同事徐信符没後，其書一部分售與中國書店，爲開一展覽會，邀往觀之。

九月七號星期日（七月廿四）

記筆記一則。張覺非來。到後馬廠訪李唐晏，值已遷家，未得晤。到民進，開會，討論美帝侵略事，自十時至十一時，決游行。與巫寶三等到馬凱食堂進食。

十二時，至統戰部。排隊，步至天安門，待至下午三時，開大會，聽彭真等報告。四時半，會止。五時，到南長街，散會。予到中山公園冷飲。步歸，已六時矣。

誦芬弟自瀋陽來，長談。看《太平廣記》。失眠，服藥兩次，約十二時眠，上午四時半醒。又眠，六時半醒。

今日同會：王紹鏊　許廣平　馮賓符　°葛志成　張紀元　梁純夫　°巫寶三　謝冰心　章廷謙　°林漢達　°陳麟瑞　趙樸初　吳榮　方白　顧均正　有°者同飯。

本會中央同游行者：徐楚波　趙樸初　陳麟瑞　巫寶三　葛志成　林漢達　吳廷勘　毛啓邠　方健明　劉鶚業　龐安民　趙濟年　張守平　馮亨嘉

今日游行者全市三百萬人，天安門廣場及東、西長安街均滿。前之所未有人也。萬人一心，美帝何足道哉！

九月八號星期一（七月廿五）

理書。續勘前日所勘之《史記》三篇，又再勘一篇許。記筆記七則。

到文淵閣買筆。理書。

尚愛松來。到文聯大樓，看《探親記》電影。九時半，未畢歸。失眠，服藥兩次，約至十一時半眠，翌晨五時半醒。

今日讀《李將軍傳》，覺得我遇尹達，宛然李廣遇衛青，不知他日將如何得罪耳。年老數奇，奈之何哉！"待罪輦轂下"，此之謂也。予一生縱橫馳驟，而今日乃局促如轅下駒，思之失笑！

靜秋問教堪兒之溫老師，知堪兒理解力甚強，惟精神不易集中，上課時輒弄手。

九月九號星期二（七月廿六）

尹受來，助又安理書，留飯。勘《匈奴傳》未畢，記筆記十三則。

眠一小時。首都理髮館人來理髮。

獨至工人文化宮散步。歸，洗浴。翻《太平廣記》。十時眠，翌晨五時醒。

今晚得佳眠，散步之效也。然一日間猶服 Meprobamate 三粒。

九月十號星期三（七月廿七）

記《太平廣記》目。孔繁山來。將《匈奴傳》勘畢，記筆記四則。

未成眠。看《太平廣記》。

到東單公園散步，到三羊委托商店、中國書店閑覽。十時服藥眠，翌晨四時半醒。

譚惠中來告，歷史一所批判資產階級史學，以予為中心，兼及張政烺、胡厚宣、楊向奎，以其皆我學生也。惜予將出門，不能往覽大字報何所言。今日拔白旗、插紅旗為一重要任務，我必當無條件投降。

九月十一號星期四（七月廿八）

　　將列傳卅六至五十篇重勘一過，改正差謬，記筆記五條。尹受來，留飯。將《衛霍傳》略看一過。

　　未成眠。到中華書局交稿，與孟默聞談。到徐伯昕處，長談。到北京醫院，就王志雲女醫師診。遇盧郁文，談。歸，路遇王姨母及秦清宇夫人。

　　與靜秋挈四兒到文化俱樂部飯。遇何思源、焦實齋，談。看電視。歸，以熏屋，出冷飲。歸，看于慎行《讀史漫錄》。十時許服藥眠，翌晨五時醒。

　　量血壓，爲150/96，又高些，當是工作太緊張了。

　　北京人民武裝，已得六十七萬人，爲日前游行人數四分之一。

　　文化俱樂部來信，謂備有麵點，今日爲堪兒七周歲，因往食。其冬菜包子良佳。電視，予今日第一次見，誠教育之利器也。惜不太清晰。

九月十二號星期五（七月廿九）

　　到政協，晤胡愈之、閻迦勒等。開會討論參觀目的及方法，自九時至十一時半。予參加第二組。

　　雁秋來，留飯，長談政治與國際形勢。記筆記十則。爲《湯山小記》第十册作目。寫民進整風小組信，爲遲繳規劃事。

　　到鼓樓理髮。到高志辛處。到民進，參加常務委員會，自七時半至九時半。與楚波同車。歸，浴。失眠，十二時服藥兩次眠，翌晨三時三刻醒。

　　今日同會：吳大琨　劉岱　王士哲　王卓然　李一平　李蒸　陳鈞　金漢鼎　趙慶杰　徐楚波　章乃器　董渭川　雷潔瓊　廖華　李數　李念武　張靜一　劉仲容

　　彝初先生病重，恐數日間便將不諱。

　　今晚同會：許廣平　車向忱　王紹鏊　楊東蒪　徐伯昕　葛

志成　馮賓符　顧均正　趙樸初　張明養　陳麟瑞　謝冰心　章
廷謙　吳榮　陳慧　張紀元　梁純夫　巫寶三　張志公　王寶初
嚴景耀　雷潔瓊　吳廷勘　龐安民

九月十三號星期六（八月初一）

五時起，整裝。記筆記一則。七時上站，八時上車，與陳麟
瑞、張明養、劉岱、張静一同一車廂，談。下午一時午餐。

在車與諸同人雜談。晚飯後，九時半到鄭州。馬正信來接。入
金水河路紫金山賓館，予與林礪儒等住二一七室。

聽河南省統戰部長劉鴻文講話。十一時會散。服藥眠，翌晨五
時醒。

九月十四號星期日（八月初二）

六時，獨出，觀商代城。步至東大街，雇三輪車歸，進早餐。
八時集隊出，參觀小麥展覽館。十二時歸，進午餐。

眠一小時。二時半，參觀工業展覽館。五時出，散步二七街。
五時半，歸。六時，飯。與胡愈之、孟目的、雷潔瓊同游商故城。

七時，到人民劇院，看常香玉等演《朝陽溝》劇，十時半散。
十一時服藥眠，翌晨五時半醒。

九月十五號星期一（八月初三）

散步庭園。七時早飯。七時四十分到鄭州市十一中學，看勤工
儉學諸設施，聽黨委于克非報告，參觀全校，看翻砂等工。十時
歸。補記日記。十一時半飯，劉鴻文、嵇文甫來，同食。與景超、
家榮到商故城。

十二時上站，十二時五十五分上車。在車眠一小時。車過許昌
後開小組會，予與仲容、大琨、楚波、潔瓊、渭川、慶杰、士哲同

組。六時飯。七時四十一分到信陽。

入信陽招待所，與楚波、士哲、渭川同室。蚊多，失眠，服藥
兩次，至十二時後眠，翌晨五時半醒。

九月十六號星期二（八月初四）

早餐後獨步信陽城，至人民廣場、三民路、大同路、工人俱樂
部等處。九時，聽專署秘書主任王世泰報告本區工農業情況，至十
二時。

飯後冒雨獨出，至中山路、民主路等處。二時半，與同人乘車
出，到南灣水庫，參觀溢洪道。五時，到土烟群參觀出鐵。六時三
刻歸飯。

會談，予未參加，洗雨鞋。曹宜軒來談。十時服藥眠，翌晨四
時半醒。

一雨即凉。予喉頭炎及氣管炎又作，喉頭梗塞，痰多，此真
予最弱之一環矣。

九月十七號星期三（八月初五）

五時起，整理行裝。六時三刻飯。八時半上車。九時三刻到鷄
公山站。步一里許，至鷄公山社招待所。上街散步。十二時半歸飯。

寫靜秋信，到郵局寄。回所，聽穆清義報告。出，參觀煉鐵
廠、水力加工廠、機瓦廠、第一火箭食堂等。

未參加會，與胡蘭生同室，談。失眠，服藥四次，十二時後眠。

九月十八號星期四（八月初六）

六時半飯。七時上站，遇方壯猷。上車，八時卅分到李家寨，
入人民文化站。出，到夏子溝看中稻豐收。到民工鋼鐵廠、造紙
廠、幼兒園。到鄉黨委會休息。信陽縣長錢國華來談。

　　一時，進飯。二時，到劇場，看遂平衛星豫劇團演《中國衛星上了天》。至四時，離劇場，演員送至站。五時歸雞公山，整理筆記。

　　七時半，出席會議。九時半歸眠。翌晨三時三刻醒。

九月十九號星期五（八月初七）

　　五時起，整行裝。出，看菜市。六時半飯。七時半到站。八時許車來。在車看報。廣播員張雪娣來，組織文娛活動。十二時四十分到遂平，下車，入站旁公社招待所憩息。

　　一時半，乘吉普車進城，入遂平縣招待所，一群小姑娘強迫休息。三時飯。看衛星公社連環圖畫。與李雲亭上街散步，修面。六時歸。八時飯。

　　開小組會，讀《衛星人民公社試行簡章》。十時會散。服藥兩次，至十一時後眠。翌晨四時醒。又眠，六時醒。

九月二十號星期六（八月初八）

　　八時，到人民文化宮，聽遂平縣長張清廉報告。

　　飯後又到文化宮，聽縣委書記趙光報告。

　　趙光續報告，予未赴會。八時服藥眠，九時許即醒。又服藥，十時許眠，晨四時醒。又眠，六時醒。

九月廿一號星期日（八月初九）

　　六時，到浴池服務部浴。早飯後先開大會，次開小組會，討論聽報告後之體會。飯後開公社農業小組會。

　　二時出發，參觀機械廠、化學肥料廠、皮革廠、八一福利聯合工廠、蓮環湖水庫、幸福院。六時歸。

　　予未參加觀劇，與陳麟瑞談。上街散步。十時服藥眠，十二時，以同人觀劇歸，致醒，又服藥，四時醒。又眠，六時醒。

九月廿二號星期一（八月初十）

遂平完中宣傳隊來唱歌。到韓馬莊，參加中稻收割，予與白薇同割。十二時半歸，到愈之、仲容處談。一時，飯。

到郵局，寫自珍信。歸，看報。三時出，參觀婦產院，又到東郊，參觀第二大隊生產指揮部，聽賈明雲、許自強談話。六時歸，到新華書店閱書。

上街散步，理髮。十時服藥眠，上午三時醒，臨曉又稍寐。

九月廿三號星期二（八月十一）

寫自明信。開大組會及小組會，討論寫報告問題。推定雷潔瓊、陳建晨、陳麟瑞、徐楚波四人屬草。

獨步城南街巷，收集標語。作大鼓體詩，寫大字報。寫樹幟信。四時，到黨委會，描繪遂平地圖，再聽趙光報告。

開大會，爲白薇、曾澤生、陳鈞三人臨別贈言，兼批評章乃器等，自七時至十二時。十二時半服藥眠，上午四時醒。又眠，六時醒。

九月廿四號星期三（八月十二）

整行裝。寫陳家正信，托白薇轉達。與招待所職工同照相。九時，乘汽車到站。以脫車，到招待所休息，與愈之、蘭生、目的等談話。與目的行市街，到公共食堂飯。

十二時四十分上車，已脫車三小時，以貨運車多，客車減少，車上擠甚。過花園站後待交車甚多，遲至十時半始達漢口。

下站後由湖北政協接至江漢飯店，宿三〇七號，與大琨同室。與廖華等談。十二時飯。十二時半服藥眠，上午二時醒。又服藥，六時醒。

今日車中之擠，脫班之久（到漢口時已脫至四小時），爲予多年所未受，然而可以樂觀者，以貨運增多，煤、木材、鋼鐵、鹽，一列車就是三十節，西南、西北，血脉大通，而又任務緊張，客車不得不被抑也。

今晚到漢口後所見人：梅龔彬　張曼雲　楊東蒓　吳覺農　汪静之　王季範　連以農

九月廿五號星期四（八月十三）

晤汪静之、周炳琳等。七時一刻早飯。八時上車。九時半到武漢鋼鐵公司，參加一號高爐建成出鐵典禮。一時半歸飯。

眠一小時許。起。洗浴。四時出，觀長江大橋，行中層。六時歸，七時飯。

七時半，到市人委禮堂，與汪静之談。看文藝會演，至十時，予先出。十時半服藥眠，翌晨四時半醒。

九月廿六號星期五（八月十四）

五時，到會客室草發言稿。七時，楊東蒓來談，同到徐楚波處談。八時飯。八時半到會客室開小組會，談各人此行觀感，予首發言。

到車站路一帶散步，購武漢市地圖，回寓翻閱。二時半續開會，至七時半全組談畢。八時飯。

到粵漢碼頭及濱江公園散步。回，與孟目的談。到東蒓處。失眠，服藥三次，至十一時半後眠，翌晨六時醒。

九月廿七號星期六（八月十五　中秋）

八時，到王季範處談。以自由活動，予獨乘公共汽車至漢陽工人文化宮，游古琴臺，上老山。下，冷飲。乘無軌電車至武昌大東門，到省圖書館，步街市，在解放路飯。

到黃鶴樓原址飲茶。登蛇山。行長江大橋上層。由晴川公園乘無軌電車至三民路，步行數里，至黃興路，雇人力車回寓。三時，與同人乘汽車至東湖，游行吟閣、長天樓、小滄浪諸處。

到東湖招待所，受省政協招待晚餐，吃月餅，看月。八時出，九時歸。九時半服藥眠，翌晨三時醒。又眠，五時醒。

九月廿八號星期日（八月十六）

寫又曾、毓蘊信。與潔瓊、麟瑞、楚波到東蓀處，與金通尹談。沈衡山先生來，談至九時出。予獨至中山公園，游動物園、游泳池等處，在和平亭茶，看此行報告稿。出，到航空路，乘汽車到三元里，游解放公園，觀蘇聯空軍烈士紀念碑。在盧溝橋路飯。

乘汽車至一元路，步歸。三時，開總結會，聽愈之等發言。至七時半散會。八時飯。

與一平、漢鼎、廖華同至附近市街散步、買物。歸，廖華、俞人則來談。與大琨談。十時服藥眠，翌晨四時醒，即起。

　　兩日之自由活動，予在武漢三鎮約行百里。同人中恐無此好興趣，好脚勁，故予亦不邀人也。經此一走，予對三鎮形勢了然心目間矣。

九月廿九號星期一（八月十七）

四時起，洗浴。寫自珍信。與礪儒談。八時上站。九時卅分上懋祥來車，予與廖華、李蒸、章乃器同一室。以待貨運，待至十時〇三分方開。來站送行者有胡愈之（渠隨沈鈞儒赴川）、周杰等。

在車與同人談話。看李錦全《批判古史辨派的疑古論》一章。到劉仲容、張明養、陳麟瑞室，聽王葆真訴冤。過鄭州後晚餐。遇雷榮珂、石兆棠。

　　服藥兩次，約十一時後眠，翌晨五時醒。

　　此次旅行，表現態度最不良者爲章乃器，以其不承認錯誤而又喜説俏皮話作諷刺也。（如對董渭川之屈服，謂其"爲摘帽子而鬥争"。）其次爲王葆真，爲其不服于劃爲右派，時時訴冤。

九月三十號星期二（八月十八）

　　在車，與諸同人話別。十時到京，乘民進汽車返家。與静秋談。眠床，休息。看各處來信。

　　到中華書局，參加《史記》標點討論會，自二時至六時。與次君、筱珊同出。雁秋來，留飯。洪、湲、堪三兒隨舅去。

　　看《學習》雜志。九時服藥眠，上午三時醒。又眠，六時醒。

　　今日同會：金燦然（主席）　聶崇岐　陳乃乾　姚紹華　宋雲彬　章雪村　賀次君

　　標點《史記》，予極用心，自謂可告無罪。今日歸來，接中華書局來函，謂點號應簡化，小標題可取消，頗覺詫異。及往開會，乃知毛主席令在兩年内將廿四史點訖，如照予所作，則其事太繁，無以完成任務也。此事若在從前，予必想不通。今從集體出發，亦釋然矣。

[**原件**]　　吉祥劇院對號券
　　樓下一排（2）　票價柒角　日期9月7日　時間一點30分

　　一九五六年秋，葉子剛君贈予夫婦戲券，至工人文化宫看吴素秋《潘金蓮》劇。素秋于女藝人中文化程度甚高，表現細緻，而予不敢晚歸，中場即退出，然久縈于心，恒思補觀。今年九月六日，至東安市場，見吉祥戲院于七日午，由素秋演此劇，甚愜予懷，亟購票一紙，而六日晚七時，周總理發表聲明，反對美帝武裝侵略臺灣，是夜九時後，北京市各界即冒雨游行。七日上午，民進召開會議，決定參加下午游行，予激于義憤，亦報名參加。雖經梁純夫君勸止，不顧也。是日大熱，站天安門前，如火灼膚，居然終場。然素秋之劇則不克觀矣。特將戲券粘此，以見予克服個人興趣之一個表現。若在以前，必以爲游行者已多，增予一人不多，減予一人不少，仍從興趣主義出發，前往觀劇。自參加整風運動以來，確知個人當首先注意組織與紀律，提高自己之政治責任感，逢公私利益矛盾時，必先公而後私，是則參加運動之效也。

[剪報]　　九月七日《北京晚報》

我的誓言

　　　　華北無綫電廠女工　　徐有生

五四年轉業離前方，
一心只把前方想，
聽說美帝來挑釁，
氣得我兩眼放紅光！

對敵廣播我也會，
戰地救護我在行，
親身殺敵更解氣，
實在想開機關槍！

回家我把決心講，
丈夫和我一個樣；
就是我那小寶寶，

爲國情願離開娘。

意如鐵石志如鋼，
一心消滅美國狼，
如果不讓我上前綫，
機器會變成我手中槍！
　　1958，9，6　深夜
　　予應向此工人看齊！

［剪報］　九月七日《北京晚報》
　　　臺灣自古以來就是中國的領土（各文均略）
　　　企圖干涉我國解放沿海島嶼的美國國會的聯合決議
　　　美國侵略臺灣的罪行
　　　美國最近對臺灣地區的軍事挑釁
　　　美國侵臺主力——第七艦隊

　　　政協全國委員會河南省參觀團
團長：胡愈之
副團長：劉仲容
第一組組長：張明養
　　　王葆真　白　薇　吳景超　陳建晨　陳麟瑞　孟目的　林礪
　　　儒　胡蘭生　曾澤生　黃艮庸　閻迦勒　閻寶航　謝家榮
第二組組長：吳大琨　劉岱
　　　王士哲　王卓然　李一平　李　蒸　陳　鈞　金漢鼎　趙慶
　　　杰　徐楚波　章乃器　董渭川　雷潔瓊　廖　華　顧頡剛
工作人員：馬正信　李　數　俞人則　李念武　張靜一（醫生）

13 晚 9 時 43 分到鄭州　14——15 上午在鄭

15 下午到信陽——20　20 到新鄉、安陽（兩三天）　29 返京

河南及武漢之行簡記：

九月十三日早八時離京，晚九時半至鄭州。住紫金山賓館。聽劉鴻文報告。與林礪儒同室。

十四日，晨游商故城（實漢故城）。上午參觀河南省小麥豐收展覽會。下午參觀河南省工業展覽會。晚看常香玉演《朝陽溝》劇。

十五日上午參觀鄭州市十一中學之勤工儉學。十二時上車，在車開小組會。七時半至信陽，住招待所，與徐楚波、董渭川、王士哲同室。

十六日，早游信陽城。九時聽王世泰報告，至十二時。飯後又出散步。二時半出，與同人參觀南灣水庫及土高爐群。晚，洗雨鞋，未參加開會。

十七日，八時半上車，九時三刻至雞公山，步至招待所，上街散步。下午，聽社長穆清義報告，參觀煉鐵廠、水力加工廠、機瓦廠及第一火箭食堂等處。夜，與胡蘭生同室，仍未參加會。

十八日，八時卅分至李家寨，至人民文化站憩息。出，至夏子溝看中稻豐收。又參觀民工鋼鐵廠、造紙廠幼兒園。到鄉黨委會休息，聽信陽縣長錢國華報告。下午，看遂平衛星豫劇團演《中國衛星上了天》。五時，回雞公山。晚，出席會議，未終場歸臥。

十九日，八時許上車，十二時四十分到遂平。二時乘吉普車進城，住招待所，與吳大琨、劉岱、王士哲、王卓然、李一平、李蒸、陳鈞、金漢鼎、趙慶杰、徐楚波、章乃器、董渭川、廖華同室。下午三時飯。與李蒸上街。八時飯。開會，讀公社簡章。

二十日，上下午聽縣長張清廉、縣委趙光報告。晚趙光續報告，予未往聽。

廿一日，上午開會討論及分組。下午，參觀機械廠、化學肥料廠、八一福利聯合工廠、幸福院及蓮環湖水庫。夜，同人往觀虞城豫劇團演《五姑娘》劇，予未往。

廿二日，上午步至北郊韓馬莊，參加中稻收割。下午步至東郊，參觀第二大隊生産指揮部翻土，并觀婦産院。獨游新華書店。晚，上街理髮。

廿三日，上午開會，討論寫報告問題。下午寫大字報，到黨委會再聽趙光報告。晚開會送別白薇等三人，并作批判，至十二時後散。

廿四日，上午到站待車。下午上車，晚十時半抵漢口，宿江漢飯店，與吳大琨同室。十二時始進晚餐。

廿五日，上午參加武漢鋼鐵公司一號高爐出鐵典禮。下午參觀長江大橋。晚看文藝會演。

廿六日，上下午開會，談此行觀感及思想收穫。晚，獨游粵漢碼頭及濱江公園。

廿七日，上午獨游琴臺，上龜山；至武昌，登蛇山；再行長江大橋。下午二時半歸，與同人到東湖公園，參觀行吟閣等處。晚，受省政協招待，度中秋晚餐。

廿八日，上午獨游中山公園及解放公園。下午開總結會，至七時半散。晚，上街散步。

廿九日，上午九時半上車站，十時登憑祥來車。

三十日，上午十時返京。

此行計住：鄭州兩夜　信陽兩夜　鷄公山兩夜（第二天至李家寨，未住）　遂平五夜　武漢五夜　京漢車中一夜

［剪報］　一九五八，十，九《團結報》

臺灣自古就是中國的領土　　　　　　　　　　　吳紫金

（下略）

一九五八年十月

十月一號星期三（八月十九）

到周太玄處，晤其夫婦。到天安門觀禮，自九時半至下午二時。上車，喘甚久。

二時半歸，與靜秋談。到昌群處談。雁秋來，留飯。

羅偉之來，看其所寫交代。失眠，服藥兩次，十二時後眠，翌晨六時醒。

今日所見人：何遂　何魯　馮友蘭　于滋潭　陳建晨　雷潔瓊　嚴景耀　馮賓符　楊東蒓　張明養　葛志成　顧均正　余之介　徐楚波　謝冰心　王歷耕　章元善　葉聖陶　葉至善　鄭振鐸　夏衍　舒舍予　李根源　王季範　劉仲容　孟目的　林礪儒　胡蘭生　趙慶杰　王卓然　李蒸　呂叔湘　葉企孫　孫蓀荃　翁文灝　程希孟　莊希泉　李培基　陳半丁　焦實齋　潘震亞　梁漱溟　康同璧

今年游行，異于前數年所見者爲民兵，僅北京一處已增加如許武裝，且男女均有，推之各地，其數必可觀也。又二先行（交通、電力）、三元帥（糧食、機械、鋼鐵）色彩鮮明。又蘇聯同志亦參加游行，具見兩國友誼之篤。

十月二號星期四（八月二十）

到尹達處，談話兩小時。歸，記數日來日記。殷綏真來。張玉英（靜秋堂姑）偕其女周秋楓、婿張法圖挈女嬰來。雁秋來，留飯。楚明善來。

與湲兒到紅星看《人民公社》、《地下宮殿》兩電影。李念武來，與同改參觀報告中《人民公社》一章。金振宇、擎宇來。

與雁秋挈四兒到北海看放烟火，遇曾澤生。十時歸。十一時服藥眠，翌晨六時醒。

昨滋潭見我，今日綏真見我，均謂予眼甚紅，蓋多日遲睡之所致也。

尹達謂我，自予交心後，以牽涉彼者多，統戰部曾往瞭解。又謂《史記》去標題係其主張。

十月三號星期五（八月廿一）

修改參觀報告中《農業》、《文教衛生》兩章訖。

看李錦全《批判古史辨派的疑古論》訖。王姨母偕秦清宇夫婦來。王姨母留飯。

與靜秋、潮、湲到政協禮堂，看《紅旗飄飄》話劇。遇張守中、鄧季惺、李培基。十時散。十一時服藥眠，翌晨七時醒。

李錦全批判《古史辨》文，平心靜氣，有說服力。予政治思想既已通，學術思想自當改造。此文足爲予自鑒之助，當再三讀之。此文有二萬數千字，實一賣力之作。

秦清宇（元澄）爲予大學時同學，渠學工程，年與予同，已三十年不見，談老同學情況，感慨系之。

十月四號星期六（八月廿二）

補記此次行程日記訖。作向民進報告此次行程文，得二千字。

到南小街理髮。訪伯祥未晤。到北京醫院，就趙彝年大夫診。遇林礩儒、王葆真。訪陳建晨，未遇。

昌群來談。九時眠，上午一時醒。又眠，五時醒。

今日量血壓，爲 128/84，久所未有之低，是此次旅行之效也。予詢醫師，能打"奴夫卡因"否，渠囑予驗血後再定。

滿背癢，生顆粒，蓋旅行中走路多，而予近年易流汗所致。

昨王姨母來，謂予瘦。今日理髮對鏡，始知予較前瘦得多矣。

十月五號星期日（八月廿三）

到北京醫院驗血，以星期日不辦公退出。到松江春吃點，不飽，又到馬凱食堂吃點。到民進開會，自九時至十二時。

未成眠。看《古史辨第一册自序》。王修來。晤蕭鋒。從筆記本中鈔出河南農業資料，未畢。雁秋來，留飯。馮世五來。

洗浴。到大華，看《十三陵暢想曲》電影。十時三刻歸。十一時服藥眠，翌晨五時半醒。

今日同會：王紹鏊　楊東蓴　馮賓符　葛志成　余之介　張明養　雷潔瓊　嚴景耀　徐楚波　吳榮　王寶初　馮亨嘉　龐安民　富介壽　王嘉璇　李念武　趙逢生（自張家口來）

民進第三次代表大會，自今日起至十一月十日止爲籌備期，工作報告須起四次稿。自十一月十一日起至廿九日爲大會期，卅日爲開中央委員會期。此兩月中，至緊張也。

中央工作幹部，鄭芳龍及劉鶚業二人俱定爲右派分子。

十月六號星期一（八月廿四）

到所，寫河南農業參觀報告，未畢。訪尹達、楊向奎，均未晤。晤陰法魯、姚家積、李學勤、劉厚祜、俞培厚、李樹桐、冒懷辛。

到昌群處。未成眠。續看《自序》。厚宣來。作參觀報告略訖。到伯祥處，并晤其子湜華。

到文藝大樓，看《永不消逝的電波》電影。過常惠。十時服藥，不眠，十一時又服藥，至翌晨六時醒。

昨看電影，晚歸而得眠。今日看電影，早歸而不得眠，所以然者，昨所看爲歡樂片，今所看爲革命片，使予精神有張弛之異也。予晚上絕不能使精神緊張如此。

看《古史辨自序》，覺得卅多年前予甚能"打破迷信"及"敢想、敢說、敢幹"，對于反封建思想能起一定作用。所不足者，未進而研究馬克思主義，無階級思想以爲之基，落入唯心圈子耳。

十月七號星期二（八月廿五）

到所，重作河南農業參觀報告，未畢。晤張德鈞、高志辛、桂瓊英、趙健、舒振邦、封耀昭、譚惠中等。貝列羅莫夫來。

昌群來。理書。作農業參觀報告訖，共三千字。爲孫媛貞寫材料一千二百餘字。

到民進開會，討論寫報告事。自七時至八時四十分。與賓符、純夫同車歸。失眠，服藥三次，約十二時眠。翌晨六時半醒。

孫媛貞是一個好人，只爲抗戰中她不願在常州家鄉向敵人低首，排萬難到蘭州訪我，而是時予爲葛武棨壓迫欲死，將飛昆明，不得已托尹以瑩爲介紹至西北訓練團，任女團員之生活指導員，藉以維持生計。一年後即辭職，到渝與趙介文結婚，爲家庭婦女。但至今日黨方疑其參加法西斯組織，問我有否危害革命之活動，此皆予不明立場，不分敵我之所致也。因詳述其事，致人事科。

十月八號星期三（八月廿六）

到所，晤尹達、熊德基、翁獨健、趙幼文、祝瑞開、錢寶琮、李樂知、王姨丈、王毓銓、趙健、胡厚宣夫婦等。到會計處領薪。到人事科交信。

勘《衛將軍列傳》，未畢。記筆記二則。到北京醫院，就女醫師顧承敏診。遇酈明。到中國書店閱書，遇孫景潤。雁秋來。

到民進，開報告會，予與潔瓊、趙樸初發言，自七時至十時。十一時服藥眠，翌晨六時半醒。

　　昨晚同會：楊東蒓　王紹鏊　馮賓符　葛志成　王寶初　吳
榮　梁純夫　章廷謙　雷潔瓊　張志公　余之介　徐楚波　龐安
民　王嘉璇　李念武　吳廷勘　趙濟年　富介壽　趙樸初　張
蘭玉

　　今晚同會：王紹鏊　楊東蒓　趙樸初　雷潔瓊　嚴景耀　葛
志成　馮賓符　王寶初　余之介　徐楚波　吳榮　張志公　張明
養　梁純夫　王嘉璇　毛啟邠　李念武

十月九號星期四（八月廿七）

　　到北京醫院抽血，遇楊鍾健、吳有訓、章元善、黃炎培。到東
四食堂進點。九時，到所，整理河南之行所得歌謠、標語。

　　看昨所購書。寫《水經注》目。到北京醫院，就李輔仁大夫
診。到中藥公司取藥，到建國門內大街散步。到益康食堂吃點。到
崇內古籍門市部。遇王季範。

　　翻明清各本《水經注》。九時服中藥眠，翌晨四時醒。

　　上月沈姓保姆因懷胎不能任工作，未滿一月即去。昨另覓一
人，名盧惠卿，新城人，年卅餘，頗和氣，或可久也。

　　昨量血壓，爲140/100，較四日前又高，此又夜中開會，睡
眠不佳之果也。今日改服中藥，得一佳眠，快甚。前在漢口，孟
目的君爲予言，西藥安眠，不宜常服，否則損及心臟、腎臟。倘
能戒去，則大善矣。

十月十號星期五（八月廿八）

　　爲高志辛修改其《秦刻石試譯》。到所，續整理所得歌謠。遇
法魯、厚宣、德鈞、丁曉先、孟默聞。貝列羅莫夫來。科學出版社
吳振鑫來，催《地理名著選讀》稿，即寫曹婉如信，囑其轉交。

　　題《水經注》書面。整理所得信陽區歌謠略畢，訂成一冊。翻

陳登原《國史舊聞》。到爲寶書局閱書。

到民進開會，續述參觀所得，予再發言。會至十時四十分散。十一時許服藥眠，翌晨四時三刻醒。

今晚同會：楊東蒓　王紹鏊　馮賓符　葛志成　趙樸初　雷潔瓊　嚴景耀　王寶初　章廷謙　徐楚波　顧均正　余之介　龐安民　馮亨嘉　吳德咸　方健明　王嘉璇　趙濟年

前今二夕，由予與潔瓊、楚波報告信陽專區之人民公社及勤工儉學，由趙樸初報告安徽桐城、巢縣等區之農業躍進，由寶初、廷謙報告徐水人民公社，由均正報告新鄉七里屯之人民公社。各地情形，大同小異，益見人民幹勁之强也。

十月十一號星期六（八月廿九）

到所，分析秦刻石意義，記筆記八則，得千八百字。晤高志辛。

校《平津侯主父列傳》略訖。看《南越列傳》一遍。點《今水經》三頁。雁秋來。

服中藥，不成眠。服西藥兩次，十二時半得眠，翌晨五時半醒。

昨眠既不佳，今夕又繼之，一個人昏昏沉沉，予真不能參加晚會矣。

十月十二號星期日（八月三十）

到故宮繪畫館，看隋、唐、五代、宋、元畫。到保和殿，看三門峽、劉家峽出土文物。到乾清門午飯，又到御花園飲茶。

到神武門樓，看定陵出土文物。到北京圖書館，看戊戌政變六十年紀念展覽。到北海，看文字改革展覽及國畫展覽。六時半歸。

服中藥，九時半眠，上午一時半醒。又眠西藥，二時半眠，六時半醒。

以兩夜眠不好，今日索性以一日之力看六展覽會，除飲食時間外未嘗一息，自喜猶是少年情趣。噫，倘使予得安眠，洵可在大躍進中一顯身手矣！

十月十三號星期一（九月初一）

到所，續記秦刻石七則，約一千四百字。訂改造規劃，寫一千字，未畢。雨中歸。雁秋來，留飯。

覆看《平津侯主父列傳》，記筆記五則。到北京醫院，就女醫師王志芸診。到治療室打奴夫卡因針。到中藥公司送藥單。

到中藥公司取藥，新華書店閱書。九時半服藥眠，十二時醒。又眠，四時三刻醒。

今日量血壓，爲140/90，較上次又低些。予之血壓總是如此忽高忽低，真苦人也。

奴夫卡因針，治神經衰弱有特效，且試爲之。今日一天吃中藥，又吃西藥，又打針，僅勉能得睡耳。

十月十四號星期二（九月初二）

到所，張若達偕劉永成、曹桂林來，談抗戰中史學工作。鍾遵先來，同到文娛室，聽尹達對整風運動作總結報告。與謝剛主談。

到文化俱樂部，出席政協河南參觀團會，討論總結報告，作文字上之修改，自二時至五時。歸，與雁秋談。雁秋留飯。

吳祥泰來，同到華僑服務社，訪馬季明夫婦，談至十時歸。失眠，服藥兩次，至十二時後得眠，翌晨五時三刻醒。

今日上午同會：尹達　熊德基（作報告）　全所同人

雁秋明早到門頭溝勞動，有工資，説不定即當作職業。又安已到朝陽門外勞動七天，明日可歸。

今日下午同會：劉仲容（主席）　吳大琨（起草報告者）

張明養　劉岱　馬正信　陳建晨　雷潔瓊　孟目的　林礪儒　胡

蘭生　閻寶航　謝家榮　王卓然　李一平　李蒸　金漢鼎　趙慶
杰　徐楚波　章乃器　董渭川　廖華　李數

十月十五號星期三（九月初三）

到所，理書。草《梳辮子與自我改造規劃》，略具輪廓。寫筆
記一則。遇孟默聞。

鈔陳健偉《鄒衍的五德終始說的政治意義》入筆記，三千餘
字。劉永成、曹桂林來取抗戰中史學書刊。理書桌。

與靜秋到王府井散步，遇唐立庵。八時半服中藥眠，上午一時
醒。三時後又眠，六時醒。

得自珍信，渠已參加民兵，經此鍛煉，身體當好些。

十月十六號星期四（九月初四）

到所，遇楊向奎。作《梳辮子與自我改造規劃》二千字，訖。
到人事室，晤蕭風、陳友業，取《幹部簡歷表》。

鈔《梳辮子與自我改造規劃》訖，寫楊東蓴、葛志成信，即付
寄。與昌群同到北京醫院，予續打針。在東單理髮。到崇内中國書
店閱書，遇陳翰笙。

八時半服中藥。九時眠，上午二時醒，遂不寐。

十月十七號星期五（九月初五）

到所，看《商君書》，記筆記二則。寫《到河南信陽專區參觀
人民公社後的感想》一千五百字，即改訖。張德鈞來。胡厚宣來。

寫政協會刊編輯部信。與靜秋到王姨丈處。

看錢基博《周易解題》。八時半服中藥眠，十時醒。服西藥，
十一時後眠，翌晨五時醒。

兩日來作出兩文，對民進、政協交了稿，肩負一輕。本星期

内民進有四次晚會，予因失眠告假，幸得如此，否則文不能成也。然《史記》工作則至今積壓，心中又不免耿耿。

堪兒問我，何以北美洲在地圖上看來大而在地球儀上看來小，予告以球形與平面之異，渠豁然悟，説："我懂得了!"校中老師謂其理解力強，洵然。

十月十八號星期六（九月初六）

到北京醫院，以人多未得打針。遇邵力子、何思源。到文化俱樂部，與喜饒嘉措、陳木天（成覺）談。十時上車，出復興門，經盧溝橋、長辛店，十一時半到垞里，入原子能研究所，聽錢三強談所內情況。

在所內進食（政協所備）。與張治中、千家駒談。看原子能電影。參觀原子堆及回旋加速器。二時上車，在車與張絅伯、粟風談。四時半到文化俱樂部。與張明養同到北京醫院，予打針。

洗浴。看胡玉縉《許廎學林》。失眠，服西藥兩次，至十二時後眠，翌晨六時醒。

又安前日方從朝陽郊區勞動回來，今日起，又爲派出所徵至安定門勞動。静秋今夜起在本街道煉鋼，宛然河南情景矣。

今日同行者：張治中　蔡廷鍇　喜饒嘉措　梅公彬　申伯純　陳公培　梁漱溟　王遵明　楚溪春　閔剛侯　千家駒　張曼筠　張絅伯　周士觀　吳羹梅　張明養　雷潔瓊　徐楚波　王深林　粟風　史公載　吳覺農　馬正信　陳木天　章伯鈞　于振瀛

十月十九號星期日（九月初七）

在家整理屋子，自九時至十二時。與静秋挈諸兒到青年會南上海小吃店午飯。王姨丈家金嫂及珏侄來。

到北京醫院，就聞穎梅女醫師診。到次君處談，并晤尹受。以張棟銘《春秋地名疏證》一稿交次君代點。譚惠中來借打電話。

　　看《兩般秋雨庵隨筆》。十時半服藥眠，上午一時半醒。又眠，五時半醒。

　　今日盧惠卿告假省親，又安出勞動，靜秋去煉鋼，潮、洪、湲亦出勞動，家中無人收拾，予因以一身爲之，鋪床、擦桌、掃地、整理什物，勞之半天方畢。蓋我家雜物既多，占地又廣，四兒書物亦均亂放，一一清理殊不易也。

　　今日量血壓，爲 144/78，何其低乎？是否日服利血平與絡通片之效？然血壓雖低而失眠依然，非藥則不得眠，非重劑則不得眠，非常易劑則不得眠，何也？蓋八個月以來，爲開會故，服藥太多，成爲大癮，亦當如戒鴉片烟然，徐徐爲之也。

十月二十號星期一（九月初八）

　　靜秋赴津參觀。昌群來。記筆記二則。十時出門，乘電車到永定門站，與同行者會齊。十一時半上車，十二時飯。下午二時半到徐水。步行約四里，至招待所。

　　安置行李畢，予獨步入城，至北關。到新華書店，買有關徐水之書。回，到潔瓊、建晨處談。五時開會，梅龔彬宣布行程。與陳建晨、徐行之同入城購書，遇健常等。六時半，歸飯。

　　七時半，聽黨委書記范凌霄報告，至十一時畢。服藥眠。上午四時醒，值大雨。

　　今晨無綫電廣播，鄭振鐸率團至阿富汗，中途車墜，全團百餘人俱死。

　　予同室：徐楚波　嚴景耀　查夷平　陳岱孫　徐行之

　　此次同行者：梅龔彬（團長）　趙樸初（副團長）　陳建晨　王季範　李書城　張絅伯　鄒秉文　孫瑞芝　周炳琳　黃翔　王卓然　李一平　金漢鼎（以上第一組）　林礪儒　閻寶航　徐

楚波　雷潔瓊　顧頡剛　嚴景耀　徐行之　查夷平　陳岱孫　梁漱溟　陳公培　莊明遠（以上第二組）　張魁堂　張述孔　任富春　曾寶琳　于金茂（以上工作人員）　共三十人。

十月廿一號星期二（九月初九）

寫張靜秋，尹達信。九時出，至徐水大學，聽楊副校長報告。十一時，參觀該校農場、機械廠、圖書館等處。

獨步東郊。三時乘車出，到商莊，聽副社長黃沛然報告，觀該社食堂、幸福院、醫院、猪場等處。出，到化工廠。又到大寺各莊看小麥密植與棉花豐收。

六時半歸飯。七時半開小組會議參觀所得。十時散。服藥眠，翌晨五時醒。

所遇社會主義學院同人：吳研因　林漢達　于滋潭　譚惕吾浦熙修　劉王立明　鄧季惺　李俊龍　吳文藻　陳銘樞　傅振倫　張振漢　馬非百　馬松亭　鄧哲熙　覃應機　于樹德　錢端升　費孝通　周畢成　胡庶華　周亞衛

十月廿二號星期三（九月初十）

獨至徐水飯店，遇周畢成、張振漢、馬松亭、傅振倫、張知行等。九時，至細菌肥料廠、機械廠及鋼鐵聯合工廠參觀。十二時歸。

獨到文化館及南關散步。一時半，乘車到謝坊，觀人民武裝。聽社長祁麟懷報告，由其導觀水電站、縫紉部、浴池、幸福院、幼兒園、供銷部、俱樂部、文化館等處。出，到漕河水庫，遇健常等。六時歸。

七時半開小組會，討論所見。九時半散。服藥眠，上午十二時半醒。又眠，五時半醒。即起。

十月廿三號星期四（九月十一）

繪徐水簡圖。七時半離招待所。八時半上火車，十時三十五分到定縣。車中與張魁堂談。即乘汽車，經東亭鎮，稍停，食芋。十二時廿分到安國縣，入縣委會，與縣長焦家駒談話。進花生與梨。

二時進飯。到大街買鞋。三時與同人出，到南郊看新翻田。到兩處建華製藥廠及化工廠參觀。到太平山看藥田，上高臺。六時半，回城，落宿縣人民委員會，予與楚波同室。

七時半到縣委會，聽焦縣長報告。九時半回寓，服藥眠。十二時醒。又眠，五時醒。

今日未往安國者：林礦儒　金漢鼎　王季範

數日來予步行過多，腳底作痛，疑爲鞋底釘子所戳，買一新鞋穿之，而仍痛，繼發視之，乃右脚跟裂開一縫也。然得此旅行機會，胡可不行，只得忍痛參觀耳。

十月廿四號星期五（九月十二）

五時半起，到北大街、光明街等處散步。八時上車，由縣委孟恩光導引，到南樓底大隊看棉花、高粱豐產。十時，到伍仁橋東風人民公社，聽書記宋瑞福報告，到試驗田。十二時半歸飯。

與潔瓊、景耀、建晨、瑞之上街買書、果，遇鄧哲熙、覃應機。游藥王廟，觀邳彤墓。三時，乘車到北關安國中學參觀，聽教務長宋信報告，并觀該校勤工儉學各部。五時出，到南郊劉莊，觀幸福院、幼兒園及公共食堂。

六時半歸飯。七時半到人民禮堂觀安國老調團演劇，十二時散，演員送出。十二時半服藥眠，翌晨五時醒。

在徐水常食鱉魚，爲白洋淀所出。到安國後多食梨及花生，爲當地所出。梨甚甘脆而無渣，又大，爲山東梨所不及，而沒沒無聞于外，實當增産也。

此行所見農村，以徐水之商莊、謝坊，安國之伍仁橋爲最佳，民生日用，一切想到，老弱無間，真入共產主義境界矣。

十月廿五號星期六（九月十三）

理行裝。與楚波談。八時半，別當地黨政幹部上車。十時一刻到定縣，觀開元塔、游大街。縣委書記王紹魁來，同到縣委會，聽其報告。食梨。十二時進午飯。

一時到定縣車站，一時五十分上車，遇廣播員張雪娣，與談。看連環圖畫《看燈謎》、《斬黃袍》、《小皮鞋匠》等。與孫瑞芝、王卓然談。六時四十分到永定門站。

在站飯。八時許歸家，略與靜秋談數語，渠即往煉鋼。看近數日中來信及雜志。失眠，服藥三次，十二時半得眠，六時醒。

北京街道熱烈煉鋼鐵，乾麵胡同區居民在黃獸醫胡同煉鋼，靜秋被派爲連長。前數夜爲學習，今明兩夜均不得歸家，帶了幾個饅頭去。又安以做夜班，亦不得歸。虧得有一保姆，否則一家無人做飯，孩子生活大成問題矣。

連日勞動，今日本可安眠，而靜秋不在家，余遂率意看書報，致仍不能眠，服 Seconal 亦無效。以是知晚間絕對不能工作。

十月廿六號星期日（九月十四）

補記日記六天。李址麟來。陶才百來。高仰之來。

與堪兒到黃獸醫胡同十七號視靜秋煉鋼。到伯祥處未晤，見潤華夫人。歸，殷綏真偕其子王應梧來。陳育麟來。記筆記五則。到北京醫院打針。爲堪兒講魚類。

八時半服藥眠，上午二時，靜秋自煉鋼處歸。予三時許又眠，六時醒。

今日與堪兒至煉鋼處看靜秋，她身爲連長，指揮六十餘人工作，忙得無暇和我們説話，其緊張之情可想見也。

十月廿七號星期一（九月十五）

到所，點《商君書》三篇，記筆記二則。看在徐水、安國所寫筆記。遇蕭風、阮宜奎、譚惠中。

到政協會議室，開參觀團會議，團員發表心得及意見，自二時半至六時。在西四進晚飯。

到民進開會，討論彭德懷文告。十時歸。十一時服藥眠，翌晨五時醒。

今日同會（°説話者）:°梅龔彬　趙樸初　°李書城　°張絅伯　金漢鼎　陳建晨　°林礪儒　閻寶航　°梁漱溟　雷潔瓊　嚴景耀　°查夷平　徐行之　°李一平　°鄒秉文　°孫瑞芝　周炳琳　陳岱孫　陳公培　莊明遠　張魁堂　曾寶琳

今晚同會：馮賓符（主席）　葛志成　彭慶遐　勵剛　陳麟瑞　梁明　雷潔瓊　嚴景耀　陳慧　顧均正　余之介　吳榮

静秋昨夜二時歸，已兩宵未眠，今日得眠半日。

十月廿八號星期二（九月十六）

到所，點《商君書》兩篇。補記日記。記筆記一則。摘録徐水、安國筆記，備作報告。遇胡厚宣。

到伯祥處，未晤，見其子湜華。到北京醫院，就辛女醫診。又打針。出崇文門，乘電車到體育館，歡迎朝鮮歸國志願軍。七時許出。

至鮮魚口會仙居飯。九時半服藥眠。一時四十分醒，約三時又眠，四時又醒。五時又眠，六時半醒。

今日會中所遇人：胡庶華　張振漢　李蒸　程希孟　舒舍予　林礪儒　潘梓年　唐鉞　歡迎志願軍歸國，熱烈之甚。惜予未携食物，不克終場耳。

今日量血壓，爲 134/80，比前更好。然夜中時醒，又入衾不舉，此固老年應有之衰狀。然前至河南時，孟目的君曾語予，安眠藥不可多服，多服則損心臟及腎臟。此一年中，開會太多，不服便不得眠，或因此致腎虧耳。

十月廿九號星期三（九月十七）

到所，遇幼文、厚宣。謝剛主來。點《商君書》五篇。記筆記一則。準備下午發言稿。遇孟默聞、丁曉先。

到政協，出席徐州安國參觀團座談會，自二時半至五時半。

看《南菁書院叢書》。九時眠，上午一時三刻醒。至五時復眠，六時許醒。

今日同會：梅龔彬　趙樸初　李書城　°陳建晨　閻寶航　梁漱溟　°嚴景耀　查夷平　°徐行之　李一平　鄒秉文　°周炳琳　°徐楚波　°莊明遠　°予　王季範　王卓然　張魁堂

今晚隨便翻書，覺有倦意，竟未服藥而眠。惟半夜醒三小時爲苦耳。

十月三十號星期四（九月十八）

到所，讀《商君書》十餘篇，記筆記三則。寫貝列羅莫夫條。

到東單理髮館理髮。看陳啓天《商鞅評傳》。到北京醫院打針。歸，記筆記一則。將《湯山小記》第十冊整理訖。

到文藝大樓，看淮劇。十時歸，尹受來。服藥三次，約卜午一時眠，六時三刻醒。

今日看戲，爲時不久，且亦未激動感情，然仍服三次藥方眠，可見予晚上絕不能精神貫注。此後晚上絕不當看戲。

今晚靜秋又去煉鋼，一夜不眠。渠以工作積極，得上級褒獎。

十月卅一號星期五（九月十九）

到首都劇場，赴鄭振鐸等十六人追悼會，以人多退出，遇呂叔湘、文懷沙、雷潔瓊。到北京醫院，就外科醫生許秉責視足疾。遇向鈇。歸，補記日記兩天。

到政協，出席徐水安國參觀團第三次座談會，自二時半至六時半。七時半歸飯。

足痛甚。看《南菁書院叢書》。十時服藥眠，不能眠，再服藥。十二時後眠，翌晨七時醒。

今日追悼會，以單位參加人多，予雖早十分鐘至已無法入場，又以足痛，不能在後面站，故九時半即退出，赴北京醫院治療。醫謂予爲足跟破裂，須休息五天，臥床，將兩足高擱，同時服藥。惟明日仍不得休息，須從星期日起。

今日同會：°梅龔彬　°趙樸初　°李書城　°閻寶航　°王卓然　°鄒秉文　陳建晨　°李一平　°徐行之　°徐楚波　梁漱溟　查夷平　周炳琳　陳岱孫　°張絅伯　林礪儒　張魁堂

本月廿四日看安國縣老調劇團：

1. 嘉家樓　2. 臨潼山（李淵反楊廣）　3. 空印盒：馮振川（飾巡按何文秀）、邊進才（何僕周能）、劉國恩（杭州知府陳堅）、馮會友（水賊孫龍）

劇演得極賣力，細緻。起李淵之老生甚好，惜不知其名。

本月卅日看上海人民淮劇團：

1. 劉二姐趕會（少婦劉二姐背子趕會，爲無賴寶某所追，以智勇得免。）此劇純用淮安語。

2. 對舌（蘇員外掃墓遇盜，賴尉遲恭救得免。蘇贅尉遲于家。蘇迪英懷胎時尉遲投軍。十二年後，蘇員外逼女改嫁，女不願，而其先時所生子寶林，外祖父母撫之爲子，令呼母爲姐。至此時，長工蘇來將過去事告寶林，寶林乃與母到長安尋父，蘇來亦偕去。)
此劇爲京白，略帶淮安口音。

一九五八年十一月

十一月一號星期六（九月二十）

卧床，看吳見思《史記論文》第十五册。

雁秋來。

洗浴。服藥兩次，十二時後眠，六時醒。

醫囑卧床五天，爲點《史記》未完稿廿篇，故在床上作準備。

十一月二號星期日（九月廿一）

卧床，看《史記論文》第十六册。

寫尹達信，請假。九時服藥眠，翌晨四時醒，又眠，七時醒。

近來下午易餓，非吃一次點心不可，此胃之健耶？抑老年變態耶？抑近來買不到葷菜，營養不足耶？近日不但葷菜難買，即素菜亦不易得，所以然者，農人忙于翻田、開河、煉鋼，無餘力爲此，即圃中蔬肥，亦不暇收運，而交通工具則專爲二先行、三元帥服務尚嫌不足，安得運此。今尚能吃到一點者，乃城中合作社自雇工到鄉間運來者。此好現象，我輩所當忍耐以待之者也。

雁秋到三家店勞動，歸言二集鐵路從蘇聯運來物資甚多，此亦好消息。

十一月三號星期一（九月廿二）

卧床，看梁玉繩《史記志疑》及吳汝綸《評點史記》。

看郭嵩燾《史記札記》。

看《南菁書院叢書》。爲待静秋歸，失眠，服藥三次，至十二時後眠，翌晨六時醒。

十一月四號星期二（九月廿三）

搜集"驪虞"資料，備作筆記。看魏源《詩古微》等書。

起床，寫筆記三則，約一千五百字。

看劉敞《公是弟子記》等。十時半服藥眠。翌晨五時醒。

脚不痛矣，猶不敢出門也。

十一月五號星期三（九月廿四）

寫筆記七則，約二千八百字。以堪兒欺侮劉福立、徐小榮致哭，責之。

記筆記六則。理書桌、理信札。

與静秋到文化俱樂部看《十月的光芒》、《寶石花》、《搶築黄河橋》電影。遇王麗芬。十時半服藥眠，翌晨四時醒。遂不寐。

堪兒以父母之愛，日益驕縱，不得不責。幸而彼生于毛澤東時代，否則更不堪設想。

十一月六號星期四（九月廿五）

到所，知已遷至海軍大樓。即至張德鈞家交索借書。遇朱家源、譚惠中、趙介文等。歸家，因覓履歷表，將稿件整理一過。看賀次君《史記書録》。

到中華書局，開會，討論《史記》標點事，自二時至五時半。到伯祥家，并晤滋華、湜華。頤萱嫂來，留宿。

看陳奇猷《韓非子集釋》。十一時服藥眠。上午四時半醒。五時後又眠，七時許醒。

今日同會：金燦然　傅彬然　葉聖陶　王伯祥　宋雲彬　姚

紹華　賀次君　聶崇岐　陳乃乾　章雪村　曾次亮

予所點《史記》，由宋雲彬另覓一張文虎本重點，期于將段放大，將符號減少。然所逢困難問題重重，故開會商之。

十一月七號星期五（九月廿六）

到海軍大樓新所址，晤張兆漢、蕭風、陳友業、陰法魯、楊向奎、張德鈞、胡厚宣、趙幼文、段織勤、鄧福秋、酈家駒等。填簡歷表，略訖。

搜集予所著論文，備填簡歷表。到北京醫院打針。到古籍門市部買書。遇金芝軒。

看新買之《篛園日札》等。十時半眠，翌晨三時半醒。五時後又一朦朧。

哲學、歷史、文學諸研究所俱遷至建國門内海軍大樓，抗戰中日寇所建也。院宇弘偉，與東四頭條舊屋湫隘者絕異。舊屋則爲諸所同人宿舍。予室分配在三樓西角，面北，光綫不好。

今晚不藥而眠，倘打針之效耶？

十一月八號星期六（九月廿七）

到民間文藝研究會，開擴大常務委員會，討論編選民間文藝爲明年國慶獻禮事。自九時至十二時半。

到民進，討論“中央常務委員會關于一九五七年五月廿二日第一五三號通知及其有關文件的錯誤的檢查報告”、“關于江蘇、浙江、上海兩省一市工作經驗交流會議所犯錯誤的檢查報告”、“關于二代大會問題的辯論報告”，自二時半至五時。再開會，由楊東蓴傳述周總理、彭真、陳毅報告，至七時。

在民進飯。再開會，漫談對于周總理報告的心得。九時散。失眠，至十時半，服藥兩次眠，翌晨六時醒。

今日同會：安民　周揚　舒舍予　林山　張敦　陶建基　毛星　江紹原　陽翰笙　蕭三　袁水拍　王澤民　常惠　馬學良　孫劍冰　常任俠　路工　共三十餘人（内有北大、師大、北師院學生）。

今日下午同會：楊東蓴　馮賓符　趙樸初　章廷謙　陳慧　陳麟瑞　吳榮　顧均正　張志公　雷潔瓊　嚴景耀　徐楚波　葛志成　林漢達　董守義　王寶初　徐伯昕　張紀元　方健明　吳廷勷

今晚同會：趙樸初　楊東蓴　嚴景耀　雷潔瓊　葛志成　徐楚波　張紀元

十一月九號星期日（九月廿八）

到民進，討論“第四屆中央委員會向第三次全國代表大會的報告”，自八時半至十二時。

王樹民來。寫沈雁冰信。到陶然亭散步，進元宵及麵。到北京醫院打針。

羅媽來。爲堪兒講《魯賓孫漂流記》。九時眠，上午三時醒。五時又眠，七時醒。

今日同會：楊東蓴　許廣平　葛志成　張紀元　張志公　梁明　陳麟瑞　林漢達　顧均正　余之介　陳兼善　雷潔瓊　嚴景耀　徐楚波　吳榮　趙濟年　龐安民　趙樸初　王寶初

河北師範學院已由津遷京，故樹民來京。聞渠言，在反右運動中，孔玉芳因懼成瘋，然彼固無政治問題也，豈不冤哉！

陶然亭棗葉深紅，雅可賞玩。

十一月十號星期一（九月廿九）

到所，與法魯談。整理移來書箱。遇高宛真。將《商君書》初點訖。寫著述目入簡歷，未畢。楊向奎來。

修面。到東安市場買筆記本。到懷仁堂，聽周總理講“目前臺

灣海峽地區的形勢和我們反帝的任務"。自三時至七時半。步行至
西單上車。

　　九時歸飯。十時服藥，約十一時眠，翌晨六時醒。

　　　今日在會場遇見人：孟目的　嚴景耀　雷潔瓊　陳建晨　胡
愈之　劉仲容　杜君慧　關瑞梧　何思源　連以農　徐伯昕　葛
志成　馮賓符　梁純夫　謝無量　葉至善　朱光潛

　　　周總理今日講話分五節，1. 中國人民的兩大任務——自然
鬥爭和社會鬥爭，2. 爲什麼帝國主義和一切反動派都是紙老虎，
3. 臺灣海峽地區鬥爭的形勢和策略，4. 我們在反帝鬥爭中的若
干觀點，5. 光明的前途。説得極透徹，分析得極明晰，中國前
途無限光明，爲之興奮無已。

十一月十一號星期二 （十月初一）

　　到所，蘇聯 Л. С. 瓦西里也夫偕王瓘來談西周歷史，一小時半。
讀《商君書·墾令》篇，記筆記二則。與張德鈞、陰法魯談。遇劉
浩然、朱家源、謝剛主、喻培厚。

　　集資歷材料。到北京醫院打針，又就女醫師辛慕紹診。到伯祥
處，并晤湜華、緒芳。遇曾澤生。

　　看程大昌《演繁露》。洗浴。失眠，服藥，十一時半眠，不到
上午二時即醒。再服藥，五時半醒。

　　　今日量血壓，爲130/80，甚好。晚間翻書，亦有倦意。而九
時許一洗浴，便覺血液上升，睡意毫無，只得仍吃藥矣。此後洗
浴，應于下午爲之。

　　下腭牙痛大作，看來不能不拔矣。然正將開會，未可拔也。

十一月十二號星期三 （十月初二）

　　到所，續寫簡歷，仍未畢。到厚宣處，并晤瓦西里也夫、王

瓛。讀《商君書》兩篇，記筆記三則。

尹受來取書，留飯，寫致次君信。雁秋來，留飯。補簡歷表。爲堪兒續講《魯賓孫漂流記》。

到首都劇場觀志願軍文工團演《友誼》，十時半散。十一時服藥眠，翌晨六時醒。

幹部簡歷表，名爲"簡"而實甚繁，以我年齡，過去事太多，不勝其查考也。

從劇院歸，右脚又痛，齒痛則較好。

今日在劇院所晤人：馮友蘭　周炳琳　陳建晨　雷榮珂　王芸生　王家楨　閻寶航　康同璧　浦熙修　杜君慧　劉仲容　潘震亞　李濟深　陳半丁　曹谷冰

十一月十三號星期四（十月初三）

到所，整理簡歷表，鈔出一副本。與德鈞談。雁秋、尹受來裝爐子，留飯。

徐伯昕來。高君珊來。到北京醫院打針。在東單牛奶店進點。

看岑仲勉《兩周文史論叢》。約十一時得眠，上午二時半醒，約五時又眠，六時醒。

君珊較予大一歲，甚感衰老，已請華東師大退休，得允。爲告陳懋恒自入歷史研究所後更不能寫作，殊爲可惜。其《上古史》及《秦楚》兩演義甚風行，當局者何不用其長？

十一月十四號星期五（十月初四）

到所，作簡歷表最後一項。遇胡蘭生。鈔思想總結，應科學院之命，略改竄。記筆記一則。

到民進，開常務中委擴大會議，預備四屆三中全會。與柴德賡、周建人、張景寧談話。

看《箬園日札》。失眠，服藥兩次，十二時後眠，上午五時半醒。

今日同會：王紹鏊　楊東蒓　周建人　馮賓符　葛志成　張紀元　張志公　王寶初　陳麟瑞　顧均正　陳兼善　梁明　吳榮　嚴景耀　雷潔瓊　柴德賡　胡顏立　楊堅白　張景寧　趙樸初　章廷謙　吳廷勱　龐安民　王嘉璇　趙濟年　陳秉立

頻日睡眠又不佳，豈針藥脫效耶？我的身體真無辦法。

十一月十五號星期六（十月初五）

到所，鈔簡歷表最後一段，訖。看童書業、楊向奎批評《古史辨》派文。與張德鈞談。遇孫楷第夫人。

改作思想總結訖，重鈔半篇。到北京醫院打針，就李輔仁大夫診。到中藥門市部送方。到新華廉價部。雁秋來，留飯。

與靜秋、堪兒同出取藥。歸即熬服。失眠，服藥三次，至十二時後眠，翌晨六時醒。

今日又打針，又服中藥，而晚間依然失眠，殊爲短氣。

爲填簡歷及寫思想小結，費時十天之久。借此對經歷及思想作一整理，亦佳事。

十一月十六號星期日（十月初六）

到西郊賓館，出席民進四屆三中全會，聽檢查報告等。遇方學武。與顧均正、范烟橋等談。到烟橋室坐。到二樓食堂飯。與吳貽芳談。

到二四〇七號室小憩。到會議室鈔思想總結，訖。寫致尹達請假信。二時半，續開會，聽中央向代表大會的工作報告稿，趙樸初宣讀達兩小時。五時半出，到東安市場買藥，遇翁詠霓。雁秋夫婦來。

到蕭風處交表及小結。看李伯元《南亭筆記》。十時半服藥眠，翌晨四時半醒。五時許復眠，七時醒。

此次民進第三次代表大會自今日起，定于十二月八日結束，爲期二十三天。如住家內，往返太遠，且早晚凉，易受寒，故決于明日遷來。亦可一心學習，并節時間也。

范烟橋現任蘇州市文管會主任委員，因與談，擬將先父所集古物全部捐獻，化私爲公。蘇州地志博物館設文廟內。蘇州城已拆，以新建築需用磚。城基改爲環城馬路，惟胥盤門城墻尚保留一部分。

十一月十七號星期一（十月初七）

整理行裝，到西郊賓館，住二一一六室。開全國第三次代表大會預備會議，自九時至十時。與張景寧、朱有瓛談話。戴克光來談。點讀毛主席《論帝國主義和一切反動派都是紙老虎》未畢。

到一樓購物。二時半開會，參加第三組，吳貽芳主席，討論國際形勢。五時半散。與謝孝思、陳涓隱談。與鄭建宣談。飯時與陳禮節談。

到一樓理髮，遇吳榮。出，遇趙濟年、陳秉立，再到一樓進消夜。到秉立室小坐。失眠，服藥兩次無效，起觀文件。

今晚不緊張，而竟大失眠，服 Seconal 亦無眠，索性起讀《紙老虎》中赫魯曉夫致艾森豪威爾兩信。上午一時半覺倦，倚枕眠，至二時半即醒。又看文件，至四時半復眠，六時半醒。得眠三小時耳。

今日本組發言者：王佩蘭　司曉南　吳貽芳　李公威　李爕華　范烟橋　季家修　歐陽棣　柴德賡　桂慶和　許廣平　黃偉勝　湯山源

十一月十八號星期二（十月初八）

整備發言稿。寫大字報一張。參加第三組會，胡顏立主席，自九時至十二時。與柴德賡、陳秋安等談。吳榮來，囑靜秋來此工作。

出外步行一小時，晤陶建基。續開會，李燮華主席，自二時半至五時半。與烟橋談。到報導組，寫大字報一張。

到文書科視靜秋。遇趙鶴九。姚紹華來。七時，到禮堂，聽許廣平傳達毛主席報告。八時半散。九時半服藥眠，上午三時半醒。五時後又眠一小時。

今日上午本組發言者：葉光寶　吳貽芳　范興登　陳國勛　陳涓隱　歐陽棣　胡通詳　胡顏立　桂慶和　黃偉勝　雷潔瓊　謝孝思

下午發言者：予　范烟橋　吳研因　柴德賡　許廣平　司曉南　范興登　陳鴻楷　季家修　桂慶和　梁明

十一月十九號星期三（十月初九）

記筆記一則。參加組會，吳貽芳主席，自九時至十二時。與靜秋、戴克光談。遇蘇飛麟。林漢達來午睡。

到三樓開中央小組碰頭會，自一時至二時半。到北京醫院，就辛慕紹診。打針。歸家取衣物。返賓館，方白來談。寫誠安信。

楚波來。靜秋來。九時服藥眠，十一時即醒。起看《紙老虎》，約一時後復眠，四時半醒。

上午本組發言者：范烟橋　吳貽芳　陳涓隱　雷潔瓊　陳秋安　柴德賡　司曉南　桂慶和　李燮華　胡顏立　歐陽棣　黃偉勝　范興登　陳鴻楷　梁明　黃寶琛

下午同會：徐楚波　葛志成　張紀元　雷潔瓊　嚴景耀　林漢達　章廷謙　陳慧　吳研因　陳麟瑞　陳鳴一　戴克光　梁鐸　張志公　田文蓮　巫寶三　李紫東

今日量血壓，爲136/88，視前稍高。

十一月二十號星期四（十月初十）

步至北京展覽館（即前蘇聯展覽館）參觀全國工業交通展覽會之地質、煤炭、電力、石油、冶金、機械、原子能、化工、森工、輕工、紡織等十一分館。在北京餐廳（即前莫斯科餐廳）與靜秋同飯。

與靜秋及薛苟如再到地質館及鑽探、火車、電車各部門參觀。二時半，到展覽會第二部分（前建築工程部展覽館）參觀鐵道、交通、郵電、建築工程四分館。四時歸。五時飯。六時上車到天橋劇場。與澤民、徐鳳竹談。

觀陝西省戲曲赴京演出團演《三滴血》，遇汪旭初、鄺平章。十時半散。十一時歸。進點。十二服藥眠，凡服三次，至二時後方得眠，七時醒。

予已不敢看夜戲，而澤民頻繩陝劇《三滴血》之佳，因冒險一行。果然又不得眠，將劇性藥服遍矣。睡眠機能如此喪失，直使人生無復樂趣。

哈爾濱市代表王延年同志因患風濕，足不能行，以予室在下層，而空一床，住入予室。

展覽會場中，青年男女解釋員用快板、相聲作宣傳，深羨其活力之瀰漫。

十一月廿一號星期五（十月十一）

參加組會，予發言，受諸同人批評。胡顏立主席。

林漢達來借榻眠。到一樓看報。寫請假條。二時乘車進城，到伯昕處，同出，到北海公園，看菊花展覽，步行歷全湖，談予思想事。五時歸。

到彭心玲處，打葡萄糖針。到楚波、吳榮處談。九時半服藥眠，翌晨四時許醒。

今日上午發言者：吳貽芳　王佩蘭　司曉南　吳志儀　陳鴻

楷　季家修　歐陽棣　胡通祥　許廣平　黃偉勝　雷潔瓊　范烟橋　范興登

　　諸同人討論昨日參觀，因及新生力量與腐朽力量。予因謂予到處看見新生力量，而自己身體已入腐朽階段，深感痛苦。諸同人因批評予立場有問題，賴許廣平同志爲解圍。下午伯昕同志更爲予剴切言之，知說話當謹慎也。

十一月廿二號星期六（十月十二）

　　參加組會，李燮華主席，續談臺灣問題。

　　洗浴。與靜秋同歸，到西單商場爲潮兒買棉衣。看戴鈞衡《書傳補商》。

　　服中藥，十一時許，靜秋看戲歸。以其不令予服西藥，徹夜無眠。

　　今日上午發言者，以隔三日再記，已忘之矣。

　　明日參觀石景山人民公社，東菇照顧予體，囑在家休息，故今日歸家。

　　一夜不眠，小便有八次之多，腎衰可知。西藥安眠雖有暫時之效，而心腎交受其弊，終當絕去，否則身殉之矣。

十一月廿三號星期日（十月十三）

　　在家僵臥一整天。得眠半小時。于鶴年自津來。

　　看《魯濱孫漫游記》，爲堪兒講兩章。李唐晏來。

　　九時半服西藥，至十時許，由靜秋拍睡，翌晨四時醒。

　　昨晚竟徹夜無眠，爲近年所未有。予雖服中藥而仍不能脫離西藥，長此下去如何得了！擬再打金針。

十一月廿四號星期一（十月十四）

到會，遇林宰平先生。參加組會，討論人民公社問題。閱讀公社文件。整理携歸物件。

與吳志儀談。與許廣平談。就榻，未成眠。到醫療室，晤馬大夫，以護士不在，未打針。遇張景寧。出席文件起草委員會，自二時半至五時。携物歸，遇馮國寳。

到北京飯店，出席統戰部宴會，自七時至九時。十一時服西藥眠，翌晨五時醒。

今日上午發言者：范烟橋　湯山源　吳志儀　歐陽棣　柴德廣　季家修　葉光寳　吳貽芳　胡通祥

今日下午同會：梁純夫（主席）　楊東蒓　趙樸初　李霽野　柴德廣　胡顔立　張志公　陳選善　雷潔瓊　董滌塵　馮賓符　陳禮節　章廷謙　鄭建宣　趙毓英

今晚所遇人：張匯文　劉榮耀　吳羹梅　周鯁成　吳大琨　孫蓀荃

十一月廿五號星期二（十月十五）

補記日記三天。到會，參加組會，討論人民公社問題，予發言。

與姚紹華談。開中央小組會，討論寫大字報，自一時半至二時半。出，到西四區太安侯門診部，由女醫蔣君扎針。歸家取物，即返賓館，與徐健竹、嚴幼芝、戴克光談。

自二一一六號遷至二二一三號。與林漢達談。李佑民來。静秋來，同到一樓買物，三樓打普羅卡因針。返室，以燈滅早就榻，仍不能眠。十時許服藥眠，上午二時半醒，又朦朧二小時。

今日上午發言人：胡通祥　陳偉勝　歐陽棣　雷潔瓊　范烟橋　柴德廣　胡顔立　謝孝思

今日下午同會：徐楚波　陳鳴一　陳麟瑞　李紫東　姚紹華　雷潔瓊　嚴景耀　林漢達　董守義　章廷謙　陳慧　田文蓮

會中應看文件及應作事俱太多，而急急忙忙的趕，實是消化不了，及會畢而又將以他事之忙擱置矣。

今日量血壓，爲 150/95，較前又高。今晚又服中藥，又服西藥，又扎金針，又打藥針，僅乃得眠四五小時，如此偃蹇，如何得了！

十一月廿六號星期三（十月十六）

與吳貽芳、陳秋安談。與貽芳、祝其樂同車，到懷仁堂。遇劉熊祥。聽陳毅副總理關于思想改造及臺灣問題的報告，自九時至下午一時。一時半歸飯。

就榻，未成眠。三時半，獨到工業交通展覽會，看建築工程館。五時出，到新華書店及甘家口商場。六時歸。

到禮堂，看《徐水人民公社》、《東風》（小汽車）等電影，自七時半至九時半。十時服藥眠，上午二時醒。又眠，六時半醒。

今日在展覽會中鈔寫，覺心宕，手足出汗，遂未敢續寫。此種痛苦，不堪言矣。

十一月廿七號星期四（十月十七）

八時，到北郊農業機械化學院，參觀教育與生產勞動相結合展覽會，與張明養同車。遇劉醒群。上午觀綜合館，到暫安處商場中餐部飯。

下午觀地方館（廣西、甘肅、新疆、江西、雲南、青海、吉林、黑龍江、遼寧、安徽、湖南、廣東、江蘇、內蒙古）。遇徐旭生。五時歸，與祝其樂、吳若安同車。

到飯廳看電視《南方之舞》。失眠，服藥三次，約十一時眠，上午一時三刻醒，遂不寐。

今日一天足無停晷，而仍失眠，何也？以過勞耶？抑目睹全國大躍進，青少年尤甚，遂興奮而不寐耶？體劣如此，不可悲乎！

十一月廿八號星期五（十月十八）

寫請假信，交吳榮。與胡顏立、范烟橋、謝孝思等談。遇周太玄。八時許出，到太安侯胡同，就楊振新大夫針頭部、灸背。十一時歸家，擦桌。

十二時半眠，三時半醒。整理文件。爲堪兒講《魯濱孫飄流記》。看于思泊《諸子新證》。

九時半服中藥眠，十一時半醒。又眠，上午三時醒，又朦朧達五時。

今日針灸甚有效，下午能眠三小時，前所未有也。晚睡亦佳，似墮深淵中獲救。楊大夫謂針灸五六次可愈，雖未敢作此奢望，即小愈亦是佳事。

十一月廿九號星期六（十月十九）

在家作大會發言稿，約四千字，即鈔清，未畢。

到北京醫院打條子，送東單中藥門市部。到古籍門市部及新華特價部閱書。看張西堂《尚書引論》。爲堪兒講《魯濱孫》。雁秋來，留宿。

九時半眠，上午二時三刻醒。良久又眠，六時半醒。

近日氣管炎作，喘咳俱甚，早晚痰亦多。人到老年，直是受罪，非身歷其境不能知也。

十一月三十號星期日（十月二十）

胡厚宣來。周谷城來。姚紹華來。賀昌群來。到太安侯胡同，就楊大夫針灸，治較痛。看《政協會刊》。

將發言稿初稿鈔訖。看蕭新祺送來書。金竹安來。到燈市口理髮。羅媽來，留宿。爲堪兒講《魯濱孫》。

爲又安事到王修處。看王寶仁《古官制考》。十時半服藥眠，上午三時半醒。良久又眠，六時醒。

兩夜睡得不差，然今日謄稿時便覺心宕，夜眠又不易入眠，仍服西藥乃睡。

今日打針，到診所時已十一時半，故楊醫只爲予針腰，未及針頭部也。

[原件]　　　　　顧頡剛代表的發言
　　　　　　　從抗拒改造到接受改造
（下略，見《全集·寶樹園文存》）

一九五八年十二月

十二月一號星期一（十月廿一）

到東單買乘車月票。到西郊賓館，看新發文件。開中央小組會，自十時至十二時。

眠一小時。民進全國代表大會開幕，聽周建人、王紹鏊、車向忱三副主席之報告。許廣平主席。自二時半至六時。與徐調孚、潘承孝談。與陶建基談。

寫明日請假信。與周家鳳、葛志成談。與靜秋同到一樓買物。同歸。看陳乃乾《重輯漁洋書跋》。十一時服藥眠，翌晨五時半醒。

今日上午同會：徐楚波　雷潔瓊　嚴景耀　陳慧　陳麟瑞　董守義　章廷謙　沈祖培　王寶初

午飯後忽倦，就榻果得眠一小時，豈藥石之效耶？

十二月二號星期二（十月廿二）

在家草謄發言稿，訖。雁秋來，視予發言稿。留宿。

徐伯昕來，視予所草發言稿，提意見。同車到賓館，再請楚波觀之，亦提意見。在會飯時與陳鴻楷、葉玉寶談。

寫明日請假信。歸，看楊世驥《湘綉史稿》。靜秋歸，看予發言稿，大辯論。服藥兩次，至十二時後眠，上午二時半醒。矇矓達五時，醒。

予無政治頭腦，故所作發言稿必須重作。

十二月三號星期三 （十月廿三）

到楊醫處扎針，針頭部及腰部。到阜內大街買藥。重草發言稿，隨時與靜秋商定，略訖。

看陳垣《中國佛教史籍概論》。雁秋來，留宿。洗浴。十時半服藥眠，翌晨六時半醒。

今晚得佳眠八小時，針與藥之力也。

十二月四號星期四 （十月廿四）

重寫發言稿，與雁秋共讀訖，凡六千五百字。

與雁秋同上車，予至賓館飯。以發言稿交楚波、東菀覽。與胡顏立、梁明、富介壽談。

開起草委員會。十時歸。靜秋傳達東菀所聞周總理語。十一時半服藥眠，翌晨五時半醒。

一篇發言稿寫了四次，今日略定，甚矣江郎之才盡也。然作此一文，對自己思想作一整理，亦殊得益。文題爲《從抗拒改造到接受改造》，伯昕謂殊醒目。

草此發言稿，實費四天半時間，然則一天不過千餘字耳。予不能爲政治性之文字，即此可見。然此實不能深入學習之故，將來必當改此習慣，所苦者業務壓得太重，無法專心學習耳。

今晚同會：雷潔瓊　柴德賡　張志公　陳禮節　董滌塵　李念武

十二月五號星期五（十月廿五）

到賓館，遇王祖壽。小組討論周總理報告中"中游思想"。晤伯昕、趙樸初，商量改發言稿。晤姚紹華。

就榻，未成眠。再改發言稿，送毛啓邨付印。小組討論周總理報告"獻禮"。四時出，遇呂斯百、孟目的。到楊振新大夫處打針。

爲堪兒講《魯濱孫》訖。看王夫之《尚書稗疏》。九時半服藥眠，十一時醒。十二時再服藥，五時半醒。

今日小組發言者：胡顏立　李燮華　吳貽芳　司曉南　王歷耕　范烟橋　陳涓隱　謝孝思　雷潔瓊　王佩蘭　陳達祚　桂慶和　陳國勛　范興登　梁靄怡　黃偉勝　孫惠蘭　李公威　湯山源　葉光寶　李淑芬　歐陽棣

十二月六號星期六（十月廿六）

到賓館，訪祖壽不遇。歸室，寫祖壽信。開大會，聽金通尹、陳秋安等、王佩貞、王寶初、楊石先、徐玉蓮、柴德賡、陸月美發言。

與董滌塵談。到大會，聽周建人、李祥生、陳麟瑞、扈先哲、黃美瑜、趙聰孫、胡夢玉、吳若安、張榮寧、季家修、賈文華、丁裕超、吳志儀發言。與柴德賡談。

干祖壽來。與靜秋同歸。雁秋來。服藥兩次，十一時後眠，翌晨六時醒。

十二月七號星期日（十月廿七）

到會，遇趙濟年。到一號樓訪魏建猷，未遇，留條。到會場，車向枕首發言，予次之，曹鴻翥、余文光、張宗騫、張士政、馬榮選、王觀心、楊國英、謝孝思次之。

建猷來。一時半，乘車到教育行政學院，看教育與生產勞動相結合展覽會，入河南、浙江、上海、福建、寧夏等館，自二時至五時。即由前門歸家。

看《四庫提要‧書類》。十時半服藥眠，翌晨三時四十分醒。良久又睡，六時醒。

今日予發言，以説得老實，破得徹底，故博得掌聲甚多，休息時許多人到予座前稱贊。此皆伯昕、楚波、東蒓、樸初諸同志及雁秋、静秋兄妹所啓發，可感也。

十二月八號星期一（十月廿八）

途遇沈從文。修改發言稿。到會，静秋來。改發言稿，寫請假條。出，遇曹鴻翥，同上車。予至賀次君所，未遇，留條。晤尹受。回賓館飯。與貽芳等談。

到三號樓訪周谷城、康辛元、沈鵬飛，談。回本樓，與范烟橋、謝孝思談。開大會，吳貽芳、吳研因、綦際霖等、顧均正、蔣永維等、楊立之、劉西林、張乃璇、李燮華、謝冰心、馬午亭、巫寶三發言。

與姚紹華同訪楊振新。九時半歸，服藥眠，翌晨五時半醒。

董守義謂予，予昨發言，亦彼心中所有，惟文字訓練差，達不出耳。去年季龍謂予，文字暢達，是一筆本錢，此予少年讀梁啓超文章之效也。

十二月九號星期二（十月廿九）

到會，聽楊堅白等、趙樸初等發言。繼以楊東蒓發言，達兩小時。與吳貽芳談。

眠一小時。開大會選舉中委及候補中委。四時半散，回室，寫致又曾兩函，一交范烟橋帶去。又寫自珍信。姚紹華來，與同訪羅孟禎。

與胡夢玉、李燮華等談。到大禮堂聚餐，聽同人歌唱、講故事、看《烏里揚諾夫一家》電影。十時半散。失眠，服藥兩次無效。約上午二時眠，六時醒。

今日選出中委七十六人，候補中委二十九人。予仍在中委中。參加選舉者二○九人，而予得二○九票，足見會中同人對我之信任，此後當加倍努力！

十二月十號星期三（十月三十）

爲捐獻古物事，寫致范烟橋信。欲理髮，到一號樓人滿，到甘家口商場亦復如是，退歸。開全體中央委員會，又開小組會討論常務委員人選，又開中委會選舉，至十二時一刻散。與柴德賡、段力佩、郭民任、方明、巫寶三談。

魏建猷來。到甘家口商場修面。歸，整理什物。晤楊東蒪，乘汽車歸。到北京醫院，就辛慕韶醫師診。到伯祥處談。爲洪兒寫保證書大字報。

雁秋來。看邵懿辰《尚書通義》。九時半服藥眠，翌晨五時半醒。

今日選舉結果：

主席：馬叙倫

副主席：干紹鑾　周建人　許廣平　車向忱　楊東蒪

中央常務委員：方明　嚴景耀　吳若安　吳研因　吳貽芳　陳禮節　陳秋安　金通尹　趙樸初　柯靈　徐伯昕　徐楚波　許崇清　梁純夫　張明養　張紀元　馮賓符　楊石先　雷潔瓊　葛志成　謝冰心　林漢達　金芝軒

秘書長：徐伯昕

副秘書長：馮賓符　葛志成　張紀元

　　自上月十六日開四屆三中全會起，迄今日代表大會閉幕，凡二十五天，甚勞頓矣。

十二月十一號星期四（十一月初一）

　　記筆記一則。補記日記三天。整理大會所發文件訖。寫王歷耕信。整理書桌。

　　讀《史記·南越列傳》，記筆記四則。羅媽來話別。到北京醫院，就陳西源大夫診。到中藥門市部交方。到楊振新大夫處針灸。回，取藥。

　　看《史記·平津侯傳》。十時服藥眠，不成眠，十一時半起食餅乾，約十二時眠，翌晨六時醒。

　　昨量血壓，爲 138/86，尚不高。然則何以有劇烈之失眠耶？今日精神并不緊張，而既服中藥，又進西藥，又爲針灸，仍不成眠。吃了幾片餅乾却眠了，這方法簡便易行也。

　　羅媽去年歸家，以受丈夫、兒子、媳婦氣，跳河欲自殺，經人救起，自此得病。今年在程建爲家無力工作辭出，到予家住十餘日，治病無效，面黃似蠟，只得歸去，不知歸後能否生存也。

十二月十二號星期五（十一月初二）

　　到所，領薪。與法魯、德鈞談。遇索介然、白壽彝、田昌五。勘《南越列傳》，記筆記三則。晤楊向奎。到社會科學學部，聽副主任劉導生報告河南人民公社情況。遇吳一塵。

　　羅媽南歸。到民進，由伯昕傳達平杰三報告，同人討論毛主席不連任事，并本屆大會得失。

　　雁秋來。十時服藥眠，無效。十二時吃餅乾，亦無效。上午三時後始得眠，六時半醒。

今日下午同會：王紹鏊　楊東蒓　許廣平　吳貽芳　柴德賡　吳研因　李祥生　余之介　周煦良　陳麟瑞　鄭顯通　張景寧　徐伯昕　徐楚波　葛志成　張紀元　梁明　郭承權　謝冰心　林漢達　李學盈　及諸幹部

毛主席辭中華人民共和國人民政府主席，已得黨中央同意，自此不復爲交際酬酢所累，一心于黨的工作，推進世界革命，促進帝國主義之死亡！

十二月十三號星期六（十一月初三）

到所，將《公孫弘主父偃列傳》勘一過，記筆記八則。將第十一冊《湯山小記》整理目次。與德鈞、法魯談。

將《南越傳》勘訖，記筆記三則。將《朝鮮傳》勘訖。將《東越傳》勘訖，記筆記。

與靜秋到文聯禮堂看昆劇，自七時半至十時。十時半歸，十一時服藥兩次眠，翌晨七時醒。

今日所觀劇：

一、幽閨記（走雨、踏傘、招商、拜月諸折），演員伊克賢、胡保棣、許宜春、杜廉等。

二、琴簫合奏，查夷平等十二人。

三、紅旗插到東海角，公蒲社社員。

四、人民公社好（張允和編劇），演員周鈴庵、胡保棣、許淑春、李伯琴等，伴奏吳南青等。

所晤人：俞平伯　王濬華　胡厚宣　陳乃乾　謝剛主　許寶駒　陳萬里　錢琢如

十二月十四號星期日（十一月初四）

　　爲又安寫商務印書館信，求職。九時半，與堪兒出，到教育行政學院，看教育與生產勞動相結合展覽會，看陝西、湖北兩館。一時許，到琉璃廠食物，回至會中休息室飲食。

　　續看上海遠景展覽、北京、河北、四川、貴州四館。看福建木偶戲。五時半出，六時半歸。到文淵閣買紙。與雁秋夫婦同飯。

　　爲四兒填生活表。九時半服藥眠，上午一時半醒，至天明前一闔眼。

　　昨夜服 Seconal 一丸，又 Meprobamate 三丸，乃得睡八小時。今晚服 Amytal 一丸，僅睡四小時許，耿耿長夜，大是無聊。俟《史記》畢工，當休息旬日，否則此體將支持不下矣。

　　羅莘田于昨午逝世。想不到渠與振鐸在兩個月中先後接踵而去也。

　　生產方式變，乃有大躍進，不獨大學生有極進步之工業成品，即中小學生亦有不可想象之成就，才士一時并出，中國之燦爛建設爲何如也！

十二月十五號星期一 （十一月初五）

　　到所，與謝國楨、張德鈞談。與趙幼文談。覆勘《衛將軍驃騎傳》畢。記筆記四則。遇尹達，同上車。

　　家務勞動。勘《西南夷》、《循吏》、《汲鄭》三傳。書筆記一則。

　　八時就榻，未能眠。直至十一時，服藥兩次乃成眠，翌晨六時半醒。

　　爲保姆盧惠卿不在，鋪床擦桌費一小時半。予非不能勞動者，苦無時耳。

　　房管局派人來修理水管，爲言東總布胡同以南房屋全拆，全北京城舊屋兩年內當拆盡。是則兩年後皆住洋樓矣。

北京日來每晨有重霧，若成都然，至十時後旭日方出，前所未有也。

十二月十六號星期二（十一月初六）

到所，遇宋挺生。勘《淮南衡山王傳》訖，記筆記六則。出，遇剛主，以《韓齋雅集》册交之。盧惠卿辭去。

到利華理髮。到北京醫院，就腦系科大夫金静仁診。在院以待診，細看《參考消息》兩期。遇傅作義、楊東蓴、陳建晨。

看《兩般秋雨庵隨筆》。九時半服藥眠，翌晨七時醒。

醫謂予失眠係習慣性，但須解放思想，不以睡眠爲負擔可漸愈。至安眠藥并不致傷及心、腎，只心、腎有病時乃受損耳。

保姆盧惠卿係河北新城縣人，在京無户口，昨渠至其弟處，知新城人民公社已來徵調，只得前往。此後雇不到人，静秋更忙矣。

又安煉焦甚積極，評爲一等，月入卅元，可不在我家吃飯。五四年上海來者，頤萱、又安、義安、羅小妹俱去矣。

十二月十七號星期三（十一月初七）

到嘉興寺，吊羅莘田。勘《儒林》、《酷吏》兩傳訖。記筆記七則。

陶建基來。上街取藥，閱書。雁秋來，留飯。

與静秋到文化俱樂部，看文娛晚會。遇鄒秉文、吳覺農。十時半歸。服藥眠，翌晨四時醒。又眠，六時醒。

北京今年氣候不寒，直至今日始下雪，已過大雪節十日矣。

昨日所取藥凡六種，除水藥未標明外，爲：Benadryli，Wintermin，Midinal，Meprobamate，竟得眠九小時許。

民間文藝研究會派予明年編《義和團故事集》及助建功等編

《中國民歌選》第一册。

十二月十八號星期四（十一月初八）

欲到所，以雪凝地滑退還。勘《大宛》、《游俠》、《佞幸》、《滑稽》四傳，訖。記筆記兩則。

欲購《光明日報》，歷三郵局，不得。寫光明日報社信。

雁秋來。雜覽經學書。九時半服藥眠，上午四時醒。又眠，七時醒。

今日《光明日報》將予《從抗拒改造到接受改造》一文登出，加上小標題，以篇幅關係，删節千餘字。欲購一份，乃至東單、東四、王府井三郵局，皆售罄矣。

近日肚子不好，每日恒大便二三次，幸不太稀。

十二月十九號星期五（十一月初九）

到所，勘《日者傳》訖，勘《司馬相如傳》未訖，記筆記八則。王毓銓來，到其室，看陳曾壽《歷代戰爭路綫圖》。遇剛主。

家務勞動。到民進，出席座談會，討論毛主席不續任國家主席事，自二時半至五時半。與伯昕、東蓀同車，回。雁秋來，留飯。

看夏炘《檀弓辨誣》、《述朱質疑》。十時服藥眠，上午三時醒，遂不寐。

今日同會：王紹鏊　楊東蓀　徐伯昕　葛志成　張紀元　徐楚波　謝冰心　雷潔瓊　毛之芬　張志公　林漢達　余之介　嚴景耀　陳麟瑞　吳榮　顧均正　及諸幹部

以前二日睡佳，不欲多服藥，今夜減半數，遂只眠五小時。身爲藥困，奈何！

十二月二十號星期六（十一月初十）

到所，勘《龜策列傳》，未畢。記筆記七則。遇張若達。貝列羅莫夫來。

將《龜策傳》勘畢，記筆記四則。勘《貨殖列傳》，未畢，記筆記四則。雁秋來，留飯。

看周廷采《韓詩外傳校注》。洗浴。十時半服藥眠，翌晨五時醒。

今日在所工作，覺得心兢，總是精神緊張之故。

十二月廿一號星期日（十一月十一）

于思泊從長春來，長談。到文化俱樂部，參加民進中央小組組織生活。自九時至十二時半。乘東莼車歸。

與堪兒到貢院西街，看全國青年社會主義建設展覽會，至工業、農業、軍隊三館。五時歸，即到北京醫院，就趙淑媛大夫診。

雁秋來。早就床。十一時半服腸病藥。十二時半服安眠藥睡，上午六時醒。

今日下便六次，畢栗不暢，以紙拭之則水也。便前腹作痛，到醫院診，疑是腸炎，服甘乃定。老年身體真是一大包袱，非親歷其境不能知也。

今日同會：楊東莼　王紹鏊　徐伯昕　馮賓符　葛志成　雷潔瓊　嚴景耀　董守義　謝冰心　陳慧　張明養　王歷耕　陳麟瑞　趙樸初

十二月廿二號星期一（十一月十二　冬至）

臥床。看《文選》中《子虛》、《上林》兩賦注。雁秋來。

略寐。看日報。四時起，補記日記。勘《貨殖傳》訖。記筆記二則。雁秋來，留飯。

看《韓詩外傳》。記筆記三則。十時服藥兩次眠，上午二時醒。

又眠，四時醒。

今日只晨拉稀一次，仍是水。

黨號召今年煉鋼一○七○萬噸，僅四個月耳，而據本月十九日統計，已達一○七三萬噸，群衆路綫如此其有效也！

十二月廿三號星期二（十一月十三）

到北京醫院，就蔣紫文大夫診神經，就王志芸大夫診腸炎。遇齊燕銘。待診，看徐水安國行筆記。雁秋來，留飯。

王樹民來。理書。勘《太史公自序》訖，記筆記六則。爲堪兒講《點金指》。

看四兒作功課，爲校正算術草。十時服藥眠，翌晨五時醒。

今日安眠藥又新添一種：Sod. Pentobalital。此次所打之針爲奴夫卡因十 C. C.，Bromide 五 C. C.，係打静脉。然予左臂静脉不顯，專打右臂也不好。

十二月廿四號星期三（十一月十四）

到所，勘《司馬相如傳》，仍未畢。記筆記十則。貝列羅莫夫來。與趙幼文談。

步至王府大街，進長途汽車站瀏覽，看首都劇場陳列照片。到民間文藝會，即退出。勘《相如傳》略畢，筆記一則。到北京醫院打針。

家務勞動。十時服藥眠，翌晨五時醒。

堪兒頑皮，昨與張家老虎抛磚打破鄰居玻璃，今日又弄壞同學自動鉛筆，均使予夫婦賠錢道歉。湲、堪兩兒皆以小，知父母愛之，故益嬌慣，非糾正之不可以入新社會。

十二月廿五號星期四（十一月十五）

冒大霧，步行至所。重勘《司馬相如傳》，記筆記六則。雁秋來，留飯。

到北京醫院，打針。遇白壽彝。覆《史記》六篇，記筆記二則。整理筆記冊。頤萱嫂來，留宿。

看《漢書·王莽傳》。九時半服藥，至十時又服藥，眠，翌晨五時醒。

靜秋家事操作過勞，爲買菜起又過早，至今日下午病，頭暈，體疲，但無熱，因臥，請頤萱嫂來代庖。

近日余睡眠較好，每夜能睡七小時。惟仍不易入眠耳。腸子仍不好，下午及晚上常放屁，每日上下午大便各一次，不太稀。

十二月廿六號星期五（十一月十六）

到所，途遇德鈞。覆《史記》五篇，記筆記七則。

家務勞動。查《史記》各篇中未詳處，改正錯誤標點。記筆記三則。雁秋來，與頤萱俱去。

看牛運震《詩所》等書。九時半服藥眠，翌晨五時醒。

今日大風，靜秋不甘示弱，仍赴政協約，到石景山作玉米脱粒勞動。

十二月廿七號星期六（十一月十七）

到所，道遇德鈞。覆勘《大宛列傳》，記筆記九則。

覆勘《史記》五篇，記筆記五則。到北京醫院打針，遇賀昌群。

看王朝榘《十三經補遺》。十時服藥眠，翌晨六時半醒。

近日因服藥打針之故，睡眠甚佳，往往至七八小時，精神上得一解放。惟總須不服藥打針而得睡，始爲真愈耳。

腸病亦漸好，雖仍一日兩次，但已不稀。

十二月廿八號星期日（十一月十八）

覆勘《貨殖傳》，記筆記三則。雁秋來，留飯。

覆勘《太史公自序》，記筆記一則。整理筆記。看郭嵩燾《史記札記》。

看《關于人民公社若干問題的決議》，未畢。九時半服藥眠，翌晨六時半醒。

十二月廿九號星期一（十一月十九）

視又安疾。到所，重勘《司馬相如傳》，未畢，記筆記七則。與法魯、幼文、剛主談。

將《司馬相如》閱畢。即送中華書局，與姚紹華、宋雲彬談。并晤孟默聞、丁曉先。到北京醫院打針。

到民進開會，漫談人民公社。乘東莼車歸，十一時服藥眠。翌晨三時醒。

今晚同會：王紹鰲　謝冰心　葛志成　吳榮　巫寶三　雷潔瓊　王寶初（此第二組）

今日《史記三家注》校點畢工，四年工作，一旦完成，肩負爲之一輕。

前數日都能睡至八小時，今日夜一開會，又只睡四小時矣，予晚間絕不能用腦如此。

十二月三十號星期二（十一月二十）

到所，開會，討論編通史及批判資產階級史學思想事，自九時至十二時。與昌群、剛主同到東單零售商店買食物。

到藝華理髮。到北京醫院腦系科，就金靜仁診。又到理療室，就李大夫診，行電療半小時。雁秋來，留飯。

翻《吳越春秋》。譚季龍自上海來，長談。十一時服藥兩次眠，翌晨三時醒。

今日同會：尹達　楊向奎　張政烺　王毓銓　張德鈞　陰法魯　姚家積　謝剛主　賀昌群　田昌五　胡厚宣　趙幼文　酈家駒

今日尹達宣布，即將進行資産階級史學思想批判，而予爲重點。聞此心頭頓悶，雖經醫療，仍只睡四小時。倘一二所全體開會，臨一二百人之場，青年們對我尖銳提意見，以予身體吃得消乎？

十二月卅一號星期三（十一月廿一）

陶建基、路工來，同乘汽車到燕東園 23 號游宅，開《中國民歌選》第一册討論會，自九時至十二時。建基送歸。

家務勞動。記筆記一則。寫明年日曆。到北京醫院，打針，電療。遇錢端升。洪、湲兩兒到木蘭學校，宿。

爲堪兒講故事書。十時服藥眠，翌晨三時半醒。

今日同會：游國恩　魏建功　馮至　陶建基　路工　北大中文系同學三人

民進第五屆中央委員會委員和候補委員名單：
中央委員：
方明　王歷耕　王紹鏊　古楳　安紹芸　朱静航　嚴景耀　吳若安　吳研因　吳貽芳　何炳麟　李平心　李祥生　李燮華　李霽野　余之介　巫寶三　車向忱　陳慧　陳雲濤　陳禮節　陳秋安　陳選善　陳麟瑞　周建人　周煦良　孟秋江　金通尹　鄭顯通　鄭建宣　趙樸初　柯靈　胡顔立　段力佩　柴德賡　祝其樂　徐伯昕　徐相任　徐楚波　馬叙倫　馬榮選　曹鴻翥　許廣平　許崇清　許欽文　章廷謙　梅達君　戚景龍　梁明　梁純夫　郭民

任　張明養　張紀元　張景寧　張瑞權　傅彬然　馮少山　馮賓
符　喻傳鑒　楊立之　楊石先　楊東蓴　楊堅白　雷潔瓊　董秋
斯　董純才　葛志成　潘承孝　蔣永維　臧慧芬　謝冰心　顧均
正　顧頡剛　林漢達　金芝軒　董守義

候補中央委員:

毛之芬　王幸生　王寶初　王佩貞　史念海　司曉南　劉天香　朱
鏡清　沈同一　嚴寶禮　蘇玉閫　吳榮　李學盈　余文光　陳舜禮
陳鴻楷　岳炳忠　范烟橋　鄭效洵　鄭資穎　趙毓英　計克敏
崔成志　郭承權　張志公　温崇實　楊國英　謝瑩　俞子夷

一九五八年

工業總產值　1,200 億元左右，比上年猛增 60% 以上。

鋼　　1,100 萬噸左右⎫
煤　　27,000 萬噸左右⎭都比上年翻了一番多。

機床 90,000 臺
發電設備 100 多萬瓩⎫比上年增兩倍多到十三倍。
冶金 18 萬噸

電力 275 億度⎫比上年增 42%—54%。
石油 225 萬噸⎭

棉紗 680 萬件

棉布 64 億公尺

糧食 7,500 億斤左右——比上年增一倍多。按人口平均計算每人全
　　年有糧 1,200 斤。

　　內小麥 800 億斤，增七成
　　　水稻 3,000 億斤，增 73%　平均畝產 410 斤，比上年增一倍餘。

棉花　6,700 萬擔，增一倍餘　每人全年十斤。

食用植物油　增 50%。

烤烟　增一倍半。

甘蔗、甜菜　均增一倍多。

麻類、蠶絲、茶葉、水果　增 20%—40%。

[剪報]　一九五八，十二，十八《光明日報》

　　　　　　從抗拒改造到接受改造　　　　顧頡剛

（下略）

一九五九年

一九五九年一月，寫民進信，停止參加晚會，以晚會促致失眠，受不了也。

自本年起，領導指定予整理《尚書》。點完必要之參考書。

一月，作《山海經》、《禹貢》兩書説明。爲民間文學作《讀義和團故事》文。

三月十七日，與政協同人參觀湖南、河南兩省建設。予當選第三屆政協委員，大會自四月十八日起，廿九日止。予發言。

西藏叛亂平定。五月廿六日，予爲政協同人講"西藏問題"。

五月十三日，予請求尹達，入社會主義學院學習一年，當時承見許，但彼與學部商量後，謂予已老，不必學習，遂于卅一日翻案。

以所中予辦公室陰冷，致予腸炎，自一九五九年六月一日起在家辦公。

七月二十日，全國政協設文史資料研究委員會，以予爲副主任委員，然予治《尚書》，已不暇及現代史，雖承配備一助手，而迄無貢獻。

七月廿二日赴青島度暑，與朱務善同行。在彼點《禹貢錐指》及張棟銘《春秋地名疏證》。八月跌傷下頦，入市立醫院。九月三日回療養院。廿八日歸京。

九月廿九日，始到人民大禮堂，參加建國十周年慶祝會。十大建築成。

十月，點《水經注》。

十月廿九日蘇聯中國史專家越特金來京，爲譯《史記》本紀爲俄文，歷史所特組織一小組，予參其事。

十一月，歷史所整風，予爲尹達寫大字報四條。

是月，尹如潛來工作。

十二月一日，爲中國新聞社作《我是一個老北京》。後改題爲《談談北京》。

六日，與民進同人到東壩參觀。

十四日至二十日，參觀安陽，政協所組織者。歸，作報告。

在批判自己資産階級學術思想的戰鬥裏，依靠黨，相信黨，從而取得決定性的勝利，這是新的一年的希望！

西藏簡史：

1. 羌人和發羌（紀元前二十世紀至前一世紀）

2. 奴隸制下的吐蕃國（前一世紀至九世紀）

3. 西藏成爲中國不可分割的一部分（九世紀至十八世紀）

4. 帝國主義的魔掌伸入西藏及其退出（十八世紀至二十世紀）

自訂規約：

1. 自一九五九年起，上午必學習兩小時，下午有可能學習時再學習一二小時。

2. 在一九五九年中，《尚書今譯》必脫稿。

3. 人家來信，設法抽出時間答覆。

4. 一星期中，必有一整天或兩個半天的時間從事游散。

5. 多看展覽會，吸取當代精神。

6. 《人民日報》的社論必看，注意黨的方針、政策。

7. 學習的心得必記出，一年中必作三四篇政治論文。

8. 提出問題，請教于先進人士。

9. 一切鎮靜、樂觀。

10. 每日參加家務勞動一小時。

11. 理出先祖、先父遺物，捐入蘇州地志博物館。

12. 理出不必需的書籍賣出。

13. 努力治好失眠病，夜間避免緊張，早些就睡。

14. 不要嬌慣四個兒女。

15. 隨時注意組織、紀律，使自己成一普通勞動者。

16. 有參觀機會時，儘量參加。

一九五九年一月

一月一號星期四（十一月廿二）

家務勞動。寫民進信。容元胎來。到民進，新年團拜，射燈謎。歸，遇李學勤。雁秋夫婦來，留飯。

記筆記二則。與堪兒到伯祥處，并晤其三子及盧芷芬。獨到王姨丈處，并晤姨母，大琪夫婦、六妹夫婦、九妹夫婦。再到伯祥處，挈堪兒歸。宋挺生來辭行。頤萱嫂留宿。

爲堪兒講蒙古故事。十時服藥眠，翌晨五時醒。

今日同會：王紹鏊　楊東蒓　王寶初　張志公　陳選善　陳慧　徐伯昕　徐楚波　謝冰心　雷潔瓊　嚴景耀　毛之芬　吳研因　張紀元　葛志成　吳榮　顧均正　余之介　張守平　吳廷勱　陳麟瑞　陳秉立　毛啓邠　龐安民

寫民進信，說明自今年起，不參加晚會，并附金靜仁大夫證明信。

予兩足跟又裂開，當是年老皮膚枯，不能耐寒所致。予有此疾，不便旅行矣。

一月二號星期五（十一月廿三）

到所，看《史記探源》。點讀《中共中央八屆六次會議文件》。點孫星衍《尚書今古文注疏》序例。到尹達處談，并晤侯外廬。

到北京醫院，打針，電療，就內科大夫陳曼麗診，照心動電流圖。遇東菰。歸，記筆記一則。爲堪兒講故事。

看冰心譯《印度故事》。九時半服藥眠。翌晨三時半醒，至五時又小寐。

今日量血壓 130/90，不高。惟大便不正常，泄氣太多，腸子仍病。

尹達同志以予揭其事于民進發言，復刊載《光明日報》，頗不高興，然予原稿本無此，而伯昕、楚波以不道其事不見改造之效，故命書之，此做人之難也！

一月三號星期六（十一月廿四）

點讀《人民日報》社論兩篇。點戴鈞衡《書傳補商·盤庚》篇訖。雁秋來，留飯。

與靜秋同到北京醫院送糞檢查。到雁秋家，到彭蘊杰、金陟佳二家談。到雁秋家飯。

與靜秋到政協禮堂看昆曲《紅霞》，自七時半至十時半。十一時歸，服藥眠，翌晨八時醒。

昨日大雪，今日路滑難行，故不到所。

今日下便四次，疑腸中甚病，即送糞至醫院檢查。

今日蘇聯火箭射向月球，以明日午刻到，真奇迹也！

今晚觀劇所遇人：章元善　魏建功　史良　王遵明　徐伯昕

陳秉立　紅霞劇主要演員：紅霞——李淑君　趙志剛——侯永奎　白五德——叢兆桓　白保長——白雲生　青山——白玉珍　馮順——孟祥生　大隊副——何金鵬

一月四號星期日（十一月廿五）

到文化俱樂部，參加民進中央小組組務會議，自九時至十二時，乘東蓀汽車歸。

家務勞動。到北海悦心殿，參觀内蒙古自治區百萬民歌歌唱展覽會。到雙虹榭飲茶。到東安市場買書及簿。寫次君信。

譚季龍自上海來。爲堪兒講《獅駝國》，未畢。尹受來。看《農村大躍進歌謠》。服藥二次，十二時後眠，翌晨七時醒。

今日同會：楊東蓀　王紹鏊　徐伯昕　馮賓符　葛志成　張紀元　謝冰心　陳慧　余之介　張明養　吳研因　陳麟瑞

古巴革命軍占領全境，美帝着着失敗。

到市場買筆記本十册，準備作分類日記，督促改造。

季龍告我，渠在復旦被批評七次，其中大會兩次，《禹貢半月刊》中文字被人細細摘出。渠甚鎮静，批判結果未作處理。

一月五號星期一（十一月廿六）

步行到所，續看《中共中央八屆六次會議文件》，仍未畢。點段玉裁《古文尚書撰異・盤庚上》一卷。譚惠中來。

家務勞動。蘇笑天、謝立林來。點《書傳補商・微子》篇。樓朗懷來。到北京醫院，打針、電療。又到陳曼麗大夫處診。雁秋來，留飯。

看夏緯瑛《吕氏春秋上農等四篇校釋》。十時服藥眠，翌晨六時半醒。

自二日下雪後，加以北風，天氣陡寒，至攝氏表零下二十度。

予在所中工作室係北屋，終年不見日光，故譚惠中來，勸予到南屋辦公。然此正是鍛煉機會，而予太暖則血液上升，故却之。

檢驗大便結果，有蛔蟲與血球。醫要我不吃菠菜與肉一星期再驗。

一月六號星期二（十一月廿七）

步行到所，續看《中共中央八屆六次會議文件》訖。草《山海經》説明一千五百字。與趙幼文談。

家務勞動。到北京醫院，遇傅彬然，以同候診，談一小時。就金静仁大夫診，電療、打針。曹婉如來。

看張華《博物志》及内蒙歌謡。九時半服藥，不成眠，上午二時又起服藥，七時醒。

今日又泄三次，電療時發見肚臍受凍，當思補救之術。

予血壓爲150/90，較日前又高，不知何故。醫謂此係動脉硬化所致。到這般年齡，自只得受這般罪。

彬然告我，劉文典已于前數月在雲南死去，舊友又弱一個。

一月七號星期三（十一月廿八）

雁秋來。到所，看曹婉如所草《中國地理學史》中《山經與禹貢》一篇。遇剛主。節録《中共八屆六中全會公報》入筆記。楊品如來送月薪。點《古文尚書撰異·盤庚中》篇訖。

家務勞動一小時半。點《書傳補商·金縢》篇訖。到北京醫院打針、電療。

看《李覯文集》。九時半服藥眠，翌晨五時半醒。

今日泄兩次。

予近日趕電車、汽車，一上下間即氣喘，此亦衰徵也。

一月八號星期四（十一月廿九）

到所，高志辛來。鈔李錦全《批判古史辨派的疑古論》入分類日記，未畢。點《撰異》之《盤庚下》篇及《高宗肜日》。

治抽水便桶。重草《山海經》説明二千餘字。雁秋來，留飯。

看温廷敬《洛誥新解》。九時半服藥眠，翌晨三時半醒。

今日泄三次。

前年在青島所爲《中國古代地理名著選》，仁之今日方得動手編集，去年之忙可知也。予須作《山海經》、《禹貢》兩説明，因即趕作。

一月九號星期五（十二月初一）

將昨稿修好，即重鈔一過，再加修改，凡三千一百字。寫侯仁之信，即到郵局寄。

到北京醫院送糞，抽血、打針、電療。遇夏鼐。點《書傳補商·大誥》篇。

爲堪兒講《通天河》。九時半服藥眠，翌晨四時半醒。

今日泄四次，腹中隱隱作痛。第四次則泄水。如再延續下去，予殆將不支矣。

今日大風，肚子又不好，故未到所。冬日嚴寒，實以不出門爲宜。予之氣管支炎又發，百骸皆衰，奈何！

堪兒受寒，每夜均咳嗽嘔吐。今日只得向學校請假。潮兒患胃痛，一家有三人病矣。

一月十號星期六（十二月初二）

到天橋，散步半小時。十時卅分，到中華電影院看《阿拉木圖——蘭州》影片。十二時歸。

家務勞動一小時半。補記日記兩天。到北京醫院打針、電療，遇李乾。到美術協會，看江蘇省國畫展覽。

　　看《東坡先生書傳》。洗浴。十一時服藥眠。翌晨七時醒。

　　今日下便兩次，晚飯後又欲下，勉強忍住。下午下便後肛門癢甚，不知要成痔瘡否？

　　堪兒兩日未上學，咳較好，惟眠後仍吐。七歲小學生，冬令要在上午八時前上學，自易受寒致病也。

　　《阿拉木圖——蘭州》電影前數日在紅星上映，因事未能往觀，今日紅星已不映而天橋尚有，乃費半天往觀。片中自蘇聯境到中國新疆、甘肅，一路黃沙白草，古戍頹垣，想見行旅之艱難。汽車屢陷沙中、水中不能起。

一月十一號星期日 （十二月初三）

　　尹受來，即答次君信。點《書傳補商‧康誥》篇。立《讀尚書筆記》冊，記筆記二則。

　　小眠，點《書傳補商‧酒誥》篇。

　　看楊守敬《水經注圖》。九時服藥眠，上午一時半起下便，又服藥眠，七時醒。

　　今天白天只拉一次，以爲好矣，乃晚飯後又拉一次，半夜一時半又拉一次則水瀉。念情勢嚴重，明日決再赴診。

　　自上月十六日盧惠卿走後，家務由靜秋處理，作飯、洗衣，一切自任之。雁秋來，亦協助之。予則只任鋪床、擦桌、整理物等工作。靜秋累得左臂發痛，夜眠不安。

一月十二號星期一 （十二月初四）

　　到北京醫院，就陳曼麗大夫診。打針。歸，寫尹達、張德鈞信。雁秋來，留飯。

　　到蕭風處。點《書傳補商‧梓材》篇訖。記筆記三則。整理

《湯山小記》第十二册訖。德鈞來。

看《續彙刻書目》。九時服藥,不成眠,十一時又服藥眠,上午一時半醒。至三時後又眠,五時醒。

今日赴診,知心、血、便三種檢查均正常,醫謂所以泄瀉之故爲受寒。予念所以受寒者不出二因,研究所予室北向,且係洋灰地,一也。作電療須盡脱上衣,下衣亦褪,二也。決向所請假,居家工作。電療暫停。

連日服藥,睡眠不劣,而今日乃無效者,蓋晚飯前德鈞來談一小時,精神又緊張,與本月六日曹婉如來同也。予安得門上挂謝客來訪之牌乎!

一月十三號星期二 (十二月初五)

金荷清來。家務勞動。到東單"華美"理髮。到北京醫院,就腦系科蔣景文大夫診。遇張鈁、鄒秉文。

未成眠。家務勞動。草《禹貢》説明書,未完,二千餘字。李址麟來,詢東夷文化。雁秋來,留飯。

看毛奇齡《四書改錯》。十時服藥眠。翌晨六時半醒。

今日量血壓,爲142/96,下字較前又高。安眠藥添一種,名Anxine,每日服兩丸。

堪兒今日復學。

予前在上海,得劉晦之所藏《朝鮮史略》三册,明萬曆刻,原本世所稀見,而北京圖書館前得一部已影印,會朝鮮科學院贈予《高麗史》三册,故托李址麟君轉以此書爲報。

一月十四號星期三 (十二月初六)

家務勞動一小時許。作《禹貢》説明三千餘字,修改未訖。

未成眠。

爲堪兒講《少年文藝》一篇。九時半服藥眠，翌晨七時醒。

喚湲兒掃地，渠不動，此兒大有資産階級習氣，總緣彼在姊妹間最聰明，爲父母寵壞也。

今日大便兩次，已不稀。

静秋以雁秋言，腹瀉之疾，飯後睡一個時候可好，故每日午後逼予睡，實則浪費時間而已。

一月十五號星期四（十二月初七）

作《禹貢》篇説明二千餘字訖，即修改謄清，未畢。短工秦某來。

尹受來。民間文藝會派鐵肩來催稿。爲堪兒講《少年文藝》三篇。

遷居前屋。九時許服藥眠。翌晨二時醒，良久又眠，七時醒。

堪兒才上學三天，今日下午病又作，蓋天氣太涼，早晨又甚也。

静秋久欲將卧床移外間，取其多得日光，冬間較暖，内室又可省一爐子。至今日乃實行。

今日大便雖只一次，而屁仍多。

《禹貢》著作時代問題，蓄于心已三十餘年，兹以仁之之促，述其大概，心所蓄者得寫出若干，快甚，惟伏案一久又覺胸前悶痛耳。

一月十六號星期五（十二月初八）

鈔《禹貢》説明二千餘字，全篇訖，共七千字，即重新修改一過。頤萱嫂來。

與静秋到東四郵局寄文稿。到政協禮堂，聽民族事務委員會副主任委員汪鋒講"全國民族問題"，自二時半至五時四十分。六時四十分歸。

與雁秋談話。服藥兩次，十時後得眠，翌晨五時醒。不久又眠，七時醒。

今日所晤人：李培基（涵礎）　馬毅　吳榮　劉定五　潘光旦　吳豐培　王慧穎　趙公紱　張守平　龐安民　田文蓮　王家楨

堪兒昨夜熱高卅九度，服藥後出汗，今日已退涼，然本星期中不敢令其入校矣。

一月十七號星期六（十二月初九）

家務勞動。寫侯仁之信。看《民間文藝》中義和團故事。寫青島匯泉路銀行信，即至郵局寄。理書。

到北京醫院打針，就陳曼麗診。遇何思源。到中國書店買《近代史料》之中《義和團》四冊。看列寧關于義和團論文及李希聖《庚子國變記》。

雁秋來，留飯。看《庚子國變記》畢。服藥兩次，至十一時後眠，翌晨七時醒。

今日量血壓，爲 150/90，上壓視前又稍高。

今日既打奴夫卡因針，又晚間服藥丸四粒，乃仍不解決問題，至十一時服水藥乃得眠。予入眠之難如此，真成不治之症矣。

北京醫院熱氣太暖，一出門即寒，故今晚又咳嗽，腳跟亦破裂作痛。老來情味，真不好受。

洪兒今晚大發脾氣，哭了數小時，此兒真傻！

一月十八號星期日（十二月初十）

到文化俱樂部，出席民進中央小組，度組織生活，討論獻禮、學習等事。十二時，乘東莢車歸。

看《民間文藝》中義和團故事訖，看方詩銘《義和團通俗畫史》未畢。秦姓短工去，渠作得年終大掃除。雁秋來，留飯。

爲堪兒講《新少年報》。九時服藥眠，十一時醒。又服藥，上午四時醒。良久，又朦朧。

今日同會：楊東蓴　徐伯昕　葛志成　陳慧　雷潔瓊　陳麟瑞　吳研因　張明養　董守義　林漢達　趙樸初　金芝軒

Seconal，前之特效藥也。今晚試服之，不及兩小時即醒矣。以此知予服安眠藥，癮愈大矣。

一月十九號星期一（十二月十一）

家務勞動。看方詩銘《義和團通俗畫史》訖。

看《義和團》史料中之《景善日記》、《平原拳匪紀事》、《行腳山東記》、《瓦德西拳亂筆記》、《庚子西狩叢談》等。

雁秋來，留飯。爲堪兒講科學故事。十時服藥眠，翌晨四時醒。

予今日又大便三次，最後一次拉稀。除表飛鳴外又服藿香正氣丸，以薑湯送下。晚間上面咳嗽，下面放屁，大是難受，以熱水袋溫腹。百骸都衰，雖欲不灰心得乎！

潮兒多日患胃病（常打嗝），少進飲食，幸下星期即放寒假，可作滑冰運動。小學高年生，平日實太忙也。

一月二十號星期二（十二月十二）

雁秋來。家務勞動。草《義和團》文千餘字。

與雁秋等同整吃飯間。看張士杰《民間流行着的義和團》、《我怎樣搜集整理義和團傳説故事的》、張文《安次一帶義和團故事蘊藏情況》。

看《史料叢刊·義和團》。服藥兩次，約十二時半入眠，六時醒。

靜秋洗菜、洗衣過勞，擦破左手食指，進有微菌，作劇痛，今日到北京醫院診治，并打針。下午臥床，由潮、湲諸兒代爲操作。然入夜靜秋仍起煮飯。

今日看書工作太多，夜間雖服藥仍不易眠，可見予必守夜中不工作之戒。予不知何故，乃容易緊張如此！

一月廿一號星期三（十二月十三）

家務勞動。草《義和團》文二千餘字。

到中山公園及文化宮散步。看《民間文學》去年四月號中義和團故事。家務勞動。雁秋來，留飯。

聽四孩自我批判。爲抽水便桶打氣。聽廣播。十時服藥眠，翌晨四時醒。

今晨靜秋出買菜，囑湲兒看爐子，煮牛奶，乃湲兒正看《鬧江州》小人書，牛奶卒沸涌出鍋。靜秋歸來，察知其事，罵之。以此知知識分子家庭之小孩往往脫離實際。湲兒琴棋書畫無一不能，但其習慣已非無產階級矣。

爲昨日之不易入眠，今日只得到公園散步，但脚跟破裂，不便多走。夜中又聽廣播，且服藥五種，然仍只眠六小時耳。余之工作受限制如此！

一月廿二號星期四（十二月十四）

家務勞動。昆蟲研究所陳泰魯來詢紫膠事。到政協禮堂，出席歡迎墨西哥前總統拉薩羅·卡德納斯將軍酒會，自十一時至十二時。散會後與伯昕、純夫同車歸。雁秋來，留飯。

寫陳泰魯信。將《讀了義和團的故事之後》一文寫訖，共四千四百字，即修改一過。

與洪、湲兩兒談迎賓事。良久不得眠，服藥兩次，約十一時半入眠，翌晨六時醒。

　　今日同會：彭真　郭沫若　裴文中　鄒秉文　周鯁生　夏康
農　周叔迦　鄧初民　邵力子　張治中　陳建晨　邵恒秋　吳覺
農　王紹鏊　徐伯昕　葛志成　梁純夫　徐楚波　梅蘭芳　杜近
芳　康同璧　榮毅仁　達浦生　黃炎培　沈鈞儒　孟目的　楚溪
春　張紀元　約二百人。

　　十七天中，連寫《山海經》、《禹貢》、《義和團》三文，總
數一萬四千五百字。要不是有安眠藥支持着我，必然做不到的。
然而這樣大量吃藥總是不對的，以後腦力勞動必須輕減。

　　洪、湲兩兒今日由學校派至飛機站歡迎民主德國總理格羅提
渥，獻花，上午十一時往，至晚八時方歸。洪兒爲周總理所抱，
以爲榮幸。

一月廿三號星期五（十二月十五）

　　家務勞動。將昨文統改一過，寫《民間文學》編輯部信。點
《書傳補商・洛誥》篇，未畢。

　　路工、鐵肩來。與路工、王淑敏同乘汽車到游國恩家開會，討
論《中國民歌選》事，勘《樂府詩集》，自二時半至五時。到東安
市場購藥。

　　尹受來。雁秋來。十一時服藥眠，翌晨六時醒。

　　今日同會：魏建功　游國恩　馮至　王淑敏　路工　北大同
學一人

　　此次史家胡同小學大考，潮、洪、湲三兒語文、算術均得五
分，惟堪兒得四分，迥不如其同組徐小榮、劉福立等，則係其貪
玩，精神不能集中之故也。

一月廿四號星期六（十二月十六）

　　家務勞動。點《書傳補商・洛誥》篇、《多士》篇訖，《君奭》

篇未訖。

理書（平裝書）。曹婉如來。

尹受來。爲堪兒講《科學小報》。十時服藥眠。翌晨四時醒。又眠，六時半醒。

昨日本胡同雜貨鋪送一劉大姐來試工，乃今日不至，云係中煤毒，大約怕做飯，又我家人多之故。靜秋近日左腕痛欲折，甚欲有一助手，無如近日勞動力極端缺乏何！

一月廿五號星期日（十二月十七）

家務勞動。點《書傳補商·君奭、多方、立政》篇訖。

理書。看民進中央諸同志改造規劃。

與潮兒下跳棋。十時服藥眠，翌晨五時醒。

接歷史三所劉桂堂電話，悉張石公先生于今晨四時逝世，年八十三。先生扶掖禹貢學會，捐地捐屋，實爲我生知己。惜近年予太忙，所居雖近，絕少前往，今乃永訣矣！

石公先生之死，爲氣管炎轉肺炎，又血管硬化。此與予病正同，特予之嚴重程度不如彼耳。然年歲愈長，將必如其結果，特不知能再歷幾年？

一月廿六號星期一（十二月十八）

家務勞動。雁秋來。作挽石公先生聯。點《書傳補商·顧命》篇訖，《康王之誥》篇未訖。

到琉璃廠榮寶齋及胡開文等處買挽聯，不得，回至文淵閣亦不得，到王府井美術服務部買宣紙，寫就後與洪兒同貼上舊聯。

雁秋來煮飯。頤萱嫂來縫衣，留宿。爲堪兒講《新少年報》。十時服藥眠，上午二時醒，遂不寐。

挽石公先生聯：

享八旬外高齡，縷述目睹親聞，獻近代史寶貴資材，餘緒未完，撒手人間猶有憾。

成數百卷偉著，壹意廣搜博采，開方志學研修門徑，遺文不朽，他年朋侶定長珍。

今日到各處買挽聯，竟皆無有。蓋此物已受時代淘汰矣。然聯已作成，不得已買宣紙，寫好後貼上卅年前我父所得潘養安所送壽聯上，廢物利用，惟有如此耳。

一月廿七號星期二（十二月十九）

六時起，整理訖。到東四廣州食堂吃點。到嘉興寺參加石公先生公祭。十時半歸，遇葛志成。點《康王之誥》篇訖。

理書。易禮容來。點《書傳補商・呂刑》篇，未訖。雁秋來，留飯。翻《古謠諺》。

爲堪兒講《小朋友》。看民進中央同人改造規劃。洗浴。十一時服藥眠，翌晨四時半醒。

今日同會：第三所范文瀾　劉大年　劉桂堂　聶崇岐　王愛雲　張瑋瑛等　朱啓鈐　李根源　陳叔通（主祭）　王紹鏊　翁文灝　陳垣　李培基　王家楨　潘梓年　申伯純　易禮容　邢端　李書城　王芸生

一月廿八號星期三（十二月二十）

到北京醫院，就金静仁大夫診，打皮下奴夫卡因針。遇陳建晨、劉定五、李平衡。點《書傳補商・呂刑》篇訖。全書點訖，再點序例。

理書。家務勞動。記筆記一則。雁秋來，留飯。

與静秋及四兒到文化俱樂部看北京曲藝團戲劇隊演《楊乃武小白菜》，自七時半至十一時。遇吳覺農、馬正信、章伯鈞。十二時服藥眠，翌晨六時醒。

今日量血壓，爲 150/90。今日又泄兩次。

戴鈞衡《書傳補商》將《尚書》中難讀之十七篇鑿開路徑，勉強均可讀通，對于予翻譯《尚書》大有用處。初次點讀一過，費時七天，爲本月四分之一功夫。將來得暇，尚當再三讀之。

今晚演員：楊乃武——李寶岩　葛畢氏（小白菜）——魏喜奎　劉錫彤——顧榮甫　劉子和——尚直　錢如命——佟大方　楊淑英——王淑琴　夏同善——馮寧生　桑春榮——王志高　錢保生——彭子富　邊寶賢——趙俊良　醇親王——履成　葛小杜——王鳳朝　葛三姑——王美璋

一月廿九號星期四（十二月廿一）

到北京醫院，就内科顧承敏女醫師診，并透視，又打針。鈔一月中之"身體及療養"入分類日記。

臥床。看予一九五六年之《東北書簡》及《廣西視察日記》。

服藥兩次，約至十二時入眠，翌晨六時醒。

今日透視，知肺部狀況仍與前年無殊，心臟不大，但主動脉弓則較寬，則動脉硬化之象也。醫謂予所以在緊張、生氣後胸前作痛者，即係動脉硬化影響心臟之故。囑予要過輕鬆生活，予以是頗興退休之思。

今日大便三次，加上咳嗽、少眠，覺甚軟弱，因此臥床休息。

一月三十號星期五（十二月廿二）

臥床。看杜文瀾《古謠諺》。看今日《人民日報》沙英《認真學習馬克思主義的辯證法》。

爲堪兒講義和團故事兩篇，連環圖畫三册。雁秋來，留飯。

十時服藥眠，十一時再服藥，約十二時眠，翌晨七時醒。

今日民進中央參觀農業展覽會，惜予未能往。

民間文藝會囑予選《古謠諺》自七十六卷至一百卷入《中國民歌選》，今日先翻之。

劉大姐今日又來工作。自上年十二月十六日盧惠卿辭去後，至今一個半月，靜秋一力承當家務（予雖幫助，但幫不了重頭貨），以致膀子酸痛，夜不成眠。此後可稍休矣。然新來者亦無戶口，至多只三個月，屆時又是問題耳。

一月卅一號星期六（十二月廿三）

雁秋來，挈四兒參觀全國農業展覽會。臥床，看《古謠諺》後面廿五卷圈選畢。

堪兒之教師溫貞芳來。頤萱嫂今晚歸其家，計在我家縫綻四天。

略看郭沫若《奴隸制時代》。十時服藥眠。翌晨五時醒。又眠，七時醒。

中華書局定要將《尚書今譯》一部分于九月中交稿，俾可于十月出版，向國慶節獻禮。今日打姚紹華電話，說我一定趕做，但我一則忙，二則老病，不必能按時交稿，請勿作決定性之計劃。予意，虞夏書及商書九篇，彼時總可交出，好在彼方只要廿萬字耳。

咳嗽、多痰、易喘，宛然廿餘年前我父景象，看來我也要走這條路子。"生老病死，時至則行"，裴度之言，我當效之，勿以介意也。

本月工作統計：
草《山海經》說明三千字，費時一天半。
草《禹貢》說明七千字，費時三天。
此爲中華地理志編輯室工作，結束前年到青島之任務。

草《義和團故事》四千四百字，費時六天半。

　　此爲民間文藝研究會任務。

點讀戴鈞衡《書傳補商》一書，費時七天。

點讀段玉裁《古文尚書撰異》四卷，費時一天。

　　此爲歷史一所翻譯《尚書》之任務。

點讀中共中央八屆六次會議文件，費時一天半。

　　翻譯《尚書》，必須爲下列諸學：

　　1.《尚書》學（只能抓重點，如《尚書大傳》、《尚書注疏》、蔡沈《書集傳》、林之奇《尚書全解》、吳澄《書纂言》、《書經傳說彙纂》、《禹貢錐指》、閻若璩《古文尚書疏證》、王鳴盛《尚書後案》、孫星衍《尚書今古文注疏》、戴鈞衡《書傳補商》、俞樾《尚書平議》、孫詒讓《尚書駢枝》、于思泊《尚書新證》、楊筠如《尚書覈詁》等）

　　2. 校勘學（段玉裁《古文尚書撰異》、《漢、魏石經》、《古寫本尚書》、《經典釋文》等）

　　3. 金文學（吳大澂《愙齋集古録》、《字説》、郭沫若《金文叢考》）

　　4. 甲文學（羅振玉、王國維諸家書，有朱芳圃《甲骨學文字編》、《商史編》可用，胡厚宣可詢）

　　5. 古文法學（王引之《經傳釋詞》、俞樾《古書疑義舉例》，裴學海）

　　6. 訓詁學（王引之《經義述聞》）

　　7. 名物學（李鋭《召誥日名考》、王國維《周書顧命禮徵》、《生霸死霸考》）

　　8. 馬列主義（經典著作）

一九五九年二月

二月一號星期日（十二月廿四）

看《光明日報・北京大學哲學系三年級同學下放農村普及哲學專頁》。補記日記三天。鈔干將評袁珂《中國古代神話》文入筆記，約三千字。

校《民間文學》二月號我所作《義和團》文的校樣。

看義和團史料。十時服藥，十一時後入眠，翌晨六時醒。

今日起床，十分疲乏，若經大病。得句云："病爲生疙瘩，老是死橋梁。"予病有五種：腦病，失眠也；喉病，支氣管炎及喉頭炎也；腸病，放屁及泄瀉也；足病，跟裂也；尚有一內在之病，則動脉日益硬化也。特未知帶病延年能至幾時耳。

二月二號星期一（十二月廿五）

寫陶建基、路工信。寫自珍、樹幟信。寫朱士嘉、張又曾、陳懋恒信。

到郵局發信。覓理髮館，皆人滿，退出。到東安市場買剃刀具。歸，徐伯昕來，長談。看《廣西視察日記》。爲堪兒講《北京晚報》。

十時服藥，約十二時眠，上午三時醒，遂不寐。

今日不知何故，服藥三種仍歸失眠。豈予與伯昕一談又興奮耶？抑下午飲茶耶？

二月三號星期二（十二月廿六）

看一九三二年至三四年日記，找張文理在燕大辦技術觀摩社事，爲歷史一、二所人事科寫容媛資料一千五百字。與堪兒到春風理髮。

金荷清來，囑予爲居民會寫贈房管局診療所題詞。爲堪兒講義和團故事等。

十時服藥眠，十一時即醒。再服藥，翌晨七時醒。

像容媛這樣的人，徒以參加張文理之技術觀摩社，人事科遂來詢予，設予無日記者亦無從答復矣。然竟爲此費一日功夫，我的時間乃如此用耶？

二月四號星期三（十二月廿七）

點楊筠如《尚書覈詁·堯典》篇畢，《皋陶謨》未畢。記筆記四則。

張覺非來。

爲堪兒講蘇聯《一年級小學生》。十時半服藥眠，上午二時半醒。又眠，六時醒。

今日劉姓保姆又以家中召喚辭去。大約她因家中負氣出來，故其家兩次來信催歸。靜秋值此春節，又須多事勞動。幸潮、洪兩兒稍大，可以分勞。轉瞬開學，渠二人亦不得閑矣。

二月五號星期四（十二月廿八）

到合作社看排隊購物。與四兒到東四大同酒家進早餐。點《尚書覈詁·皋陶謨》篇畢，《禹貢》篇未畢。

到北京醫院，以金大夫未至，與劉定五先生長談。在醫院遇胡華。予未診先歸，翁詠霓來談。雁秋來，留飯。

爲堪兒講蘇聯《一年級小學生》。十時服藥眠，不成眠，至十二時再服藥眠，六時半醒。

北京一切日用品均缺乏，當此春節，大家要買物，合作社中擁擠不堪。靜秋日植立二三小時，加以飯食操作，整日無暇，疲勞益甚。亦愈易氣憤。在此勞動力日益缺乏之際，家庭便成包袄，奈之何哉！

二月六號星期五（十二月廿九）

家務勞動。到北京醫院，就金靜仁大夫診，又到內科開藥單取藥。待診時看周總理報告。十一時半歸，補記日記兩天。

步至研究所，與德鈞詳談，領薪，到胡厚宣處付工會費，遇姚紹華。出，到東單新華書店買漢語拼音字母表，歸，以注音字母填其上。張覺非來。

爲堪兒講《一年級小學生》畢。看《朱子全書》。雁秋來。十時半服藥眠，上午三時醒。又眠，六時半醒。

今日量血壓，仍爲 150/90。以腸病未瘥，仍取表飛鳴、炭藥服之。

很高興地買一拼音字母表回，欲以注音字母注其上，俾他三兒同讀，而潮兒偏不合作。予一生氣，胸前又悶痛了。此後應嚴禁動怒！

二月七號星期六（十二月三十）

家務勞動。點《尚書覈詁・禹貢、甘誓》畢。

木蘭來。到百貨商店及東安市場購藥物。

雁秋夫婦來，留飯，留頤萱及木蘭宿。六時上床休息，聽廣播。十時服藥眠，翌晨四時醒。天將明又一朦朧。

今日忽然下便至五次，第四次僅迸出一點點，因買止痢藥服之。昔人于除夕作"送窮文"，予殆當作"送病文"也。一個人對於自己身體失去自信力，亦一可悲之事。

今日到東安市場走了一遭，乃悟昨日所以受寒之故。蓋予近來走路稍多即出汗，而予好于入門後即脫去大衣及圍巾等，昨日上午到北京醫院，下午到研究所，皆累穿累脫，其時汗尚未乾，固易受寒也。

二月八號星期日（正月初一　己亥春節）

賀次君來。侯外廬、尹達來。許仁生來，同到王修處。蕭風夫婦來。姚家積、黄正興來。唐守正來。賀昌群來。張政烺偕第一所蕭良瓊等九人來。點《尚書覈詁·湯誓、盤庚上》篇。

小寐，未成眠。王明來，未晤。金振宇、擎宇來。李延增來。馮世五來。殷綏貞偕其子應梧來。尹受夫婦及其女來。張德鈞來。

與靜秋到政協禮堂觀劇，遇鄭林莊、關瑞梧、謝家榮。十一時半歸。約十二時半眠，翌晨四時半醒。

今日下便二次。所服止痢片尚爲有效。

今晚本由杜近芳（飾紅娘）、張君秋（飾鶯鶯）、李金泉（飾崔夫人）演田漢改本《西廂記》，乃臨時以張君秋有病，改由杜近芳（飾蘇三）、葉盛蘭（飾王金龍）演《玉堂春》，自三堂會審起，直至探監、團圓。又由李金泉演《釣金龜》，不知誰何演《小放牛》。杜近芳演劇予尚是第一次見，唱作俱佳，其手勢表現尤好，所謂蘭花手也。惟觀《釣金龜》、《小放牛》等傳統劇目，不似以前之有興趣，以其無政治性也。

二月九號星期一（正月初二）

路工來。林山偕其女小瑩來。與靜秋同到昌群處，未晤。到蕭風處，晤其夫人世英。張覺非來。王姨丈、姨母來。馬毅來。姚紹華夫婦來。吳玉午來。瑞蘭來，雁秋來，留飯。

與雁秋、靜秋挈四兒乘二路汽車到東華門，步至中山公園，看蘇州旅行動物園、花房，到水榭看蘇聯漫畫展覽，自三時至五時。點《盤庚中》篇。

爲堪兒講《河神娶妻》。十時服藥眠，約十一時入睡，翌晨六時半醒。

今日下午與兒輩游公園，晚即得佳眠，可見休息之重要。

二月十號星期二（正月初三）

到尹達處，晤之。到侯外廬處，未晤。到林山處，并晤賈芝。到姚紹華處，未晤。歸，胡厚宣來，同至昌群處，并晤王守義、常紹溫。傅振倫來。

步至文化俱樂部，參加民進中央小組聯歡會，與東蓴、却塵等談。陳叔通先生來談。六時，在俱樂部聚餐。七時，乘東蓴車歸。

與洪、堪到紅星電影院，看《國際反帝》、《公主與七勇士》、《拔蘿蔔》三片。十時半服藥眠，翌晨四時半醒。

今日來而未晤者：程金造　魏明經　王澤民夫婦　王大玫　王大琬　祝叔屏

今日同會同席：王紹鏊　楊東蓴　徐伯昕　葛志成　馮賓符　張紀元　林漢達　金芝軒　董守義　陳慧　雷潔瓊　嚴景耀　陳麟瑞　張明養　余之介

潮兒于今日始來月經，實止十二足歲又五個月，視他人較早。

二月十一號星期三（正月初四）

到方白處，晤其夫人、女、媳，小飲。到擎宇夫婦處，并晤振宇夫人、竹君。到厚宣處，并晤紹華。到德鈞處，請按脉。到吳宜俊處。歸，李址麟來，留飯。吳祥泰夫婦及其外孫女施某來。

與李址麟到張政烺處。與靜秋挈洪、堪兩兒到王姨丈家，晤大玫、大瑛、王儼、楊冬麟等。道遇樓朗懷。

尚愛松來。爲堪兒講《黑蟒河邊》。十時半服藥眠。翌晨四時半醒，將曉又眠，七時醒。

今日來而未晤者：陶建基　賈芝　石兆原　祝叔屏

　　王大玫表妹説我的拉肚説不定是神經性的，我想這話也對。
去年一年中太過緊張，宜有此結果也。

　　今日德鈞爲予按脉，謂予六脉甚和，可享大年；惟内熱頗
重，故有失眠、腹瀉諸疾。聞此神爲一王。然見予者均訝予瘦，
則實有疾病，醫療上仍不能放鬆也。

二月十二號星期四（正月初五）

　　點《尚書覈詁·盤庚中、下》篇訖，《高宗肜日》訖。與静秋
挈堪兒到蕙蓀處，晤卜大姨、唐守文、王父波。又到電信學校，訪
吳祥泰夫婦，并晤其女鳳珊。

　　邵恒秋來。

　　雁秋來。與静秋挈四兒到紅星看《珊瑚島》。十時服藥眠，上
午一時半醒。三時又眠，四時半醒。

　　今日下午又腹痛就厠，看來止痢片也不能有特效。今晚眠又
不佳，想來酬酢過多，又急于任工作之故。我真不能有一點緊
張。咳嗽、放屁，夜中頗甚。

　　《珊瑚島》一片記西沙群島之開發，見祖國物産豐富，人民
又如此勇于征服自然，殊爲興奮。

二月十三號星期五（正月初六）

　　點《尚書覈詁》中《西伯戡黎》及《微子》篇訖。到東單買
藥。到華美修面。到北京醫院打針、挂號。歸，卜蕙蓀偕其幼女守
成來，留飯。

　　金振宇夫人、擎宇夫人來。記筆記一則。

　　爲堪兒講《阿喲痛醫生》等書。十時半服藥眠，翌晨五時半醒。

　　《尚書覈詁》暫點至《微子》篇止，以《尚書今譯》第一册
定爲虞夏書與商書也。

二月十四號星期六（正月初七）

家務勞動。金竹君來。點皮錫瑞《尚書大傳疏證》數頁。到北京醫院，就陳西源大夫診，將藥單送中藥公司，途遇王姨丈。

再至北京醫院打針。到中藥公司取藥。到紅星，看《太平洋奇迹》電影。爲堪兒講陳稺常《中國上古史演義》第一回，未畢。

雁秋來。張覺非來。服藥兩次，十二時後眠，翌晨七時醒。

金竹君奉母命傳來一止瀉方，以白扁豆與紅棗煮湯代茶飲，謂服半月可愈。

今日來而未晤者：康同璧　何叙父

二月十五號星期日（正月初八）

到三不老胡同訪邵恒秋，長談。途遇劉及辰。出，到石板房二條訪馬毅，長談，并看其所藏名人丁元公等墨迹。十二時半歸。

爲堪兒講《上古史演義》第一回訖。到蘇州胡同訪吳玉年談。到北京醫院打針。到人民大學訪馮世五，進點。到水獺胡同訪李延增夫婦。六時半歸。

家務勞動。洗浴。十時服藥眠，翌晨五時醒。

今日來而未晤者：王愛雲及其二女

二月十六號星期一（正月初九）

補記日記兩天。續點《尚書大傳疏證》。

到北京醫院打針、掛號。白兆瑞來。爲堪兒講《上古史演義》第二回，未畢。

服藥兩次，十一時眠，翌晨六時醒。

三日來均下便一次，以爲愈矣，乃今日又拉三次，何中藥之又無效也？

以前予畏熱，故居大石作及燕大時工作室入冬常不生爐。而今則喜親爐子，足徵予已畏冷矣。兩足輒作冷，常欲以熱水袋溫之，何衰之驟耶？

二月十七號星期二（正月初十）

家務勞動。到北京醫院，就腦系科蔣景文大夫診，又到理療科，就某大夫診。入針灸室扎針，到治療室打針。遇陳建晨、李平衡。歸，讀點《尚書大傳》。

到文聯，參加《中國民歌選》討論會，看馮夢龍《挂枝兒》及明人某《吳歌》。會自二時至六時半。雁秋來，留飯。

爲堪兒續講《演義》第二回，仍未畢。服藥兩次，十一時眠，上午三時醒。又眠，六時醒。

醫説明予病爲慢性腸炎。今日量血壓爲 130/80，如此不高，而仍不易入眠，何也？今日下便二次。

二月十八號星期三（正月十一）

譚惠中來。寫思泊、懋恒、趙大姐信。到東單發信、寄款。到北京醫院打針，中醫陳西源未到，晤周亞衛夫婦，談。

理髮。續點《尚書大傳疏證》。又安介紹針灸大夫范中春來針灸。雁秋來，留飯。爲堪兒講《上古史演義》第二回訖。

聽廣播《打麵缸》、《李逵探母》兩劇。十時服藥眠，翌晨四時醒。

范醫謂予六脉平和，然心腎不交，腸胃不和。又謂慢性腸炎疾可以針灸治愈。

二月十九號星期四（正月十二）

家務勞動。出，遇昌群。到北京醫院，就内科謝古梅女大夫診。打針、驗尿、針灸。又就中醫陳西源診。遇楚溪春、金芝軒。

續點《尚書大傳疏證》商書以上略訖。又點望三益齋所刻《書傳音釋》凡例。爲堪兒講《演義》第三回，未畢。

爲堪兒講報。十時服藥眠，翌晨五時醒。

謝醫所開方：Calcii Lactici、Luminali、Ephadrin。

陳醫云予脉細澀，用藥爲黨參、白术、山藥、雲苓、扁豆、神釉、訶子、禹餘糧、薏仁、陳皮等。

謝醫謂予目腫，囑驗尿。

二月二十號星期五（正月十三）

點蔡沈、鄒季友《書傳音釋》之序、圖、綱領及《堯典》。

中國新聞社黃繼陽來約寫稿，即看該社所集之胡適材料。范中春來針灸。雁秋來，留飯。

與靜秋到政協禮堂看田漢新編之《西廂記》劇，十一時半歸。服藥，十二時後眠，四時半醒。良久又眠，六時醒。

今晚所觀劇：張生——葉盛蘭　鶯鶯——張君秋　紅娘——杜近芳　老夫人——李金泉　惠明——婁振奎　這新編之劇，把鶯鶯表演得成爲主動人物，合乎新社會之需要。

今晚所遇人：舒維清　楚溪春　胡愈之　李蒸　章元善　吳研因　劉定五

二月廿一號星期六（正月十四）

家務勞動。點《書傳音釋・舜典》篇，訖。

到北京醫院打針。到西單樂仁堂、西鶴年堂買白扁豆。到何叙父處長談。六時歸。

與潮、溲兩兒到首都劇場看《百煉成鋼》劇。十一時服藥眠。翌晨五時醒。

今晚所觀劇：秦德貴——張瞳　袁廷發——楊寶琮　張福全

——馮增祥　梁景春——呂齊　趙立明——白山　何子學——胡
浩　孫玉芬——孟鍵　丁春秀——孟瑾　林娟——林納

今晚所遇人：徐伯昕　趙樸初　余之介　陳麟瑞　陳秉立夫
婦　毛啓邠　昨爲政協邀看，今爲民進邀看。

今日上午又泄兩次。

叙父之病與予一樣，均是冠狀動脉硬化，故常覺胸悶心痛。

二月廿二號星期日（正月十五）

鄧世民及其母來。耀玥來，留飯，長談。爲堪兒病卧，爲講
《飛船》及《獅駝國》故事。看《西北大學學報》批評陳登原諸文。

雁秋來。

看陳登原《中國文化史》。九時服藥眠，十時後入睡，上午四
時醒。

兩夜看戲，今日便覺疲乏非常。我真不能遲睡矣。

二月廿三號星期一（正月十六）

點《書傳音釋·皋陶謨、益稷》兩篇訖，記筆記一則。保姆曾
大娘來。爲堪兒講《西游記》故事畫書。

眠一小時。范中春來針灸。寫舒維清信。雁秋來，留飯。

爲堪兒講《西游記》故事畫書。服藥兩次，十一時後眠，上午
三時醒。四時後又眠，五時半醒。

羅康文佩介紹曾大娘來作保姆，她很能作事，作飯菜尤佳，
但我家房屋大，小孩多，她年已五十八，恐力不給。適王愛雲介
紹趙大姐來，年卅八，安徽和縣人，乃將曾大娘介紹與丁瓚太
太，而留用趙大姐。此兩個月中，静秋累極，今後當可休息也。

堪兒之病，兒童醫院謂是感冒兼扁桃腺發炎，爲打針。今日
下午已無熱。

今日予下便二次。忍了半天，畢竟忍不住了。

二月廿四號星期二（正月十七）

點《書傳音釋・禹貢》篇，未畢。記筆記三則。張覺非來。保姆趙大姐來。

與靜秋到北官房，吊張伯英夫人之喪，晤其子宇慈夫婦、孫文和等。與客湯錫蒙談。出，到寶鈔胡同看垃圾箱。到合作社買物。續點《禹貢》篇。

蕭風來。九時半服藥眠，翌晨六時醒。

今日下雪，到地即化。

趙大姐，夫家姓吳，稱爲吳嫂。

靜秋以兩手麻木，服虎骨酒。

二月廿五號星期三（正月十八）

冒雪雇車到所，出席所務會議，自九時至十二時。與外廬、昌群同車歸。

點《書傳音釋・禹貢、甘誓、湯誓》篇畢。爲堪兒講連環圖畫及《知識就是力量》。

雁秋來，留飯。與雁秋、靜秋討論賣書事。服藥兩次，十一時後眠，翌晨四時醒。五時後又眠，六時半醒。

今日同會：尹達　侯外廬　胡厚宣　楊向奎　姚家積　張政烺　張雲非　謝剛主　張德鈞　陰法魯　賀昌群　酈家駒　王毓銓　張兆漢　蕭風　陳樂素　張若達　胡嘉　魏明經

昨夜及今日之雪，據報載爲一八四三年來所未有。予到所，竟不能行路。遇一三輪車，渠不欲行，哀求之而得乘。一八四三年者，吾本生祖父及嗣祖母生之前一年也。

二月廿六號星期四（正月十九）

點《書傳音釋‧盤庚》三篇、《高宗肜日》、《西伯戡黎》、《微子》。記筆記二則。吉林大學張維祺來，談賣書事。爲堪兒講《楊志賣刀》等連環畫。

范仲春來針灸。

待煮浴水，雜覽群書。十時許入浴。十一時半服藥，十二時後入眠，上午五時醒。久之又眠，七時許醒。

三日來每日大便一次，似腸炎頗愈，然屁仍多，何也？

堪兒日來已無寒熱，而面上多紅塊，食欲亦不振，不知其故。淹纏五日矣。

吾家所藏書籍、碑帖、雜志、書畫、古物堆積太多，至不能自檢。而北京基建太速，一說拆即須搬家，他處房屋必不能多給我置物。以此，靜秋屢迫我出售。以思泊在吉林大學，久慫恿予售于彼校，上旬去函後昨接彼函，已與校當局商洽。今日該校圖書館員張君來面談，并要予說一價錢，予因說四萬元，蓋有四萬元存款月息可得二百元，足補予家用，使我不致每月提心吊膽也。若按件計價，當可得十萬元。彼校表示，可將予物闢室專置，以爲紀念。物不分散，更契予懷。

二月廿七號星期五（正月二十）

記筆記五則，約二千字。東城房管局技術員劉福祥來談。

爲堪兒講《水滸》故事連環圖畫。

看《民間文學》，爲堪兒講義和團故事。十一時服藥眠。翌晨五時半醒。

《水滸傳》中寫王倫心胸窄隘，容不得人，覺林冲揮劍，大是快事。記鄭板橋詠開水壺云："量小不堪容大物，二三寸水起波濤。"王倫之謂也。

二月廿八號星期六（正月廿一）

到文聯禮堂，聽陳毅副總理報告國際形勢、人民公社、大躍進及文藝方針，自九時至下午一時半。遇路工、安民、林山、沈從文等。二時，歸飯。

張愷慈來。范中春大夫來針灸。爲堪兒講《石碣村》等連環圖畫。

爲堪兒講科學故事。服藥兩次，十一時後眠，翌晨六時半醒。

今日又下便二次，是否在文聯坐得太久之故耶？

堪兒臉上紅斑，此隱彼起，飯量又不好，學校又缺課，真悶人！

吳嫂工作甚勤，且有條理，不多説話，甚合需要，今日定工資爲月廿七元。從此靜秋得省些力氣，足以照顧諸兒及予，并出門開會矣。靜秋執爨兩月，兩手麻木至不能檢物，自今日起服虎骨酒。

二月份工作：

甲，《尚書》研究（共十三天）

　1. 點楊筠如《尚書覈詁》五天。

　2. 點皮錫瑞《尚書大傳疏證》二天半。

　3. 點鄒季友《書傳音釋》四天半。

　4. 記《讀尚書筆記》一天。

乙，民間文學　　（共一天半）

　1. 開會一天。

　2. 校稿半天。

丙，科學院　　　（共一天半）

　1. 爲容媛寫資料一天。

　2. 開會半天。

丁，人事　　　　（共十二天）

1. 春節六天
2. 吊喪半天
3. 堪兒臥病爲講故事二天
4. 治病三天
5. 周游半天

　本月文娛：

京劇《玉堂春》等（八日）

電影《拔蘿蔔》等（十日）

電影《珊瑚島》（十二日）

電影《太平洋奇迹》（十四日）

京劇新編《西厢記》（二十日）

話劇《百煉成鋼》（廿一日）

[原件]　　　　　　義和團故事筆談

　　　　　　讀了義和團故事之後　　　　　　顧頡剛

　（下略，見《全集·寶樹園文存》）

[原件]　　　民進中央學習委員會委員名單

　　　　　　　　1959 年 2 月 20 日

主 任 委 員：楊東蓴

副主任委員：趙樸初　雷潔瓊　張明養　嚴景耀　巫寶三

委　　　員：毛之芬　王歷耕　吳　榮　嚴幼芝　嚴景耀　巫寶三

　　　　　　李成棟　李紫東　沐紹良　陳萬里　陳永齡　陳鳴一

　　　　　　趙樸初　趙果權　趙濟年　高　嵒　張明養　張錫彤

　　　　　　崔階平　陶建基　黃國光　楊東蓴　雷潔瓊　戴克光

　　　　　　鄺平章　顧頡剛　饒毓蘇

一九五九年三月

三月一號星期日（正月廿二）

　　與靜秋到黃秉維夫婦家，談一小時許。又到羅康文佩家，并晤其女鳳儀，又談一小時許。

　　與靜秋到西單，至保險公司。又到高瑞蘭家，并晤高鳴，及晤瑞蘭之女燕燕、寶寶，子天寧，談二小時許。又到雁秋夫婦處，并晤木蘭，談半小時許。

　　爲堪兒講《小松鼠》等四册，講《獅子樓》半册。服藥兩次，十一時半後眠，翌晨七時醒。

　　下雪四日矣，迄未化盡，道濕難行，然而許多人家不能不往，星期日汽車電車無一不擠。

三月二號星期一（正月廿三）

　　看《紅旗》雜志第五期。點《中國民歌選》中之《樂府詩集》部分，未畢。記筆記八則，千餘字。張愷慈來，長談，留飯。

　　洪兒老師朱玉茹來。到北京醫院，就腦系科蔣景文大夫診，并打針。遇昌群及金芝軒。

　　爲堪兒講科學故事。十時半服藥眠，翌晨六時半醒。

　　今日下便二次，檢查血壓，爲128/80，乃甚低。足徵此病只消静養。

　　堪兒之病爲皮膚過敏。今日到協和醫院診治，服鎮静劑。

三月三號星期二（正月廿四）

　　續點《樂府詩集》中之古辭，記筆記三則。寫劉福祥信，贈書。

　　記筆記四則。本日共記千六百字。范中春大夫來針灸。點莊述祖《漢鐃歌句解》，未畢。

聽静秋講《我的一家》，并作討論。看陳登原《中國社會史》。服藥兩次，十一時半眠，翌晨六時半醒。

薄一波副總理報告，去年全年生産兩億七千〇二十萬噸煤，使我國煤炭産量從世界第六位一下子跳到第三位，把英國遠遠地拋在後面。今年準備生産一千八百萬噸鋼，三億八千萬噸煤，一萬〇五百億斤糧食，一億噸棉花。此訊聞之振奮。

《我的一家》爲陶承同志作，述其一家革命事迹。今晚與妻兒等一討論，又興奮不能眠。予晚上不能説話搆思如此！

三月四號星期三（正月廿五）

點《樂府詩集》中之古辭訖。記筆記七則，約千四百字。

小眠。到北京醫院，就閔彩梅女醫師診，打針。歸，史筱蘇自西安來，贈物。點莊述祖《漢鐃歌句解》。記筆記一則。張覺非來。

看《玉臺新詠》。十時服藥眠，翌晨二時醒，遂不寐。

近日來，流不盡的清水鼻涕。又牙齦作痛。天氣雖轉暖，而午後兩足如冰。挾一暖水袋入衾，快如登仙矣。

歷史第二所召開中古史會議，故各大學之教中古史者雲集，筱蘇其一也。

後知此次開會，爲一、二所共同召集，而一所竟未通知我，我信爲檻外人矣。

三月五號星期四（正月廿六）

將《漢鐃歌句解》點訖，即入民間文藝會稿紙。又記筆記八百字。看《宋書・樂志》。

小眠。點《玉臺新詠》中民歌。范中春大夫來針灸。蔡尚思、楊寬、譚季龍、史筱蘇來談。唐守正來，留飯。

看《文選》及《宋書》《隋書》中《樂志》。十一時服藥眠，翌晨四時醒。五時許又眠，六時半醒。

近日泄瀉已痊可，大便正常，惟放屁仍多耳。

兩日來午眠幸得入睡，惟十餘分鐘即醒。

三月六號星期五 （正月廿七）

看張執一《怎樣理解長期共存，互相監督》。整理五四前歌謠，爲《中國民歌選》作準備工作。記筆記一則。

未成眠。到南小街理髮。到北京醫院打針。遇陳慧、尚鉞、屠思聰。歸，鈔古詩，作二小叙。

看《董西廂》。張家駒、凌大夏來。洗浴。十時半服藥眠，翌晨五時半醒。

晤陳慧，知其父叔通先生已入醫院兩星期。蓋由氣管炎引致肺炎也。先生年八十三矣，去年曾由川入隴，長途奔波，又在京開會必到，常到飛機場接送外賓，自恃其健，不肯休息，故致此。

三月七號星期六 （正月廿八）

記筆記四則，約三千字。

眠一小時。范大夫來針灸。記筆記三則，約千字。雁秋來，留飯。

看丁福保《全漢詩》。服藥兩次。十一時後眠，翌晨六時半醒。

每天上午脚不冷，但到十一點鐘就冷起來了。飯後睡眠，夾一暖水袋，引其回暖。但總有些不自然。我拉肚是脾虛，此當是氣虛也。

三月八號星期日 （正月廿九）

到民進，開會討論張執一報告。先開小組，後參加大組。十二時散。遇鄒新垓。

看上月《新蘇州報》。王樹民來。雁秋來，爲製土箱。記筆記二則。看樹民《隴右游記》。

看《責善半月刊》。十時半服藥眠，十二時醒。又眠，四時半醒。

今日同會：陳慧 °陳麟瑞 王紹鏊 許廣平 °馮賓符 葛志成 張紀元 °謝冰心 林漢達 余之介 趙樸初 °嚴景耀 °楊東蒓 吳研因 有°者爲本小組。

看《新蘇州報》，滿幅皆工廠消息，蘇州已成工業城市，爲大振奮。餘妹縮朒過甚，向爲誠安之累，今亦入廠爲工人，知中年人無失業者矣。

三月九號星期一（二月初一）

家務勞動。記筆記三則，九百字。鐵肩來，爲民間文藝送稿費。點姜運升《尚書譯注·甘誓》篇。

看樹民《隴右游記》，鈔入筆記三則。看報載張執一報告，備寫短論。雁秋與又安同製土箱。吳嫂來辭職。

看一周來關于樂府之筆記。十時服藥眠，翌晨四時半醒。

吳嫂才來兩星期，昨晚其妯娌生子，要她照顧，故來辭職，不知何日始能用定一保姆。

静秋自今日起，于星期一、三、五晚到本胡同業餘學校教師。

湲、堪兩兒以賦性較敏，又以父母之寵愛，驕氣與嬌氣俱重。今日堪兒不服其組長劉福立之領導，把劉氣走，爲静秋痛打一次，使無雁秋護之，打將更重。此後二氣當較殺也。

三月十號星期二（二月初二）

家務勞動。寫高耀玥信。點《尚書譯注·湯誓》篇。補點雷學淇《竹書紀年義證》第一册訖。

到第一所領薪。與陰法魯長談。到北京醫院打針。到東安市場買《胡適留學日記》。雁秋夫婦來，留飯。

看《胡適留學日記》第一冊。服藥兩次。十一時後眠，翌晨四時半醒。

今日上午下便二次，蓋食粥前喝牛奶一碗之故。將來當遵醫囑，以牛奶與他物夾食。屁甚多且響。

三月十一號星期三（二月初三）

家務勞動。點姜運升《尚書譯注·盤庚》三篇，訖。記筆記一則。爲靜秋寫謝立林信。金擎宇夫人來。

點朱大韶《實事求是之齋經義》。記筆記一則。

到北京飯店赴宴。遇厚宣、苑峰及第一組同人。到文化俱樂部，與靜秋同聽音樂。九時半歸，服藥兩次，十二時後眠。翌晨六時半醒。

今晚同席：譚其驤　張家駒　凌大夏夫人　楊培蘊　劉英年　陳寶蕙（以上客）　金擎宇夫婦（以上主）

在文化俱樂部所遇人：章元善夫婦　千家駒　費孝通　吳文藻　許廣平　張鈁夫婦　章伯鈞夫婦　潘光旦　王家楨　喜饒嘉措　孫蓀荃　李平衡

今晚所聽音樂：溥雪齋、查夷平等——古琴、胡琴、簫合奏平沙落雁、和平曲等　李金泉、婁振奎——斷后、龍袍等清唱　楊大鈞——琵琶十面埋伏　李金如——錚　張□□——打金枝清唱

三月十二號星期四（二月初四）

家務勞動。到北京醫院，就腦系科羅雅如大夫診。打針，遇浦熙修、夏鼐、曾澤生。點《實事求是之齋經義》二篇。寫人代、政協信，出寄。陳鵬程來，同上汽車，到歷史博物館，開會，商討奴

隸社會分期及陳列品事，自二時至六時。與唐立庵同歸，談。雁秋夫婦來，頤萱留宿。

十時半服藥，約十二時得眠，翌晨六時半醒。

今日同會：陳喬　鄧拓　郭寶鈞　張政烺　胡厚宣　何茲全　安志敏　唐蘭　蘇秉琦　歷史博物館諸同志

今日接政協通知，予繼任第三屆委員，數日內即出外視察。予已填新疆矣，而靜秋以予體弱多病，西北又寒，堅不令往，只得改變計劃赴湖南，明晨即再寫一信與人代大會更正。

三月十三號星期五（二月初五）

家務勞動。點朱大韶《實事求是之齋經義》七篇。寫致人代大會信，即赴郵局寄。

到前門飯店，訪季龍、筱蘇、家駒、寬正、蒙思明，并晤王樹民、楊品泉、尚鉞等。遇萬九河、錢君曄。到中山公園，看捷克傀儡戲展覽會。歸，鐵肩來。到伯祥處，并晤其三子一女、其內弟秦組青。遇陳乃乾。

蒙思明、蒙默、胡厚宣來。十時半服藥眠，翌晨六時醒。

昨今兩日皆下便兩次，幸尚不稀耳。

三月十四號星期六（二月初六）

到前門飯店，晤季龍、朱永嘉、厚宣。與張家駒、楊寬、史筱蘇同到動物園游覽，茗于牡丹亭。十二時半到莫斯科餐廳飯。

與家駒到天文館，看《飛向月球》電影。四時歸。整理稿件。雁秋來，留飯。韓儒林、楊向奎來，同到昌群處談。

木蘭來，留宿。靜秋傳達熊復報告。十一時服藥眠，翌晨四時醒。

今日天氣暖，予兩腿便生力量，繞動物園一周，不覺累。亦知腸炎將愈矣。今日爲了陪伴客人，居然玩了一天，然政協兩會均逃席矣。

鴻庵來談，謂青年均看不起學歷史，其子女嘲笑其父，爲什麼弄這一行沒有出息的學問？鴻庵因謂歷史學之研究實視理工科爲難，以其不可歷階而升，又不易測定其人之成就也。

楊向奎謂此次開會至八天之久，恐我受不了，故未邀，其信然耶？

鴻庵又言，繆鳳林已于前年冬逝世。

三月十五號星期日（二月初七）

到民進，開學習委員會，自九時半至十一時半。與陶建基同車歸。

寫陶建基信。與静秋到首都劇場，看狄辛等演《日出》，自一時半至五時。即到北京劇場看秦怡等演《紅色種子》電影，自五時半至七時。七時半歸飯。雁秋來，留飯。

休息。十一時服藥眠，十二時醒。又服藥，一時眠，七時醒。

今日同會：楊東蓴　趙樸初　趙果權　鄺平章　毛之芬　雷潔瓊　嚴景耀　陶建基　嚴幼芝　戴克光　吳榮　巫寶三　張守平（記錄）

三月十六號星期一（二月初八）

記筆記一則。到政協禮堂，開小組會，討論行程。乘梁純夫車，到世界知識社，與馮賓符談。

點讀《實事求是之齋經義》五篇。到白雲芝家，送還劉子衡書，晤其夫人。到北京醫院打針。到東安市場購物。

家務勞動。爲堪兒講報。理物。十時半服藥眠，翌晨六時醒。

今日同會：易禮容　呂驥　沈其震　梁純夫　毛誠　陳達邦

張紀元

　　所遇人：陳翰笙　張振漢　邵力子　于樹德　吴研因　巨贊
陳修和

　　今日不知何故，又下便至三次之多，知腹疾仍未能愈，因服
表飛鳴與炭丸。

三月十七號星期二（二月初九）

　　看《人民日報》成于思《温故而知新》文。記筆記一則。寫
尹達信請假。到北京醫院，就腦系科劉大夫診，打針。

　　范中春來。理書、物，整行裝。點讀《實事求是之齋經義》兩
篇。與静秋同到百貨商店定做呢大衣，并購物。雁秋來，留飯。

　　六時五十分，紀元車來，同到純夫處，七時許上站，由梅秀英
招待上車。又安送衣來。七時五十分車開。

　　在兩年運動中，相率以讀舊籍爲戒，甚至歷史第一所之漫畫
中以讀《漢書》爲諷笑之資，而近日報紙論文又勸青年讀書，今
日成于思一文是其例，看來不讀書之風氣又將扭過來了。

　　今日同行人：張紀元　梁純夫（以上政協）　　陳達邦（國
務院參事）　梅秀英（秘書）

　　静秋屢强予到百貨商店買英國山羊絨呢製大衣，取其輕而
軟，予屢以價貴却之。今日臨行，姑應其求，竟達四百五十元，
是我一生從未穿過之貴衣也。静秋亦自製春衣一襲，價八十元。

三月十八號星期三（二月初十）

　　八時〇六分經鄭州。在車與諸人談，看北京師大所選《中國古
代民歌選》訖。

　　以車誤點，至九時半過長江大橋。十時，服藥眠。

　　西藏昨日發生叛亂，反動分子將達賴喇嘛劫走。多年來聞

川、青、康一帶藏區內上層分子組織護教反共軍，昨事爲彼輩最後之一着棋矣！

三月十九號星期四（二月十一）

上午二時起整理衣物。又眠，四時醒。四時五十分到長沙。省交際處朱文典、賀俊美來接，入中山路交際處招待所114室。天明後散步街頭。回，到陳達邦處談。寫靜秋信。省統戰部長劉游夫、省政協秘書長李國璽、民進長沙市委嚴寅來。到烈士公園，參觀歷史博物館，晤館長熊子烈及館員蔡季襄、程鶴軒。

到湖南省經濟建設展覽會參觀，賀俊美同行，馬家爲導。自二時至五時半，尚未遍閱。省辦公廳副主任楊大川來。

鄒聲揚、嚴寅來，同到民進市委談。周世釗來。鄒、嚴、周又伴至招待所小坐。九時半服藥眠，翌晨四時醒。

三月二十號星期五（二月十二）

四時起，寫《五四運動與民間文學》，未畢。八時，嚴寅來，同乘汽車，欲渡湘江至岳麓山，以大風無渡船退回。到五一路參觀湘繡廠，袁介仁導。出，觀湖南省工藝美術品服務部。到天心公園，喝茶。到清水塘，觀毛主席策劃革命故居，王熙導。

續寫上文，仍未畢。寫鐵肩信。二時半出，賀俊美同行，參觀北門外建湖瓷廠，沈子中導。又至建湘搪瓷熱水瓶廠，呂紹湯、李全忠導。五時三刻歸。寫靜秋信，未畢。

獨至五一路散步，到新華書店購書，到湘江邊眺望。九時歸。十時服藥眠。翌晨三時三刻醒。

湖南省直轄市三：長沙、株洲、衡陽，皆現代化工業區也。湘潭韶山冲爲毛主席舊居，衡山爲南岳，君山爲洞庭神祠，具有歷史意義，皆擬一觀。

三月廿一號星期六（二月十三）

四時起，作《五四運動與民間文學》訖，約四千字。即付寄。寫靜秋信訖。嚴寅來，八時開車，九時半至湘潭縣下攝司，渡湘江。十時廿分上車，十一時經湘潭縣之中路鋪，修車。

十二時十分至衡山縣之兩路口，車壞，入蔣承賓雜貨鋪飲水休息。看廿日《人民日報》社論《什麼是阿剌伯人民的真正利益》。三時上車，三時四十分至南岳，入衡山第一中學。四時廿分到衡山招待所，五時進飯。由滕秋雲、賁醒吾導至一中參觀。

在招待所開民進支部座談會，自八時至十時許。十一時服藥，不成眠，將天明始一假寐。

今日所乘汽車已舊，行城郊尚可，經歷長途便屢壞。至兩路口，修車至三小時，而附近無買食物者，只得以廣東麻蓉餅當飯。本期一日返省，現在惟有多留一天，然以此之故得游衡山，不可謂非天假之緣也。

今晚同會：何炳麟　周科家　廖毅新　譚文耀　趙子端　紀元　純夫

衡山第一中學負責人：何炳麟（校長）　滕秋雲（副校長）余維其（教導主任）　趙子端（總務長）

衡山縣教育科長賁醒吾

三月廿二號星期日（二月十四）

滕秋雲、周科家來。七時進食，談學校事。八時廿分上車，開向南岳，游十方玄都觀。九時廿分到磨鏡臺，入幹部休息所小憩。十時廿分到福嚴寺。出，到延壽亭。十時四十分，到忠烈祠。十一時到南岳水庫。十一時半下山，游南岳廟。十二時到何迴程先生家，進午餐，談。（所乘車已壞，昨晚招待所從地質局借一新吉普車來，故今日可乘車上山。然半山亭以上，路狹不復容車，故至福嚴寺而止，登祝融峰只得待諸他年矣。）

　　二時，飯畢辭出，譚文耀、廖毅新來送行，由周科家導至水簾洞小坐。三時，上車。五時半到下攝司待渡，飲茶。七時到長沙，晤吕驥、毛誠。八時，進飯。

　　洗浴。整理衣服。十時服藥眠，翌晨六時醒。

　　今日大熱，達攝氏十五——十七度。車中乾渴尤甚。到下攝司待時，一飲五飯碗，滿身汗水。夜中一浴，大是清快。

　　衡山端嚴穩重，松柏森森，流泉四注，巨石嶙峋，大似泰山。其得岳稱，固有由也。七八月間爲香會期，湖南、北，廣東、西及江西諸省人咸來，故山下市井甚整，旅、餐店咸備。自去年人民公社建設後，燒香者陡少。然將來來游此風景區者必然不少於以前進香者，可預決也。

　　今午同席：予　紀元　純夫　梅秀英　嚴寅　滕秋雲　趙子端　周科家（以上客）　何炳麟（主）　今日私人請客，大是不易。何先生之宴，是向鄉委會説明理由，申請批准，乃得買來烹調者，然鷄尚買不到也。

三月廿三號星期一（二月十五）

　　到吕驥、陳達邦處談。到會客室開會，討論今後行程。補記日記兩天。寫靜秋信。看王成組《從比較研究重新估定禹貢形成的年代》未畢。

　　與同人到第一師範，聽校長何戈心講毛主席在校故事。又到東風鋼鐵廠，聽黨支部書記邱澍魁講述，參觀全廠。梅明來。周世釗來。

　　與同人到湘劇院看《生死牌》劇，自七時至十時半。周世釗同歸，小坐。十一時半服藥眠，翌晨六時醒。

　　今日上午同會：李國璽　熊源漪（以上省政協）　楊大川（省

辦公廳）　吳立民(省統戰部)　賀俊美(省交際處)　呂驥　毛誠
(全國人代)　張紀元　梁純夫(全國政協)　陳達邦(國務院參
事)　梅秀英(民盟，本次視察團秘書)　決定先至韶山村，次至
湘潭，次至株洲，此後各人分頭視察。

三月廿四號星期二（二月十六）

禹柏年來。梅明來。周世釗來。八時半，同乘車出，欲由西門
渡，走寧鄉道，待久輪不至，改走湘潭道。十時行，下午二時至韶
山冲。

入招待所進飯。毛偉昂來，導至毛主席故居及幼兒園、敬老院
及韶山學校參觀。到合作社購物。歸，以組長囑作詩。

赴鄉委會宴，予致辭。散後，由馬寶源、陳秉章導觀韶山飯
店、毛氏宗祠等處。失眠，服藥三次，約上午一時入眠。

昨晚所觀劇：王玉環——彭俐農　衡山知縣——劉春泉　賀
總兵——董武炎　海瑞——徐紹清　姨媽——張富梅　劉春泉係
女角，藝名六歲紅，能演老生、小生、花旦，以其無所不精，遂
爲人所忌，時欲中傷之。

今晚同席：本團同人　周世釗　梅明　禹柏年　陳明新（以
上客）　毛偉昂　毛吉生　郝捧住　高臣唐（以上主，皆韶山黨
支部書記、委員）　予被推在席間發言及作詩，以是精神緊張，
不能入眠。

三月廿五號星期三（二月十七）

七時起，覺頭暈、足軟、說話無力，因復睡。十一時，湘潭市
長于殿武來，同乘車到湘潭，到電機廠午飯，晤廠長程貞茂。

同人因予病，囑再休息，因在電機廠復眠，自二時半至五時。
廠中醫生熊民杰來診。六時，又乘車到五里堆棉紡廠，予仍未參

觀，與廠中黨委秘書張繼良、湘潭市人委職員張人銀談。七時半，
在廠飯。

八時，乘車赴株洲，入招待所，副市長楊忠文、人委副秘書長
李健來談。十一時服藥眠，翌晨六時半醒。

今日幾乎眠了一天，即在汽車中亦打瞌睡。此固昨夜服藥三
次所致，但一星期來之勞累亦其一因也。

今晚拉稀兩次，當是兩日來赴席三次所致。即服表飛鳴與
炭屑。

今午同席：客同上　于殿武（湘潭市長）　　程貞茂（湘潭
電機廠廠長）

今晚同席：客同上　于殿武　張人銀　王錫慶（湘潭棉紡織
印染廠廠長）　郝義武（黨委書記）　張繼良（黨委會秘書）

三月廿六號星期四（二月十八）

梅明來。九時進早餐。補記日記三天。聽楊忠文報告株洲情
況，自十時至十二時。

楊忠文、李健導觀焊接器材廠，聽黨支書王全報告。到滾珠軸
承廠、汽車修理廠，又到苧麻紡織廠，聽黨支書田莉報告。六時歸。

楊忠文導觀市場，到解放劇院，看湖南花鼓戲《生死牌》劇。
十一時歸，服藥眠，上午五時醒。又眠，六時半醒。

今晚所觀劇：黃伯賢——周永年　黃秀蘭——黃元英　王志
堅——徐應松　王玉環——曾淑玉　張氏——潘建蘭　賀府家
郎——楊大振　海瑞——李正凱　以上演員，參加省戲曲代表
團，向首長們彙報演出過，餘角未詳。

株洲市爲一全新現代工業化城市，基建工程尚未完，有的邊
基建，邊開工。將來完全投入生產，當爲中南區工業樞紐。

三月廿七號星期五（二月十九）

楊忠文來，同到市北五公里田心鄉，參觀國營機車車輛製造廠，聽廠長許士勤報告，參觀全廠。又至該廠附設之工人技術學校參觀，晤校長沈泳年。到該廠招待所飯。

飯後休息一小時。二時，到國營選煤廠參觀，聽李主任講解。又到國營發電廠參觀。五時回招待所，聽黨委第一書記馬壯昆報告。

赴宴。乘涼，在院中閑談。八時半，獨步市街，入新華書店。歸，梅秀英、梅明來談。十時服藥眠，翌晨五時醒。

今午同席：客同上　許士勤（車輛廠廠長）　曹思曾（廠黨委宣傳部長）

選煤廠，由波蘭專家設計，太偉大了。

今晚同席：客同上　馬壯昆（株洲市黨委第一書記）　吳政魁（株洲市市長）　楊忠文（副市長）　李健（市人委副秘書長）　楊汝琴（交際處長）

三月廿八號星期六（二月二十）

寫靜秋信。到周世釗、陳達邦處談。楊忠文、李健導至清水塘，參觀株洲化工廠，由黨委書記倪覺初講述。又至株洲冶煉廠參觀，由副廠長王鍵、黨委副書記曾祥輝講述。又至玻璃廠參觀，由廠長張亞平、劉全禾講述。

到工人文化宮，參觀株洲市技術革新展覽會。五時回招待所，開會，楊忠文主席，請本團同人對株洲市提意見，至七時，同飯。

八時上車，九時半到長沙，入招待所，居二一三室。洗浴。服藥兩次，至十二時後眠，翌晨七時醒。

株洲爲新興工業城市，或正在基建，或已投入生產，規模弘大，國家但費五億，已能有此成績，足徵貫徹"省"的方針。然惟其太省，故只注重生產，不注重生活，道路不平，宿舍太擠，

路燈太暗，使上海、東北來之工人感到不舒服，此實影響生產情
緒，故市委欲予發言，予即以此言之。

三月廿九號星期日（二月廿一）

李國璽來。理髮。梅明來。與紀元到周惇元處。看王成組文訖。

梅明來。與本團同人渡湘兩次，到岳麓山，自愛晚亭以上捨車
而徒，謁蔡鍔、黃興、劉道一、陳作新等墓，游古岳麓寺及雲麓
觀，登臨湘亭而望。五時下山，六時返所。看《歷代輿地沿革表》
中湖南部分。

周世釗、梅明來，民進同人邀至湘劇團看《拜月記》劇，自七
時至十時半。遇曹伯聞、王福梅。十一時許服藥眠，翌晨六時醒。

今晚所觀劇：蔣世隆——劉春泉　王瑞蘭——左白一　蔣瑞
蓮——左大玢　王相——徐紹清　王夫人——張富梅　每一角色
聚精會神，如寫字之無一懈筆，爲我所觀劇之最佳者。

湘江中有水陸洲（予疑即長沙得名之由來），故到岳麓山須
輪渡兩次，初到洲、後到麓也。以是之故，費時實多，順利則一
小時，不順利則兩小時，最不順利則不通行。今日係六級風，如
高至七級則無輪渡矣。行道不便，必須築大橋。湘西築鐵路，此
橋固必修。

三月三十號星期一（二月廿二）

八時，在省代表、政委來，同乘車過瀏陽河，到東郊黃花公
社，聽社中第一書記何興沃、社長吳金福報告，在社午餐。

參觀社中板車製造廠、農具機械廠等處。到長沙縣第一中學
（在揚高），聽教導主任饒漢章報告，參觀全校。歸，待渡歷半小
時，六時回城。董爽秋來。

徐伯昕自廣州來，談。赴民進宴。失眠，服藥二次，至十二時

後眠，翌晨六時醒。

今日呂驥、梅秀英到苗族自治區視察，區所在爲吉首縣，梅爲花垣縣人，已十餘年未歸家見母，故同往。車行三日，以上午六時半在岳麓開出，故予六時起身時彼等已行。予本亦欲往，群謂兩年後即通火車，今乘汽車去太累，故遂止，然不勝羨也。

今日同參觀人：周世釗　曹伯聞　毛誠(以上人代)　方鼎英　董爽秋　張紀元　梁純夫(以上政協)　梅明　李國璽　段蔭南　蔣建勛　陳中甲　莫再文　張干雲(以上長沙各機關幹部)

今晚同席：徐伯昕　喬連升　焦琦（以上從廣州來）　張紀元　梁純夫（從北京來）　劉遜夫　胡鵬　李國璽（當地首長）周世釗　鄒聲揚　梅明（以上民進，主人）

三月卅一號星期二（二月廿三）

送梁純夫北返。八時出發，渡湘江，至望城縣望岳人民公社，聽副社長鍾伯喬報告，參觀社中猪場、兔場、家禽場，一時半，在社飯。

三時，返長沙，參觀長沙縣雨花人民公社，由黨委書記成雲輝報告，參觀社中猪場、長塘里幼兒園、仰天湖敬老院。六時歸，與董爽秋、陳達邦談。

獨步至黃興南路，到古舊書店、文建書店閱書。九時許歸，服藥眠，十二時半醒。又眠，五時半醒。

今日同參觀人：如昨（缺梁純夫）

今晚散步，天不熱，而予汗流浹背，髮亦盡濕，可見予年來谷易出汗，實爲體衰之證。予竟無走路本錢矣！

出門以來，大便轉爲乾結，早起每不能下，輒至晚始得迸出。無論是稀是結，要之腸內總有問題。

到韶山冲謁毛主席故居（題紀念册）

劉邦還鄉時，引吭歌大風。這風是化國爲家的私風，到了逍遥津，漢家的壽命合告終。毛主席還到這故鄉來也該歌大風。這風是根本壓倒西風的東風，它吹起了亞、非、南美火熊熊，帝國主義路途窮，世界行將化大同，功德萬世長崇隆。長崇隆，長崇隆，光輝照徹全宇宙，億兆人來瞻禮韶山冲。

[剪報]　　1959 年 3 月 17 日《人民日報》

　　　　　　　温故而知新　　　　　　　于成思

（下略）

一九五九年四月

四月一號星期三（二月廿四）

晤伯昕及吳克堅。七時半，取齊，出發。渡瀏陽河北行，約百里，九時半到金井人民公社，聽書記兼社長楊仁桂報告。十二時，在社飯。

由楊社長導觀幼兒園、敬老院、湘綉廠、木工廠、鐵工廠、機械廠、博物館等處。四時半上車，五時三刻返城。梅明來。

晤伯昕。到新華書店購書，歸，閲鄧之誠《東京夢華録注》。九時半服藥眠。翌晨三時醒。

今日冒雨游觀，地滑，賴紀元攙扶。今日同參觀人：如昨（缺陳中甲）

陳達邦謂予目腫，豈近日勞累過度而然耶？

日來所觀人民公社特點：

1. 黄花公社——以造車、船勝。
2. 望岳公社——以畜牧勝。

3. 雨花公社——以種菜勝。

4. 金井公社——以土洋并舉勝。

四月二號星期四（二月廿五）

與伯昕談。到中山圖書館，晤館長呂崇儁，由館員周天任導觀全館，并至船山學社參觀。十時歸，步至烈士公園，復觀湖南博物館，注意其楚器部分。

觀動物園，即在公園內飯。步歸，與紀元談。看王黎之《再談城市人民公社問題》，即鈔寫，未畢。毛誠來話別。

冒雨，與紀元到民進，開長沙基層負責人談話會，自七時半至十一時。歸，與伯昕握別。十二時，服藥眠，翌晨六時醒。

步行烈士公園一圈，殆十餘里，雨後泥濘，以是覺累。

今晚開會，予以民進中委不得不往，而散會甚遲，以是服重量藥，幸得眠。

今晚同會：鄒聲揚　李仲連　周昭怡　羅鳳清　伍東飛　黎升洲　李季仙　李盛朝　黃炳靈　梅明　嚴寅　徐伯昕　張紀元

四月三號星期五（二月廿六）

與紀元談。續鈔王黎之城市公社文畢。寫靜秋信。與吳克堅談。

眠一小時許。準備發言稿。三時，至會議室，開會，各述視察觀感。副省長唐生智主席。六時，赴統戰部宴。

與紀元到圖書館散步。歸，整理行裝。服藥兩次，十時後眠，翌晨四時半醒。

今日同會：唐生智　周世釗　方鼎英　曹伯聞　董爽秋　張紀元　陳達邦　李國璽　劉遜夫（主）　楊大川（主）　梅明

今晚同席：如上，缺方、曹、梅三人。

毛誠等均勸予午睡，藉以節勞。今日試爲，居然得睡。惟夜間睡眠又成問題耳。

四月四號星期六（二月廿七）

五時起，整理行裝。六時半飯。周惇元來送行，賀俊美俱。七時五十分開車，九時十五分經汨羅江，十時廿分到岳陽。岳陽統戰部長段志霖、縣人民委員會秘書長夏可畏來迎，入縣人會，與兩君談游程。入室小休，補記日記兩天。

與同人到岳陽樓，晤文物館胡樹基、陳憶吾。照相，題字。五時歸，寫自明、自珍、誠安、起潜叔明片。

夏可畏伴往岳陽劇場，看《李三保大打青雲樓》劇。十一時半歸。縣委書記兼縣長張月桂來。十二時服藥眠，上午四時醒。又服藥，六時醒。

今日同行：張紀元　陳達邦　李國璽　梅明

同游岳陽樓：人如上，李可畏導。

今日天極好，水紋照日若錦鱗，惟又嫌熱，呢衣穿不住矣。

今夜所看戲爲巴陵劇團所演，本地調，亦接近京劇、湘劇。演員甚賣力，惜無戲單，不詳其名，但知扮李三保者爲周揚生耳。

四月五號星期日（二月廿八）

寫勤廬、又曾、少荃、樹幟明片。在縣人委早餐，九時四十五分開船，十時半到君山，聽洞庭人民公社大隊長周鳳珊、大隊團總支書記劉元芳講述該社漁業生產情況，參觀麻□等漁具。在社進午餐。

上山，看虞帝二妃墓。到君山茶場（原崇勝寺），聽茶場場長崔廣臣、會計鄧子杰講述茶葉生產情況。出，觀柳毅井及咸淳鐵鐘。遇雨，送至小學，寫靜秋、孟紹、八爰、厚宣、姜亮夫明片。在社進晚餐。

到龍新秀家宿。夜九時，馬興其來送雨具、衣服。終夕不寐，天將曉時略一朦朧。

同游人：如上　李可畏　涂學書（湖南商業廳）　段志霖　劉杏英（縣人委）　縣長以予等不歸，遣服務員馬興其雇一大風網船，左右各夾一小船衛護，在大風浪中駛來送衣。爲予貪看古迹，使縣中勞師動衆，甚爲不安。使竟出事，將奈何？此真是此游之冒險行動矣。

今日本擬當日還城，而下午發七級風，繼以大雨，船不克行，只得留住君山。《山海經》所謂“帝之二女……出入常以風雨”。范仲淹《岳陽樓記》所謂“商旅不行”，予等得以實踐體驗。惟一雨之後，氣候突寒，所帶衣不足，安眠藥又未帶來，一夜張目，甚感無奈。回城後拉稀，想即緣此，甚慮腸炎之又發作耳。

四月六號星期一（二月廿九）

六時四十分登舟，八時半到岳陽縣人會。補記日記兩天。算賬。十時飯。休息。拉稀，服藥，小睡，未成眠。

送陳達邦、李國璽、梅明返長沙。出寄信，觀市容。段志霖來，講述岳陽城市人民公社，自三時至五時半。

劉杏英來，爲題其紀念册。八時服藥眠，九時爲鐘聲鬧醒。又服藥，翌晨四時半醒。

君山本有二千餘年之文化建設，日寇一來，毀滅幾盡，真可痛恨。

昨今兩天，雨中上下船及山，均賴梅明攙扶。

四月七號星期二（二月三十）

四時半起，六時上車，夏可畏、馬興其送，有雨頗寒。在車小眠。在車與紀元談，并看報及鄧之誠《東京夢華録注》。

小眠。

十二時半到鄭州，省政協副秘書長李平一、秘書鄒立民來接，入紫荊山賓館。上午一時半服藥眠，七時半醒。

自岳陽至鄭州，直達快車爲十八小時許。

宋人語詞與近代甚不相同，名物亦多別致。《東京夢華錄》一書號爲難讀。文如積二十餘年之力，集宋人筆記以成此書之注，若裴松之注《三國志》然，卓然可傳之作也。

四月八號星期三（三月初一）

寫靜秋信。晤伯昕、張振漢、何作霖、趙致平、焦琦。與紀元觀商故城。李平一來，同出，到二七區西太康路人民公社，晤社長劉彩霞，由副主任劉中權報告。出，參觀該社縫紉廠，晤社長潘秀玲。又觀武英里食堂。

洗浴。寫靜秋信。鄒立民、劉彩霞來，同到水利廳，晤副廳長郭培鋆、副主任張旭東、廳公社大隊副隊長王保元，參觀該隊生物製品廠玻璃肥料、細菌肥料各部，爲題字。出，到文物工作隊，由周到導觀河南出土文物。歸，伯昕來談。河南省政協副主席任芝銘、田豐兩老來。

到人民劇院，看開封豫劇一團王敬先等演《火焰山》及《推磨》劇。十一時半歸，服藥眠。上午四時半醒，又眠，七時半醒。

鄭州本一小城市，自解放後，以其爲鐵路中心，定爲河南省政府所在地，大爲擴展，而工廠、學校、機關以類相從，故今辦城市人民公社最爲便捷，以其每區性質較他城市爲專一也。劉彩霞同志係長征幹部，今主持公社事。

今晚所觀劇：推磨——高興旺、張玉榮等。火焰山——王敬先、王桂蘭等。

四月九號星期四（三月初二）

伯昕來談。收拾物件。看水利廳公社文件。十時，鄒立民來，同上站，在車看報紙。

看《新觀察》本年七期。五時抵三門峽站，市長劉萊、統戰部長張復周來接，入交際處，住一樓一號。寫靜秋片。

寫史念海片。到食堂看電影《懸崖》，遇袁復禮、裴文中。十時看畢，服藥眠，翌晨六時醒。

《新觀察》，予雖定而無暇觀。今日在車中無事，得竟覽一冊，蓋以記新人新事爲其主要題材，實新中國之片段記載也。

大便仍不正常，惟有多服表飛鳴與炭精丸以遏止之。

四月十號星期五（三月初三）

田豐自鄭州來，劉市長來，同飯。八時，與河南省政協同人乘大卡車出發，行山路，至九時廿分到史家灘，入三門峽工程局，由總工程師汪胡楨導觀展覽館，聽講解。出，上水庫壩，觀三門峽改造工程。十一時半下，到湖濱車站觀虢太子墓五戰車。

二時，歸飯。與陳少坪談。統戰部長張復周來送行，田豐來。上站，三時〇五分上車，看《三門峽水利樞紐工程》。六時半，到餐車飯。

十一時四十九分到鄭州，爲待汽車，至十二時廿分始抵紫荊山賓館，部署各事。一時半服藥眠，七時醒。

三門峽水利工程，自一九五七年四月開始，至二年，每日工作者萬五千人。工作皆機械化，壩高一百公尺，長九二九公尺，頂寬二十公尺，底寬九十三公尺，十二個深泄水孔，黃河經之而出，波濤洶涌，壯觀甚矣。向之所謂三門，今已不存，皆築爲壩址矣。惟砥柱石則工畢後尚可露出。看此工程，世界上再有何困難不能克服耶！

此行壯觀，以三門峽工事爲第一，洞庭湖之風雨次之，衡山幽深，又其次也。所見之新興工業城市，以株洲爲第一，鄭州次之，長沙又次之，三門峽市又次之。明年三門峽發電後，則以電力之豐富與所居地位之適中，工業之興盛又可駕株洲而上之矣。

四月十一號星期六（三月初四）

賓館郭潤芝秘書來。鄒立民來，同乘吉普車出，到二十公里外之東風渠參觀，由商清海導觀。又至東四公里，觀蔣匪決口罪行之花園口。

眠一小時，寫黃公渚片。三時，鄒立民來，同至鄭州紡織機械廠，聽副廠長杜振華講述，并觀全廠及其公社。出，到新華書店買鄭州地圖。歸，理物。

到交際處，應省委宴。八時歸，理物訖。九時半上站，十時上車。十一時服藥眠，十二時醒。又眠，五時半醒。

今晚同席：許廣平　謝冰心　任芝銘　張紀元　李儼　劉瑤章　王深林　謝爲杰　李伯球　張震球　賈心齋　嵇文甫　高鎮五　賀昇平　魯定華　李賦都　王永昌（以上客）　趙文甫　邢肇謨　劉鴻文（以上主）

四月十二號星期日（三月初五）

在車看連環圖畫數冊。八時半進早點後眠一小時許。十時半到北京，紀元喚車送予至家，與又安等談。

就床，未成眠。理物。到“春風”理髮，遇蕭風。補記日記訖。寫此行提綱，未畢。

雁秋來。十時，服藥眠，十二時醒。又眠，四時半醒。

第三屆政協委員名單發表，凡一千〇七十一人。前屆委員有以右派而淘汰者，馬松亭、張鈁是也。有雖非右派而淘汰者，王瑤、李希凡是也。有轉任國務院參事者，孫蓀荃是也。

此次政協名單中不見周詒春，恐已逝世。周先生曾一度任燕大校長。

四月十三號星期一（三月初六）

到前門飯店，辦本屆政協委員報到手續。照相。遇吳羹梅、何魯。到亦寧處談。十一時半歸。

就床，未成眠。到研究所，訪尹達、向奎、厚宣，并不遇。晤鍾遵先。與陰法魯談。出，到北京醫院挂號。歸，到賀昌群處。飯後昌群來。

看譚其驤《論曹操》。十時服藥眠，翌晨四時三刻醒。

四月十四號星期二（三月初七）

到北京醫院，就蔣景文大夫診。遇許廣平。歸，賀次君來，同到商務印書館，晤周雲青。到中華書局，晤趙守儼、宋雲彬、張伯純等。訪伯昕，不遇，見其夫人。

王樹民來。毛啓邠來，訪問五四運動事。理書及報紙、雜志。到伯祥處，未晤，偕其孫女緒芳回家。

送王緒芳歸。雁秋來。洗浴。服藥兩次，十一時後眠，翌晨五時半醒。

今日量血壓，爲 130/70，較出行前爲低，可見予體之宜于動。惟血壓雖降而入眠之難依然，是則不能不望奴夫卡因針續打之有效矣。

四月十五號星期三（三月初八）

寫高耀玥信。張紀元來。辛樹幟來，同出，訪朱務善、夏緯瑛，俱未遇。觴樹幟于北海“仿膳”。

夏緯瑛到北海相遇，在仿膳前庭茗談。到民進開會，談各人視察體會，自二時半至六時半。乘董守義車歸。雁秋來，留飯。

王煦華來，長談。十時服藥眠。翌晨二時醒，朦朧達旦。

今日同會：楊東蒪　葛志成　徐楚波（述安徽）　張紀元（述湖南）　林漢達（述東北）　吳研因（述浙江）　金芝軒（述上海）　王紹鏊　毛之芬　嚴景耀　吳榮　董守義　馮賓符　梁純夫　余之介　顧均正　吳廷勘　張守平　龐安民　方健明　吳德咸　王嘉璇

四月十六號星期四（三月初九）

整理此次旅行中筆記，備發言，未畢。

雁秋來。十時服藥眠，翌晨五時醒。

四月十七號星期五（三月初十）

到東單公園看筆記。到北京醫院打針，遇李樂知。乘所中汽車到政協禮堂，參加政協三屆一次開幕式。周總理主席，李維漢作政協二屆工作報告。十二時散，到新僑，與樹幟同飯。訪何迴程，未遇，晤曲仲湘、盛彤笙。

臥床，未成眠。整理視察所得，未畢。張紀元來，與同到新僑飯店，訪何迴程先生，與同游天壇。出，到陶然亭一望。返新僑飯店飯。

與紀元同車，到民進開會，述視察所得。十時，乘董守義車歸。服藥兩次，至十一時半眠，翌晨六時醒，即起。

今晚同會：°謝冰心　°嚴景耀　°戚景龍　°予　楊東蒪　董守義　張紀元　林漢達　沐紹良　方健明　陶建基　嚴幼芝

會場所晤人：白薇　王伯祥　秦德君　游國恩　劉仲容　李平衡　陳劭先　陳銘樞　陳建晨　李俊龍　楊亦周　章伯鈞　吳大琨　章乃器　費孝通　潘光旦　吳文藻　林中易　章元善　黃

乃　胡蘭生　唐弢　熊慶來　唐鉞　謝無量　呂叔湘　鄭昕　翁獨健　董爽秋　裴文中　何思源　薛愚　易禮容　周谷城　葉聖陶　葉至善　王國秀　尹義　王雪瑩　陳叔通　周叔弢　閻迦勒　閻寶航　熊佛西　王大珩　趙九章　斯行健　何炳麟　曹谷冰　王芸生　朱物華　朱光潜　曲仲湘　周炳琳　程希孟　王家楨　曹伯閔　龍雲　葉景莘　吳家象　李培基　章士釗　梁漱溟　李書城　林虎　潘伯鷹　張之江　周亞衛　盛彤笙　鄒秉文

四月十八號星期六（三月十一）

到何迴程先生處，導之至東單公園。出，到和平賓館，訪羅雨亭夫婦及夏瞿禪，并晤唐圭璋、王季思。到新僑館店，訪李平心、李霽野等。十時至十二時，參加小組討論。

在新僑飯。眠半小時。尹達、侯外廬車來，同到懷仁堂。三時，人代會開幕，毛主席執行主席，周總理作政府工作報告，自三時至六時。回新僑飯。

與紀元同車，到護國寺人民劇院看川劇。服藥兩次，至十二時後眠，翌晨六時醒。

本組同人：╳王紹鏊　李平心　李霽野　°陳禮節　吳研因　張紀元　金通尹　╳周建人　柯靈　╳°徐伯昕　徐楚波　梁純夫　戚景龍　馮少山　╳楊東蓴　葛志成　潘承孝

°組長　╳兼人代

四月十九號星期日（三月十二）

到新僑飯店，參加小組討論。到嚴獨鶴室小坐。

就床，未成眠。草發言稿二千餘字。雁秋來。

翻《呂氏春秋》。十時服藥眠，翌晨五時醒。

四月二十號星期一（三月十三）

左眼酸痛流泪，不能張，由靜秋扶至北京醫院診。遇邵力子。歸，眠一小時。

梁純夫來。續翻《呂氏春秋》。賀次君來。收買舊貨人來。

到文化俱樂部赴宴。八時，乘傅彬然車歸。爲堪兒講《少年報》。十時服藥眠，翌晨四時醒。

在湖南時，陳達邦即謂余目腫，至今日而痛不能張矣。此積勞之所致也。亦見予體日衰，不勝勞矣。此固自然之規律也。

今晚同席：鄭建宣　楊石先　雷潔瓊　謝冰心　鄭曉滄　王伯祥　傅彬然　馮賓符　徐伯昕　嚴景耀　周瘦鵑　周世釗　張紀元　葛志成　張明養　梁純夫　馮少山　李平心　李霽野　吳研因　吳學藺　沈體蘭　董守義（以上客）　王紹鏊　許廣平　楊東蓴（以上主）

四月廿一號星期二（三月十四）

補記日記三天。徐伯昕來。與靜秋到北京醫院，再上眼科藥。略寫發言稿。

與尹達、侯外廬同到懷仁堂，聽李富春“關于一九五九年國民經濟計劃草案的報告”，李先念“關于一九五八年國家決算和一九五九年國家預算草案的報告”，彭真“人代常委會工作報告”。

紀元偕賓符來談西藏事。翻《呂氏春秋》。十時服藥眠，翌晨五時醒。

四月廿二號星期三（三月十五）

草發言稿五千字，即修正謄清。一天間寫一萬字，可謂多矣。

到北京飯店晤伯昕、紀元，共同商討發言稿，即定重寫。乘伯昕車歸。十時半服藥眠，翌晨四時三刻醒。即起。

予此次發言，紀元意本欲予寫舊社會與新社會之比較，結合自己思想改造，然因頭緒多，方面廣，不易寫得突出，故決另作，多寫自我改造，間雜以新舊社會之比較。

四月廿三號星期四（三月十六）

將發言稿重寫，約三千五百字，即與靜秋共同修改。

乘所中車到懷仁堂，聽陳叔通、賽福鼎、喜饒嘉措、傅作義、黃正清、刀存信等發言。六時半歸。發言稿由東蓀修改，予再看一過，遂定稿。

與靜秋到米市大街散步。十時服藥眠，翌晨五時醒。

今日所晤人：陳調甫　查夷平　呂驥　莊明遠　李蒸　吳晗　周揚　陽翰笙　何炳麟　王个簃　許寶駒　江庸

四月廿四號星期五（三月十七）

補記日記三天。到北京醫院打針。到政協禮堂，聽達浦生、莫家瑞、陳中凡、李學海、陳禮節、孫淑芝、桑熱嘉錯、沈肇年、楊惠安、范權、毛鐵橋發言。與志成、紀元同到新僑飯。由民進車送歸。

眠半小時許。張十姐來。乘所中車到懷仁堂，聽張鼎丞、高克林、鄧子恢、王鶴壽、陳嘉庚、劉寧一、沈雁冰、程子華、李順達、李燭塵發言。

為兒輩講李順達發言。雁秋來。服藥兩次，十一時半眠，一時半以大咳醒。又眠，五時半醒。

今日所晤人：于滋潭　毛誠　劉清揚　吉雅泰　孟目的　王葆真　任鴻隽　鄭曉滄　楊東蓀　陳垣　劉定五　焦實齋　沙彥楷　陳中凡　陳禮節　謝冰心　章元善　周瘦鵑　夏康農　胡愈之

四月廿五號星期六（三月十八）

到新僑，開小組會，討論政協常委及副主席人選問題。作提案兩通，即改正，凡二千五百字。與紀元、純夫同到何迥程處，與紀元邀迥程先生到六樓進西餐。

到政協禮堂，聽黃德茂、何炳麟、鍾成亮、皮漱石、張銓、朱遂、湯紹遠、胡庶華、徐楚波、侯策名、覃異之、馬保三、曲仲湘、張超倫、宋雲彬發言。與張銓談。

在新僑飯。到東單理髮館修面。十時服藥眠，翌晨五時醒。

今日所晤人：黃秉維　伍獻文　車向忱　朱光潛　朱物華　胡庶華　馮友蘭　胡蘭生　龍雲　葉景莘　沈從文　李覺　薛篤弼　章乃器　熊佛西　張絅伯　張銓　徐伯昕　楊蔭瀏

四月廿六號星期日（三月十九）

到政協進早點。到尹義、陸秀處談，并晤沈粹縝。八時半出發，觀十三陵水庫。十二時，在長陵飯。飯後與樹幟等上寶頂。

二時，就歸途，至故宮下車，與陳新彥同觀定陵出土文物及珍寶館。到新僑，至樹幟處談。與樹幟到董爽秋、羅宗洛處談。六時飯。即赴體育館看容國團、姜永寧等乒乓賽。

十時歸，遇吳大琨、吳羹梅。十一時半服藥眠。翌晨五時醒。

今日同游：尹義　辛樹幟　王大珩　陳新彥　董爽秋　王國秀　陳雲章　楊子霖　利翠英　黃鳴龍

今晚所晤人：陳望道　吳貽芳

四月廿七號星期一（三月二十）

王煦華來。到政協禮堂，予發言。聽季方、松謀、陳攖寧、吳耀宗、陳明仁、傅道伸、李時良、陳其通、熊慶來發言。遇林宰平、孫蓀荃。

乘所中車到懷仁堂，看人大選舉人民政府主席、副主席、人大委員長、副委員長等。在場看外廬所編《中國歷代大同思想》。聽李大章、劉子厚、鄧寶珊發言。

七時半散會，與尹達、侯外廬同到新僑飯。服藥兩次，十二時眠，翌晨六時醒。

今日所晤人：豐子愷　俞平伯　曾昭燏　鄧初民　江澤涵　達浦生　閻迦勒　李培基　何思源　吳家象　潘光旦　吳文藻　趙啓騄　黃紹竑　覃異之　熊慶來　張子高　周鯁生　沈尹默

今日人代選出人民政府主席劉少奇、副主席宋慶齡、董必武，又選出人代委員長朱德，高等法院院長謝覺哉，檢察院長張鼎丞，又由劉主席提議以周恩來爲總理通過，予得見一大場面。

四月廿八號星期二（三月廿一）

于思泊來，與同到李平心處談。九時到政協禮堂，選舉正副主席及常務委員。十二時到新僑飯。

頤萱嫂來。就床，未成眠。與尹達、外廬同到懷仁堂，照政協全體相片。與顧宜孫談。看人大選舉常務委員。七時，與尹達、外廬同到新僑飯。

雁秋來。到東安市場曲藝廳聽相聲。九時歸。十時服藥眠。翌晨五時醒。

今日所晤人：王紀元　喜饒嘉措　王雪瑩　秦怡　劉恩蘭　楊清源　鄞雲鶴　徐森玉　宋雲彬　袁翰青　陶孟和　李四光　馬寅初　顧宜孫　涂治　趙慶杰　劉清揚　仇鰲　李書城

四月廿九號星期三（三月廿二）

補記日記。到政協禮堂，聽班禪駁斥印度發言，報告選舉結果，通過決議，十時閉幕。到新僑，到陳中凡處，并晤谷霽光。中凡邀至六樓飯。保姆曾奶奶去，周姨來。

　　歸家，遇金竹君。檢齊秘密文件，退回政協。到西四理髮。三時，參加周總理召集之茶話會。五時，到新僑，晤平心、思泊。到樹幟處，并晤熊十力。邀宴思泊、平心、樹幟于六樓。

　　與樹幟、平心同到人民劇院看《赤壁之戰》。九時先退。十一時服藥眠，翌晨六時醒。

　　　　今日所晤人：李相符　劉錫瑛　劉王立明　陳豹隱　韓壽萱周總理　陳毅　谷霽光　熊十力　徐伯昕　張執一　申伯純　劉瑤章　許廣平　唐弢　陳新彥　周叔弢

　　　　今日下午之會，爲周總理招待政協中六十以上人，到者約三百卅人。總理謂予不老，予當勉副此言。

　　　　予之發言，甚得周總理注意。以運動太多，不能從事業務，此知識分子同有之苦悶，而予暴露之。周總理見予，謂予并不老，亦爲予打氣。

四月三十號星期四（三月廿三）

　　賀次君來。到北京醫院打針，并就蔣景文大夫診。到文化俱樂部，出席民進會，談此次開會感想。遇夏蕭、郭寶鈞、黃文弼。

　　就床，未成眠。補記日記，未畢。與靜秋到百貨商店，試衣。到王府井冷飲，購物。整理大會文件，未畢。

　　到前門飯店訪周世釗，未晤，留條。雁秋來。服藥兩次，上午一時半眠，六時半醒。

　　　　今日同會：吳貽芳　吳若安　周世釗　鄭建宣　周瘦鵑　嚴獨鶴　董守義　徐楚波　楊東蒓　王紹鏊　梁純夫　張明養　馮賓符　嚴景耀　張紀元　馮少山　戚景龍　李平心　王伯祥　雷潔瓊

湘豫行程記要：

一九五九年三月十七日晚，上京憑車。

十八日，整日在車。

十九日，上午四時五十分到長沙，住招待所。上午到烈士公園，參觀歷史博物館。下午到湖南省經濟建設展覽會參觀。夜，到民進長沙市委會。

二十日，上午參觀五一路湘綉廠、工藝美術品服務部、天心公園、清水塘毛主席故居。下午參觀建湘瓷廠、建湘搪瓷熱水瓶廠。夜，到新華書店。

廿一日，赴衡山，下午三時四十分至衡山第一中學。住招待所。夜，參加民進支部座談會。

廿二日，上午游南岳。中午到何炳麟先生家飯。下午游水簾洞。七時，返長沙。

廿三日，上午開會，商討行程。下午參觀第一師範、東風鋼鐵廠。夜，觀湘劇《生死牌》。

廿四日，赴湘潭縣韶山沖，謁毛主席故居，參觀韶山鄉人民公社。夜，赴鄉委宴，住招待所。

廿五日，赴湘潭，入電機廠及棉紡織廠，予以病未參觀。夜至株洲，住招待所。

廿六日，上午，聽株洲市副市長楊忠文報告。下午，參觀焊接器材廠、滾珠軸承廠、汽車修理廠、苧麻紡織廠。夜，觀湖南花鼓戲《生死牌》。

廿七日，上午到田心鄉，參觀國營機車車輛製造廠及其附設之工人技術學校。下午參觀國營選煤廠、國營發電廠。歸，聽黨委書記馬壯昆報告。夜，赴市委宴。獨至新華書店。

廿八日，上午到清水塘，參觀株洲化工廠、冶煉廠、玻璃廠。下午到工人文化宮，參觀株洲市技術革新展覽會。五時，開會談意見。夜，返長沙。

　　廿九日，上午休息。下午游岳麓山。夜觀湘劇《拜月記》。

　　三十日，到長沙東郊，參觀黃花公社及其附設之工廠、長沙縣立第一中學。夜，赴民進宴。

　　三十一日，上午到長沙西郊，參觀望岳公社及其畜牧業。下午至長沙南郊，參觀雨花公社。夜，獨至古舊書店、文建書店。

　　四月一日，（下缺）

［剪報］　　1959 年 4 月 12 日《人民日報》
　　中國人民政治協商會議第三屆全國委員會委員名單
　　（下略）

［原件］　　政協會場（一）
　　　　　　我在兩年中的思想轉變
　　　　　　　　政協全國委員會委員　顧頡剛
　　（下略，見《全集・寶樹園文存》）

［剪報］　　1959，5，4《人民日報》
　　　　　　從一個大迷夢裏醒過來了
　　　　　　　　顧頡剛委員談兩年中的思想轉變
　　（下略）

一九五九年五月

五月一號星期五（三月廿四）

　　整理大會文件訖。所中車來，到夏作銘（鼐）處，與之同出，到天安門觀五一游行，自九時至十二時半。歸飯。

眠一小時半。看《紅旗》中胡繩《知識分子的自我改造》。補記日記訖。雁秋來。與雁秋、静秋挈四兒到天安門觀舞。

十時歸。十一時服藥眠。上午三時醒，四時又眠，七時醒。

今日所晤人：李平心　沈志遠　陳調甫　沈濟川　武和軒　于樹德　朱潔夫　徐調孚　裴文中　薛愚　王家楨　翁文灝　王葆真　羅隆基　劉多荃　劉恩蘭　鄭曉滄　關瑞梧　李平衡　林仲易　吳大琨　章元善　吕叔湘　董爽秋　雷沛鴻　劉王立明　侯仁之　喻宜萱　陳岱孫　張銓　張明養　程希孟　巨贊　劉定五　陳半丁　宋雲彬　陳公培　袁敦禮　董守義　錢端升　袁鴻壽　吳研因　浦熙修　王季範

五月二號星期六（三月廿五）

九時，與静秋挈四兒到清華大學，十一時到。至十三公寓一〇七號訪王載輿夫婦。静秋與洪、湲兩兒先歸。載輿邀予與潮、堪兩兒到合作社飯。

與載輿到清華大禮堂看《風箏》電影。三時半歸，五時半到。與昌群談。即到新僑赴宴。

與同人談至十時歸。晤李前偉。十一時服藥眠，翌晨五時醒。

今晚同席：李平心　胡厚宣　唐蘭　文懷沙及其子文斯（以上客）　于省吾（主）

今晚在新僑所晤人：張志讓　潘震亞　陳望道　周谷城　章靳以　盧于道　張銓　張明養

五月三號星期日（三月廿六）

作此次視察報告一千六百字，即送張紀元處，晤其子勝基，留條出。遇李俊龍。到北京醫院打針。到新僑訪樹幟、張銓、王个簃等，皆未晤，留條。歸，理書。

到民進，開西藏問題座談會，自二時半至五時。予發言。

合家到北海看焰火，自八時至九時半，遇張紀元夫婦。以待車久，十時三刻始抵家。十一時半服藥眠，翌晨五時醒。

今日同會：王紹鏊　楊東蒓　雷潔瓊　嚴景耀　張明養　梁純夫　張紀元　葛志成　林漢達　顧均正　余之介　吳榮　徐伯昕　徐楚波　章廷謙　王嘉璇　方健明　毛啓邠　張守平

五月四號星期一（三月廿七）

到新僑飯店訪樹幟，同進早餐。并晤何迴程、陳調甫、華國英等。十時，送至車站，并晤傅道伸、杜鵬程、楊子廉、趙壽山、岳劼恒、任理卿夫婦等。十時四十五分開車。到煤市街山東館進餐。保姆王福秀姨（安徽無爲人）來，周姨（京東人）去。

到勞動保護展覽館，看川、甘、青藏族人民生活及叛亂分子展覽會。遇章元善、胡正詳、屠思聰。歸，看章魯《任何反動勢力都阻擋不了西藏人民的新生》。寫政協秘書處信。

全家到中山公園，參加五四四十周年游園晚會。遇李儼、張明養夫婦、林漢達夫婦、梁純夫、王愛雲。十一時出，十二時服藥眠，翌晨七時醒。

此次西藏叛亂分子，皆係受英、美帝國主義及印度擴張主義分子之影響，欲鞏固大農奴主之階級利益，反對民主改革，而不知社會發展規律之不可違反，自取滅亡，反而促成祖國統一、西藏人民之新生。

今日看此展覽，第一部分爲黑暗統治，舉凡挖眼、截耳、割鼻、炮格、砸死之酷刑無所不用。第二部分爲叛國分子之罪行，其與帝國主義者及蔣匪幫之聯係證據昭然。第三部分爲叛變失敗後人民生活之改善及生產之發達。川、甘、青如此，西藏亦當然也。

五月五號星期二（三月廿八）

理雜志。臥床，看《紅旗》第一期及《古史辨》第三册。

到北京醫院打針。寫祝叔屏信，請王姨丈代交。到醫院病房，訪丁瓚。出，遇周太玄夫人。到伯祥處談。雁秋來，留飯。

洗浴。爲湲兒事，與静秋口角。十二時始得眠。

以四夜遲眠，今日憊甚。腰痛尤劇。蓋自三月十七日以來，至今五十日，迄未休息也。

五月六號星期三（三月廿九）

到所，點段玉裁《古文尚書撰異》之《堯典》，未畢。晤厚宣、法魯、德鈞、酈家駒、謝剛主、楊品泉等。

眠一小時。徐伯昕車來，同到民進，開會，聽王紹鏊報告南京、蘇州、杭州、上海會務視察，楊東蒓報告西安會務視察。六時，仍與伯昕同車歸。

與兒輩到文化俱樂部，看《五一節》、《驕傲的山谷》、《猪八戒吃西瓜》三片。十一時半就寢，服藥三次，直至上午三時半始入眠，翌晨八時半醒。

今日同會：王紹鏊　楊東蒓　徐伯昕　葛志成　顧均正　吳榮　余之介　章廷謙　陳慧　民進中央全體幹部

今晚觀《驕傲的山谷》電影，寫英國威爾斯礦中發生事故，有燒死者，有壓死者，有炸死者，使我精神緊張，夜間遂不能成眠。此與去年因看廖静秋《杜十娘》電影而失眠者同，將來必以此爲大戒。

五月七號星期四（三月三十）

以一夜未睡好，疲甚，看《人民日報》社論《西藏的革命與尼赫魯的哲學》訖。

眠一小時。傅彬然車來，與同到民進，開會討論西藏與尼赫魯發言問題。予發言。到北京醫院打針。到郵局買增刊。

九時就寢，服藥兩次，至十一時半始入眠，翌晨七時半醒。

今日同會：楊東蒓　葛志成　謝冰心　林漢達　毛之芬　方白　吳榮　陳麟瑞　傅彬然　吳研因　王嘉璇　張守平　陳秉立謝瑩

一星期來，爲文娛活動，反較政協開會爲勞累，失眠亦更劇，知此體益不濟事矣。

漢達前數年到過西藏，謂拉薩人口五萬，其中喇嘛占兩萬。此次平定叛亂後，拉薩市游行者三萬人，已盡數出來，足見群衆之擁護也。

西藏軍管會向農奴宣布黨的政策，凡屬于反動農奴主、原反動政府及寺廟之債務一概取消，凡屬于叛匪之土地誰種誰收，從此農奴作了自由民，黑暗時代結束矣。

五月八號星期五（四月初一　今日爲予足六十六歲之陽曆生辰）

到所，將《古文撰異・堯典》點訖。到尹達處談。

眠半小時。三時，與静秋到中山公園散步，看牡丹及金魚。讀徐特立《五四運動和知識分子改造》。六時歸。雁秋來，留飯。

翻舊筆記。九時服藥就寢，至十一時半始入眠，翌晨六時醒。

今日民進本有會，以兩日來睡眠不好，精神倦怠，請假。與静秋游園，結果眠況稍佳。但如無静秋捶拍則仍不能入眠也。

五月九號星期六（四月初二）

到所，寫黃濤川等三人資料，送人事室陳友業處，寫上海人民出版社信。點《撰異・皋陶謨》篇，未訖。

未成眠。與静秋到勞動保護展覽會看藏族人民新舊時代生活。

遇魏建功、游國恩、劉及辰。出，到北京醫院打針，遇祝叔屏。

翻劉錦藻《續文獻通考》。十時服藥眠，翌晨五時醒。

今日不知何故又拉稀。

五月十號星期日（四月初三）

到周世釗處，遇之。遇葛綏成。到東單公園，看舊筆記。歸家，取雨衣。到民進，過組織生活，談尼赫魯八日發言。十二時，與葛志成同車出。

與四兒到紅星，看《火焰山》木偶電影。與又安同理書。到于思泊、文懷沙處談。訪綏真，不遇。到東安市場閱書。

看宋雲彬《康有爲》。九時服藥就寢，不成眠，至十一時再服藥，成眠，翌晨七時醒。

今日同會：王紹鏊　楊東蒓　葛志成　張紀元　雷潔瓊　嚴景耀　林漢達　董守義　陳慧　余之介　陳麟瑞

近日凡見予者均訝予瘦，蓋泄瀉三個月及近兩月勞累所致。每上公共汽車，售票員輒令他人讓位與“老大爺”，知予雖未留鬚，而老態已不可掩，迥與前數年不同，爲之悵然自失。

五月十一號星期一（四月初四）

到北京醫院挂號。到所，續點《撰異》。鈔《浪口村隨筆》目錄上卡片。與張政烺同歸。

未成眠。到北京醫院，就蔣景文醫師診。打針。記筆記四則。徐伯昕來，長談。

與昌群談。到東安市場聽曲藝，九時歸。九時半服藥眠，翌晨五時醒。

今日量血壓，爲 130/70，太低矣。醫謂是服 Reserpin 與 Wintermin 兩藥之效。可見予之失眠不因血壓高，只是神經衰弱耳。近日屁又多，得無到所辦公，又受寒耶？此室北向，終年無日光，又洋灰地，故寒。

伯昕同志來，勸予一切服從組織，勿爲自己打算。金玉良言，當永志弗忘。伯昕又云上月廿七日予在政協發言時，周總理來聽，謂甚誠懇。

五月十二號星期二（四月初五）

到所，與法魯談。朱家源來。點《撰異·皋陶謨》篇訖。車中遇王明。

小眠。與靜秋到紅星，看《平息西藏叛亂》片。中國書店孔繁山來。到伯祥處，并晤其三子。

與昌群談。翻陳逢衡《逸周書補注》。十一時服藥眠，翌晨三時醒，遂不寐。

孔君告我，孫耀卿于去年六月死，通學齋書店亦收歇，其遺著《販書偶記續編》由其外甥代爲整理，至琉璃廠史料及茶葉史料不知尚存否。又言王晉卿爲中國書店顧問，月薪五十元。

昨晚得一佳眠，今日精神較好。然今晚眠又差矣。

五月十三號星期三（四月初六）

到所，修改《史林小識》。到尹達處，討論進社會主義學院事。遇酈家駒。歸車遇厚宣、剛主。

眠一小時。到北京醫院打針，遇傅彬然。訪周惇元，未遇，留條。記筆記二則。到王姨母處。

欲剃頭，以各家皆擠，退出。到中國書店。歸，翻《尼赫魯自傳》。十時服藥眠，翌晨五時醒。

今日在所工作，至上午十時左右，便覺涼氣颼颼自脚下起，漸至不可忍耐，因以德鈞書箱木蓋墊脚下。然至下午終究拉稀矣。此可知建國門科學院屋，外表雖整齊，但洋灰地朝北屋子實不適于作辦公用也。如其不遷，我便不致得慢性腸炎矣。

進社會主義學院學習，承伯昕之疏通，今日已得請，我可以先紅後專矣。

五月十四號星期四（四月初七）

到徐伯昕處。到所，修改《史林小識》。十一時出，到春風理髮。

眠一小時。理稿件，未訖。記筆記一則。姜儒林自徐州來，留飯。

訪張紀元，未晤，留條。遇王却塵。訪周惇元，遇之。歸，姜儒林赴包頭。十時半服藥眠，翌晨四時半醒。

兩日來均一日泄兩次，舊病又作，如何？

五月十五號星期五（四月初八）

到北京醫院打針。遇秦德君。鈔朱大韶《左氏短喪説》入筆記，并查書標點。雁秋來，留飯。

未成眠。民進車來，到會，續論西藏問題與尼赫魯，自三時至五時半。六時，乘會中車歸。

到東安市場聽曲藝，自七時至九時。十時服藥眠，翌晨六時醒。

今日同會：楊東蒓　王紹鏊　吳研因　張紀元　林漢達　董守義　徐楚波　王嘉璇　張守平

政協將發動學習西藏問題，分十組。東蒓囑予準備，一説明西藏是中國的，二説明西藏制度不能不改革。因此，修改筆記工作又須停頓。

政協來函，予爲文史資料研究委員會副主任委員，從此又多一職。

今日泄三次，因之未敢到所工作。

五月十六號星期六 （四月初九）

寫鄧哲熙信。搜集西藏史資料，點讀《續清文獻通考》及《西藏圖考》等書。

眠一小時半。與靜秋到東單買菜，到東單公園小坐。歸，遇外廬。

翻劉立千《續藏史鑒》。十一時服藥眠，翌晨三時半醒。四時許又眠，五時半醒。

五月十七號星期日 （四月初十）

寫陳麟瑞信。九時，與靜秋挈洪、湲、堪三兒乘車至前門，換卅九路車，十一時至長辛店，觀廟會，食自携饃。一時至盧溝橋，照相。三時上車，四時回家。

整理《湯山小記》第十三册目録訖。雁秋來。誦芬弟自瀋陽來，留飯。

九時半服藥眠，翌晨三時醒。四時又眠，六時醒。

自七七事變後，予未嘗履盧溝橋，今日重至，感想萬端，蓋吾家吾國，胥因是以蛻化，成一新局面也。盧溝橋爲金大定廿九年所建，于公元爲一一八九年，距今七百七十載矣。邇來交通頻繁，此橋寬度不够，必須重建。洪兒數盧溝橋石獅，一面一百四十一，兩面爲二百八十二。

中華門正在拆除中。自一九五四年我到京後，東西兩四牌樓、前門五牌樓、永定門、地安門、北海前三座門、大高殿諸牌坊皆拆去，爲大衆交通便利計不得不然也。今中華門之拆，蓋以擴大人民英雄碑之松林，使廣場益廣。

五月十八號星期一（四月十一）

繼續搜集西藏史資料。

到北京醫院打針。到東單公園，看方秋葦《中國邊疆問題十講》。

看《後漢書·西羌傳》及兩《唐書·吐蕃傳》。服藥兩次，十時半後眠，翌晨四時醒。五時又眠，六時半醒。

今日打針，Novecain 第四療程訖。

此三日中，均每日大便兩次。

五月十九號星期二（四月十二）

到北京醫院，就内科蕭清俊大夫診。遇楊東蒪。看黃奮生《西藏情況》。責湲兒。

到政協禮堂，聽周總理關于西藏問題之録音報告，自三時至五時。乘會中車，與葛志成夫婦、梁純夫同出。翻《元史》。

到東安市場聽曲藝，九時歸。雁秋夫婦來。十時服藥眠，翌晨六時醒。

今日所遇人：王雪瑩　　陳麟瑞　　章元善　　梅秀英　　陶建基曹谷冰　　茅以升

湲、堪兩兒以年幼得父母之愛，嬌慣日甚，今日與静秋同責湲兒，庶幾稍戢。

今日自政協歸來，即欲搜集西藏史料，曾無幾時，即已晚餐，心中一急，遂覺方寸間搖搖如懸旌，到市場聽曲藝兩小時，幸得安定。予負責心太强，此事可證。幸而不負實際責任，否則死矣。

五月二十號星期三（四月十二）

到北京醫院，就腦系科金静軒醫師診。搜集西藏史資料。看吕思勉《中國民族史》等書。記筆記二則。草《西藏史稿》一千餘字。

眠一小時許。

與靜秋挈四兒到文化俱樂部，聽中央音樂學院師生奏樂及唱。看電影二。十一時半歸。十二時服藥眠，翌晨七時半醒。

今日量血壓，爲 130/80，視前稍高。

今晚所遇人：張治中夫婦　朱潔夫　王立芬　李書城　黃紹竑

久不得雨，乾旱之甚。今日下雨，氣溫驟低。

五月廿一號星期四　（四月十四）

科學院圖書館介紹楊承祺來，取去《清代著述考》稿廿二冊。看魏源《聖武記》。雁秋來，留飯。

眠一小時許。洗浴。續寫《西藏史稿》約八百字。

到東安市場聽曲藝。十時服藥眠，翌晨四時醒。又眠，六時半醒。

湲兒出風疹塊，未到校。

五月廿二號星期五　（四月十五）

續寫《西藏史稿》二千餘字，略訖。頤萱嫂來，爲兒輩製衣。

到文化俱樂部，參加政協學習會，討論西藏問題，自三時至六時，步歸。雁秋來，留飯。

爲堪兒講報。看王靜如論吐蕃社會文。十時服藥眠。十二時醒，再服藥眠，翌晨五時半醒。

今日同會：張奚若　楊東蓴　高崇民（以上主席）　°王紹鏊　°史良　吳研因　熊慶來　林仲易　°鄧初民　°許德珩　°章伯鈞　羅隆基　張子高　唐鉞　梁純夫　薛愚　茅以升　葛志成　費孝通　潘光旦　呂叔湘　丁西林　謝無量　徐伯昕　徐楚波　王之相　袁翰青等（以上第二組組員）　秘書：廖欽　徐錦

此項學習，準備每星期二次，共八次。

五月廿三號星期六（四月十六）

將講稿重寫，作《羌人和發羌》、《吐蕃前弘期》兩章，約三千六百字。

眠半小時。雁秋來，留飯。

到東安市場聽曲藝，九時半歸。十時服藥眠，翌晨五時半醒。

頻日睡眠較好，因此停服主藥（Amytal 或 Seconal），惟服副藥（Meprobamate 與 Wintermin），然十時睡下，至十二時即醒，足知副藥之用只有兩小時，而主藥之用乃可七小時左右。予其終生不能離藥乎？

東安市場曲藝，有相聲，有大鼓，有墜子，有快書，雖無名角，而可轉移我的思想，使白天所作所思完全忘記，亦良藥也。

五月廿四號星期日（四月十七）

與靜秋挈四兒到文化俱樂部，八時半上汽車，十時至十三陵水庫，聽工作人員報告，觀水庫。十二時半到長陵，進食。

登長陵，又至景陵。三時上車，四時許還俱樂部，冷飲，五時許歸。雁秋來，留飯。

厚宣來。十時服藥眠，翌晨五時半醒。

今日所晤人：覃異之　李培基　黃秉維夫婦及其子女　王伯祥及其兩子、女孫　王却塵夫婦　許廣平母子　王雪瑩母女　謝家榮夫婦　王立芬　邵循正夫婦　王淦昌夫人　趙鳳喈夫人　葛志成夫婦及其母、侄　吳覺農夫婦　唐擘黃　章元善夫婦　熊慶來夫婦　白薇　史公載　朱光潛　何思源　葉景莘

五月廿五號星期一（四月十八）

修改前日所作兩章。寫第三章《西藏成爲中國不可分割的一部分》二千七百字。寫第四章《帝國主義的魔掌伸入西藏及其退出》

九百字，未畢。

眠一小時。到東單理髮館理髮。

到市場聽曲藝。雁秋來。十時服藥眠，翌晨五時半醒。

得民進電話，知社會主義學院已批准予入院學習，囑作速前往報到，大約下月初便須遷入矣。深望此後得專心治馬列主義，不致爲老牌黨員哂爲無共同語言也！

聽了好多次曲藝，今日才認識唱西河大鼓的孫亞君，以場上不書名也。嗣又認識相聲藝人高鳳山、王學義，墜子藝人姚俊英。

五月廿六號星期二（四月十九）

續作第四章訖，約寫二千四百字。全篇約一萬字，修改訖。打楊東蓴電話。

未成眠。到文化俱樂部，參加政協學習會，予發言一小時半。六時散。看王靜如等所編《藏族史講稿》。

雁秋來。洗浴。服藥兩次，十二時後眠，翌晨六時半醒。

今日同會：高崇民　楊東蓴　。張奚若　鄧初民　。費孝通　。羅隆基　陳文彬　。陸殿棟　馮友蘭　潘光旦　馬寅初　王紹鏊　史良　鄭昕　吳研因　張紀元　葛志成　吳榮　楊一波　謝無量　徐楚波　王之相　葉篤義　劉及辰　朱潔夫等

予久不作長文矣，今以七日之力成此一篇，自信猶有餘勇可賈矣。

五月廿七號星期三（四月二十）

記筆記三則。到政協，開文史資料研究會主席會議，自九時至十二時。乘東蓴車歸。

眠一小時。林山、陶建基來，談編輯《歌謠選》事。理書及小冊子。

看《民間文學》。以待兒輩浴，十一時半服藥眠，翌晨七時醒。

今日同會：范文瀾　申伯純　李根源　王世英　楊東蓴（以上出席）　米暫沈　張述孔（以上列席）

天氣陡熱，如入盛夏。今年雨水過少，因此夏季氣候早臨。予既畏冷，又畏熱，時時作喘。

自廿四日起，大便每日一次，腹疾以燠自愈矣。

五月廿八號星期四（四月廿一）

到北京醫院，就蔣景文大夫診，取半月藥，遇史良。到所，與尹達長談。并晤陰法魯、胡嘉等。取書歸。點《尚書撰異·微子》篇，未畢。

就枕一小時許，未熟眠。到中華書局訪金燦然。又訪徐伯昕，并晤傅彬然。理書，理出帶至社會主義學院書籍。

雁秋來，留飯。服藥兩次，十一時眠，翌晨六時醒。

尹達又不欲我進社會主義學院，謂譯《尚書》不必與馬列主義結合，又謂我的貢獻以譯《尚書》為大。此語若在我初來北京時說，自甚入耳。今則已參加整風一年半，覺得不倫。渠又謂金燦然要我早將《尚書》交稿，因于下午親往，說好延遲半年交廿萬字。然因此進社院後仍須作此工作，則與予初志不帶綫裝書往又有距離，且須徵得院方同意。

五月廿九號星期五（四月廿二）

到文化俱樂部，購《桃花扇》戲票，遇王伯祥、張振漢、陳公培、李培基、葉叔衡、王立芬等。到文聯大樓，開《民間文學》編輯委員會，自九時至十二時。

眠一小時許。到文化俱樂部，開政協學習會，續論西藏與尼赫魯問題，自三時至六時。步歸。

洗浴。雁秋來，長談。服藥兩次，十一時後眠，翌晨六時醒。

今日上午同會：林山　賈芝　張敦　陶鈍　王亞平　路工　陶建基　劉超　鐵肩

今日下午同會：張奚若　楊東蒓　°王紹鏊　°雷潔瓊　嚴景耀　章伯鈞　°羅隆基　費孝通　潘光旦　吳有恒　陸殿棟　°葉篤義　°袁翰青　周培源　史良　馬寅初　薛愚　°王之相　朱潔夫　°葛志成　顧均正　吳研因　徐楚波　楊一波　林仲易　巫寶三

五月三十號星期六（四月廿三）

到所，點《撰異・微子》篇訖。晤陰法魯。訪尹達，未晤。出，遇金岳霖。取書歸。訪賀次君，未遇，晤尹受。到政協，討論五委員會人選問題。留飯。

一時半歸。到所，訪尹達，未晤。到中國書店閱書。歸，看新購岑仲勉《墨子城守各篇簡注》等書。

與靜秋挈堪兒到東單公園及東交民巷散步。十一時服藥眠，翌晨六時醒。

今日同會同席：徐冰　張執一　申伯純　史永　徐伯昕　李根源　邵力子　陳叔通　王紹鏊　朱潔夫　楊東蒓　易禮容　龔飲冰　胡子昂　李覺　連以農　王世英　鄧初民　王芸生　吳覺農　米暫沉　陳建晨　馬正信等

五月卅一號星期日（四月廿四）

于思泊來。張政烺來。到尹達處。到民進過組織生活，自九時半至十二時。與陳慧、葛志成同車歸。

眠一小時半。看報。看《墨子》，記筆記一則。早進晚餐，與靜秋同出。

到政協禮堂，看《桃花扇》劇，自七時半至十一時。十二時服藥眠，翌晨七時半醒。

今日同會：陳慧　吳研因　王紹鏊　張紀元　葛志成　雷潔瓊　嚴景耀　陳麟瑞　林漢達　董守義

今晚所晤人：王伯祥及其子、女　張振漢　章元善夫婦　王紹鏊　熊慶來　易禮容　梅汝璈　張雁秋夫婦　陳慧　梁純夫　吳覺農

昨日午刻在政協中，伯昕謂予，進社會主義學院事有問題，聞之中心驟悶，下午往訪尹達未晤。歸與靜秋言之頗憤憤。靜秋勸予，謂進社院學習是爲求紅，而現在受組織支配，終止入院，亦是紅的表現，囑予萬勿與尹達決裂。因此今晨往訪，請其指示。渠謂今年所中注重業務，而青年人與老專家業務水準相距過遠，爲做好業務計，不能讓我長期離所。渠既有此親切表示，我自當收起宿願。所奇怪者，何以五月十三日予前往訪彼時，彼叫我自己決定，而今日則不許我自己決定也。爲了他這句話，害得民進、政協、社院三機關爲我入院事忙了一陣。此無誠意之過也。

予謂尹達，即日起不再至所辦公，一來以工作室寒，致予腸炎，二則每次來回須費一個鐘頭，在家辦公亦以節約時間也。

《桃花扇》演員：李香君——杜近芳　侯朝宗——葉盛蘭　楊文驄——李世霖　阮大鋮——蘇維明　馬士英——婁振奎　李貞麗——侯玉蘭　鄭妥娘——張雯英　陳定生——李金鴻　此劇于抗戰期中編爲桂劇，在廣西演出，予于一九五六年在南寧所見者是也。今又改爲京劇，由中國京劇院演出。劇中特加重楊文驄之兩面性，將田仰欲娶李香君事亦套在楊文驄身上，使觀者知兩面派之不能作，亦教育之一道也。

[原件]　　中國科學院介紹函

圖介字第 182 號

　　茲介紹我館楊承祺同志前來你處聯繫爲整理舊四庫提要，請提出寶貴意見，并請惠借大作《清代著述考》一書參考，請協助。又，續經籍考稿亦請借閱。請惠予接洽

　　此致

顧頡剛先生

中國科學院圖書館
1959 年 5 月 20 日

[原件]　　中國人民政治協商會議第三屆全國委員會副秘書長、各委員會主任副主任、各組組長副組長和秘書處處長副處長名單

$\left(\begin{array}{l}\text{一九五九年五月十二日中國人民政治協商會議}\\\text{第三屆全國委員會常務委員會第一次會議通過}\end{array}\right)$

　　一、副秘書長

張執一　梅龔彬　申伯純　易禮容　閔剛侯　孫曉村　徐伯昕
郭則沉　劉孟純　辛志超　孫承佩　項叔翔　王克俊

　　二、各委員會主任、副主任

學習委員會

　　主 任 委 員　李維漢

　　副主任委員　徐　冰　孫起孟　陳此生　聶　真　薩空了

地方工作委員會

　　主 任 委 員　陳叔通

　　副主任委員　王紹鏊　賀貴嚴　張執一

聯絡委員會

　　主 任 委 員　邵力子

　　副主任委員　龔飲冰　胡子昂　易禮容　辛志超　金　城

文史資料研究委員會

　　主 任 委 員　范文瀾

　　副主任委員　李根源　王世英　楊東蒓　申伯純　顧頡剛

會刊編輯委員會

　主 任 委 員　鄧初民

　副主任委員　許滌新　王芸生　吳覺農

　　三、各組組長、副組長

國際問題組

　組　　長　楚圖南

　副組長　周竹安　張明養　李平衡

文化教育組

　組　　長　胡愈之

　副組長　徐邁進　傅彬然　葉淺予　徐楚波　李　蒸

工　商　組

　組　　長　孫起孟

　副組長　浦潔修　吳羹梅　湯紹遠

科學技術組

　組　　長　茅以升

　副組長　吳覺農　陳康白　嚴希純

醫藥衛生組

　組　　長　傅連暲

　副組長　黃鼎臣　秦伯未　嚴仁英

民　族　組

　組　　長　盧　漢

　副組長　載　濤

華　僑　組

　組　　長　方　方

　副組長　王炎之　盧心遠

宗　教　組

　組　　長　達浦生

　　副組長　趙樸初
婦　女　組
　　組　長　許廣平
　　副組長　沈茲九　關瑞梧　王雪瑩
　　四、秘書處處長、副處長
　　處　長　史　永
　　副處長　連以農　朱潔夫　李　覺　于益之

[張又曾來信]

頡剛表兄：

　　二月四日接奉來函，敬悉種是。光陰荏苒，不覺已是仲春矣。文管會沈勤廬先生春節後曾來三次，直至三月五日與錢鏞、黃正祥、俞鈺等同志前來整理。六日即開始搬運，七日因下雨停止，到十一日再來搬運完畢。

　　在整理古物第一天的上午，由錢先生從字畫開始選擇，但下午來説，經請示領導，認爲一人的目力不够全面，且這些字畫雖有僞的，而今後用處極大（農村發展也要布置），可以化無用爲有用。因此擬不再選擇，全部點收。至于匋、瓷、銅器的古物，除有少數破的或者是粗瓷留下外，也是全部點收。他們認爲古物中有些確是很好，而且種類很多，真非數十年心血不辦耳。

　　捐獻的古物共爲字畫364件，匋瓷器282件，銅器130件，其他28件。又銀杏嵌石屏條六塊，紅木嵌大理石屏四塊，楠木十景櫥兩隻，紅木玻璃十景小櫥兩隻，大櫥一隻，箱櫃兩幢六隻。（這些櫥櫃和石屏是文管會要求捐獻的，因爲文管會無此櫥櫃爲之安放古物，石屏則可以放置園林中去。）

　　在開始整理古物時，沈勤廬先生等認爲這些古物，如果在我家造册，在人手不多的情况下，需要很多日子，因此與我們商量，并經其領導的指示，確定分爲書畫、匋瓷、銅器三類，先給我們一張臨時收據；然後再在會内分造清册一式三份，除自留二份外，給我們一份存查。

又據錢鏞先生説，至于捐獻古物的手續，當由范烟橋先生與吾兄直接通訊聯係，我們專爲點收，將來清册造好後即當交來，弟俟收到後再行寄奉可也。

自吾兄來函將大表叔留下古物全部捐獻蘇州市文管會，囑弟代爲主持一事，毓藴深表贊同，認爲這些古物，久留蘇州家中，無人管理，殊不安心。惟在檢點古物中看到有些好玩的東西，留了十餘件，擬作紀念之物（在未點收前），附此謹以奉告。

古物中有一些石章沒有點交，扇子僅選擇鄭大鶴一把，尚有一些完好的瓷器、硯臺等等留下，是否沒有價值，不得而知。擬整理安放櫥櫃中。現在自己留有黑漆大櫥四口，擬將壽軸、壽聯，以及其他較大的瓷器東西放置其中，其餘較小的放置壁櫥内。所有紅木傢具如方桌、琴桌、茶几椅子，還有沙發等等一應東西都要集中在這一間房内，以便騰出厢房，讓給馬醫生居住。餘如銅痰盂、面盆、香爐和錫蠟扦等，暫放其中，擬再作處理。以上情況不識以爲然否？

至于讓房問題，最近更爲緊張了，因爲人民路已開始拆寬，多餘房屋的住户，需要出讓了。馬醫生已找得一家，係朋友介紹的，僅夫婦兩人。馬醫生讓出靠東邊的一間，他即搬至我們讓出的東厢房中。弟擬將遷進人口，通過區委辦事處的房屋調配小組的同意，即行訂立租約。（新的規定，必須房屋調配小組調配。）

新租户的房租擬仍照馬醫生原房租這一間爲六元，馬醫生租住東厢房一間，房租擬爲三元。如是馬醫生原爲房租十八元，現減三元爲十五元，新租户房租爲六元，全部共爲二十一元。在訂約時擬與馬醫生説明現在租金情況。

　　吾兄入春後，諒身體健康爲念，祈隨時保重。弟自上年冬季以來，胃氣時感不適，加以咳嗆，精神亦感疲倦。幸在居民會工作，得以隨時休息。惟胃病歷既久，不僅不能根除，而且與體力一樣，只覺一年差一年也。豫妹上年入廠工作後較爲活潑，今年春節中（年初三）已與吉（姓）震（現在蘇州鐵工廠工作）年齡相同結婚。已爲吾兄送禮十元，居住女宅，二表嬸也有依靠。魯弟身上正可一輕。最近嚴子明夫人由上海歸來，據說魯弟身體甚好，飯量亦佳，已恢復全日工作矣。毓蘊貧血較好，惟小孩尚在吃乳之中，居委會深知情況，以故暫緩介紹工作，但本園居民小組長的職務，已在無形中加上其身，幹部開會，突擊運動，都須參加矣。府上想都安好，均以爲念。抄附文管會臨時收據一紙，請察閱。餘不盡一一，專此敬請潭安。静秋表嫂問安，表侄、侄女等都好。

表弟張又曾謹上。三月十二日。

　　臨時收據　　今收到
顧頡剛先生捐贈本會文物計

書畫	叁百陸拾肆件	壽山石	壹件
銅器	壹百叁拾件	石臺屏	壹件
甸瓷器	貳百捌拾貳件	璧玉	壹件
靈璧石	伍件	鄭大鶴書畫摺扇	壹件
硯　臺	拾貳件	書　箱	陸隻
雕漆盂	貳件	木　櫥	壹隻
紅木架	陸件	楠木十景櫥	貳隻
紅木玻璃十景櫥	貳隻	另有銀杏嵌石屏	六件
		紅木嵌石屏	四件

　　　　　　經手人　沈維鈞
　　　　　　　　　　黄正祥

錢　鏞

蘇州市文物保管委員會

（蓋章）

一九五九年三月十一日

（此係抄件，原收據暫存弟處，以便日後調換表册。又曾註。）

[**原件**]　　捐謝函　　第壹肆捌號

顧頡剛先生：兹承

惠贈本會書畫、銅器、匋瓷等具徵先生愛護文物及關懷人民文化事
業之熱情，至深感佩；除將此項　惠贈之件由會妥爲保管外，謹此
申謝。并致

敬禮！

蘇州市文物保管委員會謹啓

一九五九年三月廿三日

　　附上收據一張

蘇州市文物管理委員會　　　　　　　　文字 No. 000576

文　物　收　據

顧頡剛先生捐贈			1959 年 3 月 23 日
各種書畫	叁佰陸拾肆件	364	經手人
各種銅器	壹佰叁拾件	130	沈維鈞
各種匋瓷器	貳佰捌拾貳件	282	黄正祥
靈璧石	伍件	5	
硯　臺	拾貳件	12	
雕漆盂	貳件	2	
壽山石	壹件	1	
石臺屏	壹件	1	

璧　玉	壹件	1
鄭大鶴書畫摺扇	壹件	1
紅木架	陸件	6
書　箱	陸隻	6
木　櫥	壹隻	1
楠木十景櫥	貳隻	2
紅木玻璃十景櫥	貳隻	2

主任委員　之王印言　副主任委員　　　填發人　錢鏞

予只專而不求紅，從此冊起。

楊榮國、李錦全認爲：

對曹操評價，實質上是研究個人在歷史上所起的作用問題。要評價一個人是好是壞，首先要瞭解到這個人所處時代的歷史主流是什麼？當時社會的主要矛盾是什麼？哪個階級、階層是革命的主要對象？必須先對這些關鍵性問題有正確理解才能判定一個歷史人物所作所爲，他對歷史發展究竟起了促進作用還是促退作用。

（《學術月刊》第卅一期綜述語，原文未見。）

製得一公斤的玫瑰油，需用的玫瑰花瓣達半噸之多。可是兩滴玫瑰油，却足够製造一公升香水。

——一九五九，十，十六，《北京晚報》

狄德羅在《對自然的解釋》一書中，把認識自然界的科學方法作了如下的表述：

我們有三種主要的研究方法：

觀察自然界，思考和實驗。

觀察搜集事實；思考綜合事實；實驗檢查綜合的結果。

觀察自然界必須細緻；思考必須深入；實驗必須確切。

——《馬克思主義哲學原理》85 頁

一九五九年六月

六月一號星期一（四月廿五）

九時，與靜秋挈洪、湲、堪三兒到北海，茗于“仿膳”，予看楊伯峻《列子集釋》及中華書局《新編唐詩三百首》。午刻，飯于“仿膳”。到西門兒童運動場。

五時，到東安市場、百貨大樓購物。六時歸。遇葉企孫、汪靜之。頤萱嫂來，爲兒輩縫衣，留宿。

洗浴。雁秋來談。服藥兩次，十一時眠。翌晨六時醒。

今日爲兒童節，各公園中中小學生沓至，塵土滿揚，予以老人，雜厠其間，自感不類，姑且從興而已。

以昨夜遲眠，今日精神不好，予真不能看戲矣。

六月二號星期二（四月廿六）

鈔李竹君《正確地對待歷史遺産》一文入筆記。金荷清來。鈔裴學海《古書虛字集釋》卷一《尚書》各條入卡片。

眠一小時半。范祥雍自江西來，長談。爲寫趙萬里信。點《墨子閒詁·親士》篇，記筆記二則。

雁秋來，留飯。到東安市場閱書、聽曲藝，九時歸。服藥兩次，十一時半眠，翌晨六時半醒。

爲欲創通《尚書》文法，自今日起，將裴學海書鈔入卡片，裴氏書固爲古書文法之一總結也。

六月三號星期三（四月廿七）

鈔《古書虛字集釋》卷二《尚書》各條入卡片。賀次君來。盧善焕來。蕭新祺來，爲寫范祥雍、賀次君信。

眠一小時。點《墨子閒詁·修身》篇，記筆記二則。

偕静秋挈四兒到文化俱樂部聽京劇小組清唱。九時歸。服藥兩次，十二時後眠。六時半醒。

歷史研究編輯部職工盧善焕承尹達命，囑予將《尚書今譯》載入該刊。然今日之事不比往年，水平不當不高，終不敢早日發表，以自重罪戾也。

今日所晤：楚溪春（提調）　苟慧生（唱紅娘）及其夫人張偉君（唱釣金龜），其女（唱打漁殺家）……　毛啓邠（唱碰碑）　許廣平　邵力子夫婦　朱藴山

六月四號星期四（四月廿八）

鈔《虛字集釋》卷三《尚書》各條入卡片。校改《史林小識》卷四、卷五。

未成眠。點《墨子·所染》篇，未畢。雁秋來，留飯。

與静秋及雁秋夫婦到吉祥劇院，看梅蘭芳《穆桂英挂帥》，自七時半至十時半。遇謝剛主、葉至善夫人。十一時許服藥眠，翌晨六時半醒。

今日＊觀梅劇團《穆桂英挂帥》：穆桂英——梅蘭芳　佘太君——韋三奎　楊文廣——梅葆玖　王强——劉連榮　王倫——吕振華　寇準——王少亭　楊宗保——姜妙香　宋皇——羅榮庭

今日又下便三次，明日起當停服牛奶，以其滑腸，所得滋養實不敵所失也。

＊　編按：此條原附記五月末，作“六月四日觀梅劇團……”，今移回。

近日睡眠又難，必服藥兩次，且用劇劑，太苦矣！

六月五號星期五（四月廿九）

雁秋夫婦歸。鈔《虛字集釋》卷四入卡片，訖。續鈔卷五，未畢。

眠一小時。到文化俱樂部，參加政協學習，續談西藏問題，自三時至六時。步歸。遇楊品泉、龐敦敏、王修。

到吉祥劇院，看江西省古典戲曲演出團演《還魂記》，十時歸。十一時服藥眠，翌晨六時半醒。

今日同會：楊東蓴　°茅以升　王紹鏊　°林漢達　徐楚波　雷潔瓊　°嚴景耀　潘光旦　費孝通　羅隆基　章伯鈞　°饒毓泰　唐鉞　謝無量　°吳研因　楊一波　薛愚　陸殿棟　熊慶來　°鄧初民　張子高　呂叔湘　陳文彬　謝冰心　李文宜

今日＊觀江西省古典戲曲演出團《還魂記》：杜麗娘——潘鳳霞　柳夢梅——童慶礽　春香——鄒莉莉　杜寶——樂一生　杜夫人——蕭桂香　陳最良——卓福生

六月六號星期六（五月初一）

到所，領薪。與法魯談。鈔《虛字集釋》卷五入卡片，訖。標出卷六至十《尚書》各條。

眠一小時許。點《墨子·所染、法儀》兩篇訖。記筆記三則。到北京餐廳赴宴。

與紹華同步歸。看《紅旗》。十時服藥眠，翌晨六時醒。

兩日未飲牛奶，果然不拉，可喜也。老子云：“吾所以有大

＊　編按：此條原附記五月末，作“六月五日觀江西省古典戲曲演出團……”，今移回。

患者，爲我有身。"此語必至老年才能體貼出來，蓋一絲差錯不得也。

　　今晚同席：范祥雍　姚紹華　予（以上客）　　胡厚宣　桂瓊英（以上主）

六月七號星期日（五月初二）

　　爲覓《浪口村隨筆》改稿，不得，整理數十年中稿紙，略依年、依類分置，未訖。

　　未成眠。

　　翻《海山仙館叢書》。洗浴。服藥兩次，十一時半後眠，翌晨五時醒。又眠，七時半醒。

　　湲兒昨日起發燒，今日仍未退。

　　予一生所積雜紙，除在抗戰中損失一大部分外，所存尚多。如能得暇整理，亦現代史絶好材料也。

　　北京滅蠅運動深且透矣。一九五四年予初來，即聞友邦人士譽我爲"無蠅之國"，然今日堪兒與徐小融二人乃在本院打死蠅子三百餘頭。此物傳種之多可駭。

六月八號星期一（五月初三）

　　林雲霞阿姨來工作。整理稿紙略訖。到東單理髮館剃頭。到北京醫院掛號。看中華書局《史記點校後記》。遇汪靜之。

　　未成眠。到北京醫院打針，就蔣景文醫師診。遇李奇中。到肉市"全聚德"定座。訪范祥雍于教部招待所，未晤，留條。歸，記筆記一則。到靜之處，與曹誠英談。

　　翻《海山仙館叢書》。爲堪兒講報。雁秋來。兩次服藥，十一時後眠。翌晨六時五十分醒。

　　今日量血壓，爲 150/80，下壓不高而上壓高，所以不易入眠乎?

近日兩目模糊,當是睡眠不佳之故。

六月九號星期二（五月初四）

鈔《虛字集釋》卷六入卡片,訖。鈔《戰國策之古本與今本》未訖。

王福秀來辭別。未成眠。曹誠英來。王樹民來。

到全聚德宴客。九時半歸。十時半服藥眠。上午二時半醒。四時又眠,六時半醒。

湲兒服退燒藥兩天,昨日下午本已退盡。乃至上午二時寒熱又作,燒甚高,至四十一度。到兒童醫院診,初疑是肺炎,後透視肺無病。又疑爲傷寒,雖服退燒藥,今日下午仍卅九度。

今晚同席:范祥雍　姚紹華　胡厚宣夫婦（以上客）　予夫婦（主）　十九元四角。

六月十號星期三（五月初五）

范祥雍來,九時,與同出,到頤和園,入諧趣園小坐聽泉。十一時半,至食堂飯。

乘船至龍王廟,步至知春亭飲茶。至排雲殿。出,到動物園,至牡丹亭飲茶。七時,返城。

曹珮聲來。雁秋來。服藥兩次,十一時半眠,翌晨五時半醒。

今日跑了兩個大園,以爲體力疲勞,可以睡矣。乃一到床上又越睡越醒!意者疲勞轉成興奮耶?予將如何處理生活方好?

湲兒發燒迄不愈,每日下午增高,今日住入東單三條兒童醫院,免得日日往來致增病也。渠病果爲何,尚待醫生察斷。

與祥雍談,知蘇寄廎自在商務退休後,專治《島夷志略》一書,日出入于圖書館之門,稿將定矣。予謂鄧文如所以能成《東京夢華録注》者亦以退休後得閑暇也。予安能亦若是乎？

六月十一號星期四（五月初六）

七時，到北京醫院抽血。鈔《戰國策之古本與今本》訖，凡五千字。修《史林小識》數條。

重寫《息壤》篇三千字，未畢。到東單三條兒童醫院視湲兒疾。遇静秋。到北京醫院打針，遇黄陞仁。

雁秋來。到市場聽曲藝。九時半服藥，十時半後得眠，翌晨六時醒。

今日上午又拉二次。這肚子真無辦法。今日精神甚劣，大概近日寒燠時變，予亦染上流感矣。

湲兒在院熱退。

六月十二號星期五（五月初七）

看上海解放日報館寄來關于殷紂功過兩文，即寫復信。看《紅旗》雜志上翦伯贊、白壽彝論歷史教學兩文，即寫發言稿。曹珮聲來。

迷糊半小時。到所，開會，討論《紅旗》雜志上翦、白二文，自二時半至六時一刻。予發言。乘三輪車歸。

雁秋來。翻程大昌《禹貢論》。服藥兩次，十一時眠，上午二時醒。四時許又眠，六時半醒。

今日堪兒又發燒，喉頭脹塞。

北京醫院藥已失效，失眠之苦有若凌遲碎割，真如小書所言："未知生之足樂，焉知死之足悲！"

今日同會：尹達（主席）　賀昌群　聶崇岐　胡厚宣　張政烺　陰法魯　張德鈞　胡嘉　張遵騮　張雁深（天護）　吕浦　常紹温　魏明經　張雲非　劉浩然　熊德基　田昌五　謝剛主

王毓銓　葉玉華

六月十三號星期六（五月初八）

點程大昌《禹貢論》及《禹貢山川地理圖》，未畢。到馮國寶大夫處診治。雁秋來，留飯。

與潮兒同到大華，看《搶新郎》電影，遇蕭風。到王府井購物，北京醫院打針。

看楊樹達《高等國文法》。洗浴。十時半服藥眠，上午二時許醒。又眠，六時半醒。

馮醫聽予心肺正常，謂予只是神經衰弱，疲乏過度。稱予體，爲一百卅磅，較去年輕六磅，蓋慢性腸炎之所致也。給予Luminal藥片，又開購腦力須證明。

兒童醫院診堪兒病，謂是扁桃腺炎，與湲兒之病不同類。

又安亦病流感，發高燒，已三天矣。看來在如此天氣下病人太多。

六月十四號星期日（五月初九）

到民進，過組織生活，聽冰心傳達錢俊瑞報告，并討論增産節約問題。自九時至十二時。與芝軒、伯祥同車歸。

未成眠。點程大昌《禹貢論》上卷訖。以顏色加于其《禹貢山川地理圖》，未畢。頤萱嫂偕木蘭來。范祥雍來辭行。

雁秋、木蘭留飯，頤萱嫂留宿。服藥兩次，十一時眠，翌晨六時醒。

今日同會：陳慧　王紹鏊　楊東蓴　許廣平　葛志成　徐伯昕　張紀元　謝冰心　雷潔瓊　嚴景耀　王伯祥　林漢達　金芝軒　董守義　吳研因

予昨日換藥，幸得佳眠，然此不可久也。調整生活，斯爲主

要。今晚想少吃些藥，因此又睡不着，第二次只得多服些，此爲
小失大也。

六月十五號星期一（五月初十）

續點程大昌《禹貢論》及圖，未畢。重作《司馬談作史》一
文，入《史林小識》，未畢。

眠一小時。頤萱嫂去。到兒童醫院視湲、堪兩兒。到北京醫院
打針。到東單公園，遇魏明經父子。

與賀昌群同到市場聽曲藝，到王府井茶館冷飲。十時許服藥
眠，翌晨五時醒。

今日堪兒就兒童醫院診，知白血球少至八十，以此彼亦住
院，與湲兒同室。

六月十六號星期二（五月十一）

續點程大昌《禹貢論》及圖，未畢。修改《史林小識》。

朦朧一小時許。看《紅旗》施東向《爲了追求真理》、《認真
地多讀些書》、《關于寫文章》三文。王姨丈、母來談。湲兒出院。

與静秋到天安門看工事，到中山公園散步。服藥兩次，十一時
眠，翌晨六時醒。

停牛奶已久，而昨今兩日皆下便兩次，看來腸子總有問題。

今日到公園散步，本已覺疲思臥，徒以就床較静秋稍早，静
秋摸索叢脞，不能遽眠，而予遂醒，一若滿天烏雲被風吹散者，
不得不更服藥。決自明日起，與静秋分室眠。

六月十七號星期三（五月十二）

續點程大昌《禹貢論》及圖説，訖。

眠一小時。重作《司馬談修史》一千字，本文訖，共約四千五

百字。到北京醫院打針。遇李一飛。

與潮、洪兩兒到文化俱樂部聽中央民族歌舞團演奏，自八時至九時半。十時半服藥眠，上午三時半醒。又眠，六時半醒。

今晚所晤人：彭道真　康同璧　羅儀鳳　張滄江　閻迦勒

近覺寫文章頗吃力，所謂"江郎才盡"矣。

堪兒在醫院，以湲兒之出，不耐寂寞，常時哭鬧，院中來電話，囑静秋往視。此兒自出生未嘗一日離母，無怪其如此嬌氣也。

十二日聶筱珊見予，曰："何清癯也？"今日羅文仲夫人亦有此言，足知予瘦態不掩。

張君謂予：晨起飲濃茶，足以治腸炎。此則予所優爲。

六月十八號星期四（五月十三）

標舊筆記，寫《徒詩與樂詩之轉變》約三千言。堪兒出院。

眠一小時。評李笠《史記商兌録》文。寫科學院幹部局請改休假期信。寫中央統戰部信，爲谷苞寫資料。寫歷史一二所信，爲方運坦寫資料。到南小街理髮，看李如箎《東園叢説》，遇雨，雇車歸。

到蕭風處送信。曹誠英來。雁秋來。服藥兩次，十一時後眠，翌晨七時醒。

今晚以未出散步，入眠又難。雖服藥後得睡近八小時，究竟精神不爽。

六月十九號星期五（五月十四）

寫"師摯之始，關雎之亂"篇約一千字，未畢。宴曹珮聲。

眠二小時。到北京醫院打針。

與静秋到首都劇場，觀《蔡文姬》劇，自七時半至十一時。十一時半服藥眠，翌晨七時醒。

今晚所晤人：翁文灝　馬寅初　仇亦山（鰲）　　老舍　吳研因　謝無量　秦德君　羅隆基　馮友蘭　葛志成　陳萃芳　王伯祥　徐楚波

今日 * 觀《蔡文姬》劇：蔡文姬——朱琳　曹操——刁光覃　左賢王——童超　董祀——藍天野　周近——蘇近　卞后——趙韞如　曹丕——張瞳

得中華書局信，謂予爲上海人民出版社所編《史林小識》一稿，以欲使《尚書今譯》及早完成，已和滬社談好，該書可暫緩工作，是亦對于予之一種壓力也。予實不足于錢，每月虧空約百元，欲予專爲中華作工，而該局慳吝特甚，無以濟急。奈何奈何！該局于我不爲直接領導，然不經商量，徑下命令，此頗使我不快，意其後面尚有人乎？

六月二十號星期六（五月十五）

到北京醫院，就蔣景文醫師診。遇何茲全、楊東蓴。續寫昨文訖，共三千字。

未成眠。到所，參加報告傳達大會，聽熊德基、劉浩然等傳達竺院長增產節約報告，自二時半至四時半。遇祝瑞開、王芹白、鄧福秋。攜書歸。記筆記二則。

到文淵閣購文具。到隆福寺閱書。九時半歸。十時服藥眠，翌晨五時醒。

今日量血壓，爲120/74，予向未有如此低者，此所以中午易睡，早晨不早醒之故也。倘能晚易入眠，不須服藥，何快如之！又悉膽固醇此次檢查，亦低至一百九十五，同爲可喜事。

---

* 編按：此段原置本月末，作“六月十九日觀《蔡文姬》劇……”，今移回。

六月廿一號星期日（五月十六）

記筆記二則。于思泊來。張苑峰來。草致中華書局信。與静秋挈四兒到北海，茗、飯于仿膳。遇汪世銘。遇王姨丈夫婦、楊冬麟夫婦及王鑫、小楊，同茗。

與洪兒等上白塔。與堪兒到西門體育場。五時出，遇邵力子夫婦。

雁秋來，留飯。爲堪兒講書。翻《詩經》。十時服藥眠，翌晨五時醒。

今日休息一天，宜于入睡矣，但晚間檢《國語韋解》，得三節儺之説。查《詩經》，則三章詩甚多，知詩爲舞用，故但稍易其辭，得此發現，頭腦又覺緊張，又服重藥以睡。

今日因林阿姨回家，做飯不便，故全家到北海午餐。六個人花三元餘，吃得固省，價格實不高也。王姨丈一家亦六人，吃六元餘，吃得比我們好。

六月廿二號星期一（五月十七）

重鈔"師摯之始，關雎之亂"篇訖，約三千五百字。何思源來，借書。

眠一小時許。修改《史林小識》。記筆記三則。翻前年筆記。

翻洪邁《夷堅志》。服藥兩次，十時半眠，一時半醒，又眠，六時半醒。

今日爲寫文，精神過度集中，又以暴雨，未得出門，故睡眠又不佳，雖午眠順利，而晚眠終難，以後必當調節，不可一味工作也。

六月廿三號星期二（五月十八）

爲《尚書今譯》事草致金燦然信，約四千字，訖。謝剛主來，送還《韓齋雅集圖》，因作題記。

眠一小時。車上遇曾憲楷。到北京醫院打針。到東安市場爲湲兒買藥，遇李延增，同到稻香春冷飲。

曹珮聲來。看《夷堅志》。十時服藥眠，上午三時醒，四時後又眠，六時醒。

聞延增言，其妹延青在蘭州醫院任職，去秋以受不了批評，跳黃河死矣。聞之駭然，當履安病中，渠實盡扶持之任者也。

六月廿四號星期三（五月十九）

將昨致金燦然書修改重謄，訖。李印泉先生來。

未成眠。雁秋夫婦來。與靜秋到大柵欄購物，到大觀樓，看江西劇《珍珠記》電影。

譚惠中來。伯昕來，長談。洗浴。十時半服藥眠，四時醒。又眠，六時醒。

六月廿五號星期四（五月二十）

鈔清致金燦然信，訖。到北京醫院打針，遇達浦生。雁秋來，留飯。

未成眠。孫照來，詢《史記》中標點事。林幹來，詢編輯匈奴史料事。點姚永樸《尚書誼略》五頁。記筆記二則。頤萱嫂歸。洗浴。

送信至中華書局。到海軍大樓訪商錫永，未晤，留條。服藥兩次眠，自十二時至六時。

今天熱極，不動亦流汗，右臂痱子起矣。

六月廿六號星期五（五月廿一）

到文化俱樂部買戲票，遇李漢俊。人民畫報社編輯劉姚華來，詢問該刊改進辦法及編輯計劃，長談。翻臧琳《經義雜記》。雁秋來，留飯。

眠一小時。尹受來擦地。到民進參加學習會，討論物資供應問題，自三時至六時。與伯昕同時歸。

翻《經義雜記》。服藥兩次，十時後眠，翌晨五時半醒。

今日下午同會：楊東蒓　王紹鏊　許廣平　徐伯昕　葛志成張紀元　董守義　林漢達　沐紹良　王嘉璇　張守平

今日靜秋拉稀三次，恐成急性腸炎。

予兩日來又感睡眠十分困難。

此四日中，爲了人事，又未做業務，歲月遷流，杳無成就，如何得了！

六月廿七號星期六（五月廿二）

到所，與尹達談。到禮堂，聽劉浩然傳達毛主席農業指導及人民公社整社方法，又熊德基、張兆漢發言，自九時至十二時。

眠一小時。到社會科學學部會議室開學習會，討論供應緊張問題。開至半，予出，到政協禮堂參加文教組會，討論《蔡文姬》劇，予發言。車中遇陳育麟。邵恒秋來，留飯。

到東安市場閱書。歸，看高亨《周易通論》。服藥兩次，十二時眠，九時方醒。

今日上午同會：歷史一二所全體

下午同會：張友漁（主席）　徐炳昶　陸志韋　夏鼐　吕叔湘　傅懋勣　郭寶鈞　黃文弼　王明　陳述　余冠英　俞平伯張政烺　胡厚宣　賀昌群　鄭奠　巫寶三

下午又同會：胡愈之　傅彬然　李燕　林仲易　吕振羽　鄧初民　張紀元　徐伯昕　陳公培　王伯祥　宋雲彬　吳研因　許廣平　馬正信　李培基　李俊龍

六月廿八號星期日（五月廿三）

九時始起。十時，至馮國寶醫師處診，并打針。翻《朱文公全集》，尋《尚書》學説。

未成眠。全家到紅星，看《用電安全》及《企鵝故事》電影。到雁秋處送票。

與静秋挈潮、洪、湲到政協禮堂，看《慳吝人》話劇，自七時半至十時半。十一時半歸，服藥眠，翌晨六時半醒。

連日睡不好，今日頗頭量，故至馮醫處治療，期其在北京醫院外有些新藥物也。馮大夫檢予病歷，去年往打針亦在此時，可見予病與天氣有關。

老猫一頭，自我家來京即養之。兩月前產三小猫，兩母一公，兩母已贈人，而老猫邇來時偷食，不勝其煩，故静秋囑又安携至東四解之，此後彼度流浪生活矣。

今日所晤人：傅懋勣夫婦　彭道真　沈兹九　李四光夫人　吳有訓夫婦　樓朗懷　李俊龍　吳羹梅

今日 *觀《慳吝人》劇：阿巴公——田沖　愛麗絲——狄辛　克雷央特——胡浩　昂賽末——徐洗凡　瓦賴爾——周正　瑪麗亞娜——胡宗温　拉弗賚史（男僕）——覃贊耀　福勞辛（媒婆）——梁菁　雅克（厨子兼馬夫）——朱旭

六月廿九號星期一（五月廿四）

家務勞動一小時。點讀《尚書誼略·堯典、皋陶謨》兩篇訖，記筆記一則。頤萱嫂來，代林雲霞工。到馮國寶大夫處打針。

眠一小時許。雁秋來，留飯。

到文化宮散步。九時歸，洗浴。十時服藥眠，翌晨六時醒。

---

　*　編按：此段原置本月末，作"廿八日觀《慳吝人》劇……"，今移回

今日堪兒上學，已請假兩星期餘矣。

近日予每睡醒，輒疲倦欲死，不詳其故。

今日上午喝了半磅牛奶，又大瀉一次，牛奶真有潤腸之功，惜予體力不勝，所得不如其所失也。

六月三十號星期二（五月廿五）

家務勞動。點讀《尚書誼略·甘誓》至《盤庚中》。記筆記三則。

未成眠。到北京醫院，就蔣大夫診。打針。遇許廣平。寫《詔》一千五百字。雁秋來，留飯。

商錫永來，同到昌群處談，又到元胎處談。服藥兩次，十一時半眠，翌晨六時半醒。

今日量血壓爲 120/80，較前下壓稍高。

[中華書局來信]

頡剛先生：

爲了使《尚書今譯》工作能及早完成，最近我們已和上海人民出版社談好，您交給該社出版的《史林小識》（原名《浪口村隨筆》）一稿的修改工作，目前可以暫緩進行。特此函告。請即集中精力從事《尚書今譯》工作，工作中有需要幫忙之處，請見告。此致

敬禮

中華書局編輯部。1959.6.19.

[原件]

今介紹劉光業同志前來領取《燉煌本尚書》十一册，請檢付是荷。

頡剛先生

姚紹華。五九，七，九.

乾麪胡同 31 號

顧先生

　　聞陳宣人前年在鳴放時自矜有辦法，謂“我尚有許多未交代的”，遂被捕，去年判勞動改造十五年，送至青海，今年一月死去。此人在大革命時於商務印書館中組織黃色工會，以與陳雲副總理所組織之紅色工會爲敵，倚賴反動勢力以取勝，解放後以其作交代，判管制三年，事已了矣，而野心未死，鳴放中又發狂言，結果如此。丁君匋在鳴放時曾晤章丹楓，丹楓勸其慎言，而彼不聽，終以右派分子論。此二人皆好恃勢凌人，自謂可以機智勝人，而皆不能自免于罪戾，蓋舊社會之遺毒必至今日而可清也。金振宇、擎宇在新華地圖社工作，皆甚進步，振宇且爲“紅旗手”。當年大中國圖書局中人物，以本質之不同而結果大異，思之良可自惕。

一九五九年七月

七月一號星期三（五月廿六）

　　家務勞動。點《尚書誼略・盤庚下》至《微子》，記筆記七則，約三千言。到馮大夫處打針。

　　未成眠。

　　步至中山公園。又步至北海前門。遇謝剛主。乘車歸。服藥兩次，十一時眠，翌晨六時醒。

　　今日加打睾丸素針，所以補腎也。

　　今日爲予與靜秋結婚之十五周年，故全家吃麪，用志慶祝。

七月二號星期四（五月廿七）

　　重寫《吐蕃》一篇，約二千五百字。尚愛松來，長談。

未成眠。李址麟來，長談。到東單理髮。到北京醫院打針。雁秋來，留飯。頤萱嫂歸其家。

爲堪兒講報。服藥兩次，十一時半眠，翌晨六時醒。

愛松、址麟先後來，不約而同，謂我何瘦，知近數月衰象已甚顯。下午理髮，在鏡中自視其容，宛若當年廉軍公，何頹唐之甚乎？

七月三號星期五（五月廿八）

家務勞動。修改《四嶽》、《瓜州》兩則。與昌群同乘車到所，與援庵先生談。到馮大夫處打針。

未成眠。到陶然亭，入茶座，翻舊筆記二冊，摘録題目，分類，以便彙合。六時半歸。

到大華，看《畫中人》電影，十時半歸。服藥兩次，十二時半眠，翌晨六時半醒。

近日睡眠時間并不短，而精神昏昏然，整日如在雲霧中，意者安眠藥服得太多，遂中毒乎？

今日決心不受中華書局束縛，重行整理筆記。

今日上午同會：陳援庵　尹達　侯外廬　熊德基　賀昌群　張政烺　胡厚宣　王毓銓　鍾遵先　李學勤

七月四號星期六（五月廿九）

修改《史林小識》，舊筆記摘題兩冊。家務勞動一小時。

眠一小時許。到北京醫院打針，遇汪静之、李一飛。

與静秋挈潮、洪、堪三兒到政協禮堂，看北京部隊戰友歌舞團演出《雁翎隊》等，自七時半至十時半。十一時一刻歸。十二時服藥眠，翌晨六時醒。

今晚所晤人：邵恒秋　周亞衛　章元善　徐楚波　彭道真

李書城　王紹鰲　楊一波

　　午眠已四日不成矣，而今日乃得睡者，得無以發願不接受中華書局命令，還是自己做自己的，因此心安乎？

七月五號星期日（五月三十）

　　舊筆記摘題三冊，寫《誦詩》條未畢。到馮大夫處打針。雁秋來，理報紙。

　　到王修處，談編古農書事。

　　洗浴。訓又安。服藥兩次，十一時後眠，翌晨四時醒。

　　今日未走動，入晚神經即緊張，睡難且眠時短矣。如此輕微工作尚不能任，我尚能爲科學院工作乎！

　　今日大便又是兩次，放屁甚多，不知何以致此。腦子病於上，腸子病于下，老來情味，難受如此！

七月六號星期一（六月初一）

　　姜淑忍自長治來。到北京醫院打針，遇黃陞仁。到中山公園來今雨軒茶座，摘舊筆記題二冊。十二時歸。到永仁堂買藥。頤萱嫂來。

　　未成眠。二時半出，遇昌群，到天壇皇穹宇茶座，摘舊筆記題二冊，六時歸。

　　鄧廣銘、韓連琪來。到附近胡同散步。服藥兩次，十一時眠，翌晨五時醒。

　　一日進兩次公園，真可改濂溪詩曰："旁人不識予心苦，將謂偷閑學少年"矣。

七月七號星期二（六月初二）

　　摘舊筆記題三冊。到馮大夫處打針。雁秋來，留飯。

未成眠。到北海仿膳飲茶，摘舊筆記題半冊。又安、淑忍、劉心來，五時，同到動物園。

八時，到園門口廣東館進食。十時歸。服藥兩次，十一時眠，翌晨三時半醒。五時又睡，六時半醒。

七月八號星期三（六月初三）

林雲霞來辭工。到所，晤楊向奎、胡厚宣、祝瑞開。訪尹達，不遇。訪楊品泉，亦不遇。在張德鈞架上取《癸巳存稿》、《師石山房叢書》閱之。到北京醫院打針，遇余冠英。

整理稿件。記筆記二則。點《古文尚書撰異·牧誓》，未訖。申伯純、米暫沈來，談文史資料研究會事。金燦然、姚紹華來，談《尚書今譯》事。雁秋來，作西紅柿醬。

到曲藝場，看天津越劇團《左連城告狀》劇一小時。洗浴。十時半服藥眠，十二時醒，又眠，六時半醒。

今日金燦然同志來，態度甚好，允配給助手二人，幫助鈔寫、搜集資料及學習整理工作，此殊解決我心事。

七月九號星期四（六月初四）

到文化俱樂部爲姜淑忍等買戲票。到北京醫院，就蔣景文診。到所，與尹達、厚宣談，辦進療養院手續。歸，點《撰異·牧誓》訖。到馮大夫處打針。

到政協禮堂，與文化組同人乘大汽車到新街口北京電影廠參觀，看《青春之歌》等斷片，及《風暴》拍攝，晤導演金山等，七時歸。雁秋夫婦偕淑忍母子同去。

在院乘凉。洗浴。與靜秋同榻。十一時服藥眠，翌晨六時半醒。

今日量血壓，爲130/74，與上次互有長短。因請腦系科出證明書，到青島療養院休養，藉以減輕服安眠藥之痛苦。今日起，打睾丸素 25 毫克，以前數次打 5 毫克殊不生效也。今日打此，不但無反應，且眠佳，殊可喜。

今日同參觀：李書城　徐邁進　徐伯昕　呂振羽　徐楚波　呂叔湘　陳文彬　宋雲彬　許廣平　陳建晨　李蒸　林仲易　吳研因　馬正信　葉至善　董渭川　楊一波　吳德豐

七月十號星期五（六月初五）

黃仲琴之孫黃永漢來訪。林阿姨介紹朱阿姨來。鈔《光明日報 · 魔鬼的血嘴——西藏噶厦的法典》入筆記，約二千四百字。

迷糊一小時。到民進開學習會，討論增產節約事，予就編輯問題上發言。遇富介壽。六時，與伯昕同乘公共汽車歸。雁秋來，留飯。

到元胎處，詢希白住所，進西瓜。與靜秋談。洗浴。服藥兩次，約十二時眠，翌晨六時半醒。

昨蔣景文書予主要之病，爲：①輕度大腦動脉硬化及輕度動脉硬化性高血壓；②習慣性失眠。第二項，予希望努力克服；若第一項則係自然規律，無可奈何者也。

今日大熱，出門如投火。

今日下午同會：楊東蒓　王紹鏊　許廣平　徐伯昕　陳選善　林漢達　董守義　沐紹良　王嘉璇　毛啓邠　趙濟年

七月十一號星期六（六月初六）

出，車中遇張政烺。到北京醫院打針，遇劉道仁。訪黃陛仁院長，未遇，留條。到馮大夫處打針。歸，記筆記二則。

眠一小時。點《古文尚書撰異 · 洪範》篇，未畢。

與靜秋挈四兒到北海，茗于仿膳。潮兒等划船。九時許，到白塔下聽快板。十時一刻歸。服藥得眠，自十一時至翌晨五時半。

得黃陞仁電話，謂可至湯崗子或廬山療養，而靜秋不欲予遠行，仍堅持至青島。若然，恐須待至八月中矣。

打睪丸素 0.025CC 頗有效，兩夜均得安眠。

今日爲陰曆六月初六日，是我父九十歲生日。若在舊社會，定做一天道場以安亡靈了。

七月十二號星期日（六月初七）

希白夫婦偕馬國權來。點《尚書撰異》中《洪範》篇畢。雁秋來。德融侄自新疆歸，留飯。

與德融長談。記筆記四則。淑忍來。

到曲藝場，看天津越劇團《狸貓換太子》劇一小時半。十時半服藥眠，翌晨六時醒。

聞希白言，古公愚（直）上月卒于廣州中山大學，年七十二。老友又弱一個。又聞希白言，張次溪爲白壽彝所裁，生活大成問題。壽彝獨不記從前困厄時耶？

德融侄去年到新疆，編纂烏茲別克史志，以該族人數少，且自蘇聯移來，歷史不久，資料不多，僅成三萬餘言。馮家昇編維吾爾族史志，則規模大，成書不易矣。

七月十三號星期一（六月初八）

淑忍挈子赴虎林。鐵肩來。雁秋來。黃永漢來，贈菠蘿汁。到馮大夫處打針。點《尚書撰異》中《金縢》篇訖，《大誥》篇未訖。記筆記三則。

得眠一刻。

與靜秋到吉祥戲院，看青海省京劇團演《綠原紅旗》。在院遇劉珺、陳慧、毛之芬，出院遇張政烺。十一時歸，服藥眠，翌晨六時醒。

　　黃仲琴先生與予爲中山大學同事，約長予七八歲。抗戰中，避地香港，值日寇占港，先生逝世，年才六十。其孫永漢在福建工業廳工作，此次到京開會，承其父德奇之命見訪且贈物，此在今日眞是"古道照顏色"矣。

　　青海京劇團演現代事，而用京調演出，不覺其不調和，可見戲劇藝術之進步。此數年中，戲劇在"百花齊放"之號召下眞一日千里矣。

七月十四號星期二（六月初九）

　　點《尚書撰異・大誥》篇訖，《康誥》篇亦訖。記筆記一則。

　　得眠五十分鐘。點《尚書覈詁》及《尚書大傳疏證》各數頁。記筆記二則。與靜秋挈湲、堪二兒到和平賓館冷飲，到王府井大街工藝美術服務部參觀，新華書店買書，東安市場購物。

　　王樹民來，同到文化宮，聽相聲。遇袁翰青。十時歸。洗浴。失眠，十二時後再服藥得眠，翌晨六時半醒。

　　今晚失眠，只因太趕，趕則緊張矣。

　　參觀美術工藝品，無論玉石、陶瓷、竹木、髹漆、象牙、刺繡、織錦、琺瑯、泥塑、剪紙、燒料，各方面均有顯著之進步，其工之最細者如雕牙與玉，一人一年僅能成一器，主持此部門者許其如此作，此所以極絢爛之致也。

七月十五號星期三（六月初十）

　　點《尚書撰異》中《酒誥》、《梓材》、《召詔》、《雒誥》、《多士》、《無逸》，凡七篇。到馮大夫處打針。

　　眠一小時半。

　　爲堪兒講《月球航行》。看《論衡・正說》篇。與靜秋、潮、洪、湲到紅星，看《芭蕾舞大師》電影。十一時許服藥眠，翌晨六時許醒。

《尚書撰異》凡十二冊，而今日得盡一冊者，以在滬時譯此數篇，已粗點一過，今加工耳。此書真細密，值得再加工。倘得由我整理出版，不負段氏數十年苦心，且示後學者以校勘學門徑，則善矣。

七月十六號星期四（六月十一）

記筆記十一則，約二千四百字。封耀昭來，商改造房屋事。雁秋來，留飯。

得眠約一刻。看《紅旗》第十四期。整理《讀尚書筆記》第一冊訖。記筆記一則。與湲兒到中山公園，予飲茶，渠蕩舟，七時歸。朱瑞蓮來。

翻《王荊公集》。失眠，服藥兩次。至十二時方得眠，翌晨四時醒。

今日失眠，當是寫筆記太多之故。予之精神不能集中如此。

自羅媽走後，常有保姆來，亦常去，以予家房屋大，人多故也。今日靜秋囑朱阿姨補襪，渠云：“我只會補新襪，不會補舊的。”遂求去。予意，今日之自由職業獨保姆耳。若我輩，何能如此發脾氣也。

七月十七號星期五（六月十二）

家務勞動一小時。理書及書桌。記筆記一則。到馮大夫處打針，長談。到莫斯科餐廳，應何叙父宴。

與容太太同車進城，到錦什坊街理髮。到政協禮堂，聽周而復報告南美洲情況，自三時至六時。楚圖南主席。

雁秋來。翻《東坡集》。洗浴。待洪、湲兩兒看戲歸。十二時服藥兩次眠，翌晨七時醒。

今午同席：容希白　商錫永　容太太　秦仲文（以上客）
何叙父（主）

本間日一針，馮大夫因我仍難睡，囑每日一針。

今日所中送火車票來，定廿二日晚車赴青島。

今日下午會中所遇人：王伯祥　宋雲彬　達浦生　王芸生
徐伯昕　張紀元　章元善　吳大琨　馬寅初　劉定五　楊東蓴
章廷謙　沈性元　章守華　邵恒秋　馬毅　周而復率雜技團到南
美各國表演，極得當地人推崇，并知南美各國受美英帝國主義壓
迫，極思擺脱，美報宣傳，詆毀中蘇，當地人恒作反面觀，知中
國建設之神速。天下造謠人心勞日拙，大都如是。

七月十八號星期六（六月十三）

家務勞動一小時許。屠思聰來，爲寫馮大夫介紹片。到馮大夫
處打針，遇屠思聰，長談。

眠一小時。尚愛松來，同到北海，湲兒來，同到畫舫齋觀首都
第五屆國畫展覽。洪、堪兒來，同到仿膳茶座，與愛松長談。三兒
划船。七時許歸。

到考古所訪容希白，并晤馬國權、張維持、繆錦安。十時歸。
洗浴。十一時服藥眠，翌晨五時醒。

北京國畫展覽，固有新事物，亦多舊格調，與前數年政治空
氣濃厚者不同。蓋創新當然爲藝術之目的，而傳統作風亦不能在
短時期一掃而空也。

七月十九號星期日（六月十四）

到文化俱樂部，參加民進中央組織生活，旋分小組。自九時至
十二時。會散，伯祥邀至餐廳飯。

與伯祥到聖陶處談，并晤至善夫婦。四時歸，譚季龍、章丹楓

自滬來。姚紹華來，同在昌群夫人處吃瓜。旋同出，到文化俱樂部飯。

到中山公園茶。九時許，與紹華同回。雁秋來。十一時半，全家看戲回。十二時服藥眠，翌晨七時半醒。

今日同會：陳慧　王紹鏊　徐伯昕　楊東蓴　葛志成　馮賓符　王伯祥　趙樸初　張明養　梁純夫　雷潔瓊　嚴景耀　謝冰心　董守義　林漢達　張紀元　金芝軒　余之介　今日小組會：陳慧　徐伯昕　王伯祥　董守義　梁純夫

今晚同席：譚其驤　章丹楓　胡厚宣（以上客）　姚紹華（主）

街道號召收廢品，予家以十餘年舊報紙售出，得百八十元。予一生好訂報，抗戰中散一次，茲再散矣。

七月二十號星期一（六月十五）

到政協禮堂，車中遇熊德基。參加文史資料研究委員會成立會，自九時至十一時半。與伯祥同回。

未成眠。到文淵閣買筆墨。為馬國權題其所藏邢侯敦拓本。尚愛松來，出所藏書畫與觀。記筆記三則。

留愛松飯。馬國權來談。洗浴。雁秋來。十一時服藥眠，翌晨五時醒。

今日同會：范文瀾　申伯純　徐冰　李根源　章士釗　翁文灝　陳修和　葉景莘　王伯祥　葉恭綽　載濤　楊東蓴　王家楨　鄧哲熙　向達　劉大年　米暫沉　邢贊亭　李培基　陳公培　吳研因　齊燕銘　邵循正　浦熙修　章伯鈞　覃異之　楚溪春　何幹之　周亞衛

兩年來無稿費收入，月虧百元，手頭乾涸已甚。今日請愛松來，擬售出書畫若干，藉資抱注。先父藏物，至今日不得不散矣，傷哉！

七月廿一號星期二（六月十六）

與静秋到百貨商店買衣襪什物，到東安市場買書，又買素菜于全素齋，冒大雨歸。

未成眠。理書及稿件。寫封耀昭信。

看楊守敬《禹貢本義》。洗浴。十時服藥眠，翌晨三時醒。良久又眠，七時醒。

今日大雨，北方所希見。

七月廿二號星期三（六月十七）

整理行裝。寫民間文藝研究會信。昌群夫人來。雁秋夫人來。雁秋來。到伯祥處，同到文化俱樂部宴客。

未成眠。記筆記一則。與静秋及四兒到王府井中國照相館照相。到東安市場，遇羅儀鳳。到和平賓館冷飲，晤葉企孫。

八時半，静秋及四兒送上前門站。上車後晤朱務善夫婦。十一時服藥眠，翌晨六時醒。

今午同席：譚其驤　章丹楓　胡厚宣　王伯祥（以上客）

予（主）　十元○二角四分。文化俱樂部當以供政協同人便餐，不繳營業稅，故一份豬排足有八兩肉。

七月廿三號星期四（六月十八）

與朱務善夫婦同到餐廳進食。在車看《中國歌謠資料》第一集，未訖。

四時，到青島，乘汽車到青島療養院院部辦手續，晤吳院長等。入正陽關路十號宿舍。王君來取款。寫静秋信。

與務善夫婦到正陽關路十六號飯。到理療部浴。到俱樂部參觀。八時半服藥眠，十一時醒。再服藥，四時半醒。

今日車中大熱，至攝氏卅六度半，身上濕了再濕，痱子起了。以後夏天再來，當乘硬席臥鋪，以軟席房間小，悶得慌也。

青島熱度只廿八度，真入清涼世界矣。

七月廿四號星期五（六月十九）

看程金造《史記會注考證新增正義的來源和真偽》，即寫《新建設》信。與務善同到化驗室取血，遇王鳳雲。遇蕭三、朱紹華。到小賣部買物。箱運來，即整理。

眠一小時。寫自珍、次君信。王鳳雲大夫來診。點胡渭《禹貢錐指》序例。晤楊實人。

與務善夫婦及朱紹華游中山公園。歸，護士朱登炎來談。十時服藥眠，翌晨四時醒。

今日量血壓，爲116/60，何其低也？醫謂予內臟無病，血管硬化亦不嚴重，至習慣性失眠，可用水療及中藥調理，睪丸素針可間日一打。

七月廿五號星期六（六月二十）

理信札，寫樹幟，起潛叔，魏應麒信。護士寧汝亭來。點《禹貢錐指》序例畢，圖未畢。

朦朧半小時。到二區打針。遇楊實人。到小賣部買物。到理療部欲浴，以非時退歸。

到科學院休養所，晤楊向奎、朱人瑞、賀昌群等。到周予同室長談。出，劉起釪送歸。遇嚴幹。晤熊慶來夫婦。到第二區辦公室取藥。

今日予犯急性腸炎，肚一痛即泄出，兩次拉髒了褲子，晚行公園，竟至拉在草地。急服 S. G. 片八片。憶前年初到青島，予與靜秋亦皆拉稀，當是水土不服所致。

七月廿六號星期日 （六月廿一）

到第二區取藥。與務善夫婦及朱紹華到海濱散步。遇蕭三。晤伍雲甫。點《禹貢錐指》圖及卷一訖，第二卷未畢。周予同、賀昌群、朱人瑞、劉起釪來，送之至匯泉路。

眠一小時。寧汝亭來。朱人瑞、楊向奎、童丕繩來。

與務善夫婦到海濱散步。護士齊秀芳來談。十時服藥眠，翌晨五時醒。

今日早晨又拉一次，下午竟未拉，當是服藥之效也。

丕繩今年在濟南，精神病大發，入精神病院治療，幸得痊可。惟肺病又作，憔悴之甚。

七月廿七號星期一 （六月廿二）

楊向奎來，同到海濱散步。遇宋廣純。寧汝亭來。與服務員任敦厚談。點《禹貢錐指》卷二仍未畢。與務善夫婦、朱紹華同到魯迅公園及海産館。

眠三刻鐘。到二區打針。到第二浴塲洗海水澡。遇張慶孚。

與朱紹華、王揚同到海濱拾貝。到紹華處吃西瓜。十時服藥眠，上午一時三刻醒。三時起，工作。天明復寐一小時。

今晚甚熱，睡後流汗，周身作癢。又兼夜中吃西瓜，起來大小便，遂致失眠。

七月廿八號星期二 （六月廿三）

寧汝亭來。點《禹貢錐指》卷二、三畢。到理療部，就吳大夫診，作水療，得眠半小時。到合作社買物。

眠一小時。洗衣。寫静秋信。晤酈明。

集體到永安戲院，看中國京劇院四團演出，自七時半至十一時一刻。遇盧南喬夫婦及其子小今。十一時半歸，十二時服藥眠，翌晨六時半醒。

今日血壓爲 138/84，一夜失眠，即高如許。今日又下便兩次，但不稀耳。

今晚所觀劇：鬧龍宮——劉世翔等　鎖五龍——吳鈺章、寇春華等　釣金龜——王晶華、司驛　奇雙會、寫狀——楊秋玲、夏永泉　除三害——孫岳、李嘉林　金山寺——夏美珍、劉琪、孫元意等。京劇四團係中國戲曲學校畢業生所組織，一九五〇年入校，訓練八年，今年四月建團，年輕力足，非常賣力，其中優秀人才不少，京劇大有前途矣。

七月廿九號星期三（六月廿四）

寧汝亭來。點《禹貢錐指》卷四畢。到理療部，水療、針灸，晤劉醫師。

眠一小時。到俱樂部，理髮，閱報。到二區打針。

到宋、季大夫家談。歸，乘涼，與秦丹亭談。九時服藥眠，翌晨三時三刻醒。

今日熱至卅四度，青島所少有也。予右臂大生痱子，尤以腕折處爲甚，蓋出汗直如流水矣。

七月三十號星期四（六月廿五）

寧汝亭來，取小便。到食堂過磅。點《禹貢錐指》卷五畢，卷六未畢。王鳳雲大夫來診。

眠一小時半。到理療部，就梁玉棟中醫診。

遇徐克俊。七時，與張慶孚等到文登路看聊城雜技團劉秀英等演出，十時半歸。十一時服藥眠，翌晨三時醒。

昨日季大夫見過，說：比前年瘦得多了。今日過磅秤，則才百廿一磅，此可見予重量減輕多矣。血壓 124/88，下壓又較高。

梁大夫謂予：心、肺俱無病，惟肝旺致失眠。又云：中醫所云肝旺，實非肝病，而爲神經系統之病，大腦皮層太勞累，由高級神經妨及低級神經耳。中醫論陰陽，實欲求其平衡，故主于補偏也。

七月卅一號星期五（六月廿六）

寧汝亭來。洗衣。點《禹貢錐指》卷六畢，卷七未畢。作水療、針灸。到海濱，在小賣部買物。

眠一小時半。打針。遇楚圖南。視朱務善疾。

乘公共汽車入市購物，八時半歸。失眠，服藥兩次，十一時入眠，翌晨五時廿分醒。

乘車入市，走路不多，而汗出不止，豈僅雨流，直同泉瀉。予足力尚勝，而犯此病，夏間竟不能動彈矣。中午到小賣部亦然，衣服來不及洗。

今日起打針，兼奴夫卡因與睪丸素兩種。今日失眠，殆以趕工作及趕買物，精神又緊張耶？

朱務善犯急性腸炎，且發高燒，王揚急甚。

前年來此，水蜜桃正好且多，今年乃少且劣，不知好的到哪裏去了？青島水果最多之候，竟成無水果狀態，大奇！

一九五九，八，卅一，與徐伯昕同志書云：（下略，見《顧頡剛書信集》）

一九五九年八月

八月一號星期六（六月廿七）

點《禹貢錐指》卷七、八畢。到理療部作水療，得眠半小時。未成眠。寫潮兒信。

訪李際年，并晤王秉盛。訪王仲犖，不遇。在海濱散步。服藥兩次，十一時眠，翌晨六時醒。

我過于趕工作，入睡又甚難，異于初來時，此後下午必須少做工作，寧可做得慢些，不可將此僅有的一些本錢消耗完也。

八月二號星期日（六月廿八）

到黃孟德處談。到朱紹華處談。到海濱，看斯大林《辯證唯物主義與歷史唯物主義》，歸，鈔五百字。寫朱士嘉、陳懋恒信。

到楚圖南處小坐。遇王一飛。眠一小時半。寫誠安、又曾、沈勤廬信。出發信。到食堂找扇不得，到小賣部再買。到二區打針。王基香來。

到張慶孚處小坐。與之同回，視務善疾。與朱紹華等同到海濱散步。九時，服藥眠。翌晨四時廿分醒。

予久欲致力馬列主義，終恨卒卒無暇。今日下定決心，將斯大林此一小冊日鈔五百字，計歸去時必可鈔完，則于辯證唯物主義及歷史唯物主義必可得一輪廓矣。

今日自海濱歸，小便急，竟忍不住，遺溺褲中。此昔之所無，不知是否腎臟有病，若張廣仲姑丈乎？

八月三號星期一（六月廿九）

作水療及針灸。點《禹貢錐指》第九卷畢。

迷糊一小時許。到合作社買物。

楚圖南夫婦來。與務善等散步。到汽車庫看香港片《冷暖人間》電影。遇杜君慧、雷振岐。九時半歸，與王揚談。失眠，服藥兩次，十一時半眠，翌晨五時半醒。

今晨下大雨，熱驟降。終日大風，海水激蕩，波濤撲人。

八月四號星期二（七月初一）

點《禹貢錐指》第十卷，未畢。水療，得眠半小時。

眠一小時半。打針。海水浴。寫靜秋信。

到丕繩夫婦處，并晤教寧、教英、黃壽成。到南喬夫婦處，并晤小今。十時回，服藥兩次，十一時半眠，翌晨六時醒。

今日適值漲潮，浪甚大。

晚間有風，氣候較凉，因往山大一行。來回約十五六里，予能走，惟多出汗耳。

童、盧兩家不久均將遷至濟南，以山東大學已遷去也。

西安交通大學整風甚嚴，馬列主義教研室七人列入右派，皆黨團員也，黃永年亦其一。今取生活費廿四元，到寶鷄勞動。以是其子壽成不能不送至外祖母處教養。

八月五號星期三（七月初二）

秦丹亭來，送所植西紅柿。點《禹貢錐指》第十卷畢，第十一卷未畢。水療、針灸。楚圖南來。

眠一小時。

與楊實人談。與朱務善談。到公園，上牡丹亭小坐，又到海濱。十時，送王揚行。服藥三次，約十一時半入眠，翌晨六時醒。

夜眠仍極困難，睾丸素久打不靈，奈何！

八月六號星期四（七月初三）

王大夫來診。點《禹貢錐指》第十一卷上、下畢。

秦丹亭送玉米。眠一小時。到理療部，就梁玉棟中醫師診。

與務善到楚圖南處談。與務善、紹華、林火等在海邊散步。齊秀芳來打針。九時眠，上午一時醒。又眠，五時醒。

血壓，左 130/84，右則僅 110/64 耳，此血脉分布之異也。

連日睡不佳，故告王大夫，請于下午爲按摩，晚間打安眠針，將睾丸素停止。

梁大夫説，上星期診我脉時是弦而緊，今日再診，雖仍弦，却不緊了，即此便是進步。

八月七號星期五（七月初四）

點《錐指》第十二卷畢，十三卷上未畢。水療、針灸。

未成眠。按摩。到合作社購物。寫潮兒信。

到南海、匯泉路散步。與黃孟德談。看報。十時半服藥眠，翌晨五時三刻醒。

天氣悶熱，出門一次即上衣濕透，雖海濱亦無風也。而浪特大，故近日洗海水浴者頗少。

按摩甚舒服，等于柔軟操也。

八月八號星期六（七月初五　立秋）

點《錐指》卷十三上訖。水療。得眠半小時。打針。

未成眠。點《錐指》卷十三中之上，訖。王基香來。

到永安戲院，看山東梆子劇團黃遵憲等演出《孫安動本》。十一時歸，服藥眠，翌晨五時三刻醒。

前數日右腰小痛，今晨就浴盆洗衣，抬起身子時大痛不可□，疑腎臟真有病矣。

八月九號星期日（七月初六）

到丁洪業處。與楚圖南夫婦到海產館。到科學院休養所訪熊慶來，則已行。訪張鈺哲。到中山公園喝茶，觀植物園，十二時歸。

眠一小時半。點《錐指》卷中之下，訖。到許光明處。

與務善到汽車庫，看蘇聯《青年聯歡節》電影。十時許服藥眠，上午四時醒。又眠，六時醒。

今日腰仍痛，坐在沙發上做工作，較好。

八月十號星期一（七月初七）

點《錐指》八頁。水療，略眠。張志鑫作針灸，十二時出，徑到食堂。

眠一小時半。按摩、打針。到俱樂部，遇李慶餘。晤朱紹華之夫蘇子元。

與林之涵等到汽車庫，看《三海旅行》影片。朱紹華招往吃西瓜。十時許服藥眠，翌晨五時半醒。

今日腰痛甚，只得停止工作矣。

《三海旅行》影片係據俄國某探險家之游記而編，當中世紀時，莫斯科大公還以爲印度人是生兩個頭的，可見《山海經》在我國確爲先進之地理著作也。

八月十一號星期二（七月初八）

腰更痛，作水療幾不能起。針灸，又由畢同志爲按摩，痛不止。到王大夫處診。在小坡上跌交，杭州麇君扶起。

眠一小時。臥床，小寧以熱水袋窩之，痛稍止。看報。

黃孟德來，送西瓜。九時許服藥眠，翌晨五時醒。

腰痛至今四日，不可復耐。每一俯身，輒作劇痛，甚至不能穿鞋襪，大苦，只能睡床，飯食由老任代取。小寧爲予一天多跑幾次作治療。

八月十二號星期三（七月初九）

小寧爲洗衣。終日臥床。小寧爲敷樟腦精數次，用熱水袋窩之，痛止。看史大林《辯證唯物主義與歷史唯物主義》。

細看昨日報紙。打針。朱務善來。

楚圖南夫婦來。童丕繩來，長談。十時許服藥眠，翌晨六時醒。

報載今年旱荒幾遍全國，爲三十年來所未有，而北京一帶暴雨屢作，農田水庫皆被沖壞，亦久所未有之事也。

丕繩云："去年山大中對于史學之批判，只批判我的中國社會史分期論，而不批判我的參加《古史辨》派，想來由于中央對于先生之不批判，故對我亦不作批判。"此事頗可注意，想來中央亦認爲《古史辨》的工作并不站在馬克思主義之對立面也。

八月十三號星期四（七月初十）

終日臥床。劉起釪來。看起釪所作《英帝侵藏以來西藏人民的反帝愛國鬥爭》。王大夫來。

看王樹民《隴岷日記》，爲修改。王大夫偕小寧來，爲予作紅外綫照射。朱務善來。

八時服藥眠。翌晨四時以大雨起關窗。又眠，五時半醒。

血壓左 130/90，較前稍高。

王大夫謂予上次檢查小便，得 1＋糖，似有糖尿嫌疑，問予渴否，常覺餓否，體重減輕否，此皆糖尿病之徵象也。按予實常渴，以口中膩故，喜飲茶，以飲多，故小便亦多。然却不常餓，體重自減輕，然此以去年參加運動故。渠囑再查小便兩次，可以決定。

予疑腰痛是腎病。王大夫謂如真腎病，腰不會痛，當是受凉之故。予憶，自來青島，適値大熱，夜眠只蓋一綫毯，然至昧爽輒寒，而予酣睡中不能加蓋毛毯，以此受寒亦説不定。

八月十四號星期五（七月十一）

起床。補記日記三天。寫靜秋、潮、洪兒信。照燈。

未成眠。看王樹民《洮州日記》，爲修改。照燈。蘇子元夫婦來。朱務善來。

打針。服藥兩次，十時後眠，翌晨五時三刻醒。

近日午飯後常不能眠，詎以天氣轉涼所致耶？

樹民與我同游隴右，爲廿年前事。近日讀其日記，將前事一溫，有許多事已在我印象裏失踪了。

八月十五號星期六（七月十二）

到飯廳進餐。看王樹民《洮州日記》訖。小寧爲照射紅外綫燈。劉起釪、何晋琮來談。王德昌、朱登炎來。

眠二小時許。張興儀爲照紅外綫燈。散步。理髮。

小寧來塗藥。九時眠，十一時醒。服藥兩次，約十二時半又眠，翌晨六時醒。

今晚覺倦，以爲服中藥兩星期生效矣，乃不服西藥而眠，然不過二小時即醒。再服西藥，其效即遲。然則予將如何而可耶？

八月十六號星期日（七月十三）

乘院中公共汽車進城，在車遇蕭三、王一飛、楊實人、杜君慧。到觀海二路三號訪黃公渚，并晤其弟君坦，長談，自九時至十時半。十一時半歸。

眠一小時。看樹民《夏河日記》未畢。照燈。到海濱散步。

看報。小寧來打針。十時服藥眠。上午二時醒，又眠，四時醒。又眠，五時半醒。

前兩日有陣雨，天氣轉涼。今日乃又熱。

原意訪了黃公渚再買物，而汽車十一時即開，憚于天熱，不敢行路，只得不買物矣。

八月十七號星期一（七月十四）

到秦丹亭處。到理療部抽血。到小公園小坐，遇張慶孚，談。小寧來照燈。臥床，看報。眠一小時。

臥床，看報。寫靜秋、湲堪兩兒、姚舜欽、童丕繩信。王仲犖來。

小寧來照燈。看報。十時服藥眠，上午二時醒。又眠，四時醒。又眠，五時半醒。

今日腰又酸痛，豈以昨日出門故耶？抑以今晨到理療部耶？

八月十八號星期二（七月十五）

寫起潛叔、鐵肩信。小寧來烤燈。臥床，看報。晤宋廣純。晤王鳳雲。

未成眠。看樹民《夏河日記》畢，《河州日記》未畢。洗衣。小寧來烤燈。到新華書店閱書。到朱紹華處問疾。

齊秀芳來打針。童丕繩來談，十時去。失眠，服藥三次，上午一時半眠，六時半醒。

起潛叔囑予爲誦芬弟覓對象，已不止一次，而予苦無以應之。此次來青，見護理員寧汝亭責任心強，服務態度好，遂興介紹之念。今日去信道之，如以爲可，當再在此處進行。

今日腰痛較好，而天氣悶熱，換襯衣後一忽兒即濕，臥床則綫毯與褥子俱濕，汗滴滾于肌膚，若蒼蠅之轉動，甚以爲苦。今夜失眠，諒與此有關。

八月十九號星期三（七月十六）

看周至元《嶗山名勝介紹》。看樹民《河州日記》畢。續看其"地方文藝及史事部分"。小寧來烤燈。

眠一小時。到公園茶座，續看樹民《民國十七年河州事變歌》。到楚圖南處話別。小齊來烤燈、打針。九時眠，十二時醒，遂耿耿達旦。

　　大約因天氣關係，院中同人拉稀者有之，發高燒者有之。

　　今日到公園，爲本院消毒熏烟也。來回走得慢，居然不覺腰痛，此病殆愈矣。打魯密那針，只睡三小時，西藥失效如此！

　　報載張元濟先生十四日下午逝世，年九十三。

八月二十號星期四（七月十七）

　　到海邊散步。早餐後覺疲倦，眠一小時。看報。王大夫來診。小寧來，代洗衣。

　　到酈明處，并晤蘇靜觀。未成眠。略看樹民文。到王仲犖處。又到鄭一俊處。到理療部，就梁玉棟大夫診。冒雨歸。

　　到護士辦公室試温，小齊爲打退燒針。歸臥。九時，小齊又來試温。服藥兩次，十一時眠，翌晨六時醒。

　　王大夫告我，續驗小便結果正常，并無糖質。驗血結果，膽固醇195，亦尚正常。今日血壓爲124/80，較前爲低。

　　今日温度高至卅七度，驕陽如火。予上下午均拉稀一次，即服 S. G. 片。下午忽作噁，即服仁丹。晚飯吃不下，歸室覺體温高些，即到辦公室一量，爲三十七度二，果高半度。打退燒針後，一夜流汗，早起量之，體温正常矣。

八月廿一號星期五（七月十八）

　　到海邊散步。遇王一飛。鄭一俊來。將樹民《隴右游記》看畢。李厚芬來。

　　未成眠。寫靜秋、潮湲兩兒信。點張棟銘《春秋地名疏證》十餘頁。晤蕭光。

　　到汽車庫，看《飛越天險》電影。九時半歸，看報。失眠，服藥三次，上午一時許眠，翌晨六時半醒。

　　樹民與我同游隴右，爲廿一年前事，渠所搜羅資料經長期之整理，寫成游記，約十七萬言。此次以九日之力讀訖，將當年經歷重溫一過，洵爲我生中之壯游，恨今日已無此精力矣。

　　《飛越天險》電影爲西藏通航空之紀錄片。飛機行空中其高有限度，而雪山之高常超過之，又以氧氣缺乏，燃料缺乏，退還者數次，可見通航殊不易也。

八月廿二號星期六（七月十九）

　　寫理療部吳大夫信。點《春秋地名疏證》卷一畢，卷二未畢。

　　眠三小時許。小寧來談。與蘇子元話別。

　　與朱務善、鄺明同到海軍療養院禮堂看戲。十時許散。十時半抵家。十一時服藥眠，翌晨六時半醒。

　　今晚所觀劇：白水灘、望江亭。由保定京劇團演出，因無説明書，未知演者爲誰。《望江亭》即譚記兒事，係由元曲翻入京戲者。

　　今日下午，自十二時半直睡至四時方醒，爲我未有之佳眠，不知其爲服中藥之效耶？抑西藥之效耶？

八月廿三號星期日（七月二十）

　　進城買物。冷飲。十一時半歸，休息。

　　眠二小時。寫自珍信。任敦厚來借錢。點《春秋地名疏證》卷二畢，卷三未畢。

　　到科學院休養所，晤巫寶三，談。歸，與黃孟德談。服藥兩次，十二時眠，翌晨六時醒。

　　二十日之雨不濟事，天氣仍酷熱。旱災可畏！

　　十九日在公園茶座爲螞蟻所咬，至今腿上作劇痛。

　　報載冷禦秋（遹）逝世，年七十八。一九五六年冬，予與同至碧雲寺謁中山衣冠冢，是爲最後之一面。

八月廿四號星期一（七月廿一）

到理療部，作水療及針灸，皆得小眠。點《春秋地名疏證》卷三、四畢。記筆記三則。

眠二小時許。到理療部作按摩。雷振岐離青。

與朱紹華等談。丁山夫人來。小寧來打針。九時眠，十一時醒。服西藥，又眠，上午三時醒。又眠，六時半醒。

服中藥後亦覺倦，即就寢，然睡兩小時即醒，慮終夜耿耿，仍服西藥而眠。西藥如此其不易戒也！

八月廿五號星期二（七月廿二）

水療後得眠一小時。點《春秋地名疏證》卷五畢。記筆記一則。

未成眠。按摩。與林火、朱紹華、黃孟德談。到新華書亭閱書。

看《官場現形記》六回。九時半服藥眠，十一時醒。十二時再服藥，上午六時半醒。

兩夜下雨，熱度降至28，使人精神一爽。

八月廿六號星期三（七月廿三）

水療後得眠一小時。針灸。遇王仲犖、王鳳雲。點《春秋地名疏證》卷六畢。記筆記二則。

眠一小時。按摩。寫静秋信。

小寧來打針。到中國電影院，看《三海旅行》下集，九時歸。看《官場現行記》三回。十一時半服藥眠，上午五時醒。又眠，六時半醒。

水療與針灸共須費三小時。按摩須費一小時，當作正常功課矣。

予如此服藥及施理療，頗見效果。上午能在水療休息室眠至一小時，下午能眠一小時，早上四五點鐘醒後仍能入睡，大爲滿意。所苦者，每夜入睡仍不自由耳，此關能打通，則此行爲不虛矣。

八月廿七號星期四（七月廿四）

王大夫來診。點《春秋地名疏證》卷七、八、九畢。記筆記三則。

朱務善來。未成眠。按摩。看《官場現形記》六回。

到南海路理髮。歸，到務善處，與朱紹華、林火等談。九時半，務善上車。十時眠，上午一時三刻醒。服西藥，又眠，六時半醒。

今日檢血壓，右手爲130/80，左手爲138/88。今日服中藥後能睡三小時半，大是進步。

科學院黨員集中學習，故朱務善、楊向奎俱回北京。

今日秋風起，大見涼爽。

八月廿八號星期五（七月廿五）

點《春秋地名疏證》卷十畢，卷十一未畢。水療、針灸。

眠二小時。按摩。

飯後到海邊散步。七時歸，跌傷，即到第二病區，由王、戚兩秀英送至市立人民醫院，由李培昌大夫縫。住病房八號。失眠，服藥三次，打針一次，至上午四時得眠一小時。

昨日老任辭去，小史（史美英）復職，她是一個極有工作能力且熱心服務之人，故住正陽關路十號之病員皆喜。她來後把各處腌臢皆擦乾净，地板亦擦光滑。D. D. T.，老任所不願打者也，她一來即打。打時門窗均關緊，到晚七時，予歸室，開了東邊窗，再去開西邊窗，一滑跌倒，匆忙中抓住一把椅子，此椅甚重，然不及我身子重，它跳起來打在我的右下頰，登時血噴了一地，且及衫襟。幸尚清醒，即至二病區，由護士王秀蘭先行包扎，送至青島市立人民醫院，由李毓香大夫縫了三針，進八號病房。每八小時打青黴素一次，以防發炎。熱度幸不高，醫謂住數日即可出院。予一生流血事不多，又從未住過醫院，此爲我破天荒之事，所謂無妄之灾也。

八月廿九號星期六（七月廿六）

唐之儀大夫及女王大夫來。王秀英來送物。看中共中央八屆八次全會的公報及《關于開展增産節約運動的決議》，周總理《關于調整一九五九年國民經濟計劃主要指標和進一步開展增産節約運動的報告》。

劉洪娥爲買物。趙素貞爲借《政治經濟學教科書》，看第廿章，未畢。

服藥二次，十時眠，上午一時醒。又服藥，一時半眠，四時半醒。汗濕衾枕，易床。

近兩日又大熱，使我汗如雨下，問之醫生，謂我體虛。

八月三十號星期日（七月廿七）

唐大夫來。看《人民日報》社論《人民公社萬歲》，北京電：《人民公社走上鞏固健全發展道路》。看《政治經濟學教科書》第廿章畢，廿一章未畢。寫静秋、王鳳雲信。

王文良大夫來。劉洪娥來談。

九時半服藥眠，十二時以小趙來打針醒，又不能睡，服藥兩次，約二時睡，六時醒。

近日報紙所載文件甚重要，幸得卧病，細細讀之，此亦因禍得福也。

八月卅一號星期一（七月廿八）

看《紅旗》雜志社論《偉大的號召》。看《政治經濟學教科書》第廿一章畢。寫賀次君信。趙素貞來。

寫徐伯昕信。女王大夫來。

王文良來。服藥三次，打針一次，約至上午一時半始入眠，四時半醒。打青黴素針，又眠，六時半醒。

終日雨，天凉，汗不多矣。

大便乾結，下午以服藥下少許。

乾隆四十六年（一七八一），循化撒拉回在蘇四十三領導下起義，歷半年，清廷派阿桂率諸軍進破之。王樹民《西北回教新舊派的分立與乾隆四十六年撒拉回民起義》文中云：

> 阿桂在處理鎮壓起義以後的事情時，還揭發了包括總督以下各級地方官吏的一項大貪污案。從乾隆卅九年（一七七四）起，由總督勒爾謹奏准甘省人民可以糧食報捐監生，作爲備荒賑恤之用，實際上地方都是折收銀兩，提高折價，以便從中取利；又累年捏報旱災，將監糧移作賑款而從中冒吞。累計到乾隆四十六年九月，已達現銀八八八，九九〇餘兩，糧食七四〇，一一〇餘石，草束四，〇五一，七〇〇餘捆。到四十七年七月，作了最後的處理，勒爾謹賜死，歷任布政使王亶望、王廷贊等處死刑，前後正法者共五十六人，免死發遣者四十餘人。

此事與我家歷史有關。先七世祖列圃公名芝，在王亶望任甘肅布政使時任巴燕戎格廳同知，其後王亶望升浙江巡撫，列圃公亦升湖廣德安府知府。撒拉起義，阿桂主甘肅軍事，察出冒賑案，王亶望正

法，列圖公充軍黑龍江，遂死于彼地，先五世祖少游公排萬難前往
扶櫬以歸。我家在清代前期本是官僚地主，自經此獄，家産全部充
公，僅留二十畝祭田，遂爲窮讀書人家，歷百餘年。當時整飭官
方，固是好事，然冒賑事是布政使所爲，非州縣所爲，而同罹刑
辟，所謂"城門失火，殃及池魚"也。

一九五九年九月

九月一號星期二（七月廿九）

看《人民日報・馬克思主義者應當如何對待革命的群衆運動》。
唐大夫來。王鳳雲、寧汝亭來，送衣。

上街散步買物。歸，看《汪笑儂戲曲集》。

出外散步。歸，看丁申《武林藏書録》。李毓香大夫來。九時
半打針服藥眠，上午二時醒。又眠，六時醒。

在醫院中十分無聊，今日商得唐大夫同意，上街散步，因得
買書數種，自由閱覽。我真不可一刻無書，且不可無多方面之書。

人民醫院距永安戲院極近，近數日正由北京評劇團演《無雙
傳》，頗欲一觀，以未帶眼鏡來，只得作罷，甚爲可惜。

九月二號星期三（七月三十）

看吳恩裕《有關曹雪芹八種》，王季思《從鶯鶯傳到西廂記》，
畢。王香蘭來。李培昌大夫來。黃公渚來，以《春秋地名疏證》
事，書一信與之。

晚飯後出外散步，買書。

楊祝成來診。九時三刻，打針服藥眠，上午四時半醒。打青黴
素針，又眠，六時半醒。

聞公渚言，冒鶴亭（廣生）上月逝世，年八十八。徐行可、

錢基博亦皆逝，渠二人皆右派分子，含恨入地者也。

　　楊祝成，年六十五歲，杭州人，爲青島老名醫。今晚爲我診脉，説我右脉滑，是病象。予問我體虧是何，彼云：是陰虛也。

九月三號星期四（八月初一）

　　唐大夫與李培昌來拆綫。看胡念貽《中國古典文學論叢》。王德昌來。整理什物，準備出院。寫趙素貞信，還書。

　　看《政治經濟學教科書》廿二章，未畢。三時半，與唐大夫同車回療養院。整理物件。黃孟德、朱紹華來談。丁洪業來談。寫静秋信。補記日記七天。

　　散步，遇杜君慧。林火來。寧汝亭來。失眠，服藥三次，至十一時許入眠，翌晨六時半醒。

　　歸療養院後與本舍同人談，知上月廿八日初擦净地板，又打D. D. T.，許多人滑倒，但他們没有攀住椅子，故不致如我之流血耳。

九月四號星期五（八月初二）

　　看《官場現形記》自十七至廿四回。洗衣。針灸。到二病區打針。晤王鳳雲、王秀蘭。

　　迷糊一小時。按摩。到二病區打針。訪王德昌未晤。

　　看《人定勝天》（廣東防水灾）及《永不消逝的電波》兩電影，自七時半至十時。服藥眠，翌晨六時半醒。

　　歸後覺得疲軟無力，倘以出血太多故耶？因此暫以看小説自遣。《官場現形記》寫清末“政以賄成”之情况，官吏腐化到了極頂，不亡固不可得。北洋軍閥及國民黨政府承襲其衣鉢，又復變本加厲，亦相繼陷于敗亡。讀此，掀起對舊社會之憤恨，自能培養對于新社會之熱愛也。

秋風大起，頭腦清爽。

今日瀉兩次，當以四日來服通便藥所致，明日起當停服。看電影時竟打瞌睡，此爲前所未有，精神不振之現象也。

九月五號星期六（八月初三）

看《官場現形記》自廿五回至卅二回。水療。到二病區打針。與白浩談。

迷糊一小時。補記一星期來賬目。到二病區打針。晤魏乃法。

到海療俱樂部觀劇，遇楊寶人、秦丹亭。自七時半至十時半，與白浩同步歸。十一時服藥眠，上午三時醒。又服藥眠，五時三刻醒。

今晚所觀劇：劉海砍柴　獅子樓　桃花裝瘋（桃花係婢名）

此係安徽蒙城縣豫劇團所演，雖不爲佳，一縣中能有此亦殊不易，且見豫劇亦盛行于皖省也。

九月六號星期日（八月初四）

寫靜秋及四兒信。朱紹華來。與史美英談。到新華書亭閱書。到二病區打針。

眠一小時。看《活地獄》四回。點《春秋地名疏證》卷十一畢，卷十二未畢。記筆記一則。

看《活地獄》至第十五回。小吳來打針。九時半服藥眠，上午一時半醒。又眠，五時半醒。

昨日風，今日雨，滿眼秋意矣。天氣如此之涼，而我午眠醒時，頸上腕際猶有汗，此即所謂陰虛盜汗者矣。

九月七號星期一（八月初五）

點《春秋地名疏證》卷十二、十三、十四畢。記筆記二則。水療、針灸。到二病區打針。續看《活地獄》至廿六回。

未成眠。按摩。到二病區打針。將糧票、飯金交王德昌。

吳玉鳳來。楊實人來，到其寓所，又同到蕭三處送行，遇邱及等。失眠，服藥三次，至上午一時後入眠，六時醒。

九月八號星期二（八月初六）

與院中同人到東海飯店，看海軍、空軍聯合表演，自八時至十一時。續看《活地獄》。

眠一小時。將《活地獄》看畢。按摩。遇白浩、李際年。

看張棟銘《四校水經注》。小吳來打針。九時半服藥眠，上午二時醒。又眠，六時醒。

青黴素（盤尼西林）自今日起停打。續打 Procain 及睪丸素（此間日一打）。

《官場現形記》寫清末官吏升官發財之種種鑽營，《活地獄》寫地方官吏及衙役對于人民之恣意魚肉，均寫出封建社會之黑暗，使人生無限憎恨之感，李伯元真當時有心人也！

九月九號星期三（八月初七）

記筆記一則。水療，眠一小時。針灸。

迷糊一小時。到俱樂部理髮。到理療部按摩。點《春秋地名疏證》第十五卷未畢。

飯後與院中同人到中山公園散步。歸，看《官場現形記》一回。小吳來打針。九時半服藥眠，十一時醒。又服藥，上午六時醒。

今晚同游：劉型　程宜萍　張慶孚　白浩　酈明　林之涵
蕭光

九月十號星期四（八月初八）

　　寫黄公渚信。王大夫來診。點《春秋地名疏證》卷十五、十六
訖。記筆記二則。

　　未成眠，看《官場現形記》兩回。按摩。點《春秋地名疏證》
卷十七訖。記筆記三則。

　　散步，遇林火、彭文、朱紹華，同到海邊。七時半，到俱樂部
看工休同人歌舞。歸，小吳來打針。十時服藥眠，翌晨六時半醒。

　　今日量血壓，右爲 130/84，左爲 140/90。量體重爲 123 斤，
大約因天涼衣服穿得稍多之故。

九月十一號星期五（八月初九）

　　水療，眠一小時許。針灸。看《官場現形記》三回。

　　未成眠。寫靜秋信。洗衣。到二病區訪王大夫。按摩。到臨淮
關路小公園看《參考消息》。小寧來送藥。

　　到汽車廠看《幸福河》、《百萬英鎊》兩電影。九時歸，小吳
來打針。十時服藥眠。上午一時半醒，又服藥，七時醒。

　　靜秋來信，囑我打破傷風針，謂聽王大玫表妹言，此病有潛
伏甚久而發出者。以之詢王大夫，彼謂皮肉已合，不必打矣。究
未知其孰是？

九月十二號星期六（八月初十）

　　寧汝亭來，敷藥。水療，眠一小時許。看《官場現形記》至五
十一回。

　　點《春秋地名疏證》卷十八至二十，記筆記二則。

　　步月。看《官場現形記》三回。小吳來打針。九時半服藥眠，
十一時醒，看《現形記》兩回。十二時半又服藥，上午四時醒，又
眠。六時醒。

　　天已涼矣，而我晚散步時猶流汗，十一時睡醒，枕及上衣俱

濕，身子衰退，良堪嘆息。

九月十三號星期日（八月十一）

到平原路八號訪張鏡芙，未晤。到黃公渚處，并晤其弟君坦。與公渚再訪鏡芙，仍未晤。歸，遇張慶孚、季少娟。點《春秋地名疏證》卷廿一、廿二，訖。記筆記三則。秦丹亭來。

眠一小時。看《官場現形記》三回。到黃孟德處視疾。

與蕭光、林之涵談。到彭文處小坐。看《官場現形記》畢。小吳來打針。九時服中藥眠，十時半醒。十一時服西藥眠，翌晨五時三刻醒。

公渚言：張鏡芙（爲康生之叔）本甚富有，好藏書，年費數萬元。解放後，捐一部分書于青島圖書館，售一部分書（山東方志全，目錄書四百種）于山東大學。又言：張季驤爲小地主，光緒癸卯舉人，民初爲衆議院議員，其爲山東建設、教育兩廳長。自國內第一次革命後賦閒，遂專力治歷史地理，因有《春秋地名疏證》等著作，蓋積廿餘年功力所致。卒于一九四九年，年六十餘。

九月十四號星期一（八月十二）

水療，稍眠。到吳大夫處。針灸。到酈明處。點《春秋地名疏證》卷廿三、廿四訖。記筆記四則。

未成眠。按摩。到黃孟德處。

步月。歸，看報。小寧來打針。九時服中藥上床，未得眠。十時服西藥，眠，上午三時醒，又眠，六時半醒。

九月十五號星期二（八月十三）

點《春秋地名疏證》卷廿五、廿六訖，廿七未訖。記筆記六則。

眠一小時許。按摩。遇遲彬。

到林之涵處話別。到汽車庫看《邊寨烽火》電影，九時散，到酈明處視疾。小寧來打針。服藥兩次，十時許眠，翌晨六時許醒。

自今日起，停水療一星期。

蘇聯第二個宇宙火箭，十四日莫斯科時間零時零二分二十四秒，到達月球表面，此在歷史上第一次完成了從地球到達另一個天體上的飛行。

九月十六號星期三（八月十四）

點《春秋地名疏證》卷廿七、廿八，訖。卷廿九，未訖。記筆記一則。針灸，歷一小時許。

未成眠。按摩，略寐。到海邊觀潮。到小賣部買物。寫自珍信，未畢。

散步，遇遲彬，到其家小坐。歸，看《水經注匯校》。小寧來打針。九時服藥眠，上午三時醒，迷糊至六時起。

予本欲多住半個月，以補足兩次病中缺去之治療，今日接靜秋信，謂彼與四孩堅不許，必欲予歸來參加國慶節，則勢必于廿八日動身也。

九月十七號星期四（八月十五　中秋）

王大夫來診。點《春秋地名疏證》卷廿九、三十訖。全書竟。記筆記一則。

眠一小時。寫靜秋信，續寫自珍信訖。到理療部，中醫梁玉棟診。到海濱觀濤，遇邱及。

到酈明處視疾，并晤宋大夫。到邱及、杜君慧處談。到海校，觀山東榮譽軍人教養院招待演出，十時半歸。小寧來打針。十一時服藥眠，十二時醒。又眠，四時醒。

予初來時過磅，只一百廿一斤，比前年在此時一百廿八斤相差甚多。今日過磅，乃得一百廿六斤，雖因天凉所穿衣較多，非全係體重，然至少長了三斤。

今日量血壓，右 134/88，左 140/92，較上次稍高。

梁醫謂予右關呈滑象，脾胃尚有濕熱。予近數日來上午輒大便兩次，外因固由于天凉，身體與氣候不相適應，内因則由于脾弱也。

九月十八號星期五（八月十六）

針灸，歷一小時半。與吳大夫接洽。記筆記五則。看辛樹幟《我國水土保持的歷史研究》，未畢。與程宜萍談。

未成眠。按摩，歷一小時。出，遇許光明。鈔致伯昕書入日記簿。

到體療部觀朝鮮片《她的道路》，與蕭光談。小寧來打針。十時服藥眠，翌晨五時醒。

今日大便三次，脾虧可見，即服 S. G. 片。今日上下午飯量都不好，向吃發糕兩塊，今日乃吃不下，菜亦未吃盡，爲程宜萍所訝。晚上看電影，天氣已凉而又出汗，此皆非佳朕也。

《春秋地名疏證》一稿，始作于八月廿一日，至昨日訖工，約計共工作十五個整天。

《隴西游記》一稿，約計工作四天半。

九月十九號星期六（八月十七）

水瘊。續點《禹貢錐指》卷第十三下訖。記筆記二則。看樹幟文仍未畢。

眠一刻鐘。朱紹華來。

散步。歸，看報。小寧來打針。九時服藥眠，十二時醒。又服藥，六時半醒。

静秋又來信催歸，因之要將《禹貢錐指》一書從速點畢。

九月二十號星期日（八月十八）

到張鏡芙處交還《春秋地名疏證》稿，未晤，留信。到黃公渚兄弟處談。到人民醫院訪楊祝成，録其所開方。到人民路，購藥。十一時半歸。點《禹貢錐指》卷十四上，未訖。記筆記一則。

到永安戲院，看青島京劇團演《藥王孫思邈》劇，自一時至四時。

與林火、黃孟德、孫同志同到南海路散步。小寧來打針。九時半服藥眠，上午二時三刻醒。遂不能寐。

楊祝成大夫謂予肺有火，故有痰。

日來飯量已恢復，而每晨猶下便兩次，買"人參健脾丸"服之，此今春張覺非所教也。

今日所觀劇：孫思邈——董春伯　趙母——張臨沅　趙柱兒——韓小樓　賈員外——徐戎奎　賈安人——王信生　賈元——張少禄　李世民——言少朋　皇后——張文娟　樊太監——鉗韻宏

九月廿一號星期一（八月十九）

到王德昌處，接洽購票事。點《禹貢錐指》卷十四上訖，十四下未訖。水療。針灸，略得眠。

眠二小時。按摩，到吳大夫處。記筆記一則。

到丁洪業處。到酈明處送別，遇曹禺。看汪笑儂戲劇四篇。小吳來打針。九時半服藥眠，上午一時三刻醒。又服藥，六時半醒。

今日日黯雲凄，風悲濤怒，眼前一幅海天秋景圖，自恨非畫家也。

赫魯曉夫在聯合國大會上提出四年內各國實現徹底裁軍之建

議，此真人類之福音也。

九月廿二號星期二（八月二十）

水療。點《禹貢錐指》卷十四下畢，卷十五未畢。記筆記一則。未成眠。按摩。陶夢雲來，贈稿紙。

到體療部看匈牙利片《最後的決定》。與邱及談。九時歸，到黃孟德處送行，晤王鳳雲、丁洪業、秦丹亭、朱紹華等。小吳來打針。十時服藥眠，上午二時醒。又服藥，五時半醒。

斜風細雨，更增蕭瑟之感，秋氣真可畏也。

陶夢雲來，述及丁山之死，主要原因由于楊向奎之傾軋，直欲加以反革命之頭銜，渠本有病，因此一氣，遂爾不救。楊某如此爲人，真所不料。渠待人接物一以勢力爲標準，實遠不及童書業之忠厚也。

丁山死于一九五二年一月，遺稿零落，夢雲囑予設法出版，當爲注意。

九月廿三號星期三（八月廿一）

到王德昌處付款。水療。針灸。寫靜秋信。點《禹貢錐指》卷十五、十六畢，十七未畢。記筆記一則。

未成眠。看《汪笑儂戲曲集》。到二病區接家中長途電話。與小寧、小史談。寫自珍、譚季龍信。按摩。

小吳來打針。到俱樂部，遇蕭光。秦丹亭來談。到林火處及朱紹華處送別，遇吳青、丁洪業、彭文、王鳳雲、秦丹亭、杜君慧。失眠，服藥兩次，十一時後眠，上午三時醒。又眠，六時醒。

靜秋連日來三函促歸，今日又打長途電話來，儼然有十二道金牌之勢，逼得太緊，精神又不安矣。

九月廿四號星期四（八月廿二）

水療，迷糊半小時。王大夫來診。點《禹貢錐指》卷十七、十八畢。晤朱登炎，握別。

朦朧半小時。看《汪笑儂戲曲集》。按摩。到梁玉棟大夫處診。

訪楊實人，未晤。小吳來打針。九時半服藥眠，十二時三刻醒。又服藥，六時半醒。

今日磅體重，得 127 斤。量血壓，右爲 142/90，左爲 146/90，較前稍高，蓋近日趕工作，精神較緊張，昨晚又失眠也。王大夫謂我心臟甚好，聞此自慰。

今日日麗風和，儼然陽春。予今日大便只一次，可見予腹之不能受寒也。予對于天氣之抵抗力越來越薄弱，一熱即遍身流汗，一凉即上面咳嗽，下面拉肚，老年生活真不好過。

九月廿五號星期五（八月廿三）

水療。針灸。點《禹貢錐指》卷十九，未畢。看樹幟《水土保持》一文訖。到劉型夫婦處。

到蕭光處。看《汪笑儂戲曲集》訖。按摩。寫靜秋信。到蕭光處握別。

到理療部，看埃及片《忠誠》，遇楊實人。九時半散。到劉型處握別。小吳來打針。十時半服藥眠，翌晨五時半醒。

汪笑儂爲予少年時極佩服之藝人，他能寫，能演，能唱，真是全才，而又有較新的思想，足以領導聽衆，使走上較正確之路綫。渠逝世已四十年，此次來青，偶然在書肆中看到他的戲曲集，如睹舊友，到今日竟看完。深惜其生不逢時，若在今日百花齊放之下，必可作中國的莎士比亞矣。

九月廿六號星期六（八月廿四）

　　寫王德昌信。水療。算賬。王德昌來，長談。點《禹貢錐指》卷十九、廿畢，全書訖。記筆記一則。

　　晤吳青。未成眠。到俱樂部理髮。點楊守敬《禹貢本義》訖。

　　到海洋學院訪陶夢雲，未遇，留條。歸，夢雲來，交丁山遺稿。十時許服藥眠，無效。十一時再服藥，眠，五時醒。又眠，六時半醒。

　　　昨晚遲睡，服藥較多，故得一下睡了七小時。此次來青無別的收穫，只是服西藥有效而已。

　　《禹貢錐指》一書，自七月廿四始點，至今日訖，約計費廿一個整日。（自八月十日起，以腰痛停止，其後又理王樹民《隴西游記》及張棟銘《春秋地名疏證》，直至九月十九日後始得續作。）綜計三種工作共費四十天半，是亦鼓足幹勁矣。

　　《禹貢本義》一冊，以零碎時間點之，今日亦訖。

九月廿七號星期日（八月廿五）

　　到王大夫家，未晤。整理物件入箱篋。楊實人來。小寧來。黃公渚來，邀至咖啡飯店進西餐。飯後到公渚家小坐。

　　小史捆箱。到古舊書店及平原路書店閱書。丁洪業來。張鏡芙來。看陳寅恪《元白詩箋證稿》。

　　小吳來打針。飯後諸人來送別。九時半上汽車，十時上火車，十時四十分開車。服藥眠，翌晨六時半醒。

　　　今晚來送行者：丁洪業　秦丹亭　張慶孚　白浩　林夢舒
程宜萍　彭文　徐興華　周君明　王南秋　吳漢光（療養院院長）
王鳳雲　宋廣純　吳玉鳳　王德昌　史美英（上二人送上火車）

　　　咖啡飯店已停半年，近日重開，就食者每人交糧票八兩。

九月廿八號星期一（八月廿六）

　　在車中看譚正璧注《庾信詩賦選》及張秀民《中國印刷術的

發明及其影響》。眠一小時。

眠一小時，四時三刻抵北京新車站，靜秋偕洪、湲、堪三兒來接，游新站一過。

與又安談。整理物件。九時半服藥眠，十二時醒。良久又眠，二時醒。又良久眠，六時半醒。

北京新車站建于崇文門東，建國門西，比前門車站大八倍，有自動升降機，有地道，極宏敞，各路有固定出入口，從此旅客不再擁擠矣。

又安已脫離煉焦廠，就農業出版社臨時工，在賀次君處工作，誠能努力，將來收入可多，惟須下大決心耳。

譚惠中已與張政烺離婚，此人驕傲萬分，同舍皆爲蹙額，爲苑峰計未始非幸事也。

九月廿九號星期二（八月廿七）

到蕭風處。到賀昌群夫婦處。又安取柳條箱來，打開整理。到歷史所，晤楊向奎、史念海、陳樂素、胡厚宣、張若達、李樹桐、譚惠中等。

與尹達、侯外廬同車到人民大會堂，參加建國十周年慶祝大會，聽各國代表致詞，自二時半至六時。步出，待車不得，步歸，遇吳玉年，同行。七時五十分始抵家。

與四兒談。看新粘照片簿。十時半服藥眠，翌晨五時醒。

今日爲予首次進人民大會堂，其偉大崇高真匪夷所思；又首次用譯音收聽器（即麥克風），以發言者皆外賓也。此次國慶節，外國參加者八十三國，幾包盡世界諸國矣。盛大哉此陣容也！

今日所晤人：李印泉　邵力子　仇亦山　鄧哲熙　林宰平
于滋潭　白薇　趙慶杰　葛志成　吳研因　徐伯昕　王伯祥　吳
文藻　劉多荃　劉定五　孫蓀荃　張知行　陳修和　徐楚波　錢

端升　李一平　張紀元　馮賓符　梁純夫　申伯純　陳半丁　王
家楨　傅彬然　宋雲彬　黎錦熙　章元善　翁文灝　李培基　裴
文中　楚溪春　吳覺農　李平衡　呂叔湘　吳景超　翁獨健　費
孝通　王一夫　張明養　張子高　同會約萬人，此我生第一次參
加之大會，亦是世界上之大會也。

九月三十號星期三（八月廿八）

賀昌群來。整理兩個月中信札。到蕭風處。北京書法研究社送
紙來，爲寫兩條幅，并作一短簡。出，買印泥。到森隆赴宴。途遇
吳大琨、容肇祖夫人。

到文化俱樂部買戲票。歸，周姑奶奶來，長談。整理兩書桌。
整理日記。留周姑奶奶飯。

爲兒輩寫慶祝國慶節標語。服藥三次，十時後眠，翌晨六時醒。

今日同席：譚季龍　史筱蘇　予（以上客）　胡厚宣夫婦（主）

季龍、筱蘇兩君來京，爲歷史博物館展出清代地圖也。以邊
界問題特別慎重，而十月二日即須展出，又須經周總理過目，故
緊張特甚。

有人統計，從一九五〇年三月一日到一九五九年，上海的中白
粳每擔從十九．六八元下降到十五．一五元，下降了百分之二十
三。煤球，每擔從一九五〇年的三．七五元下降到二．八元，下降
了二五．三。與解放前動蕩情況相比，真是天懸地隔。

一九五九年十月

十月一號星期四（八月廿九）

與尹達同乘車到東華門内，步至天安門，觀國慶典禮，自九時

至下午一時。一時半歸飯。王載興偕子衛平、女伊寧來，留飯，長談。

三時半眠，五時半醒。高耀玥偕其女王加寧來，留飯及宿。

與洪、湲、堪三兒步至北京飯店看花炮及跳舞。九時半歸。十時服藥眠。翌晨四時醒，入半睡狀態，六時醒。

今日洪、湲兩兒在天安門前執花，上午三時即起。潮兒排隊游行，六時許出。静秋挈堪兒參加街道游行，亦六時出。予參加觀禮，八時許出。全家六人均預于此一大典禮矣。

今日所遇人（已見前日者不列）：王學文　薛愚　王雪瑩　巨贊　趙樸初　林耀華　俞平伯　葉聖陶　向達　虞宏正　浦熙修　陳銘樞　馮仲雲　章乃器　康同璧　艾思奇　李儼　傅懋勣　翦伯贊　鄭昕　陳文彬　千家駒　夏衍　黄秉維　丁聲樹　林勵儒　袁翰青　饒毓泰　周鯁生　謝冰心　熊慶來　雷潔瓊　董守義　范長江　唐弢　朱光潛　查夷平　莊希泉　馬約翰　王季範

自廿九日在人民大會堂受寒（會場中輸入冷空氣，予坐三區，適當其處，腹部受寒）後連日患泄瀉，雖次數不多，總是傷身，仍服“人參健脾丸”。

十月二號星期五（九月初一）

到昌群處送票，并晤其長女。到厚宣處。到伯昕處長談。到傅彬然處，看新出版標點本《史記三家注》。到所。遇李學勤。與季龍同出。訪商錫永，未晤。晤王修。德融侄來，長談，留飯。

季龍來。昌群來。李址麟、金基雄來。殷綏真來。到張政烺處。到昌群處，與季龍談。留季龍、耀玥飯。張覺非來。

與全家及季龍、耀玥、加寧同到北海看焰火。以無車，步歸。十一時許到。服藥兩次，十二時後眠，翌晨六時半醒。

以外賓、少數民族、華僑、各省市代表來京者多，小車數千輛一經集中，便使公共汽車及無軌電車不能通行。幸予能步，猶可往還，否則無法行動矣。

德融告我，嚴文洤于去年死矣。此人頗有文才，説話亦饒風趣，解放前後予頻見之，初不料其短命也。

十月三號星期六（九月初二）

耀玥回清華。到尹達處，長談，并晤其子正、平。訪翁詠霓先生，未晤，留條。與潮兒等打撲克。龐素貞來。

到長安戲院，看北京昆曲研習社演全部《牡丹亭》，自一時至四時一刻。在戲院中遇葉聖陶、俞平伯、王伯祥、譚季龍、史筱蘇、吳研因、又安。五時歸，補記日記三天。

出覓理髮不得，自剃。翻《義門讀書記》。十時服藥眠，上午一時醒再服藥，三時後眠，七時醒。

今日劇中人：杜麗娘——周銓庵　柳夢梅——袁敏宣　春香——許宜春　石道姑——張允和　杜寶——范崇實　杜夫人——伊克賢　癩頭黿——王劍侯　改編者：俞平伯、華粹深　樂譜整理：吳南青、朱傳茗。周銓庵爲周叔迦之妹，袁敏宣爲袁勵準之女，年均在五十左右，雖扮相稍差，而唱作均工。

歸後連續五天，皆在活動之中，今日自劇院歸時，疲乏甚矣。

十月四號星期日（九月初三）

王雪瑩來。到竹竿巷金家，晤振宇夫婦及擎宇夫人。到姚紹華處。

到土姨丈家，晤其全家人。翁詠霓先生來。雁秋夫婦來，留飯。點《水經注》卷一。雜覽全本及楊圖。

與全家及雁秋到紅星，看《在西雙版納的密林中》電影。九時半歸，服藥眠，翌晨二時醒。又眠，六時醒。

今年到青島時，本豫定點《水經注》及《禹貢錐指》兩書，其後因時間不足，僅完其一。自今日起，當酌擠時間點《水經注》，期以兩月，未知能如願否耳。《水經注》，兹以項綱本施點，以過錄何義門評之黃本校之。

前日傅彬然見告，中華書局出版標點本《史記三家注》，國慶獻禮，毛主席打三次電話索取，覽後表示滿意。斯我輩多人之積年辛勤之收穫也。

十月五號星期一（九月初四）

點全祖望校《水經注》之題辭、序目及董沛之例言等。到北京醫院，就腦系科趙宗彥大夫診。

未成眠。點《水經注》卷二，未畢。與湲兒到紅星，看《密雲水庫建設》及《歡慶建國十周年》兩電影。到中國書店閱書。到中藥公司買藥，遇汪仲鶴。

翻王玉哲《中國上古史綱》。八時半服藥眠，翌晨四時醒。又眠，六時醒。

今日量血壓，爲158/96，視在青島時高得多了。加以腹疾久不痊，更覺頹喪。靜秋不視我爲老年人，而必以壯年人生活衡量之，且督促其進步，不知予體之已不任也。

近日放屁甚多，有連珠炮之勢，此在會場中所不宜有也，奈何！

十月六號星期二（九月初五）

龐姨來上工。點《水經注》卷二畢，點其諸序畢。記筆記六則。未成眠。

洗浴。翻《義門讀書記》。失眠，服藥三次，至上午一時半後始眠，六時醒。

今日失眠，猜測其故，大抵工作太多，一也；洗浴，二也（予每次浴後均難眠）；天氣熱，浴室生火尤熱，三也。因此，服烈劑至三次，僅得眠四小時半，猶是朦朧而非熟睡。

龐素貞，滄州人，暑中曾來工作，靜秋來信屢言其善，不久因病辭去。改用刁姨，未做慣事，且無戶口，又增靜秋煩惱。前日龐姨來，言願再到吾家，且可將戶口轉來，故決將刁姨辭去而用之。

十月七號星期三（九月初六）

記筆記九則。點《水經注》卷三，未畢。

到午門，看“北京市美術展覽會”及“全國工藝美術展覽會”。出，遇胡庶華。到北京醫院打針，遇梁純夫。

到蟾宮電影院買票未得。游隆福寺市場及中國書店。九時半服藥眠，翌晨三時半醒。又眠，六時半醒。

讀了《水經注》，如不記筆記，則不能鞏固；如記筆記，則費時太多，將妨正業。此真我工作中一大矛盾也！

今日下午出門看展覽會，晚又到隆福寺，夜眠竟超過八小時。因此知要我身體好，必須任我精力分散，萬不可集中。然不集中則在工作上如何做得好，且上午四小時實不夠用也。

十月八號星期四（九月初七）

點《水經注》卷三畢，卷四未畢。記筆記五則。

到故宮博物院，參觀歷代藝術館及新修三大殿。到春風理髮館理髮。

雁秋來。翻看《中山大學學報》。九時半服藥眠，上午四時半醒。又眠，六時半醒。

予看書報，不戴眼鏡，本甚清楚。近日卻覺得多一塵障，知老眼昏花矣。此又一衰徵也。有此一變，看書大不便，計非換一眼鏡不可。

　　每日下午用參觀方式治療我晚上之失眠，頗有效。北京有看不盡之展覽會，借此爲藥，固易之事，惟業務方面則因此減少耳。

十月九號星期五（九月初八）

　　點《水經注》卷四畢。記筆記五則。

　　到北京醫院打針。遇焦實齋。到民進，開學習會，自三時至六時。與伯昕、賓符、彬然、嘉璿同車歸。

　　又安親戚周老太太來，宴之于奇珍閣。服藥兩次，約十一時眠，翌晨六時醒。

　　李濟深先生于今日上午，以胃癌及腦動脉血栓症逝世，年七十五。

　　今晚同席：周老太太（又安岳母）　王孝貞（周老太太之媳）劉樹華（周老太太之侄女）　劉健（劉樹華之女）　又安（以上客）　予與静秋（主）

　　今日同會：楊東蒓　王紹鏊　許廣平　徐伯昕　馮賓符　傅彬然　謝冰心　林漢達　董守義　金芝軒　徐楚波　章廷謙　沐紹良　方健明　王嘉璿　趙濟年　毛啓邠　爲準備三個月中學習黨中央八大文件。

十月十號星期六（九月初九）

　　到所，取工資，晤封耀昭。訪厚宣、季龍、筱蘇，俱不晤，留條。點《水經注》卷五訖。記筆記五則。

　　與静秋挈堪兒、劉福立、徐小融、段玲玲到紅星，看《讓大地園林化》、《中國猿人》兩片。

　　與静秋到政協禮堂，看閩劇《父子恨》，未畢而歸。十時半服藥眠，翌晨三時半醒。五時起。

今晚所觀，爲福建之"莆仙戲"，《父子恨》劇又名《團圓以後》，以喜劇始而以悲劇終，劇情緊張，演員認真，甚動人。惜因明日須早起，至休息時遂出，未能終觀，致爲缺望。

演員：葉氏(施母)——王梅金　鄭司成——傅清蓮　施佾生(狀元)——林棟志　柳氏(施妻)——王國金　葉慶丁(施舅)——陳兆加　杜國忠(知府)——傅起云　洪如海(按察使)——林元

十月十一號星期日 （九月初十）

與靜秋挈四兒到後門，換民進包車赴十三陵，參觀定陵博物館及地下宮殿。到長陵飯。午後在棱恩殿前攝影。三時，開車，四時五十分歸。靜秋與堪兒以到永陵，遲一小時，乘公共汽車歸。

八時半服藥眠，上午二時半醒，後略朦朧，六時起。

今日所晤人：王紹鏊　徐伯昕　葛志成　余之介　張紀元馮賓符　梁純夫夫婦　陳麟瑞　王寶初　吳研因　林漢達夫婦毛之芬　王歷耕　張明養夫婦　王澤民　陳秉立　張守平　顧均正夫婦　徐楚波　趙濟年　張蘭玉　鄭效洵夫婦　章廷謙　王嘉璿　張志公　嚴景耀夫婦　吳廷勘　馮亨嘉　巫寶三　沐紹良夫婦　陳萃芳　吳德咸　李榮芳夫婦　陳慧　富介壽　吳榮夫婦趙紫宸　高名凱

十月十二號星期一 （九月十一）

王姨丈來。到中山公園中山堂。參加李濟深副委員長之公祭。十一時出，步至北京醫院打針，遇胡華、劉型。

點《水經注》卷六畢。到北京醫院，就趙家彥大夫診。遇鄺明、周太玄。寫陶夢雲信。

爲堪兒講報。雁秋來，與下跳棋。九時半服藥眠，翌晨四時半醒。

今日所晤人：陳建晨　周亞衛　張振漢　譚惕吾　金漢鼎　常任俠　楊蔭瀏　葛志成　周勗成　章友江　周炳琳　陳文彬　楊亦周　閻寶航　莊希泉　莊明遠　吴研因　李一平　吕驥

今日量血壓，爲130/80，已較正常。

天氣驟凉，喉頭炎又作，痰涕俱多。

十月十三號星期二（九月十二）

整理筆記，記筆記十四則，約四千字。

刁姨離去。

到東安市場、新華書店、科學出版社閲書、購物。九時半服藥眠，翌晨二時三刻醒。久之又朦朧，五時醒。

《水經注》中資料太多，不勝其記，欲不記又恐所讀不能鞏固，無可如何，只得以一整天功夫寫入筆記中，然猶未盡也。

今日又大瀉一次，當係喝牛奶較多之故。擬分兩次喝，且以餅乾過下。前日飯後，忽然發見右下腭掉了半個牙齒。眼花且澀，多泪，此甚妨礙工作。

十月十四號星期三（九月十三）

爲民進刊物草《在觀禮臺上的感想》一文，未畢。到北京醫院打針，就中醫陳西源大夫診，到中藥門市部繳藥方，遇張振漢、陳建晨。

蘇笑天來。雁秋來，留飯。曹婉如來。

與雁秋、静秋同到白塔寺下車。予與静秋到政協禮堂看戲，遇梁純夫、樓朗懷、酈平樟等。十時散，十一時歸。服藥兩次，十二時後眠，翌晨五時半醒。又朦朧一小時。

今晚所觀陝西省戲曲演出團演出秦腔：

（一）藏舟：胡鳳蓮——蕭若生　田玉川——李艾琴　　（此爲
　　　　《蝴蝶杯》中之一折）
（二）斷橋：白素貞——李應真　許仙——蔡志誠　青兒——馬
　　　　蘭魚
（三）虎口緣：周天佑——陳妙華　賈蓮香——曹海棠　　（此爲
　　　　《三滴血》中之一折）
（四）后三對：秦香蓮——郭明霞　公主——傅鳳琴　包拯——
　　　　田德年　　（此爲《鍘美案》中之一折）

十月十五號星期四（九月十四）

讀劉少奇主席《馬克思列寧主義在中國的勝利》，并作提要。

與夏志和談。到帥府園，看“全國版刻展覽”。出，遇賀昌群。

爲堪兒講《小朋友》。八時半服中藥眠，十二時醒。服西藥眠，三時三刻醒。又眠，六時醒。

劉主席此文凡一萬七千字，予以四小時讀訖，將重要處用紅筆劃出；又以三小時爲立章節題，使自己對于黨的政策有一系統之認識。將來學習，當照此行之。所苦者，業務壓得甚重，恐未能每回如此耳。

老眼昏花愈甚，極以爲苦。我的工作，眼與手都是不斷的勞動，不可或缺的。今如此，奈何？

十月十六號星期五（九月十五）

賀次君來。點《水經注》卷七訖。

到北京醫院打針，遇丁瓚、吉雅泰。就內科女大夫辛慕紹診，又就眼科女大夫谷永康診。到燈市口買筆墨。

雁秋來，留飯。兩次服藥，十二時後眠，翌晨五時半醒。

檢查結果，眼睛尚無大病，惟病散光。原用三百度近視鏡，遠觀尚可用，另配散光鏡作近視用。血壓 160/90，又高矣。

十月十七號星期六（九月十六）

卧床，看《人民日報》上林韋《變和亂》、洪彦林《必須正確地總結經驗》兩文及《中山大學學報》上劉嶸《學會分清九個指頭與一個指頭》、黄海章《明末愛國詩人屈大均》、楊榮國、李錦全《從曹操的歷史時代看曹操》、劉節《曹操對于改造社會制度方面的貢獻》等文。

史筱蘇來辭行。

爲堪兒講故事。九時服藥眠，上午三時醒。久之又朦朧，六時醒。

犯氣管炎已數日，昨在北京醫院，痰吐甚多。昨日晚飯時，覺得不舒，以寒熱表量之，熱高五分。今日熱高六分，服消炎片。今晚出一身汗，已退涼。

十月十八號星期日（九月十七）

整理書架。陳慧、董守義、梁純夫來，開小組會，自九時至十二時。姚紹華來，未晤。

牙痛。眠一小時。雁秋夫婦來，留飯。記筆記三則。

整理十年來小册子。聽梅蘭芳、俞振飛唱《游園驚夢》廣播。十一時服藥眠，翌晨四時醒。又朦朧達七時。

今日雖起床，但甚疲乏，兩次量，已無熱。右下腭牙痛極，静秋强予吃蘋果半枚，痛至不能耐，計非拔去不可。

静秋不許我言年老，謂今日大家歡欣鼓舞，以老爲不老，汝一人何至是。然予近來病却多，血壓高也，失眠也，眼花也，牙痛也，拉稀也，諸病俱來，不能爲正常性之工作，在大躍進中不得前行，安得不悲嘆乎！

十月十九號星期一（九月十八）

點《水經注》卷八，未畢。記筆記八則。

眠兩小時。看王玉哲《中國上古史綱》二十頁。寫毓蘊信。

陳維輝來。九時半服藥眠，翌晨三時醒。又朦朧至六時。

今日仍甚疲乏，不識何故。此身直如廢物，無從發揮積極性，奈何！

陳維輝君，福建莆田人，南京大學地質系畢業，分發在鐵道部衛生局工作，爲探討陰陽五行問題，來詢予，并自陳研習《山海經》，予勸其先治《禹貢》、《水經注》等，從後溯前，從比較清楚的領域到比較模糊的領域。渠允爲《禹貢》作圖，此甚可喜之事也。

十月二十號星期二（九月十九）

點《水經注》卷八畢。記筆記四則。戴澧來。

眠半小時。到政協，參加文史資料委員會，自三時至五時半。出，與伯祥、陳修和同車。

爲堪兒講《詹天佑》，未畢。静秋爲洗浴。十時服藥眠，翌晨五時半醒。

今日同會：楊東蓴　申伯純　章士釗　李根源　吕振羽　劉大年　李培基　吳晋航　王伯祥　米暫沉　陳修和　楚溪春　王家楨　翁文灝　周亞衛　載濤　鄧哲熙　黄紹竑　葉景莘　陳公培　吳研因　邢贊亭　邵循正　翁獨健　章伯鈞　羅隆基　浦熙修　覃異之　張希孔

十月廿一號星期三（九月二十）

到中華書局，與姚紹華、張北辰談《尚書》工作。出，遇梁純夫。點《水經注》卷九畢。

未成眠。鈔戴澧所譯《堯典》，未畢。

與靜秋到政協禮堂觀劇，十時半出，路遇雁秋夫婦。歸，服藥。十二時後眠，上午二時醒。又服藥，六時半醒。

戴澧作《尚書譯注》，其虞夏商書已成，做得潦草，譯文亦不順，但爲觀摩計，因鈔撮之。

今晚所觀天津市小百花劇園演《荀灌娘》劇：荀灌——劉俊英、楊淑芳　荀崧——閻建國　荀夫人——馬魁榮　荀剛——李志清　馬童——賈順義　杜曾——翟振才　臧懷——王志華　陶侃——馬惠君　周訪——高玉林　周撫——吳孝芳

自抗戰前看小香水《孟姜女》後從未看過河北梆子劇，而此劇種亦奄奄欲絕。何意在“百花齊放”號召下復見此極有生氣之佳作乎！

十月廿二號星期四（九月廿一）

點《水經注》卷十畢。記筆記七則。

眠半小時。翻《晉書》，查昨夜所見《荀灌娘》劇本事。

爲堪兒講《新少年報》。九時服藥眠，上午二時醒。又眠，六時醒。

十月廿三號星期五（九月廿二）

于思泊自長春來，談。到文化俱樂部，上車，到地壇，參觀勞動改造罪犯工作展覽會，自九時至十二時。

到“春風”，理髮。到地安門大街新華書店閱書。三時，到民進開學習會，聽楊東蓴報告聶真意見，討論至六時。與傅彬然、顧均正、章廷謙等同車行。

到科學出版社、地圖出版社閱書。到東安市場，聽河北曲藝團沈少朋“拉戲”等。九時歸，服藥三次，不能寐。上午一時再服一

次乃眠，翌晨六時半醒。

今日到民進，知反右傾機會主義運動雖爲黨內事，然黨外人亦須配合，因此學習八中全會文件需着力用功，政協已請經濟部門各部長作報告，以備民主黨派之學習。一個大運動又起來了，我的工作計劃又打破了，聞此心頭一急，自覺方寸間有偏宕現象，夜中雖竭力出去游散，仍無補于失眠。唉，我的《尚書》工作，受科學院及中華書局兩重監督，雖非定期而不能不趕，今運動又來，又將爲政治工作而忙，這如何得了！

今日同參觀：邵力子　何思源及其夫人何宜文　陳達　秦德君　梅汝璈　楚溪春　閻寶航　周亞衛　章乃器　董渭川　嚴希純　白薇

今日下午同會：楊東蓴　王紹鏊　張紀元　傅彬然　林漢達　董守義　徐楚波　章廷謙　顧均正　葛志成　趙樸初　陳選善　沐紹良　王嘉璿　毛啓邠　酈平章　吳研因

十月廿四號星期六（九月廿三）

政協文史資料研究會派車接往開會，討論看稿及出版雜志事，自九時至十二時，與申伯純同車回。

到政協禮堂，聽農業部部長廖魯言報告"農業與人民公社"，包爾漢主席，自二時半至六時散會。

爲堪兒講《詹天佑》，仍未畢。九時服藥眠。翌晨五時半醒。

今日上午同會：申伯純　楊東蓴　米暫沈　王世英　張希孔　浦熙修　今日東蓴在政協會上爲我之多病多忙言，以後文史資料每周開會可不出席，其感其好意。

今日下午所晤人：章守華　唐蘭　李一平　李培基　劉斐　袁翰青　常任俠　陶建基　金芝軒

十月廿五號星期日 （九月廿四）

于思泊來。八時與靜秋携洪、湲、堪三兒到政協文化俱樂部上車，八時十五分開車，九時十分到香山，上山看紅葉。十二時下山，到紅葉食堂進膳。

一時，與伯祥家人同游琉璃塔、見心齋、眼鏡池諸處。出香山北門，到碧雲寺飲茶，并游羅漢堂。四時上車，四時十五分開，五時十分到東華門。下車，步行返家。傅維本來。

陳維輝、于涌盛來，以《水經注圖》、《禹貢錐指》等書付之。九時半服藥眠，朦朧至十二時半，再服藥，眠，六時半醒。

今日同游：張滄江　林仲易　鄧初民　朱蘊山　何思源　浦化人夫婦　閻寶航夫婦　王却塵夫婦　章元善夫婦　鄭林莊夫婦　呂叔湘夫婦　丁西林夫婦　康同璧　翁文灝　王芸生　王家楨　李蒸　焦實齋夫婦　于樹德　熊慶來夫婦　陳達　楚溪春夫婦　李書城　王伯祥及二子潤華、滋華、子婦錢琴珠　鄒秉文夫婦　辛志超　史公載　浦熙修

西山紅葉，尚爲予第一次見，楓葉尚未紅，而櫨葉已盡紅，紅樹在西山成片，厠于松柏青林之中，真成錦綉。香山，予自一九三七年七七事變前奉父前往後，迄今已二十二年之久，園內頹垣破屋修築一新，可愛也。

十月廿六號星期一 （九月廿五）

補記日記三天。尹受來，囑以應辦事。與靜秋齟齬。劉瀛、張毓峰來。雁秋來。研究《禹貢》"降水"諸説，記筆記一則。

葛志成來。賀次君來。整理《湯山小記》第十五册訖。到北京醫院打針，遇達浦生。出，遇王家楨。看于思泊《歲時起源初考》訖。

雁秋來。爲堪兒講《詹天佑》畢。九時許服中藥眠，上午二時

一刻醒。將及四時又眠，六時醒。

自今日起，尹受來我家幫我辦事，中華書局月給以四十元，予亦月貼十元。渠年卅二，精力壯健，人又勤奮，實爲得力人選。

今晚服中藥而得眠，爲又一大喜事。

十月廿七號星期二（九月廿六）

王修來。節鈔于思泊《歲時起源初考》入筆記，約五千字。

到文華殿，參觀德意志民主共和國十年成就展覽會。與湲兒到文淵閣買物，道遇屠思聰。

爲堪兒講《李冰與都江堰》，未畢。看《參考消息》十餘天。服藥兩次，約十一時得眠，上午四時醒。又眠，六時醒。

我國與民主德國同爲建國十年，德國農民參加農業生產合作社者僅爲百分之四十以上，而我國農民參加人民公社者達百分之九十九以上，組織力之強，人民之團結，真可以自豪也。

今夜又不獲佳眠，當是鈔節于文，精神太集中之故。

十月廿八號星期三（九月廿七）

點《水經注》卷十一，訖。到北京醫院，就陳西源中醫診。遇李四光。到中藥公司交方，出，遇章元善。歸，點《水經注》卷十二訖。

點《水經注》卷十三，訖。到中藥公司取藥，遇陳維輝。歸，記筆記一則。

雁秋來，留飯。與洪、湲兩兒到文化俱樂部，看民主德國片《水兵之歌》，遇包爾漢等。十時許散。十一時服藥眠，上午三時醒。又眠，六時醒。

今日趕點書較多，覺得胸膈間又不快，此後當勿太趕。

《水兵之歌》係叙第一次世界大戰中，俄國革命，德國繼之，德國革命組織由海軍始。場面生動熱烈。

十月廿九號星期四（九月廿八）

點《水經注》第十四卷，畢。厚宣偕蘇聯科學院中國研究所副所長越特金來，談翻譯《史記》事。同訪伯祥，不遇。又訪孫蜀丞，遇之。

與靜秋携物贈康同璧，不遇，與其女羅儀鳳談。

爲堪兒講《都江堰》訖。翻《陔餘叢考》。靜秋爲洗浴。十時半服藥眠，上午二時半醒。良久，又朦朧，六時醒。

越特金（Вяткин）翻譯《史記》爲俄文，本紀已成，其所根據爲沙畹之法譯及日人某之日譯本。茲到中國，更加討論，字斟句酌，極爲不苟。然其書當時司馬遷隨筆揮寫，寫成又不修飾，經兩千年之鈔刻又不知有若干訛字，漢代習見事物又非今日所能全懂，必求徹底考明實爲不可能之事。渠此來定住十四星期，在此時期中予又多一任務，而政治學習復起高峰，頗感難於應付耳。

十月三十號星期五（九月廿九）

于思泊來，長談。蕭新祺來送書，爲寫劉大年、沈從文信。到科學出版社購書。到北京醫院打針，遇浦化人。返，遇昌群。

看《中國古代地理名著選讀》第一輯。與傅彬然同車，到民進開學習會，討論人民公社問題，自三時至六時，與彬然、純夫同車歸。

爲堪兒講《達爾文》。服藥兩次，十一時眠，翌晨四時醒。

今日同會：楊東蓴　王紹鏊　徐楚波　謝冰心　顧均正　傅彬然　吳研因　余之介　張紀元　章廷謙　梁純夫　林漢達　董守義　金芝軒　張守平　沐紹良　趙濟年

十月卅一號星期六（九月三十）

到北京醫院，就趙宗彥大夫診。遇陳達邦、包爾漢。寫答越特金問《五帝本紀》諸條，約二千六百字，即付尹受鈔清。

侯仁之來。賀昌群來。到藝華刮臉。到北京醫院視徐伯昕疾，遇葛志成、王却塵。

到文化俱樂部聚餐，飯後開小組會，自七時至九時。遇秦德君、吳覺農、史良夫婦。十時服藥眠，翌晨五時醒。

今晚同會：陳慧　王伯祥　董守義　梁純夫　大家勸我，必須身自參加運動，并看大字報，才能懂得運動的意義，才能把自身改造。

量血壓，爲 150/95，視前又高，然固日服利血平兩丸也。在此緊張空氣中，此固意中事。

今日爲寫答問，寫得較亟，胸前悶痛，因即出門，借走路爲運動，覺稍好。

一個人到了三岔路口，只能選走一條路，不能三條路同時并走，否則一條路也走不上，這是極明白的道理。但予至今日，必須三條路同走，其事如下：

（一）《尚書》今譯——這是我在歷史一所的工作，而又列入中華書局的計劃。中華本要我于今年年內脫稿，我力爭之，得金燦然同志之瞭解，許以緩期，但亦不能過緩。承中華派尹受前來幫助鈔寫，我已方便不少。但此書經二千餘年人之研究，問題太複雜，如《禹貢》一篇，和《水經注》起血肉關係，爲要把《禹貢》整理好，《水經注》便不得不讀，而《水經注》分量太大，讀實費時，所以雖盡力做，而終不易下筆。心中焦急，莫可如何。此一條願走、必走之路，而亦極不易走之重巘疊嶂也。

（二）助蘇聯同志翻譯《史記》——越特金同志欲以十年之力

將《史記》全部譯成俄文，此發揚中國文化之大舉。渠因我對《史記》較有研究，當未來之頃，已來信約定，要我幫助，此亦義不容辭之事。今來矣，定于在十四星期内，將已譯之十二本紀審訖：此君仔細，在在發生疑問，務求徹底瞭解，而中國古籍有無法瞭解者，有須化大功夫乃得瞭解者，助之翻譯等于自己將《史記》譯成白話。此固一突擊性之任務，爲期有限，然在此時期内，尚有一别的突擊性之任務在。

（三）反右傾機會主義運動——此爲配合黨的反右傾機會主義之運動，爲走上社會主義之重要關鍵，亦爲我輩資産階級知識分子思想改造之重要關鍵。此運動定于十月下半月起，至十二月底止。在此階段内須讀文件若干，又須作文、發言，搞得深徹，方可過社會主義之關。然在此時期中，正爲我助越特金同志翻譯《史記》，此如何可以兩全乎？

爲此三條路必須同時走，而一個人實不能同時走三條路，静秋又日詆我不進步，使我更急，急得我胸前悶脹，喘不出氣，精神緊張，睡不着覺。卅日民進開會，予請求到會讀文件，俾得排却古籍包圍，一意接受黨的領導，而衆人又以我爲過慮。其實，我一坐到家中書桌旁，心思便轉到古籍上，問題千萬，探索不窮，連報紙都只能望望大標題、看看插圖而已，遑能深入黨方文件！王却老説我"太老實了。你没有時間就不讀，别人也會原諒你"，但我責任感甚强，覺得如此便等于没有誠意參加運動，對黨犯了罪了。以後，在開會時當小説這類話，免得鬆懈了會場的空氣。

一九五九，十，卅一，記。

我的痛苦：

1. 老——人事關係多，新東西不易吸收。

2. 病——心有餘而力不足。

3. 忙——時有新任務，顧此失彼。

一九五九年十一月

十一月一號星期日（十月初一）

　　寫徐旭生信。與靜秋挈四兒到民族文化宮，參觀十年來民族工作展覽之預展，自十時至下午一時。到民族飯店，送書與越特金。到西長安街"天源"買醬菜。二時一刻歸飯。

　　雁秋來。爲堪兒講《達爾文》，仍未畢。寫辛樹幟信。得厚宣電話，即與同到越特金處，談，進茶點。

　　與越特金、厚宣同游西單商場，十時歸。待靜秋看戲還。十一時半服藥眠，翌晨四時醒。又矇矓，六時醒。

　　厚宣告我，關于幫助越特金同志翻譯《史記》，不欲過度煩我，已組織一小組，人選爲厚宣、趙幼文、孫毓棠、高志辛等，他們所不能解決之問題，則提到我這裏來，這便減輕了我的負擔。

　　越特金聽一蘇聯語言學家說，到北京不可不聽相聲及說書，渴欲一聽，予因導之至西單商場，惟爲時已晏，曲藝已散場矣。

十一月二號星期一（十月初二）

　　點《水經注》卷十五，訖。記筆記七則。

　　到北京醫院打針。到崇文門無軌電車站，買月票。到所，晤翟福辰、尹達、楊向奎、侯外廬。歸，看文史資料會送來文件。尹受裝火爐，略助之。

　　雁秋來。九時半就寢，十一時半起服溴劑，一時半醒。又服阿米泰爾，六時半醒。

　　因昨晚偕越特金游西單商場，今日尹達警告予，不可隨意引導外賓游覽，以免萬一發生意外。予真太自由主義了，竟如此無警惕性，以後當痛改舊習！

乘車月票，予久未買，今日往買，則已從原價四元五角減至三元五角，然零售票價固高于前之乘坐有軌電車也。經濟安定，物價日落，即等于增加工資。此豈非一大好事！

十一月三號星期二（十月初三）

點《水經注》十六、十七兩卷。記筆記七則。雁秋來。

民間文藝研究會董森來。與靜秋到王姨丈、母處，并晤大瑛、王儼。爲堪兒講《達爾文》，仍未畢。

看《陔餘叢考》。十時服藥眠，翌晨三時醒。又矇矓，六時醒。

覽報，悉王鳳卿逝世。晚清名伶，予所未見者爲汪桂芬，而汪笑儂、時慧寶、王鳳卿三人承其統。笑儂、慧寶久死，今鳳卿又死，汪派殆絶迹矣。

十一月四號星期三（十月初四）

到北京人民法院禮堂，聽張友漁所長報告"反右傾機會主義運動"，自九時至十一時。到北京醫院打針。遇楊寶人。與郎護士談。

到東安市場閱書。到劉珺處取款。點讀周總理《偉大的十年》，未畢。爲堪兒小組默字。點《尚書撰異・君奭》篇，訖。

看《陔餘叢考》。服藥二次，約十一時眠，翌晨五時醒。又矇矓，六時半醒。

今日會場所晤人：翟福辰　王愛雲　王毓銓　胡厚宣　朱家源　鄭奠　吕叔湘　王明　謝友蘭　賀昌群　郭寶鈞　謝剛主

近日早晨頗能睡，因此不能起早。晚上入眠仍難，服 Amytal 後，一瞬矇矓後即醒，奈何！

聽張友漁報告，知黨内整風，鬥必徹底，黨外則只研讀文件，心爲一定，蓋予神經衰弱翳劇，倘逢緊張場面，又將使予疾推進一步矣。非不欲在鬥爭中鍛煉自己也。

十一月五號星期四（十月初五）

記筆記七則，約三千字。

到東安市場購桂劇票。點讀周總理《偉大的十年》，仍未畢。爲堪兒講《達爾文》畢。雁秋來，留飯。

看《陔餘叢考》。十時服藥眠，上午二時醒。又眠，五時半醒。

以全世界工業總產值對比，社會主義世界體系目前爲一〇〇，資本主義世界體系爲一八〇——一八五，似尚不能取勝。然至一九六五年，則社會主義方面爲二二〇——二三〇，資本主義方面爲一九八——二二〇，取得決定性勝利矣。

十一月六號星期五（十月初六）

點讀周總理《偉大的十年》畢。點《尚書撰異·多方》篇畢，又點《立政》篇畢。雁秋來，留飯。

到南小街理髮。到北京醫院打針，遇丁瓚夫婦、楊實人。鈔農業部長廖魯言報告，未畢。

爲堪兒講《秋瑾》，未畢。翻《陔餘叢考》。九時半服藥眠，上午二時醒。又眠，五時半醒。

讀周總理文訖，使我對于中國社會主義建設的信心增强百倍。與劉主席《馬克思主義在中國的勝利》一文合讀，對于中共在過去、現在、將來的一系列政治經濟措施，明白了一個總的方向。

十一月七號星期六（十月初七）

寫尹達、胡厚宣請假信。與靜秋同到政協禮堂，途中遇郭寶鈞。聽冶金工業部部長王鶴壽報告鋼鐵工業，自九時至十二時。陳叔通先生主席。西北風大作，驟寒。

到民會開學習會，自三時至六時。與陳慧、徐楚波、嚴景耀夫婦同車，歸。

與靜秋到吉祥戲園看桂劇，遇張政烺、吳恩裕，自七時半至十時半。十一時服藥眠，翌晨三時醒。又眠，五時半醒。

星期六上午爲本所學習時間，今日以聽大報告請假。

上午在政協所晤人：吳大琨　廖華　王學文　陳麟瑞　鄺平樟　章乃器　張豐冑　閻迦勒　葉至善　林勵儒　吳廷勘　陶建基夫婦　陳達邦

下午同會：第一組：趙樸初　張紀元　徐楚波　顧均正　余之介　張志公　吳文藻　謝冰心　林漢達　董守義　沐紹良　方毅明　廖欽　予　第二組：嚴景耀　雷潔瓊　陳慧　毛之芬　李紫東　巫寶三　葛志成等

今晚所觀劇：

（1）打堂：劉彦昌——蔣金凱　秋兒——苑索芳　秦燦——蔣金亮
（2）拾玉鐲：孫玉姣——尹義　劉媽媽——劉萬春　傅朋——周
　　　　　　文生
（3）人面桃花：崔護——李小娥　杜宜春——劉丹　杜知微——
　　　　　　鄒志冲　李芳春——苑索芳　書童——李承藝

章靳以于今日在滬逝世，年五十，今春尚于新僑飯店晤面也。

十一月八號星期日（十月初八）

家務勞動，移床桌。點《尚書撰異・顧命》篇，未畢。尹天文來，致陶秋英贈物。始讀《馬克思主義哲學原理》。

記筆記一則。欲看《五人義》劇，至北昆劇院則未有，失望而出。到西單商場閱書。高瑞蘭來，留飯。

與靜秋同到政協禮堂觀劇，自七時半至十一時。十二時服藥眠，翌晨六時醒，又眠，七時醒。

今晚所觀劇：

真假李逵（演員未詳）

鳳還巢：程浦——王少亭　程夫人——韋三奎　程雪艷——李慶
　　　山（醜女）　程雪娥——梅蘭芳　穆居易——姜妙香
　　　朱千歲——薛永德　周太監——劉連榮　洪功（元
　　　帥）——李春林　劉魯七（山王）——劉大昌

十一月九號星期一（十月初九）

家務勞動一小時。到所，領工資。到越特金工作室，研究《史
記》譯文問題，與厚宣、趙幼文、陰法魯談。十二時，歸。

點《馬克思主義哲學原理》五頁。到北京醫院，就女大夫金玉
如大夫診，遇張慶孚、鄭一俊、錢昌照。打針。到科學出版社閱
書。歸，看劉文淇《左傳舊注疏證》。點《撰異·顧命》篇畢。

看吳振棫《養吉齋叢錄》。九時半服藥眠，翌晨五時醒。

今日量血壓，爲 140/90，較前低矣。

龐阿姨前日去後至今日猶不來，諒又不願在我家工作矣。現
在只有保姆是唯一自由職業者！

從十月廿六日起，全國工業、交通運輸、基本建設、財貿方
面社會主義建設先進集體及先進生產者代表六千餘人在人民大會
堂開"群英會"，至昨日閉幕，此振動全國人心之事也。

十一月十號星期二（十月初十）

五時半起，家務勞動一小時。點《馬克思主義哲學原理》十
頁。點《水經注》卷十八，訖。爲民進約，寫《我的回顧與前瞻》
一文，二千餘字，未畢。點《撰異·康王之誥、秺誓》兩篇訖。頤
萱嫂來。

曾奶奶來。到文化宮，參觀"蘇聯各民族實用藝術和民間工藝
品展覽會"。參觀"全國新技工培養訓練展覽會"，未畢。

到文聯禮堂，看《青春萬歲》電影（第一屆全運會紀錄片）。九時歸，翻劉文淇書。服藥兩次，十一時眠，翌晨四時半醒，又朦朧一小時。

下午作文，血易上升，不得不出門看展覽會。

近來作文，非常手澀，竟有詞不達意之感。每想從前，下筆千言，若有神助者，爲之感慨不置。今日之文，恐又將擱棄矣。

十一月十一號星期三（十月十一）

大風。到王府井大街大明公司配散光眼鏡。到北京醫院打針。點《馬克思主義哲學原理》十頁。雁秋來，留飯。頤萱嫂來，幫做家務，留宿。

與靜秋同到政協禮堂，聽中共中央交通工作部張邦英副部長報告交通郵電問題，自三時至六時一刻，沈鈞儒主席。

與靜秋挈洪、堪兩兒到文化俱樂部，看蘇聯片《崇高的職責》，九時歸。十時半服藥眠。翌晨六時醒。

今日會場所晤人：王伯祥　劉定五　何遂　李根源　趙紫宸　酈平樟　陶孟和

近日頗有言予氣色好者，陶先生亦云然，倘予得復健乎？

伯祥勸予不要隨事認真，究竟我們的年齡不許可了。然予性好仔細，欲馬虎過去而心終有所不安也。

十一月十二號星期四（十月十二）

八時到文化俱樂部。八時四十分開車，九時卅分到石景山中蘇友好公社，聽社長楊世明報告。十一時，參觀該社所辦展覽會。十二時進食。

十二時半出，參觀該社所辦機電器材製造廠、八寶山大隊部畜牧場、衙門口小學、北京市第七十五中學、東街食堂、幼兒園、衛星托兒所、敬老院。三時上車，四時到家。點《馬克思主義哲學原理》五頁。

爲堪兒默生字。翻《養吉齋叢錄》。十時半服藥眠，十二時半醒。又眠，五時半醒。

今日所晤人：梁漱溟　楊美貞　陸殿棟夫婦　李書城　鄒秉文　嚴希純　吳榮　于樹德　李祖蔭　章乃器　羅隆基　白薇　秦德君　周炳琳　朱光潛　董渭川　王歷耕　蒲輔周　辛志超　王芸生　邢贊亭　楊蔭瀏　張曼筠　劉清揚　包爾漢（團長）夫婦　共五十餘人。

今日午餐，每人麵包四塊，而予不飽，又添兩塊。從這一點看，予實較他人爲強。惟一來就放屁，終以腸病自餒耳。

陸殿棟亦病失眠多年，謂各種安眠藥均有毒，即魯密那亦使人健忘。然予少年時即健忘，不關服藥也。

十一月十三號星期五（十月十三）

家務勞動。寫《我參觀了石景山中蘇友好人民公社》三千餘字。

到民進，參加組會，自三時半至五時半。與梁純夫同車歸。遇李榮芳夫婦、吳榮。點《馬克思主義哲學原理》四頁。

翻《養吉齋叢錄》。洗浴。十一時服藥眠，上午二時醒。又眠，六時半醒。

今日同會：楊東蒪　王紹鏊　張紀元　吳研因　李紫東　吳文藻　金芝軒　葛志成　陳選善　方健明　討論交通問題。

王却老謂到群英會旁聽數次，深感先進生產者皆受黨的支持與鼓勵。聞此增慨，我以一個極有積極性之人，爲宗派主義者所齮齕，以致一籌莫展如此。

十一月十四號星期六（十月十四）

步行到所，遇張知行、祝瑞開。看大字報。九時，開小組會，政治學習，迄十二時。出，遇侯外廬。到新車站乘八路車歸。

到故宫，參觀繪畫館，遇馮家昇夫人及其子、顧潔莉、胡厚宣夫婦、張奚若。四時半出。到古籍門市部購書。歸，看劉文典《説苑斠補》等。頤萱嫂返家。

黄德奇來贈物，楊德興同來。爲堪兒講《玄奘的故事》。九時半服藥眠，上午二時醒。良久得朦朧，六時醒。

今日同會：蕭良瓊（組長）　胡厚宣　桂瓊英　裘錫珪　張文　孟世凱　韓毓升　鄧自燊　鄧福秋　趙健　舒振邦

祝瑞開見予，謂予今春臉瘦而黄，今則較胖且紅潤，看來予到青島兩月甚有效果。

十一月十五號星期日（十月十五）

九時半，到文化俱樂部，出席小組會。十二時散，待家人至，同飯。下午二時歸。遇章元善、陳麟瑞、米暫沈、申伯純、劉多荃。

家務勞動一小時。補記日記。點《馬克思主義的哲學原理》六頁，第一章《哲學的對象》訖。到北京醫院打針，遇王歷耕。雁秋來，留飯。

金竹安來。爲堪兒續講《玄奘》。十時服藥眠，上午二時醒，良久又朦朧，五時半醒。

今日同會：陳慧　徐伯昕　董守義　王伯祥　討論人民公社。

天氣一冷，氣管炎又發，早晚多痰。又兩脚跟又裂，時作痛。惟近日睡眠較安，是可喜耳。

十一月十六號星期一（十月十六）

到所，看大字報。到越特金工作室，與趙幼文、胡厚宣同商定《史記》譯文問題。十一時出，再到禮堂看大字報，遇熊德基。十二時歸，途遇趙健。

記筆記一則。點《馬克思主義的哲學原理》十頁。點《撰異·呂刑》篇，未畢。記筆記二則。爲堪兒講《玄奘》畢。

爲堪兒講《北京晚報》之科學版。看《説苑·君道》篇畢。九時半服藥眠，上午一時醒。又眠，五時醒。

大字報許多條批評尹達，總結其説，約爲下數事：

一，越穩越右——自謂穩步而實際停步，故本所業務迄未開展。

二，以"不學無術"爲擋箭牌。

三，不問所中職工之政治思想及生活，只在黨的命令下敷衍布置。

四，《歷史研究》爲全國矚目之思想性刊物，而從不建立中心思想，起不了作用，使外間失望。

五，説話多，實行少，"但聞樓梯響，不見人下來"。

總而言之，一切故步自封，對本所工作毫無具體辦法及遠大理想，過一天日子撞一天鐘耳。

有霍適之者，爲尹達作一詩云：保守思想，"平平穩穩"。幹勁不大，拖拖拉拉。甘居中游，疲疲塌塌。驕傲自滿，常常自誇。總路綫呀，没照尹達。

尹達爲中國科學院社會科學部委員，又爲歷史研究所第一所所長，又爲《歷史研究》主編，負全國歷史科學指導之重責，而從不發表一篇文章，作一回學術演講，亦未曾爲研究工作定出一個有效的計劃，徒以沉默爲持盈保泰之手段，此全所之所以群起而批評之也。

十一月十七號星期二（十月十七）

家務勞動。重作《我參觀了石景山中蘇友好人民公社》約四千八百字，修改訖，即到世界知識社，交梁純夫。

到藝華理髮。點《馬克思主義的哲學原理》八頁。尹天文來。謝友蘭來。

到雁秋處，與之同到政協禮堂，看甘肅省話劇團演《滾滾的白龍江》，未畢。十時半歸。服藥二次，約十二時眠，翌晨六時半醒。

十一月十八號星期三（十月十八）

徐伯昕來，邀與靜秋同談，自八時半至十二時。點《馬克思主義哲學原理》四頁。

到蟾宮影院買票。到東四人民市場閱書。點《撰異・呂刑、文侯之命》篇，訖。與堪兒到蟾宮看《天空的召喚》電影。

與堪兒等看照片簿。九時服藥眠，翌晨四時醒。良久又朦朧，六時半醒。

伯昕勸予重視黨的領導，放棄個人主義與主觀主義，非常的誠懇，使我感動。我一向沒有反對黨，只是反對作風不良的幹部。然而幹部是代表黨的，不信幹部即是反黨，也即是個人主義與主觀主義之伸展，故須提高警惕。

十一月十九號星期四（十月十九）

王嘉璿來，鈔予題記。徐伯昕來。寫吳榮信。點《撰異・秦誓》篇訖。記筆記一則。點《馬克思主義哲學原理》九頁。

到政協禮堂，會齊，二時十分出發，三時到清華大學圖書館，看北京市高等學校、中等專業學校躍進展覽會。又至該校體育館，看清華大學教育與生產勞動相結合展覽會。晤陳家驊（清華副校長）。六時出，七時半歸。

八時飯。理書。失眠，十二時半再服藥得眠，上午五時醒。良久，又眠，八時醒。

今日同參觀：李書城　趙君邁　甘祠森　徐楚波　張紀元　林仲易　李蒸　董渭川　浦熙修　鄧初民　楊一波

在失眠中，作一詩云：

看青年們紛紛地騎上了千里馬，

俺老頭子也不甘心示弱。

回家去向伴侶兒談得味津津，

就是這一夜不安眠我也不怕！

十一月二十號星期五（十月二十）

遲起。與静秋到栖鳳樓十四號，看北京市房地産工作展覽會，遇謝立林。十二時歸。

點《馬克思主義哲學原理》四頁。與彬然同車到民進，參加學習會，自二時半至六時。與彬然、伯昕、均正同車歸。雁秋來，留飯，與頤萱嫂同返。

看孫詒讓《周禮政要》。九時半服藥眠，十二時半醒。又眠，六時醒。

今日同會：趙樸初　徐伯昕　傅彬然　王紹鏊　徐楚波　顧均正　余之介　董守義　林漢達　金芝軒　謝冰心　張紀元　章廷謙　沐紹良　王嘉璿　張守平

十一月廿一號星期六（十月廿一）

家務勞動。到所，與張德鈞談。遇王毓銓、胡嘉、田昌五。參加第一小組學習，自九時至十二時。與張政烺同歸。

據徐伯昕調查，將《石景山》一文重寫，約寫二千四百字。點《撰異·書序》篇五頁。舒維清介紹張嫂來工作。

爲堪兒講《卓婭》。翻王周誥《論語經正錄》及其年譜。服藥兩次，十一時後眠，晨六時半醒。

今日同會：蕭良瓊　胡厚宣　張政烺　蘇治光　羅世烈　趙健　孟世凱　鄧自燊　韓毓升　桂瓊英　鄧福秋　舒振邦　周自强

街道號召節約糧食，静秋帶頭，减去十斤。然我家糧食本不足，尹受中午在我家進餐，渠壯年能食，今日張嫂來，又健飯，而尹受每月僅交十斤，張嫂爲無户口人，如何支持，大是難題。

十一月廿二號星期日（十月廿二）

張覺非來，按脉。徐伯昕來，贈書。雁秋來，留飯。修改《石景山》一文，訖。

點《馬克思主義哲學原理》十頁。記筆記一則。再將《石景山公社》文修改一過。五時，伴四兒到演樂胡同東城區工人俱樂部，看《黑熊與公主》電影。

點《撰異》五頁。看《説苑》第二卷。十時服藥眠，上午二時醒。又眠，六時半醒。

覺非來，勸予服日本人所製養命酒。及按予脉，則謂不如服歸脾丸，以予脉忽快忽緩，足證疲勞之過度也。歸脾丸一日一丸，晚間服之。

覺非謂别家人口少，勞動力多，一家收入，除食用外尚有餘，以是衣服穿得講究，可以隨意購物。至于予，則一人收入雖多，然而家中場面大，人口衆，其不足宜也。又謂予如來京之初即買一屋，當不至如今日之艱窘，蓋乾麪胡同屋太寬大，冬間雖生火而不暖，又無保姆房間，故留不住人也。

伯昕贈《哲學辭典》等書，備予學習，可感之至！

十一月廿三號星期一（十月廿三）

到所，與趙幼文同助越特金譯《周本紀》未畢。遇尹達、張書生。越特金以車送歸。將《石景山》文更看一遍，寫民進會刊編輯部信。

黃德奇來。試譯《呂刑》爲《史記》所用之一段。與静秋同到紅星，看《赫魯曉夫訪問美國》電影。到大明公司取所配眼鏡。

看《説苑》第三卷。翻許巽行《文選筆記》。十時服藥眠，上午一時半醒。又眠，四時半醒。

十一月廿四號星期二（十月廿四）

爲朱駿聲《秦漢郡國》寫審查書。到所，與趙幼文、胡厚宣與越特金商榷《史記·周本紀》譯文。十一時半歸，爲黃德奇寫條幅，留之午餐。

到所，集合九三、民進同人商討寫大字報問題，自二時至五時半。出，到文淵閣買文具。遇索介然。

點《馬克思主義原理》五頁。看《説苑》第四卷。翻林時對《荷鍤叢談》。失眠，服藥兩次，十一時半後眠，翌晨六時半醒。

今日下午同會：陰法魯　胡厚宣　高志辛　王毓銓（以上九三）　胡嘉及予（民進）　黨支部發動所内民主黨派人士寫大字報，助黨整風，故有此會。

十一月廿五號星期三（十月廿五）

到文化俱樂部，與政協同人會，八時五十分開車，九時五十分到長辛店機車修理製造廠參觀，聽廠長向守富報告，歷兩小時。十二時進食。

一時，參觀舊廠各車間。又到新廠參觀出鋼。三時半離廠，五時到家。雁秋夫婦來，留飯。頤萱嫂製衣，留宿。

與洪、湲、堪三兒到文化俱樂部，看黑龍江省民間藝術隊演皮影戲五折，十時三刻歸。十一時半服藥眠，翌晨五時半醒。

今日同參觀：董守義　馬寅初　程希孟　李平衡　蒲輔周　辛志超　易禮容　朱潔夫　王伯祥　陳達　宋雲彬　李蒸　章乃器　章伯鈞　黃琪祥　季方　徐楚波　吳文藻　梅汝璈　王家楨　翁文灝　楚溪春　浦熙修　費孝通　潘光旦　董渭川　張振漢　查夷平　陳建晨　楊一波　周亞衛　鄒秉文　嚴希純　李祖蔭　王芸生　陸殿棟　邵力子　王昆侖　何思源　浦化人　章元善　翁獨健　史公載　米暫沈　吳晉航　李培基　黃紹竑　龍雲　吳研因　覃異之　薛愚　吳半農　凡百餘人。

所觀皮影戲：1. 鶴與龜　2. 水漫金山寺　3. 東郭先生遇險記　4. 兩朋友　5. 禿尾巴老李

十一月廿六號星期四（十月廿六）

記筆記一則。到所，看大字報。與德鈞談。到厚宣處開會，討論寫大字報事。予草大字報一條。十二時出，遇劉導生、祝瑞開、張若達。

續草大字報一張。到北京醫院，就金靜仁大夫診。遇呂驥。歸，又草大字報一條。

修改所草大字報。十時服藥眠，翌晨四時醒。

今日同會：與廿四日同。

今日查血壓，爲130/80，可喜也。

十一月廿七號星期五（十月廿七）

五時起，續草大字報一條。到北京醫院驗血。到伯昕處談。到所，在二樓會議室寫大字報，自九時至下午一時半。步歸，取麵包當飯，上汽車。

到民進，看《中國》畫冊。出席學習會，討論人民公社問題，自二時半至六時。乘伯昕汽車歸。

爲洪兒生日，吃麵。雁秋來，與頤萱嫂同歸。看《說苑》二卷。十時服藥眠，翌晨三時半醒。

今日同會：趙樸初　徐伯昕　謝冰心　張紀元　徐楚波　董守義　林漢達　陳兼善　余之介　章廷謙　王嘉璿　張守平

今日予生活緊張極矣，爲了驗血，未吃早飯即出門。爲了寫大字報，未吃午飯即到民進開會，至夜始得一飽餐。予自喜尚有精力可支持也。

凡寫大字報四張，兩張爲《忠告尹所長》，兩張爲《質問尹所長》，約四千字，一舒積鬱。

十一月廿八號星期六（十月廿八）

五時起，看《紅旗》十三期陳伯達《批判的繼承和新的探索》。八時到所，學習會以勞動停開，到三樓看大字報，遇尹達、胡厚宣。十時半歸，鈔予所書大字報底稿，約四千字。與尹受談。

到所，與厚宣談所中應興革事，胡嘉、張政烺來。談至五時出，遇姚紹華，談《尚書》資料工作。

尹天文來，取存箱去。看沈括《夢溪筆談》。十時服藥眠，翌晨三時三刻醒。

尹受來此一月，頗肯鑽研，奮力爲《禹貢》作注，予因示以方法，深望其有成也。

十一月廿九號星期日（十月廿九）

四時起，讀《紅旗》廿期李井泉《人民公社是我國社會發展的必然產物》。九時，到文化俱樂部，開生活小組會，十二時散，遇葛志成、王嘉璿、張紀元。

補記日記三天。金竹安來。與堪兒到紅星看《包鋼》及《當代英雄》兩片。寫中國新聞社信。伴堪兒攜皮球打氣，到米市大街、王府井大街等處，皆不能爲，到東四人民市場體育部交修理。
遇錢琢如。

　　與静秋、洪兒、夏志和同到政協禮堂，看青年藝術劇團演《降
龍伏虎》話劇，自七時半至十時三刻。十二時服藥眠，翌晨六時
半醒。

　　今日同會：陳慧　徐伯昕　梁純夫　董守義　王伯祥　談人
民公社問題。

　　洪兒今日衍《伊索寓言》中之《農夫與蛇》爲小説，甚有
文學氣息。

　　今晚所遇人：葛志成　張紀元　毛啓邠　張蘭玉　趙濟年
王嘉璿　王愛雲　章廷謙　余之介　雷潔瓊　嚴景耀

十一月三十號星期一（十一月初一）

　　到伯祥處，與之同步到所，與胡厚宣、趙幼文同助越特金譯
《周》、《秦》兩本紀。與伯祥同到厚宣處，又同步歸。寫張政
烺信。

　　到所，至高志辛處談《秦始皇本紀》。參加一組會，討論對本
所黨員同志提意見事，自二時半至六時。

　　翻馬叙倫《讀書續記》。十時半服藥眠，上午一時醒。又眠，
五時五十分醒。

　　今日同會：胡厚宣　蕭良瓊　孟世凱　舒振邦　趙健　韓毓
升　鄧福秋　桂瓊英　鄧自燊　周自强

　　日來各處奔跑，忙甚矣，幸睡眠頗上軌道，得以自慰。業務
恐須尚待兩月，方可發展。

　　伯祥云：今年天氣不冷，故流行性感冒及肝炎症甚流行。

　　今日開小組學習會，對予頗有啓發。予自幼讀書，好集資料以

事探索，以是養成客觀主義，鑽得甚深，而目的性不明確，對大是大非反抓不緊。予參觀石景山人民公社後，欲作全面性的叙述，統計數字羅列甚多，究欲說明何種問題，對自己思想究起何種作用，反不甚了了。故伯昕謂予能鑽進而不能鑽出。此是考據家之通病。故考據家必兼受馬列主義，方能爲史學服務，而"爲考據而考據"者所以當受批判也。

五九，十一，廿九午後記。

填體格檢查表，略書如下：

甲，既往歷史：

  1. 曾犯何種疾病（時間）：

    傷寒，廿三歲　瘧疾，九歲，四十五歲　痢疾，五十三歲，六十五歲　肺炎，六十四歲

  2. 外傷史：

    本年八月在青島跌傷下頦，一星期即愈。

  3. 精神創傷：

    神經衰弱四十餘年。

乙，目前患有何種疾病：

  1. 習慣性失眠——内服藥，打針，現在比較好。

  2. 血壓忽高忽低，不正常——服利血平；現在比較好，但一緊張即高。

  3. 輕性血管硬化——服絡通片。

  4. 氣管炎——每逢冬季必發，一九五六年曾咳出血來，後來變成肺炎。

丙，目前有何自覺的不適：

    有時耳鳴　聽覺漸差　工作緊張胸悶、心跳　氣管炎時咳嗽，五六年咳出血來　腰痛（去年因開會太多犯此病，現在有時覺

得僵痛，有一脊骨特別痛）　　冬天脚冷，脚跟破裂　夏天多汗，一動即濕透上衣　眼易流淚，有時覺澀　屁多　便稀（去冬至今春曾犯慢性腸炎三個月）

丁，生活習慣：

1. 工作——從廿歲後到五十歲，一向每天工作十四小時，五十後漸漸減少，現在尚能工作八小時。晚間以失眠故，不工作。

2. 運動——僅有散步，非規律性，因事忙，恒于晚間行之。

3. 睡眠——入睡困難，每日服安眠藥，屢換藥服。睡時長短無定。

4. 飲食——健飯，每頓準兩碗。茶，經常喝，夜不飲。烟、酒、咖啡均不進。

戊，家族病史：

父以氣喘死。母、妹、第一妻均以肺結核死。第二妻以腎結核死。

一九五九年十二月

十二月一號星期二（十一月初二）

寫呂翼仁、陳維輝、陶秋英、李炳塎、譚季龍、辛樹幟信。出寄信，到東安市場購物、閱書。到王府井"美白"理髮。

填檢查體格表。爲中國新聞社作《我是一個老北京》，打一輪廓，寫二千字。校《石景山》一文排樣。與尹受談《禹貢》問題。

與洪、湲、堪三兒到政協禮堂，看上海魔術團表演魔術及雜技。自七時半至十時十分。十一時十分歸，服藥兩次，十二時眠，翌日七時醒。

　　今晚所晤人：張治中　浦化人夫婦　董守義　徐楚波　史永達浦生

魔術表現甚幹净利落，孩子們看得大笑，前仰後合。

十二月二號星期三（十一月初三）

將《石景山》一文再校一過。白壽彝遣蔚宗齡、滕文藻來，詢問羅家倫、蕭一山事。爲準備李址麟考試，讀《史記·朝鮮列傳》。

到北京醫院，作全身體格檢查，經歷眼、耳鼻喉、牙、内、外、皮膚各科及透視、心象電流、抽血各室，自二時半至六時。

翻何良俊《四友齋叢説》。失眠，服藥三次，至上午一時後入眠，翌晨七時醒。

今日在醫院所晤人：潘梓年　楊向奎　張畢來　朱文叔　張子高　金燦然　達浦生　楊東蒓

今日量血壓，只120/80，甚好，而又失眠，何耶？豈檢查時太緊張耶？抑服藥過少耶？上次驗血，謂有血糖，今日再驗一次。我的眼睛，犯了輕度的結膜炎。

十二月三號星期四（十一月初四）

點《後漢書·東夷傳》未畢。記筆記七則。

寫蕭新祺信。爲中國新聞社重作《舊北京與新北京》，約二千五百字。

到文聯大樓，看《歡慶十年》電影，遇許廣平。十時服藥眠，翌晨五時醒。

十二月四號星期五（十一月初五）

點王先謙《後漢書集解》中《東夷列傳》訖。續作《舊北京與新北京》一千餘字，畢。修改未畢。

于鶴年自津來。與彬然、賓符同乘車到民進開學習會，討論總路綫問題，自二時半至六時。與芝軒同車歸。

雁秋來，留飯。看《紅旗》胡繩文。洗浴。十一時服藥眠，翌晨六時醒。

今日同會：趙樸初　徐伯昕　葛志誠　張紀元　傅彬然　馮賓符　林漢達　許廣平　王紹鏊　顧均正　陳兼善　徐楚波　謝冰心　吳文藻　董守義　金芝軒　章廷謙　吳研因　王嘉璿　毛啓邠

十二月五號星期六（十一月初六）

出，遇梁純夫。步至所，參加第一組學習會，討論無產階級世界觀問題，自八時半至十二時。雁秋來，留飯。

重寫《舊北京與新北京》一千八百字，未畢。陳慧來談。金荷清來。

到冶金工業部禮堂，看楊某演《武松打虎》、馬連良等演《胭脂寶褶》。十時先歸。十時半服藥眠，翌晨五時半醒。

今日同會：蕭良瓊　周自强　胡厚宣　張政烺　馬雍　鄧福秋　趙健　桂瓊英　孟世凱　蘇治光　鄧自燊　舒振邦　韓毓升　裘錫圭

今晚出門，不知爲何物所絆，又跌一交，予今年跌四次矣。此後夜行，更當慎重。

大赦反革命犯，溥儀、王耀武等均在內，凡卅三人。又摘掉右派帽子一百四十餘人，林漢達、金芝軒、董守義、費孝通、潘光旦、向達等皆在內，惜全部名單未披露。

十二月六號星期日（十一月初七）

七時五十分至魏家胡同民進市委會，與會中同人乘汽車，九時許到朝陽區東壩中德友好人民公社，聽黨委書記傅宗昆報告。十一時，食自帶乾糧。

十二時出，參觀幼兒園、雕漆車間、景泰藍車間、地毯車間、農具修造廠、七連食堂、敬老院、醫院。到樓梓莊參觀麥田。又返東壩，參觀農產品加工廠（粉絲）、園田、養豬場。五時許返城，六時到家。

翻邵懿辰《四庫簡明目錄標注》。十時服藥眠，翌晨三時醒，朦朧達六時。

今日同參觀：馮賓符　余之介　陳慧　徐伯昕　陳兼善　吳研因　張紀元　葛志成　吳榮夫婦　董守義　酈平章及其女翁如蓮　林漢達夫婦　王寶初　顧均正夫婦　王澤民夫人　嚴景耀　李紫東　戴克光　胡嘉　趙濟年　王嘉璿　張蘭玉　毛啓邠　吳德咸　馮亨嘉　富介壽　梁純夫　凡五大車，約一百五十人，以中小學教師占多數。

十二月七號星期一（十一月初八）

點《三國志‧烏丸鮮卑東夷傳》及裴注，未畢。程金造來，長談，爲作字二幅。

謝友蘭來。到文化俱樂部，出席民進生活小組聯組會，談昨日參觀公社體會，自二時半至五時半。到東安市場購書。看翦伯贊編《歷代各族傳記會編》。

續點《烏丸鮮卑東夷傳》。十時半服藥眠，翌晨四時半醒。

今日同會：徐伯昕　趙樸初　謝冰心　董守義　葛志成　張紀元　林漢達　金芝軒　余之介　吳研因　嚴景耀　雷潔瓊　許廣平　楊東蓴　梁純夫

十二月八號星期二（十一月初九）

續點《烏丸鮮卑東夷傳》訖。郵局定報人來。寫楊品泉信，囑尹受往取工資。

準備明日考試論題，將四史《東夷傳》細加斟酌。到北京醫院，就內科女大夫汪松梅診。續打奴夫卡因針。到東安市場購書。

失眠，服藥三次，約上午一時眠，翌晨六時醒。

今日量血壓，爲 140/80，較上星期稍高。經醫院檢查，知我眼有慢性結膜炎症，怪不得時常流淚，或感乾澀也。

爲了準備功課，精神緊張了些，晚間亦未休息，遂致失眠疾又作，看來我的晚間時間只得放棄了。

十二月九號星期三 （十一月初十）

北大來接，先到文史樓，再至翦伯贊家，出題目，對李址麟研究工作作一次口試。晤北大黨委書記兼副校長陸平。十二時，仍以汽車送歸。

記筆記五則，約二千字。

到新華書店閱書。到東安市場，聽河北曲藝團"拉戲"。十時服藥眠，翌晨五時半醒。

今日同試：翦伯贊　周一良　張政烺　鄧廣銘　曹紹孔　李址麟爲了民族自尊心，必欲將朝鮮四郡移入我國東北，將浿水釋爲遼水。翦先生勸其勿爾，謂我輩都是馬列主義的史學工作者，必須實事求是也。

爲了試朝鮮留學生，不得不將前四史《東夷傳》細讀。讀的結果則自己也有了很好的收穫。爲了使發見之問題不致忘記，故歸後即寫筆記，然非一二日中所能盡也。

十二月十號星期四 （十一月十一）

記筆記六則，約三千字。《湯山小記》第十四冊寫畢，即爲定題整理。劉珺來。

到南小街修面。到北京醫院打針，遇何仙槎。

與靜秋到政協禮堂，看梆子戲，十一時歸。十一時半服藥眠，四時醒。又眠，六時半醒。

讀書心得寫了一天半，還未寫完。但明天爲了學習，不得繼續，須待下星期再做了。

今晚所遇人：翁獨健　徐楚波　楊東蒪　楊蔭瀏　我家離政協太遠，看兩小時半戲，而道途往返亦須兩小時，太不經濟。

今晚所觀"山東省梆子戲、兩夾弦、梆腔聯合演出團"演出：

一、割袍：于蘭英——張秀雲飾　于昆生——宋洵光

二、玩會跳船：白月娟——李艷珍　雲霞（婢）——楊寶榮　蕭文勤——許鳳雲

三、拴娃娃：于二姐——李京華　劉慶國——牛秀蘭　王剛（畫匠）——牛輝慶

尚有第四折《駱飛闖轅門》僅看一點即走。

十二月十一號星期五（十一月十二）

寫史家胡同小學信，以湲兒發燒請假。看李曼村《個人主義是萬惡之源》。作《總路綫和我的思想轉變》一文，三千餘字，備下午發言。

出席民進學習會，予發言。受諸同志批判。六時散。

伯昕來，長談。十時半服藥眠，翌晨五時醒。

今日同會：楊東蒪　趙樸初　王紹鏊　許廣平　徐伯昕　葛志成　張紀元　顧均正　徐楚波　謝冰心　吳文藻　傅彬然　章廷謙　董守義　林漢達　吳研因　王嘉璿　張守平　毛啓邠　陳秉立

今日予發言，我是單幹戶，要求在總路綫上參加集體工作，諸同人批評，以爲形式上雖是單幹，而在全局一盤棋中仍是集體。晚間伯昕來，作誠摯之勸告，使予極爲感動，我決相信黨，

黨是最能全面看問題的，不會獨對我歧視，尹達本人縱有缺點，但我亦不能在個人主義上看問題。

十二月十二號星期六（十一月十三）

到冶金工業部禮堂，開科學院社會科學部整風動員大會，聽劉導生報告，自八時半至十二時。伯祥邀至華僑飯店大同酒家飯。

到北京醫院打針。到東安市場買物。歸，爲印尼排華事件作一短文。寫熊德基信。到南小街，寄陳維輝地圖。寫尹達、厚宣請假信。

洗浴。看陳大猷《書集傳或問》。服藥兩次，十二時眠，翌晨六時醒。

今日同會：王伯祥　郭寶鈞　王愛雲　翁獨健　胡厚宣　桂瓊英　蕭良瓊　翟福辰　社會科學部所轄哲學、文學、歷史、考古、法律、經濟、語言諸所同人約八百人。

今日劉導生報告，要大家向個人主義、自由主義、興趣主義作鬥爭，在總路綫上實現大躍進，并鼓勵大家再寫大字報。

十二月十三號星期日（十一月十四）

作《談談北京》約三千字，修改訖，寫中國新聞社信，即寄去。陳緹來。

到東安市場購鞋。

爲堪兒講印度故事。服藥兩次，約十二時眠，翌晨五時醒，即起。

以新舊北京對比，已第三次屬稿，而静秋觀之，猶大不滿意，謂予立場未變。然明日須赴安陽，而中國新聞社屢次來催，更不容重作，只得寄去，請其代改矣。

十二月十四號星期一（十一月十五）

民進以車來接，六時半到站，七時十分開車。在車與李雲亭、楊公庶、吳榮、張紀元等談。十二時，發麵包當飯。

四時廿五分到安陽，入市人委招待所，與同室諸人談。副市長安華、史懷玉設宴款待。

到安陽劇院觀劇，十一時半歸。十二時服藥眠，翌晨三時醒，又眠，六時醒。

政協全國委員會安陽參觀團同人：

團長：朱蘊山　副團長：季方　楚圖南

秘書長：郭則沉　副秘書長：葛志成

第一組：甘祠森（組長）　李培基　李平衡　李蒸　黃雍　劉斐　張振漢　翁文灝　王家楨　楊公庶　陳建晨　黃紹竑　李俊龍　于學忠　張克明　吳秀峰　陳文彬　吳半農　傅隨賢（秘書）

第二組：華羅庚（組長）　楊一波　潘光旦　宋雲彬　章伯鈞　羅隆基　劉開渠　吳昱恒　葉篤義　黃艮庸　黃琪翔　李伯球　楊清源　黃慎之　楊逸曼　張雲川　胡一禾　李健生　高山（秘書）

第三組：楊鍾健　翁獨健（組長）　吳曉邦　安若定　李儼　何澤慧　查夷平　饒國模　王伯祥　林漢達　顧頡剛　吳榮　吳文藻　董守義　章廷謙　何欽賢（秘書）

第一組大抵爲民革，第二組大抵爲民盟及農工民主黨，第三組大抵爲九三及民進。

又工作人員：于益之　任富春　彭光　王鎖住　陳蘊珠　郭崇德　潘榮鈞（醫生）

予同室：王伯祥　董守義　查夷平　李儼　安若定　吳榮　吳文藻　林漢達　吳曉邦　章廷謙

十二月十五號星期二（十一月十六）

八時進早餐，飯後開小組會議。九時起，聽安、史兩副市長報告，直至下午一時訖。

與葛志成同至工人文化宮及北門西街散步。二時半出參觀，先至安陽第二鋼廠，又至一廠。到陳建晨處，訪何澤慧。

在招待所看電影，映三片：《全國運動會》，《回民支隊》，《飛越天險》。至十時半，以腹痛返室。服藥後約十二時眠，翌晨四時醒。又眠，六時醒。

十二月十六號星期三（十一月十七）

遇越特金，至其室略談。參觀省營鋼鐵公司，聽孔百川總經理報告，職員徐慧遠伴予行。

到青年理髮館理髮。參觀豫北棉紡織廠，并觀其附設幼兒園。又至煉焦廠參觀。

潘大夫來。參加第三組座談會，自七時半至十時。服藥眠，上午二時醒，此後時醒時眠，至六時。

十四日晚所觀劇：

1. 蝴蝶杯：崔蘭田等演（崔飾漁女）。
2. 冬去春來(改造山區)：崔蘭玉(飾奶奶)　董長安(田桂蓮)
　　　　李玉梅(支書)　魏進福(社長)　連國喜(會計)　武
　　　　雲龍(老滿囤)　魏玉枝(劉二嫂)　賈武臣(黑牛)

豫劇雖用梆胡，而每到唱時胡琴聲特低，故唱句全可聽出。此爲勝于河北、山西、陝西、甘肅諸梆子處，此豫劇之所以能風行于北方各地也。崔蘭田、蘭玉兩姊妹，唱音均清澈，又能控制嗓音，真如孫過庭所謂"或重若奔雲，或輕如蟬翼"者，故描寫哀樂之感尤爲深切。聞蘭田在劇界地位本在常香玉之上，自常參加抗美援朝，獻飛機，遂將蘭田壓了下去，甚矣政治之不可不認識也。若蘭田者，其殆純技術者乎？蘭田演劇到悲哀深處常流淚，所謂身入化境者。同行七十人，見之者一致稱道，故特記之。

十二月十七號星期四（十一月十八）

參觀安陽中型機床廠、金鐘烟廠，下午一時歸。

獨到北門街散步。參觀造紙廠、地毯及毛紡廠、針織廠、塑料製品廠、染織廠。六時半歸。

七時半，到安陽劇院，十一時歸。十一時半服藥眠，翌晨五時醒。又稍眠，六時醒。

今晚所觀劇：1. 秦香蓮　2. 白水灘　此二劇演員未詳。　3. 陳三兩爬堂：崔蘭田（陳三兩）　王香芳（李鳳鳴）　崔少奎（陳奎）

十二月十八號星期五（十一月十九）

大雪終日。參觀内衣廠、製藥廠、機電技工學校、紙箱廠、電池廠。下午一時歸飯。

整理筆記。參加第三組談話會，自三時至六時，予發言。

以大雪未出門，與同室人談。九時半服藥眠，上午一時醒。下半夜睡醒不常，至五時醒。

昨日觀劇時腹中作痛，歸後大便不暢，今晨仍不暢，不知因感寒所致否？

十二月十九號星期六（十一月二十）

參觀安陽橋區衛星人民公社，歷觀展覽會、修配廠、榨油廠、敬老院、幼兒園、敬老院家禽場、魚池。到竊國大盜袁世凱墓，參觀博物館（殷墟文物館、革命文物館、藝術館），照相。下午一時一刻歸飯。

助何欽賢寫謝交際處工作同人大字報。二時半，到殷墟，參觀中國科學院考古研究所安陽考古調查隊，聽安志敏報告，入陳列室，出至小屯及後崗，在煉焦廠內看殷代墓葬遺址。入城，觀文峰塔。六時歸。

赴市人民委員會、市政協、市統戰部別宴。七時半，到安陽劇院，十二時劇散。服藥後上午一時眠，四時醒，遂起。

雪後冰凍難行，洋灰地尤滑。幸到處有人相扶，不致滑倒。

此次到安陽，凡參觀工廠十六，技工學校一，人民公社一，博物館一，古迹二，聞工廠有二百餘，而大抵在此一年半中所建設或發展，真奇迹矣。

今晚所觀劇：

1. 桃花庵：崔蘭田（飾張夫人趙氏），飾三師太及丫環者未詳。
2. 突破(反右傾運動)：魏進福(康廠長)　李玉樓(魏副廠長及黨委書記)　何永安(積極分子林清)　崔蘭玉(林清妻王慧敏)　連國喜(右傾分子費乃登)　武雲龍(趙工程師)　宋保筠(康廠長妻高潔)　劉兆琴(小劉)

十二月二十號星期日（十一月廿一）

四時起，六時許飯，飯畢上車，七時廿分開車。至邯鄲，政協邯鄲參觀團同人上車。十二時，至餐室飯。在車與季方、楚圖南、王伯祥、宋雲彬、葉篤義、潘光旦、羅隆基、閻迦勒、張紀元、費孝通、吳文藻等談話。下午五時卅分到達北京。在站遇酈平章母女。

蕭風來。雁秋來，留飯。看《民進》本月號。服藥兩次，十一時後眠，上午二時醒。又眠，五時半醒。

邯鄲團同人：王紹鏊（團長）　丁西林（副團長）　謝冰心　許廣平　劉仲容　張曼筠　龍雲　閻迦勒　王芸生　費孝通　張紀元　王歷耕　浦化人　嚴景耀　雷潔瓊　徐楚波　梅汝璈　朱潔夫　王嘉璿　李書城　邵衡秋　周亞衛　覃異之　楚溪春　王學文　楊崇英　鄒秉文　以上記予所識者。

爲了連日遲眠，昨晚又只睡三小時，今日左眼發炎，眼眵甚多，晚作劇痛，服消炎片，兼塗眼藥。

車向北行，愈北雪愈少，出于意外，因此北京反無安陽冷。

堪兒知予將歸，豫待于門外，且至巷口看，約半小時許予始到，渠奔躍相迎，殊有"稚子候門"之感。

十二月廿一號星期一（十一月廿二）

補記日記八天。記筆記二則。寫徐旭生信。看尹受稿。

民進溫孝司機來接，到伯祥、伯昕、彬然處接，同至人民大會堂，聽周總理在群英會上之報告錄音，自二時至六時。

翻看任啓運《尚書約注》。十時半服藥眠，翌晨五時三刻醒。

今日所遇人：吳大琨　趙樸初　張紀元　吳研因　徐楚波
史永

十二月廿二號星期二（十一月廿三冬至）

記筆記四則。原芝蘭大姐來。雁秋來。到東單理髮館修面。遇浦化人。

與伯昕等同乘車到文化俱樂部，開邯鄲、安陽兩參觀團民進同人座談，述觀感，自二時半至五時半，即在俱樂部內進餐。遇陸殿棟、王家楨。哲學所汪國訓來。

與伯祥、堪兒同到門樓胡同"天馬舞蹈藝術工作室"，看中國古典舞蹈，自七時半至十時許。十一時歸，十一時半服藥眠，翌晨六時半醒。

今日湲兒又病。此兒于四兒中最慧，體最弱，奈何！

今日同會同飯：雷潔瓊　徐伯昕　王紹鏊　張紀元　葛志成
嚴景耀　王伯祥　陳慧　董守義　吳文藻　章廷謙　林漢達　吳
榮　徐楚波　傅彬然　梁純夫　金芝軒　李紫東　王嘉璿　何欽

賢　吳廷勘　趙濟年　毛啓邠

今晚所晤人：吳曉邦夫婦及其子衛江、繼光　潘懷素　王克芬

曉邦昔學舞蹈于日本，三年前受文化部命，組織天馬舞蹈藝術工作室，搜集漢唐以來舞蹈資料，加以整理與復現。收徒十二人，男少女多，樂隊九人，招蘇州道士爲之，所謂廢物利用，化消極因素爲積極因素也。

十二月廿三號星期三（十一月廿四）

記筆記二則。點《尚書撰異》中《書序》，仍未畢。

與傅彬然同到人民大禮堂，聽石景山電機廠工人劉光金、女郵遞員羅淑珍報告，自二時至五時半。遇楊美貞，劉多荃，吳德咸。

雁秋夫婦來，頤萱嫂留此製衣。看《尚書撰異》。九時服藥眠，十一時醒。又眠，六時醒。

十二月廿四號星期四（十一月廿五）

點《古文尚書撰異》訖。記筆記七則。潘懷素來。

到東安市場，進蓮子羹。到北京醫院打針。歸，記筆記一則。

雁秋來，留飯。翻吳曾《能改齋漫録》。服藥兩次，十一時半後眠，翌晨六時醒。

今晚本有倦意，因之想只服輔藥（安寧片、飛騰補片）而不服主藥（阿密泰爾、薩夸那爾），然終不能入眠，必服主藥乃睡。予何時乃得解放乎？

爲了牽纏人事，直至今日，乃將段玉裁《撰異》一書點訖，亦大不易矣。

静秋爲街道上積極分子，既管防疫，又管鈔寫，近日又管調查户口，直至深夜方歸。

湲兒今日已上學，但仍咳。予亦然。

十二月廿五號星期五（十一月廿六）

記筆記二則。點讀林彪《高舉黨的總路綫和毛澤東軍事思想的紅旗闊步前進》訖。整理安陽參觀筆記，未畢。原芝蘭來。

到民進，參加學習會，自二時半至五時半，與伯昕、賓符、芝軒同車歸。

續翻《能改齋漫錄》。十時服藥眠，翌晨五時醒。

今日同會：趙樸初　徐伯昕　張紀元　林漢達　吳文藻　吳研因　馮賓符　金芝軒　王紹鏊　許廣平　謝冰心　章廷謙　顧均正　陳秉直　王嘉璿　方毅明

十二月廿六號星期六（十一月廿七）

到歷史所，參加民主黨派會，討論尹、侯、熊三位所長發表文字之政治性，自八時半至十二時。寫陳維輝、民進信。頤萱嫂回家。

到北京醫院打針。遇許廣平。到人民大會堂，聽建築工人張百發、糞便清潔工人時傳祥報告，自二時至七時。

看劉體乾《蜀石經》彙輯。十時半服藥眠，上午二時醒。又眠，六時醒。

今日上午同會：胡厚宣　朱家源　陰法魯　賀昌群　張德鈞　張若達　謝國楨　胡嘉　常紹溫　趙幼文　傅衣凌　牛繼斌　金光平　張政烺　王毓銓　姚家積　魏明經　翁獨健　高志辛　謝友蘭　李蔭棠

今日下午所晤人：劉仲容　吳文藻　吳羹梅　潘光旦　金漢鼎　鄧季惺

十二月廿七號星期日（十一月廿八）

到文化俱樂部，參加民進生活小組，討論周總理關于國際關係之報告，自九時至十二時。遇楊公庶、李覺。邀伯祥飯于俱樂部。

與伯祥同到井兒胡同潘宅，聽潘懷素談古樂，及其録音，自二時至五時。

翻看《説苑》三卷。洗浴。十一時服藥眠，上午二時醒。在半睡狀態中，至六時醒。

今日上午同會：陳慧　徐伯昕　王伯祥　董守義　梁純夫

今日下午同會：潘懷素夫婦　謝無量　楊芳毓　俞平伯　王伯祥　吳曉邦　郭鑒洋　潘懷素君得"京音樂譜"于禄米倉智化寺，數年來一意精修，對于唐宋樂譜大致可解可譯。文化部爲設立"京音樂研究室"。即以寺僧爲樂工，與曉邦之"天馬舞蹈工作室"媲美。

十二月廿八號星期一（十一月廿九）

八時，到人民大會堂，看《大破中游思想》一書。九時起，聽陳毅副總理關于國際情勢之報告，至下午一時訖。一時半歸家，二時飯。

吳大姨之子孝騫（鵬）自蚌埠來。草《河南之行所得到的最深刻的印象》一文千餘字，爲《民進》作。到北京醫院打針。補記日記三天。

翻看考歷代"石經"各書。失眠，十二時半起服藥得眠，上午四時半醒。良久，又眠，六時半醒。

今日所晤人：章元善夫婦　何叙父　汪世銘　趙紫宸　費孝通　勞君展　金岳霖　裴文中　丁西林

近來入睡愈難，連阿米泰爾也不起作用。每經一度運動，予之失眠症即加深一步，身體不能與時代相適應，良可慨也！

回來才八天，已開會九次，且多盛大之會，我之神經易于興奮，安得不緊張乎！

十二月廿九號星期二（十一月三十）

看尹受所校《禹貢》。到北京醫院，就蔣景文大夫診。到新華書店閱書。到大華看《人民公社》、《林則徐》兩電影。

到故宮，看蒙古造型藝術及朝鮮造型藝術兩展覽會，又看書法館，看萬歲通天墓王氏帖。到東四郵局取稿費，在東四理髮。到東安市場看魔術。出，遇索介然。

到文化俱樂部，赴科學院聚餐。到政協禮堂觀劇，未畢出。遇王雪瑩、樓朗懷。服藥兩次，十二時後眠，七時醒。

今日檢血壓，爲156/86，較前爲高，無怪其失眠也，因于今日玩一天。然仍越睡越醒，而醫生未予我溴劑，只得以五味子酊代之，幸酒性發作，得睡尚酣。然翌日起身，精神終不爽也。

今晚同席：容肇祖　張政烺　蘇炳琦　胡厚宣　張若達　謝剛主　吳一塵　張德鈞

今晚所觀劇：葉盛蘭：探莊　杜近芳：盜仙草

十二月三十號星期三（十二月初一）

到北京醫院打針，遇酈明。重作《給我最深刻的印象的河南勞動人民》訖，凡二千餘字。

木蘭來。寫梁純夫信，將稿送去。吳孝騫來。讀《秦本紀》，記筆記三則。欲在燈市口人民醫院打針，未許。

以民進約，到蟾宮，看《敢想敢做的人》電影。十時半服藥眠，上午三時半醒。約四時許又眠，六時半醒。

靜秋忙于家事及街道工作，忙極而病，今日發燒臥床。

予兩日不開會，居然眠得較佳。

今晚同觀電影所晤人：馮賓符　葛志成　雷潔瓊　嚴景耀

顧均正　　周國華　　徐楚波　　張守平

十二月卅一號星期四（十二月初二）

　　點《馬克思主義哲學原理》十二面。點王引之《經義述聞》四則。記筆記一則。謝友蘭來。

　　續點《述聞》三則。到明星影院，看黃梅戲《女駙馬》片。到北京醫院打針，遇鄺明。

　　到人民大會堂宴會廳，赴文化部晚會，聽侯寶林相聲。九時歸。十時服藥眠，上午二時半醒。又眠，六時半醒。

　　晚間所晤人：賈芝　　胡愈之　　沈茲九　　今晚聯歡晚會，所邀者皆文學藝術方面人，宴會廳又大，我認識人太少了。

　　蘭新鐵路今日通車哈密。

　　左足跟破裂，作痛甚劇，行走不便。

　　今晚洪、湲、堪三兒均赴西直門外五十六中學參加晚會，即住該校，木蘭所邀也。

［剪報］　　一九五九年十二月二十三日《大公報》
談談北京　　　　　　　　　顧頡剛

　　（下略，見《全集·寶樹園文存》）

　　此文發表，對流亡在臺灣、香港等處的老朋友，當可起一些作用。

［剪報］　　1959 年 10 月 13 日《人民日報》
變和亂　　　　　　　　　林　韋

　　（下略）

［剪報］　　一九五九，十一，十一《光明日報·東風》

評莆仙戲《父子恨》　　　　　　羽　化

（下略）

[剪報]　　1959，12，11《人民日報》
　　　　　個人主義是萬惡之源　　　　　李曼村

（下略）